王家范　1938年生，江苏昆山人。华东师范大学历史系终身教授，华东师范大学思勉人文高等研究院研究员，上海文史研究馆馆员。自1962年起执教中国通史，持续四十六年。长期从事中国古代史教学与研究，主攻中国社会经济史，侧重明清时段与江南地区，于史学认识论与方法论也多有探索。著有《中国历史通论》《百年颠沛与千年往复》《史家与史学》《漂泊航程：历史长河中的明清之旅》《明清江南史丛稿》等，参与合编教材《大学中国史》等，另有《中国封建社会农业经济结构试析》《明清江南市镇结构及其历史价值初探》《中国社会史学科建设刍议》《当代新儒家价值定位》等论文百余篇。

中国历史通论

增订本

王家范 著

生活·讀書·新知 三联书店

Copyright © 2019 by SDX Joint Publishing Company.
All Rights Reserved.

本作品版权由生活·读书·新知三联书店所有。
未经许可，不得翻印。

图书在版编目（CIP）数据

中国历史通论/王家范著．—增订本．—北京：
生活·读书·新知三联书店，2019.6 （2025.3 重印）
（当代学术）
ISBN 978 – 7 – 108 – 06477 – 6

Ⅰ.①中⋯ Ⅱ.①王⋯ Ⅲ.①中国历史－研究
Ⅳ.① K207

中国版本图书馆 CIP 数据核字（2019）第 030311 号

责任编辑	饶淑荣　钟　韵
装帧设计	宁成春
责任印制	董　欢
出版发行	生活·讀書·新知 三联书店
	（北京市东城区美术馆东街 22 号 100010）
网　　址	www.sdxjpc.com
经　　销	新华书店
印　　刷	河北鹏润印刷有限公司
版　　次	2019 年 6 月北京第 1 版
	2025 年 3 月北京第 7 次印刷
开　　本	635 毫米 × 965 毫米　1/16　印张 39.5
字　　数	585 千字
印　　数	31,001 – 34,000 册
定　　价	99.00 元

（印装查询：01064002715；邮购查询：01084010542）

当代学术
总 序

生活·读书·新知三联书店从1986年恢复独立建制以来，就与当代中国知识界同感共生，全力参与当代学术思想传统的重建和发展。三十年来，我们一方面整理出版了陈寅恪、钱锺书等重要学者的代表性学术论著，强调学术传统的积累与传承；另一方面也积极出版当代中青年学人的原创、新锐之作，力求推动中国学术思想的创造发展。在知识界的大力支持下，通过多年的努力，我们已出版众多引领学术前沿、对知识界影响广泛的论著，形成了三联书店特有的当代学术出版风貌。

为了较为系统地呈现中国当代学术的发展和成果，我们以上世纪八十年代以来刊行的学术成果为主，遴选其中若干著作重予刊行，其中以人文学科为主，兼及社会科学；以国内学人的作品为主，兼及海外学人的论著。

我们相信，随着当代中国社会的繁荣发展，中国学术传统正逐渐走向成熟，从而为百余年来中国学人共同的目标——文化自主与学术独立，奠定坚实的基础。三联书店愿为此竭尽绵薄。谨序。

生活·读书·新知三联书店
2017年3月

目　录

绪言　我对《中国历史通论》的考虑　/1

前编　通论专题研讨　/1

  背景："大历史"观念与专题选择　/5
  总起：对中国传统社会特质的认识　/10
  交代：专题的安排　/15

一、部族时代　/16
  "部族时代"的提出　/17
  部族的出发地："聚落"　/19
  宗族、部族与"方邦"　/26
  "卡里斯玛"型权力崇拜　/32

二、封建时代　/39
  学术史追溯："封建论"　/40
  由"天下万国"到"封邦联盟"　/45
  西周王国："封邦建国"制　/54
  附论：关于"三代"演进的一种文化分析　/61

三、大一统帝国时代　/64
  由列国纷争走向大一统　/66

"大一统"的历史镜像 /74
"帝国"时代的内部分期 /80

四、农业产权性质及其演化 /89
上篇 /89
辨析产权问题的思路 /90
产权的发生学诠释 /98
下篇 /111
"黔首自实田"辨 /112
自耕农为"国家佃农"辨 /120
权力背景下"土地兼并"辨 /125

五、农业经济的内环境与外环境 /134
上篇 /134
农业起源概说 /135
农业发展进程鸟瞰 /141
下篇 /157
小农经济的历史合理性 /157
是什么阻碍了经济的变革 /166
余论 /174

六、特型化的市场与商人阶层 /179
上篇 /179
帝国体制下商品生产辨析 /181
下篇 /209
帝国时代消费形态解析 /211
帝国时代商人的历史命运 /226

七、政治构造与政治运作 /255
辨识政治体制特征的方法论策略 /256
"封建"与"郡县"之辨 /264

刚柔相济:帝国政治体制运作机制　/277

八、中国现代化艰难性的历史思考　/306
　　"问题意识"　/306
　　辨识理路　/313
　　历史探源　/316
　　余论　/329

后编　回顾与反思　/335

一、百年史学建设历程回顾　/337
　　百年史学主题:重新认识中国　/338
　　新史学:对科学实证的追求　/344
　　诠释:史家与时代的对话　/351
　　余话　/361

二、被遗忘的个案:张荫麟及其《东汉前中国史纲》　/361
　　为学贵自辟,莫依门户侧　/363
　　众窍无窍,天然自成　/373

三、中国社会史学科建设刍议　/386
　　走出低谷的历史抉择　/386
　　揭开中国社会变革艰难的奥秘　/392

四、社会历史认识若干思考　/402
　　中国历史有没有自己的"谜"　/403
　　对社会历史的认识能否成为科学　/408
　　社会历史的认识能否"价值中立"　/420
　　不能了结的"情结"　/430

续编　后十年思考鳞爪　/433

一、吕思勉:"新史学"向社会史的会通实践　/435
　　引子:"燕石"之为宝在识与不识　/435
　　梁启超构建新式中国通史理想的实现　/441
　　"新史学"旨趣的丰富和会通　/449
　　"思勉人文学术"精神　/467

二、农业、农民与乡村社会:农耕文明新审视　/471
　　农业生产力研究　/472
　　传统经济再评价　/478
　　农民、乡村社会的过去与未来　/486

三、解读历史的沉重:评弗兰克《白银资本》　/506
　　阅读心理镜像　/507
　　"中心"偏好与"单脚走天下"　/508
　　中国不需要"皇帝的新衣"　/528

四、阅读历史:前现代、现代与后现代　/544

五、明清易代的偶然性与必然性　/555

六、时间、空间与经济理性——《大学中国史》序论　/572
　　空间:活跃的历史大舞台　/574
　　时间:变迁不在一朝一夕　/586
　　"经济理性":在鸟笼子里跳舞　/598

增订本后记　/605

绪 言

我对《中国历史通论》的考虑

鉴于历史专业研究生已经系统修读过大学"中国通史",始有在硕士生一年级设置"中国历史通论"公共课程的动议。据我的理解,立足在本科"中国通史"的基础上,从通贯和整体诠释的角度,提高对国史的认识层次,使之成为"中国通史"教学的延伸,恐怕是设置本课程的基本目标。

现在摆在大家面前的,就是笔者为该课程授课的讲义。能够不能够做到上面所要求的那样?我只能报之以一句老话:尽心地去做。实际效应,必须由读者诸君来裁决和评判。

我所以愿意为之尝试,是因为执教以来,除了不可抗拒的外在原因,始终没有离开过"中国通史"教学的讲台。岁月不饶人,竟已过了花甲之年。一遍又一遍地滚动,所历甜酸苦辣诸味,记忆犹新。我曾感叹过,越教疑惑越多,头脑里生出的问题也越多。希望听者千万别以为这是笔者在故作惊世骇俗之论。历史是口老井。关于老井的故事,一代又一代人总演绎不尽它的奥秘。在史学里沉浸久了,都会有这种体验。现在把历年苦恼过我的问题,借此在这里再咀嚼一番。或许你们会谅解,我的感慨确实是发自内心的。有些问题完全可能是庸人自扰,那只说明我的智力有限或者思维有所偏好,但不能否定我的思考是真。

唯其如此,这本讲义不可能有什么科学的体系(说实在话,我始终不敢存这份奢想),而且带有极明显的主观色彩。所以先得申明,这是一份"讲义"。因为,在我看来,课堂教学上,从来也不存在固定的或"标准"的模式。每个教师教的"中国通史",都是他理解中的"中国通史"。"通论"亦然。

在整个讲授过程中,我将尽量避免引证原始资料。一是为了文意的连贯。大段大段的古文征引，常常会杀风景似的遮断正欲展示的情景，半路截断思绪。二是相关资料完全可以自己去找来核对，重新审视，这对研究生尤为必要。何况还有那么多的通史、专史论著为后盾，可以作为校驳、补充和进一步思考的依凭。我在相关的地方，也时时会推荐有价值的论著，以广思路。

我认为，"通史"与"通论"同着眼于"通"，所不同的只是切入的角度和叙述的体裁有所区别。但若简单地重复，那就成了无谓劳动。"通论"固然必须以"通史"为前提，但也必须对现行"通史"有所检讨，提出一些有意义的问题，促进"通史"的发展。所以"绪言"将围绕"通史"展开话题，最后交代一下本《中国历史通论》的基本框架。

通史旨归

文化传统中有些东西是可以超时空，一直光照后世的。例如，我国史学的开山祖无疑非太史公莫属。"史"这一职业，由来已久，在原始部族时代早就存在。然而，只有当司马迁说出"究天人之际，通古今之变，成一家之言"，由知识分子从事的、演绎的、通释性的中国史学才正式成立。不管史学的手段和观念后来怎样变化，怎样不断演绎出新的意蕴，我认为，史迁的这三句话，作为通史的旨归仍具有永恒的意义。

近代新式通史的编写，是从20世纪初发其端的。1900年，章太炎先生最先动议创制新的《中国通史》体例。在那篇名为《中国通史略例》，领风气之先的短文里，太炎先生立足于时代的变迁，融通古今、推陈出新的意思是明白无误的。既没有国粹派迂执陈腐的酸气，也没有后来欲横断而截流的那股杀气。

看得出太炎先生对通史是经过很长期的思虑的。文章劈头就对古来著名的多种体例史书一一作了评点，所论优劣得失俱公允不偏，而明确地把"策锋、计簿、相斫"三类列为新通史应摈斥的目标。这三类历史，在今日也还阴魂不散。所谓"策锋"是专讲政治谋略、治人法宝的，为对策敷陈提供模本。计簿，则是把典章制度弄成细末琐碎的流水账，史家降格为书吏登录文档。相斫,宫廷、朝野、忠奸、华夷等所谓"君子小人"之争占尽舞台,成了窝里斗、窝外斗的历史大观。太炎先生深致不满,是因为这类史学游魂无主,言不及义。大家知道,刘知幾有史学、史才、史识之说,章学诚加上史德,并谓"能具史识者必知史德"。可见"四具"之说,尤重史识。史德无有卓越的史识,也体现不出感染人的魅力。上述三类,无论策锋、计簿、相斫,都心术不正,史识卑劣,与通史之大义相悖,故先生不取。

那么,太炎心目中的通史应当是一种什么样的境界呢?概言之,就是"静以臧往,动以知来"。具体地说,通史既要条理制度的文野进退,这是"明变始终"的大关节;也不废有关社会兴废、国力强弱的人事兴替,以期明乎"造变"多因,目的是为人类"知来"指明道路。太炎的"通义""例则",明显是由章学诚脱胎发展而来的。章学诚在《文史通义》里第一次提出,治史之"通",古有二义。一为"绝地天通"的"通",史学源于神学,后来便演化为"天人之辨"。二为"唯君子为能通天下之志"(《易经》),史学降为人学,通古知今,以达天下。故史家必须能明"道"传"道",这是中国古今史学不废江河的传统。

通观太炎先生的动议,立意无不与太史公三句话默然呼应。但也应该看到,古贤先知的直觉,到了太炎(也包括梁启超的《历史研究法》,读者可自阅)等近代启蒙大家的手里,获得了现代思想的支撑。例如太炎释"动静",就用了孔德的"静力社会学"与"动力社会学"作新注脚。再者太炎主张"今修通史,旨在独裁,详略自异"。是因为通史的灵魂在"通",而"通"必须借助于"观变"和"明变"两大手段,假若前者以归纳法为主,后者则转而为以分析法为主。"历史诠释学"的概念虽然没有跳到纸面上来,但其意味已昭然若揭。"旨在独裁"一语,典出于史迁的"一家之言",却又是"历史诠绎"的应有之义,是一种全新的观念。80年代始流行"历史,是人心中的历史",也就是这个意思。

由此可知,说太史公所倡导的通史精神超越时空,和史学必然随时代而进的意思是不相冲突的。无论是"天人"、"通变"或"一家之言",它们的内涵,用以思考的思维方法或者考察的理论手段,都必会跟人类思维成果的不断积累、更新息息相连,有所发明,有所深化。但从通史的根本宗旨上说,"形"变而"神"不变。"通论"也应该透过"形",着重于点明其"神"。

释"究天人之际"

先说"天人之际"。古人与今人的理解一定有很大的不同。我们再不会过分纠结于"天人感应"的玄虚奥理,而会更看重人类历史活动的内外环境,特别是自然生态环境对历史的影响。例如我国至少从新石器时代早期起,先人已经显示出"以农为本"的格局,并且有逐渐抛弃游牧、畜牧,改事家畜饲养的趋向。大致到了春秋战国,至少中原地区已经耕地连作、精耕细耨,走上了单一化栽培农业的道路,而把游牧部族驱赶到长城以北。通过中西历史比较,我们现在已经意识到,这一张一弛的特殊经济格局,对中国的历史走向迥异于西欧,政治生态常因北部边境"生存空间"的紧张而反复动荡,关系非小。探究这种经济方式的演进,无疑是与我国内地处于温热带,气候温暖湿润,特别适宜栽培作物的发展环境有关。农副相兼,也是因为作物的残秆和遗留或多余的谷物,为家畜饲养提供了便利的条件,何乐而不为? 所以,比较西欧放弃"二圃"或"三圃"的休耕制度(中国与之类似,西周曾有菑、新、畬的休闲制),我国至少要先进二三千年。1972年竺可桢的名作《中国近五千年来气候变化的初步研究》,是自然生态史方面的杰作。现在它已获得了考古发现的充分支撑,印证了先秦时代黄河流域的气候确实普遍比现在温暖。何炳棣更进一步提出了对黄河流域植被分布与黄土土壤性能的历史分析(《黄土与中国农业的起源》)。这些都是以全新的"天人之辨"诠释我国"农业文明"形成和中原地区长期处于文明"核心地位"的成功范例。自然科学史工作者还发现,我国王朝兴衰、"蛮族"南下乃至统一分裂的态势,往往与气候的偏冷或偏热有相关的概率。当然,引发动乱的原因是多种多样的,但这一"发现"至少值得通史界重视。张荫麟先生仅从历史文献里,也敏感地捕捉到这样的信息:灭商之前,周族居住地区正遭遇饥荒,估计这与周族加速东进不无关系(《东汉前中国史纲》)。为什么许多人从未注意到灭商诸因素中,还有这么一个生态危机的因素参与其间? 从秦汉直到明代,北部游牧民族迁徙不定,分合无常,部族名称亦变幻多端,但其南下骚扰,总与大漠地区枯草期,特别是灾害性干旱的生态活动周期相关。这些都很能说明,"一分史料,出一分货"(傅斯年语),强调史学必须凭证据说话没错,但殊不知史料本身是不会说话的。只有当史家把考察的视域扩大到"人与自然",意识到自然生态环境对人类历史活动的制约关系之后,平日从眼皮下滑过的生态史料,才会眼睛一亮,顿悟到它们对史学诠释的"意义"。

以上说的只是"天"对"人"的关系。"天人之辨"的另一侧面,就是人类活动对自然生态的互动影响。20世纪末,人类对"生态惩罚"有了切肤之痛(据报载,朱镕基总理有"黄河水害为心腹之患"说),故而这方面的关注已延伸到史学领域。最近写自然灾变史十分走红,便是一例。其实早在1962年,谭其骧先生就发表有当时震惊史坛的名篇:《何以黄河在汉以后会出现一个长期安流的局面?》,指出黄河泥沙主要来自中游黄土高原,下游水灾与中游水土保持有直接的关系。西汉末年后,中游变农区为牧区,北魏到安史之乱,中游农业发展的速度也不快,故东汉以后,黄河出现长期的相对平静,安流达800年。这种因农业过度开发而导致生态破坏的情况,后来在长江流域也重复出现,那就是明清达到高峰的围湖、填江造田运动。在中国历史上,天灾往往是与人祸相伴而行,至今在"通史"中反映得还非常不够。

其实,古人所谓的"天"还包括广义的"天理",引申开来,似包含有探索普遍性规律、规则的意思。关于这些问题,现代人的理解歧义颇多,容后面相关处再议。这里想先说一点。我以为,史家为了打通古今,预知未来,对藏匿在人类历史活动深层(布罗代尔称"海底")的,普遍性或概率性的动因,古今以来永远都在不断猜测中。王船山《读通鉴论》,即试图以"气理"说通贯历史之变,为我国古代史学理论诠释的登峰造极之作。遗憾的是,直至今日,人类探索社会的奥秘,比起自然的奥秘,收获最少;正因为这样,也特别具诱惑力。20世纪后半期,又有所谓"历史系统论""历史结构主义"等等新的尝试。法国年鉴学派第二代巨擘布罗代尔的《菲利浦二世时代的地中海和地中海世界》,便是以"长时段"理论试图说明历史深层结构的一部名著。这些都说明了"究天人之际",实为古今中外史家所同好，必与人类历史相始终。

释"纵通"与"横通"

太史公三句话，要数"通古今之变"最为核心。史学前贤多看重"通变"，即"原始要终、知所进退"，属史家的史识功底里最见深浅的。吕思勉先生一再感慨"通人之难得"，"读书之人百，通者无一焉"。他在1944年《论疑古、考古、释古》一文里，抨击当时史界的风气，尖锐地说道："今之人往往通识未之具也，必不可不读之书未尝遍也，而挟急功近利之心，汲汲于立说，说既立矣，则沾沾尔自喜……舍正路而不入，安得不入于棘丛者。"先生的意思，历史通识乃是史家所必备的要素，而通识之所由来，必由读书长期积累而得。读多、读广而后方能不断产生联想，触类旁通以至于豁然贯通。

史家可以有种种分工，而且通常的观念，通史家总要比专门家矮一截。钱穆先生晚年久久未得授予（"中央研究院"）院士衔，就是一个突出的事例。但，历史通感的重要，史家有识者对此都不会有异议。钱穆高足严耕望所攻术业与乃师不同，以"专"著称。他那种"地毯式"地必穷尽相关资料而不休，毕三四十年之功成就《唐代交通图考》（五册），达一百六七十万余言，海内外史坛叹为观止，堪称一绝。他在关于恩师钱宾四的长篇忆文中，一再追念先生教诲他要向大处、远处看，切忌近视，或规模太小，"总之，学问贵会通。若只就画论画，就艺术论艺术，亦如就经论经，就文史论文史，凡所窥见，先自限在一隅，不能有通方之见。"（《治史三书》）耕望认为自己所做的考证，在意境上较为开阔，不限于一点一滴的考证，是与老师的引导分不开的。据同门余英时说，耕望从《两汉地方行政制度》做起，到写出四册《中国地方行政制度史》，对中国政治制度演进有许多前人所未发覆的创见，在这一领域他可说是百无一二的"通人"。他和杨联陞（治社会经济史）都是海内外备受称誉、博洽而精深的史学大家。可惜他俩的论著近年才慢慢为人所知，也还不易得窥（天津《中国现代学术经典》丛书，近有《洪业、杨联陞》卷问世）。

但对"通"也不是没有非议的。读今某名家的《自序》，知道清代章学诚有"横通"之说，并现身说法，要大家引以为戒。找来《文史通义》对读，内有《横通篇》，章氏果然说道："横通之与通人，同而异，近而远，合而离"，似乎"横通"确是要不得的。细读却又觉得章氏的意思未必如此简单。从文意所涉，至少有两意。一是比喻"老贾善于贩书，旧家富于藏书，好事勇于刻书"，"然其人不过艺工碑匠，艺业之得接于文雅者耳。所接名流既多，习闻清言名论，而胸无智珠，则道听途说，根底之浅陋，亦不难窥。"揣摩其意，大抵是指靠着道听途说、玩物得志（像古董家），实则浅尝辄止，一知半解，什么问题都喜欢插上一脚，什么问题都经不起追究，似通非通，就以博闻炫耀的，谓之"横通"。后来这话头大概被专门家接了过去，专用以轻薄"通家"，实际正好搬起石头砸自己的脚。然而，章氏又有第二意，说道："横通之人不可少乎？不可少也。用其所通之横，以佐君子之纵也；君子亦不没其所资之横。"所举之例均为有一门专长知识的宿儒耆学。按我理解，这里就有了"横通"与"纵通"两种。章氏是立在"纵通"的立场上朝专门知识对通达的关系说的，"横通"成了"两脚书柜"，可供通家使用，但不能自通。这一层恰好与上面相反，"专"就不那么值得自傲。

但我想从"纵横"里实际还可以引申出另一层意思，这是章氏注意不到的。通史的"通"为综合性的"纵"通，每一专门领域也有一个"通"的问题，则可称之"横通"。今之专史、断代史都可属于横通。横通自有其不可替代的独立价值，前提是不做井底之蛙，不可咬死见到的"天"就那么一点大，作茧自缚。纵通也必须建筑在横通的基础上，其养料必然来源于横通的供给，活水源源，巧妙经纬，方不至于肤浅飘浮而不落实地。张荫麟先生在他的《中国史纲》自序里对"通史"的相对、绝对限制条件阐述得坦诚真切，值得一读。所以真正的"通人"总是稀罕，百世一出。我们一般人只能学着朝这方向思考，"虽心向往之，而不能至"。

在现代史家的通人里，我想先介绍一位诸君不甚熟悉的许倬云，以说明"通变"的当代风貌。许先生的书近年才在大陆传播开来，其中《历史分光镜》辑录较全，对系统了解先生各方面的学术见解，是一本入门的书。倬云自述一生治学受韦伯影响甚大。他的博士论文《中国古代社会史论》，是阐述春秋战国时期社会变动的，用了统计的方法，根据不同时代历史人物（公族、大夫、士）的家世与社会背景，测量各时代变动的方向与幅度，再从这些现象探讨政治、经济、意识形态诸变数如何配合而有其相应的社会变动——不仅社会成员在社会阶层间的升降，也顾及社会结构本身的转变。

我很担心现在的大学生读先生的书，会很隔膜，不容易读懂。原因是直至今日，大学"通史"几乎已经将西周"封建时代"遮蔽得不见踪影了。读20世纪上半叶编著的"通史"就知道，中国由"宗法封建"进至"大一统帝国"，是决定中国而后二千年历史走向的特大关节。许先生认为，在西周的政治秩序中，亲亲是宗法制度的基础，支撑整个西周的封建体制。周的国家与社会，前者是封建，后者是宗法，两者之间是重叠合一的。春秋之世，国家与社会逐渐分道扬镳。分道扬镳的前面一部分是封建秩序与宗法制度的分离，后面一部分则是封建邦国成了君主国家，最后变成了统一的大帝国。从上面可以看出，韦伯官僚科层理论对许先生的影响，但他非常注重从中国实际出发，不牵强附会。这一历史通感，他是通过从班固《古今人表》中选出春秋516人、战国197人，分别作社会地位升降、阶层比例变化的历史统计得出变动频率与变幅，成功地完成了论题的实证。中国历史这一重大变化，在张荫麟的《东汉前中国史纲》里，也体现得淋漓尽致（见后《被遗忘的个案》专题）。现在已比较清楚，许、张两先生所论，实关系到中国历史的第一次重大转折，就是世袭封建贵族的消灭，代之以皇帝任免的流动的职官阶层（官僚体制）；诸侯封国的消失，代之以直属中央的郡县。从此国家乃一家一姓之天下，有国家而无社会，或者正确地说，是国家将社会吞噬了，有"臣民"而无"公民"。如果不是这样，也许中国的历史面貌就不会与西欧有后来那么大的差异，以致"中西异路"，各走各的道。

秦统一之后，王朝鼎革频繁，有所谓"六道轮回"之说。这从中国大一统帝国政治体制发展长期迟滞，没有质的根本性变化角度看，尚过得去。但它绝不等于各朝各代没有异同，近两千年间中国社会历史就无变动，就无阶段性区别。

非常奇怪的是，所谓"奴隶制"与"封建制"的"古史分期问题讨论"曾一度热闹非凡,今日看来连它的前提都摇摇欲坠。而所谓"封建社会内部分期问题",即自秦以来的历史分期,至今少有人问津。"封建"一竿子到底,一盆"专制主义"糨糊,贴上"加强""进一步加强"标签,就可解决一切。现行"通史"教材,读来无味,就因为读不出异同变化。每朝每代都是政治、经济、文化、民族关系四块,初期休养生息—中期危机加深—末期农民起义三段论,一副面孔,一个模式,像翻烧饼那样单调乏味。

从我读书所得印象,20世纪上半叶,并非如此。前辈史家对各朝特点的解析,发展脉络的梳理,这方面的史学遗产,很值得我们重温。这里,仅举两例。

陈寅恪先生重显光彩,是近几年文史界的一大进步。据俞大维的回忆,早年寅恪先生也曾有志编著通史,惜乎未遂。但从他发表的诸多学术见解,仍处处可见他对整个中国历史脉络的把握,了然在胸,不同凡响。例如现在广被征引的"华夏民族之文化,历数千载之演进,造极于赵宋之世"(《邓广铭宋史职官制考证序》)与"天水一朝之文化竟为我民族遗留之瑰宝"(《赠蒋秉南序》),都不只是从道德文化着眼,其中还包含了他对赵宋一代在中国历史上独特地位的历史评价。据我所知,近半个世纪来,日本学界要比我们更关注宋代的历史地位。他们一般称宋以后为"近世",以区别于此前的"中古"。大家都知道寅恪先生在魏晋隋唐史研究领域最富建树,为大师级权威。但就在《论韩愈》一文里,他首次提出以唐中期为界,中国大一统时代可划分为前后两期:"综括言之,唐代之史可分前后两期,前期结束南北朝相承之旧局面,后期开启赵宋以降之新局面,关于政治社会经济者如此,关于文化学术者亦莫如此。"我认为,这是中国历史继春秋战国后又一变化关节,论断之精当,完全经得起史实检验。遗憾的是,寅恪先生对这些问题往往点石为金,只点到为止,未及展开。由此想到,秦汉与隋唐,隋唐与两宋,两宋与明清,期间究竟有多少异同和变革,真是问题多多。后面的专题研讨里,将试图讨论这些关节,此处刹住。

另一例,则要说到梁启超先生对中国的"世界历史"眼光。钱穆先生曾对耕望说:"任公讲学途径极正确,是第一流路线,虽然未做成功,著作无永久价值,但他对于社会、国家的影响已不可磨灭。"后一点尚可商酌,前一点是毫无疑问的。任公在《五千年史势鸟瞰》一文便出言不凡。他说:中国不是一成不变的中国。先是中原的中国,中原的中国经秦汉一统,成为中国的中国;中国的中国经由与印度、日本等接触,成为亚洲的中国;近世以来,中国进入世界舞台,与欧美竞争,而成为世界的中国。众所周知,以这样的视角来考察中国历史的"古今之变",只有到了海通之后,"开眼看世界",才可能发此宏议。许倬云先生就十分欣赏梁先生的这种"通变"新论,指出这里面包含了人类群体大抵都经由接触—冲突—交流—适应—整合五个阶段,不断在空间上获得扩展,融合并产生新的更复杂的大型群体,直到全球融合。这是对梁任公新论予以人类学的升华。倬云说:西方历史也是如此,"希腊古代城邦是希腊的中原,希腊化时代是地中海的西方;罗马帝国时代是欧洲的中原;中古以后的欧洲是欧洲的西方;近古是大西洋的西方;近代是世界的西方"。

梁、许两先生的历史通感是敏锐的。现在中外史家越来越多地趋向于这样的共识,严格意义上的"世界历史",是从近代才真正开始。中国古来认为"天下"就是自己,除此而外,均属"海外",固然荒唐;欧洲人后来认为世界中心一直在西方,什么都是"西来",也是一种莫名的自大。今天的中国通史,一方面"中国自古就……"论仍有不少人紧抱不放,开放时代的人缺乏开放的历史心态,不敢批判"自我";另一方面,有的地方正急着新编"中西合璧"的历史教材,似乎中国一直处在"世界之中"。我真担心,没有历史通感,把握不准历史的脉动,画虎不成反类犬。

释"今修通史,旨在独裁"

通史的意境,全在通古今之变,历史由此才重显出它的节律脉动,是一个活泼泼的跳动着的"集体生命体",有它特殊的生命历程和内在的新陈代谢机制。通古今之变又很不容易。这"变"从何而得?可以说这"变"字的出来,像是经历选矿、探矿、采矿、冶炼、加工等一系列工程而后的终端产品,凝聚了史学创作的客观全过程。但也有不同处,即史家所从事的是精神劳动。其巧拙优劣,自然与史家的素养、功力有关,也会关联到时代、个性等特殊的要素。太史公的"成一家之言",或许是他个人雄心的勃发,抑或"侠义"性格的体现,但也确凿无误地映射出了史学的特性。

这里我不打算牵涉进史学主观、客观的认识论"吊诡"陷阱里。个人这方面的思考已列入下面《回顾与反思》的专题里,供阅读批判。这里想借太炎先生"今修通史,旨在独裁"一语,对通史现状发表一些不成熟的感慨。

记得有次我出了一个题目:"当下史学研究最缺乏的是什么?"让研究生讨论。有的说中国史学缺乏理论的架构,少会通之义。绝大多数人则认为:"缺乏思想",不敢说出自己的话,像是患了一种"失语症"。也有的认为史学当下急需要有像历史哲学那样的形而上思考;历史学是一种民族记忆,它既需要寻因意识,更需要寻根意识,对人性——人的价值体系的批判性思考。

我个人则比较倾向于中国史研究当下最需要正视的是史学家没有思想,而不采取缺乏"理论"的流行说法。这是基于以下两个原因:一、需要"理论",按照以往的习惯,往往容易误导为需要寻找一种可以解释历史或社会的标准理论或唯一理论。实际上这种捷径并不存在。目下学术界有些人正在为这种主义或那种主义吵得不可开交。我很奇怪,怎么到了世纪之末,世纪之初的"主义"之争又热闹起来?假若想争出个新的主义独尊,说明百年是白过了。二、任何理论比较起实际生活,都要显出它的贫乏和单调。人类生活,也包括历史的人类活动,都是极其丰富多彩和奇诡多变的。史家只是在尝试"理解"它。任何一种理论都只是一种假说工具,必须拿它来与实际的生活情状相对质,清醒地意识到两者之间必存在一定的误差。所以我认为,到今日不缺理论,而且日有眼花缭乱之势。重要的是,史家不能做思想的惰汉,必须勤于思考,独立思考。不能为着某种个人的利害,宁愿不思考,没有思想。至于史家选择何种理论解释工具,那完全可以"自我选择",但必须倡导一种多元的和宽容的学术氛围,为各种理论假说的相互碰撞和相互补充提供从容不迫的舞台。

调研百年来比较有影响的各种通史教材所得的印象,也说明对中国通史的理解和把握,仍然是处在"过程"之中,有成果积累,也有诸多问题

的沉淀。我所获得的印象,大致可归纳如下:

(1)自20世纪30年代开始出版各类中国通史教材以来,大体言之,新中国成立前教材的个性较突出,各家不仅体裁、文字风格各具特点而且对通史的理解也各抒己见(包括范文澜1942年出版的《中国通史简编》三册与翦伯赞1946—1947年出版的《中国史纲要》第一、二卷);新中国成立后渐趋一致,编写者似更重"述而不作",强调客观性、稳定性(回避争论和作者自身的观点),导致"千人一面",大同小异。这种"千人一面"、不露真容的编写风格,除了客观环境的因素,还涉及苏联教育思想、教育观念的影响,实际是把学生当作机械接受"知识"灌输的对象。其实教材绝不是"经典",教学过程更不是唯教师、唯教本为"标准模式"。教材只是引导学生理解和思考中国历史的"阶梯",是一种"驱动的过程",而绝不是一种"终结"。因此,教材不应该、也不可能离开编写者自身的理解和方法论"示范"。否则,只能言不及义,变成知识点间缺乏相互联系的"展览",不具启发性。

(2)比较各种教材后,我们更深切地体会到,通史教材难就难在"通"字上。成功的教材,大抵都有一种贯通始终、前呼后应的"气脉",一种能体现中国历史特征和发展过程相续相变的"生命气脉"和"中国韵味"。如钱穆《国史大纲》以体现"中国历史生命精神"擅胜,本位文化、自恋情结呼之欲出;吕思勉以揭示中国制度变迁见长,冷峻的社会进化论色彩特浓。不管后人如何抉择,他们都能自成一家,给读史者以鲜明的历史整体感。我们觉得,所谓"通史",不可能面面俱到,更不能做成政治、经济、文化三板块,人物、事件、制度三要点的"知识拼盘"。历史不能离开事件、人物、制度,但应服从于"通"的目标,围绕揭示特征和演变线索两大主题有重点地展开,力求体现其前后叠进间的异同,突出阶段性的标志。所谓详略取舍,就看编写者剪裁调度的得法与否。而这一切,内在地都取决于编写者必须融注自己对历史的整体理解和对以上两大要点的把握。所以真正有质量的教材必是富有个性特色的教材。

(3)综合各种教材之长,我们觉得揭示中国历史特性,大抵不离两大板块,一是文化,一是制度。在这两方面,中国都有迥异于西方的许多历史特点。写得好,才能"传神"(即凸显中国历史精神),既不坠入类同社会发展史的机械教条模式,也不再重复过去那种王朝纪事本末式的旧陈述套路。新中国成立前的教材,或是以文化通贯,或以单独列出制度变迁辅以王朝沿革,虽各有所长,仍觉有所偏颇。剑桥中国史两者处理就比较好,但国外学者对中国的体认总有所"隔",免不了西方中心论的影响。如何融会贯通整个中国历史进程,处理好这两大板块间的有机联系,这是最费思量的。

(4)重视制度变迁,把制度变迁作为揭示中国历史演进的主线,力求环环相扣,前呼后应,有明显的优点。这方面《吕著中国通史》就是一个突出的事例。因为无论是中国历史曾长期领先于世界,还是后来追上世界潮流,关键都在制度的创新与变迁。任何制度都有其存在的历史合理性和暂驻性。入至文明时代,中国农业社会的各项制度几经变革(如商周之际、春秋战国之际、唐宋之际),因其具合理性,故能创造璀璨的华夏文明屹立于世界;历史情势无有大的变动,小变、微变仍能延续下去,显得特别具生命力。反之,转至近代,旧制度日益成为历史发展的阻力,变革社会成为时代主旋律。尽管变革热情高涨,然而,社会的转型终究只能在制度的变迁中一步一脚印地渐进,制度的蜕变、创新才是标识时段演进的界碑。

(5)以文化命脉为主线,如钱穆《国史大纲》,也别具个性和理解价值。因为文化实际上有两大种。一种是最能凸显中国对人类文化恒久追求的普遍性价值有所贡献的部分,属于具有中国特色的东西,且具共时性。这就是钱穆反复申说的"历史生原"和"生命气脉"。另一种是随时而进、与特定时段的社会需要适应的部分,属于历时性的东西,必有兴衰更迭。例如特定的"礼",是具历时性的,会随社会变迁而新旧更迭,但古贤所谓"礼"之内在精神为"和",却具共时性,不会因社会变迁而失却其价值,意思同西人说的"社会整合"也可沟通。然而,我们也应该看到,文化与现人所谓的"制度"是相互交叉重叠的。文化观念在特定的社会制度、历史环境里,展开为人的活动、历史的活动,都必然要受到制度层面的制约。制度背后有文化观念的作用,但任何制度都与文化观念有偏离,更着重其社会功利性。终极性关怀的追求只存在于恒久的历史长过程之中,很难落实在某时某地某制度之上。这就要求既能穿透历史现象揭示中国历史遗产里具永恒价值的瑰宝,同时也要通过对制度的分析,把握"历史感",善于从时空的变化中去把握评价文化无形的观念层面和有形的物化层面之间的异同。例如道德为人际关系整合所必不可少的"黏合剂",但法律则是约束人际关系以服从特定社会秩序所必需的强制性手段。在中国古代,道德"言不顾行,行不顾言",在官场乃为常规;反之,法家虽被摈斥于意识形态主流之外,历朝历代实际都通过"暗度陈仓"的手法,儒表而法里。说中国只有"人治"、没有"法治",亦是缺乏历史感的一个事例。当社会渐由传统向现代转型,世俗化的趋势使法律的作用变得突出。由"人治"为主转向以"法治"为主,就是文化转型中的一个突出的标志。然而,正是当法治流行之时,道德的关怀也变得更为强烈。如何处理好文化观念的变与不变、动与静,对理解中国历史进程,梳理清历史动态演进的线索,还有许多问题,需要我们进一步思考。

（6）时段的划分,从理论上说是把握历史特征和历史发展线索后的一个自然结果。但在编写实践方面却是一个大难点。若仅仅有宏观方面的认识,而在微观方面没有扎实的依据,万难做得恰如其分。新中国成立后的教材,显著的一个缺点,就是在"五种社会形态"的大帽子下,实际仍按王朝框架陈述,各个朝代间的陈述大同小异,制度只按正史的法定文本客观铺叙,没有着力在揭示其社会功能和社会结构演进的历史作用方面下功夫。如何从制度方面的研究着手,充分吸收已有的制度研究成果,为时段的划分奠定学理的基础,是目前中国通史急需解决的课题。

为什么要把这些原来属于"调研报告"的东西搬到这里?因为正是通过调研,给我强烈的感觉,现行教材缺乏个性的状况不能再继续下去了。各地的史学同事也或多或少表示应予改善。这就使我对太炎先生"今修通史,旨在独裁,则详略自异"几句话感到特别亲切。太炎说的"独裁",绝非排斥别人,唯我独尊,而是指必须有自己的个性,必须由自己来定"调度方案","详略自异"。众人拾柴火焰高,聚合个体的努力,始有整体的提高。这里不去说认识的绝对性、相对性的大话,我想谁也不会、也没这个胆量,宣布我的"通史"已尽善尽美,别人无须再编。明朝的何景明在《与李空同论诗书》里说得好:"譬之乐,众影赴会,条理万贯;一音独奏,成章则难。"有了众多的个性化的通史或通论,才会产生综合会通,如"百川异源,而皆归于海",海才能成其大,浩浩渺渺。一花开后百花杀,则必万马齐喑。

　　正是基于上面的许多思考,《中国历史通论》将分前编和后编两部分。前编从纵横交错的角度,围绕中国历史发展的基本特征和演进脉络两大主题,通过若干专题,进行研讨。后编重在回顾和反思"通史"的百年经历。现在都喜欢说"走向21世纪",如果连20世纪的基础都不甚了了,遑论创造21世纪的新局面?很显然,这是我个人对《中国历史通论》"独裁"的结果。希望读者也能这样看待它。

前编　通论专题研讨

《中国历史通论》,讨论的范围理应覆盖直到今天为止的全部中国历史。这明显是我个人能力所不及的。因此,我的《中国历史通论》只能半通不通,根据量力而行的原则,仍主要局限于传统的"古代史"范围,而用"中国现代化艰难性的历史思考"的专题,飞流直下帝制结束前后的中国社会,作一总的交代。即使如此,还可能言不及义,这是要请读者特别给予宽恕的。

在我讨论的范围内,至少也有九千年以上的历史(目前考古发现,有迹象表明它极有可能会延伸至一万年左右)。这一历史大时段,何以名之?夏曾佑等先生采用的做法,是把中国古代史分为远古、上古、中古、近古四段。这当然是一种苟且但也最少争议的办法。社会性质或社会形态的概念自西方传入之后,很多史家开始尝试移之于中国历史,但如何准确定性和分期,歧异就纷纭别出,长期混战不已。鉴于越来越多的经验事实说明,各地区、各民族社会历史呈现出强烈的多样性,使原来那些由欧洲中心论推出的社会形态的分期概念不断受到挑战。因此,我在这里就不再采纳目前国内各类中国通史普遍使用的五种社会形态说。

在我看来,中国并不曾有过"奴隶制社会"(不是说没有奴隶或奴隶制度的存在);所谓"封建",实是"天下共主"名分下的"封(邦)建(国)"制,也绝非西方意义上的"封建制"(即欧洲中世纪领主庄园制形态),所跨时段最多也只能延展到秦统一之前。[1]至于流行已久的"资本主义"能

---

[1] 黄仁宇:《放宽历史的视界》,在"明《太宗实录》中的年终统计"一文中陈述了使用"封建制度"一词的最早来历,颇可参考。他说:中国的封建制度,被译为feudal system,肇始于日本学者,迄今已近百年。当日译者对中国封建的设施已经含糊不清,(转下页)

否作为一种"社会形态"的指称,在西方史学界亦成问题。可详参布罗代尔《15至18世纪的物质文明、经济和资本主义》。[1]

无论从其起源或者诸多基本特征看,古代中国都是一个独一无二、具有明显特殊形态的农业社会,可以描述,但目前尚无以名之。为此,我宁愿套用"传统(农业)社会"这样的大概念。假如说还需要第二个理由,那就是《中国历史通论》立意在"通",采取的是"大历史"的框架,"宜粗不宜细",作大而化之的时代划分,可以避开许多不必要的史学纠葛,反倒更洒脱些。

"传统社会",大致就是现在已约定俗成的"传统农业社会"的简称,它与"现代工业社会"相对应。这种大历史的划分法,大家知道,是借鉴于美国托夫勒的"三次浪潮"说。第三次("信息革命")姑且不论,第一、二两次,我认为,确实可以作为人类自进入文明时代以来具普同性的社会历史划分大框架("大社会"的分期框架)。由史前原始先民发动的第一次重大经济变革,即农业的发明,使人类有可能脱离"野蛮"完成向"文明"的进化,这是自有人类以来的第一次历史大转折。以蒸汽机发明为始端开创的现代工业社会(前后经历了三次科技革命),人类的生存状态由此发生了一系列重大变革,整体上显示出与此前的传统农业社会完全不同的社会面貌。这是较"第一次浪潮"具有更为重大意义的历史大转折,社会各个方面的区别泾渭分明。以人类文明历史的进程而论,尽管世界各个民族、国家原有的社会历史形态不一(其中也有偏移农业社会大道,少数仍停留在狩猎游牧阶段的),但由传统农业社会向现代工业社会的转变,却是所有民族、国家或迟或早都必得经历的历史性跨越(除非它中途消亡)。

采用"传统"与"现代"两相对应的时代概念,便以打通古今、中西。《中国历史通论》既以勾勒轮廓、阐释整体特征为限,又包含着对百年来

(接上页)而对欧洲之feudal system之被称为feudal system不可能更有深切的了解。因为欧洲feudal system之被称为feudal system,起源于法国大革命之后。当日学者仅以此名词综合叙述中世纪一般政治及社会组织的特征,并未赋予历史上的定义。对这些特征的专门分析,则要到第二次世界大战的前后。中国社会科学出版社,1998年版。

[1] 布罗代尔:《15至18世纪的物质文明、经济和资本主义》第2卷第3章,对"资本""资本家""资本主义"等词的出现情形,有专门讨论。生活·读书·新知三联书店,1993年版。

"传统"向"现代"转型的"中国情结"的特殊关注,使我更乐于选择这种分期方法。故先特作说明如上。

背景:"大历史"观念与专题选择

中国传统社会由幼年、少年而至中年、晚年,漫漫万年,独享高寿。今天,以社会转型为主题,全民族正高度关注着向现代社会急剧行进中的变革事业,对传统社会的整体认识,也时时会牵涉到。但我们能直接体验的已经是它成熟期之后的许多特征,其早年时期的境况已渺远而依稀。这样,我们认识的方法,只能逆向地从它的全部经历中往复逡巡、细心体察,用一种互动式的讨论,去接近它何以成为"它"的因果奥秘,获得一种历史的通感。

这就使我想到了"大历史"。"大历史"的概念,是黄仁宇先生的创意。[1]先生中年始治史学(44—54岁),但先前丰富的社会阅历,无疑是助其治史自成风格的一笔宝贵财富。他以"大历史"观念写作出的诸多论著,在大陆拥有广泛的读者,也多缘于论著富有现实感。[2]

以《放宽历史的视界》为代表,还包括《中国大历史》《赫逊河畔谈中国历史》等,以不同的表述形式,反复强调中国历代没有能"在数目字上管理",缺乏中层的技术操作环节,是妨碍向现代化顺利转型的重要症结。这是黄先生多年坚持的重要史识。从这些论著里,大致也可以看出,"大历史"观念,实际是一种考察方法,就是要把视野放宽到世界历史走过的全过程,宏观地由前后(时)、中西(空)的往复观照,去考量审视中国历史。这同我在前面说的,以"问题意识"为向导,采取逆向考察的方法,有许多

---

[1] 黄仁宇:《中国大历史》"中文版自序",生活·读书·新知三联书店,1997年版。
[2] 黄仁宇先生原专治明史,其专著《万历十五年》,1982年由中华书局在国内出版,颇受史界推重。另一专著(博士论文)《16世纪明代中国之财政与税收》,2001年也已由生活·读书·新知三联书店刊行。

爱好相投的地方。所以,当我看到"大历史"三个字,特别感到亲近,没有任何阻阂地就采纳了。

我觉得黄仁宇先生的治史路向,对我们是极有启发意义的。治史的割裂,画地为牢,分工过细,无疑已成为史学进一步发展的一个障碍。拆掉围墙,其中包括古代史与近现代史的打通,中外历史的打通,实有必要。有比较才有鉴别。没有中外历史的参照系统作助手,既难以描述自身的特征,也没法解释中国为什么必须由别人把我们"轰出中世纪"(陈旭麓先生语)。最突出的事例,就是所谓"明清资本主义萌芽"问题。身在国外的华人学者较早就对此提出异议,[1]而国内绝大多数人却仍旧说,且日渐蔓延到文学史、思想史等相关领域。差别倒不在内外,而是我们自己对世界史研究方面新的进展缺乏必要的关注,甚至连世界名著、年鉴学派第二代传人布罗代尔《15至18世纪的物质文明、经济和资本主义》的中译本已经出版这样关联非常密切的信息,也有不知道的,就说不过去了。

但是我觉得还是有必要指出,中外比较的方法,逆向考察的方法,都只是史学方法大家族中的一员。任何一种方法实际上都不可能孤立地使用。正因为这样,20世纪后半期才会有整体史观的强调。如果要说"大历史",整体思维、整体史观,似乎更应该成为"大历史"内涵的主体或者核心。

例如"在数目字上管理"这一概念,单从字面上看就很容易产生误解。有人就反驳:只要有经济活动,就必要用"数目字管理"。任何形态的国家管理都离不开"数目字"的计算。很明白的事实,古代中国为什么要由租庸调制演变到两税法,再到一条鞭法,最后到地丁制?不就是国家(王朝政府)意识到社会实际情形变化了,要保证一定的"数目字"到手,赋税管理规则不得不随时而灵活变化?到明代这一"数目字"原则表达得更清晰,叫作"量出为入",政府必要的财政支出总量,是应征赋税总量的"底数"。更不用说在"计划经济体制"下,这数目字管理的严密,不是一直要管到

---

[1] 两先生的相关议论,分见黄仁宇《放宽历史的视界》"从《三言》看晚明商人""我对资本主义的认识"等文篇;余英时:《士与中国文化》"中国近世宗教伦理与商人精神",上海人民出版社,1987年版。

"右派分子"的比例数的划定？至于赋税征收效率的不很理想，赋税"逋欠"不能收足的问题，说绝了任何管理制度都有漏洞、都有抗拒的对策，逃漏税的问题今日发达国家也不能根绝。至于状况特别严重，原因还在别的地方，不完全在经济体制。

但我也必须为此一辩。究其原因，作为一个概念像"在数目字上管理"，本有它的许多内涵和一定的外延边界。只是由于该概念采用的是通俗易懂的表述方法，误解即由望文生义而来，实在是与黄先生本义的核心内涵有很大的出入。这个责任主要在阅读者，而不完全在概念的提出者。细读黄仁宇的一系列相关论著，就知道他的"在数目字上管理"，是与西方现代化进程里特有的"资本主义"作为一种"组织"、作为一种"运动"的大论点紧密关联的；甚至可以说，前者是后者的简化、通俗化。核心的一点，便是社会一切的一切，最终都得听从"货币"的指挥、调度，国家的管理，特别是法制必须转变到为这种"货币"自由流通和公平原则服务，提供可靠的保障。在这种过程的演进中，先是商业资本扮演了先驱的角色，而作为金融资本化身的"银行"的出现，则才是关键的、具决定性的环节。[1]

与此相关，在黄仁宇"大历史"论述的背后，我们还时时可以看得到韦伯和布罗代尔的影子。但按我读书的心得，西欧现代化的实际进程十分复杂，是方方面面整体性演进的过程，什么环节都很难缺少。在这方面，韦伯和布罗代尔这样的世界级大师，已经非常注意"整体"的关联，但无论如何，他们的归纳依然逃不脱"归纳的不完整性"法则。如果要找关键点，布罗代尔关于"市场遍布一切"的说法，似乎要比"数目字管理"更具实质性。市场、市场经济实则古已有之（这一点至今尚被现在不少国人所误解），而到了用市场交易的规则（过去叫"价值规律"，似不妥）渗透一切、改造一切、调度一切，"遍及社会"的市场经济体制确立，也只有到了这个时候，

---

[1] 黄仁宇：《赫逊河畔谈中国历史》"大陆版卷后琐语"，对"在数目字上管理"概念作了总的说明。生活·读书·新知三联书店，1992年版。另外《放宽历史的视界》"第一部"，我认为前四篇文章都反复陈述了这个意思，并对欧美现代化进程也有扼要的概括。我的归纳若有误，自与仁宇先生无关。读者还是直接阅读原文为好。中国社会科学出版社，1998年版。

现代社会典型、成熟的特征才终于可以被指认,并足以成为区别此前社会形态最鲜明的标识(布氏称这为"过程的终端")。[1]假若我模仿一下,也可以归纳为"社会的市场化"。但这也与过去用习惯的"资本主义"一样,都是借以思考的一种坐标,而不是全部的坐标。治史者万不能以一赅全、不及其余。

历史运动既持续不息,又在突破中继续前行。现实是由历史演进过来的,史学不能不关注现实。但以往的教训一直警告我们:不能牵强附会,离开了整体的历史感,史学"现实感"太强也是危险的。例如,今天我们进入了市场经济的时代,过去一度陌生的"商业资本""金融资本"名词走红,"商人"也备受青睐。但假若先不弄明白"商人""银行"的历史内涵和功能是什么,也会闹出笑话。

这就转到第二个例子:余秋雨先生是以写历史散文出名的。他的《文明的碎片》里有一篇"抱愧山西",是专写清代山西票号的。在此之前余先生是下了一番研读史料的功夫,完全是有备而到山西的平遥,专程来写踏访古迹的妙文的。然而,我总觉得先生眼里看到的,嘴里不停向山西老乡教诲的,还有随时在头脑里迸发的思想火花,都有一种夸张的情状,像是发现了一片海市蜃楼般曾一闪而过的现代化"新大陆"。例如说"这是今天中国大地上各式银行的'乡下祖父',也是中国金融发展史上一个里程碑所在"。看来余先生对于中国宋以来就存在的旧式"钱庄"(柜坊)与现代银行间质的差别是不予关注的。又说:"当时我国的金融信托事业并没有多少社会公证机制和监督机制,即便失信也几乎不存在惩处的机制,因此一切全都依赖信誉和道义。金融信托事业的竞争,说到底是信誉和道义的竞争,而在这场竞争中,山西商人长久地处于领先地位,他们竟能给远远近近的异乡人一种极其稳定的可靠感,这实在是很了不起的事情。"这里且不去说山西票号的官方背景,与权力的纠葛,至少是余先生并不知道,有没有私人资本发育的环境,有没有"社会公正机制和监督机制"即法制

---

[1] 布罗代尔:《15至18世纪的物质文明、经济和资本主义》第2卷第1章,生活·读书·新知三联书店,1993年版。

对私人资本的维护,恰恰是传统金融与现代金融的分水岭;两山相隔一个时代,而不是一山的上坡和下坡。看来他就是忘了看黄仁宇的书。下面的话就更显得有些异想天开,主观逻辑无限放大:"(入至民国)政府银行的组建、国际商业的渗透、沿海市场的膨胀,都可能使那些以山西腹地几个县城为总指挥部的家族式商业体制受到严重挑战,但这还不是它们整体败落的主要理由。因为政府银行不能代替民间金融事业,国际商业无法全然取代民族资本,市场重心的挪移更不会动摇已把自己的活动网络遍布全国各地的山西商行,更何况庞大的晋商队伍历来有随机应变的本事,它的领袖人物和决策者们长期驻足北京、上海、武汉,一心只想适应潮流,根本不存在冥顽不化地与新时代对抗的决心。"接着就时髦地把票号的衰败归之于革命和战争。我不想在这里详细辨明这些认识何以有误(讨论有关市场专题时再议)。类似的问题在史学界的徽商研究中也存在。我仅想借此说明:抓住一点、不及其余的做法,不明整个"资本主义"作为一种经济组织、作为一种历史运动所需要的整体环境和系统性的条件,就像看到有十几张织机就联想到"手工工场",就引出了"资本主义萌芽"的结论一样,都要冒曲解历史的风险。

中国历史从"大历史"的角度看,我以为有两大问题非常地突出。一是"五千年文明、两千年大一统",这在世界历史上不能不说是罕见的成功,举世无双。何以能达此成功?总不能说没有"合理性"存在,那"合理性"又如何解释?二是"先进变落后"。先进发达的农业中国为什么要转型到现代的工业社会,会如此地艰难曲折?"后来者居上",此话也有历史的根据,那我们凭什么能实现这种宏伟大志?

这两个问题的解决,就不全是熟悉史料就可豁然得解的。也正为这个缘故,史家都重视整理史料的观念与方法。前面说到的梁任公、张荫麟是如此,稍后许倬云先生也极端重视史学方法论。在我看到的同类书中,许先生的见解是属于精深而切实的一位,颇能反映20世纪后半期认识的进展。他对历史变数(复合变数、独立变数、时间变数、文化变数、个人变数等)的研究很具特色,甚至为"历史"一词下了这样一个定义:"变数之总和。"此外,对历史的因果关系、英雄与时势的关系等都有自己的见地。想对许先生观点有一系统的了解,读者可详阅《历史分光镜》。[1]

我认为,无论宏观的视野或微观的考察,对我们理解中国历史的发展线索和整体特征,都是不可或缺的。对一个史学家来说,理想的应该是宏观与微观两者统一而不互相排拒。多年来我是心向往之,力所不及,而心犹不甘。这大概也就是我至今仍能学而不倦的动力。

至此,把我在下面作专题讨论的"思想背景"交代得差不多了。此次共列八个专题,其中一、二、三、八是纵向的,对发展线索作些讨论;而其余专题是横向的,多围绕中国历史的特点展开。这些专题并不等于有关讨论应该涵容的全部问题。目前的选择具有纯主观的随机性,即它完全取决于目前我个人的能力和时间。以后能不能再作扩充,在教学中我想会有这个权利,而出版方面,可能性就很小了。

总起:对中国传统社会特质的认识

中国传统社会历史的总体特征有哪些?百年来史家围绕着它,讨论一直在进行中,成果不少,争议也颇多。下面即将展开的专题研讨,必然要面对这些问题;研讨中也不可能不带有我的选择偏向和个人主见。所以,先在这里提个头,以作"总起"。

中国传统社会的总体特征,归纳择取诸史学前贤的种种论析,掺和自己读史得来的杂感,我初步归纳为下述八点:

(1)中国文明的早熟特性。从农业起源、农业经营方式(多肥多耨、精耕细作)、工商业水平、城市集聚程度以及中央集权体制、意识形态化文化确立等等社会要素而论,都显示出较之世界其他民族早熟,而且善于借鉴历史而不断修正补漏,完善周密。可以毫不夸张地说,就世界传统农业社会这一历史时段比较,中国传统社会属最为先进、周密和成熟的少数

---

[1] 许倬云:《历史分光镜》,上海文艺出版社,1998年版。

类型。此一时彼一时。诚如《周易》所言,泰极否来,长处着眼即透出潜伏着的弊端;过度的发达,犹如长臂猿最难进化为人一样,"早熟的孩子长不大"。这就注定了中国的现代社会转型要经历漫长的难产期。

（2）农业产权的模糊和富有弹性,是中国传统社会的一大特点。我们通常所说的"所有制形态",实际应正确地界定为"产权形态",而产权形态应包括三个层次:①使用权(或可称经营权);②占有权(罗马法称"收益权");③所有权(罗马法称"处置权")。从世界历史上看,土地私有产权的产生和发展正是沿着这个次序由浅入深地演进的,但在大多数历史场合,三权集中统于一身的情景在传统时代并不常见。就中国传统社会总体状况而言,产权的"国有"性质,植根于政治强制度化与产权非制度化的体制环境,通过政治的、经济的一系列策略,在各个历史时期都表现得无处不在,根深蒂固。长期被看作"私有"形态的土地产权,细细考察就不难发现:它在收益权和处置权两方面都不独立、不完全,不论是自耕农还是地主私有土地,始终受到政治权力系统"主权就是最高产权"观念或强或弱、或显或隐的控制,处于"国有"的笼罩下,朝不虑夕,私有制极不充分、极不纯粹。直至明清,三种权力仍处在被分割的状态,没有纯粹的、能不受任何意志干预、由所有者自由处置、转让与买卖的土地私有制。总之,在传统中国,私有制的发展不是太早、太多,而是太少、太不充分,缺乏健全发育的法制保障。如此,中国进入现代的艰难才可以被理解。

（3）在中国传统社会中,人际关系主要有三种连接方式:血缘、地缘和业缘(业缘当作泛义解,包括政治的、经济的"同业"关系)。细致考察,不难发现历史上的社会互动模式虽时有程度不同的变迁和演进(从上古的宗君合一、封邦建国,到中古的门第郡望、门生故吏,到近世的同乡会、商帮、会馆公所),但以家长制为核心的血缘关系在中国社会中始终是最具原生性的人际互动模板,属于社会深层结构性质的东西。地缘和业缘无不受到血缘传统力量的浸染融解,往往畸变带有亚血缘或准血缘色彩的混合型样式,与西方有别。血缘(宗族)伦理色彩的意识形态高度发展。恩格斯关于国家产生的第一条标准(地域划分代替血缘纽带)在这里必须有新的解释。不少学者也多次指出,进入文明之初,血缘纽带没有被打破,可能是中西历史歧途分走的一个症结所在。

（4）个人崇拜的民族心理和习惯思维根深蒂固。这种个人崇拜，不是表现为宗教对先知神的崇拜，而是对世间道德人格化的政治权威的追慕和敬仰（很像马克斯·韦伯说的沉溺于人格特有魅力的"卡里斯玛崇拜"）。"五百年必有王者兴"，这是孟子对三代以来政权更迭历史特色的归纳。而孟夫子的论断却总是被以后的历史验证（尽管出现的频率和强度有一定的随机性）。由天才人物（或称圣君，或称英主）扭转乾坤、开出新天的梦一再重现，一再幻灭，又一再复活，难有梦醒时分。"好皇帝""圣君贤相"成为古代历史的主干，从知识精英到民众，都把这看作是历史光明面，民族的骄傲。现在要问：这种心理定式是怎样形成的？为什么如此牢不可破？

（5）社会三大系统：政治、经济和文化，政治又是居高临下，包容并支配着经济和文化，造成了所谓"政治一体化"的特殊结构类型。经济是大国政治的经济，即着眼于大国专制集权体制的经济，私人经济没有独立的地位；文化是高度政治伦理化的文化，着眼于大国专制一统为主旨的意识形态整合的功能，异端思想和形式化的思辨不是没有，而是总被遮蔽，了无光彩。一切都被政治化，一切都以政治为转移。这种社会生态性的高度倾斜又是怎样形成的？它是基因性的，还是后天性的？

（6）知识精英（可以远溯至上古的巫、史、祝）始终是社会的主流力量。然而，古代知识精英与社会的关系，常常呈现出两种极端的走向：要么紧密地与政治实体粘连在一起，为其不断地提供人才资源和思想资源，转化为社会统治；要么消极遁世隐居，逃避政治，沉醉于孤芳自赏的艺术意境之中，脱离社会和民众。在古代中国，几乎看不到第三种政治势力，也没有真正意义上的社会"异己"力量（众所周知，反叛的民众总以改朝换代、重建王朝为鹄的）。知识精英产生不出西方意义上的那种"社会异己"的新角色，又是什么原因造成的？这与文化深层次的基因有没有关联？

（7）如果深入观察中国传统社会的国家整合体制，"大一统"的成功常常被看作历史的奇迹。但仔细观察，可以发现两种极端矛盾的景象，一方面是权力高度集中于中央（习称君主专制），一切号令出自京城中的皇宫，执行刻板划一，个人（除皇帝）、地方均无独立意志，缺乏积极性；另一方面国家行政管理实际只到县衙一级,加上幅员辽阔,鞭长莫及,发展参差不齐,情况千差万别,中央对地方的有效监控程度,虽有强有弱(大致与离中央的距离远近成反比),总体水平却远逊于欧洲君主国。这种特有的大国统治格局,产生了一系列变局:"天高皇帝远",绵绵不绝的"土皇帝",以及"上有政策、下有对策","自由散漫,一盘散沙"等等现象。名曰"大一统",其实"统一"也是有限度的,往往是一国多制(长期存在的羁縻州与"朝贡国";西南地区的土司,要到清雍正时代才改土归流),政出多门(外戚、宦官、权臣、宠妃),更突出的是,国家的政府权力系统与社区的社会生活(特别是在乡村)系统之间,保持着一种说不出却可以意会的,若即若离的游散状态(有人称之为官方系统与非官方系统的"二元平行结构",也并不非常贴切),民间的社会生活、社会经济(除了赋役征收)均按当地的自然状态运行,上面无意也无力管(除非造反),百姓对外面的世界也漠不关心,以至像梁漱溟、许思园等前贤误以为古代中国士民平日里是"自由"地生活着的。总之,统一的坚壳,内部却包容着许多松松垮垮、多元含混的板块,"捣糨糊"式的一体化既虚假又脆弱,气候适宜,也常常会弱化为名存实亡乃至分裂割据。[1]"话说天下大势,分久必合,合久必分",如同后来我们常感慨的"一统就死,一放就乱",虽出诸稗史小说家之流,却是民间政治智慧与平民历史感的结晶,不可谓无由瞎编。这就启示史家必须真切深入地体察传统的"大一统"形成的历史过程及其内在的机制,包括它与生俱来的许多"病理症状",否则既不能很好地解释历史上的许多现象(例如吏治腐败、地方叛乱与周期性震荡),也不利于现代社会探索更好的共同体整合模式。

(8)变与不变,是构成历史生命的阴阳两极,负阴而抱阳才是历史的

---

[1] 对古代中国权力高度集中的有效性,由于我们过去多关注对专制主义的批判,或是对大一统的顽固恋情,很少能正视它相反的侧面。中国学者其实在感性层面上,体验并不少,但从来没有往这方面去思考。进入现代,国外的观察家或许是因为有了现代化的"问题意识",才开始提出中国政治体制权力的两重性,揭示它具有对地方监控能力低效的属性(对明清士绅的研究热也与此相关)。在这方面,晚年费正清(《剑桥中国晚清史》)、亨廷顿等人都有此感觉。近年黄仁宇的《中国大历史》等作品系列,表述的中央集权体制的技术层面缺陷,也是基于同一种感受的启示。对此,我在后文还会专题讨论,此处不赘。

真谛。从"变"的意义上,"历史是古老的,又永远是新陈代谢的。"因此,说"中国封建社会停滞不变",近乎数典忘祖,是不明乎中国既有变易的高明哲理,其社会变之微、之渐,历代都在进行,此中每每深藏着数千年中国人的政治智慧,故能数千年屹立而不亡。然而中国古代的变易观与近代由西方传入的进化论不可同日而语,两者显示出的正是古代社会与近代社会质的区别。"变易"的图式是"循环的(同心)圆圈",呈封闭型,六道轮回,以不变应万变,万变不离其宗,故靠自身走不出中世纪。"进化"是"基因变异","新旧不断起承转合",其图式是不断上升的螺旋,呈开放型。"变易"观的特点是使人容易趋向于乐天知命、返古保守,是发达的中国农业社会和统治周密的封建帝国自足心理的真实写照。只有中国失去了世界先进态势,备尝落后挨打之苦,方有接受进化论的心理基础。这就是为什么外因在推动中国社会转型中起着特别重要的作用。所以,旭麓老师说:进化论取代变易观,是"古典哲学的终结,近代哲学的开始",是一个新时代到来之前的第一声"潮音"。[1]

由此往上追溯,我们将会逐渐感受到,中国传统社会成熟期所收获的"业"和"果",是由许许多多的历史因缘牵攀着的,剪不断,理还乱。"源"与"流"既不同一,却又因缘牵合。梁启超先生当年在《中国历史研究法》里假借佛家语,说它有"亲缘(直接缘)""间缘(间接缘)","亲缘"之中复有"主缘""助缘",但最终他还是强调"历史为人类心力所造成,而人类心力之动,乃极自由而不可方物。心力既非物理的或数学的因果律所能完全支配,则其所产生之历史,自亦与之同一性质"。对此,后人不管喜欢还是厌恶,都逃不过马克思所说的"人们不能自由地选择历史",而梁先生则称之为"果报"。[2]非常奇怪,梁任公的这层意思,我们过去是不屑听的,但却与现在刚刚走红中国的英国吉登斯"结构化"理论的立场非常地相似,[3]真是天道好还。同道与读者诸君可以不同意这种立场,然而却不能回避与此相关的事实本身:追溯探源,必牵涉到与我们所理解的人类活动的特

---

[1] 陈旭麓:《陈旭麓文集》第4卷《浮想偶存》,华东师范大学出版社,1997年版。
[2] 梁启超:《中国历史研究法》第6章,华东师范大学出版社,1995年版。
[3] 安东尼·吉登斯:《社会的构成》,生活·读书·新知三联书店译本,1998年版。

点,人类自身不断选择的多样性,以及对这种选择的解释(解释又因时代不同而显示出其在后人心理上的影响,即集体无意识的"释梦")。[1]

交代:专题的安排

　　历史考察总可分为纵向与横向两个方面。纵向以时间为经,以人事为纬,重在描述社会演进轨迹;横向则以事为经,以时为纬,重在层面剖析,揭示社会诸方方面面的演进。一、二、三、八四个专题先以时间为经,对帝制结束前后的中国传统社会历史纵向作一轮廓式的概述。其余则多属于横断面的分析。

　　以中国传统社会大历史的主题而论,起点当以农业的初始发明为标志。若再往前,关于人种的起源以及体质的进化,以及采集兼狩猎混合经济时期,姑且当作"婴儿"时期,在这里都略去不讨论。

　　依据目前考古发现,在距今9000年前后我国的农业文明遗址业已在个别地区星星点点稀疏地出现了。[2]它的始点大约不会太晚于"肥沃新

---

[1] 弗洛伊德:《弗洛伊德晚期著作选》,上海译文出版社,1986年版。
[2] 据李根蟠《起源于中国的栽培植物及其原始农业文明》称:从考古材料说明,中国农业栽培与选种历史,从旧石器晚期至中石器时期已经发端。在中国新石器时期遗址出土的农业植物炭化子实中,保存了古文献所记载的各个历史时期的五谷果蔬,即距今4000年到9000年前的植物。文载《亚洲文明》第3集(安徽教育出版社,1995年版)。同期所载石兴邦《中国文化与文明形成和发展史的考古学探讨》则称:高级采猎文化向农业文化的过渡,大约是从距今15000—10000年期间实现的;中国农业文化的产生,约在距今一万年前后。目前发现的最早农业聚落文化遗存当推湖南澧县彭头山,距今9000年左右;在澧县城头山还发现了迄今世界上最早的汤家岗文化水稻田(100余平方米),距今6500年前,见《1997年全国十大考古新发现评选揭晓》,载《中国文物报》1998年2月18日。在黄河流域迄今仍然以裴李岗、磁山两遗址为最早,距今约8000—7000年前;关中、辽河流域、山东都有相应文化遗址发现,南方长江中游的城背溪文化、浙江河姆渡文化、罗家角文化大致也在这一时期(考古学上称新石器时代早期)。详参严文明:《中国新石器时代聚落形态的考察》,载《庆祝苏秉琦考古五十五年论文集》,文物出版社,1989年版。

月地带"(今巴勒斯坦、伊拉克、伊朗等两河流域)。我们的讨论也就从这段"童年"的早期历史开始。

在这大约近万年的大历史里,如何划分段落,是个难题。我想既以"大历史"为由,自不必落入太细的"历史分期"陷阱。这时候,"宜粗不宜细"的说法倒极有用。

目前在"传统社会"的框架内,我采取的是三段分法:(1)部族时代;(2)封建时代;(3)大一统帝国时代。帝制结束前后则以"现代化进程"统而括之,或可曰:"走出中世纪"。读者或许会注意到,这与目前通行的说法有较大的不同。因此,对头两段会多费一点时间,以申明理由。

一、部族时代

谈中国历史,向来都是喜欢从盘古开天地、三皇五帝说到今,上古三代更是中国人心目中的"理想国"。"五四"后的人,知道了这些已很难足信,说的时候神气顿消,多先以"传说时期"申明在先。这多半要归功于疑古派的冲击。

我对"疑古派",似乎要比当下好些人多点恋情。因为在我看来,中国人直至近世还一直背着莫名自大的包袱,把自己"神秘化"。正是由这"第一次打击",才开始了以"认识我自己"为主题的历史自我觉醒的长过程。"神秘化"中国与"妖魔化"中国,都是史学的敌人。

但是若因此误会我对"传说"持全盘否定的态度,则不得不在此先作说明:这些"传说"只有把它们当作我们先人的集体性历史记忆时,才会产生史料价值。然而当这些化为"集体无意识"后,史家的一个任务,就是必须重估这种历史的"集体无意识",使我们不致老是克服不了童年的"自恋",就像被误以为"天才"的儿童往往长不大。

现在先撇开三皇五帝的老话,说说"部族时代"名词的由来。

"部族时代"的提出

百年以来,进抵"西学东渐"的中期(以西方社会政治理论的引进为标志),才开始有了对本土上古历史作系统化新整理的尝试。20世纪30年代前后的"社会史大论战",就是这种初期整理状况的一次集中展示。

筚路蓝缕,不能体会诸前驱者初试的苦衷当然是不应该的。但在后人看来,当时生搬硬套印痕所在多有,大体也是幼稚期所难免的通病。

其中大概要算郭沫若先生的变化最多。在极富诗人气质的年岁,他曾力持"据古代神话传说为正史"之不可取,并主"商代和商代以前都是原始共产社会"(《中国古代社会研究》,1929年)。后又屡作修正,到1952年,当时夏代远没有现在那样有若干考古迹象可作推论,遂果断地宣称:"夏、殷、周三代的生产方式都只能是奴隶制度"(《奴隶制时代》)。这是理念至上、"以论代史"最明显的例子。

相比之下,坚持以新方法整理旧国故(即不废国故)的学者,今天看来就平实得多。建立于20—30年代诸史家关于上古民族史开拓性的研究基础上,[1]周谷城先生1939年在所著《中国通史》中提出以"部族联合"的假说作为连贯上古历史的线索。他说:"历史愈往后移,诸部族逐渐合并,部族之数一定减少,部族之体一定逐渐扩大。这只要看黄帝及夏禹时之万国,商汤时之三千国,周武时之八百国,便可断定。"[2]前一段话是很富探索性的,虽"断定"一词亦显有武断之嫌。但从学术史上看,大概那时代人多有一股豪气,很少顾忌,这是与后来的霸气不能混同的。然因其不离本

---

[1] 其实早在中国考古学处于滥觞时期,有些学者已经从文献的路径试着爬坡了。他们力图对上古神话、传说中歧异纷然的部族作一系统化的整理,以期梳理出上古中国族群的分布格局及其走向的脉络来。这种努力在实际效果方面,似乎可以看作是从另一角度最早提出了"中国文明起源多中心论"。其中有傅斯年的(西方)夏、(东方)夷、(南方)苗三大系统说,蒙文通的海岱(泰族)、河洛(黄族)、江汉(炎族)三大系统说,杨宽的东系(殷、东夷、淮夷、徐戎、楚、郯、秦、赵)、西系(周、羌、戎、蜀)两大系统说,徐旭生的夏、夷、蛮三大系统说。丁山先生则以北狄族、中原旧族、东胡族、氐族、羌族为对象,逆溯其与传说诸氏族的演化线索,也讨论到了淮海、吴越、巴蜀地区的氏族发展线索,似更像多线演进的模式。因不在本书讨论主范围内,此处不再一一注明出处。
[2] 周谷城:《中国通史》上册,上海人民出版社,1957年版。

土"潜意识"之根,故"部族联合"一说至今尚觉创意犹存。

1940年,吕思勉先生在《吕著中国通史》(上册)中,更明确地主张"封建时代"之前,应立一"部族时代",或"先封建时代",以统括上古时代"部族林立之世"。次年,他的第一部断代史《先秦史》问世,再度申论前论,将前后发展脉络作了交代:"封建以前,实当更立一部族之世,然后于义为允也('部落曰部,氏族曰族',见《辽史·营卫志》)……盖古之民,或氏族而居,或部落而处,彼此之间,皆不能无关系。有关系,则必就其有才德者而听命焉。又或一部族人口独多,财力独裕,兵力独强,他部族或当空无之时,资其救恤;或有大役之际,听其指挥;又或为其所慑;于是诸部族相率听命于一部族。而此一部族者,遂得遣其同姓、外戚、功臣、故旧居于诸部族之上而监督之,抑或替其旧酋而为之代。又或开拓新地,使其同姓、外戚、功臣、故旧分处之。此等新建之部族,与其所自出之部族,其关系自仍不绝。如此,即自部族之世,渐入于封建之世矣。先封建之世,情形大略如此。"[1]

诚之先生的这段归纳,完全是从旧籍梳理而得的,但在今天仍经得起检验。有一点值得注意,诚之先生对我国正史中少数民族志史料的重视,是独具眼力的——当我们正热心于引进西方人类学志的时候,往往忘了自家所藏的宝贝。其实,在少数民族早期历史中不也潜藏着许多珍贵的人类学志吗?

吕、周两先生采"部族"一词,系源自《辽史》旧籍,似乎很不为新进者所垂青,近四十余年已从通史一类的论著中消失殆尽。但是,静心而思,名词的新旧,实不必多所计较,有一点却是不容苟且的,即必须以名实相符为衡定的唯一标尺。

来自于西方理论的新名词,"原始共产社会"暂先搁置,即如"部落联盟"、"军事民主制"或者新近的"酋邦制",因其所包容的历史内涵,"所指"来自他乡殊域,与本土"应指"契合得不密,南橘而北枳,也实所难免。新近

---

[1] 吕思勉:《吕著中国通史》,华东师范大学出版社,1992年版;《先秦史》,上海古籍出版社,1982年版。

有学者已据考古发现著书质疑,具代表性的如王震中。[1]

"部族"则为本土所自出的旧名词,植根于历史积淀的"集体性记忆",特别是其中"族"一字(即家族、氏族、宗族的"族",这是中国历史的"根")尤为关键。[2]初看无甚"理论色彩",然"应知"内敛于所自出的"应有",所指与应指之间容易默契。若能比照西方人类学的研究成果,进一步抉发出一定的理论内涵,也许反比较容易做到名实相符,符合国情。这也就是现在常说的,本土概念的现代阐释与外来概念的本土化两种方法的相互会通;旧用法因诠释而重获新内涵,亦可以达到殊途同归的目的。

这种部族的早期历史,除了"神话传说"之外,我们恐怕将来也未必弄得清楚。但它的基本社会单元,却已从地底冒将出来,成为史学可以认识的早期社会对象。

部族的出发地:"聚落"

"落"字,在古籍中本含有"落地居住"的意思。洞居山穴,出入山林旷野,大约旧石器时代的先民还没有完全脱离类似兽类的原始生活。[3]自进入农业经济时代起,我先民才开始转为定居或半定居(即一定时期后的游动)的生活方式。群体以血缘关系相处一起的聚落(也可叫村落),成了那个时代社会生活的出发点,社会组织最基本的集合单元。以后渐趋复

---

[1] 王震中:《中国文明起源的比较研究》,对过去习用的文明、国家起源的诸种标志提出了许多质疑。这是我迄今所看到的最有见地的,依据中国考古实据,而亦有宏观理论眼界的"起源"问题的力作。后面的讨论还会经常提及此书。有关质疑,请详阅该书"绪论:理论与方法",陕西人民出版社,1994年版。
[2] 吕思勉:《蒿庐论学丛稿》"本国史提纲",先生曰:"以血缘结合者曰'氏',亦曰氏族。以地缘结合曰'部',亦曰部落。二者兼有、抑其结之之原因不明者,则曰部族。"我认为远古氏族、部落不断扩展,进至拥有相对固定的地域范围,自成一共同体者则曰部族。然先生所说血缘与地域二因素兼而有之,颇含新意,因其必包含依附的被征服的其他氏族部落。许倬云先生就很重视"方邦"时间一长就容易滋生出地缘政治的因素。历史就是如此连续地演进的。载《吕思勉遗文集》(上),华东师范大学出版社,1997年版,第635页。
[3] 据《中国文物报》报道,安徽宁国发现旧石器早期露天生活遗址,提供了约40万年前早期人类有关露天活动的一些珍贵材料。1998年6月10日第1版。

杂的社会组织,都是从这里开始走出,又离不开这个基点。这就是中国历史最重要的特点之一。我们的讨论就从这里展开。

当历史考察的重点转向以"社会"为中心,文献史料捉襟见肘的弱点就越显得突出。这也就是"史前史"和上古史越来越仰赖于考古发现的基本原因。但长期以来考古注重器物的旧习往往不能有效满足"社会描述"的需求。所幸近二十来年终于有了考古学界不断公布的新石器时代聚落遗址整理报告,据此我们已可依稀得知该时期社会组织基层的情形,人际关系的某些情景。

我国新石器时代早期聚落遗址,黄河流域地区在长期付阙后,终于有了突破:山东龙山镇西河遗址发现了8000年前19座房址。[1]在南方除河姆渡遗址有"干栏"式排房遗址外,长江中游有了重大突破,这就是在澧县9000年前的城头山文化遗址,发现有壕沟和围墙圈定的聚落,并收集到迄今世界上最早的稻谷稻米,距今8000—7000年,并发现迄今为止国内最早大型祭坛,清理出数十个形状特殊、遗存丰富的祭祀坑。[2]可惜目前尚未见有对其聚落内部情形的详细报道。稍后,进入到新石器时代中期,我国农业先民的人口、聚落结构已有眉目,可大致推断出其时的社会组织形式。其中以距今7500—7000年内蒙古东部敖汉旗的兴隆洼一期遗址[3]和距今7000—6000年的陕西临潼姜寨一期村落遗址[4](有一百座左右房址)最为典型。据《文物报》1998年7月26日报道,敖汉旗又新发现一处更大

---

[1] 有关报道详见《中国文物报》1998年1月21日第1版。第一类房址面积在30—40平方米左右,大的超过50平方米。第二类为贮藏场所。分布格局,未见报道。

[2] 有关报道见《中国文物报》1998年2月8日第1版。"八十当遗址"被列入1997年全国重大考古新发现提名荣誉奖。聚落具体面貌,亦未见于报道。祭坛报道载《中国文物报》1999年3月3日第1版。

[3] 据《中国文物报》1998年7月26日报道,敖汉旗在北城子又发现一大型兴隆洼文化环壕聚落,面积相当于兴隆洼遗址的两倍。房址自东向西共分11排,通常每排10—20座不等,最长的一排31座,最短的仅4座,共214座。聚落三面环壕,一面临河。

[4] 王震中博士据此曾发表了如下的看法,认为"从人类形成之初,最基层的生产和生活单位可能就是由一对临时或长期结合的男女及其后代组成的家庭,而不问其是属于母系继嗣或父系继嗣。无论从理论上还是从实践来看,这种相对稳定的小单位和氏族组织是可以并存而向前发展的"。这一观点,依我看是非常值得重视的。见前引书。

的兴隆洼文化遗址,称"北城子遗址",总面积为六万余平方米,为兴隆洼遗址的两倍。该聚落三面环濠,一面临河,发现房址214座,均南北向成排分布,共11排,通常每排十几座到二十几座不等,最短的一排仅有4座,最长的一排共有31座(每排房子数不一,值得注意)。可以预计,随着全国新聚落遗址的不断发现,我们对它们的认识还会有更大的突破,现在才刚刚开始。

从上述两处典型聚落,结合其他遗址材料,我觉得有几点是值得提出来的:

一、以一对夫妇及其后代组成的小家庭已成为生产和生活的基本单元。这一时期各地(包括北首岭、大地湾等)发现的聚落,面积不等的小房子都占绝对多数。兴隆洼比姜寨大,大抵也只能容纳三四口左右的小家庭居住。目前仍以姜寨发现情况最详。屋内既有成套的农业生产工具(包括狩猎、捕鱼工具),又有火塘、炊具、饮器等生活用具,特别是普遍分布于小房子附近一至二个不等的窖穴,表明他们平时独立消费,也有自己的"小仓库"。"小家庭"基本单元远在六七千年前即已出现,对历史学界很可能是一个"新闻"。而且出人意外的是:他们之间房屋面积与窖穴也不是绝对"平均",略有差异。造成这种差异的原因,值得深思。这是聚落结构的第一层面,聚落组织的基本细胞。

二、中型房屋居住者的身份(兴隆洼在20—80平方米的房屋中未分出中型房屋,分布情况也不明;半坡、北首岭、大地湾均缺中型一级,原因有待解释)。在姜寨,我看更像是五个大家族族长家庭的居所(比小房子最小的也大3—5倍)。其屋前的窖穴各有三四个,为小家庭窖穴数的2—4倍。这与其说是大家族的公有财产,不如说是族长家庭的,更合理些。分布在五座大房子前后左右的窖穴,其中最多的有6个,才是属于大家族的公共财产。这里显示出聚落组织结构的第二层面。何以家族长家庭比小家庭略富裕些,也有待解释。

三、大房子是五个大家族群体的象征,它证实了"二元社会结构"(个体家庭与家族群体)的存在。姜寨的大房子里有大型连通灶和灶台,有可容20—30人住的土床,但未发现或罕见生产工具和生活用具。王震中推测土床是供未婚男女谈情说爱和夜宿用的。我倾向于认为这是家族未婚男子的住所("完全雄性群体"的遗迹。平均每家有1—2个男孩子住在这里，也合情理），也可供接待外来女子谈情说爱用("野合"则在别处）。应该注意的是，按人类学志推测，家族内的未婚女子和未成年子女则随父母住。无论男女，未婚成年男子平时还是回自家吃饭（故没有生活用具），不构成独立消费单元。大型连通灶表明当时有节日大家族"共食"的仪式，这是目前可以看得到的以大家族为单位的群体性公共活动的唯一证据。

四、在姜寨，为五个大群落所围绕的1400多平方米的广场，是这一氏族群体的共同体象征，显示这种共同体内敛向心的格局。各处遗址，有的是广场（如姜寨、北首岭、大地湾），有的可能是居于中心地位的大房子（如半坡、兴隆洼）。现在我们看到的聚落格局，既有围绕广场的圆形模式，也有成排的横列模式（如兴隆洼，后来成为我国农村村落最具普遍性的格局），何以不同，尚不能解释。与此稍不同，壕沟或围沟是普遍具有的，标志群体内外世界的一道"边界"。虽然在围沟之外，还有他们的田地或工场，但这围墙与壕沟，既是防卫猛兽袭击与别的群体侵犯的"防御工程"，又是心理上的群体界限的象征，是显而易见的。据严文明先生说，姜寨壕沟内侧有用篱笆或栅栏做成的寨门、瞭望的哨所，更证明了围沟是聚落群体对外部世界的一种表示。[1]奇怪的是，在姜寨没有发现群体最高一级"首领"的居所，因为大房子根本不像家庭居处，这颇费猜测。

五、与整个群体相关的还有：姜寨有相当数量的窖穴密集在一起，分布在聚落的四隅周边，已发掘多的一处集中17座，少的也有6座；以及分布在五座大房子前后左右的窖穴，其中最多的有6个。那时的窖穴很像是现代的"银行账号"，标志着财富属谁占有。王震中博士认为这些都归属为大家族所有。我认为，后一类确像是五个大家族各有的公共财产（因位于大房子周围），由此更证明了族长居所屋前的窖穴为族长家庭所有。前一类窖穴所有权，可以商榷。它们密集地放在聚落四隅周边，包括靠近东边壕沟（有11座），这说明与大房子关系不大，更像是属于聚落共同体所有。我

---

[1] 详参严文明：《仰韶文化研究》，文物出版社，1989年版。

们不能专着眼于房子的"法人",也别忘了还有一个1400平方米的广场,这是全聚落(氏族)公共集会的场所,它也应该有相应的"法人"和相应的物质基础。王震中认为除已发掘的西北隅、东北隅、东边、东南隅外,尚有西边、西南隅也应该有类似的密集窖穴,则总数为六,也不符合"五"这个大家族总数。此外,还有两个牲畜圈栏和两处牲畜夜宿场。前者位于北组房屋的分布区内,在大房子的西北边;后者分别位于西北组和西组大房子的门前。王震中判断它们属于大家族。但另二组大房子所代表的大家族明显被排除在外,说他们不经营家畜饲养,似于情理上说不过去。我推测它们也应属于全氏族所有,由大家族派工。制陶工场——陶窑所在情况似比较复杂。半坡的陶窑都集中在围沟的对面、居住区的东北,这倒像是属于全氏族所有,没有别的可以解释。姜寨的陶窑比较分散,有两座在居住区内,一在东组的东北角,一在西组的北边。另外几座设在居住区外,一在东北寨门外不远处,其他几座设在村落西头的临河岸边。王震中认为这些陶窑也归属大家族所有,理由似不够充分。我看与半坡一样,也还是属于全聚落(氏族)所有;否则,就应该是围绕大房子各有自己的陶窑,而不是像现在这样分布方位无规则性。自然,也还有一种可能,氏族内部有某种手工业的专业户或家族,但分配仍归氏族统调。从所处的历史阶段来看,产品所有权大头在氏族共同体,似比较合乎逻辑。

以上的考古发现,给我们提供了颇具直观性的"史前"(指有文字以前)村落生活图像。这是一个我们迄今能认识到的早期农村社会,由小家庭—家族—氏族三级组成的大村落。据王震中估计,姜寨人口约有350—450人,不超过500人。

但由于发掘面还不够宽广,或其他客观的困难,揭示的范围不尽人意为学者所共识,例如聚落与周围别的聚落关系目前尚一无所知,连外婚的对象在哪里都不甚清楚。所以,苏秉琦先生特别提出的"大文物"新概念,提倡要扩展扫描的视域,将某一大范围内的遗址综合起来,包括其中的"白地",成群成群发掘观察,[1]以求有更大的突破。最苦的是物质遗存永

---

〔1〕 详参苏秉琦:《考古寻根录》,辽宁大学出版社,1994年版。

远不能"开口说话",终究是一种难以弥补的缺憾。下面,参以人类学志知识作一点推理,也是不得已为之。

这一时期聚落共同体内敛向心的格局,是以血缘为纽带的,它虽不是一种绝对平均的"共产制社会",但微小的家庭、家族间的财富差异(墓葬也佐证了这一点,从略),还不足遮掩浓浓的血缘亲情,何况家族、氏族二级的共有财产还能起恤贫济困的调节作用。王震中博士称它们为"内聚平等的聚落",也并不离谱,但还必须作若干的补充,才比较接近实际。

首先在经济方面,各家庭、家族间基于人力、经验等因素(族长可能还有"劳务"收入)存在一定的差异,如果遇到外来诱因的参入,还有进一步扩大的可能——虽然这将是较后来的事——绝对的平均分配,在这里被证明是一种虚拟的"乌托邦"。更为重要的是,现在看来,过去对"原始共产制"的误解,缘于过于简单化专注于"归谁所有",没有充分注意到结构上的多层次性,这是有缺陷的。由考古发现所呈现出的"所有制"源头,也说明"产权"不仅是历史的产物,即就"排他性"而言,它也有一个逐渐复杂化的发展过程。即使在其初始阶段,"产权"的界线也是多级、多层次(所有权、经营权、收益权)交叉分割,并非想象中那样清晰,更无法用"公有制"还是"私有制"一言以蔽之。上述收益的多样分配模式透露,早期农人也懂得投入(成本)—收益(报酬)应该相关才有"激励性"(这里就是经济人的性格成分在起作用)。他们是在一种自然状态下选择群体与个体协调的某种方式。推断当时"产权"状况大致是:作为主要生产资料的耕地,所有权应该属于共同体——氏族(即产权的"法人"是氏族,"法人代表"是氏族首领,可称之"集体共有制";如果有多个氏族联合成部落,则"法人"就上升为部落共同体)。实际经营,则可以有几种假设。王震中的假设请参见其专著,此处不论。我的假设与之略有不同,经营也有三级:一是氏族"公田",集体耕种并收获,产品亦归氏族享用,入"大仓库"。其他全划归大家族经营(经营权实际上已开始分化),其中也有家族"公田",类似前者,收益入"中仓库"。余下的则由小家庭"承包"耕种收获(多数采取定期分配,好坏平均搭配),收益归家庭"小仓库"。其中不排斥氏族统筹兼顾、各种劳动互助协作,以及一定数额的"上交"入二级公共仓库。肉食与陶器用具大概由氏族按家族、家庭二级向下分配到户,也可能有一定的分配规则。估计兴隆洼聚落也大致是如此。是"三级分配",而不是完全平均分配,这就比较容易解释家族、家庭之间何以有"财富差异"但不甚悬殊。需要说明的是,不管我们怎样假设,现实的早期农人的生产、生活方式,一定比我们的假设要多姿多彩。例如著名的特罗布里恩德人,实行的是母系继嗣(却是从夫居)。他们是以耕作队(我想这是调查的学者给起的名字)为单元进行大片耕地开垦的。耕作队选自全村的居民(虽然他们的世系继嗣可能属于不同的亚氏族)。已婚妇女参加丈夫的耕作队(因为她们结婚后是住在丈夫处),而不参加父亲居住地的耕作队(她们未婚时是在父亲处长大),也不参加自己居住地的耕作队(她们的兄弟青春期时得搬到属于自己世系的地方,即母系继嗣所属的亚氏族)。整个耕地分成若干小块,每个男子拥有几块,由他的户群负责耕种。整个耕地中需要大规模合作的工作和仪式则由整个耕作队来承担;日常的工作则由各个家户独立完成。每个户群独自在自己的耕地上种植薯蓣,收益也归入各户的仓库。谁家的薯蓣多,谁家送给别人的薯蓣多,谁家就引以为骄傲和欢乐。[1]试问,凭我们的想象能构想出这样独特的分工和分配方式吗?但是,在这里,家庭(户)同样是生产、分配和生活的基本单位,难道这是巧合?

  其次,小社会的管理。氏族或部落首领,是以不同等级的"家长"身份实施管理的,特别是在战争环境下,他们已逐渐具有"权力"的雏形——以其地位获取"特权",因此不能把它说成是绝对平等的社会。前面静态观察聚落内部面貌时,故意省略了它与外部世界的关系,而壕沟却提醒我们:不同的聚落群体之间,还时常有发生冲突的可能,聚落间的"平等"(集体的公心),与发动对别族聚落的侵夺行为(集体的私心)同时存在——聚落之外的,距今7000年前后的社会,也不是一个平等的世界。对姜寨这样揭示得相当完整的聚落,我一直疑惑不解的是,它为什么没有一个共同

---

[1] 基辛:《文化·社会·个人》,书中所引"案例33:特罗布里恩德人的生产体系"。辽宁人民出版社,1988年版。

的最高首领？有，他住在哪里？一种假设，在姜寨，整个氏族聚落是由五个大家族族长共同管理或轮流执政的——所有重大事件的决定，则是由广场全体成员大会一致做出。如是，聚落实行的社会管理，具有家长制与原始民主制的双重色彩，而族长的联合议事，很可能是未来贵族政治的胚胎。[1]

我们在开头就说过，这种聚落将是以后一切复杂的社会组织的出发点。随着共同体的扩展，聚落的地位在不知不觉中也会被改变。然而以后的历史还将证明，这种村落的格局和它的一些基本性质（如亲情，即或后来不同姓，同村邻居的"近情"，恰如俗话说"富亲戚不如穷乡邻"，也有一份亲情），都会保持得很久远。中国历史应该特别注意的是，随后社会组织外延虽然不断扩展，共同体离内核（圆心）愈来愈远，但以家族聚居为主要形式的村落，在近世以前，始终是中国农民们最后一道生活世界的"港湾"——除非灾荒、战争和农民革命（另一种战争）强行骚扰它。即使被迫流徙，他们也会像蚯蚓再生那样，在异地他乡重建起另一座村落，顽强地力图保持原有的乡土风情（语言、风俗、族规等）。

宗族、部族与"方邦"

前述新石器时代单个的早期聚落，我们既可以把它们当作目前所知的最早"村落"，也可以看作为以后相当长时期社会组织具有基层性质的"元组织"——也就是说，此后社会往前发展，即使演化出更高一层的社会组织形式，实际上只是它空间上的不断复制、增多以及日趋复杂化（产生各种等级结构）的过程。要注意：这一假定将是我们讨论"部族"的逻辑出发点（暂将游牧部族搁置不论）。

人类为群居动物，最早必以血缘为纽带。这种单个的血缘群体也势必要扩大与分化。促成演进的因素，主要的有：（一）人口的增长，不断由"母

---

[1] 细心的读者一定会注意到，前面的描述省略了关于母系制和"母权时代"的关照。这是因为我对此有所怀疑，特意不谈的。个人的观点，有兴趣的读者可参阅拙文《母系制与母权制质疑》，载《中国研究》（东京）1998年4月号。

群"滋生出越来越多的"子群",导致空间分布的扩散;(二)生态的压力,或是自然灾害,或是疾病瘟疫,迫使群体流动,向四处自觅生计;(三)外来的掠夺,遭外来群体的侵迫,流散或远走他方,等等。

现在先讨论自然增长引起的正常演进模式。人类学家对原始人群由经济改善而造成的人口增长,已经有了一种量方面的估算。[1]据以目前我国新石器考古的新进展,也已经能大体把握这种由人口增长所引起的群体组织演进的基本轮廓。

我认为,目前王震中博士的立论最具前沿性。他将群体组织的发展演绎为三级渐进的模式,即从平等、内聚式聚落形态,发展为初步发展与分化了的原始宗邑与村邑相结合的中心聚落,再转而变为都邑聚落,最后达到都邑国家文明的出现,并强调宗邑聚落形态的形成和发展,亦即氏族—宗族组织的演变和发展,是最具中国历史特点的关键。他所确定的时间顺序大致为:距今6000年前为第一阶段;距今6000—5000年前这一段为中心聚落形成和发展时期,其中以甘肃秦安大地湾乙址为最典型;距今5000—4000年前为都邑聚落和都邑国家出现时期,以山西襄汾陶寺、山东泗水尹家城、浙江余杭反山等遗址为代表(李学勤主编的《中国古代文明起源》没有提到红山文化东山嘴、牛河梁遗址,是一个不应有的省略)。[2]

王震中演绎的模式,自然还需要更多的考古实证补充和修正。聚落、宗邑与都邑三者之间是否具有时间上单线演进的逻辑关系,也有可斟酌的余地。例如就在湖南澧县城头山,经中日联合考察队的清理,1999年3月3日《中国文物报》宣布,那里已经发现了一座距今6000年前的大溪文化早期古城,且地层明确显示系由汤家岗晚期水稻文化发展而来。城墙便是在水稻田东边的地面上建造起来的。该处还发现了迄今为止国内最早

─────────
[1] 详参伦斯基:《权力与特权:社会分层的理论》第5、6两章,易洛魁人部落联盟,一般不超过10个村落,总人数一度达到16000人。浙江人民出版社,1988年版。
[2] 详参王震中:《中国文明起源的比较研究》,见前引。另可参阅李学勤主编的《中国古代文明与国家形成研究》。它实际是一部由多位著者分头撰写的合成专著,第一编即出震中之手。看起来,后几编的观点,并不完全沿着这一思路推进,全书观点并不统一。云南人民出版社,1997年版。有关红山文化遗址情况,可参阅苏秉琦主编、白寿彝总编的《中国通史》第二册第4章,上海人民出版社,1994年版。

的大型祭坛。这就预示中心聚落的出现时间还可能提前,中心聚落与都邑聚落之间或许也很难有截然分明的时间界线。

但不管怎么说,农业先民随着人口的增长,一般都会比较快地不断滋生出"子聚落",数量众多的子聚落集合成由同宗血缘构成的大或更大的群体(即"共同体"),后者必有一个中心聚落。这种共同体与前述的"元聚落"不同,显示出具有等级的层次:它是该血缘宗族的核心,高于一般聚落。因此,宗庙的出现,在中国历史上是特别值得注意的大事。目前典型的例证为仰韶后期的(甘肃秦安)大地湾乙址的901号大房子。据专家考证,它前有殿堂,后有居室,左右各有厢房,前有正门三个,还有与左右厢房连通的两侧门。整座房子面积约290平方米,前有近千平方米的中心广场。这几可与古书"明堂""大室(太庙)"的记载相印证。中心广场上还有贡献牺牲的祭台。王震中推断这是一个大宗族存在的有力证据。[1]我以为辽西红山文化牛河梁遗址的著名"女神庙",也具有类似宗庙的性质。即使没有宗庙,祭坛也具有共同体的象征意义。实际的发展或许更多样。

那么"宗族"与"部族"之间是什么关系?遗址、遗物都不能张口说话,因此这类情形(即人际关系)就不可能完全由考古学来给予确认。而且,到现在为止讨论还仅限于农业定居者。农牧混合或游牧者,他们的宗族、部族的集合形式,未必都能从"居址"或"宗庙"状态去认定。但是两者之间发生学方面的规则应该是大同小异的。而后者保存在我国正史少数民族志里的材料反而相当丰富。因此,吕思勉先生等史学前辈关于"部族"的概念,都从那里汲取了不少"发生学"的灵感。陈守实先生据此分析土地制度的早期形态,也非常成功。

据我的不成熟看法,"宗族"和"部族",从发生学上说,原初意义应该是相近的,即都出于同宗(持续多少代没有一定),只是后来才使部族的内涵变得复杂起来。对后一点,必须予以充分关注。例如九、十世纪之交,蒙古人称出自同一祖先的由父系传嗣的子孙后裔为"同骨"的族人,汉译"斡孛黑""牙孙"都被称为"骨头"(氏族)。较小的为部落,再大的称部族,

---

[1] 王震中:《中国文明起源的比较研究》,参第27页注[2]。

这都是后世史家之指称。但是蒙古史专家特别指出:说斡孛黑是早期蒙古社会组织的主体或基础,并不意味着血族成员在此种部族、部落组织中必然占据着数量上的优势。出于其他斡孛黑的种种依附人口也许占到该社会基本组织中人口的半数甚至更多。尽管前者人数上未必据有优势,斡孛黑成员在相应部族组织中却占有主导的社会政治地位,附属人口屯营仍然用主人的那个氏族的名字。"部落""部族"的蒙古语汉译为"阿亦马黑"。[1]

因此,当讨论部族的发生学时,需要特别注意到与我们前面假定的单纯性质的"氏族""宗族"不同,它有许多外来的因素掺入。这就启示我们在社会组织形式变迁之中,外来的非自然增殖的因素起着重大的作用。其中最关键的莫过于战争引起的人口分合聚离、重新组合的因素。

人口流动的历史或许可以追溯得很久远,而人类内部的相互残杀,也同样古老。弗洛伊德的所谓"弑父恋母"(俄狄浦斯情结),正是人类对早年发生于血族内部攻战的一种集体性记忆。否则何以解释起源于某中心或某几个中心的古人类会走向遥远的世界各地?除了生态灾害的因素,战争因素也必须加以考虑,而且这两个因素也往往结合着发生作用。

不去说那些摸不着头脑的远古故事了。至少在我国新石器时代的考古发现中已经可以找到有关战争的许多蛛丝马迹。最典型的是山东龙山文化的尹家城遗址,在一些房子里发现了6具身首异处的人骨,有老有小,专家指出这是部落战争中受突然袭击的结果;在四座大型或较大型的墓葬中还出现了掘墓扬尸的情形。河南临汝阎村出土的"鹳鱼石斧彩陶缸",严文明先生即解释为用以纪念鹳族战胜鱼族的一位战功赫赫的元勋,并由此推论:"假如仰韶文化伊洛—郑州类型代表着一个确定的人们共同体,则其规模至少够得上一个部落联盟,那么,阎村遗址就很可能是这个联盟的中心部落的居址。"[2]附带说一句,以此也间接说明中心聚落的规

---

[1] 承友人复旦大学姚大力教授出示其研究成果《塞北游牧社会走向文明的历程》。原文载张树栋、刘广明主编:《古代文明的起源与演进》,南京大学出版社,1991年版。若引用时理解有误,概由本人负责,与大力君无涉。
[2] 前引王震中书,第801—802、119页。

模目前我们还很不确定——部落联盟与部族之间很难定出个规模界线。

来自考古学界关于部族因各种原因流动的实例，从我看到的，以对内蒙古清水河县境内岔河口遗址的说法，最为活灵活现。它几乎像是在为前面转述的吕思勉先生的论断下注脚。

岔河口遗址是因发现数百米长的巨型鱼龙夯土雕像而轰动的，据报道距今6000年前。内蒙古的考古专家称岔河口为"众多酋邦与部落的中心，而体态巨大的鱼龙，应是各酋邦共同崇拜的图腾"。并根据不同时期的遗址发现遗物的状况，做出了如下的综合分析：岔河口遗址共分三个阶段。第一阶段为距今6500—6000年的后冈一期和半坡时期，生活在晋北的后冈人沿浑河西进，与生活在陕中的半坡人沿黄河北上，在此交会成了新的酋邦。第二阶段为距今6000—5000年的庙底沟人，沿黄河北上从陕西中部进入岔河口，他们战胜了后冈和半坡人，建立了更繁盛的酋邦，在这里生活了1000年之久，创造了巨型雕塑。第三阶段为距今5000—4500年，庙底沟人逐渐成为当地土著文化的代表，随着气候变冷和干旱，黄河与浑河水位降低，岔河口文化逐渐衰落，最终被抛弃，人们从高岭上迁移，进入草原，最后发展为游牧部落。[1]

这种情形在后来北部周边地区的历史上一再重演过，因此，我认为其描述的往复变动轨迹，有很大的代表性。这也印证了上引蒙古人的事例也不是偶然的。"部族"与"方邦"相联系，其内部宗族成分会带上混合性质。这就是部族与原来单纯的宗族有所区别的地方。

由此可知，战争所引起的影响是非常深远的。至少它使当时社会组织（共同体）变得越加复杂起来：（一）产生了因战功而出名的氏族或部落首领，他们获得了远高于一般人的社会地位，成为共同体各级的核心；（二）原先不明显的财富分化因战争而不断拉大差距；（三）产生了因战败而归入的依附氏族或部落，其中并非都出于同一"骨头"；也有因战争威胁而主动结盟加入的；（四）这种战争过程的副产品，便是血缘通婚范围的扩大，不同部落间的通婚长远地产生了血缘的混合，产生新的部族。我们应

---

[1] 有关报道载《中国文物报》1998年8月19日第1版。

该相信,在人类历史上绝不存在纯而又纯的血统。血统的混合,平时也有,但频繁的战争之后,这种情形往往更为突出。这在商周的历史上也不断可以找到证据。

现在我们还不能在这种部族共同体以何种情形可称为"国家"的问题上达成一致的共识。关于"国家"确认的标志,在全世界都争议纷纭。这方面的讨论资料很多,读者可自行选读。我只想说,考古事业的大发展,使我们越来越多的人感受到了古书里提到的"方国"或"方邦",正从地底慢慢涌出。关于"国家"的认识必将会随着事实的清晰,有很大的改变。"国家"的出现要比我们想象中的早得多。

关于城墙的发现,今天已不再成为新闻,各处都有。如按恩格斯原先的说法,几乎都可以看作是"国家"的标志。由于考古发掘还无法做到像苏秉琦先生说的大面积整体扫描,现在我们还无法确定哪是部族内的某一个等级中心(城邑),哪是最高共同体的中心(都邑)。因此,一看见城墙就认定为"方国"恐怕是危险的。至于试图将遗址与古书的某方国、方邦对号入座,也有风险。例如有学者将红山文化与共工氏联系起来,随即遭到驳难。[1]

红山文化牛河梁遗址发现有女神庙、积石冢、祭坛,合称为"庙、坛、冢"兼具的群体建筑,属于这个群体的遗迹大约广布在5公里见方的范围内,还出土了具有"礼器"性质的玉猪龙。但至今未见有聚落遗址发现的报道。"积石冢"一时被称为中国"金字塔",大小高低不等,暗示着不同等级的身份,可惜最高最大的一座还未发掘。我去过牛河梁,总隐隐约约地有一种感觉,使人不能不受到这里有一个不知其名的"方国"的想象诱惑。

现在浙江余杭又传来消息,反山良渚遗址群内的文化古城已逐渐露出真容。据专家考证,位于西天目山余脉的大遮山丘陵间,很可能就存在过一个古良渚"方国"。那里业已发现土垣、壕沟、宫殿(莫角山大型建筑基址)、"王陵"(反山大墓)、祭坛(瑶山)、汇观山墓群以及西部、东部的

---

[1] 李先登:《红山文化不是共工氏文化》,《中国文物报》1998年11月4日第3版。

村落等，构成了一个迄今比较完整的"方国"建筑群体。古城面积约10平方公里，而整个遗址群范围则有近40平方公里。在反山和瑶山发现的玉钺、玉琮，特别是那件神人兽面纹的反山大琮，专家普遍认为是巫政结合的特权象征，早在80年代后期就曾轰动考古界。现在有专家认为，这里不仅存在着一古"方国"，而且它后来渐趋衰落，衰落的原因也多有猜测。[1]

总之，由于近二十年来中国新石器考古发现的巨大进步，中国文明起源与演进的轮廓正在逐步揭开，日益清晰起来。现在大致可以确定，由聚落而城堡(中心聚落)而都城(方邦)，是中国文明起源最初演进的一条主线。顾颉刚先生如泉下有知，当会欣喜地看到，当年他凭着历史直觉而大胆预言的"四个打破"，正逐一地被考古发现所证实。不但中华民族非出于一元，中国亦并非向来一统。由苏秉琦先生率先提出的中国新石器文化"满天星斗"、多中心起源论，已经可以坐实(究竟中心有几个，还不一致，也没有必要急于一致)。不断传来各地关于城堡的发现，更证实文献所保存下来关于古有"万国"的集体无意识记忆，绝不是子虚乌有。

关于古有"万国"的记忆，目前所见，最早只存留在春秋战国典籍里。如《左传·哀公七年》"禹合诸侯于涂山，执玉帛者万国"；《尚书·尧典》(顾先生考为成书于战国初)"协和万国"和舜"班瑞于群后"；《战国策·齐策》"古大禹之时，天下万国"；《战国策·赵策》"古者四海之内分为万国"；《荀子·富国》"古有万国"；《易·比·象辞》"先王以建万国"等等。很明显，这里已有后人增饰的成分，特别是"先王建万国"、"万国归于一"这类的观念显然属于后来附加上去的，但"天下万国"的远古记忆却由此而得保存，仍弥足珍贵。

"卡里斯玛"型权力崇拜

现在想进而讨论部族时代的权力现象。在这方面固然考古发现已经能够证明权力现象的存在，但是对于它的来源与性质，则不能不更多地依

---

[1] 蒋卫东：《余杭良渚遗址群内的良渚文化古城》，《中国文物报》1999年1月13日第3版。

赖于人类学的旁证。这是特别要说明的。

"卡里斯玛型统治",是马克斯·韦伯的政治社会学所归纳的历史上三种统治类型中的一种。"卡里斯玛",源于早期基督教用语,意指天赋的个人魅力和特殊的个人品质。具有这种特质的人,被认为超然高居于一切人之上,并被众人无条件地崇拜,是"超人(伟人)"。这很像中国所谓的"天降大任于斯人",那种"先知先觉"、具有特殊个人魅力的"天才"型人物。[1]

在中国传统社会的历史长时段里,社会统治的实现和转换,我们到处都可以看到这种特殊的"卡里斯玛型"人物的作用。甚至可以这样说,中国传统的社会统治是由"卡里斯玛型"创设的,而每次社会统治的危机和危机的解决,也离不开"卡里斯玛型"的复活。这种"卡里斯玛型"人物又都具有中国的特色——他们必扮演"父亲"的角色。这是中国传统统治的"内核",是亘古不变的"体",而不断复杂化的组织形式和越趋发达的官僚构建,是这个不变的"体"应万变而随机流行的"用"。这就使我想到了它的原型——"原始父亲",这一关系到中国传统统治特质的关键性概念的起源。

人类始祖中的那个"原始父亲",就是那时每个原始人群体中最强的"王者"。在人类学家和社会学家看来,"王者"的出现,是基于人类原始种群两个方面的生存需要。一是种族繁衍,素质优化和基因进化的需要。还有一点,就是由种群内部和外部生存竞争需要引起的——后者才是人类群体组织不断演进的基本动力。

群体所处生态环境的生存压力(早期常流徙),群体间的生存竞争(最早是争生存空间),以及由此导致原始"战争"频率和强度的增加,"原始父亲"的角色地位愈益突出,并会发生种种质的变化。由"自然天赋"到权势地位并制度化为社会分层(公共权力的设置),是一个极长期复杂的演化过程。随着社会化程度的不断提高,"原始父亲"生物性成分减退,被赋予越来越复杂的社会性功能——而在中国,由于制度化特有的创造,

---

[1] 详参苏国勋:《理性化限制:韦伯引论》,上海人民出版社,1980年版。

"父亲"的色彩不但没有消退,而且还刻意地加以泛化和神圣化,这是特别需要关注的(这也是笔者使用这个概念的初衷)。

根据各种考古迹象,至少在距今六七千年前新石器时代晚期前段,"原始父亲"早已演化为族长、氏族、部落(联盟)首领等不同的角色地位,具有多样的社会职能,并逐渐被赋予了"卡里斯玛型"的神化色彩。在这点上,我觉得与其像当年顾颉刚、童书业等先生将"三皇五帝"说成是由"神(上帝)"变"人(伟人)",还不如说"三皇五帝"传说情景演绎的是由早期普通人(首领)——演化为神人(伟人)的历史变异过程。所幸考古方面现在也有了若干进展,使我们对"原始父亲"演化为"卡里斯玛"式的"伟人",有了相当生动的实观认识。

下面想综合考察一下,究竟需要什么样的身份才可能担任这一类"伟人"角色,取得这种身份的主要资源有哪些?

看来天赋优势仍然是最重要的资源。20世纪初最有影响的人类学家威廉·格雷厄姆·萨姆纳认为不平等在本质上首先是一种天赋才能的量度,同时也是一种社会价值的量度。[1]所谓天赋条件,包括生理的、心理的先天条件(因为当时教育还只限于口耳相传,先天素质就起了决定性作用),体现为体质(健壮)、性格(勇敢)、智力(机灵)的综合。

战争中的英雄是承当首领的又一条件。而且历史越往后演进,这一资源就越显示出其极端重要的作用;战争是促使权威人物和特权、社会分层产生的重要温床。在一个部落或部落联盟,在战争"创业"中起决定作用的人,总是会被该共同体尊为始祖,具有绝对的威望,死后还永受祭祀(而后出现的祖先崇拜,都应带有这种政治军事色彩,并非单纯的血缘追认)。河南濮阳西水坡遗址出土了用蚌堆砌成的左青龙、右白虎图案,那位青龙白虎"首长",以及临汝阎村那位鹳鱼石斧的"首长",就是这样的英雄首领。传说中的黄帝、炎帝、共工、蚩尤也是,不过他们在后来的"正史"中成则为"皇"为"帝",败则贬入"落寇""凶犯"(共工、蚩

―――――――
〔1〕 萨姆纳:《原始习俗》,转引自伦斯基:《权力和特权:社会分层的理论》,浙江人民出版社,1988年版,第20页。

尤就是这样）。

第三种资源，便是精神性的或文化性的资源，这就是近几年学者们已经普遍注意到的"巫"的身份。一般说来，从人类学的报告来看，巫师与首领可以分离，也可以合而为一。但是，具有绝大权威和影响力的首领，一般应该兼具"巫"的法术和魅力。这是在还没有发明意识形态凝聚作用之前的一种替代，首领借此特有的个人魅力才得以整合群体，组织和动员群体人员服从某种规则或某种目标。人类学家对此有详尽的报道，不再赘列。至于我国，从考古发现来看，首领具有"神秘"色彩的例子不少，如濮阳西水坡"酋长"被认为骑龙驾虎升天（注意：濮阳又是传说中帝颛顼的活动地区）；红山牛河梁石冢呈天圆地方立体构架，都具有"绝天地通"的意味。北自红山文化，中经大汶口、龙山文化，南至良渚文化的沿滨海一带遗址均有"玉琮"出土，常伴大墓墓主随葬。张光直先生即认为"琮"兼具天圆地方性状，为巫者沟通天地的"神权宝物"。这里，还想特别说一下北大博士、日本学者洼田池对"圣"字的考释，我觉得这是一项很有价值的发明。他也是从巫术的意义上立论，并通过考释论证中国哲学思想中的"圣者"实始源于"巫者"。其结论是"圣"甲骨文与金文都应该是"从耳、人、⌣"，其中"⌣"不是嘴口的"口"，而是巫师通神用的一种容器，犹如"工"一样的法器，这在"占""祝""史""君"等字的字形上都可以得到通释；相反若作"口"解则不能通释。进而他又从古文献中演绎了关于殷王、周王的"圣王"特征，说明他们也无不与巫术宗教活动相关。[1]关于中国上古"王即巫"，钱穆、吕思勉以及杨向奎诸前辈亦早就有论列，学术界已成通识。洼田池先生的贡献，在我看，是以其文字学考释的成果，为我们沟通整个中国传统社会的"天才统治"提供了又一个重要的追溯线索，也为"卡里斯玛型""圣人"统治找到了远古的根据。

最后，年龄在身份资格的获得上也具有了一定的价值资源。中国古代以"齿"和"德"论尊（所谓"天下之达尊三，爵一齿一德一"），[2]年高者被

---

[1] 洼田池：《中国哲学思想史上的"圣"的起源》，载《学人》第1辑，江苏文艺出版社，1991年版。
[2] 参见《孟子·公孙丑下》。

称为德高望重,就是以"经验"取胜的一种时代特征。更不用说在尚未有文字和书籍传播知识的早期农耕时代,"文化"主要靠年龄的积累,以及不超过两代的口耳相传,传授者主要即为老人。

以上几点现在已基本上得到学界的共识。在此,我还想补充一条,在不少场合,"伟人"的脱颖而出,不只是个人行为,而且往往带有氏族或部落的集体背景。与此相关,社会分层,首先不是发生在个人之间,而是在宗族、部落之间,这是需要特别注意的。稍后还会说到这一点。

在讨论了身份资源后,再进而讨论身份的社会属性。我认为,在正式的"社会公共权力"产生之前,曾有过一个从先赋地位到获取地位的"质"的转变,而不像有些"酋邦论者"所说的他们是"专制独裁"者。在"原始父亲"的次生形态阶段,仍是以先赋地位为主要特征,以其个人突出的表现而赢得群体的推举。再下一步,就是获取地位(再次生形态)。

在此之前,先交代两点:一、声望、地位、荣誉、特权,都可以看作是权力的函数,但每一项并不就直接等同于权力。在这里,对"权力"的概念有广义与狭义两种。韦伯曾把权力定义为"处在社会关系之中的行动者排除(他人)抗拒其意志的可能性",与此相关,统治是"具有特殊内容的命令得到特定人群服从的可能性"。因此,狭义的严格意义上的权力,才带有鲜明的强制性质。二、由先赋地位到获取地位,两者不可能有截然分明的界线。这是一个缓慢的渐进过程,而且即使转变后,前一因素仍然还在发挥作用。前面所叙述的广义与狭义,也可以看作是"权力"产生过程的一有机部分,广义是狭义的上游、始源,两者之间并不完全隔断。只是为了学理辨析的需要,才有这样的区分。

从人类学提供的案例来看,早期的部落或部落联盟首领并没有具强制性的"权力"。他们看重的是声望和荣誉,人们也是出于这种原因才尊重他们。政治人类学称这种行为是属于一种特殊的"交换互惠系统"。为此他在许多场合必须"身先士卒",否则就可能失去其地位。这很像《荀子·儒效》中说的"能则天下归之,不能则天下去之"。又如韩非说的:尧、禹之"王天下"如同"臣虏之劳""监门之养",劳苦无比(《韩非子·五蠹》)。可见我国先哲的头脑中多少还保存着这种远古记忆的残痕。"原始父亲"和他的次生形态"大人"("王")的这种特点,常常被后来统治特权时代的人所利用。"集体性记忆"转化为"集体无意识"的历史资源,并成为笼罩在后来统治者头上的光环,公众仍然仰之弥高,寄予幻想。

我觉得,在讨论"不平等"现象时,要么对"不平等"的原始形态不予承认(如生理天赋能力的不平等),要么一说"不平等",就与"阶级分化"相牵涉。其实,具有政治学意义上的不平等,对人格的强制剥夺,首先发生在战争的环境中,群体内外有别是一个非常重要的原则。

政治人类学意义上的不平等不是首先发生于族群内部,而是发生在不同族群之间,除了灭绝对方(极少数),剥夺人身自由通常只涉及少数人(夸大奴隶制者往往不注意这一点)。这是常被忽略的一个关节。研究政治人类学的伦斯基对此发过高论。他从人类学的众多案例中感受到,"有些群体在其内部关系中产生了如此之多的(自我)牺牲行动,但当他们对付外(来)者,常常能无情地追求他们的'党派集团'利益,尽管这些外(来)者也是同一(人类)社会的成员。"因此,他得出一条定律:"群体内部牺牲倾向越强,在群体之间关系中的牺牲关系就越弱。"[1]

细想在中国上古思想中,其实也有一些尾巴留着可以被抓来作证的。如"非我族类,其心必异"(《左传·成公四年》)即是;"异姓则异德,异德则异类"(《国语·晋语四》)亦是。族类是一条决定情感取向正反的重要界线,研究中国传统思想的学者对此常为亲者讳,不予注意。其实这也是理解中国历史现象的一个关节。

这条中国上古思想资料,还为我们理解这种人类"反复无常"行为提供了线索。很明显,先人是从血缘关系上立论的,我认为这是触及到了问题的真谛。无论何种哺乳动物,"母子之爱"都出乎天性,且旁及一起生活的成年雄者(真父或"假父"倒无所谓)。人类由母子、父子之亲情而发展为同一血缘(同姓)集团之亲情,其中实际上更多的是生物性在起作用,这难道可以否认吗?只有到"人不独子其子、亲其亲",理性才上升到意识层面,然而前者的生物性作为潜意识(所谓"亲亲"之情)仍难以克服,"父

---

[1] 苏国勋:《理性化限制:韦伯引论》,第39页。

子"被衍化为"族群"或"集团"。直至近现代,集团与集团、民族与民族、国与国之间的残杀,不就是这种狭隘的生物性难以克服的例证!同理,出于凝聚的心理需要,人们也常常会将"亲亲之情"作泛义的推广,以适应群体扩大的新形势。据人类学家斯潘塞和吉伦的报道,西南非洲的伯格达马人中,首领"受到普遍的尊敬,他被成年人称作'伟人',被儿童称作'祖父'",父亲的概念已经超越生身的窄义而被泛化推广。[1]我国古代推及的范围更宽广。《国语·晋语一》载栾共子言:"成闻之:民生于三,事之如一,父生之,师教之,君食之。非父不生,非食不长,非教不知生之族也,故一事之","君""师"一律被看作"父亲"的延伸,"生"之含义得到移情、升华。正是据于此,我将"首领""酋长"乃至后来的"王""国君"之类统统看作为"原始父亲"原型的复制、新版,以为是渊源于远古历史的真实,而非故意生造名词或贩卖舶来品。未知能否为同好读者惠赐"同情的了解"?

无论是争夺到生态优越区域,还是掠取被战败者的人员、财富,对于群体和群体首领,战争都成为扩大财富分化和地位差异的催化剂。首领也由先赋地位向获取地位转变——首领成为获取财富(首先是战利品)的手段,由此也开始为获取这种地位而谋求"制度化",使推举转为家族世袭。

另一种变化更为深刻。群体间的战争,有胜有败,却无常胜者。频繁的战争,逐渐产生出一种新的意向——为有利于战争双方实力的较量,群体的联合在更大的规模上展开。前面说到的内蒙古清水河遗址正是这方面绝好的例证;大概在新石器晚期,这种通过人流的移迁伴之以战争,族群分分合合——合是主导性趋势——的运动在各个区域都相当活跃。恰如"伦斯基定律"所说,在战争的条件下,群体内部的向心力(凝聚力)越强,对群体外部势力的攻击性(侵略性)往往也越强。

然而,人类的创造力往往远超出学者的理论思维能力。它还可能有另一种形式,在中国,就锤炼出了"化敌为友",群体联合的制度性的新创造:将定向的血缘关系予以弹性化和灵活化,充分利用人类心理本能上的"亲

---

[1] 苏国勋:《理性化限制:韦伯引论》,第131页。

子"凝聚的功能,通过扩大婚姻关系,使之保持以"原始父亲"为象征的血缘纽带在空间上的扩展泛化。这是中国人在历史上的一大发明。这方面,周族人在打败了商族人之后,把这种"中国特色"的创造推向了极致,从而给中国历史以深远的影响。

二、封建时代

"部族时代"演进的结果,就进入了"封建时代"。"封建时代"很像是中国历史前后转折的一根"中轴"。向前翻转,朦胧混沌,走向尚未定型。向后翻转,世变时异,终于显示出了与西方大异其趣的历史走向。

现在通行的大学"中国通史"教材,都一律以春秋战国之际作为"封建社会"的开端。这里将要展开的"封建时代",却是指以西周为典范的一个时代。它经过春秋战国的逐渐崩坏,转入秦帝国大一统时代,严格意义上的"封建时代"即宣告结束。为此不得不先对现行教材的"封建"问题作必要的历史交代。

现行教材"敕令"一致的古史分期,根据我的记忆,是在50年代末或60年代初由当时的教育部"定于一"的。在此之前,新史家中间,也包括吕振羽、范文澜、翦伯赞,主西周"封建"的是主流。[1]新中国成立后出现过三四家纷争的局面。我就读的大学也属"西周封建"派,且戏称为"老封建"。后来由教育部颁订的教学大纲,决定以郭沫若《中国古代史的分期问题》为"经典"定于一。但它之所以成为"经典",完全是因为当年毛泽东主席赞成此说。

学术问题由行政命令来干预划一,今天我们已很难理解接受。然而,

---

[1] 有关"古史分期"问题讨论的学术史,可详参林甘泉等主编的《中国古代史分期讨论五十年》,上海人民出版社,1982年版。限于当时的情况,编者的政治倾向性很强,特别对海外华人学者的研究情况,未予涉及,作为一本学术史性质的资料汇集,今日看来,不免有憾。

大学教材并不因时过境迁而有所改观,绝大多数还一仍其旧,这只能说是我们这些做老师的惰性出奇地顽强。[1]

现在是到了应该重新检讨,"百家"可以自由争鸣的时候了。否则,我们何以对学生说明白"自由的思想,独立的人格"?

学术史追溯:"封建论"

西欧的"feudal system"("feudalism"),直译应为领地分封制度。据日知先生的考证,将"feudalism"转译为"封建",始作俑者为严复。[2]黄仁宇则说,其实最先是由日本人以"封建"一词移译"feudal",庶几近之。[3]想不到经出口转为内销后,我们却连自己的家当也闹糊涂了,中国原来的"封建"也成了"feudal system"或"feudalism"。

其实,我们后来所采,不管"老封建""新封建",也不尽是按着西欧中世纪"feudalism"的模式,而大都是照着斯大林《联共(布)党史》教程里的"经典定义"去解说的。斯大林是属于最教条、武断的一个人物;他最喜欢下钢铁一般坚硬的"定义"。但话一经说死,就承当不起活泼泼历史事实的严格检验,现在已众所周知。

且不说那死定义,西周的宗法封建体制即使与西欧"feudalism"的模式对照,也有同有异,不能全盘照搬。这方面国内的看法,具代表性的有马克垚主编的《中西封建社会比较研究》。他们一般是从世界史角度去观照两者的同异,对欧洲方面历史情形的介绍,有不少新的信息和各作者研究的新解,很值得治中国史的人注意。[4]这里,我还想特别推荐许倬云先生的

---

〔1〕 白寿彝总主编的12卷本《中国通史》最近全部出齐,成绩赫然。但就在第3卷"上古时代"学术史回顾中还有"资产阶级史学""陶希圣之流""国内外反动派叫嚣"等词句。有心人会注意到,这时候版权页已到了1994年。历史的惯性如此顽强,怎不叫人感慨系之?
〔2〕 据马克垚:《中西封建社会比较研究》"导论"转引日知《封建主义问题》(载《世界历史》1991年第6期),学林出版社,1997年版。
〔3〕 参见本书《前编 通论专题研讨》第3页注〔1〕。
〔4〕 参见注〔1〕。

专著《西周史》。该书在大陆面世后,已引起了相关学术界的高度重视。[1]

在中国古代传世文献里,"封建"一词的原来含义应该是清晰无误的。柳宗元的《封建论》就把由部落、方国(方伯连帅)、封建(裂土田而瓜分之)至秦的"裂都会而为之郡邑","公天下之端自秦始",看作前后相继的时代脉络,并认为这些都是无法倒行逆转的"势",用现代话说便是"历史演进的结果不可改变"。前面我说过的三个时代的演进轮廓,隐隐然均在其中。撇开分封与郡县的"对策"性争论,柳氏所代表的正是未受"西学"浸染前纯本土的历史通感,秦汉以后,在古贤之间从没有异议。

"封建"一词的歧义和纷争,无疑是由"西学"引发的。其中也可分为两端来说:一是由横插进"奴隶制时代"引发的;一是由与西欧领地分封制比较引起的。

对于横插进一个商周"奴隶制社会",一般都是前提在先。若前提不成立,转而正视历史实际,我觉得问题不难解决。这并不是要否认奴隶、奴隶劳动的存在,因为这既可以追溯得更远(战俘),也一直存在到所谓"资本主义早期"。而像希腊、罗马农业生产建筑在奴隶劳动基础上的情况,别说中国,在世界的其他地区也不容易找到;何况希腊、罗马也有小农生产,并非原来想象的那样"清一色"。其政治法律体制却又与奴隶关系不大,贵族与平民才是对这种体制演化起实际作用的社会力量。尽管后来修正为"种族(殖民)奴隶制""普遍奴隶制",这种"人人皆奴隶"的"东方式"奴隶制,其实与他们所批判的"东方专制主义"同出一辙——把中国早期普遍存在的聚落村社"妖魔化",称"公社"成员实际身份是"奴隶"。若说到这个份上,恐怕他们自己也会感到惊讶!

余下的,似乎只有"人殉"还具说服力。但即使希腊、罗马随意杀戮奴隶也并非正常的现象,且未闻有"人殉"现象。"人殉"更必须考虑到另外因素。例如人类学的研究不断告示我们,这一类现象不仅与战争、"王权"的强暴有关,而且更关系到原始宗教习俗。说实话,我们对早期人类的思

---

[1] 许倬云:《西周史》(增订本),生活·读书·新知三联书店,1994年版。以下叙述多有倚重,所引不再重注出处。

想、习俗知道得还不多,不知者还是不要强以为知。例如有些原始部落常有杀死第一胎"长子"的风俗,若以此定性为"家庭奴隶制",不可笑?周口店"北京直立人"有"食人"的风尚,那我们的奴隶制社会不应该推前到几十万年前才好?

当年"古史分期问题"的讨论,由于过度地意识形态化,对中国历史特点的忽视,恐怕才是这场讨论学术上最大的致命伤。有些学者也意识到了古典史料遍处皆有的氏族、宗族、部族普遍存在的事实,以及中国以血缘为纽带的村落聚合传统始终变化不大,漠视这些本土"历史常识",难以通贯地说通商周乃至以后的中国史。因此他们也夹进了"氏族公社""农村公社"一类的议论,但最终还得与意识形态的前提凑泊,方枘圆凿,结果如前所说,反陷进了更尴尬的局面,无以自圆。最奇怪的,"奴隶制说"对劳动者身份的确认是他们辩论逻辑中的核心话题,可偏偏对劳动者收入的分配状态不予理会。"夏后氏五十而贡,殷人七十而助,周人百亩而彻",孟子的话虽说经过整理而被单线化了,但贡、助、彻三种再分配形态在上古时代的存在,是明确无误的。以他们习惯用的"剥削率"(大抵在1/10—1/9之间)来衡量,怎么也搭不上"奴隶制"的概念。在我看来,这几乎成了他们最大的心病,故而只能不深谈为妙。

从史实、史料方面起而驳难"奴隶制说"的,当以胡厚宣先生1944年发表的《殷代封建制度考》为早。[1]还有一位重要人物差不多已经被我们遗忘,那就是雷海宗先生。1957年6月,雷海宗先生在天津发表了《世界史分期与上古中古史中的一些问题》的讲演。他认为像埃及、两河流域和中国,当时地方上仍保留氏族公社的原始平等,而中央则呈现一种原始的专制主义,国家规模往往很大。土地为村社所有,实际上则掌握在各家族手中。因此,他表示"无论如何,早期奴隶社会一类的名称是难予考虑的"。[2]当时敢于表示必须对中国历史特点予以尊重,真令人敬佩。可不

---

[1] 载于胡厚宣《甲骨学商史论丛(初集)》,齐鲁大学国学研究所专刊之一,1944年版。有关论点及围绕胡文的讨论,详参前引《中国古史分期问题讨论五十年》,第109—112页。胡先生后来改变了主张,这也是值得注意的。
[2] 雷海宗:《世界史分期与上古中古史中的一些问题》,《历史教学》1957年第7期。

久,他就被划为"右派"并受到批判。

较晚,1973年徐复观先生在海外发表异议。他在自己新版的《两汉思想史》中特意加进了一篇《有关中国殷商社会性格问题的补充意见》。之所以说"补充",因为原版有过一篇《西周政治社会的结构性格问题》。两篇都对以郭说为主的商周奴隶制社会说的史料根据与解释提出驳议,例如对"勿鼎"释文的理解、对"国人"身份的考证,特别是对"十千维耦"的通解,都很有分量。[1] 80年代后,我国学术界在打破"学术禁区"的鼓励下,逐渐也有学者对中国有没有奴隶制社会重新质疑。如薛惠宗、张广志、沈长云、晁福林等。[2] 我相信这一问题迟早会得到澄清。[3] 由于本讲旨在梳理线索,不拟再行展开。请读者自行检阅审读。

现在回到第二个话题:与西欧领地分封制度的比较研究。

近世以来,我们对欧洲的"feudalism"发生兴趣,并与西周"封建"关联比附,自然是为了通过中西比较,试图寻找中国落后的历史原因。那时的学者之所以觉得两者相似,实际也是顺着古贤的思路来的。秦汉以来,凡提到西周,无不因为它与后世有非常大的不同。这不同就集中体现在"封建亲戚,以藩屏周"(《左传·僖公二十四年》)八个字上。初看起来,这与西欧由日耳曼人建立的封土分权与领主世袭的制度确实很相似,故以"封建"移译"feudalism",没有觉得有什么不妥。

然后反观新中国成立后"古史分期"的讨论,有一现象很是奇怪,论战双方都对西周"封建"曾存在过的"王国(中央)"与"诸侯国(地方)"的二元政治格局,表现出了少有的冷漠,争论的焦点完全转到了别的地方,如

---

[1] 转载于前引胡晓明等主编《释中国》第3卷,第1767—1831页。
[2] 薛惠宗:《原始社会之后不一定是奴隶社会》,《江淮论坛》1982年第2期。张广志:《奴隶社会并非人类历史发展必经阶段研究》,青海人民出版社,1988年版。沈长云:《关于奴隶制几个基本理论问题的商讨》,《历史研究》1989年第1期。晁福林:《夏商西周的社会变迁》,北京师范大学出版社,1997年版。
[3] 最近有编著"中国大通史"的消息传来。编著者称"不再套用斯大林提出的五种社会形态单线演变模式作为裁断中国历史分期的标准","避免笼统使用含义不清的封建制度的概念"。参见曹大为:《关于新编中国大通史的几点理论思考》,载《史学理论研究》1998年第3期。

前编　通论专题研讨

生产力水平、劳动者的身份、阶级剥削关系等等,话题越扯越远。现在根据马克垚提供的欧洲"封建制度"学术史的线索,我才弄明白,原来前是"长江头",后是"长江尾",因此"景"随人转,话语体系自然就不同。[1]

马克垚"导论"中指出的一点,很值得注意:现在西方史学家所说"feudalism"的内容,中世纪欧洲实际只是在某些地区(主要集中于罗亚尔、莱茵河之间地区)零碎地存在过,且都集中在中世纪的早期,各地的习惯法也因时因地而异,多有不同。这一点,至少在我是闻所未闻。

据说最早对它发生研究兴趣的是16世纪法国的法学家。17世纪英国法学家也随之参加了进去。当时他们都把"feudal"当作一种不同于罗马法的法律制度,核心是"封土之律"以及国王与封臣(封建世袭贵族)之间的权利、义务关系。以后从孟德斯鸠、斯密着重批判,一直到法国大革命最后废除的也都是这种特殊的政治、法律的权利体系。这也就是我们近世以"封建"移译"feudal"时期的"西学"背景。因此,它与我们原先对西周"授土授民"的认识不相杯葛。这一时期史家对西周史的描述,一般都仍严格依据旧籍载述的史实加以条理化,重在用新史观发现其因果关系。他们对中国历史上一度出现的世袭贵族及其消失,都给予了高度关注,认为它改变了中国历史的走向。这方面成绩突出的有吕思勉、张荫麟等。[2]

对欧洲中世纪史全面研究的高潮要到19世纪。在这一个世纪,史学家已经超越"分封领地",而扩展到政治、经济、文化以及社会生活各个方面。这时才正式出现"feudalism"一词,并用以统括中世纪时代(又称"黑暗时代")的欧洲历史。20世纪法国年鉴学派的布洛克等人也还是把"feudalism"当作"西欧封建社会"的同义词来对待。马克思主义者把"feudalism"看作为一种社会经济形态甚至是社会形态,也出于同一背景。理解了这一点,再去看现在西方史家对"feudalism"特点的归纳以及他们中西比较的"汉学"成果,就知道这与狭义的"feudal"、与西周"封邦建国"都不是很对称的。说句笑话,这时的"feudalism"已经成了一顶"大帽子",

---

[1] 参见第40页注[2]。
[2] 吕思勉:《吕著中国通史》"政体",华东师范大学出版社,1992年版。张荫麟:《中国史纲》"西周"篇,辽宁教育出版社"新世纪万有文库",1998年版。

扣在西周的头上，不免有点滑稽。这也是我们后来讨论"古史分期"以及把"封建社会"一竿子插到底的"西学"背景。

海外因不受这种思潮影响，许倬云、黄仁宇等学者对西周封建制的研究和评论，就仍是按着原来的尺寸来的，所以中西比较就切题入味。他们对我们至今仍流行的提法多有批评，也就在情理之中。

马克垚和他的《中西封建社会比较研究》的同事们，利用熟于西洋史的优势，在中西古代、中世纪历史的比较方面提出了不少新见解、新视角，读了获益匪浅。马克垚说他心中有一个试图综合中西，重新给出世界性的"封建社会"概念体系的雄心，对此我却不敢苟同。在我想来，越是深入到各国、各民族的历史里去，越能感觉到历史的多样性、复杂性。历史学的魅力，它的独有的功能，不在给出共性，而恰恰在于揭示个性。"共性"的不断抽象的结果，其内涵只能越来越浓缩——这件事还不如交给历史哲学去做，反倒合适些。或许也是这个缘故，我有一种感觉，马克垚的中西比较，已经做了很长一段时间，成绩有目共睹，但越比下去，中西历史却越来越相像。我曾发过怀疑：这对劲不对劲？

因此，作为《中国历史通论》，我更关心的是，中国历史上曾经存在过的"封建时代"究竟有什么特殊的地方，它的基本特征是什么？

由"天下万国"到"封邦联盟"

由"部族时代"进入"封建时代"是一个长期渐进的过程，是大大小小"方邦"分合离聚历史运动综合生成出的一个局面，其间很难有什么明确的标志。假若有，那就是大的"方邦"成为核心"邦国"（如"大邑商"）——我称之为"联邦"式的"中央王国"的出现。这种一定范围内的"中央王国"，实行的就是"封建制"，即有一核心部族以"天下共主"的名义统领下的"方邦联合"和核心部族的逐步扩张（也有称之为"殖民"的）二元并存的格局。夏目前还不能完全确指，商已成规模，到西周则形神俱备，故特别触目。

历史通贯的重要，就在于因果的连续思维可以帮助我们克服局限于一时一事的狭隘性,不致犯当年傅斯年嘲笑拉铁摩尔说过的:"误认天上的浮云为地平线上的树木(mistake some clouds in the sky to be forests on the horizon)。"[1]无论是早一辈的吕思勉,还是后一辈的许倬云,他们对商周社会的论析之所以中肯可信,我的体会,正确的思维方法起着相当重要的作用。

对"封建"中"封"的字义,诚之先生有卓解。他说"封"就是"累土"的意思。两个部族交界之处,把土堆高些,以为标志,即谓之封。引申起来,任用何种方法,以表示疆界,都可以谓之"封"。如掘土为沟,以示疆界,亦可谓之封。故今辽宁省内,有地名为沟帮子。"帮"字即"邦"字,亦即"封"字。疆界所至之处,即谓之"邦"。相反,"邦"与"国"意义不尽相同,古籍中两字相混,则是后来避刘邦名讳才造成的。[2]

诚之先生由文字训诂得到的早期社会史新解,现在已经获得了考古发现的充分证实——新石器时代大量聚落遗址无不发现有壕沟、围墙甚至石墙。大小群体各有"疆界"的意识,在世界人类学志上也屡屡获证。有些或是以成片树林为界,恐怕要更原始些。[3]"夏后氏以松,殷人以柏,周人以栗",[4]估计就是这一种原始遗迹的集体意识沉淀。这再次说明,人类"群"的意识要早于"种"的意识;说"原始共产主义"的意识,还不如说大大小小的"集体"意识起源来得更早。

原先相互孤立存在的"群体"(氏族、部落),因生态、人口等因素的推动,随空间的拓展(流动),必造成群体间的相互接触机会逐渐增加。一系列突生现象就是从这里开始冲出全新的历史滩地:由部族而方邦,由方邦而联邦,最后产生了越来越大的地域性"共同体"。在新的"共同体"里,血缘聚合的形式变得愈来愈复杂,其统治者非复昔日的族长,而为"王"为"帝";其统治也兼论及地域,有了实际的和虚拟的"大疆界"意识——直

---

[1] 据余英时:《钱穆与中国文化》"中国文化的海外媒介",远东出版社,1994年版,第173页。
[2] 吕思勉:《吕著中国通史》第3章"政体",华东师范大学出版社,1992年版,第44页。
[3] 哈维兰:《当代人类学》,上海人民出版社译本,1987年版,第449页。
[4] 分见《论语·八佾》《墨子·明鬼》。

到"四方""中国"概念的产生。[1]

由上所述，可知部族时代最重大的事件，莫过于人口的流动和诸部族的聚合。这种情形非独发生于今日中国大地范围之内，而是一种世界性的现象。如加瑟人（Kassites）进入两河流域，希克索斯人（Hyksos）进入埃及，亚利安人（Aryans）进入印度等等，都是其中最著名的事件。20世纪人类学颇得力于这种远古时代"动乱"情景的启发，推动了"文化传播与扩散"学理的形成和发展。许倬云先生对这一学理最为敏感，并由此成功地运用于西周史，开拓出了新的历史视域。

许倬云先生自述说，在《西周史》中，他是以新出考古资料为据，兼采傅孟真先生与钱宾四先生关于周人文化渊源及周人的迁徙路线，认为在岐下成为气候以前，长时期的先周，还须追溯到与夏人接近的晋西南，然后北迁，进入草原与农耕经济的转移地带，所谓沦于戎狄，终于在避狄难时，又南徙达岐山的周原。他之所以追溯到更远的时代，是因为周人自己的谱系并不以"周原"为起点，而且华北新石器时代的晚期，大型国家正在形成，草原与农耕转移地带又颇因气候（变暖或变冷）而有生态的变化，凡此情况都会引发出族群移动及文化分合的现象。周人搬到渭水流域之前，差不多已有3400—3500多年的时间，这时中国的气候整个都在转变，周人曾经生活过的地区气候也在转变中。与此同时，也正是亚利安人进入印度的时候。而周人的迁徙线索，现已获得考古发掘资料的佐证。

这种文化分合的现象，许先生把它看作是"接触→冲突→交流→融合→整合"运动反复进行的过程。我认为，这对认识上古中国历史文化形成

---

[1] 根据专家的考证，"中国"一词，传世文献最早见之于《诗·大雅·民劳》："惠此中国，以绥四方。"很明显"中国"是与"四方"对称的，故"毛传"注释说"中国"是指"京师"。在文献中也有称"国中"的，如《周礼·司土》："掌国中之士治。""郑注"说"国中"就是"（京）城（之）中"的意思。至于实物证据，当推1963年陕西宝鸡出土的一件青铜器，为迄今"中国"一词见于出土实物最早的记述。此器名"何尊"（成王时器），铭文载曰："……武王既克大邑商，则廷告于天曰：余其（将）宅兹中或（国），自之（此）治民。"说的是武王伐商胜利后，定都于此。可见当时的"中国"仅指王畿之地。于省吾先生根据以上两个重要证据，推论"中国"一词的出现始于周武王。于省吾文载前引《释中国》第3卷，第1515—1524页。

的特点,是一个极具开创性的重要史识——由此才能一通百通。[1]

我国近二十年来新石器时代考古的成绩,已经显示出它对"重写中国上古史"的重大作用。在这方面,对苏秉琦、严文明、俞伟超诸先生的相关研究成果,通史学界的关注、吸收还很不够。现在已经看得到这样的情景:在今日中国范围内,各个地域先人的创业活动都十分活跃,真是"满天星斗,八方雄起"。中国文化由中原向四方扩散的观念已经被打破。东南西北四方,究竟谁先进、谁后进,都不容易轻下断语。或者说各有特色、各有短长,似乎更符合实情。但是有一点还是不能忽视,在距今5000年前后,黄河流域地区部族移动和并合运动进行得最为频繁活跃,这是其他地域所不能比拟的。人类学的经验告示我们,凡是部族混合杂处最活跃的地区,文明的发展速度总是最快,也最具活力。因此,我直到现在,并不认为进到文明国家产生的时代,中原地区是先进的结论需要修改。它正是中国文化融合的核心地区,将来越滚越大。这与中国文化由多元融合而成的结论不仅不冲突,相反,正是更有力地支撑了这一论点。

进入到文献所说的夏商纪年范围之内,我想向大家推荐宋镇豪先生最近出版的《夏商社会生活史》。[2]我认为这是目前综合考古、文献和人类学志,对商王国情况所作的最详尽的报道和研究。后面的论述得益于它所提供的资料,观点却有时仍不得不沿着自己的思路走去;如若有所误读或曲解,则全是我的过失。

先得申明,在上古历史的有些问题上,我可能是一个极端的保守主义者。现在流行的方法,凡在文献所说的夏纪年和夏人活动过的地域范围内,出土的遗址均作"夏"看待,对此我持保留态度。例如二里头遗址无疑从其发掘出来的总体情况而言,要比我们先前说的"城邑"更高级(宫殿、宗庙二组建筑遗址,暗示此处当为国中之都),它可能是一个"王国"的都城。但它是否就是传说中的"夏王国",我宁愿追随夏鼐先生之后,作孤立的"少数派"。我觉得总应该有一过硬的证据,证明此处确是"夏"。这似乎

---

[1] 许倬云:《历史分光镜》,上海文艺出版社,1998年版,第5、6、7、169页。
[2] 宋镇豪:《夏商社会生活史》,中国社会科学出版社,1994年版。下引不再注明出处,仅在文后注明页数。

是一种严谨的科学态度所应该具有的标准。否则,为什么就一定不可能是别的什么"X""Y"部族建立的"王国"？地层只说明时间,与前面文化层的相接,但并不能确指是"夏"。如若有一天发现了文字,即或刻画符号,认出它的主人,还不算迟。假若以"夏"为一时间符号,是代表那段时间里的遗址、遗物,也未尝不可,但也得说明清楚。就像汉唐,某地域即或不在其版图之内,仍放在这段王朝纪年内描述一样,但要以不能让人产生历史错觉为限(目前往往就是这样含糊,似故意要给人一种错觉)。我把这个看作有关"学术规范"的问题——也许言重了,但这是我的心里话。如果有一天证明我确是错了,那就应该做出深刻检讨。

据宋镇豪介绍,甲骨文中邑的材料约略有200多条,金文中亦有一些。邑的规模有大邑与小邑之分(第39页)。其中,目前已考出的方国约51个,方伯名40个(据[日]岛邦男研究成果,第108页)。金文中有族落地名或地缘组织名约550个,称"侯"的诸侯名约40个,又有与其名相系的妇妣名184个,其中至少有半数以上的系取自族落名或自有领地名,可加于上二类,综合计算所得,地方族落或基层地缘组织总数有700个上下(第108—109页)。徐中舒先生据文献(《史记·周本纪》《逸周书·度邑》)考辨,认为当周灭商时,接收的殷商遗族即有360个族氏及其族尹(第96页)。我认为,即使凭现在掌握的这些数字(应该说这些多数与商关系都较密切,进入了商国王视野之内的),以商王为共主的方国联盟或联邦的图景亦已呼之欲出了。我猜想,360个族氏,很可能是商核心"部族"的下属族氏,还不是与之"联邦"的其他"部族",例如周"部族"以及原臣属商而后与周联盟灭商的部族就不在其列。因此,商王国联邦范围内的部族与族氏的总数一定比这多得多,"方国"也绝不止50之数。

现在据许多专家的考辨,宋镇豪归纳甲骨文中的"邑"大致有四大类:商王都邑、方国都邑、诸侯或臣属贵显领地邑以及以上三种身份下辖之邑。

首先值得注意的是,商王都邑往往称"大邑商""商邑"(《尚书·召公诰》称"大国殷",《尚书·顾命》称"大邦殷",虽不一定为商人自称,至少在获得胜利后的周人嘴里,它只是一个"大国""大邦"而已)。这与其他方国邑以族氏名或地缘名命之并无二致,暗示它原先也是一个"部族方国",犹如"丙方"存在于商中期至周早期,立国300余载,其都城即称"丙邑"(在今晋中灵石,其附近还有"并方""黎方"及其相应方国都邑"并""黎",亦可见有些方国并不大,仅今山西就有许多邦国)。"大邑商",时而也称"天邑商""王邑""中商邑",这才凸显出"(天下)共主"的特殊身份地位。

商王国有自己直辖的下属邑,都城外第一圈称"鄙",第二圈称"奠"(即甸,它本是由王国区而起名),至此都属于"王畿",也就是世袭执掌先是"国王"后来又是"共主"权力的核心统治宗族的居住区域(就像后世以蒙古孛儿只斤氏、女真爱新觉罗氏为核心的统治部族)。在此之外,就泛称"四土""四方"。"四土"的边地又称"四戈",隐约说明这些方国与商王国具有"军事同盟"的性质,既成了商王畿周围的一道屏障,又势必经常成为与攻商敌国发生军事冲突的前沿,它们之间有"捍卫"与"保护"的相互义务,这类记载屡见于卜辞,已成通识。"四方",由于"方"此时通用于"邦国"之代称,更可推测与商王国的关系更松弛。陈梦家先生在1956年出版的《殷虚卜辞综述》一书中称四土、四方为"商王朝宏观控制的全国行政区域",这"宏观控制"四个字用得妙极了。宋镇豪也说:"当时尚不可能如后世有明确的国界线,也未必有所谓中央与地方政府间严格政体统属关系……是建立在维持域外大小国族固有的地缘性组织基础上的,是王权对诸侯或臣属邦国的册封、认肯,而不是调遣、改变或打破。"(第27页)这与李学勤先生申言商周都是"统一国家"的说法,[1]明显存有距离,这也很值得注意。

其次,再讨论"联邦"体制内方国的地位。现在比较清楚的,大约有以下几点:

(一)在四土、四方范围内的方国(宋称"臣属诸侯")也各有"臣属"于他们自己的邑聚,而且各方国境内也有"都"与"鄙邑"之分,方国至少是作为一个完整的共同体仍维持原样、相对独立存在的。有的方国群邑之数

---

[1] 李学勤:《失落的文明》,第107页:"有些人主张秦始皇第一次统一中国,这是不够确切的,因为夏、商、周已经有了统一的局面,秦不过是在春秋五霸、战国七雄的并峙分立之后,完成了再统一而已。"(1989年)上海文艺出版社,1997年版。

也很可观。

（二）这些方国归附于商，其中为数不少是通过战争强制实现的，时附时叛，关系很不稳固。例如"龙方"，即是由商令"并方"征伐而被迫臣服的，因此才有"其既入邑龙"的记载。武丁时曾令"师般"率军征伐"彭龙"（今江苏徐州铜山县）这一南方邦国，取得"30邑"。据《国语·郑语》，这个"大彭"即彭龙方国，后来也成了"商伯"。土方、舌方、鬼方、夷方等强悍的方邦就长期毗邻而未被征服，犬牙交错于其间。联邦的范围反不成整体，东突西收，随机而宜。[1]

（三）政治性联姻也成为"联邦"组成或稳固的一种经常采用的手段。甲骨文中关于殷商王国与异族方国间的政治联姻，屡见不鲜，均写作"取"（直至云梦秦简仍作"取"），妇方所出的许多族名或方国名很生僻（如奏、禽、女卒、汰等等）。其中有娶于"干国"（今河南濮阳东北，商灭后迁至苏北淮水流域，春秋时为吴国所灭），已属偏南。方国"主动"者则称为"氏"，此外也有强制性的，称"呼"，迹同"勒索"。也有殷商为稳固其方国"远附"之心，主动将本部族之女"氏"于某族的，如"氏女之周"（卜辞多有"周侯""周方""令周"载录）。这一手法既来自氏族"情感正当性行动"的传统（族外婚的延伸），也是一种人为的刻意泛化（即"异化"为"没有爱情的婚姻"），演化为政治结盟策略，两周时代更将它发挥得淋漓尽致。但这多少说明当时还没有后世那种中央政权对地方的"威势"，必须出于双方意愿，类似于"契约"性的结合。因此这种关系不是绝对牢靠的，商弱某强，后者随时可以置之不顾，如周之伐商。

（四）方国"邑"在各地考古遗址中多有发现，如山西桓曲、夏县商代前期城址等，都证明方国显贵家族集团居于邑内中心或显要位置，联系墓葬，贵族集团特殊的政治经济地位已无可争议。方国与殷商在其各自的权

---

[1] 李济：《殷商时代的历史研究》。李济先生引董竹宾先生的考证，舌，读若贡，高宗曾与之有"三年之征"。后舌方不见于祖庚以下，而文武丁世又出鬼方，意即为舌方的更名，武丁亦与之战三年又九个月。在商的西北方。李济先生对商征鬼方的战争情形，考证备述甚细，并认为这一事件对形成殷商乃至中国文化精神关系甚大。《释中国》第3卷，第1729—1744页。

力系统内具有贵族政治的特点,亦很明显。不同的是,在殷商"联邦"的最高层,商王也已吸收了许多亲近方国的首领人物担任"中央"职务,但从甲骨文中可以看出,他们也并还保持着对原邦国的统领权,几乎可以看作他们正是以这种身份参与"联邦"管理的。

贵族政治,并不意味着没有一个核心人物,例如"王""伯"主政,其中个别人物或因有特殊魅力(如武丁),或因暴虐独断(如商纣王),会越出常轨(故很容易被误作专制的例证),但在正常状态下,还是必须遵循贵族政治大事集体"协商"的制度,这就是吕思勉先生所说的"民主政治"的遗迹。《书经·洪范》:"汝则有大疑,谋及乃心,谋及卿士,谋及庶人,谋及卜筮。汝则从,龟从,筮从,卿士从,庶民从,是之谓大同。身其康强,子孙其逢,吉。汝则从,龟从,筮从,卿士逆,庶民逆,吉。卿士从,龟从,筮从,汝则逆,庶民逆,吉。庶民从,龟从,筮从,汝则逆,卿士逆,吉。汝则从,龟从,筮逆,卿士逆,庶民逆,作内吉,作外凶。龟筮共违于人,用静吉,用作凶。"要通过五道程序,以其规则(上举有六种分布格局,并非包含全部概率)定吉凶。这一点已为出土的甲骨文研究所证实。其中"龟筮"的分量最重,这是殷商神权在政治中的作用特高的最好说明,而"王"的意愿并非具绝对性,亦昭然若揭,其中二项规则可以置"汝逆"不顾,仍视作"吉"。这类遗迹在世界人类学志和我国后世少数族早期历史中均可找到许多例证,最初国王的权力都还是有限的,贵族联合议事的传统保持得很久。至于个别国王特别强悍暴虐,那往往是个人因素在起作用。[1]

在这一时代,商王国以中原地区为核心的"王国"聚合扩张运动,是最为典型,也是目前所知最多的,但绝不是唯一的。与此同时,东南西北也各有若干以强大的部族为"核心"展开的地域共同体聚合运动,成为某一地域的"中心王国"。可惜我们对此掌握的材料尚少,只能依稀感觉到,西周

---

[1] 胡厚宣有专文论殷王称"予一人"或"一人",并指其为最高的奴隶主头子,意谓与后世之"朕一人""天无二日"相似。然则又说春秋时期秦、楚、鲁等诸侯亦有称"余一人",岂非自相矛盾。这最多只是说明其"国王"的自我意识突出。不联系其他政治实施状况,"望文生义",很难信服。何况直到《左传·昭公七年》楚芋尹无宇还在说"天有十日,人有十等"呢?文见前引《释中国》第3卷,第1745—1766页。

乃至春秋时存在的那么众多的"诸侯国",其中有些可能就是由此前零零星星的"方国"逐渐发展而来的。

许倬云先生专致于西周史的研究,但对殷商情况时有涉及,也颇可参考。他说商代的政治单位有两种平等的系统,一种是地区性的邑,一种是亲缘性的族。我理解后者的"族",即是指商部族以及与商部族有密切血缘关系的族群,是商王国内部的"核心"。又说:西周据以兴起的环境是一大群小的邦国,邦国内部的结构都离部落国家不太远,有一部分可能从部落国家的酋长的权威正在逐步演化到国王统治的制度。与当时周族相比,商族统治的地区很大。在商王国的时代,这些族群有些是屈服在商王国的军队之下,可以强迫他们向商王进贡。因此西周灭商后不能不考虑如何有效管住这些地域。[1]很明显西周及其周围邦国对商王国而言,联盟关系是比较松散的,后来西周的"封建制"就是在商统治方略的基础上进一步改善和发展。

根据商王国时期的社会体制,试作如下总结:

(一)商王国只是下列历史运动的一个成功范例:在各个地域曾出现过规模不等的"大共同体"(如后来的"巴""蜀")。这种"大共同体"虽处在不断扩展的动态进程中,然其结构外形一般维持着由核心(征服族)与外围(被征服族)在承认"伯(霸)主"的原则下构成的一种政治—军事性质的松散联盟。只是核心经历过许多次的转移,也包括较大的方国一度为核心,而后被兼并,服从别的更强的方国为核心。中原地区的商王国无疑是当时幅员最大的联邦"共主"。

(二)不同等级的共同体的权力结构都奉行贵族政体和贵族职位的血缘世袭制(兄终弟及制与父子继承制相平行,嫡长子继承制要稍后才确立)。较大的共同体实行数姓或一姓数氏联合执政的体制(春秋时代又有复活重演,如楚之昭屈景三姓、晋之六家、鲁之三氏,逆向推测,前此亦然)。显要贵族在政治上的发言权,不容低估(如周公、召公、姜太伯等。后来的"共和行政"也是这种政治习俗在特殊情景下的复活)。

---

[1] 许倬云:《历史分光镜》,第204、213、214页。

（三）权力结构在共同体扩展过程中呈现出由简到繁的不断分化的状态,垂直等级层次增多,但基层组织仍保持家族聚落(邑)的基本形态。随着行政控制幅度的增大,行政权力也开始分化,产生了与之相适应的权力结构与权力分化系统,王国中央权力系统正在逐渐发育之中,到殷商王国,已有一定规模(甲骨文已发现了许多商王国的中央官名)。殷商王国对其臣服诸属国的承认,就是最早的"封建制"。[1]但它是不是也像后来西周那样,在别的邦国地域内插进自己亲手分封的"邦国"(即"封建亲戚"),现在还不得而知。所以,我暂时还只得称它为"封邦联盟"。

下面,就转入典型意义上的"封建制"——西周"封邦建国"时代。

西周王国:"封邦建国"制

从"部族国家"分合聚散的历史运动的连续性来看,西周之代殷商,不过是中原最大"共同体"核心的再一次转移。孔子说夏商周三代之间是"相递损益"的关系,他着眼的正是中原文化体系具有共同性和相互继承性的一面。

但若从中原"共同体"体制的改革层面来说,殷周之间发生过重大的制度变迁和制度创新,王国维也是极具史识的。正是在严格的"封邦建国"的意义上,吕思勉与诸多史学前贤,都把西周看作"封建制时代"的典范时期。

西周对中国历史的贡献,历来被高度关注的,至少有三项:一是宗法制,二是分封制,三是周公关于"德"的概念的发明。王国维先生特别注意第一项,我则想先从第二项谈起。在我以为,从制度创新的角度看,第一、三两项都是为第二项服务的。

"封建"的事情,推想起来一定比较古老。一个共同体人口渐多,就得有分支流衍开去,很可能每一分支也会立一疆界以示区别。这样,大的部

---

[1] 1979年在岐山凤雏村发现的周原甲骨中有"酉周方伯"(H_{11}, 82; H_{11}, 84),而周则称商为"大国殷""天邑商",说明两者之间是一种联盟关系,而商对周的册封即是承认其在西部为一方之长(诚之先生解"伯"即为"长")。

族国家内部自然也存在着一种类"等级"顺序,但这是依血缘的"自然规则"进行的。这好比后来大家族的"分家立户",是一种自然现象。大约这就是后来"封建"的原始胚胎。

殷商王国在其"联邦"范围内,实行不实行自身部族的"封建",现在还不好说死。但依据目前掌握的材料,大抵都是对别的邦国的"承认",满足于"臣属"就可以了。称"侯"称"伯"者,或是商给予,或是自称,都为显要方国。估计在此之前部族国家的兼并,也是采取这种最少"制度成本"的简便办法。因其松散,没有监督制约的机制,也就成为后来商王国众叛亲离、"孤立而亡"的一个关键。

有鉴于此,西周王国才有了我们所关注的严格意义上的"封邦建国"制。对这种"封邦建国",历来都是上古史研究的热点。然而,能从宏观态势上提出新解,跳出旧说束缚,给人耳目一新感觉的,是许倬云先生的《西周史》。

许倬云先生特别强调西周原来只是僻处西方的一个"方邦",最多只是称雄于西隅的"方伯",势力、人口、原统治的幅员都不能与商比。但他也有商没有的优点,就是反复迁徙带来的包容性,既接受商人的影响,又长期混合了草原部族、西羌边人的特点。西周正是因这种混合体的特点,在打败商人后,人少,要治理那么大的国家,而明智地采取了包容性极强的政策,对于旧日的敌人商人采取尊敬、合作的态度,对于土著也采取合作共存的态度。许先生给了这种政策以一个现代化的名词:由周人与殷人旧族、当地土著"三结合"构建的政治权力体系。

确实如此。我们且不论商周生产力水平孰高孰低,从实际施政实绩来看,周人明显比商人更懂得"文明"的特性;"郁郁文哉",孔子的好感不是没有来由的。生产力、技术水平并不是什么时候都具决定性的,文化素养的高低,治理方略的明智不明智,从长远来说,更是决定一个民族兴亡的枢机。

从这里也得到一个启发,"共同体"亦即我们后来所说的社会制度的变革演进,作为特定的选择方式,绝不会平地而起,往往多取之于已有的或外来的经验资源,惩前鉴后,"有所损益",积小变、渐变为大变。

史书所称的西周"封建",实际包含有两类性质迥异的"封建",[1]其内涵和作用不尽相同;西周的管理体制也比较复杂,需要细加条析。现分述如下:

(一)第一类,旧史不作为"分封",而我认为却是西周"封建"体制必包容的成分,这就是由对原属商改而入周"联邦共主"体系的诸邦国的承认,也包括一些原还未正式"臣属"于商者。据《周书·世俘解》称"凡服国六百五十有二",其数虽不可信,然亦证明确有其事。因为这是传统的沿袭延续,不是西周创制的重点,故语焉不详,后人已无从知其细节了。(司马迁《三代世表》言:"自殷以前诸侯不得而谱,周以来乃颇可著。")

但有一点必须说明,这一过程也并非都是和平地进行的,如齐国来到山东半岛,遇到"莱人"的反抗,说明这一方邦当时还不买账。更著者,如武王克商二年后病死,即有"殷(纣子武庚)、东(管叔)、徐、奄(东夷二邦国,族属淮夷、徐戎)及熊、盈(皆东方嬴姓国,助商者)"等东方邦国联合叛周的重大事变,终为周公讨平。

(二)第二类才是关键所在。这一类分封,其实在刚灭殷后已进行,即分封其诸弟管、蔡、霍三人于东方("分其畿内为三国",国名说法不一),共监殷后裔武庚;也有说初封尚有燕、许、申、吕诸国,其中吕后来改封于齐、燕改封于蓟。

史载周公东征,杀管叔、平殷乱后,此类分封大规模进行(称第二次大分封),封周公子伯禽于鲁,太公子丁山于齐,康叔于卫,微子启于宋,唐叔于晋,蔡仲于蔡,且营东都洛邑,安置殷顽民于此。其中鲁得殷民六族、卫得殷民七族,宋继殷祀。

这一分封格局,钱穆先生言之最得要领,谓"(由南之蔡)北绕而与鲁、齐,以及于卫、晋,而宋人自在大包围之中","鲁、齐诸国皆伸展东移,其时燕亦移于河北,大约在齐、卫之间。镐京与曲阜,譬如一椭圆之两极端,洛邑与宋则是其两中心。周人从东北、东南张其两长臂,抱殷宋于肘腋

---

[1] 吕思勉:《蒿庐论学丛稿》"本国史提纲",先生解释"封建"有两种情形,一是征服异部族,或使之服从,或更易其酋长;一是本族向外拓殖新建的。此意不拘旧儒之说,切合当日史实。载《吕思勉遗文集》,华东师范大学出版社,1997年版,第637页。

间"。[1]

一些学者（包括钱先生）认为周之代商,是后进者征服先进者并为之同化的典型事例。我认为还需要具体分析。

周之实力自然比不上商,何况商之发展已建立在"联邦共主"的基础上,有数百年的经营,怎么能相敌？但从部族的属性说,它们之间又像是游牧性远未褪尽的商部族与农业较发展的周部族（许倬云说的曾为草原部族,那已是很久远的事了）的较量角胜。前者尚武,讲求力胜,具排他性、侵略性;后者尚文尚同,终以智胜。从各方面看,徙处至渭河流域后的周人已非常讲求实际,有农业民族务实的作风,较少冲动,深沉而庄重,具包容性。大概我国善于总结历史经验,"资治通鉴"的传统,亦始于周。读周初文告,似读唐初《贞观政要》,一脉而相承。

对以上所述"封建",与殷商时相比,有以下两点值得注意:

一是以同姓兄弟或姻姓亲信所封的"诸侯国"已非过去承认的原有"邦国",而是以武力为背景,在原有众多邦国的地域内人为"插队"进去,新建的"殖民基点",很像是"掺沙子"。许宗彦先生即说:"武王克商封国七十有一,所可限于封土之制者唯此,而其封,取之所灭国与隙地。"且每一新"诸侯国"都是该地域的次级"统治中心",有监临督察之责,故称"封建亲戚,以蕃屏周"。这是鉴于殷商孤立而亡的教训,远较殷商统治厉害的一手,属于周的创造。

但必须看到,分封出去的邦国,按"授民授土"的原则,仍是"有其土、田、人民"的地方实体,并实行贵族世袭统治,地方拥有实权。必须再进一步,到了由中央直接委派任期制官员——实行流官制,才有了真正意义上的中央集权制度。这也就是我不同意把商周说成"统一国家"最具实质性的分歧所在。

从历史演进的角度说,进步也是明显的。从这一意义上,我认为第二类分封既可以说是"联邦制"的深化,也可以看作为向"郡县制"过渡的一

---

[1] 钱穆:《国史大纲》（修订本）第3章。本小节所谈分封事迹多据此章。商务印书馆,1996年版。

个中间环节。但地方由分权向集权转变还需要新的历史动因推动——必须"礼崩乐坏",然后才有"天下定于一"。

二是继续拓展其领有范围。许倬云曾指出:"这个以华北黄土平原为领域的大文化圈,也就是夏商两代活动的范围。周初分封各国,大致也在这个范围内。成康时代,克殷已数十年,对这个范围的控制已大体完成了,也因此封建七十一国的工作即在成康时代,此后不再有很多可以封国的空间了。"这里所说的,是指严格意义上的"封建亲戚",范围仅限于中原。

但还有另一面,就是西周承袭了商"联邦"扩张的路线,继续以武力为背景,迫使更多的邦国臣属于它,进入它领有的文化圈内。这就是旧时所说的"拓展"。

这种拓展直到西周中期,大体对东北、西北不算成功,对南方最有成绩,淮夷基本上进入周的领有文化圈之内。而对长江中游及四川一带也不甚有效,遂使四川的巴、蜀及长江中游的楚能有发展为独立势力的机会。

因此,从总体而言,西周仍像当日殷商,"联邦"松散的架势仍在,虽然比商有所扩展,但周的新制度推行实施范围也有限,大体中原已为其所"统一",还说得过去。所以吕、钱二先生都说过周是中国统一的"第一步",亦即中国的统一先是从中原开始起步的。而今日有些史家却一定要说商周中国已"统一",无异把自己放到了当日商王或周王的意识水平之上——商周自己确有一个虚拟的"四方"、以己为"中国"的观念,这就像以后清朝的帝王以为自己是全天下(不论华夷、海内海外)唯一的"中心",都是一种虚夸放大的意识。

(三)西周王国首次具有了"中央权力系统"性质的制度建设。除上述"掺沙子"举措外,另一项也至为紧要,便是拥有了"宗周六师"与"成周八师"(也称殷八师)两支属于中央政权统领的"国家兵团"(为出土诸器多次证实)。它们虽然与后世的中央常备军不可同日而语,但也可以说是它们的前身。西周王国的东征南进,靠的就是这两支"主力军"。特别是周公在东都建立的"八师",募集的是殷遗民,颇不可思议。我很怀疑它并不是征集殷地"邦国"的兵力(这不很危险?),倒像是收集失去邦国、无处可归的殷遗族"散兵游勇"组成的"职业兵",颇有宋代"养兵消寇",一石击两鸟的谋略。殷商除自己部族的兵力外,一般都是调别的邦国助战,周除沿袭旧技外,确有制度创新。另外正像许倬云指出的,西周中后期有内朝逐渐权重的新趋势,一些职务地位上升,中央政府制度化的过程正在开始。

但是对这种"中央权力"的性质不宜估价太高。不用说原来独立的邦国臣属于周,实际上只是承担了出兵助周、进贡朝觐义务,其余仍自治其事。即使是直接分封的"亲戚"诸侯国,受封的不仅是土地,更重要的是分领了不同的人群,即所谓"赐姓""胙土""命氏"实为"封建"的三要素,同样是一个自成发展系统的地方实体。

每一封国也都有自己的"国""邑""鄙"的分级体系,逐级再分封下去。聚落(小邑)数十家至百家,仍然是邦国的社会基础。不同的是,其中有的是新建立的居民点(随分封而来的亲信人群),也包容了原有邦国土著的居民点(邑或聚)。时间长了,该地域内部产生了相互沟通的族群衍变,地区之内因这种族群的融合,也逐渐具有了地缘政治的意义。因此,到春秋,许倬云称"这些事实上已独立的邦国城邑,均已是相当不小的领土国家"。到这时,连"共主"的名分也成了问题——但各封国内部却是朝着自己的君主集权制方向演变。此是后话。

总之,西周政治体制明显是二元,而不是一元的——中央与地方权力并存共容。这种政治的二元性,也表现如鲁国即有周社与亳社的并存。所以从宏观和通贯的角度,说西周是中国政制由地方分权向中央集权演变的过渡时期,也未尝不可。这一点与西欧的"feudalism"不尽相同,有中国自己的特色和发展趋向。

(四)关于宗法制,论者已多不胜计。现在要讨论的是与分封制的关联。有些学者太拘泥细节,似乎这是一项独立的制度。钱穆先生有一批评,针对的是王国维的《殷周制度论》,说殷人自庚丁后已五世传子,至周初颇有立贤的迹象,如太王立王季、文王立次子发而舍长子伯邑考,只是到周公奉孺子而摄政,东征后才正式确定嫡长子继承制的法定传统(否则管叔之叛,就不好解释)。故批评"王氏谓因先有传子之制而始封建,未窥周人政治上之伟大能力所在也"。

"封建制"与"宗法制"本各有自身独立的发展路线,前者是"管理联邦"的方式,后者是核心部族内部的"管理方式",到这时配套成一个系统,故钱穆先生谓"相应于周人此种军事政治之推进者,尚有宗法制度,必三者并观,乃可以明了当时之所谓'封建'"。

对"宗法制"政治上的功能,吕思勉先生《先秦史》论之甚详。最要者为"然则一人之身,当宗与我同高、曾、祖、父四代之正嫡,及大宗之宗子,故曰:小宗四,与大宗凡五也。夫但论亲族之远近,则自六世而往,皆为路人矣,唯共宗一别子之正嫡,则虽百世而团结不散,此宗法之团结,所以大而且久也"。[1]这是说周王室的嫡长子主祭其生之所自出而为全姓的总宗。分封至诸侯国的,在其国内为大宗,对周王则为小宗,卿、大夫亦准此规则类推。所以《诗经·大雅·文王》说"文王孙子,本支百世",相互维系,本支不乱,故周人称镐京为"宗周",大宗宗庙所在也。这是周人为保证其分封出去的同姓诸侯国能持久维护周"中央"权力的绝对至高无上性质的一项发明。

还有一点,许多人都没有提及,宗法"百支",其中每一支都可以通过婚姻而有"母党""妻党",则合"父党""母党""妻党"三党之数,不可胜计。大约在周人看来,撒下这么一张疏密有间、尊卑有序的人际关系大网,足可以收"天下"于"国中"了,所以敢有以"中国"自居的雄心。

然而西周制度的创制者不知道事情还有另外一面,人的利害相较之心本出于私心的本能,本能远较理性(宗法制也是一种理性的制度)的能量为大,"亲亲"未必能恒久地维持"尊尊"。政治从根本上说是一种以强凌弱的"势利"之争。这就是后来西周之名存实亡,"天下无道",亲戚之国互相攻战,公族宗族骨肉相残的深刻根源所在。没有哪一种制度是万能的、永恒的,西周"宗法制"就是一个典型事例。中国历史上唯一有过的世袭贵族时代,正是靠贵族的自我残杀而告消灭——自杀总比他杀更具毁灭性。

此外,需要特别指出的,"宗法制"远不是西周王国全"联邦"统一的制

---

[1] 吕思勉:《先秦史》"族制",上海古籍出版社,1982年版,第280页。

度,现在知道至少楚国、吴国都没有实行。

（五）意识形态的创制,也是西周的一件大事。这是有鉴于殷商神权统治观念的弊端而立意革新的,其功当归于周公。宗法制度产生的一系列规则(礼仪),在当时也具有意识形态整合的功能,自不待言。周公还创造了"德"(从直从心,讲求自我反省、端正心思)的概念,用以矫正"天命"的偏颇,实为先秦思想史上的一大发明。

务实的周人从殷周鼎革的重大事变中很快就体验出了"天命靡常"的"历史哲理"来,故曰:"皇天无亲,唯德是辅"(《左传·僖公五年》引《周书》,词语不一定是原状,但表达的意思是可信的,类似的多见于《诗经》,如"上帝耆之……乃眷西顾""神之听之,终且和平")。关于"德"的内容,论者已多,具体的已不可得而详,但无论如何不能说这是完全抛弃了神权观念。"德"只是对"天命"的补充、修正,且与宗法礼仪相表里,开始了对"君权"进行规范性要求的探索,并为后来儒学所发展。

上述利用传统的血缘情感,转化为"习惯正当性"统治方式,创制"封建"以推进统一,连同周公"敬天保民"的"德",将天命与人事巧妙地统一起来,都是西周对后世产生深远影响的地方。殷周间为中国历史上一重大制度创新时期,确乎如此,因此王国维的史识不可谓不高明。

由此也可知,西周时期,实在是中国历史真正进入"文明时代"的关键。这里说的"关键",指的是后世中国特色的"文明",其深基正是从这里才真正地扎下了根子。

为此,我想再借太史公的三句话,对文化演进作进一步的申述,以增感观。

附论:关于"三代"演进的一种文化分析

孔子很追慕远古"贵族政治"的遗风,所以说"殷因于夏礼,所损益可知也;周因于殷礼,所损益可知也;其或继周者,虽百世,可知也"。

相比孔子,太史公富有历史动感,更看重变迁。他写完《史记·高祖本纪》后,突发大段议论:"夏之政忠,忠之弊,小人以野,故殷人承之以敬。

敬之弊,小人以鬼,故周人承之以文。文之弊,小人以塞(薄)。"

这段议论,颇值得细细玩味。几番寻思,我觉得这里面似乎潜藏着一部早期人类心理演进的历史。太史公所说的"忠""敬""文",正代表着直到西周之时,前后三种心理特质的相递演进。

试说明如下:

按照文化人类学的精神分析,[1]早期原始人群的心理特质相当于婴儿期(口腔期),处在自我、本我与外在世界不相区分的"蒙昧"状态,具有夸张妄想的强烈自恋倾向。氏族血缘群体内部,母子、父子的舐犊之情,子女对"原始母亲"或"原始父亲"的亲情,看起来是发自内心的,忠心诚悦。究其实质,这是一种要求无限"爱"与"被爱"的自恋性相互依赖。这就是太史公率先说到的第一种心理特质:"忠"。

摆脱原始采集,进入到狩猎时期,人类便出现类似第二期("肛门期")的儿童心理特质:内在压抑的强迫症倾向。狩猎的经济行为,既是"英雄主义"表现的绝妙舞台,但又必须仰赖群体合作才能保证狩猎的成功(围猎)和个人生命的安全,人们第一次体验到了心理内在的紧张:利己主义本能与压抑本能的利他主义(服从群体的命令)构成一种张力。此时"忠"已经升华为对"英雄父亲——卡里斯玛"的崇拜,在他们面前可以有一种压抑的"屈从"——前提是我比你弱(生理的和心理的,体能的和经验的能力)。

太史公所说的"夏之政忠"以及"忠之弊,小人以野",我以为并不一定实指"夏",它恰恰大致与采集、狩猎混合期的心理特质相似。试想,我们在游牧部落历史上,不是一再看到过对"原始父亲——卡里斯玛"式英雄人物的强烈崇拜,也见怪不怪地看到儿子们弑父取而代之的"野蛮"行径?此类为农业民族所不齿的反"伦理"行为,屡见于匈奴、"五胡"、辽、金、元早期史,最典型的莫过于安禄山、史思明的相继被杀(在华夏、汉族历史上也不是没有,特别是春秋时期)。

---

[1] 白德库克:《人类文化演进之谜——文化的精神分析》,浙江人民出版社译本,1992年版。

因此"野"是"英雄崇拜"时代的民风,即古贤所说的"以力相胜"。这时的利他主义"本能节制"的能力还很弱小,对"英雄"的"忠(即崇拜)",就很容易演化为无秩序的"原始儿子"们争夺"原始父亲霸权",一系列以强凌弱的残酷内战。这也就是弗洛伊德"俄狄浦斯情结"背后真实的历史原型。为什么"忠之弊",小人又会趋向"野",由此也就可以得到通解。

再往前,发展为畜牧或游牧部落之后,人类的心理特质又发生一次变化。这是因为该时期人类的心理强迫症的特质明显得到强化。

据文化人类学家的研究,说是畜牧或游牧部落,面对的劳动对象是鲜活蹦跳的活的生命体,后者被杀前的挣扎痛苦,最容易产生心理恐惧和自责(实际上后来的"赎罪",就是这种"自责"的替代)。农业栽培部落则与之大不同,他们面对的是生命力内在而含蓄的植物,人类从它们身上感受到的是有节律的和谐(生而死,死而生);接受它的赐予,静谧而神秘。因此,农业部族,"天人合一"自恋倾向明显,而畜牧或游牧部落则更多地带有强迫症性状,容易迷信鬼神巫术,宗教倾向强烈。

因此,我倾向于相信,早期殷商部族,具有许多游牧部族的特点(是不是受西方部族的影响暂且不论)。这才比较容易理解商王国统治浓厚的神权主义色彩。

按文化精神分析的研究,原始巫术或宗教都具有"升华"内在压抑性强迫症的"医疗"功能——包含有"赎罪"与"自残"的内涵。遗憾的是,我们能据以追忆"蒙昧"和"野蛮"时代的材料,包括商王国时期"原始宗教"的细节,都已丧失殆尽,后来又被"文明"化为"三代模板",更是假而又假。即使如此,我们仍然能够从发掘出具有恐怖、威严的半兽半人的"面具"、祭坛、人祭,以至商史传下来诸如剥皮、抽筋、挖心、炮烙等残留的细节里(无不与宰杀动物行为类似),捕捉到一些信息。

所以,我认为,"殷人承之以敬",这"敬"就是类似原始巫术、宗教性的"威慑",是用以压抑节制"冲突本能"的心理机制,具有强迫症的倾向。附带说一句,商人酗酒,我以为与"巫术"的宗教行为也不无相关,这只要从"萨满教"就可以类推。"敬之弊,小人以鬼",说的是过分迷信"鬼神",失去

前编 通论专题研讨

理性的判断,造成商王国的分崩离析,以至败亡。这在周公为代表,后继者周人总结商亡教训的重要文告里反映得非常充分。

到此,就可以接到"周人承之以文"的话头了。从文意的逻辑上,至少知道,"文"是对"敬"的否定,犹如"敬"对"忠"的否定,即对过分迷信鬼神的一种否定。这也就是周公"德"概念提出和制定一系列礼制规范,"郁郁乎文哉"的历史背景。已如前述,不赘。

至于"文之弊,小人以塞(薄)",那就是东周时"礼崩乐坏""人情浇漓"情景最妙的点题。留在下一专题"大一统帝国时代"历史背景叙述时再行议论吧!

三、大一统帝国时代

秦始皇统一六国,随后悉废封国,改为郡县,并宣称"乃今皇帝,一家天下","六合之内,皇帝之土。西涉流沙,南尽北户。东有江海,北过大夏。人迹所至,无不臣者"。全国设置36—48个郡,县、道1000个以上,[1]"封邦建国"时代结束。中央集权体制的大一统帝国终于崛起于东亚。[2]

公元前221年作为时代的界标,不论过去、现在或将来,所有学习历史的人都会记住这个年份:中国"大一统"时代的开端。

从这以后的历史,与我们贴得越来越近,有一种似乎触摸得到的感觉。但我们已经不可能再像19世纪的谭嗣同那样,为"两千年之政,皆秦政

---

〔1〕 初置36郡,出《史记·秦始皇本纪》,《晋书·地理志》列载其名,史无争议。后拓展调整之数,严耕望主全祖望41郡说,并说"以郡统县,县有蛮夷者曰道,县道总计一千以上"。参见《中国地方行政制度史略》,载前引《释中国》第3卷,第1496页。谭其骧先生考订终有秦一代,前后可能设置过48郡,其中46郡肯定存在。参见《长水集》"秦郡新考",原载于1947年12月《浙江学报》第2卷第2期。这一说法现为史学界多数人接受。
〔2〕 "大一统"一词始于何时,我未曾细加考证。有关始文献,似未见涉及。猜想要到西汉。董仲舒即对武帝明言:"《春秋》大一统者,天地之常经,古今之通谊也。"载《汉书·董仲舒传》。董说出于《公羊传》对鲁隐公元年"春王正月"之传疏。

也"而愤激不已。百年来认识上的种种反复,都教会我们,冷静清醒地"认识自己",知其"何以如此",要比简单否定过去,遽然与已往历史决裂更难,但也显得更为紧要。

这使人会不由自主地想到差不多贯穿近一个世纪的"中国封建社会长期停滞问题"的讨论。这场讨论始于20年代,屡起高潮,至今未息。读黄仁宇的一系列史论专集,就感觉到今日我们也还不能摆脱这一情结。尽管他使用的语言(例如他反对"封建"一词贯通到底)与观察的视角(重管理技术层面)并不相同,但仍是想回答中国何以不能顺利地由"中世纪"转向"现代"。我们不难看到,讨论所指目标都集中于秦以后的中国社会及其基本体制上。

当年金观涛破门而出,检阅了上述成果,称这个问题类似"斯芬克斯之谜",并一眼就发现史学界实际上是陷进了一张因果反复循环的"大网之中"。[1]例如持专制主义统治与持小农经济结构的各为一派,都说这才是造成"中国封建社会长期停滞"的最基本的原因。试问:是"专制主义统治造成了小农经济的落后"对,还是"小农经济落后使专制主义得以长存"对?这不成了"鸡生蛋"还是"蛋生鸡"?

能不能跳出这张"大网"?我看也难。当金观涛说出"斯芬克斯"时,其心里的潜台词已经包含着不敢自信的意思。事实上,"超稳定"说也常被质疑驳难。很有意思的是,黄仁宇也发出了同类的感慨,不过这回他换了一个典故,称其为"潘多拉魔盒"(《放宽历史的视界》)。他的"在数目字上管理",也只是执其一端。

历史会不会就是这样一张斩不断、理还乱的"大网"?历史本来就因果相续,环环相扣,亦因亦果,非因非果,像庄子或佛家说的那样?如果这样,那大可不必为无穷的猜测烦恼——我们还得不断猜下去。试着理解就是史学永不衰竭的一种乐趣。

这时我想到了黑格尔的一句名言:"存在就是合理"。什么时候对历史

---

[1] 金观涛、刘青峰:《兴盛与危机——论中国封建社会的超稳定结构》,湖南人民出版社,1984年版。

的设计成功过？运动就是一切,过程就是一切。

就像"大一统",秦始皇实现一统中国之时,肯定没有想到过:大固然有大的好处,但大也有大的难处。大了,必须"统",不统就神散形乱;大了,就难"统",统死就生气全无。这"统"字是门大学问,里面有内外的应对、上下的应对,纠缠不清的华夷之争、中央与地方之争、集权与分权之争,更深的还有秩序与自由之争、人己之辨等等。

两千年来的中国,"摸着石子过河",分分合合,收收放放,修修补补,为了做好这篇大文章,费尽心血,试尽了多少种法子？你能说那个法子当时就没有道理？能说我们今天就已经摆脱烦恼,找到了十拿九稳的法子？

或许正因为这样,历史才有值得咀嚼的味道。

由列国纷争走向大一统

汉承秦制。自汉而后两千年,国家控制方略时有变易,由秦开创的大一统体制则一脉相承,分久则必合。然追究秦制,由涓涓之流汇成江河,实为春秋战国社会变迁的集大成者,其变亦由来已久。

秦亡后六年出生的贾谊,在检讨秦兴亡的名篇《过秦论》里就说过,秦统一六国的功业,乃是"奋六世之余烈",非始于始皇一代。

相比起贾谊,顾炎武要追溯得更远些。他说:"春秋时犹尊礼重信,而七国则绝不言礼与信;春秋时犹宗周王,而七国时则绝不言(周)王矣;春秋时犹严祭祀、重聘享,而七国则无其事矣;春秋时犹论宗姓氏族,而七国则一无言及之矣;春秋时犹宴会赋诗,而七国则不闻矣;春秋时犹有赴告策书,而七国则无有矣。邦无定交,士无定主,此皆变于一百三十三年间。史之阙文,而后人可以意推者也。不待始皇之并天下,而文武之道尽矣。"[1]

顾炎武是从社会风气看变迁,着眼于春秋以来"封建"礼仪的丧失。133年,他是从《春秋》终篇算到六国称王之年。"六国称王",在旧史家看

---

[1] 顾炎武:《日知录》卷13 "周末风俗"。

来,确实是乾坤倒转的"大世变"。[1]

上面两位古贤说得都不完全。商周"封建"体制转变为秦"大一统"体制,虽然不能与"传统"体制转变为"现代"体制相提并论,但在一点上却有相似处,即两者都不是局部的、一事一项的变迁,而是由一系列相关性变迁运动构成的一种大变局。这不只关系着治道、政术、教化,更关系到政体,亦即国家根本体制的大变局。我们完全有理由把它看作为在中国传统社会的范畴内,最为深刻的一次具时代转折意义的变迁。

这种变迁的特有情味,可以通过下面的事实得到应验:"百家争鸣"这样的思想开放,只有这一次;战国至秦这样上中下"涡流式"的社会变动,也仅此一次。它们在以后长达两千年的时段内再也不曾重现过,直到近代社会变迁开始。

今日我们若更为宏观地来看,西周"封建"的蜕变,一开始就植根于体制内中央集权与地方分权的二元对峙,彼长此消,演变到春秋时代已经不成模样。秦的"大一统"体制,正如"百川异源,皆归于海",它是会聚八百年的小变、渐变而终成大变局。凡是历史上的大变局也莫不如此。

对这次变迁的情节,各种"通史"都给予高度关注(变迁的性质又当别论,现在多数仍以封建制代替奴隶制定性),重要环节都不会有大的遗漏,至多详略不一。除前数次提到的吕思勉专著外,新出的白寿彝总主编《中国通史》第3卷,从官吏制度、郡县制度、封君制度、俸禄制度、上计制度、户籍制度、财政赋税制度、爵秩等级制度、法律制度、军事制度等十多个方面,备述了战国时期变迁的细节。[2]白寿彝新编12卷本《中国通史》,前后甚至一卷之内观点都不尽一致,这是"大集体"编写难免的通病,但从综合晚近各种研究成果的角度来看,颇可参阅。另外,比较忽略海外华人学者的一些重要研究成果,也是该书的一个缺憾。

―――――――――

[1] 秦以后,分裂时期各国亦类称"帝",颇似"六国称王"情态。如"五代十国",除南平始终称王,余则皆称"帝",实则不过类似唐末时的一节度史而已。但有一点是可以注意的,分裂各国仍是各自范围内的"一统"的"中央集权体制",很像原来的大"中国"裂变为许多个同质同构的小"中国"。所以后来很容易重归于统一。此点在中国历史上实在非常之紧要。

[2] 徐喜辰等主编:《中国通史》第3卷(上册),乙编第5章,上海人民出版社,1994年版。

总而言之，以周王"共主"地位丧失、"联邦"体制解体为主要标志的社会变迁，是诸多因素的合力促成的，其中长期的兼并战争与各诸侯邦国内部的各种权力斗争，都起着助燃爆破的作用。其重要关节大致有三：

一是列国的区域开发和地缘政治的拓展。

在讲述这一问题之前，先得说一下有关区域发展与统一的关系。

与旧史观不同，现在已经有越来越多的证据，说明中国的历史发展同样是多元的综合。中国历史不支持"一元起源论"。考古发现逐渐显示，中国文明的起源绝非纯粹是由中原向四处辐射的结果，相反四周也不断地为中原的发展提供活力（魏晋南北朝那一次最为典型），两者反复互动，取长补短。因此，"统一"是一种长期的历史运动，每一步发展都离不开各区域自身的发展。

商、周在由各区域发展整合为"一统天下"的历史长途中，无疑是重要的两站。但还是应实事求是地估定它们所涉的地域，用"统一"的长镜头给它们准确的定位。

首先，商周王国的自领区域跟与其联盟的区域不是一回事，后者实际是地方自治的。再进一步说，即使就联盟所涉的区域而言，也有一定的范围，不能随意放大。据现有的考古，商人曾到达过的地方，其东境最远也只到今潍坊以西，西周才扩展到整个山东半岛。[1]从《中国文物报》获悉，轰动一时的江西新干大洋洲商代遗址，经长达九年的整理研究，终于以《新干商代大墓》专著形式面世。著者认为"大量实物资料证明，商代赣鄱地区有一个大的政治集团，这里的文化发展至少与中原相当，是一支与中原商文化并行发展的南土方国文化"。我觉得，这一结论比之"统一论者"更接近历史实际。著者没有明说，在我理解所谓"并行"，就是它尚未进入

---

[1] 栾丰实：《海岱地区考古研究》，山东大学出版社，1997年版。1997—1998年《中国文物报》发表了一系列讨论"山东商代文化"的文章，其中有徐基：《山东商代考古研究的若干问题》（4.15—5.27分四期连载）、任相宏：《从泰沂山脉北侧的商文化遗存看商人东征》（1997.11.23）、张学海：《史家遗址的考古收获与启示》（2.4）、张国硕：《史家遗址岳石文化祭祀坑初探》（5.27）、《商王伐东夷事件之考古学佐证》（2.4）、刘延常：《潍坊会泉庄遗址考古发掘的意义》（3.25）等，都程度不同地提出商代东扩的范围还有待继续探索，并提出如何看待当地土著文化的长期性，以及商文化影响的估价问题。

商联邦的视界。[1]南方究竟最远到达哪里,是不是跨过了长江,还需继续寻找充分的实证,但四川与长江中游的巴蜀,西周时尚未到达,到了秦统一战争后才进入秦版图,这是显而易见的。相反,东北辽河流域以及中原北境,却一直是商周及商周以前古部族交叉活动最频繁的地区,它们很早就与中原部族的活动联结在一起。但这里的分合无定的状态也最严重,一直延续到秦汉以后。

回到西周"封建"各诸侯国,它们实际是包含着宗族血缘与区域地缘二元因素的混合体。各诸侯国之内,都有不同部族的土著方邦居住;三晋地区,更是长期与狄戎诸族交错杂处。那时究竟有多少部族邦国,很难弄得清楚。《荀子·儒效》说西周"兼制天下"共71国,这是指大的邦国;而《吕氏春秋·观世》则说有"封国"400多,"服国"800多。吕思勉先生在好多地方都说,准确的数字恐怕已不可而得了。

从西周建国到秦统一,历时八百余年之久。当初封建的诸国经长期经营,农业发展、人口增殖都很快,二三百年后已非昔日面貌,更不用说入战国后。西周以亲缘化解、融合地缘的政策非常成功——"同姓不婚"的族外婚制成了特异的黏合剂。在每一以大国为中心的区域内,接触—冲突—交流—融合—整合的过程走了一圈又一圈,到战国时期,以大国为核心,若干区域地缘政治的特色已十分明显。春秋时代大约有一二百个邦国,经过不断兼并,到战国初年见于文献的只有十余国,大国仅七。[2]不说大国,就以鲁国为例,为其兼并而为附庸的,史载即有项、须句、邾、鄅、郜、卞等小邦邑,[3]它们都已经整合进了统一的鲁文化圈。

从春秋战国倒过去,反看清楚一个问题:不管西周建立初有多少邦国,邦国之内、邦国之间都存在有不小的空隙地带。那时的人地比差很大,人少地多。由国君直接管辖的郡、县,其中不少便首先是在邦国内空隙地

---

[1] 参阅彭明瀚:《南方商代文明的新篇章》,《中国文物报》1989年8月12日。
[2] 吕思勉:《先秦史》。据《公羊疏》《左传》《晋书·地理志》《列国图说》《春秋大事表》等书参酌,认为春秋时在200国左右,而见于《春秋》《左传》者也只有50余国,其他均已失载。参上海古籍出版社,1982年版,第150—151页。
[3] 刘宝楠:《论语正义·季氏篇》引赵佑《温故录》。

带或邦国与邦国之间交界的空隙地带设置的。[1]这就是区域人口和地缘经济发展的标志。郡县与原来的封邑不同,官员都由国君直接任命而不世袭。"大一统"就是这种地方行政系统"制度创新"的推广和全面实施。[2]

但对于大中国的统一来说,历春秋战国550年,巴蜀对四川地区的统一、楚国对长江中下游地区的统一、吴越对东南沿海地区的统一,三者意义最大。如此到秦统一,"中国"不仅已入川,且越过长江而进至珠江流域。但也应该说清楚,秦对后两个区域的整合程度远不能与中原、河淮地区相比——"楚虽三户,亡秦必楚"岂偶然哉?

总之,秦的大一统建筑在诸国各自区域统一的基础之上,是没有疑问的。

二是贵族阶级"自杀性"的内争。

"大一统"与"封建制"最鲜明的区别,就在于以流动的官僚制代替世袭的贵族制,封国尽变为由中央任命的郡县职官来治理。从此,严格意义上的贵族在中国不复存在。它对中国历史未来的走向,其意义绝不可低估。

封建宗法制度,嫡长子继承法则固然有稳定程序的作用,但使权力系统缺乏更新竞争的活力,也潜伏着日后的继承危机。各级贵族,特别是诸侯国君素质的下降与腐败成风,迟早会动摇统治的"合法性",庸弱者不胜

---

[1] 许倬云先生指出"中国的移民形态是填空隙,而不是长程移民",极富识见。因此,在中国,即使上古时期,基层乡邑也仍是地缘与亲缘相结合的,异姓同住久了,与原土著也就有了亲缘的关系。见《历史分光镜》,上海文艺出版社,1998年版,第203页。

[2] 吕思勉:《先秦史》第13、14章对郡县由来考之甚详。特别需要注意的是,先生指出西周的制度本有"县内诸侯"之名,县是直隶国君的。新制度往往由旧名称异变而来,"县"也是一个例证。另据严耕望《中国地方行政制度史略》考据,秦早在武公十年、十一年即有设县的记载,时为公元前688—前687年。郡之名亦早见于春秋时,见《国语·晋语》夷吾对秦公子絷语。因此历来说秦是仿照晋行郡县制不确。秦的许多制度创新,被说成由晋移植过来的传统观点,看来有问题。不止这一项,另外说楚无"郡"名,亦不确。《史记·春申君传》载楚王赐给他"淮北地十二县",十五年因"淮北地近齐,其事急",春申君向楚王提出在此设郡,并以上述12县"献之",得到同意。这条史料再次证实不少新设县、郡近边境,属于向外开拓的地区。这是目前见到的以郡统县的最早记载,时在战国中叶。新出白氏《中国通史》第3卷没有吸收耕望的考证成果,不应该。严文载《释中国》第3卷,第1494页。

其职,强悍者不安其位。为着经济和政治权益资源的再分配,贵族阶级内部将一己之私利置于"名分"之上,甚至不惜"引狼入室"、援用"外力",权力斗争自春秋起即持续展开。结果,谁也没有想到,正是贵族阶级无意识地自坏规则,自掘坟墓,导致变局的发生。

  典型的事例恐莫过于晋国,史家多以三家分晋为战国开始的标志。公元前746年,晋文侯卒,子伯立继立为昭侯,昭侯分封其亲叔成师于曲沃,号桓叔。曲沃的城大于晋都邑绛(翼),内乱之祸早有预兆。其间经历了四代"同胞"相互弑杀,历时67年内战,曲沃武公"名不正"地获取了晋国国君的名分。其子献公继位后,即重用异姓卿大夫,驱逐诸公子和桓庄之族。但此后晋国长期不得安宁,围绕国君的政变层出不穷。为对付自己世族内部的政敌,每一新立的国君无不用弑杀公族、援引卿大夫的手段("废公室,裁世族")以求稳固其权势。晋国公族势力就在自杀中衰微,以致有"晋无公族"之称,造成六卿坐大。接着六卿内战火并,一批强宗世卿亦被消灭,终至三家分晋。一个封建制的晋国演变成了三个君主集权制的新"领土国家"(许倬云语):韩、赵、魏。而后三晋常为制度变革的先锋,故法家亦多三晋之士。与此相似的,即为田氏代齐。秦、楚与中原诸国不同,君权一向比较高,似乎部族时代"父权(家长)制"的传统比中原浓烈。

  许倬云先生对贵族阶级在残杀中没落、被消灭,以及东周以来的社会各阶层变动,结合战国官制变革做过翔实的考证,且用了数量统计方法,演示其变化轨迹,主要论点可参阅《历史分光镜》相关内容。其结论值得注意:"战国的社会结构,与春秋不同,已经逐渐抽去了世袭贵族一层,剩下的只是君主与被统治者两橛,没有中间许多阶层的逐级分权。"[1]

  各国情势虽各有不同,但总体而言,东方六国的高层权力都呈一种由上而下滑落的态势,导致卿大夫专政、"政在家门"。时局就像孔子所描述的"礼崩乐坏",沿着"天子—诸侯—卿—大夫"路线一步一步转移。上层的无能与下层的僭越相互激荡,通过一系列内外交攻的政变(这一时期政

---

[1] 许倬云:《历史分光镜》,第46页。

变特别频繁），"礼乐征伐"两大功能逐渐由上向下转移到强有力者手里，贵族阶级赖以生存的体制环境也就不复有效。各国都不同程度地朝着集权于国君的君主集权制方向发展。当时的趋向完全是不由自主地进行的，权力欲——像恩格斯说的"恶劣的情欲"——成了推动历史发展的杠杆。我有一种感觉，相比于后世，这一时期人们的野性尚未完全消失，自然竞争的势头正浓。因此，这一段时期，历史的动感来得特别强烈。[1]

三是列国间的兼并战争。

随着地区的开发与地方经济的发展，各诸侯邦国的国力强弱不均，产生不平衡态势。西周末的政治危机与东迁是先兆，春秋"五霸"时代的终结，更标志着真正意义上的"共主"地位丧失。不断自大的诸侯国已经戳穿"名分"这张"纸老虎"（张荫麟语），不再恪守"共主"和尊卑有序礼制的不可侵犯性，并进而产生兼并的冲动，包括欲"问鼎中原"的楚国和僻处西陲的"虎狼之国"嬴秦。兼并与反兼并战争的新形势，更加速了已腐朽的贵族阶级的淘汰和新职官阶层的崛起。各国出于富国强兵的动机，重用客卿，发展职官制度，以及实行征兵制，推行军功奖励制度，成为推动新旧制度更替最重要的两个轮子。

制度的创新是通过战国时期一系列变法来实现的。其中，著名的有魏国李悝、楚国吴起的两次变法，而秦国的商鞅变法，几乎集成了各国已有各种制度变革的成果，组成创新系统，由此成为将来秦统一中国、创建全国性统一集权制度的母本。商鞅的出现，预示着历史变革差不多已快到了水到渠成的前夕，只等待统一战争催生了。

商鞅变法的具体内容，已为大家所熟知。我想特别强调其中的两项：

（1）新的职官实行任命制和俸禄制，既摆脱了血缘宗法制的直接干预，也掐断了与地方政治经济的直接相关性，成为中央权力系统的工具。与此同时，对世卿世禄制也实行以"军功"论取舍，作为一种过渡，直到最

---

[1] 吕思勉先生在《中国政治思想史十讲》中说得很浅显明白："但是进到封建时代，还是不得安稳的。因为此等封建之国，其上层阶级，本来是一个喜欢侵略的民族；在侵略的民族中，战争就是生利的手段。"这里的"战争"，既指对外兼并，也包括内战。参《吕思勉遗文集》（下），华东师范大学出版社，1997年版，第12页。

后自行消亡。

（2）实行郡县制，并逐渐推广，以取代原来的"分封制"。秦国的设县、郡看来都不全是学六国的（参见第69页注〔3〕）。秦国本无"封建制"（封邑乃是食租税），因此朝君主集权制演变要容易些。在统一进程中，对被灭六国，取消"封建"代之以郡县，更是顺理成章。

由此想到，如果没有秦统一战争这种特殊的历史手段，东方六国"封建"向郡县的过渡，扭扭捏捏，恐怕还要拖好几代时间，才能慢慢完成转型。在这里，我们再一次体验到了所谓"恶"的历史作用——战争，这一为人类良知所不容的残暴行动，却常常有帮着实现转换历史场景的作用，真叫人哭笑不得。

秦的统一只是"大一统"的始点，而不是终点。在中国历史上，整个的统一运动非常像滚雪球——现在我需要稍作修正的是，这种雪球不是一个，而是好多个，东南西北中都有——但相当长时期内，中原始终是最大、最有活力的一个。商周时期形成的"华夏"，是"中国"这个大雪球最早的核心。"中国"的概念也是在这里率先形成。

今天的中国，正是"华夏"用中原这个大雪球滚合了好几个区域的雪球，历秦汉、隋唐、元明，直到清雍正、乾隆年间基本完成，才成其为"大中华"。而且还须注意到，在我们讲述的传统社会范畴内，即使后来经济重心向南方转移，但政治中心还始终在北方。

因此，今天作为一个统一的民族国家，中国是经历了很多历史阶段才逐渐成为这样的规模。它是多元部族文化和多元区域文化长期融合的结果，是一个动态的长过程。唯其如此，在这五千年里，不断有新鲜血液的加入，不断有民族融合的高潮。其中以商周之际、春秋战国之际、魏晋南北朝、宋元之际和清前期为最著，至少有过五次高潮。作为这种历史运动的总结果，统一的民族称谓看起来还是应该称"中华民族"。

就说今天人口最多的"汉族"，本身也是一个不断混合的民族，其原来的核心则是西周时自称的"华夏"，但"华夏"本身又是由先前许多部族（所谓东夷西夏等）融合成的。秦汉后，又融合了许多部族进来，也不再是"汉"朝时的那个"族"的原样延续。我自己是苏南人，或吴或越（故乡正处于吴越交界处),但我不敢肯定我的祖先就一定不是从北方来的,就没有"胡人"的血统。

"大一统"的历史镜像

前面讲的都是事实层面,它是如何一步一步走过来的。但是,史家一般不会到此满足,总喜欢追究何以会如此,难题也就出来了:中国为什么在两千年前就进入"大一统",而这"大一统"体制又能延续两千年?

正像大家已经知道的那样,这一问题有许多试解的答案,都有些道理,但也都有被反驳的地方。特别是前一个问题,我不敢说,现在有哪个可以被认可为"标准"的答案。后一个问题更容易把结果与原因绞合一起。有些明明是统一功能的显示,如全国性的交通网络(包括运河)、大灌溉工程、区域市场间的沟通、全国性的救灾赈济等等,却都被当作了"统一"的前提,真是一团糨糊。

相比起历史发展需要、人民群众要求之类虚的说法,地理环境似乎更容易为实证的史家首选,且具说服力。例如中国是个内陆国家,四周基本封闭;大河流域,水利灌溉的需要;季候风的影响,水旱灾害频仍,救济的需要,等等。

其中以"水利"说影响最大。魏特福格尔的说法在西方被广泛接受,连李约瑟也接受,我国史学界中相信的人也不少。后来有人反驳,水利灌溉工程出现得晚,实际秦才开始有,西汉渐成规模,说是"大一统"的"因",毋宁说是它的"果"反恰当些。何况有些人工河的开发,是基于军事政治的目的。黄仁宇后来改强调"防洪"(排水、泄流),并在春秋史事中找到不少例证,就是补前面的史实漏洞。季候风的影响,也是黄仁宇加上去的。这既涉及救灾,也关联到北部游牧部族不断的南侵,但也明显有倒果为因的嫌疑。[1]至于内陆一条,前几年"文化热"时,大谈"海洋文化"与"大陆文化",

---

[1] 黄仁宇:《放宽历史的视界》"明代史和其他因素给我们的新认识",此书其他文章也多有提及。

其说即出于此。实际这一观点在20世纪前期中西文化讨论时就已经流行。近年来有人以东部沿海新石器文化为例,说中国也有"海洋文化",而且中国文明起源也极有可能是由东向西发展的,其源头在东部沿海。总之怎么说都有疑问。

这个问题放大到中国之外,也有许多说不通的地方。例如印度有两条大河,除西北一个口子向中亚细亚敞开外,其余均呈封闭状态,却是长期不能统一,地方间的割裂性很强。两河流域由部族国家走向联盟、走向统一,与中国也很相像,但那里就没有出现中国式的中央集权,中央与地方之间不容易保持和平与持久的平衡,地方城邦的权力很大,城邦始终有独立自主的特性。只有埃及尼罗河流域出现过内部认同性很强的一统局面,但又经不起外来的冲击,新巴比伦王国为波斯帝国所灭。今天的埃及已经是两河的后代,而不是古埃及的后代。许倬云先生对此发表了不少中西比较的议论,可参阅《历史分光镜》有关段落。[1]

这样讨论下去有没有尽头,我不知道。是不是可以转换一些角度,不是从"前提",而是从"过程"中去观察问题呢？我总认为事在人为,路是人慢慢地走出来的。历史是积淀而成的。我不知道这可以叫什么"史观",反正我感觉反比较合乎实际。

例如我就比较赞同许倬云先生从人群聚合的角度去讨论中国的统一进程。人群的流动、扩展与文化的传播、整合,大概是上古时代普遍发生于早期文明所在地方最重大的事件。所谓"统一"本是一个相对的概念,看你站在什么角度说,可大可小。若东南太湖地区或四川成都平原有一个涵盖面很大的共同体,不也是一种"统一"？但这种共同体组成规则可能是联合型的,也可能是兼并型的。按约定俗成的规则,后者即完成了"统一",即诸"多"而归于"一"(故后来孟子说:"天下乌乎定？定于一")。但历史实际要比我们的界定复杂,许多较小的共同体可以长期孤立地存在,不与外界发生纠葛。这种"世外桃源"即使到明清也还有。即使因兼并组成一个新的更大共同体(产生"共主"),其中也还有个集权与分权的约定——大体

---

[1] 许倬云:《历史分光镜》,第314—329页。

的情形，先总是部分集权，慢慢将小共同体的权一步一步收上去，最后走到君主极权的程度。[1]这一过程不是所有共同体都能走完，走到半途或灭或并，转变到更大的共同体中去是多数。其中造成状态各种差异的原因，是综合的、多因素的，也不排斥偶然的因素（包括自然灾变）。但有一条是基本的，所有比较稳定的联合或统一，都必须有经济的、文化的乃至心理的基础，同质性必须大大超过异质性。否则强扭的瓜不甜，总要烂掉的。

我觉得对中国历史而言，最值得研究的却是商周"四方"概念的产生。[2]现在还没有在别的区域发现过同类证据，暂且只能假定只有商周部族有此观念（周是抄袭商人的）。

很明显，"四方"是一种"以我为主"的方位概念，即自居为"中"，进而整合为所谓"五方"。假若以今天中国版图的地理方位而论，我们对这个"中"不免会感到可笑——不明明居"北"？但以我为核心的"统一"意识却就是从这里产生的。

现在我们还不能确定商有没有"中国"的概念，但从自称"天邑商"也已经透露出一种"王者之气"。西周是个关键。它比商聪明的地方，就是能以弹性化的宽容精神处理共同体扩大后的凝聚问题。在我看，这就是所谓文武之道，一张一弛，两者兼备的精神。既逼你进入，但又给你自治，慢慢同化融化。

我想特别要补充说的，这种"中"的意识还具有虚拟的特性。"四方"既包含已知的，也包含未知的，外延是虚线，可无限延展放大。唯其如此，概念模糊性的好处，是极具放大的功能——直到"四海之内皆兄弟"。这一特性不言而喻，已成了两千多年来中国人的集体无意识，因此

---

[1] 最近，我国世界史学者在分别审视了东西方诸多上古国家的历史实例之后，认为无论东西方，上古国家都存在过贵族制、民主制、共和制和君主制等多种成分；起自君主制和终于专制主义则是共同的历史轨迹。参见施治生《试论古代的民主与共和》，《世界历史》1997年第1期；徐松岩：《中西古代国家发展道路的同异》，《光明日报》1998年2月20日。

[2] 关于商周"四方"与"中国"概念的产生，可参阅杨向奎《中国古代社会与古代思想研究》转引胡厚宣《论五方观念及中国称谓之起源》《甲骨文四方风名考》，上海人民出版社，1962年版，第141—142页。西周情况，已在于省吾先生注中揭出，不另赘述。

从无人再细细推敲。

现在要追究"四方"观念又何以产生并接受为一种共同体的虚拟概念,一般说来"四方"是从对太阳运行的观察而得。若如此,又怎样演化为地域方位的概念?没有实证,目前只能靠推测。

我以为,最先产生这种观念的必是流动性很大的部族。只有在很大范围内流动过的部族,见的世面多,眼界才宽,方能产生"四方"的概念。商具备,周也具备这个条件。若是这样,苏秉琦说商可能起于辽宁"红山"(较早金景芳即主张辽宁说)、许倬云认为周曾远走北部草原,或许真"猜"对了。商多迁,周也多迁,似无问题。一些真的居住在"中原"长期不动的,如山东、山西、河南的土著小部族反不易产生这类宏观意识。楚国后来眼界宽了,才生出"问鼎中原"的野心,也说明"中原"无"故主"。你可以,我为什么不可以?当然那已是较晚的事了。但也说明这个"中"的意识实际是很灵活的,富有弹性。

还有一层意思,或许大家都注意不够,"五方"还是一个中国特有的整体性"世界模式"。细加推究,东南西北中为一个整体,而与"天"的概念对应,则这"五方"即为"地"的总和,故"土"为"中"。由此到战国后,便逐渐发展出五行、三才(天地人)的思想。据此,我认为,"五方"的整体概念恰恰是从华北大区域内,农业部族同质而少差异的现实状况中产生的。这里是中国"世界模式"的母本。这就可以理解何以周人在岐下还只满足于"西伯"的地位,取商而代之,立足于中原,就勃发出了"中国"的观念。

太史公在《货殖列传》说:"昔唐人都河东,殷人都河内,周人都河南。夫三河在天下之中……"这"三河",扩大一点说,即今天处于黄河中下游的华北区域。在这个大区域里,考古业已证明,至少从距今六七千年前起,农业遗址的分布面很广,而且越来越密;区域内聚落遗址的不断发现,更强化了这种印象,彼此的相似性是一目了然的。黄土农业的优越性就像何炳棣先生科学论证的那样,使这个区域的农业面貌在全国处于先进的地位,人口比其他任何区域都稠密。游牧部族进入该区域,不久也必被同化为农业部族(商周都经历过这种同化过程)。这就是一种向心力——或者说向心力就产生于当时相对先进的农业经营方式之中。在这样同质性很强的区域内,"四方"与"中"的概念就比较容易产生。

这个"中"最后能不能落实到一点上?李学勤先生就把它具体定位到了洛阳。他引《逸周书·作洛》里周公说的话为证:"乃作大邑成周于土中……以为天下之大凑",这"土中"意即"大地之中"。他更征引《周礼·大司徒》记载的用仪器土圭测量日影以确定天下之中的办法佐证。具体地说,就是在夏至那天建立八尺高的垂直竿"表",到正午时分,竿影落在"表"下向北伸出的度尺"圭"上,长一尺五寸,符合这个条件的就是天下之中。这样的地点在哪里?李先生说即在今登封告成镇,古代的阳城(夏禹的都城),离洛阳很近。李先生还说,告成那里现存的观星台,相传即是周公测景台故址。[1]我觉得,包括太史公的话在内,上述所引典籍或许都已经是战国之后的观念。因此,我宁愿把这"中"看作较广泛的华北地理概念,它是以"中原"为"中",可以弹性地无限向"四方"延伸。

总之,我所要强调的是农业村落的同质性,是产生"中"的现实依据。这也可以从"国"与"野"的对应、"华"与"夷"的对立里获得信息。这"中"是指可耕种的"土地"(国行畦田,野行井田),而夷则处在"中国"之外,若夷变而为夏,则又进入了"中国"。这样,中国历史的一个非常重要的特色就出来了:任何"统一"其实都是同质(农业村落)相加,或者是同质(农业村落)的放大。从一个个"单元"说是相加,从共同体说是"单元"模式一圈一圈向外放大。同质的相似最容易产生"同心同德"的联合心理,较少排拒的阻力。

这就使人联想到一度被广泛引用的,马克思关于"马铃薯"的比喻(他也是引用别人的):一袋马铃薯,倒出来是一个一个的马铃薯。但引用者似乎看轻了中国人的智慧——至少从西周起,中国人已经创造出了如何使一个个马铃薯具有朝"马铃薯总汇"凝聚向心的一套办法,它绝不是只简单地把口子一扎就了事。而且对一些后进的边远的部族,秦以后都另行处理——有保留土司,称为"羁縻",一国多制等等变通的办法。顺着上面的比方,就好比大口袋外扎一些小口袋。在这方面,我们的祖先是聪明

---

[1] 李学勤:《失落的文明》"天下之中",上海文艺出版社,1997年版,第114—115页。

的,中国人不缺政治智慧。

许倬云先生在他的论著里,把西周创建的"普世体系"——亲情加德行,"天下一家"(当时叫"亲亲尊尊",后来就被说成政治的道德化和道德的政治化相统一)看得很重,非常有道理。但先得说明,这条主要也还是对"大口袋"说的。

文化诠释是着重从观念形态去观察社会,有它的优点。社会生活的感受最后必凝聚结晶为观念,因此能够沉淀下来的观念一般必具有典型性,涵盖面大,时效性强,不像社会生活一事一像带有片面甚至偶然的性质。例如"中"与"一"的概念,一经西周创制流行后,两周的八百多年里,成为深入社会生活的一种主导意识,影响十分久远。它往往具有一种定向的引导作用——放眼世界,每一个国家的历史里,因这种或那种原因(这里就有许多偶然的、殊相方面的因素,不一定带普遍性),主流的观念一旦形成,多会形成一种"定向发展"(张荫麟《东汉前中国史纲》"自序")的态势。例如在西方,希腊罗马城邦的"民主""共和"观念就起了这样的作用。

在上古,以一个核心为代表的"中国",它有随意可以放大和灵活应用的特性。所以,它就可以因时而变,因时而进。试看春秋"五霸",明里不敢称"王",但"挟天子以令诸侯"行动的背后,却仍是要"以我为中心",准"天子"心理呼之欲出。到了战国,索性连这层薄薄的皮也撕破了,终于先后纷纷称王,连蕞尔小国宋也称起王来。实际他们之中,没有一个真甘心做一区域之偏"王",谁都想"定鼎中原",有没有能力则是另一回事。孟子也每每以这种心理去打动他游说的对象。他不仅对梁襄王大讲天下"定于一"的道理,还劝到了"宋王偃"的头上:"不行王政云尔,苟行王政,四海之内皆举首而望之,欲以(尔)为君。"[1]这虽不免有点滑稽,但也说明孟子懂得"众星捧月"的心理引诱力是多强。"天无二日,国无二君"。这样,秦汉以后历次的分裂,不管是汉人还是非汉人,或汉化的胡人,强有力者总想一统天下,也就不足为怪了。例如"五胡"之中的鲜卑,到道武帝,其雄心勃勃,率兵"伐燕",部下思北还,他便说道:"四海之人,皆可为与国,在吾所

---

[1]《孟子·滕文公下》。

以抚之耳,何恤乎无民?"[1]道武帝的"四海"概念就非常灵活,但欲将"四海之人"皆成"吾民"的一统意识,已与原西周的"中国"观念无二致。此足见中国人的一统意识很顽强,很根深蒂固,西周之功真的大极了。

主观上的求"大一统"与实际维护好"大一统",这种主客观的紧张,贯穿了秦以后两千年的历史进程,成为一个突出的主题。

"帝国"时代的内部分期

"话说天下大势,分久必合,合久必分。"稗史小说家的话,已成了中国老百姓人人皆知的历史常识。

在秦以后的两千年里,究竟统一的时间长,还是分裂的时间长,算法有好多种。说到底,看你怎么界定"大一统"。例如两宋,辽、西夏、金、蒙古与之长期对峙,似乎也不能算"大一统"?若以清版图为准,虽历代有盈有缩,但都比不上"大清",那过去的"大"不也可打上问号?说下去,直到大清雍正以前,长期存在土司、羁縻州,也不能算完全"统一"。再有把先前春秋战国也算作分裂(没有统,哪来分?)。因为所持标尺不一样,有把分裂时期算得很长的,更多的则认定"合"比"分"的时间要长得多,统一是主流。

我以为斤斤计较于长或短,对于理解中国历史意义不大。重要的是必须把中国的"大一统"看作为一个动态的历史过程。合与分作为两种历史力量,始终存在于统一的历史过程之中,合中有分,分中有合。否则,历史就是静止不动的了。

我想还是回到比较传统的说法上来。明显的分裂,东汉末、西晋亡一次最长,号称三百年;唐末后一次,"五代十国",六十来年;南宋与金南北分治,一百五十来年。三次大分裂总计不超过五百年,占四分之一。但真正具有分裂危险,甚至可能改变历史走向,还是"五胡十六国"、南北朝那一次大动乱。元明清以后,大局已定,内部分裂的隐患渐小,其间宋的建制

---

[1]《(北)魏书·本纪》皇始二年。

作用很大。容后再讨论。

这里想进一步讨论的是:两千年之内还可不可以分出阶段来?或者说如何理解这两千年历史的发展脉络?

在此之前,还得把历史陈账翻一下,再接新话头。这两千年,过去都是以"封建社会"称之的。因此,近50年,在史学界,除了"古史分期问题",还有一个叫作"封建社会内部分期问题"的讨论。两者相比较,非常之不对称,后者一般都是因"通史"编写引出来的,有一些零星的论文,不多;作为著作出版的,据我所知,只有一本,那就是我当助教时的业师,束世澂先生的《中国封建社会及其分期》(1959年上海人民出版社版)。后者的讨论有的还与"古史分期问题"相交错重叠,例如"西周"说都主张有"领主经济"与"地主经济"两个阶段,前者就把西周春秋战国也包含了进去,跟我上面说的"两千年"还不是一回事。

1959年又出现过一阵子关于"打破王朝体系"的讨论。接着就有了以农民战争作为划分标准的主张。这势必弄成前尾(旧王朝)接后头(新王朝),怪模怪样。记得我获准到"工农兵学员"班上恢复讲课,教材就是按"三次农民战争"来编的,今天想来殊觉可笑。

后两种"革新"明显不妥,故当时学界就多以沉默待之。非常奇怪的,事情也就这样不了了之。等到改革开放,教材编写渐成风气,又来不及从容讨论,这么长时段,总得分章,各种"通史"编写也就只得自行其是,二、三、四、五、六、九,各种分段都有,一般的采前中后或早中晚之类的模糊词,都有点勉为其难的意味。

最近12卷本《中国通史》已出齐。白寿彝先生在《总论》第1章第3节第2小节《历史的分期》里曾有一个简单扼要的交代。看起来社会分期的大框架仍采郭沫若说。但先生把"秦始皇统一六国"看作为"封建制在全国占支配地位",正式的"封建社会"实际上是从秦统一算起。这点与郭说非常不同。

白先生对"封建社会"又主张分为四期:秦汉——中国封建社会成长时期;三国两晋南北朝隋唐——中国封建社会发展时期;五代到元末——中国封建社会的进一步发展时期;明朝及清朝大部分年代——

中国封建社会衰老时期。这种分法大体也没有超过现行各种"通史"的水平。

但是到了第3卷《上古时代》出版时,白先生在《题记》里却说:"从历史发展顺序上看,这约略相当于一般历史著述中所说的奴隶制时代。但在这个时代,奴隶制并不是唯一的社会形态。我们用上古时代的提法,可能更妥当些。"这里似乎隐含了一种不欲明说的转向或踌躇,值得注意。明了这点,对下面的情形也就不致太奇怪。现行12卷统一框架采用了模糊法,分远古、上古、中古、近代四大段。熟悉学术史的都知道,这又回到20世纪初夏曾佑先生著书的时代,实际是"存而不证"。但也有明显的缺点,便是"中古时代"拉得太长,12卷中竟占了8卷。这不如20世纪上半叶编写的"通史","中古"外也有再分出"近古"的;在日本则有分出"近世"的,它是从北宋开始。这么长的"中古"总得分段。

这就是当下"通史"有关这一问题的现状。

秦以来内部历史分期所以会闹得这样半生不熟,我体会这里面既有观念方面的障碍,也有认识方面的难度。

观念方面,主要关系到中国社会长期停滞的话头。近世中国的落后使史家回头去看历史,心里不免会悬着一个与现代社会的对比,自然就产生数千年停滞不前的强烈印象。所以,凡是作宏观估量,容易把两千年的历史混煮成一锅,只看得其中的"停滞"。与此相关,过分的否定,也使历史合理性的关注几乎从历史视域中消失,对历史上种种治国方略探索的甘苦不容易抱"同情地理解"的态度。

夏曾佑先生20世纪初就说过:每一个大的王朝大抵最好的时期不到百年,接着就是危机,最后亡于内乱外祸,反复循环。新中国成立后翦伯赞等先生的"斗争—让步—再斗争—再让步",说的是王朝与王朝之间,也是一种类同循环的感觉。直到晚近就有了"六道轮回"的说法。后者把中国传统社会始终没有发生质的转变,在原有的轨道上徘徊不前的状态,以宿命的色彩描绘得惟妙惟肖。

上述的归纳,过于大而化之,对欲求历史细节,具体考察历史轨迹的史家,自然缺乏吸引力。何况,真要想探求中国传统社会何以走不出去,不从历史的细部去解剖，恐怕也不容易搭准脉搏，找对医方。前人遇到过的难题，今人就不再碰头？事实说明，未必。

事情常常由一个极端走向另一极端。宏观尝试的受挫，使史家产生了一种厌烦心理，随即向微观方向奔去。近二十年来，除了最初一两年重复了一阵宏观旧话题，史学界总体上都趋向于微观课题的开发，视宏议为畏途。正因为如此，这一话题冷落有时。最近才有迹象表明，或许又会重新活跃起来。从好处说，大概也正应了学术发展"合—分—合—分"的常轨：衰极始有转机。

但这一问题的展开，也还有认识方面的许多困难。

首先遇到的，就是以什么样的标尺去衡量同异，以裁定发展或演进。以前讨论中比较有价值的成果，多半都集中在制度方面，例如经济领域方面的所有制关系，政治领域方面的中央集权制度。此外工商业的地位、区域的发展、社会风气的变化等等，亦有涉及，但判断难度就相对要大些。

即使标尺集中了，接下来还有研究基础的问题。从目前中国史研究的情形来看，我们反倒先注意了中外历史的比较，而对本国各朝历史的综合比较长期忽略。无论断代史或专史（制度史）课题研究多数就事论事，以微观争胜，少纵横比较，少会通的眼光。在这样的研究基础上，要想得到每一朝代的整体性估价已经很难，何况还得前后左右比较？因此，"形成""发展""进一步发展"这类不痛不痒的语词，也是不得已而为之。

再进一步说，对某一标尺的理解，也还有史识方面的歧异。从现象上来看，近五十年的中国史学似乎很重理论分析，但这种理论上的认定有没有问题，反省还很不够。最明显的例子，就是"专制主义"贯通到底——批判的情结导致对历史上存在过的政治体制少一种清醒的辨析。

从我读书所得的印象，"专制主义"贯通到底固然是大流，但也有不同的声音。20世纪上半叶，不少史家对历代君主的集权状态还是有所区别对待的。例如钱穆《国史大纲》，从其篇目安排就可看出与今天的说法有很大的出入。他称秦汉的政权为"大一统政府"，但其中却还有"平民政府""士人政府"的子目出现;称魏晋南北朝的门第为"变相的封建势力",该时期为"变相的封建势力下的社会形态";称隋唐为"新的统一盛运",称北宋为"贫弱的新中央";到明代,始出现"传统政治复兴下的君主独裁"的标题。

钱穆先生的上述看法,无疑是与他的文化生命观相联系的。他的注意力集中于文化与士人的作用,对"道"与"势"的紧张,看重"道"的一面,所以看历史好的方面总比一般人为多。但他对明清的看法,我觉得很有道理。他说:"明祖崛起草泽,惩元政废弛,罢丞相,尊君权,不知善为药疗,而转益其病……故中国政制之废丞相,统'政府'于'王室'之下,真不免为独夫专制之黑暗所笼罩者,其事乃起于明而完成于清。"(《引论》)我在通史教学中也一直是把明清断作"极端君权时代"。

与钱穆先生思路有别,但实际却支持先生宏论的,则有许倬云、严耕望、黄仁宇等对官僚制度运作的实证研究。由秦而成全国系统的官僚体制,在世界上很是特别。韦伯曾对此表示惊讶。也有英国文官制度取法于中国的传言。[1]对中国这种官僚系统的实际情状和功能,许、严两先生辨析更细,颇有说服力。

先说许倬云先生。他对中国的文官制度曾给予特别的关注,诸多研究成果在大陆还没有得到应有的传播。许先生对西方文化的熟悉程度给人印象至深,眼界自然不同,但他对中国历史的判断完全不离"本根",并无牵强附会之弊。

许先生从秦汉以来文官的选拔、运作过程考察中得到的结论,便是中国的文官体系最大的特点是:"兼具工具性与目的性两种功能。"为韦伯的工具性文官制度所缺少的,中国文官体系具有"儒家意念的目的论,所以与王权实际上不断有对峙的紧张"(即"道"与"势"的紧张)。下面的一段话,最能表达他的整体看法:"由于中国的文官体系具有地区的代表性,能

---

[1] 对这一说法,我很怀疑。许倬云先生说得比较平直:"文官制度一词,有人称科层制度,有人称官僚,其实都是一样的,英文是Bureaucracy。中国历史上文官制度早已十分发达,而西欧的历史则未见如此发达的文官制度,其登庸人才的管道长久以来没有制度化。近代国家组成以后,方有像样的文官制度。"见《历史分光镜》,第83页。

网罗全国人才,因此,文官体系在国家与社会的对抗过程中往往并不落下风,所以说中国王权并不绝对专制。文官体系在国家与社会的对抗过程中,是主要的抗衡力量,具有特别的功能。又因为文官制度选拔的背后有一大堆社会精英,他们受过专业训练,等着出仕,但能够出仕者往往只是其中少数,而未出仕的人仍在社会的一端,站在儒家意念的立场,监督政府的作为。为了要培养文官制度,中国同时也培养了一大群以天下为己任的士大夫,带动社会来抗衡国家。"[1]如果细细回顾历朝历代的王朝政治,我们能说这些话没有来由? 何况官僚的作用,在体制中的地位,明清时代,与汉唐以至两宋相比,确实有显著的不同,情味全变。陈寅恪先生关于中国文明造极于赵宋,大抵也是从士人官僚对王权政治的制衡和监督作用的紧张程度来估量的。我在读明人笔记文集时,每每牵动这种情思,越发感到寅恪先生的感觉千真万确,明清士人,比之宋人,则显居下流。当然这是指总体状态而言的。

许倬云先生的另一高见,与我们上面的话题直接相关。他从上层、中层、下层三个层面的关联角度探讨了中国历朝社会控制的得失利弊。这里只能罗列他的标题:西周的包容——上层的坚凝;秦代的缺失——中层与下层的疏离;汉代政治权力的基础——中层的坚凝;东汉的缺失——上层与中层的断裂;唐代的用人——中层的变化;宋代的养士——中层的扩大;明清的缺失——中层与下层的断裂。[2]且不论这样的断语是否尚须斟酌,但它无疑是一种方法论的示范。只有经这样相互关联对比式的,一条线一条线地梳理,中国历史内在的发展脉络才有可能得以清晰地展示,摆脱大而化之的粗糙,逐渐落到实地。

与许倬云相似,黄仁宇先生着重从政府管理社会的操作功能方面,对中国历史发展脉络作过整体性的分析。他的中心参照系是"在数目字上管理",前已作过交代。由此出发,他把两千年的历史分作三个标志性大阶段:第一帝国时代(秦汉)、第二帝国时代(隋唐宋)、第三帝国时

---

[1] 许倬云:《历史分光镜》,第68—69页。
[2] 同上书,第213—234页。

代(明清)。第一帝国的政体还带有贵族性格,世族的力量大。第二帝国则大规模和有系统地科举取士,造成新的官僚政治,而且将经济重心由华北的旱田地带逐渐转移到华南的水田地带。在第一、第二帝国之间有过三个半世纪以上的分裂局面(晋朝之统一没有实质意义)。若将第二帝国与第三帝国比较,则可以看出第二帝国"外向性""扩张性",带"竞争性"。第三帝国则带"内向性"、"收敛性"与"非竞争性"。[1]看,这又是一种梳理思路。

有一点或许还没有引起大家特别注意。黄先生对北宋、特别是王安石变法的见解,不同凡响。他认为北宋的财政政策已从农业转向当时前进的工商部门。他甚至说:"如果这个政策成功,中国历史可以整个改观,而世界历史,也不会发展到19世纪的状态。"乍听起来真有点惊世骇俗。他真正的用意却在解释王安石加速金融经济、商业财政化尝试的必然失败,以强化他的中国不能从"数目字上管理"的先天病症。因此,下面的推论自然是很通顺的:"明朝之采取收敛及退却的态度者,也可以说是王安石新法失败后的一种长期的反动。"所以他又称明朝是帝国时代的"大跃退"。我们可以不同意上述的判断,但它却提醒我们:宋朝的历史地位,不可轻忽。与唐相比,宋对中国历史可能更有点像分水岭的样子。若两千年分作两段,一般都认为在唐中叶。我看可能以宋为分界更恰当些。唐中叶到宋建国这一段是前后过渡的中间时段。一入宋代,社会各方面的风貌迥然不同。容后专题讨论时再议。

严耕望先生则在中央与地方的关系方面提供了新的视角。各种现行的"通史"教材总喜欢渲染秦始皇如何宣布皇帝的独尊,至高无上,很容易造成秦以后已是皇帝独裁专制。严耕望先生研究的意义,就在于以其细微的考证,揭示了中央对地方行使权力的实际运作过程,纠正了那种认为一开始就将地方"统"得很死的误解。例如据他的考证,秦汉时代,"郡守有丞以佐之,由中央任命,但无实权,而太守自辟用之卒史、书佐反较有权";

---

[1] 黄仁宇的上述观点遍见于他所著各书。较集中的论述可参《赫逊河畔谈中国历史》"大陆版卷后琐语";《放宽历史的视界》"中国历史与西洋文化的汇合",第150—166页。

又指出汉之刺史、郡国守相丞尉、县令长侯国相及丞尉虽不能用本地人,但他们"自辟"的属吏必为本地人,如"(郡)主簿于属吏中最为亲近,犹今之秘书长,功曹总领众曹,郡吏进退赏罚皆由之,其职有类于中央之丞相,故南朝时有谓当时宰相只如汉时大郡之功曹,故其权极重"等等,且特别说明"此为汉代地方官吏用人重要而严格之条例也。此条例之意义与影响极大"。[1]

这里仅以严先生对秦汉地方行政的研究为例,说明集权与分权总不是绝对的,没有绝对的集权,也没有绝对的分权。皇帝"一人说了算",这叫君主制,地方由中央直接管理,这叫"中央集权制"。但皇帝总得有一套办事的机构帮助其处理"万机",直到明代之前由宰相统领的一套官僚班子,还是很有实权的。因此国外汉学家看到唐"政事堂会议"还惊叹它多像"内阁会议"。地方的权也不可能一下全部由中央包揽。秦汉时地方权力的行使实际还是掌握在本地人(实际是族长一类人物)手里,只是首长由中央任命。东汉地方世族掌发言权,一直管到选拔人才、评品人物。要到隋文帝时代才有大的转变。因此地方的权是一步一步往上收的。即使如此,直至清亡前,中央的权力也只到县一级,县以下还是由"三老""孝悌""力田"等等名义不一的义务性职务在管理,明清又有所谓"乡绅","其性质皆近乎自治"。其间的前后变迁、演进及其缘由大值得研究。可惜严耕望先生的《中国地方行政制度史略》四册百万字的专著,我还无从得见,殊觉遗憾。

"东方专制主义",这是西方人在观察东方政治形态时所得的对比印象。我对这一个词近来怀疑渐多。君主制与"专制主义"是一回事还是两回事?从君主与官僚机构的关系说,没有一个皇帝真可以"日理万机",什么事都一人包办的。何况还有许多规则,成文的、习惯的。例如万历帝想选自己心爱的郑贵妃的儿子做继承人,与大臣们闹了很长一段时间别扭,展开一场拉锯战,结果还是不成。一气之下,从此"君王不上朝"。再如明朝遴选内阁部院大臣,即采取先为皇帝拟好候选名单,由皇帝抽取决定。这都能

---

[1] 严耕望:《中国地方行政制度史略》,载《释中国》第3卷,第1499—1500页。

笼统地叫"专制"？"专制"更像是君主制的一种特殊形态——它更多地取决于皇帝个人的品格。中国人往往叫作"暴君"，这很贴切。至于"昏君"，像准木匠天启帝，说他是"专制"，我总觉得有抬高的意味，他还不配。这个问题，卢梭在《社会契约论》一书中也说过，可以一读。[1]

到这里，对我自己提出的问题，只是说了别人已经做了哪些。我自己还不敢说有什么竹子在胸中。只是想在以后的几个专题讨论里能不能理出一点头绪来。结果如何，也不敢说。

我常常觉得，未知的很多很多，即使已知的，有的时候也会变成未知的。生活中最怕"打破砂锅问（璺）到底"，史学上的事也是如此。

《历史分光镜》里，载有许倬云先生一则他在美国读书时碰到的故事，很有趣。有一位名叫威尔逊的，某埃及学大师的门生。老师过世后，他就是这一领域在美国的首席教授。许先生记得在他的课堂上，只听见他对这一问题也说"我们不知道"，对那一个问题也说"我们不知道"。有一日本学生听了这种"不知道"近一个学期后，终于向他询问："究竟我们知道的是些什么？"威尔逊先生回答得很妙："我们知道的就是我们不知道。"（他引用的是苏格拉底的名言。——引者）这位日本同学颇有怏怏之色，以为先生在调侃他。讲完这个故事，许先生最后意味深长地说："我现在已把埃及王朝的年表忘去不少，但是威尔逊先生的这一句妙语我今生是忘不掉的。"

---

[1] 对"专制"一词的用法，西方学者也渐有异议。如中世纪后期的法国，学界均习称其政体为君主专制。安德森在其《专制主义政府的世系》（伦敦1986年版）一书中即说："'专制制度'是个误用的名字，在不受限制的意义上，没有一个西方君主曾对其臣民有过绝对的权力。"但他本人却是东方专制主义论的支持者。法国著名汉学家谢和耐却认为孟德斯鸠关于专制主义的定义，更适合于旧制度时代的法国，而不适合于康熙时期的中国（《中国国家权力的基础和局限》，香港1987年版）。他的这一观点明显受到利玛窦的影响（《中国札记》，中华书局，1990年版）。马克垚则称在中国"法律对于王权也有一定的约束力，只是不如西欧那样强烈而已"。"中国的君权还受到官僚制度的限制。"以上出处，均请参阅马克垚主编的《中西封建社会比较研究》，第294、336页。有关这一问题，我将在《前编：通论专题研讨》七中再行议论。

四、农业产权性质及其演化

上 篇

中国以农立国。历代帝王都无不声称"农为邦（国）本"。农业的发展环境与农民的生存状态，对整个传统社会方方面面都产生深远的影响。农业无疑是带动中国传统社会历史运转的一根"中轴"。

现在先从农业的产权状况讨论起。"产权问题"，是近几年才提出的。现在我们之所以要采用"产权"概念，因为它与过去一直使用的"所有制"概念不尽相同。"产权"概念将更多地关注社会分层（农民、田主的社会身份）和制度层面（政治的、经济的）对产权的影响，有利于对历史整体的动态考察。

五六十年代，"中国封建社会土地所有制形态讨论"，曾被誉称为"五朵金花"之一，热闹非凡。[1]先后出现过不下六七种不同的观点，争论的焦点都集中于究竟是"国有"为主导，还是以"私有"为主导，或者哪一阶段以"国有"为主导，哪一阶段以"私有"为主导（"私有"中又分领主、地主与自耕小农）。各持各的理，长期争执不下。

今天回过头去看，这场讨论之所以争执不下，恐怕与就经济谈经济，拘泥政府"田制"文本，以及把产权等同于"所有权"，对经济体制理解过于褊狭等等的思考方式都不无关系。

当时讨论者在概念上多着眼于"生产资料归谁所有"，总想在土地所有权（即处置权）是"私有"与"国有"之间划出个非此即彼的泾渭分界，而对土地经营方式、权益分配、占有状况的复杂性却不甚理会。殊不知他们根据的中国历代王朝官方文书（"田制"）所载明的产权概念，与实际占有状态、运作状态存在严重的偏离，产权的处置和权益的分配往往缺乏制

---

[1] 这场讨论的成果，以结集形式出版的有：《中国历代土地制度问题讨论集》，《历史研究》编辑部，生活·读书·新知三联书店，1957年版；《中国封建社会土地所有制形式问题讨论集》（上、下），南开大学历史系编，生活·读书·新知三联书店，1962年版。

度化的保证,随意性和变通性极大。[1]因此史料总是跟史家开玩笑,你想一清二白,端上来的却是一盆"国有""私有"拌和的糨糊,不经过"化学分解",容易争得不可开交。

过去也有少数学者主张中国古代土地所有关系始终具"国有"性质,如侯外庐、王毓铨先生等。[2]侯先生是从大家熟悉的"亚细亚形态"老话题上展开的,而王毓铨先生则另辟新境,提出了中国历史上是不是有"独立"的、"自由"的小农的问题。这一见解在当时没有引起充分关注,今天看来,倒是真正触及了"中国问题"的实质。其实何止"自耕小农",就是通常说的"地主",也同样可以发问:他们的产权真是"独立"和"自由"的吗?

在我看来,在大一统帝国时代,农业的产权有多种多样的形式。说不存在某种形式的私有产权,也不合乎实际。农业产权的模糊和富有弹性,实质都摆脱不了"国家主权是最高产权"的阴影,恐怕是中国所特有的一种历史特征。

辨析产权问题的思路

中国古代土地所有制问题讨论,长时期沉寂后,现在为什么要旧话重提?

首先想说明这一疑问存在已久,并非心血来潮。向来通史界普遍都接受这样的看法:自商鞅废井田、"民得买卖",到秦始皇"黔首自实田",在中国土地私有制出现得很早,秦汉以后,地主土地私有形态已占主导地位,并认为这是中国历史区别于西方中世纪的一大特点。

初看这并没有错,确实有大量的事实陈述能够证明这一命题是真。

---

[1] 据我所知,在研究中国古代经济关系方面,陈守实先生政治经济学的功底最为深厚。他最早提出必须分清官定的"土地制度"(即"田制")与政治经济学意义上的"土地所有制",二者不能混为一谈。有遗著《中国土地关系史稿》传世,上海人民出版社,1984年版。

[2] 侯外庐:《中国封建社会土地所有制形式的问题》,《历史研究》1954年第1期;王毓铨:《莱芜集》"中国历史上农民的身份",中华书局,1983年版,第362—378页。贺昌群先生则主张汉唐以前是"国有制",见讨论集。

但在通读中国历史时,也仍然会发现同样也有不少事实陈述可以对它证伪——例如既然中国那么早就接受了私有制,为什么还会一再发生像占田、均田、限田种种国家强制推行土地国有化的举措?统治者按自己的意志,随时都可以抄没或"收买"民田为公田,记载不绝于史,凭什么可以如此做?虽说一般认为王莽是个不可思议的"怪人",南宋贾似道又是个出名的"奸臣",但王莽敢于宣布全国民田为"王田",贾氏敢于付诸实际,强卖民田为"公田"。这些"非常事件"难道就完全是他们个人头脑里生出来的"怪念头"?还是有传统的法权观念在支撑?

我印象最深的还是许多历史上被认为是非正常的事件,史家一般也给予积极评价。一是抑豪强。汉初、明初有过两次规模极大,涉及十万、数十万以上人口的"迁徙豪强"。那些数代土著于此、"发家致富"的"豪强地主"及其宗族,一朝令下,原有田产悉化为乌有,能说他们拥有"私有产权"吗?二是"抄家"。权势财富再显赫的官僚地主,一旦有罪被抄没,所有动产和不动产,不只田宅、金银珠宝、奴婢、女眷亦得尽数没入官府。这种做法,现代人完全无法接受,一人做事一人当,怎么可以这样?即使贪污,那么也应当扣除其正当收入部分及其家属的正常收入。但上述的做法,古代视之当然,没有看到谁提出过异议。联想到"'文革'大抄家",我们的银行为配合"红卫兵小将的革命行动",不顾国际规则公开银行私人存款,看起来也算是有历史根据,古已有之。还值得注意的是,打击豪强,通史界普遍都视之为"明君""清官"的德政,评价不低。试问在这些事件的背后,是一种什么样的观念在起作用?在我看来,史学回避这些事实,不给予一种合理的历史解释,是不正常的。因为这种名为私有的田产没有制度化保障的环境,恰恰是以后中国难以走出"中世纪"的一个症结。

最近又有一桩"学术新闻",触动了这一话题。海外《百年》杂志1999年初登载了一组北京中青年学者的座谈实录,挑头的是近来在论坛上活跃异常的清华大学教授秦晖,主题是"反思'大跃进'"。内中秦晖提出了一个问题,为前人所未发。他说:"苏联搞集体化遇到的农民抵制要比我国大得多。现在我们根据苏联的档案已经非常了解这个过程。当时苏联消灭富农,把几百万农民都流放了,不是没有缘故的。因为农民造反很厉害,对他们的镇压也很厉害,出动了成万的军队,还出动过飞机、大炮、坦克。甚至一些地方还发生过红军部队的哗变,因为镇压太厉害,而红军大多数是农民子弟。但中国呢……反而比苏联要顺利得多。到底是什么原因,为什么小私有的中国农民比俄国的村社社员更容易被集体化?那跟毛讲的社会主义积极性当然是两回事,因为我们讲的是被集体化。但可以肯定,至少中国的农民在这个过程没有表现出捍卫'不公有'的那种斗志。这是个很值得研究的问题。为什么?因为它涉及我们对传统社会的认识以及对改革开放以后中国现在的发展和未来的发展整个过程的很多特点的认识;而且在理论上也是一个需要搞清楚的问题。"

秦晖随后的解释,我不尽同意,但他提出的问题:"为什么小私有的中国农民比俄国的村社社员更容易被集体化",为什么中国农民没有表现出"捍卫'不公有'的那种斗志"?确是发人深思。

在我看来,秦晖还是固守通史界原有的传统观点,认定中国小农是"小私有者",因此大惑不解。他只好把问题归结到农民的"小共同体"没有社会地位上去。为什么不可以反问,这"私有"是真,还是假?假若是后者,那么秦晖的全部立论——所谓大共同体压抑小共同体——不就是个假命题?其实,在秦汉以后,中国的农民何曾有过自己的"小共同体"?这恰恰是中国与俄国非常不同的地方。

经过反复斟酌后,目前我的假设是什么呢?扼要地说,我认为,在大一统帝国时代,农业的产权有多种多样的形式。说不存在某种形式的私有产权,也不合乎实际。但究其实质都摆脱不了"国家主权是最高产权"的阴影,恐怕是中国所特有的一种历史特征。总体而言,这两千年内,大一统体制内在的产权"国有"底气,仍然或显或隐、或强或弱地在发挥其无所不在的能量。任何名正言顺的国有产权,都会受到各种形式的侵蚀,被"化公为私";而任何看似私有的产权都会受到国家的限制,历经挣扎,也仍然逃不脱私有产权不完全的困境。中国传统农业产权的"国有"性质,植根于政治强制度化与产权非制度化的体制环境,通过政治的、经济的一系列策略,在各个历史时期都表现得无处不在,根深蒂固。在中国传统社会,由于缺乏健全发育和法制保障的社会环境,私有产权的发展是不充分、不独立、不完全的。因此只有把产权问题放在整个历史运动中,对政治与经济的互动关系作动态的观察,才可能透过各种游移不定、反复摇摆的实际运作状态,力求准确地把握住中国传统经济结构的特点。

当然,上面的假设也同样必须经受经验事实的检验。但令人苦恼的是,在对这一假设进行论证之前,先会遇到许多理论概念方面的难题。历史上的产权性质之所以长期悬而难决,这是一个被卡住的重要关口。所有争论,归根到底,还会回到这个难题上来。

无论称生产资料归谁所有,还是今天我们改用"产权"的概念,解释的理论手段无疑都来自西方。这些外洋舶来的"帽子",对中国不是太大就是太小,因为它原本就不是为中国定做的。那么抛开它们,"以中国解释中国",可以不可以?很明显,古代中国不是一个法治国家,即使是"法"(律、令)也是以道德化的语言来规则和表述的,民法的传统更为薄弱,因此在历史文献里很难找到我们今天所希望的权利概念。

相反,中国语言的特点就是文字简练而一字多义,极具灵活性。有关产权的史料陈述给予我们的,也往往是概念的模糊和灵活。我觉得这是由中国特有的语言思维方式决定的。在中国的历史语言里,无论是名词概念,还是人们遵循的思考习惯,都跟西方来的分析概念不容易对号。我们不太喜欢发明新名词,常常是"温故而知新",往旧瓶里装新酒。一个"道"字,一个"仁"字里可以装进历代各种学派的思想。在经济利益方面,"公"与"私"的含义都装在"天下国家"同一个大网袋里。就像孟子说的:"人有恒言,皆曰'天下国家'。天下之本在国,国之本在家,家之本在身。"(《孟子·离娄上》)直到明代,朱元璋做了皇帝,开口还是"农为国本""民为邦本",洪武十五年通过户部晓谕两浙、江西老百姓:"为吾民者当知其分,田赋力役出于供上者,乃其分也。能安其分者,则保父母妻子,家昌子裕,为忠孝仁义之民;否则,不但国法不容,天道亦不容矣。"这里的"分"是国法,"天道"是意识形态,两者都高于一切。你说得清:这究竟是以国为本,还是以家为本,甚或以人为本?什么都是,什么都不是。这就要求我们尝试在现代经济学概念与中国历史实际之间找到一种合适的切入方法。以我个人的体验,很难。这也就是我长期疑惑而始终不敢去碰的道理。

先说现象。我们的先人很早就有了"公"与"私"两个对应而统一的概念。《诗经·小雅·大田》里说："雨我公田,遂及我私。"且不论是不是像孟子说的那样"八家共井",通八家之力共事公田,这里有"公田"与"私田"两种不同性质的耕地,事实是清楚的。然而,我们还必须注意到其中的"我"字。公田是"我"的公田,私田也是"我"的私田。同一个"我"字,却用在性质明显不同的两种田产上,如何解释?照我们想,公田明明不是我的,却说"我"的公田,当如何说通?里面是不是隐藏着一些有别于西方观念的东西值得推敲?为什么明明是我的"私田",史家都不认为是一种"私人所有"的田产呢?理由也很简单,"普天之下,莫非王土"。那么秦始皇不也说"六合之内,皇帝之土"?怎么又说第一次承认土地私有,于是再加一条,"田里不鬻",不准转让、不准买卖。到了"民得买卖",私有土地也就成立了。现在流行的"通史"都这样说。可不可以质疑?暂且搁下不说。

与此相关,先秦文献里还经常有"公作"与"私作"的对应。如《商君书·垦令篇》说："农民不饥,行不饰,则公作必疾,而私作不荒,则农事必胜。"这里的"公作",从通篇看,含义比《诗经》里的要广,你只要接受了授予的田地,你就必须承担包括赋税、徭役、兵役三类负担在内的"公作",这也就是上面朱元璋说的"分"。大家知道,这里说的"公作"与"私作"的关系,已不同于《诗经》年代,它已经是众所周知的"废井田,开阡陌"土地政策大变革下的情景,公私还是两相关联,统一在"国以农为本"的指导思想里。但古人并不觉得这里有什么像西方逻辑学上说的"悖论"或"吊诡"存在。

到这里,就想到了西方经济学里的"所有权"概念。什么叫作"私人土地所有权"呢?

马克思曾经在《资本论》第3卷里,分析过人类自从把地球表面的一部分看作是他们共有的或者集体所有的财产以来,土地这种自然物就具有了社会的意义。经过了许多由浅入深的发展阶段,才产生了纯粹的私人土地私有制。所谓"纯粹私有",就是人们把土地看成是"排斥一切其他人的、只服从个人意志的领域","它是抛弃了共同体的一切外观并消除了国家对财产发展的任何影响的纯粹私有制"。也就是私有产权应该具有绝对排他的性质。

私有产权具有排他性，应该在情理之内。按照马克思的说法，古代中国当然就不存在纯粹的土地私人所有制。但是，大家都明白，马克思是在作学理上的抽象化的分析，或者我们后来说的"理想类型"的鉴别。同样可以反问：今天西方发达国家，我们能说土地私有权就完全不受"国家"的"任何影响"？国家作为主权者向土地所有者征收各种"国税"，怎么说？马克思也注意到了这一点，因此在另外的地方，他特别说到东方的"亚细亚形态"，国家赋税与地租"合而为一"是一个重要的特点，"凌驾于所有这一切小的共同体之上的总合的统一体表现为更高的所有者或唯一的所有者"，"在这里，国家就是最高的地主。在这里，主权就是在全国范围内集中的土地所有权"。这就牵出了一个主权与所有权关系的难题。

马克思作为一个西方学者，他凭借许多来自东方的观察报告，对中国土地所有权问题所表现出的历史特点，应当说感觉非常敏锐。这也是旁观者清。但他说的"赋税与地租合而为一"，如同他说的商品价值是由"社会平均必要劳动"决定一样，不具经济学的操作性。也因为这个缘故，国内学者一般都把这段话看作只适用于东周以前。这就又把马克思的最精彩的一个判断："主权就是在全国范围内集中的土地所有权"给丢弃了。

这就不能不涉及这个问题的西方背景。在西方，"所有权"问题被突出，成为讨论的焦点，据我所知，是在16—18世纪。霍布斯、洛克、卢梭在他们关于政治制度的争论里，无不关联到财产权包括土地所有权的起源和认定。了解这些背景，或许对我们如何正确移用西方概念，会有些帮助。

当初读他们这些书的时候，有一点我觉得奇怪且疑惑：他们都是把所谓的"自然状态"作为论证的起点，由此认定土地所有权是起于谁先占有这块地，并且劳动耕耘，那么他就有权排除别的人，拥有了该地的"所有权"。然后再进入到"社会状态"（卢梭又称"新的自然状态"）的讨论。在我看来，这明显是反历史主义的，不符合产权发生学的历史实际情态。我想，这就是西方分析思维的习惯——必须先找到一个抽象的"元概念"，作为分析的起点，正像马克思先得从商品的两重性假定起。

但根本性的原因不在此而在彼。他们之所以必须认定产权起于"自然状态",是基于他们对国家性质有一种我们所不熟悉的认定前提——"人们联合成为国家和置身于政府之下的重大和主要的目的,是保护他们的财产;在这方面,自然状态有着许多缺陷。""政府的主要目的是保护财产。"(洛克《政府论》)读卢梭《论人类不平等的起源和基础》《社会契约论》,同样可以看到类似的表达。前述三个人的分歧,只在于政府组成的体制,是君主制还是君主立宪的议会制,还是"公意"(全民政治)制。要说与中国有点相近的,只有霍布斯的"王权来源于父权论"。为此洛克在他的《政府论》里用了上篇十一章的力气反驳这一论点,今天读来不免感到有点像"杀鸡用牛刀"。卢梭的两本书也是这样,极力论证"父权"不是一种"统治的权力"。

如果了解了下面的情形,或许就可豁然得解:西欧从14世纪起,以"特权收入"为主的政府财政体制已经转变为以"协议收入"为主体的财政体制(参马克垚《中西封建社会比较研究》第3编第14章),作为国家主权者的政府同作为财产所有者的"公民(纳税人)"之间,应该也必须通过谈判、协议来决定"国家赋税",这就是"契约"学说出现的现实背景,这也才到了私人所有制可以具体界定的时候。当然这里还有罗马城邦共和的传统作为其历史资源,但那是一种思想资料,现实状态才具决定性的作用。

我认为,上面的这些背景性说明很重要,由此我们才可能对西方经济学关于产权问题的理论概念有一个原本性的理解,然后才谈得上灵活运用。

联系上面的认识,我觉得要想准确地把握中国传统社会农业产权的特点,使理论概念与历史实际之间的偏差尽可能缩小,有几个认识前提必须注意:

一是我们通常所说的"所有制形态",实际应正确地界定为"产权形态"。

产权概念,按起源于罗马法的西方经济学概念,不是像我们过去那样只关注"生产资料归谁所有",而应该包含三个不同意义的层次:①使用权(或可称经营权);②占有权(罗马法称"收益权");③所有权(罗马法称"处置权")。

无论从世界历史还是中国历史上看,土地私有产权的产生和发展正是沿着这个次序由浅入深地演进的,但在大多数历史场合,三权集中统于一身的情景在现实生活中并不存在,这三种权利以不同程度的组合所形成的实际产权形式是多种多样的。因此,在考察产权的历史形态时,必须高度关注三种权利分割与组合的方式,以求做出不同的历史辨析。

由此可见,围绕着收益权(过去叫"占有权"),对公共的和私人的分配状态,亦即某特定时代的经济的分配结构分析,就成为了判断产权的关键环节。农业的产出是按多少种形态分割的,不同身份的人在这种分配中的收益比例,都是判断产权性质不可忽略的事实依据。

二是考察经济现象时必须考虑许多非经济因素的关联,置于社会的整体背景下,不能脱离整体分析。

人为群居动物,人类从其诞生之日起,就是社会动物。因此不能设想可以离开个人在社会体制中的地位,孤立地判断产权性质。

私有制这个概念,是在近代由外国人给予我们的。西方希腊、罗马时代的传统虽一度断裂,但毕竟源远流长,"个人本位"观念根深蒂固。但现实的社会体制究竟是根本的。西欧中世纪前期的产权就是一种特殊的产权形态。没有独立的、自由的个人主体,怎么可能有纯粹的私人所有权或独立的个人产权?因此,国家体制,国家对经济的管理方式和控制程度,乃至对人身的控制程度,都不会不作用于产权,影响产权的性质,或私有产权实现的程度。在西方,经济学也注意到了制度与产权的关系,所以有"新经济史"学派、产权学派(如科斯、诺斯等)的出现。他们的解释方法对我们可能更有启发。

三是要通过发生学,从历史动态的演进中去反复寻味"中国特色"。

在西方经济学里,以前是很不注意发生学研究的。到了诺斯一代才有很大的突破(参阅《经济史中的结构与变迁》)。但中国的情况同西方有很大的不同,也无法照搬。

钱穆先生说中国历史如"一首诗",各幕之间没有截然分明的场景转换,"只在和谐节奏中转移到新阶段"。明乎此,就可能对中国历史上种种"名称"的模糊,以及新旧反复现象有所警觉,循名究实显得尤为重要。

从最早的氏族、部族的"集体（共同体）所有"，到进入国家时期的"王有""国有"，其间的演进对基层成员来说，几乎很难有明显的天地大变的感觉——他们始终是在"共同体"名分下从事耕作的土地实际经营者，所变化的只是上头逐渐演进的"共同体"名称。

在中国古代世界，没有西欧中世纪那种国王与各级贵族、商人、市民的"协议"关系，所有的关系都必须由各种形态的"家长"来做唯一的"法人代表"。各级"家长法人"之间又构成纵向往上"统一"的从属关系——最后其顶端就是"产权"的最后"家长法人"——国王或皇帝。这种以"血缘宗族家长"为法人代表的"集体所有"关系，发展到"天下一家"，"国有"乃人人皆有的虚拟化，正是"血族"原则始终不曾打破，国与家"一体化"的历史条件之下所特有的情景。

我曾经想过一个最简单的问题：一个中国传统家庭的财产归谁所有？在没有分家之前，或没有遗产继承之前，所有子女似乎都享有部分收益权，但都没有处置权，这是很明显的。但能说父家长拥有所有权吗？从道理上说，他只是代表全家拥有它，必须从全家的整体利益去支配它。似乎只能说是"家庭所有"。一个只管自己消费而不顾一家老小的家长，从情理上，我们不会认可他是合格的家长。可惜这样的家长，在中国历史上还不少。再说，子女没有所有权，那凭什么分家时他必须取得其中的一份财产呢？其中不是隐含了一个早已预伏的前提：全家的财产里，他也有一份，只是必须按大家认定的习惯法则，由家长来决定分配时机和份额。

因此，从秦始皇第一次明令宣布"黔首自实田"百年乃至千年以后，仍然可以不断出现"占田制""均田制""人民公社制"等复古事件，就完全可以从中国历史特色里得到理解。然而，感觉是一回事，对这种中国特色的产权要作历史界定，就需要许多理性的和实证性的分析支撑，才可能被学界认可。

产权的发生学诠释

人为群居动物。人类的生存状态，包括经济生活方式，都关系着他们采取何种形式的共同体,以及这种共同体的规模和管理体制。其中共同体的规模往往决定着它对管理体制和管理方式的选择。土地产权,在农业民族更是共同体生存的命根,必随共同体的演进而演进。这是理解土地产权演变的一条重要主线。

部族"集体共有制"

按照世界民族志提供的通常情景,最早的土地产权形态都是原始的氏族—部落"共有"的,即归共同体集体处置共享,故可以称为"集体产权"。我不采取"公有制"的说法,是为了避免"原始共产"的误解。现在的人类学志已经清楚显示,当时的产权也是有边界的,[1]共同体的疆界就是它的边界。"非我族类"者越界闯入"边界"之内,则有杀身甚至被寝皮食肉的大祸(收养则另当别论)。不同共同体之间的冲突最先多发生在边界毗邻地带。儒家所说"老吾老以及人之老,幼吾幼以及人之幼",实行无条件的"共产",只有在自己的血族群体之内才存在。

由我国现有的早期农业遗址发掘所得到的不完全信息来看,对这种原始"集体产权"还不能理解得过于简单。从其基础模式——氏族产权模式看,经营权与收益权早就从处置权里逸出,产权的三个层次业已分化(大概只有在原始群时代才是"三权统一")。

目前我们所能掌握的最早形式,便是前面叙述过的姜寨。我暂且命之曰:"姜寨模式",作为产权展开的"元模式(母本)"。

依据此种模式,推断我国当农业进入"锄耕"之后,耕地比较早就已分配到小家庭经营(小家庭已经成为生产和生活的基本单元),而且很可能有多级的集体"公田"(各类大仓库的存在是一条线索),耕地是定期重新

---

[1] 根据人类学家的考察,原始的边界多以天然林带分隔,后即演化为以"树"为界。前者参哈维兰《当代人类学》所引蒂维人案例,上海人民出版社,1987年版,第449页。后者即《论语·八佾》所说的"夏后氏以松,殷人以柏,周人以栗"。《墨子·明鬼》说:"燕之有祖,当齐之社稷,宋之有桑林,楚之有云梦",说明亦有以山(石)、湖为界的。直到西周,领地外围仍有栽种防卫林带的习俗,如《格伯簋》格伯的领地就是以"封树"为界,《散氏盘》表明这种"封疆"甚至有三道。详见杨树达:《积微居金文说》,科学出版社,1959年版,第26、27页。

分配的,经营权并不固定于某块土地。处置权归"共同体",实行三级(村落聚落至氏族再到部落)管理,由此收益权也相应由三级分享(小家庭也拥有自己的"小窖"即小仓库),经营则以家族内小家庭耕作为主。这很像后来的"队为基础、三级所有"的模式(不同的是前者已经放弃集体耕种的方式,后者则复活了最原始的劳动方式)。其中"公田"仍采取集体耕种的形式,成果归"共同体"处置,这是"三权统一"原始母本的遗存。"公田"的收益再加上由家族—氏族向部落"上交"的那一部分收益,姑且叫它为"公益金",当时都还属于集体的公益积累,主要用于公共开支(包括节日仪式和救济,有战事时则用作军费)。因此,这一阶段还不存在任何称得上"私的"产权。[1]

部族国家"王有制"

促使这种集体产权形态发生变异的动力,主要来自共同体"滚雪球"式的兼并战争造成的共同体规模的扩展。随着共同体规模的扩展,产权从单一的形态演化为多级、多层面的复杂形态。其间的变化是渐进的,不易被人觉察的。

看来争夺领地——实质争夺耕地,即使在中国农业早期阶段也已经成为兼并战争的首要目标(这是与游牧部族以"掠夺"为主迥然不同的)。由此,推动共同体以两种方式扩展:或是为增强攻防实力主动联合("联姻",这种"政治婚姻"屡见于殷周乃至春秋战国,而后亦缕缕不绝如线),或是战败者被迫并入战胜者共同体("臣属",入秦以后则被史家称作"统一战争"予以肯定)。不管哪种方式,其最终的结果,都是共同体的规模在不断扩张,越变越大。"大"了,管理体制势必要有所变化。

从种种迹象看,随着共同体扩展为"部族国家",甚至后来变成更大的"联邦"时,其所统属的各等级共同体基层经济、社会组织方式都是基本维

---

[1] 历来都认为生活用品乃至宅地最早私有,即归个人或家族支配。吕思勉先生则有别解。他认为这仅是由用途的性质决定的,归于他或他们使用而已——我想补充的,此种物品没有"产出"的价值,自然不应在我们的讨论范围之内。参《吕著中国通史》,第73页。

持原状（我这里暂时称之为"姜寨模式"），不轻易触动的。这一点对理解中国传统社会起源以至后来的种种变迁，都是一把不可少的入门"钥匙"。

何以会如此？我想这一定与中国早期农业耕作状态相关。从我们已经发现的早期农业遗址来看，即使近九千年前，我们先人的农业亦早脱离"刀耕火种"而进入"耜耕农业"的阶段。这种农业对劳动力和劳动时间都有较高的要求，因此对兼并者来说，以"取而代之"的方式既很难做到（原来人口如何处置会成为大难题），也非常不明智（增加兼并阻力）。保持现状，从劳动成果的分配上找"权益"，反倒是最上算的。即使统治族因人口增加而需要"移民"，也还有许多空隙地带可以开发，不必夺走别人的熟地。秦最初的"军功受田"，推测多数也是授权开发秦晋之间的隙地。这从秦"徕三晋之民"中多少可以获得一点信息。[1]

变化是悄悄地发生的。最大的变化，就是原有的"集体产权"产生了一种暂名之为不断统而综之的"上升运动"。随着共同体幅员的横向扩展，原有共同体的"集体产权"被纵向提升为最高共同体"所有"，成为"部族国家产权"或"联邦国家产权"，而收益权则增加了向最高共同体纳"贡"的分割份额，并逐级向下分摊，经营则仍维持个体家庭耕作的模式。这种不断提升的运动，其直接结果便是形成了"金字塔"式的新共同体"上尖下宽"的分配结构。

我们目前还没有直接证据能确知最初"部落国家"最高首领的称谓是什么，现在流行称其为"酋长"，虽亦见于我国正史，但那是出于华夏族对夷蛮部族首领的轻侮，并非他们自己的称谓。如匈奴即自称"可汗"。因此之故，我极不赞成"酋邦"的用法。

根据后世文献的某些迹象，他们很可能或称"大人"，或称"王"，或称

---

[1] 隙地的存在，到春秋末依然随处可见，据《左传·哀公十二年》载述，宋郑之间尚有隙地"六邑"。《尔雅·释地》所说邑—郊—林—坰，"坰"就是"封树"（边界）外的隙地。根据湖北云梦睡地虎出土的秦《田律》等法律文书，参以其他典籍，秦国确曾实行过授田制度。"军功受田"，只是一种特殊的优惠授田。它的实际情形很类似于北魏的"均田制"的授田。由此可以推论，实质性的授田多是在空地、荒地上进行；原有耕种的土地，只是转换一下登记手续，甚或沦为"附庸"（施之被征服地区）。有关秦律竹简，请参《睡地虎秦墓竹简》，文物出版社，1970年版。

"霸(伯)"("霸"为"伯"的假借字,"伯"的本义为"长"),都具有父家长延伸的意义。[1]只有到了商代才能确知"大邑商"的最高首领是自称"王"的(见《尚书·盘庚篇》),到西周则始有称"天子"的。[2]我们姑且统一指称"部族国家"到"共主联邦国家"的产权都为"王有制"。与原先领地范围有限的氏族—部落"共有"的"集体产权"不同的地方,是在领地幅员越来越横向扩展的同时,产权的"集体"性质因为越来越远离基层共同体,"共有"的感觉越来越被稀释而淡化——特别是那些属于"臣属"性质的原共同体,则很可能在心理上还会产生被剥夺的感觉(故一有机会必叛变倒戈,谋求"独立"。周之伐商也是利用这种力量;以后周边少数族时叛时归,同属于这种情形)。

总结以上发生学的简述,我们对这种中国特殊的"王有制"有两点基本认识必须交代清楚:

一是"王有制"仍然是一种以"共同体"形态出现的"大集体产权"。"王"只是作为国家——最高共同体的象征。古时之"家长"代表家族,或套用现代语即可叫作"法人代表",产权只是归属于他名下。因此,"王有"绝非即属于他个人或其家族所有,而是属于共同体"大集体所有",就像秦始皇时说的那样,"四海之内若一家",是"华夏一家"之产(至于"人人皆有"而变成"人人没有",则要经历非常漫长的异化过程)。这是全部问题的"眼"。由此透视历史,就比较容易理解后世何以会在"国有""集体所有""个人私有"三者之间可以通过概念的模糊而相互转换。

二是这种"王有制"的产权扩展主要建立在军事统治的基础之上,本

---

[1] 上述关于"霸""伯"的论述参《吕著中国通史》,第48页。《诗经·载芟》"毛传"亦释"伯"为"长子"义。另据甲骨金文考证,伯作白,像大拇指,是第一、老大的意思。这都旁证吕思勉先生"伯即长"之说不妄。徐喜辰先生认为"公"就是先公、公王,也是从家族称谓而演变为等爵的,如公刘、古公、吕公、周公。周之惯称父家长为"公",犹商称父家长为"父",故春秋时还有称华父、乐父、孔父的。参白寿彝总主编的《中国通史》第3卷(上),第838页。徐先生对商周时等爵称谓(包括子、男)来自家族的论证,合乎情理,值得重视。

[2] 据康王时《邢侯簋》铭文载:"朕臣天子,用典王令";《献簋》铭文载:"在毕公家,受天子休",知周王亦称"天子"。殷商甲骨卜辞只有"王"的称号,至今未见"天子"之谓。

质上是军事征服、军事殖民的产物。"产权"的提升主要不是通过对土地实施重新界定（分配）来实现的，而是凭借"权力"为后盾，通过征调实物和人力的形态，间接体现其为"天下"的"共主"地位，这就是后来《诗经·北山》"普天之下，莫非王土；率土之滨，莫非王臣"的本意。"王有产权"由军事政治力量获取并实施，即由权力创造产权，产权取决于权力，这一点对认识中国问题至关重要——识破后世"国有制"幽灵的无处不在，这是一面有效的"照妖镜"；而产权通过改变分配权益方式来体现这一点，却是透视中国式"产权"历史真相的"显微镜"。

我们在历史往后展开的过程中，将会一再体验到，这种由"集体产权"放大的"王有制"，一直是"大一统帝国"时代国家产权的"模板"。它作为"历史的集体无意识"，其观念形态始终牢固地植根于中国人的心灵之中。

"王有制"下的收益分配方式：贡、助、彻

由于早期农业遗址没有发现文字材料，探测早期"王有制"产权状况最紧要的侧面——权益分配状态，至今也只能凭借后世文献有限的相关"集体性记忆"。其中孟子的一段话广被征引诠释，很是关键："夏后氏五十而贡，殷人七十而助，周人百亩而彻，其实皆什一也。"（《孟子·滕文公上》）

我觉得许多人都被孟子狡猾地将依稀零星的古老记忆人为整理成有序的演进模式蒙骗了，以致连陈守实先生也当真起来，反驳说岂有实物地租（贡）在劳役地租（助）之前的道理。其实，马克思没有、也不可能料到中国当国家形态成形之初，三种"地租"形态竟差不多同时并存；而且它还成为后世赋税制度的原生模板，影响至深。

先说"贡"。中国特有的"部落殖民"式兼并而成的最高共同体（"部族国家"或"联邦国家"），对其下属共同体成员采取交纳实物即"贡"来体现其主权归属，既是古老习俗顺理成章的活用，也实在是非常开明的"指令经济"的初创，最少"制度成本"。

"贡"的形式，在"姜寨模式"即已存在。那些"大窖"不就是下面两级"上交"的份额总汇？由这个母本（元模式）推演开来的各种形式的"贡"，

已扩展到被征服的部族、方国向统治部族交纳的实物（多数为地方特产或为统治族所缺乏的物品）。这一点，无论在人类学的民族志或西欧中世纪领主制里都得到验证，可以断论这是一种非常古老而曾经普遍流行过的方式。《禹贡》篇虽属晚出，但"九州"所贡方物的情景，仍保留着对这种古老方式的记忆。[1]

所谓"贡"，就是不必过问被征收者的生产经营情况（包括耕地面积），监督程序简单，十分便于操作，只要盯住"头领"，责成其按时交纳一定品种、一定数额的实物就行。这种最少制度成本的"财政政策"直到中古近世，不仅仍以变相的形式存留于赋税结构之中（像"调""折纳"等），也还以更原始的方式一直保存在对羁縻州一类的土司辖区以及附属国的管理方式上。因此，有理由相信，"贡"是用以体现主权（王有）与臣属关系的一种方式，是指令经济与习俗经济混成的早期形式。

至于"助"，一般都解作以"公田"形式实现的劳役地租形态。至于"公田"是普遍的"九一"形式（即孟子所描绘的"方里而井，井九百亩，其中为公田，八家皆私百亩"），还是以一定的共同体单元（聚落—方邦）分别设立"公田"就不清楚了。但"公田"的形式其实起源更早，即使在氏族—部落共同体阶段就已存在（或可称作"公益田"，由集体成员共同耕作，文献中保留的"十千维耦"，说的就是"公田"），此时不过将"公田"的所有权上升归属为最高共同体而已。后世"屯田制"和"族田"、"义田"都是"公田"不同形式的复活。广义的"助"，我认为还包括另一种形式，就是作战时有义务出兵（即西周"勤王""征伐"之类），为后世兵役的滥觞，

---

[1] 恩格斯在论及克勒特人和德意志人氏族时说："氏族酋长已经部分地靠部落成员的献礼如家畜、谷物来生活。"说明"贡"曾普遍地流行于"部族时代"。《马克思恩格斯选集》，第4卷，第140页。在西周金文中也发现了不少关于方国向周进贡的证据，如淮夷被称为专门进贡"布帛"的《兮甲盘》《驹父盨》。参见《人文杂志丛刊》第2辑李学勤关于两器铭文解释的专文。但断"进人"为奴隶，是拘于旧说推理。新出12卷《中国通史》上古卷，微观的描述极有新见，氏族农村公社的基层面貌揭示得有说服力，但时不时还得套上"奴隶制"的大帽子，不伦不类。看起来还不敢"脱帽"，有心理障碍。

所谓"有土即有卒"。[1]

最值得斟酌的是"彻",一般认为西周始有,且行之于"国中",故孟子曰:"请野九一而助,国中什一使自赋。"(《孟子·滕文公上》)"彻"的基础是必须明确掌握耕地的亩数,实施有似后世的"分成租",其优点是比较合理而有弹性(按平均亩产量计算出统一的交纳份额),对发挥小农的积极性有作用,但这一制度的成立是有前提条件的——必须有明确的管理监督机制,首要的亩积要有统一的计量。

"彻"者,"彻田为粮"(《诗经·大雅·公刘》)。此处"彻"原义为开发田地、丈量边界。这与甲骨文"田"字形状相符,当进入到平原冲积之地后,在田多人少之时,必能做到四界平整。因此,我相信这无关乎"国"与"野",也无关乎"助"与"彻"的区别。[2]程念祺在讨论该问题时注意到了郑玄注的价值,我认为独具慧眼。[3]郑氏注《周礼·考工记·匠人》时说:"周制畿内用夏之贡法,税夫无公田。""彻"与"贡"之相同处即在都是实物地租形态,故郑玄以"夏贡"类比之。下一句最关键:"彻"法实行之处,"公

---

[1] 目前多数学者都认为只有"国人"才能当兵,"野人"无此权利。吕思勉先生亦坚持此说。我颇怀疑这种说法。最明显的是,各方国都有出兵"勤王"或被派遣征伐别的方国的义务,其中不少有被征服的部族方邦。这在甲骨金文中一再获证。不论何种部族早期都是"亦农亦兵",这在少数民族史上也是普遍而无例外的。

[2] 关于"助"与"彻"的区别,各家说法都不同。吕思勉先生一直主张"国人"系征服之族,择中央山险之地筑城而居;"野"则系被征服族,在四面平夷之地居之,从事于耕耘。平夷之行可行"井田",有"公田"行助法;山险之地,不能行井田,故行彻法。见《吕著中国通史》第56、73页。我觉得吕先生把问题简单化了。事实上,所筑之城只是管理中心的所在地,管理者及其附属人口聚结于此。即使征服族绝大多数成员居于原来的聚落,但仍于平夷之地辟田耕耘。因此"国"与"野",差不多就是原来聚落与聚落外农田对应的"翻版"。无论征服族或被征服族,其方国的范围都不小,没有一个统治族专居住山险之地的道理。当时地多人少,辟地者必都选择易耕的平夷之地开发,至少到商周时已然迁至河流两岸,地形更趋平坦。从甲骨文看,"田"字呈平整有规划形状。所彻之田亦然如此。另从《诗经》所载西周史事,"彻"字亦有开发田地、拓展疆域之义,即"度其隰原,彻田为粮"(《大雅·公刘》)。周宣王时封申伯于谢,命召伯率军一同前往,"定申伯之宅",并一再告诫召伯要"彻申伯土田""彻申伯土疆"(《大雅·崧高》),"宅"在高处筑城,与此同时必须遣人开发平地,以增"土田"。"公田"的形式原始,故必进至为"彻"法,这是在管辖范围扩大后必然要改进的方便之法。只在"籍田"上保留"公田"象征仪式,不忘共同体当年风貌,犹如元世祖在皇宫内辟一草地。

[3] 程念祺:《中国古代经济史上的几个问题》,《史林》1998年第4期。

"田"形式即被取消。

由此,我推测,"彻"法最初只行之于大共同体核心部族居住区域,施之于"国人"的。因为这是管理水平所能胜任的,是对原始"助"法的一种改进,至于众多被征服族的广大地区,一时只能以"贡"法行之,对遥控的方邦比较简便有效。进而言之,在有些农业进步的邦国,其核心部族可能或先或后也会实行以"彻法"取代"助法",未必一定是周人独有,惜乎无从证明。但从西周后期"不籍千亩"看,原始的"公田"形式之被抛弃,确实是迟早要发生的事。"公田"的消退,既是共同体越来越"虚化"所致,劳动者的积极性必遽然下降,"公田"低效;也是与国家"公共开支"的大幅度增加相关,旧"助法"已不能完全满足国家的需求。

但需要说明的是,"公田"形式不可能被取消。它将来还会以各种形式复活,待后再议。

由上说明,当还在采取类似"部族"或"联邦"形式的早期国家阶段,对直接统治区域与间接统治区域,在行使产权的共主所有即"王有"时,选择的体现方式可能是因地制宜,多种多样的——整体则如孟子所说"力役之征,布帛之征,粟米之征",三种形式平行。其份额大体仍保持在收益十分之一的比例上。不论何种形式,产权的"王有"都主要体现在"收益权"的分割分享方面,不涉及经营权的转移。也就是说,中国在其国家形态初始阶段,"王有"产权的处置权(所有权)与经营权就是分离的。小家庭耕作的方式始终保持,没有大地产经营的传统。这是特定的政治形态所选择的特定产权实施方案,最富中国人的政治智慧。由此也差不多规定了后世中国产权演进的基本路线。以后我们会一再遭遇到这个问题,因此不能不在此多所饶舌。

从氏族—部落的"集体共有"到"王有",其间农业产权的性质究竟发生了什么样的变化呢?

(一)无论"集体共有"还是"王有",都是以"共同体"的名义存在的。从理论上说,产权是不能被分割的。它不归属于任何一个人或任何一个家族。"王"或王族也不例外。后者也同样只能享受一定份额的收益权,关键则在所占份额的比例大小。

（二）由部落上升为"部族国家"再扩展为"共主联邦国家"之后，家族、部落、部族之间经济的、社会的地位日渐分化，产生了可以支配别人的"特权阶层"——孟子所说的专门"治人"和"食于人"的管理阶层。这种管理阶层，在《尚书·盘庚篇》中有"邦伯、师长、百执事之人"，《酒诰篇》中有"百僚庶尹"；西周中央有"卿事寮"和"太史寮"，以及"四方"有公、侯、伯、卿、大夫等。他们都不同程度地分享着国有产权的收益。

我们应该特别注意到"四方"即邦国的管理者，已经不同于昔日的"族长"或"部落长"。套用恩格斯的话，他们已由"人民的公仆"变为"人民的主人"。他们既是原"部族"的各级"族长"，[1]又是西周"王有产权"的各级"代理人"，兼具双重身份。他们作为"代理人"的身份已完全脱离耕作经营，却享有耕地上收益权分割份额的特权，出现了收益权与经营权的分离。原来属于"公益金"性质的"公共积累"部分，异化为体现"国有产权"的"管理收益"，并利用"授田制"方面"近水楼台先得月"的地形，有可能逐渐侵吞新开发耕地的实际处置权。"化公为私"的渐变便悄悄地在进行。

（三）原始授田制的异化。授田制起源于氏族公社的计口授田，也缘于早期土地的轮休制，故必须定期重行分配。然而到"封建时代"，新出现的逐级"授土"（直到大夫受"采邑"），表面上看，似乎是在原有土地定期重新分配（"爰田易居"）的习俗上增加了一个管理层次，但这种再分配实际已经具有了"社会分层"的性质。在平等的"计口授田"之旁，出现了另一种不平等性质的"授田"——不经营而能享有收益份额的特权"授田"。原氏族公社成员的实际地位明显下降了一格。这种下降的程度，必须联系他们对收益份额占有的比例来确定其性质（详见后）。大约在商周时期，这种下降还不甚显著。因此我们还看不到"国人""众人"在经济权益方面明显的反抗迹象。

---

〔1〕从《左传》的许多记述里都反映世卿和世族是相联系的，如"安定国家，必大（大族）焉先"（襄公三十年），"弃官，则族无所庇"（文公十六年）。故孟子曰："为政不难，不得罪于巨室"（《孟子·离娄上》）。所谓"巨室"就是在部族之中最强有力，占支配地位的大族（氏族）。

权力更新与"私有化"

诚如王国维先生所言,殷周之际发生了中国历史上第一次"制度革命",这就是通常所说的"封邦建国"制(具体论述详见后编)。

这次具有"共主联邦制"向"大一统"转化的过渡意义的政治体制的重大改革,对经济体制的重大影响,主要表现在诸侯国君在承诺"以藩屏周"义务的同时,也获得了"受民受疆土"的特权。按其原初的意义,它只是增加了一个代理"国有权"的层次,被授者至多仅具有代行"处置权"的权力——表现为诸侯国君有权将其国境内的土地分封给卿,转而再分封给大夫,但在各级贵族父子相替时必须履行再"受封"的仪式。我在前面已经强调过,这种"授土"往往具有开发新土即隙地的意义,因此受封者的家族、氏族往往在占有新垦田地方面得利甚多,产生了富裕者与贫困者的分化。

但不论国君还是卿、大夫所得"封地",仍必须恪守"田里不鬻"的国有准则,产权的"国有"性质是不容动摇的。因此,以现代经济学的概念实在很难给它一个名称,过去有称"占有权"的,也不甚确切(因经营耕种者也有部分占有权即收益权)。如若一定要类比,我想颇类似于"委托—代理"关系,是"国有产权"的代理人和管理阶层的角色——正是利用这种角色地位,才渐有可能"化公为私"。

这里我们已经可以看得到未来必将异化的潜在危险:西周王国为了避免重蹈殷商"大而松弛"管理体制的覆辙,建立起新的"封建"管理体制,以强化中央核心即"共主"地位时(这是为应付疆域日渐扩展新局面采取的政治选择,应归功于周公的政治智慧),不得不增加了多层管理层面(天子—诸侯—卿—大夫),按热力学第二定律,客观上就增加了"熵值",即政治能源的耗散效应明显增强,于是日后由名义上的代理人异变为实际上的处置者,天子名存实亡,下面层次有可能将"国有权"窃夺为实际己有。这就是春秋战国时的权力与权益逐级下坠的历史情境。由此再一次说明产权与权力的联结,产权本身就不可能有稳定的性能——"国有产权"随时都可能因管理阶层的分割权益而发生异化。

变异的迹象大致在西周中后期即开始显露,包括铭文中已发现土地质典抵押的记载。[1]这种现象还只是对法定权利的侵蚀和弱化。其用意当时仅限于对所享有的收益权的转移或交换,但产权不准"移动"的原则被破坏,仍具有侵犯"产权"的性质。这很类似后世的一句谚语:"租田当自产",是不合法的。

　　真正有演进意义的是"法外"私田的出现,始自春秋,愈演愈烈,郭沫若称之为"黑田",倒是一绝,惟妙惟肖。

　　法外私田的出现,据我看有多种促成因素,而且是循着自下而上逐渐弥漫开去的。一是随着各诸侯国对其国境耕地的开发热一浪接一浪展开,[2]新拓耕地隐而不报,即成各级"管理阶层"囊中之物,不再与上一级分享收益,实际上已成法外私田,亦即"黑田"。二是耕地轮休制的取消,定期重行分配制度的终结,"授田制"再次发生异化。关于"废井田,开阡陌",历来解释纷出,徐喜辰先生曾归纳了历来各家的说法,备述至详。[3]现在已由秦简证明,这一举措的历史前提,是与耕地由定期再分配进至永久性分配相联系的。由于农耕技术的提高,转入耕地永久性分配之时,不单单是秦国,各国或先或后都有过一次重新戡定"田疆"即重开"阡陌"的变革(与此配套的还有户籍的管理)。以"彻田为粮"的财政政策,更诱使自诸侯至大夫都以隐田为有利可图(有似后世的瞒报地方收入)。这是在"国有制"的大树下漫长出"私有毒草"的第一次"冒富"。

　　土地的"国有制",是权力系统赖以动作的经济命脉,时异势移,当由"礼乐征伐自天子出"一变而为"自诸侯出",诸侯国取得了实际的独立地位,并向君主集权制的方向发展时,国君也就站到了"国有"的实际法人地

---

[1] 详参李朝远:《西周土地关系论》,第279—313页。文称目前已面世的有关土地交换的青铜器主要有八件,有以田易物、以田赔物、以田换田三种情形,并对土地交换的性质发表了自己的见解。上海人民出版社,1997年版。

[2] 如《左传·昭公十六年》:郑人"斩之蓬蒿藜藋而共处之",指今河南新郑一带;《左传·昭公十二年》:楚国初迁江汉"辟在荆山,筚路蓝缕,以处草莽",以及齐国对胶东地区的开发等。中国历史上第一次耕地拓殖高潮为西周大分封,第二次则在春秋战国。

[3] 参12卷本《中国通史》第3卷(上),第821—835页;余喜辰:《晋"作爰田"解并论爰田即井田》,《中国古代史论丛》第8辑,福建人民出版社,1983年版。

位上(尽管此举从未取得正式法定的承认,但毕竟不能改变历史事实本身),清除"黑田",将其重新纳入法定"国有"的范围,也就是迟早的事了。晋国"作爰田"、鲁国"初税亩"开其先声,郑子产"田有封洫,庐井有伍"、齐管仲"均田畴"继其后,都是经整顿田地入手,重定税制,使私田又复归为"国有"。我们不能乐观地估计这种"割尾巴"的举措成功率与实际收效,但却说明"国有制"尽管会随权力的盛衰而消长无定,但法定意义上"国有"还是万世不易的"祖宗之法",具有"合法"的意义。

第二种"私有"的冒尖才是具有长远意义的历史事件。春秋战国之际广泛而持久的兼并战争,使许多明智之士懂得"农战"的辩证关系,先后实行"军功受田"法。创始者未必都有明确的意识,但这却成了长达四五百年各级贵族自相血肉相残的"工具",直至借"刀"自杀。很清楚,正是这批"布衣将相"最后成为取世袭贵族而代之,彻底消灭贵族的新暴发户。不同的是,他们的利益所向只听命于"国家",而不再与社会上原先的血缘共同体有关联。

军功受田法,春秋末最先由赵鞅(为攻杀范氏)行"克敌者,上大夫受县,下大夫受郡,士田十万,庶人工商遂"(《左传·哀公二年》)。入至战国,则有魏、齐等国相继实施,至秦商鞅行二十军功爵集大成,并与剥夺无军功的世袭贵族特权相配套。粗看起来这不过是对原有"封建"的创造性发展,"封"与"赐"当时并不认为有多大区别。因为受"赐"之田法律意义上并没有世袭的权利,不损"国有"本体。商鞅所封"商、於之地",商君诛死,仍收归国有;再如"秦乃封甘罗为上卿,复以始甘茂(乃祖)田宅赐之",更明确说明甘罗并无直接继承乃祖所受田宅的产权。这几乎等于是新官僚的一种特殊的"俸禄"收入——后世的"衣食租税"。[1]

但这一次"私有化"与上次还是有很大的不同:

(一)波及的面大大扩展,因军功得到的权益,由卿、大夫至士、庶的授官爵,直至奴隶、附庸获得人身自由,几覆盖社会各阶层(详参二十等

---

[1] 孟子游说滕文公时即说"卿以下必有圭田",以"野人""养君子",谓之"分田制禄"(《滕文公上》),可见,"授土"原就有"制禄"的意义。

爵的解释），[1]产生了我们今天习惯意义上的"官僚地主"、"地主"和"自耕农"的最早一批先驱者。

（二）更为重要的是，出于战争的需要，以及对付失去特权的贵族反抗的需要，国君为争得"军功"阶层的强有力支持，出于机会主义的考虑，逐渐放松了对一些根本性法规的恪守——于是，对土地买卖的限制终于被突破。

由土地抵押交换渐变、小变而汇成可以买卖的"大变"，其间至少花了三四百年的时间。据现有的史料，赵括"日视便利田宅可买者买之"（《史记·廉颇蔺相如列传》），韩非说到河南中牟"弃其田耘，卖其宅圃"（《韩非子·外诸左上》），土地买卖在战国中后期似乎已见怪不怪。这都说明制度的异变总是从小"缺口"慢慢突破，久之习惯成自然，国家只好睁一眼闭一眼，默认既成事实。

与以前按宗族天赋身份受封不同，军功受田是靠自己的"业绩"挣来的，自然"这是我的"观念就会冒出来。或许正是这个缘故，土地买卖顾忌更少，开始流行，董仲舒才会将"民得买卖""改帝王之制"的罪名安到商鞅的头上，并骂他为开兼并之风的罪魁祸首。然而我们在《商君书》或其他秦国文告里还找不到正式允许土地买卖的文字，这也颇耐寻思。

下 篇

进入大一统帝国时代，产权状态随时势的演进变得越来越复杂。各种"国有"的、"私有"的甚至是"宗族"、"部落"式的产权，兼收并蓄地共存于帝国体制之中。这种"和衷共济"，很可能是世界其他国家所不曾有过的。

就其整体结构而言，产权"国有"的观念仍占主导地位，但"公"与"私"的两种要素犹如阴阳两极，负阴而抱阳地包容于这种特殊的"国有"产权

---

[1] 高亨：《商君书注释》"境内第十九"，第146—154页。头四级均为免除奴隶或服徭役的身份。中华书局，1974年版。

前编　通论专题研讨

形式之中，相生而相克，此消而彼长。这是一种动态的不稳定的结构。限制与反限制、侵蚀与反侵蚀，成为了帝国时代产权演进一系列戏剧性变化的基本情节。

"黔首自实田"辨

秦统一后六年，据说秦始皇在全国颁布过"黔首自实田"的法令。[1]尽管它没有出现在《秦始皇本纪》的正文里，是一个由后世载述的孤证。但我相信它就是前此实行的"授田制"更大规模的推行，联系到秦王朝全国性的户籍登记和赋役征收制度，不管有没有法令的明文颁布，事实上总是存在着这样一种名义上由国家来授田的举措。

对这一法令，流行的通史一般评价极高，称其为"在全国范围内确立（或承认）了土地私有制的合法性"。这是一个以讹传讹最典型的事例。造成这种错觉的直接原因，是望文生义。论者只从字面上去理解"登记"的词义，而没有与授田制的大背景联系起来考察。

事情正好相反，从法律上说，授田制是前提，"登记"是一种事后的手续。在国家授田的名分下，"黔首"才被要求将所受之田登记在册，即所谓"黔首自实田"。而且也不是所有的人都有权利被"授田"。[2]这正好证明农业耕地的产权具有国有的性质。

我注意到了最近出版的12卷本《中国通史》第5卷，在直接涉及这一法令时，说法已经有所保留："这实质上是在全国范围内，以法律的形式进

---

[1]《史记·秦始皇本纪》裴骃《集解》引徐广语。谓下诏书时为统一后6年，即秦王政三十一年（前216年）。据云梦秦简《编年记》"十六年七月丁巳，公终。自占年"。秦国有让"百姓"（亦称黔首）申报登记人口的制度，但未见登记田地的证据。下面分析就会说到，当时实际上是靠控制"人"来控制"地"的。"自实田"一事是否单独实施尚可存疑。最大的可能是在户籍登记时附载"田宅"。如《管子·禁藏》说"户籍田结者，所以知贫富之不訾也"。

[2] 秦时户籍除民籍外，还有各种特殊的户籍，其中商贾有"市籍"，是不给授田的；属于"贱者"的还有赘婿、后父等，也另立户籍。秦时一般民户称"百姓"，多见于秦简，也称"民""庶民""黔首"。到汉代始称"编户民""编户齐民"。

一步确认封建土地占有权,公开承认土地兼并的合法性。"注意:作者采用了"占有权"一词,是经过斟酌的,但有意地回避了"国有"的话头。在"土地制度"一章里,作者却将"主权就是全国范围内集中的土地所有权",说成是皇帝"享有在全国范围内集中的土地所有权",皇帝是全国"最高地主,有最高的所有权",这与马克思的原义不符,完全是为了迎合"地主经济占主导地位"的观点,不免显得牵强。[1]全国产权属于皇帝一人"私产",是一种没有经济学知识作背景下的愤激说法,相关的分析,我在前面"王有制"一节已说过,不再重复。

这种争论由来已久。我认为,全部的关键就在于:只要有充分的证据揭示,由国家实行"授田"的制度确实在历史上像模像样地实行过,那么土地产权国有的性质,就是一个不容置辩的事实。

所幸有了秦汉简牍的发现,对于基层社会的情况,包括"授田制",总算有了一些真实的消息透露出来。近二十年来陆续在湖北云梦、四川青川和甘肃天水出土了三批秦代简牍,其中尤以秦代法律文书和地方郡县吏治文书,最堪珍贵。汉代简牍,除先前的居延、敦煌、楼兰外,在甘肃悬泉置、山东银雀山、湖北张家山和凤凰山等地又有许多法律文书、契约账目等重要社会史资料出土。对这些社会史资料进行研究的学者之中,以劳榦(《居延汉简考释》等)和高敏(《云梦秦简初探》等)两先生的成果最受学界重视。

综合上述资料和相关研究成果,我觉得有几点是值得特别提出来讨论的:

秦国不论在统一前还是统一后,对田制的管理都十分严格。

睡地虎秦简《田律》表明对由国家"授田"给农民和农民按授田之数交纳实物赋税给国家,都有明确定量的法律条文。《为吏之道》则透露了秦国与魏国一样,都有禁止"假门逆旅"(商人)和"赘婿后父"立户授田的法规,说明授田与户籍的登记是相互配套的,有些人被排除在"授田"范围之外。四川青川《秦更修田律木牍》还详列了田亩间修筑阡陌的法定标

---

[1] 12卷本《中国通史》第4卷(上),第224、489、497页。

准,涉及阡陌宽度和高度的规定,说明当时有法定的统一亩积,而管理的规范着实让人惊讶。《仓律》与《厩苑律》则提供了另一种情景:国家有时还出租一部分"公田",并为农民提供种子、耕牛和农具等生产手段,类似后世的屯田。许多律令显示官吏对相关规定的违法事件必须负责,处罚甚重。[1]

授田法也行之于齐国。银雀山汉简《田法》(初步断为齐国之律令)说明授田与规范基层区划也是配套的:"五十家而为里,十里而为州,十州而为乡,十州、乡以次授田于野,百人为区,千人成域",授田按好田与坏田搭配,交纳实物数上田与下田标准也不同,且有受田年龄和免役年龄的规定,说明有"受""还"的可能。[2]

过去多认"均田制"为土地国有制的显例。现在已证明,这种制度至少在战国后期就实行过,诚如前面所说,它的起源很是古老。这些都无不说明,农业产业法定的国有性质在当时是不容置疑的。《商君书》中有"算地""徕民"两篇,都对秦国的山川、河流、池泽、道路、坏田、好田等各种地形的比例作了估算,测算出可耕田地的比例(坏田2/10、好田4/10),认为目前还未充分开发,主张应依据"为国分田""制土分民之律",按"小亩五百"之数授田给农民;若劳动力不足,甚至可以招徕"三晋之民西来"垦种。[3] 这里"为国分田""制土分民"两句不仅凸显出了土地国有的观念,而且也揭示了实施土地国有的用意:征发定量的赋税和徭役。秦并天下后,势必将这一制度推向全国。

由此可知,在授田制下,受田的耕种者是以国家臣民,即秦始皇石刻

---

[1] 云梦睡地虎秦简,有的写于战国晚年,有的写于秦始皇时期。像《语书》是关于南郡及其所属县的吏治文件,十分重要,其时代即在前227年,大统一前。法律文书,据研究者称大多修于秦昭王至秦始皇初年。四川青川木牍则为武王时期(前309年)。有关原始资料详参《睡地虎秦墓竹简》,文物出版社,1978年版;《青川县出土秦更修田律木牍》,《文物》1982年第1期。秦简《法律答问》中有关于"匿诸民田"分"租"与"未租"两类。研究者对此情况还说不清楚。"公田""官田"名词到汉代始出现于文献。

[2] 参见吴金龙:《银雀山汉简释文》,文物出版社,1973年版。

[3] 高亨:《商君书注释》,中华书局,1974年版。《徕民》篇考证写于秦昭王时期。《算地》篇一般也估计写于商鞅死后几十年。

所称"黔首"的身份(必须有农民户籍的),领受耕地的经营权,享有部分的收益权。按其性质,他们是为国家耕种田地,承担法定的权利与义务。而且在理论上,授田也还有一个按年龄"受"与"还"的问题,经营权仅及身而止。

自然"尽信书,不如无书"。对法律规定的条文亦当如是看。实际运作过程必然会出现诸多问题,我们也不能不作充分的估计。

授田制的执行,在正常情景下,需要许多条件支撑。首先是可能达到的管理能力与管理者的素质,能不能切实做到令行禁止,秉公办事?何况幅员辽阔之后,这更是个大难题。第二,必须按期授田,长期有田可授。这在地多人少的情况下容易实行,旷日持久能不能长期坚持下去?也必须打上大问号。

这里使我想起了黄仁宇多次使用的"间架性的设计"(schematic design;其实schematic也有示意、图示的意思)。这种设计是用一种数学的概念,夹带着一种几何图案,向真人实事笼罩过去。主要在使人口统计和土地测量技术尚未准备妥当之际,即在一个区域广大的国家内,造成一种人为划一的政治或经济的制度规范。黄先生用这种概念来指称西周的分封制和井田制。他特别对井田制发表了如下评论:"井田制度是间架性设计的代表。间架性设计是来自标准要求,这种方式影响此后中国三千年的政治。它意味着国家和社会的结构是可以人为地创造出的,同时也导致上层设计的形式远比下层运作的实质更为重要的统治习惯。"

我觉得黄仁宇先生强调上层设计与下层运作的不一致性,上层的设计不管下面的实际情况如何,始终具有实质性,表明他对中国国情和历史深层的了解远比一般史家高明。这种认识既来自他切身的社会体验,也得之于对明代税收史研究的心得。因此,下面一段远比上面明白易懂:"明代税收章程一方面包括着一种中央体制,一方面又顾及地方实况,内中有永久的法则,亦有临时条款,总之即不明不白,而系囫囵吞枣的套入,所以外表全国一致,实际当中则千差万别。"[1]我认为"授田制"在其发展过程中

---

[1] 黄仁宇:《中国大历史》第2章,生活·读书·新知三联书店,1997年版,第13、15页以及"中文版自序"第3页。

出现的种种演化,也应当这样看待。

　　稍需要补充的,这种整齐划一的制度规范,说是完全"人为设计",也不尽然。任何统治的设计都有母本,都有曾经存在过的经验作为依据。无论是规划整齐的"井田制",还是我们现在讨论的按户丁计算的"授田制",在部族国家阶段,范围不大的共同体内,是可以做到的。赵俪生先生曾说过他的体验:"某一次当我翻读康熙时的词人曹贞吉(珂雪)的诗集时,见一诗目《过滕县见行井田处偶成》,是一首五古,中有句云:'经界犁然正,沟涂一一新'。这虽不是一张照片,但曹氏所见所咏定非子虚。那么,井田遗迹17世纪人尚可赫然在目,其在上古必非乌托邦,就可以得到助证了。"[1]在"文革"时期,我亲眼见过江阴华西的"园艺式"的河渠和耕地样板,直是直,横是横,井然有序,恍然大悟:在控制力极强的情景下,"井田制"确实是做得到的。正是由于这件事情的启发,我才开始考虑起历史上产权的国有性质问题。

　　从秦简的法律文书里也依稀感觉得到,授田法在实际操作方面有许多变通的地方。

　　例如《田律》规定:"顷入刍、稿,以其受田之数,无垦不垦,顷入刍三石、稿二石",说明国家不管农民受田数足与不足,只是按统一标准数来要求官吏督促农民定量上交国家赋税。从积极处说,这可以督促地方尽力开垦,即所谓"使民尽力,则草不荒"。但到底是说漏了嘴:一国家并不保证按数授足;二所谓授田数,实际只是规定容许垦占耕地的法定数量限制,其中也包括在登记前实际已耕种的耕地。再如《商君书·徕民》篇提到有"彼民狭民众者",鼓励迁往宽处开垦荒地("草地"),说明早在秦孝公时就已经出现像唐代那样狭乡与宽乡的区别。在人多地少的狭乡授田不足,是一个明显的事实。国家也承认,并容许在政府规范下实施移民垦荒。秦简《法律答问》即有关于"更籍"即迁出的详细法律条文。

　　还有一种情况,我们过去是不知道的。秦统一前后,历经数百年变迁,社会分层情况也复杂起来。单一聚族而居的乡邑混杂进了外来人。法律

─────────
[1] 赵俪生:《中国土地制度史》,齐鲁书社,1984年版,第19页。

上，土著户与外来户的地位、待遇有明显的分化。《商君书·徕民》就提到"令故秦民事兵，新民给刍食"，外来人是不能当兵的，但必须提供粮草等军备费用。秦简《法律答问》完全证实了这一条，并知道秦国的户籍严格区分"故秦民""臣邦人（新民）"（"臣邦人"中又区分"真臣邦"与"臣邦父、秦母"生的混血"夏子"）。[1]这再次证明重视"血缘"的传统在社会分层中是起作用的，同时也可以推测非统治族人口在授田的待遇上必有重大区别——所谓"其有爵者乞无爵者以为庶子，级乞一人。其无役事也，其庶子役其大夫六日；其役事也，随而养之"（《商君书·境内》），这种"庶子"很像东汉两晋的"徒附"。他们是不是由外来人转变过来？而外来人是不是与各国贵族的没落，或者与长子继承制（庶子没有继承权）有关？还不清楚。

我一直猜测，军功受田和"受税邑"几百家，其对象多半针对着开垦荒地和外来移民的，统一后则转向了被征服区域的贵族采邑和隙地。原土著居民的田宅一般是确保不动的。关于社会基层情形，我们知道得还很少。但应该有一种认识，操作的复杂性是与基层的情形相关的。实际情景可能要比我们想象的更复杂。

按情理推测，任何变革都必然在其已有基础上进行。因此，这里面既包括承认此前已耕占的田地，也包括新近开辟的田地"登记"在"籍"。云梦秦简已经证实"开阡陌"不是决裂"阡陌"，而是重置"阡陌"，即重立田地的疆界。云梦《秦律》也显示各家田地有多少少，甚至已有雇人（奴隶？佃农？）耕种的；偷移耕地的疆界要处予重罚。[2]非常有意思的是，我们从《秦律》中几乎看到了北魏"均田制"出现过的同类情景，证明由政府出面按户分配土地绝不仅仅是纸上的东西，曾经确有其事。这也只有在产权国

---

〔1〕 收养外来人的情况在战国时的齐国亦存在。《管子·问篇》列有数十问，亦知非常重视人户是否受田足与不足，且问到"乡之良家其所收养者几何人也"？

〔2〕 参见12卷本《中国通史》第3卷。除云梦秦简外，四川青川《秦更修田律木牍》还详载了耕地阡陌的法定标准，说明授田制还相当规范。这再次告诉我们，在中国古代，国家权力实施的强度常超出一般人的想象力。该书第829页对《封轸书·告臣》中不服从甲命令耕种的"臣丙"，推断为"佃农"，我看明显有误——这正是富裕农户家庭使用奴隶耕种的一例。这种情况，在西汉时代也不少。有相关汉简为证。

有的前提下才能顺理成章地进行。

我要强调的是,在新的历史背景下进行的"授田",已经与社会分层相关,即由于出现了各级管理阶层,这种耕地的分配已经有了以强凌弱的态势。《商君书·垦令》开首即说"无宿治,则邪官不及为私利于民,而百官之情不相稽"。"私利于民",就是指管理阶层利用"国家代理人"的角色地位,"化公为私"。这种现象在秦简法律文书中也有反映,突出的是把国家"公田"出租时隐瞒数量,侵吞为己有(《法律答问》"部佐匿诸民田")。再有像云梦秦简《封轸式·告臣》中那位"某里士甲",劳动人手不够要雇人耕种,他的田地明显超过人地之比。这已依稀看到了孟子所说的"强宗""巨室"的身影。土地的占有权份额的不平等,实际也意味着部族成员在收益权的不平等方面的距离正在拉大,但产权处置权方面并没有根本性的变化——它仍然是在"国有"产权的名义下进行的。"化公为私"的亮点总是以权力为背景,在占有权和收益权的不平等状况上才得到明确的反映。这一理解中国历史的秘诀必须时常记得。

总之原始的氏族内按人口平均分地的传统,当推行到更大范围之时,操作方法不能不变化,社会分层的因素必须加以考虑。各地情况千差万别,国家的法规只能以一种"数学模式"即人口与耕地之比(如人均五百周小亩或入汉后人均百亩,方百里应有4/10以上的耕地等),确定一个数量上的标准,以此鼓励和督促地方开发农业耕地。这就容易理解从秦国起,户籍管理都是一件大事。商鞅起秦国一直就执行"举(登记)民众口数,生者著,死者削"的制度,并强调国家必须把准确掌握13种数据放在头等重要的位置,列在前三项的即是:"境内仓口之数、壮男壮女之数、老弱之数。"(《商君书·去强篇》)

中国古代的赋税征收原则,直到唐中期以前,始终是以人丁为本,就是这个道理。这种制度深层次的意义,显示不仅地是"国有"的,人也是"国有"的。作为国家,授田只是手段,它最终所关心的是严格控制人口,按人口将征发赋税徭役落到实处,最大限度地开发这种"综合国力"资源,以达到富国强兵的目的。因此,所谓"登记",就是确定你的耕地已被国家承认是合法的,你是"在籍"的合法"臣民"。虽然田是由你开垦的,但在法律观念上必须承认,这是国家授给的。

秦汉国家的"田制"与今天所理解的产权概念最大的差别,就在"田制"是先赋的概念,不顾经济实情及其自然演变,由国家权力强行规定,由国家权力强制执行。这也就是古人常说的"天作之君,天作之民",一切都是先验的。这个"天"实际就是历史的传统。

联系秦以后历代王朝兴替的历史,大致可以推断:严格的授田制或国家按户允许农民自占一定量的耕地,都只能在建国初期或新开辟的区域才可能被较认真地实施。时间长了,多容易名存实亡,经营权几易其主,"兼并"之弊丛生,政府只好默认既成事实。然而,正如黄仁宇所说的那样,上层的规定始终是具实质性的,法律条文和观念依旧会不顾与事实的背离,不可动摇。许多人对"私有制"估计过高,往往不注意这一点,把形似私有的现象看作为根本观念或法律意义的改变。其实这只是法律的松弛或失效,条件成熟或认为有其必要时,国家又会旧态复萌,重新管起来。

授田制不仅是一种历史传统,更是一种法定的观念,所以后世才不断有"限民名田"甚至重新收回国有的尝试(王莽"王田"、隋唐"均田"、贾似道"公田"等)。即使像西晋"占田制"那样,实际做不到,政府至少也会认定超出限额的田地,国家有权干预,是名正言顺的。据《晋书》当初朝廷讨论要不要限田限奴婢时,力主此项政策者是以历史先例为依据,且主张"禁百姓卖田宅",而反对者的理由也仅仅以"(今)井田之制未复"为借口,认为尚不具备操作的可行性。[1] 这不也说明"占田制"背后是产权国有观念在起作用? 这在西欧保护私有产权的历史背景下,几乎是不可理解的。

现在必须转入另一话题:那么入秦以后民间土地可以买卖、转让与继承,不是说明中国传统社会土地所有权具有"软化"的品格(在此之前,颇有点像西欧领主制那种"硬化"的特性,逐级分封,封爵世袭,"田里不鬻")? 有什么理由还要一口咬定"国有产权"仍然是中国传统社会产权的历史本质,而自耕农与私人地主不拥有私有产权呢? 我想作以下两点辩证,诚望高明者有以教之。

---

[1] 《晋书·李重传》。

自耕农为"国家佃农"辨

相对活生生的历史实在,任何理论概念都显得力不从心。"所有制"概念也遇到了中国历史特色的骚扰。表面上,耕地既可以继承、转让、买卖,按西方人的观念,即有了"处置权",也就是马克思所说的"生产资料"归己所有。这是西人以个人本位的法权概念为逻辑起点的,顺之推理,自不成问题。但古代中国呢?什么时候有过"个人本位"的法律地位,连"个人"本身也是从属于"国家"的。套用西人概念势必张冠李戴,驴唇不对马嘴。

那么我们应该怎样称呼自耕农拥有的那份"私有土地"呢?能不能说它实质是国家将其"国有"土地"租种"给农民?或者索性叫它"承包"给农民?

正如前节所述,从发生学过程来看,中国传统社会的历史是沿着一条自然演变的路线前进的,个人的"主体性"从来没有独立过。它最初只是全部交付给贴身的小共同体(氏族—部落)的,随后一步一步地不断上升,直至大一统国家成立,氏族—部落外壳剥离而变为府县乡聚,"朕即国家""君临天下","天下"之人也就尽入"吾彀中",为"君父"的"子民",仰天翘首等待"皇恩浩荡"的"雨露滋润",很自然就成了唯一的选择。

这里还有一个关节,就是通过春秋战国至嬴秦,世袭贵族被消灭(始于商鞅,基本完成于秦灭六国。详见前述),此一事也非同小可。各级贵族的被消灭,意味着"王(皇)权"与基层百姓之间,再也没有可以与之抗衡的"异己"社会力量。社区只是国家的一个从属行政单元。过去农民曾与之多多少少保存着原始共同体感的"历史"被切断,显得异常孤立(代之"流官"既非本乡本土,又绝对对皇权负责)。从事农耕的农民在其被安排好的社会结构环境里,最关切的只能是"国泰民安,风调雨顺"八个大字,后者是"天",前者是"人"。这是很实际的,试问除了国家,还有什么实际的社会力量(因为入秦后的中国传统社会,严格说只有国家,而无"社会")能从根本上保障他们的"安全"呢?所以中国老百姓既怕"兵",又不得不养兵。然而,他们为此不得不付出沉重的代价,必须倾其全力维护这个共同体,包括数以百万计的军队。

　　前面说到过的,秦晖因为囿于传统的"小私有"观念,所以当面对国有化现象时,就大惑不解。这种"小私有"的小农,本质上是为国家"打工"的,他们必须看"国家"的脸色生活。要认识这一点,关键是必须切入成果分配领域,即"收益权",才能够晓其三昧。

　　事情还是从秦汉时期说起。通过许多专家的研究,我们对这一时期受田农民负担的总体状况,已经比较清楚。[1]在云梦秦简公布后不久,1979年3月,王毓铨先生在《中国史研究》著文考释两汉赋役制度,归纳汉代征敛项目共有田租、刍稿、算赋、口赋、献、贡、力役七种,认为前两项出自田土,后五项出自人户,并得出了"出自人身的重,出自土地的轻"的结论。稍后,谢天佑先生曾将力役折换成实物,统一计算过西汉自耕小农全部赋役负担与劳动总收入的比率,我则负责做唐代租庸调总额折换成实物或货币后所占的比率,两人的计算结果十分谋合,大致都在总产出的50%上下,其中力役及其变种(人头税、布调)比重最大。这再次验证了王毓铨先生的判断完全正确。[2]

　　王毓铨先生发表上文时最初只是强调两汉政权严格控制人口的"封建"本质,到了1980年10月起草《〈中国历史上农民的身份〉写作提纲》(以下简称《提纲》)时,看法明显更深了一层,认为中国历史上的自耕农绝不像欧洲18世纪农民那样是"自由""独立"的农民,并说这个问题是"了解古代中国的一把钥匙"。[3]可惜这篇《提纲》当时似乎没有公开发表,到1983年才作为"附录"收入《莱芜集》之末。

　　这么多年过去了,等到我开始考虑"国有"产权问题时,读到先生文

---

[1] 相关专著有钱剑夫《秦汉赋役制度考略》、黄今言《秦汉赋役制度研究》、高敏《秦汉赋役制考释》,都利用了新出的考古资料,论析详尽,读者可参阅。

[2] 王毓铨:《"民数"与汉代封建政权》,原载《中国史研究》1979年第3期。收入《莱芜集》,第33—70页。谢天佑、王家范:《中国封建社会的个体农业经济和赋税剥削率》,《上海师大学报》1980年第2期。写作此文时未注意到王先生的文章。与先生的基本观点不谋而合,但我们当时没有条件利用秦简的材料,因此考释方面仍当以王先生所析为翔实准确。

[3] 详参王毓铨:《莱芜集》"附录",第362—378页。

集,顿觉异常兴奋,大大壮了我的胆。《提纲》曾提到这种中国特有的历史现象发生学方面的悬念,我在本专题前面部分算是回应了先生的号召,因此也使这一专题的篇幅拉得很长,至于作得好不好,则有待学界批评。

在王毓铨先生分析的基础上,我想稍作一些引申——因为先生并没有正式提出产权"国有"的结论,这是需要说明的。[1]

问题的关键就在"出自土地"的与"出自人身"的两部分负担,能不能都作为考察产权的依据?我个人倾向于这是不能分割的同一问题的两面。

王毓铨先生说:"往时读两汉史书,见县乡设置不以地域广狭而以人户多寡为标准,官吏名号秩别也因人户多寡而不同,以为此异于今制,不疑其别有缘故。又见各郡国之下具列户口细数而无垦田细数,尝惜其体例未必尽善,不识其另有道理。"[2]这一疑问终于被先生逮住,由此而获得史识的重大突破。

确实,这是非常值得深思的现象,却长期被史家忽略。我认为这答案就在授田制里。授田制变成以人口统一考核的原因已于前面讨论过,不赘。

中国古代不可能有类似罗马那样的法制观念,因此要想找到明确规定法权的条文,恐怕是水中捞月。这确实给史家解释产权真相带来了特殊的困难,但也不是没有线索可寻。

我觉得《商君书·垦令》是一个非常值得重视的历史文献。这是商鞅为秦国起草的关于耕垦荒地的一道法令,共提出了20项对策,涉及地税

---

[1] 我是据《莱芜集》原文说的。据张显扬《家长制专制封建社会论——记近年来王毓铨先生对明代及中国封建社会形态基本特征的论述》,先生是主"国有"说的。文载《明史研究》第4辑,1994年。

[2] 由于秦简的发现,现在已经知道秦代即有比较严格的"上计"制度,并非像过去所说的起始于汉。萧何入咸阳首取赢秦的簿籍也由此得到佐证。秦代情况可参高敏《云梦秦简初探》(增订本),河南人民出版社,1981年版。秦汉两代"上计"制度主要集中于赋税徭役的管理,时间一般在每年的九月,即农业收获之后,亦非偶然。两汉"上计"更趋制度化,形成一个规模不小的管理系统,由下至上集中,有专业人员司职。据《续汉书·百官志》五刘昭注引胡广语,"上计"内容已包含有"垦田数"项目。王毓铨先生所说无垦田数,至少自西汉末起不确。起于何时,目前无考。

制度、商品税制度、徭役制度、刑罚制度以及取消贵族特权、防止贪污、压抑商人、制裁奢逸等政策,有似纲领性文件。其宗旨都服从同一个主题:督促民众积极耕垦土地,实现以耕战强国的目标。这一文献不仅强调了国家必须确立以农为本的指导思想,而且也清晰地表达出这样一种特殊的国家体制,所有政策都是围绕着以耕垦田地为出发点展开的;只有这条落实了,其他的一切国家需求才能得到确保。法令中明确说道:"农民不饥,行不饰,则公作必疾,而私作不荒,则农事必胜。"这里出现的"公作"与"私作"两个概念非常重要——受田农民耕垦私田外,必须为国家负担"公作"。"公事""私事"是密切关联在一起的,两者不可或缺。《商君书·算地》有"任地待役之律"以及"待役实仓"的提法,说得多清楚:"任地"是为了"待役"。这更有力地证明授田不仅与赋税(田税、刍稿)相关,而且与"役"(徭役、兵役)也紧相联系着的,二者同属于"公作"范畴。因此,从整体上看,授田是手段、前提,赋役是目的、效果,相因相成,是一项不可分割的国家主义性质的体制。

　　王毓铨先生在《提纲》一文还提出过一个很特别的历史例证,必须大力推荐。先生说这种按承当户役而给予的土地(即授田),从明代称"民田"为"当差地",犹如孔府分配给它的匠作人户的田地叫"粮饭地"一样,其性质即可称之为"役田"。这真是绝妙的论证。我想,这不也证明了当年傅斯年先生所说的,"语言"里头往往包含有沉淀下来的历史晶体?历史语言学确实具有不可忽视的特殊解释功能。

　　如此也就对中国历史上反复出现的下列现象不会感到奇怪:表面看,自耕农负担的田赋(古代文本称"田租",也包括刍稿)通常总在"什一"的比率线上下浮动,并不比西欧高。但其他负担却不可小估。孟子所说"力役之征,布帛之征,粟米之征"三管齐下,其中人头税(如汉之口算赋)不轻,然最不堪的是力役和兵役。这不仅因为劳动人手是农业中最珍贵的资源,更难堪的是力役和兵役常常会不遵法定的规矩,过量或逾时。凡是到了这种法外负担不堪承当之时,逃亡就是唯一的出路。正因为这样,也就比较容易理解历史上为什么一再发生自耕农逃离国家而"依托于豪强"的特异现象(直至明清仍有所谓"投献")。因为所谓豪强总有许多法内法外"隐占"的特权,托庇其下即可逃役。

大约从唐后期起,鉴于这种制度弊端严重,赋税制度才由"税人"为主逐渐转变为"税地"为主,有"两税法"、"一条鞭法"到"摊丁入亩"的长过程改革。然而终至清亡,改革之难,只要看改革不久,即会出现税外有税、鞭外加鞭的复旧,摊派横征何其多,力役又何曾真正取消,就知道个中奥秘了。明代海瑞在浙江淳安知县任上,为减轻农民负担,曾大胆废除了许多"规例"(即久成习惯的摊派)。所幸《海瑞集》保存着这些珍贵的地方性文件。在《兴革条例》中明令废除属"知县每年常例"的即有夏绢银、夏样绢、农桑样绢、农桑绢、审均徭等20项,"县丞主簿"常例15项,"典史常例" 4项,"教谕、阴阳官、医官常例"各1项,"六房常例" 51项;在"查虚税"一节中直言"淳安虚税甚多,百姓每因不能赔纳,轻则逃流,甚则被苦而死",下则分别开列各都图虚税项目与数字。但细看被保存下来,属于不能"革除"的项目仍不下几十条。这是我所看到关于基层"摊派"载述最详细的文献,淳安是个出名的穷县,尚且如此,着实叫人惊诧莫名,难以想象。[1]因此,从一定意义上可以说:自耕农处境未必就比佃农好多少(大概"休养生息"的王朝初期最是"黄金时代"),故暂且名之曰:"国家佃农"。

正是针对这种现象,研究中国农民问题的学者得出了一条共同的认识:国家控制下自耕农人数的多少以及自耕农的生活处境,乃是大一统帝国盛衰兴亡的晴雨表。最早说出这一真理的,恐怕要算《礼记·大学》:"有人此有土,土此有财,有财此有用",而化为国家政策实施的则是商鞅。他确实是一位能深刻把握中国国情、设计出了长达两千年大国统治体制蓝本的大政治家。

这种特殊的"国家佃农",在国家政治清平之世(每一大王朝最多不过有六七十年的"清静无为"),轻徭而薄赋,无太大战事,不大兴土木,"赋敛有时",应该说日子还过得起。这就是历代农民一直保存着的关于"圣君贤相"集体美好记忆(演化成集体无意识)的历史根据。时过境迁,

---

〔1〕《海瑞集》"兴革条例"等,中华书局, 1962年版,第38—144页。

统治阶层呈几何级数递增,坐稳宝座的皇帝后裔更得意于"天下太平久矣",自大欲恶性膨胀,财政越来越入不敷出,随意提高赋役种类和比率势所必然。这时农民便慢慢体会到"恶吏如虎狼""苛政猛如虎",与其面对国家,不如面对"地主",后者不具有无边的权力,多少懂得节制。于是兼并之势汹涌,国家两面开刀,既抑兼并,又转嫁负担,加重对硕果仅存的农户的榨取,直到内争与内乱恶性互动,农民战争爆发,开始新一轮的王朝循环。这最有力地证明了国有产权对自耕农应得利益的维护(通常说自耕农是中央集权统治的生命线和晴雨表),根本没有制度上的保障,成了一而再,再而三地导致君—民之间政治紧张的最深层根源。唐太宗说"水能载舟,也能覆舟",说明他也懂得"谁失去农民,谁就失去天下"这个中国传统政治学的重要法则。但他没有,也不可能找到有效的办法,他的后代仍不免重蹈前朝覆辙。

权力背景下"土地兼并"辨

现在我们要接着"土地兼并"的话头,把地主有没有产权"私有"的问题再深入讨论下去。

首先想说明的是,"地主"是现代有了阶级的观念后才显得突出的新名词。与古代文献勉强可以对应的,似乎只有宋代的"田主",偶尔也称"地主"。但其意义大不相同,"田主"也包括自耕农和小土地出租者在内,指"民田"的全部业主。我们后来说的有些"地主",其实只是富裕农民。他们没有任何"政治身份",日子过得很不舒坦。王安石在鄞县考察农村时写下的许多文章,给人印象特深。[1]

自西汉以来,在官方文书中,土地产权一向只有"民田"与"官田"之分。"官田"又称"公田",其名始见于西汉,但秦时应该就有。它包括山林川泽(林木矿产均属此)、园池苑囿(以上收入归皇帝少府所有)、国家牧场

---

[1]《王文公文集》卷三《上运使孙司谏书》"鄞于州为大邑,某为县于此两年,见所谓大户者,其田多不过百亩,少者至不满百亩",下述其处境之艰难备详。上海人民出版社,1974年版,第41页。

以及其他直接归国家管理或经营的田地（荒地、没官地、新占领地以及职田、学田等）。荒地大多用作国家屯田（民屯、军屯），也用以赏赐或重新授民以田（"赋民公田"）。西汉时也有将皇家园池苑囿出租给农民耕种的，实际也属开垦荒地，为出租型的"官田"，称"假民公田"。以上所有土地产权无疑属于国有性质，历朝都占不小的比例。

"民田"业主的成分很复杂，自耕农已在前面讨论过。历来首先被注意的是"兼并之家"。晁错、董仲舒首发其端，所谓"无农夫之苦，有阡陌之得"，"或耕豪民之田，见税什五"，为史家广为征引，称之为"豪强地主"兼并土地。这类现象的产生，晁错说是汉初商人兼并农夫（即《史记·货殖列传》所称"以末致富，用本守之"者），而董仲舒则说祸起于商鞅的"（土地）民得买卖"，以致"富者田连阡陌，贫者无立锥之地"。董氏的说法牵涉范围较宽，更被史家重视。

"土地兼并"确实是中国古代历史上非常惹人注目的现象，历代君主也无不给予高度关切。因此在与西欧"封建制"相比后，许多史家认为中国土地所有权具有"软化"的性格。正是据以这种观点，主张"地主经济占主导地位"的说法在史学界占了上风。

现在要问，这种土地兼并，是不是意味着"六合之内，皇帝之土"，即原先认定的全部土地属"国家"所有的观念已经有所改变？

必须强调指出，直至宋以前，土地兼并一直不为国家认可，且为历代政府重点打击的目标。这也是所谓传统"重农抑商"政策的实质所在。

晁错、董仲舒首发抑兼并的议论，俱载入《汉书·食货志上》。《食货志上》通篇强调的是国家必须以"地著为本"，重申上古井田、授田之制是"善法"。继之列举李悝、贾谊、晁错、董仲舒直到师丹、王莽诸家议论，多直指兼并现象不利于国家，必须强力制止，确保农民应得的份地（以五口之家、百亩之田为标准）。到东汉末，世家豪族兼并更剧烈，荀悦把问题挑得也更明白："土地者，天下之本也。《春秋》之义，诸侯不得专封，大夫不得专地。今豪民占田，或至数百千顷，富过王侯，是自专封也；买卖由己，是自专地也。"（《前汉纪》卷八）可见在正统人士看来，"兼并"并非合法行为，乃是一个贬义词。

事实上任何私人所兼并的土地,都没有法律上的保证。最显著的例子就是秦初并天下,徙天下豪富20万户于咸阳。如果这还与灭六国的军事敌对行为有关,那么汉初徙齐楚大族昭氏、屈氏、景氏、怀氏、田氏五姓关中,他们并不是政治敌对势力。但国家需要就是理由,不需要别的什么理由。其效果时人谓之"邑里无营利之家,野泽无兼并之民"。[1]前者涉及人口百万,后者十余万,牵涉面大。这就说明不论何种人、已占有多少土地,只要国家一道法令,都必得听任国家处置,因为国家有权支配任何土地。直到明初朱元璋还在效法前王所为,迁徙江南富民至安徽、河南等地,可见何等根深蒂固。汉武帝打击富商大贾,就是实践晁错反对"商人兼并农夫"的意见,其不择手段,史有明载,结果那些商贾所兼并的土地几乎尽数没入官府(明代朱元璋又重演过一次),并明令"贾人有市籍者及其家属,皆毋得籍名田以便农"。这里"籍名田"三字,就是重申土地国有、必须由国家授予的法定传统。[2]到西汉末,师丹属反兼并的温和派,主张"宜略为限",而到了激进派王莽手里,便有了颁行"王田法"的行动,原文详载于《汉书·食货志》。虽说当时要根绝兼并已属"空想",但也到底说明产权国有在法律观念上还是理直气壮的。否则,王莽也不会那样说得有根有据,敢于向全国颁行。直到东汉末,仲长统还在谴责:"苟能运智诈者,则得之焉;苟能得之者,人不以为罪焉。"[3]可见运用智诈"兼并",正派人士仍坚持这属于违法有罪的行为。

今人看来这是一项非常矛盾和荒谬的政策。事实上从商鞅起,由于二十等爵的实施,土地收益权与经营权已经分离。"私有化"过程必不可免地要朝着权力与私利相结合的方向发展;农民的份地按其自然的趋势(灾害、伤病)也必产生分化,赋敛又重,避免破产户经营权、收益权的转移,并无政策上的保障。对此,晁错分析甚细,人所熟知,不再复述。汉与秦

---

[1]《后汉书·五行志》注引杜林疏。
[2]俱见《史记·平准书》。武帝通过告缗法,没收商贾"奴婢以千万数,田大县数百顷,小县百余顷,宅亦如之,于是商贾中家以上大率破"。而算缗的依据就是因为不务农,必须重罚,此乃汉高祖时的规定。
[3]《后汉书·仲长统传》载《昌言·理乱》。

户籍管理上最明显的差别，就是汉代已经有了户等的划分，大致分"细民"或"小家"与"中家"、"大家"三个等级，屡见诸《史记》《汉书》，在居延汉简上也得到有力的佐证，[1]表明社会分化正与时俱进。因此，正如董仲舒感受的那样，兼并之势是一定要随之发生的，到西汉中期已到了不能不关注的程度。只是董氏说商鞅容许"民得买卖"是指既成事实，还是确有正式法令依据？不清楚。目前尚无史料证明有法律依据。至少在东晋以前，并无"契税"名目，买卖根本不经政府过手，不能认为政府已正式承认其合法性。[2]

把晁错"今法律贱商人，商人已富贵"的话推广开来，我们也可以说：国家法律抑兼并，而兼并之势抑而不止，且愈演愈烈。晁错首先揭示的这一悖论，几乎成了两千年大一统帝国解不开的死结。

何以会如此呢？胡致堂说得好："欲以限田以渐复古制，其意甚美；而终不能行者，以人主自为兼并，无异于秦也。"[3]需要略微修正的是，这不只是帝王出于家族私利带头"兼并"，更是大国中央集权的权力结构整合机制的一种特殊需求所致。

由封建制度转变为君主集权制，政治体制决定必须"诱之以利禄"，才能使其作为统治基础的官僚系统有效运作起来。这也就是汉虽代秦，而二十等爵仍沿之不改的缘故。农业帝国，国大官多，作为官僚收入的俸禄只能以实物为主，而且也不能太高；即使这样，也已经不堪负担。直到宋

---

[1] 《居延汉简甲乙编》24·1、《居延汉简甲乙编》37·35所载徐宗年、礼忠两家田产，一为五十亩，一为五顷。两户主均有"公乘"爵位，尚且如此。转引自宋昌斌《中国古代户籍制度史稿》，三秦出版社，1991年版，第62页。《居延汉简甲乙编》有中华书局1980年版问世。

[2] 现在有据可查的，东晋始有估税，见《隋书·食货志》，内容涉及"货卖奴婢、马牛。田宅有文卷"，税率4%。宋以后沿用之，称"契税"。性质稍后分析。《居延汉简甲乙编》505·37说到男子丘张买了一份客地，申请迁往该处。据此，很可能私人转受间会有文书作凭。汉简转引自12卷本《中国通史》第4卷上，第707页。另据瞿宣颖《中国社会史料丛钞》二十"杂风俗制度·地卷"条，罗振玉《蒿里遗珍》说传世地卷最早有建初、建宁二卷。上海书店，1985年版，第885页。未见原件，不得而详。

[3] 胡致堂：《读书管见》卷20。转引自钱剑夫：《秦汉赋役制度考略》，湖北人民出版社，1984年版，第7页。

明清三代,官场还在普遍埋怨"俸禄太薄",叫苦不迭。[1]最初"赐田"与给"食邑",创始者用意就是作为一项重要的补充举措提出的。"食邑"是从国家田租收入分割一部分,而"赐田"就难免与民争"田",甚至发展为官与官争。秦将王翦伐楚前"请美田宅园甚众",是我们见到臣下以"请射"形式公开争田的先例,以后又发展出"请射""横赐""假贷""占垦"等等名目,肆意侵夺荒地与无主地。汉初因军功赐爵者甚多,以致许多人得不到田宅,"粥少僧多",近水楼台先得月,故刘邦曾愤愤不平说:"且法以功劳田宅。今小吏未尝从军者多满,而有功者顾不得,背公立私,守尉长吏教训甚不善",[2]可见侵占田地之风在下层官吏中也很普遍。汉光武帝欲"度田","帝乡"南阳、京都洛阳首先办不到——这不是刘秀个人的过失,而是为体制所决定的既成事实。

当时那种机会主义的策略,可以概括为:俸禄的有限以鼓励创收"法外收入"来互补,高度集权以允许有限度的"土地买卖"来补足各级权力不能满足的缺憾,作为实际"人人无权"的专制制度又给每一统治成员使用所掌权力转换成财富的"个人积极性"。这就是刘邦藏在"背公立私"后面没有说出的奥秘:公私兼顾是可以的,但必须有"度"。所以,以权谋财,这是帝国最高统治者富有弹性的一种权术,虽充满风险,历朝仍不得不恪守这个"旁门左道",说明它确是集权统治整合凝聚力的"黏合剂"和不二法门。

风险的存在是很明显的。熟悉中国古代历史的人不难明白,历朝都有的土地兼并多数都有权力的背景,是依仗着其政治(权力)—经济(俸禄和法外收入作原始资本)的特权强制与半强制进行的,这是土地买卖的

---

[1] 王安石在著名的《上(仁宗)皇帝万言书》里即说:"方今制禄,大抵皆薄。自非朝廷侍从之列,食口稍众,未有不兼农商之利而能充其养者也……故今官大者,往往交赂遗、营资产,以负贪污之毁;官小者,贩鬻、乞丐,无所不为。"《王文公文集》卷一,上海人民出版社,1974年版,第8页。曾国藩在任翰林院检讨时写的家书中说:"男目下光景渐窘,恰有俸银接续,冬下又望外官例寄炭资,今年尚可勉强支持。至明年更难筹划。借钱之难,京城与家乡相仿,但不勒借强迫耳。"钟叔河编《曾国藩家书》,"道光二十一年八月初三",北岳文艺出版社,1994年版,第600页。
[2] 参见《史记·白起王翦列传》《汉书·高帝纪》。

主体、大头。早在西汉,萧何就已经识透这一点,故而奉行"置田宅必居穷处,为家不治垣屋",理由是"后世贤,师吾俭;不贤,毋为势家所夺"。然而,如若这种兼并无限制地任其发展,势必酿成两大祸害:一是国家财源越来越多地被挖走,二是形成气候后坐大为地方分裂势力。这就是东汉后长达三百年分裂和以科举制、均田制两大手段取消门阀势力的历史背景。前期以反兼并为主体内容的限田、占田到均田制,无不说明"国有产权"仍是法定的准则,危及国家一统体制的非常时期,随时都可以根据其需要限制直至收为国有。但基于体制内在不可克服的矛盾,缺乏实际有效的技术操作机构和手段,往往收效有限,故兼并之势难以遏制,国家只得将负担加重转嫁到自己直接控制的农民头上,饮鸩止渴,接着中后期"改革"的失败,便是农民战争的爆发,结束一轮皇权统治,周而复始。

这种循环式的兼并——抑兼并模式在屡遭挫折后,到北宋开国统治者手里,终于改弦易辙,宣布"本朝不立田制,不抑兼并"。[1]还是马克思说得绝妙,任何帝王最终也得服从经济的命令。北宋这一政策的转向,实际是对大一统前期(大致以唐安史之乱为界)长期限制与反限制较量的一个总结。

秦汉以来,围绕限制与反限制的较量,整个过程高低起伏不定,有高潮(如汉武帝打击豪强、北魏兴起的均田制),有低潮(如东晋南朝的门阀、唐中叶均田制崩溃),也有富妥协性、做表面文章的西晋占田制,但总趋势是"国有"产权的实际控制力步步后退。其中对官僚免役特权("除复")的扩展也起了恶化控制状态的作用。官僚及庶民地主占有的土地份额不断上升,控制人口以控制自耕农的政策即因"隐庇""脱漏"益趋严重而告失败。自耕农逃入特权世家大族门下,成为"徒附""部曲"。这种"隐庇"最严重的后果便是由东汉"世家豪族"的膨胀,发展到长达三百年的分裂。这一次分裂,后来掺入了民族("五胡")的因素,但最初的肇祸是"千丁共籍"的豪族。追究根子,还是出在政治方面——官僚特权的凝固化,特权滞留在某些家族范围内,流动性太低。正是这种状态,才推动"选举"制

---

[1]《宋史》卷173《食货志》。

度发生了由"九品中正"向"科举制"的大转折。因此从长时段看,这只是中央政权官僚体制的一次内部改革——或者说是中央对官僚权益授予、分配方式的一次变革。这一变革,从传统国家的目的来说,无疑取得了极大的成功。从此,再也没有足以与中央对抗的社会势力。

但中国的统一与分裂,很有自己的特点。分裂的许多"小国"像是先前统一的"大国"的缩小;反言之,重新统一的"大国"又是许多"小国"的放大——同一张"底片"或缩小为半寸照,或放大为九寸照,"人像"即政治体制、社会体制不变,如此而已。我想这或许就是"分久"容易"必合"的原因。

何以如此说?不管登上宝座的原先是"世族",还是"寒族",还是"胡人",他们还是得秉承"农为国本"的历史传统,坚持"主权为最高产权"的法权观念("主权"可大可小)。你看西晋,人都说司马氏政权是"世族政权",但"世族政权"还得对世族实行限制,不是要实行"占田制"吗?实际上仍是国家意在强化他所控制的"天下之田",夺回它应该控制的"课田",缩小"不课田"应得的免税役权益。说其妥协,也只是在能力做不到的情景下,现实地退让某种分割份额,而不是改变基本观念。北魏统治者也同样如此。当他们入居中原,也接受汉人士大夫的建议,将三长制、均田制与租调役制捆绑在一起(三位一体,这一点对认识其性质,特别重要)。最典型的是东晋南朝各代统治者,反复进行的九次"土断"和"检籍"与"反检籍"斗争,虽都以流产告终,但还是说明秦汉以来的土地、人口实质上为国家所有的观念,在分裂时期依然是"国家"的指导思想。实际事态能不能执行,执行程度如何,只是取决于中央政府实际控制能力的强弱——但这并不改变法权观念的实质。

经济越发展,私有产权的发展便越不可挡。特别是在商品经济扩展的情态下,贪欲作为人性的一个侧面,表现得很难受"礼仪"的束缚。其结果,便只能是国家步步后退,但有一条原则是不能退让的——分割的方式可以改变,中央必须保证自己的财政收入有增无减。所以,自唐中叶起,到两宋趋于明朗,"国家主权是最高产权"的原则,越来越倾向于在"收益权"上做足文章。所谓"本朝不立田制,不抑兼并",表示国家"聪明"了,变得理智了——从田主叫唤"以田为累"的感叹里,我们多少能得到这样的消息:国家只是改变了控制的方式,或者说改变了"干预"的方式。

这种改变不是一朝一夕,而是经历了自西晋到宋的长期渐进和摸索。例如东晋南朝时期收取田宅买卖的"估税",当时主观上就是为了增加财政收入而不得已为之,无意中却起到了将久成事实、为数不菲的土地买卖行为变为合法化的作用。杨炎"两税法"的实施,更表明国家从财政操作的有效性考虑,终于不得不放弃以人丁为本的准则,开始向以田亩为本的准则转变。这是中国传统社会财政体制前后不同的一块重要界碑。

这里要指出的是,即便如此,这也只是意味着土地"国有"实施方法的策略转移,由先前直接控制自耕农以取得收益,变为国家通过"田主"间接取得收益。宋以后田赋的附加税项明显增加,而徭役变而为职役,都说明帝国统治者清醒过来,钉住"田主"(田亩)不是更明智、更现实吗?宋以后,这种限制与反限制斗争转变为分割收益份额的明争暗斗,只要从官僚、地主叫喊"重赋"和呼吁"均赋""均役"的动向里就可以嗅出味道来。[1] 地主,特别是不享受政治特权的地主,多少都尝到了过去帝国曾经施之于自耕农的那种强控制的苦头。过去多把宋明士大夫言论里"平均"两字误认为替农民代言"平均土地",真是一个不大不小的史料玩笑——其实他们说的是"均赋"。"均赋"多出于没有政治特权的庶民地主之口,也见其日子过得并不轻松。

非常奇怪的是,帝国政策的退让,不仅没有促成地主田产的集中,反而从宋代起,田产分散化趋势越来越明显。[2]究其原因,恐怕是科举制的权力高度流动性和遗产的众子均分制两大因素最后帮了极权统治

---

[1] 明顾公燮《消夏闲记摘抄》云:"明末,江南岁输白粮于京师,例用富民主运,名曰粮长,往往破产。官为五年一审实,先期籍富人名。诸富人在籍中者,争衣褴褛衣,为穷人状,哀号求脱。"明范濂《云间据目抄》卷四:"松赋正额,民已不堪,而额外又有均徭。练兵、开河、织造、贴役加耗,种种不经,难以枚举。则如上乡三斗六升五合起科之田,计有五斗之供矣。况兼凶荒赔纳,其利安在,而士民何乐于有田也?"此等史料于明代数见不鲜。上转引自谢国桢《明代社会经济史料先编》下,第146、153页,福建人民出版社,1981年版。

[2] 宋代地产分散化倾向,漆侠《宋代学田制中封建租佃关系的发展》,载《求实集》,天津人民出版社,1982年版。清代杨国桢《论中国永佃权的基本特征》,《中国社会经济史研究》1988年第2期。

的大忙,故此"千年田,八百主","田无常主"。私有产权的不发达、不稳固,也使集团性的社会离心势力无以形成。因此之故,宋以后除民族的因素外,大一统再也没有遇到地方割据或分裂势力的严重挑战。即使如此,对少数大田产拥有者,帝国政府也还常常要用"朋党"、权臣和贪污等名义,动辄以政治的理由将其财产与田地尽数"没入官府"——到此时就体验"国有"的幽灵无时不在,不是不报,是时候未到。任何私产都没有制度上的法律保证。直至清中期,翁同龢与曾国藩等"明智之士"都深知此中利害,故谨小慎微。读曾国藩家书,劝其家属不必多置田产,可谓感触至深。

当然有一利必有一害。明清极权统治对自己统治成员的强控制(如明初的打击豪富、清初的"科粮案"),果然消解了君与臣、中央与地方的政治紧张隐患,但所属成员的欲望却朝向另一方向宣泄——经济上越来越强烈地谋求法外收入。果然每一王朝吏治总是在时间上呈递减趋势,但通观历代,贪污受贿之风,宋以后越刮越厉,一代不如一代,至明清登峰造极,不可收拾。究其原因多种多样(如商品货币经济的发展等),但政治上的不稳定感或许使他们更趋向于短期行为。顾炎武怪罪于"流官任期制",每任官员都急着求"子母相权",及时收回成本,增加盈利比例(《郡县论》),但这不能解释明清何以比宋代士风更劣、贪污更甚。

总体而言,这两千年内,大一统体制内在的产权"国有"底气,仍然或显或隐、或强或弱地在发挥其无所不在的能量。任何名正言顺的国有产权,都会受到各种形式的侵蚀,被"化公为私";而任何看似私有的产权,历经挣扎,也仍然逃不脱私有产权不完全的困境。中国传统农业产权的"国有"性质,根植于政治强制度化与产权非制度化的体制环境,通过政治的、经济的一系列策略,在各个历史时期都表现得无处不在,根深蒂固。在中国传统社会,由于缺乏健全发育和法制保障的社会环境,私有产权的发展是不充分、不独立、不完全的。

"公私"就这样混成于中国传统社会,光凭文本是怎么也读不出它的奥秘的。最近程念祺君著文指出:中国古代土地占有关系的非制度化是一个非常值得重视的问题。如果看不到这一关键性的特征,不仅会掩盖了中国古代土地"国有制"这一历史真相,同时也会在土地占有关系问题上,制造一系列关于中国古代经济史的假问题。而对于这些假问题的研究,已经深刻地影响了学者和理论家们对中国问题的认识。[1]我觉得这一提示是意味深长的。沿着这一思路体验其进退演化,也才可能理解中国传统社会后来为什么会难以"走出中世纪"。

五、农业经济的内环境与外环境

上 篇

中国向称以农立国。谁也不会对农业在中国传统社会中所处的特殊地位和作用发生怀疑。中国五千年文明,它的辉煌,它的种种骄人成就,发达的农业自然功不可没。

至迟到战国时期,我国传统社会已经确立起一种世界上居领先地位的农业发展模式——以多锄多肥、精耕细耨为特色的劳动力高度密集类型的集约农业。单位面积产量与耕地复种指数之高,是这种集约农业突出的两大显著优势,世界其他国家的传统农业均莫之能比。要说中国古代历史上有哪些最值得骄傲的,传统农业一定是属于首选的项目。手工业、商业、城市,包括文化方面的诸多创造,都是靠着汪洋大海般的个体小农的支撑,才有厚实的经济基础。

然而当我们要开始艰难地"走出中世纪"之时,却对农业产生了一种非常复杂的感情。有些人就怀疑:为什么发达的农业中国,非要等到工业强国用"坚船利炮"轰着我们才驱动?农业的传统或传统的农业,是不是成了我们向工业社会转型的一种历史包袱?

在"中国封建社会长期停滞问题"的讨论中,这一疑问曾经以各种方

---

[1] 程念祺:《中国古代经济史中的几个问题》,《史林》1998年第4期。

式被提出来过。[1]到今天，我们至少已经觉悟到这绝不是简单地说"是"或"否"就能解决问题的。但是我个人多年来却觉得，中国传统社会之所以难以"走出中世纪"，深层的原因并不在农业经济本身。何况西欧在"走出中世纪"以后较长一段时期内，农业经济状态未有大的改观，也并未成为"历史的障碍"。这就很值得我们反思原来据以思考的理论模式有没有问题。

下面，想结合农业经济的内环境和外环境，对这一疑点作些综合性的讨论。

农业起源概说

直到现在我们还不能确认经济史已经在中国史研究领域取得了相对独立的地位。表现在通史教材和教学中，它仍然泛泛而论，所谓"经济基础"云云，到头来还是政治史、事件史的烘托点缀。浮光掠影的"经济"章节，据我所知，没有给读者留下什么较深的印象，忘得也最快。

就以中国传统经济的"皇后"农业经济而论，因其重要，故通史每一阶段都列有专节。但无一例外地都采取"实话实说"，既不前后比较，更缺乏特征、功能方面定性定量的判断分析，至今没有给出一个具有整体感的发展史轮廓。通史界对国内外农学、农业经济学、农业经济史的研究关注甚少，产生不了"问题意识"。单纯借重古代文献的载述，自然只能作一般的

---

[1] 提出上述疑问者，有一个共同的特点，都是从自然经济与商品经济的对立着眼的，明显看得出有一种"倒过去"思考的倾向。其中以傅筑夫先生的论述最具代表性。傅先生认为"这种小农和家庭手工业相结合为基本核心的自然经济结构，是生产力发展的障碍……中国的特点——由于自然经济的特别稳固性，它对于抑制新生力量的发展起着特别顽强的阻碍作用：一方面使新生产力不容易产生，另一方面即使新生产力已有所孕育，也不容易发展起来"。"小农制经济是社会经济发展的一个严重阻碍，特别是它严重地妨碍了商品经济和货币经济的继续发展，阻塞了通向资本主义的道路。"这一观点先于1956年著文发表，后又写入《中国古代经济史概论》一书，且列有专章。中国社会科学出版社，1981年版。至于讨论中将"长期停滞"其他许多原因最后归诸于小农经济的说法更多。请详参白钢编著《中国封建社会长期延续问题论战的由来与发展》所列诸家说法，中国社会科学出版社，1984年版。

事实描述。在这种情形下,怎么可能期望弄清楚中国农业究竟是长期停滞,还是波浪形地在不断前进?怎么能期望对五千年来农业的真正进步,和它发展的真正障碍,有一个清醒的认识呢?

因此,我觉得有必要在这里勉为其难,凭借有限的读书所得,对中国传统农业起源及其发展历程作一整体性的轮廓归纳,一些疑难未决的问题也照实存留给诸位去思考。

时间是一个可变的概念。例如我们总觉得五千年(实际一万年)的中国农业社会,时间太长了。殊不知人类依靠农耕为生在历史长河中仅占有很短暂的时期。从原始人类产生起的大部分时间——现在一般认为,人类起源至少也有二三百万年以上的历史——人类是靠采集野生植物和狩猎过生活的。有意识地种植作物,只是从一万年前才起步。然而这一万年的进步大大超过了前此的数百万年。农业(狭义的栽培农业)的发明是人类体质进化完成之后又一划时代的里程碑,标志着人类的经济生活从攫食性经济过渡到生产性经济的时代,开始了孕育文明诞生的历程。

农业既非是一种突发性的革命,也不单纯是人类控制环境的结果。说到底,农业是人类与环境两大系统相互作用的产物,是长期渐进性自然选择与人为选择的综合。因此,当探索农业起源问题时,现在国内外多数学者都倾向于否定由某中心地(例如西亚)起源,然后传播各地的"一元论"起源模式。[1]但这并不排斥各地农业发展进程中接受外来作物或耕作方法的影响。[2]

中国多数学者相信中国的农业是独立起源的,并为世界若干个重要

---

[1] 国内外学者关于农业起源的假说,大致有"大河理论"(如魏特弗基尔、柯斯文、汤因比)、"气候干燥论"(巴策尔、张光直)、"山前发生论"(巴策尔、严文明)、"山地发生论"(李根蟠、卢勋)、"非泛传播论"(黄其煦)等。参见黄其煦《黄河流域新石器时代农耕文化中的作物——关于农业起源问题的探索》,载《农业考古》1982年第2期。原先盛极一时的"大河泛滥说",现在多数中国学者基于考古发现的事实,已舍而不取。

[2] 苏联学者瓦西里耶夫著有《中国文明起源问题》一书,仍基于传播论的观点,主张中国文明的不少因素来自西亚。他也广泛利用中国的考古发现,但由于后来的许多发现,有些推断明显过时,如马、麦并非西来,而出于本土。但论证商族有外来影响,仍当注意。文物出版社,1989年版,有中译本,可参阅。

起源中心地之一。[1]但问题又接踵而来:在中国,它是一中心起源还是多中心起源?看来农史学界和考古学界都倾向于放弃黄河流域单中心起源旧说,主张多中心起源。这个问题实际上也成了中国文明多中心起源的前提,后者至今也有三、六、七、八、十二等多种说法。这里应该指出的是,多中心说最早是由苏秉琦先生提出的。[2]至于后来的划分多半是基于现有考古文化系列的地域范围所作的归纳,大同而小异,范围也日见扩大,更

---

[1] 长期以来西方史家都认为农业最先产生于西南亚(又称"肥沃新月地带"),而后辐射至中国、东南亚以及中美、南美。1931年苏联遗传学家瓦维诺夫在其《世界农业起源问题》一文中首次提出世界八大农业起源中心地说。1968年苏联茹科夫斯基继而提出十二中心说。1971年美国哈伦又提出"三中心、三无中心地区起源说",中国黄河下游属于三中心地之一,长江以南属于三无中心地之一。参李根蟠、卢勋:《我国原始农业起源于山地考》,载《农业考古》1981年第1期。以上说法都是从栽培植物起源的角度去考订的。我国学者提出判定某种作物的起源地,至少要同时证明两个问题,一是出土作物的文化遗址是否处于这种作物野生植物祖本的分布范围之内,二是在野生植物祖本分布地区是否存在着栽培这种植物的早期人类文化遗址。例如西藏曾有人认为是"大麦起源地",因为这里发现了大麦最早的野生祖本,但在没有发现人类遗址之前,仍不能成立。同样两河流域美索不达米亚平原南部至今考古尚未发现麦类的野生祖本,亦当存疑。但不管怎么说,在以上诸说里,中国黄河、长江流域始终有其中心地的地位。李根蟠先生著有《中国栽培植物发展史》,是目前为止根据植物学与考古发现对中国栽培植物起源所作的最系统研究的成果。科学出版社,1984年版。作者在首届亚洲文明国际学术会议上又发表了《起源于中国的栽培植物及其原始农业文明》,通过分布在全国栽培植物野生种的核实性考察和农业考古(包括史前炭化五谷)的综合分析,阐明我国栽培的一百多种五谷、果蔬等栽培植物绝大多数都原生在中国,可追溯到一万年前。特别论证了中国是普通小麦生长的故乡。文载《亚洲文明》第3集,安徽教育出版社,1995年版。

[2] 《中国文物报》1999年9月8日第3版载有刘观民、吴炎亮怀念苏先生的文章,对此作了扼要的介绍,可参阅。苏秉琦先生1965年在《关于仰韶文化的若干问题》一文中最早提出仰韶文化存在着"多元发生的可能性"。1986年,他依据红山文化坛冢和玉器群的发现,率先提出了"中国五千年文明曙光"这一惊世之说,比传说中的夏朝往前推了一千年。后来就提出了"满天星斗"说。其代表作《关于考古学文化的区系类型问题》一文,已收入胡晓明等主编《释中国》第3卷,第1586—1603页。原文载《文物》1981年第5期。近闻苏先生1997年香港版《中国文明起源新探》已由生活·读书·新知三联书店重版,笔者尚未读到,引以为憾。

有关这一问题的重要文章,还有石兴邦《中国新石器时代考古文化体系及其有关问题》,载1992年《亚洲文明》第1集;继后石兴邦又发表《中国文化与文明形成和发展史的考古学探讨》,载1995年《亚洲文明》第3集。后文将中国史前文化分作:①黄河流域、黄土地带的粟作农业文化;②长江流域、东南沿海的稻作农业文化;③农业文明的外缘、东北到西南环曲形地带的猎牧文化。

映射出苏先生"满天星斗"之说的预见非常正确。

其实中国农业的起源问题,空白和疑点还很多。至今考古方面还没有找到早期人类遗址"刀耕火种"原始农业的实证,只是据于南方少数民族遗迹而作的推论,在旧石器时代后期或中石器时代大抵亦应如此。大量实证确认大约起于一万年的新石器时代早期农业,亦已步入了"粗耕(锄耕)农业"阶段。因此,说原始农业最早起于哪些地方,为时尚早。[1]农业的真正起源或许还要早得多,在数万年甚至十来万年之前。目前所说的"多中心"都是基于新石器时代农业而论的。这一点我觉得还是应该先交代清楚。

根据考古学家石兴邦先生的描述,原始人类生活区域的第一次大迁徙,大约发生在距今一万年,全球性最后一次冰河期结束后。狩猎采集群体为脱离日益不利于狩猎的生态,开始走出山林,寻找山麓地带谋生,此时可能发展出高级采集经济乃至刀耕火种农业,是采集—农业的过渡时期。我国考古还缺乏这一阶段的资料。第二次大迁徙,在我国,即由山前走向河谷阶地(又称台地),相当于考古学上的前仰韶文化和前大汶口—青莲岗文化和新乐文化期,距今7000—1000年左右。第三次,就是走向江河平原,顺着水源流向,向适合农耕的更优良地区发展。由此发展出西北半坡仰韶文化粟作系统(内分五个分支系统)和东南大汶口—青莲岗文化稻作系统(内分十四个区系)。自然也有向北、东北、西北和西南走去,寻找到了适合采集—狩猎方式新的居住区域,成为游牧民族的先祖。这只是一种依据目前考古发现所勾勒出的粗略轮廓,其中必有许多复杂细节尚待补充修正。我在这里要说的是,有种种迹象表明,鉴于撂荒制的影响,这种人群大流动,使一部分强者有走向最佳耕地的选择趋势,先进区与边缘区的形成并拉开差距的格局大约就是从这里开始的;与此同时,在若干区

---

[1] 例如水稻起源就有发源于印度恒河流域、东南亚山地、云贵高原、华南等说法。由于河姆渡的发现,就有主起源长江下游说;后因湖南澧县的发现时间更早,但也没有证据说是由中游传播到下游,很可能两地都是独立发展的。故现在一般修正为长江中下游起源说。为什么华南就一定不是更早的起源地呢?苏秉琦先生对此有一种解释。参见12卷本《中国通史》第2卷苏先生《序言》,写于1991年。可见栽培水稻起源还有待考古的继续发现。

域范围内,族群活动范围越来越接近,竞相争夺最有利的生存空间,诱发出一系列的战争,同时也引起了社会关系方面的一系列变革。这大致已经到了前面所说的部族国家时代。

农史专家也一般推测中国农业最早应起于山前,到半坡、河姆渡时代已经由山地农业逐渐转向低地农业,从出土的农具看属于耜耕阶段,从作物看,离开野生植物驯化亦已有相当长的时期了。由于湖南澧县彭头山遗址的发现,水稻文化也推进到了九千年前后,且发现了水稻田的遗迹。而后逐渐转移到大河及其支流的冲积平原上。[1]种种迹象表明,中国不仅是农业起源的最早中心地之一,至少到六七千年前农业发展的水平已不低。例如在河姆渡第四层4000余平方米的范围内,普遍存在着厚厚的稻谷、稻壳、稻草的堆积,最厚处有1米,经过换算,稻谷的总量高达120吨以上。我们还不知道这些堆积层的时间跨度有多大,但也多少反映出该处栽培稻谷收获量之大,稻作的规模也不小。在华北裴李岗、磁山遗址里也发现有些窖穴有堆积较厚的腐朽谷物。北方以粟为主的旱作农业和南方以水稻为主的水作农业两大系统并行发展的格局业已形成。总之,从其为世界最早起源地及其早期状态,都显示出中国传统农业具有起步早、扩展快的特征。

黄河中下游以及长江中下游农业发展之早,专家一般都归因于气候和土壤方面的优越条件。这与西方学界的观点基本接近,都认为一万年以前,冰河期结束,气候转暖,地球生态发生了有利于农业的诸多变化(如野生植物茂盛、小型哺乳动物众多等)。在中国华北,黄土由于其成因于风沙堆积,土壤结构均匀、松散,具有良好的保水与供水性能(保墒),且土壤中含较高的自然肥力;年降水量虽较少,但雨量集中于夏季,有利于抗旱作物的生长。因此华北地区的先人最早选择栽培粟、黍,

---

[1] 李根蟠、卢勋:《我国原始农业起源于山地考》,《农业考古》1981年第1期。同期还刊载了日本经济史家西嶋定生《中国古代农业发展历程》一文,文内批驳了华北农业起源于大河之滨的旧说,认为它应该起源于离开大河有一定距离的山脚或黄土台地上的接触点。下一阶段,大约到西周后,才进入到黄河及其支流的冲积平原之上,由此开始犁耕和水利灌溉。

即能取得较高的收成(此据何炳棣说)。长江中下游地区,据专家孢粉组合变化综合研究的结果,获知在六七千年前,该区域正处于气候上的第一暖期,年平均气温比现在高2—3℃,降水量多500—600毫米,基本上与现在的珠江流域气候条件相当。[1]由此该区域为水稻栽培起源地,其自然条件的依据也非常充分。这方面的研究成果显然有助于史家对农业起源成因的理解。可惜通史编写方面,除12卷本《中国通史》第2卷《远古时代》(苏秉琦主编)外,这种新的研究成果还没有得到充分关注。

我认为,在农业起源方面,虽然已经充分注意到了自然生态的影响,但过分偏重"自然适应"一面,而对"挑战与应战"一面有所忽视。[2]从以上研究成果也可以看出,长江中下游与黄河中下游相比,前者自然条件对农业的起源要显得优越些。水稻的种植在这种条件下,极有可能与野生水稻的自然生长差别不大,收获容易满足需要。优越是好事,但因其承受挑战的压力小,不能不对往后的发展有所影响。相反,黄河中下游经受的挑战要大得多,故由山前至低地再到冲积平原,耕作制度变迁明显,其流动性极大,部族间的冲突竞争也特别激烈,文明的发展显示出顽强的活力。我以为,这也正是中国前期文明的重心和华夏中心在黄河流域的一个原因。从起源和往后历史发展的总体状况来看,至少长江下游不能说与黄河中下游可以并起并坐——何况还有良渚文化神秘

---

[1] 环境考古在我国是一门新起的学科。1990年10月在西安召开第一次"中国环境考古学术讨论会",会议成果结集为《环境考古》第1辑,科学出版社,1991年版。其中与本论题相关的有《姜寨遗址早期生态环境研究》(巩启明、王社江)、《环境与裴李岗文化》(张居中)等文。孢粉组合综合研究主要是由同济大学王开发教授等在进行,成果颇丰。王开发、张玉兰《根据孢粉分析推论沪杭地区一万多年来的气候变迁》一文,载《历史地理》创刊号。王开发课题组1995年有《从遗址文化层孢粉分析研究长江下游新石器时期人与环境相互关系》的详细研究报告(油印本),分析更为翔实细致。王开发教授慷赠报告复印件给笔者,在此特致感谢。
[2] 在我看到的诸书里,哈维兰对农业起源的解析最具新意。他认为发现某种植物的栽培并不是唯一的原因,历史的惰性往往会阻滞变革的发生。变革在综合因素的压力下,往往只能在某些地区率先突破。单线进化论或直线进化论,都难以说明农业起源的许多具体史实。上海人民出版社,1987年版。

失踪之谜,或许隐藏着一个承受不了挑战的历史故事。总之,多中心不等于无重心,这个问题尚可研究。

农业发展进程鸟瞰

就笔者现在看到的,对中国传统农业的发展历程作整体考察的,有陈文华、吴枫、张亮采、闵宗殿、董恺忱等诸位先生。[1]陈文华大致分为六个时期:(1)农业技术萌芽时期(新石器时代);(2)农业技术初步发展时期(夏商周);(3)精耕细作农业技术发生时期(春秋战国);(4)北方旱作技术体系形成时期(秦汉至南北朝);(5)南方水田农业技术体系形成时期(隋唐至元);(6)传统农业技术继续提高时期(明清)。吴枫先生也分为六段:(1)原始农业的产生及其简陋生产技术;(2)商周奴隶社会的粗放农业技术;(3)封建社会前期(战国起)耕作制度的改革与耕作方法的改进;(4)南北朝以来精耕细作农业技术的发展;(5)封建社会后期(唐中叶起)农业生产的发展与农业技术的进步;(6)明清时期农业技术的停滞不前。

两家梳理都主要着眼于农业生产技术,因为这比较容易鉴别,若牵涉其他因素(例如全国性的统计、区域分布的不平衡态势以及其他的非经济因素影响),目前确实还不容易说得清楚。两家之间在判断上也有明显的分歧,一是对精耕细作农业形成期的估定有先有后;二是对明清农业是否停滞不前有完全不同的评价。

关于中国传统社会农业长期停滞的议论一向比较流行。这似乎凭感觉也能捉摸得到——但是感觉不一定可靠,也是常事。农史学界的贡献就在于他们注重科技细部的考察,改变了上述议论大而化之,从高处俯瞰的习惯。这种细部的分析是不是有见小不见大的毛病?这里就牵涉树木与森林的不同视察角度优劣比较,始终是认识论上的一个难题。

---

[1] 陈文华:《中国古代农业科学技术成就》,农业出版社,1982年版。吴枫、张亮采:《中国古代农业技术简史》,辽宁人民出版社,1979年版。闵宗殿、陈文华、董恺忱:《中国农业技术发展简史》,农业出版社,1983年版。

我觉得，目前整体性的考察，尚有许多环节需要深入研究，不忙下结论。是不是先可以观察一下，中国传统农业演进的标志或标志性事件有哪些，用以确定发展曲线上的某些有意义的"点"，然后再作些"面"上的推测或评估？

耕作制度由抛荒休闲到连作复种的变化

这是中国传统农业与世界其他国家相比，最突出的优点。耕地的充分利用，经济专用词称"耕地复种指数"，大概中国是居世界首位的。

一般都说农业促成了人类进入定居生活的巨大变革。然而，在头七千多年的时间里，这种定居还处于不稳定的状态，"民无所定"，迁徙无常，与世界其他各地的早期农业没有多大差别。商族历史上的"八迁"（《史记·殷本纪》），只是传载下来的一个典型事例。其中一个重要的原因，便是原始农业由撂荒到连作轮耕的进化，经历了极漫长的过程。这一过程走得并不容易。

狩猎采集时期与刀耕农业不用说，即使早期锄耕农业，由于耕作方式的简单，地力的衰竭，过一段时间必须抛荒，重新选择耕地。因此，有"游农"之称。反映在居住方式上，便是每隔一段时间都要迁移别处。仰韶文化的许多遗址实际都经历好多次的搬迁，走了又回来，直到永久离开此处，来到低地平原。[1]农耕技术的不断改进，其社会效果完全可以从由仰韶文化到大汶口文化、龙山文化的聚落居址密度与人口数呈递增的态势上

---

[1] 关于这个问题，我国考古学界似乎不太重视。安金槐主编的《中国考古》只说："仰韶文化大约经历了两千年的发展阶段。在这漫长的发展历程中，仰韶文化有着自身早、中、晚三个发展段落"，间隔时间不详。上海古籍出版社，1992年版，第78页。王震中《中国文明起源比较研究》也提到姜寨房址有早、晚两期，早期大约15座，晚期大约20座。陕西人民出版社，1994年版，第86页。对前后间隔时间，我看到瓦西里耶夫《中国文明的起源问题》却有比较具体的交代。他依据文化层堆积的厚度来推算时段，是一种考古学的方法通则。他说："仰韶文化遗址是单层的，文化层厚度平均为1—2米，少数为2—3米"，前者不超过一百年，后者最多也只有两百年。至于较薄的大多数遗址居住期都在一百年以下，"实际上相当于一群房屋的存在时期"。文物出版社，1989年版，第176页。这说明仰韶人在这两千年里曾多次迁出又迁回。这应该是与耕地的定期抛荒密切相关。

得到考古学的证明。[1]

　　稳定的定居生活,以及授田制的最后一次永久性分配,都是与连作制的变革联系在一起的。从《诗经·小雅·采芑》《诗经·周颂·臣工》等篇,反映在西周时代实行的还是"菑"(第一年休耕长草)、"新"(复垦为田)、"畲"(整治为熟地),说明当时已抛弃撂荒"生荒耕作"制,进入"熟荒耕作"制,耕地三年中必须休闲一至二年。到《周礼·地官·大司徒》则曰:"凡造都鄙,制其地域而封沟之。以其室数制之,不易之地家百亩,一易之地家二百亩,再易之地三百亩。"学界多推断《周礼》成于战国。那时,尽管有些耕地还需要休闲一至二年,[2]但也已经出现连作的耕地("不易之地")。可以注意的是,这里再次提到了授田制,三种田三种数量分配方案。究竟是因为地区先进与落后的差别,还是同一地区土壤肥瘠的差异,好田、坏田搭配,就不清楚。

　　连作制最重要的必须由"缦田"演进到垄作。比较确切的消息,要靠《吕氏春秋》,已经到了战国后期。《吕氏春秋》非常珍贵地保存了我国迄今最早的四篇农学文献,对当时的田制、耕地管理以及农业生产技术各环节的操作要求,都有详尽的载述。[3]其中的《任地篇》提到"上田弃亩,下田弃圳;五耕五耨,必审以尽"。夏纬瑛先生解释,"亩"是地经耕整后田中所起的高垄,"圳"是垄和垄间凹下的小沟。高旱的田庄稼种在凹下处(北方),低湿的田庄稼种在高垄上(南方)。这很明显已经抛弃过去曾经采用

---

[1] 严文明先生《仰韶文化研究》指出:仰韶文化遗址,"渭河流域每千平方公里约6.5处,河南伊洛—郑州地区及山西南部每千平方公里约2.8处"。到二里头时期,在豫西或晋南,遗址的密度明显增加。详参宋镇豪《夏商社会生活史》,中国社会科学出版社,1994年版,第14—15页。有关聚落人口数的增加,详参王震中《中国文明起源的比较研究》,不再细引。

[2] 能证明这一点的,有《公羊传·宣公十五年》:"司空谨别田之高下善恶,分为三品:上田一岁一垦,中田二岁一垦,下田三岁一垦。"

[3] 夏纬瑛:《吕氏春秋上农等四篇校释》,农业出版社,1956年版。原文不容易读懂,夏先生的校释向为农史界看重。先秦文献据《汉书·艺文志》"农"有九家,其中《神农》20篇,《野老》17篇,至今一无所存。据夏先生考释,《吕氏春秋》上农、任地、辨土、审时四篇,大致取材于《后稷农书》,因此反映的情况恐怕不只是战国末的情景。参校释本《后记——略谈战国时代的农业》。

过的大田撒播的"缦田"制,实行垄作条播以及"亩""圳"互易轮休的办法。这就是中国特色的同一块田亩连作而内部轮休的耕作制度。英国行垄作则要晚两千多年,到17世纪"农业革命"时代方始实行。文中的第二句"五耕五耨",更表明反复耕耨,十分注意中耕的环节,具有了精耕细作的特点。接着又有两句:"其深殖之度,阴土必得,大草不生,又无螟蜮;今兹美禾,来兹美麦。"前面讲的是深耕的要求(必见湿土)及其好处,后面却出人意外地透露当时已实行粟麦轮作制——连作制又一种养地的技术。战国时期耕种已趋向讲究细作化,可为此作证的,还有《管子·小匡》"深耕、均种、疾耰(耕地后将土块打碎)",《庄子·则阳》"深其耕而熟耰之"。"疾耰""熟耰"的目的都是为了减少水分蒸发,切断土壤毛细管的蒸腾作用,以利播种。

  从西周算起,经至少五六百年的渐变,到战国后期完成向连作制的过渡,是各种因素综合汇成潮流,水到而渠成。首先应该提到的,列国竞争的态势,给每个大国都带来了特有的"挑战压力"。农业的发展与否,被看成与国家兴亡生死攸关的头等大事。《商君书》《管子》《吕氏春秋》等文献充分反映出从授田、田亩规划到生产、技术的操作各个环节,都有强烈的国家行政干预参与其间,讲求规范,管理是十分严格的。秦简法律文书也证明了这一点。正是在"农战"政策的推动下,农业有了长足的进步。[1]这就不难理解,为什么农业的变革,先进的农耕技术在黄河中下游——竞争最激烈的地区率先突破。南方则要在另一种情景下——北方战乱,大量人口南迁,才继之实现变革。此是后话。

  实现连作制,从技术层面来说,需要许多要素的配合。最主要的有两项:

  (1)农具。商周都有一些青铜农具的出土,对其使用程度目前看法还很不一致;但春秋战国时期铁制农具的大量出现,无疑是我国农具原材料的一次革命,大大提高了垦耕的效率。其中与深耕细耨要求配套

---

[1] 关于粮食生产与战争的关系,陈平在1979年发表有《单一小农经济结构是我国两千年来动乱、贫困、闭关自守的病根》一文,当时颇引起震动。该文立论的主题可以商榷,但对粮食与战争的关系,分析很有见地。《学习与探索》1979年第4期。

的农具，如长条形的铁钁、五齿锄（用以深翻土地）、六角形铁锄、耰、钱、镈（用以碎土平田、中耕除草），都应运而生。后者作为中耕农具，在此之前长期是个缺项，至此中国各个环节农具开始配套成体系。春秋晚期起牛耕及其铁铧犁的使用，更被认为是对耕作技术的革新和开创精耕细作传统起关键作用的两项"技术革命"。连作制始于铁制犁耕时代绝非偶然。

（2）施肥技术。中国传统农业注意用地与养地结合，向为世界农学家叹为观止，其中施肥最为突出。据历史的记载，我国施肥的习惯起源较早，《诗经·良耜》中反映最早是让杂草腐烂作肥（"荼蓼朽止，黍稷茂止"）。到战国已经施用"粪肥"，如《荀子·富国》"多粪肥田"、《韩非子·解老》"积力于田畴，必具粪灌"。然尚不知种类，到西汉《氾胜之书》，始知有溷肥（人粪）、厩肥（牲畜粪肥）、蚕矢和动物碎骨等。中国能做到"地力常新"，克服西方"地力递减"法则，有机肥的使用，其功最大。西欧使用粪肥，要到10世纪某些庄园才开始推行，晚于中国一千二百多年。

除此之外，灌溉技术、作物品种选择与改良，以及农业经验的总结推广等等，都对实现连作制起了推动或促进的作用。总之，这是农业技术水平的综合体现。

尽管连作制在战国出现是个事实，但文献载录与实现程度之间的偏差也必须充分估计。文献载述的是最先进的技术，但考虑到地区之间自然条件以及社会经济发展的不平衡，这一制度的较大范围的推广，恐怕要到西汉。

西汉犹如唐代，都是一个大总结的年代。西周以来八百多年的演进，无论政治、经济、文化、科技成就，总收获都是在汉代。汉武帝时期的赵过代田法，实际就标志着《吕氏春秋》"亩、圳"垄做法的更大规模推广，而《氾胜之书》作为现存的我国第二部农书，反映出对耕作技术有了更全面的总结，其中"趋时、和土、务粪、泽、早锄、早获"六环节十一字诀，更成了我国古代农业经验的经典。该书还反映出连作制的进一步发展，开始采用了间作与混作。记载有瓜与韭、豆的间作，桑与黍的混作。更为重要的是，已有关于谷子和冬麦轮作复种的记载。[1]商周时期北方农作物一直以黍为主,到春秋战国粟才跃进首位,而小麦到西汉开始较普遍种植,并逐渐上升。由此粟麦轮作,三年二熟,耕地复种指数就到了150%。到东汉,我们已经可以确知某些地区实行了禾、麦、大豆轮作复种的二年三熟制,在南阳一带还出现了稻麦轮作的一年二熟制。但实施的普遍程度目前还无法估定。

我国的精耕细作农业,所以被称为"集约农业",最突出的优点就是耕地的利用率最高,表现在连作制的基础上,不断发明创造,充分利用时空交叉,实行作物搭配,立体使用,达到增产稳收、用地养地的双重目的。这就是间作、混作、套作技术的配套。这一标志着北方旱地农业耕作技术体系化的完成,决定性时间在北魏之前。著名农书《齐民要术》被认为自《氾胜之书》以来五个半世纪北方农业成就的大总结。[2]全书不仅看到精细整地、适时播种、反复耕耘(耕—耙—耱)等精耕细作的耕作技术和轮作倒茬等用地养地的措施对夺取高产所起的决定性作用,而且还贯穿了关于对天时、地利和作物特性的一系列科学认识,体现了中国传统农学"天地人"三结合的思想。

大约以唐中叶为分界线,北方历经战乱以及农业耕地的开发过度,农业发展的重心逐渐向南方转移。这在保存下来的农书上得到充分反映。自此之后,北方农书渐少,相反南方农书不断涌出,如元代王桢《农书》,明代陈旉《农书》、徐光启《农政全书》,清代杨灿《知本提纲》、张履祥《农书》等等,都是对南方农业技术的总结。其总体精神与耕种技术既与北方传统一脉相承,但也有适应南方水田特点的许多发展,反映出精耕细作技术有了进一步的发展。

唐宋时期连作制的最突出成就莫过于一年两熟制的出现。关于稻麦复种制产生的时间,原先有东汉说、南北朝说,都有些问题(至多个别地区有些尝试)。现在看来长江流域江南地区大致到唐代开元前后才逐渐

---

[1] 参中国农业遗产研究室:《中国农学史》(上册)"第6章",科学出版社,1959年版。
[2] 详参石声汉校释《齐民要术今释》,科学出版社,1957年版。这是迄今为止最权威的注释本。

推广的说法比较可信。南方粤闽地区还有双季稻的种植。从两熟制的技术条件来说,首先要有移苗(做"秧田")方法的推行;《齐民要术》始见"别苗"记载。二是水稻必须有早、中、晚三种品种(唐以前仅有早稻一种),才可能实行稻(多属中稻,又称中晚稻)麦两熟和双季稻制。双季稻需要的条件比较苛刻,地区有限。最先由日本学者揭出,唐代建中年间的杨炎两税法,开创了夏税秋粮一年两次征收的惯例,确实是最能强有力地支持农耕两熟制成立的经验证据。[1]因此唐宋以后,我国南方农业主要地区的耕地复种指数普遍地已达到200%。这在当时为世界所仅见。

耕地的拓展及其盈缩不定的动态进程

与连作制具有同等意义的,另一项重要标志便是耕地的不断拓殖。假若说前者标志纵向的进步,后者则代表着中国农业横向的进步——空间的扩展。

需要注意的是,耕地作为农业最基本的生产要素,在中国农业演进史上,不像连作制那样呈现出直线上升的态势,而是起伏不定,有进有退(原因待后再议)。

从我国现存官方最早耕地总数西汉平帝元始二年(公元2年)的57645万亩(已折算为今亩),到清宣统三年(1911年)则为84048万亩,显然增长的幅度不大。即使以清光绪十三年较高的数据91197万亩计,在1900年里总计仅增长65%不到。这与人口的大幅度增长极不协调,因此人均耕地亦从14亩减少到2亩左右。[2]

造成这一态势的一个基本原因,我们并非像原先说的那样"地大物博"。尽管中国以农立国,但自然生态提供给我们的耕地其实不甚丰裕。依据现代地理学家的统计,我国与欧洲的国土总面积大体相近,但欧洲适宜

---

[1] 参西嶋定生《中国经济史研究》第4、5两章,农业出版社,1984年版。李伯重《我国稻麦复种制产生于唐代长江流域考》,《农业考古》1982年第2期。同期桑润生《长江流域栽培双季稻的经验》,主双季稻在长江流域广泛推行要到明清。此说近是。但从二十年前的经验证明,双季稻并不非常适合江南地区,因此实行的程度应估计得更低一些为好。

[2] 数据采自梁方仲《中国历代户口、田地、田赋统计》,上海人民出版社,1989年版。

于耕作的平原面积约为100亿亩,为中国平原面积(12亿亩)的8.3倍。1979年我国的耕地面积为15亿亩,这说明已经包括山地丘陵的利用在内,耕地的开发已近极限。由此逆推,清光绪年间的9亿亩,大概不算少。

为什么从西汉末到清末,经过历代耕地向四周的开拓积累,最后也只有9亿亩,增长的幅度不像我们预想的那么大呢? 其中还有一个现象非常值得注意:中国耕地拓展虽有过多次高潮,但往往会出现一方面耕地在继续拓展,一方面耕地却在退化,进退盈缩互相抵消,总体增长的态势被人为地遏制。它既是中国传统社会内在社会紧张的产物,反过来又加剧了这种社会紧张。

从农业的起源来说,目前至少在八个大区域范围内都发现有早期农业遗址,因此考古学家称有"八大古农业文化圈"。[1]但这种"满天星斗",也同样意味着农业的开发在空间的分布上只是星星点点、稀稀疏疏。此时农业开发还局限于山前台地。

西周是中国耕地拓殖的第一个高潮。从殷人盘庚前的频繁迁徙以及周人由邰、豳到岐到丰、镐的向东迁移,显示出中国的农业由山前台地向低地平原转移逐渐完成的运动轨迹。周人对我国黄河流域耕地的开发是做出了独特贡献的。首先,关中八百里秦川的农业区,是由周人首开,经秦汉两代经营成为最早的先进农业区。但更为重要的是西周的"大分封",列国诸侯在各地建立"次级中心",无疑大大推动了以黄河中下游为主体向四周拓展的农业耕地的开拓,其中以齐国对山东半岛的开发意义最突出。[2]黄河中下游新石器时代由前仰韶文化——前大汶口文化,到仰韶文化——大汶口、青莲岗文化两大系统,近七八千年积累的早期农业垦拓,至此"点面"结合,填补空隙,获得了整体性的开发,在春秋时期会聚成

---

[1] 八大古农业文化圈为:①黄河中下游及其附近地区;②黄河上游及西北地区;③黄河下游沿海地区;④长江中游地区;⑤长江下游及杭州湾地区;⑥东南沿海地区;⑦西南地区;⑧北方地区。参安金槐主编:《中国考古》,上海古籍出版社,1992年版,第19—62页。

[2] 这方面的记载极多。如齐国:"昔太公封于营丘,辟草莱而居焉。"(《盐铁论·轻重》)郑国:"庸次比耦以艾杀此地,斩之蓬蒿、藜藿而共处之。"(《左传·昭公十六年》)两例都说明是在荒地上重新建立起耕作区域。

本次耕地拓殖的高峰。

战国到西汉是我国耕地拓殖的第二次高潮。这次开发的历史动因，包括政策的诱导，已在前面讲过，不再重复。这次高潮的巅峰与前不同，却在战国时代。秦汉总其成，继其余绪而已。《史记·货殖列传》说："昔唐人都河东，殷人都河内，周人都河南。夫三河在天下之中，若鼎足，三者所更居也，建国各数百千岁，土地狭，民人众，都国诸侯所聚会。"司马迁对"三河"地区"地狭人众"的印象，有《商君书·徕民》、《战国策》苏秦语等史料佐证，洵非虚语。至于关中，由于秦汉两代帝国都对关中地区水利建设重点投入（郑国渠与关中水利网），发展速度最快。因此司马迁认为其开发更超过"三河"："关中之地于天下三分之一，而人众不过什三，然量其富，什居其六。"另一重要事件，就是汉武帝在河套地区（包括河西四郡）的屯田，促成了这一地区农田的开发，有"新秦中"之称。由此可知，关中和山东（即关东，太行山以东地区）两大农业区到西汉已确立了在全国经济中的先进地位。其优势要到唐中叶后才宣告衰退、收缩。

黄河流域耕地的开拓到西汉时期，大抵已达到合理开发的"临界点"。[1]从司马迁的描述来看，龙门、碣石以北，即华北大平原以北、长城内外直到东北的广大地区仍属于半农半牧地区，陕西北部、燕国都城以北森林茂盛，还保持着原始的自然状态。自此以后，该区域由于开发过度，生态失衡，耕地始终处在不断盈缩之中。因此就整体而言它再也没有超过秦汉的历史最高点。

另外，我们虽然应该估计郡县制在全国推广对耕地拓殖的作用——但绝不能与西周分封相提并论。各地方派出的流官与两周诸侯列卿对耕地开发的参与程度恐怕有天壤之别。前者的职能主要限于政治军事统治。

---

[1] 据《汉书·地理志》所载平帝元始二年全国土地总面积，参《后汉书·郡国志注》引《帝王世纪》，其中不可垦地占70.4%，可垦可不垦地占22.2%，耕地占6%，其他占1.4%。此耕地比例与今天平原占国土的比例相近。如考虑到当时官方掌握的总面积只是今日国土总面积的2/3，黄河流域的耕地比例就已经很高了。另据冀朝鼎《中国历史上的基本经济区与水利事业的发展》，在西汉，水利工程主要集中在陕西（18项）和河南（19项），而河北只有5项。可见当时的主要经济区在关中和"三河"地区。中国社会科学出版社，1981年版。

至少秦西汉时期江南广大地区基本上还处于半开发状态，人口稀少，大部分地区还为原始森林所覆盖，"江南卑湿，丈夫早夭"。从晁错、贾谊等人的言谈里，也时不时透出那是个"谪戍"充军的场所，不免有谈虎色变之感。[1]

耕地拓殖的第三次高潮出现在魏晋南北朝。与前两次最大的不同，耕地拓殖的重心已由黄河流域转向长江流域。因此，这一次也可称为南方耕地拓殖的第一次高潮。

推动这一次耕地拓殖的原因，首先是军事动乱。自秦末起直到隋统一，北方地区遭受到三次大规模的政治军事动乱。其中东汉末到隋统一，动乱长达三个半世纪以上。关中和关东传统农业经济区遭受到严重的破坏，北方农业经济的地位明显下降。三国时期蜀汉对四川、孙吴对江东地区的开发其功最著。西晋末的政治动乱，特别是五胡十六国时期的动乱，更促成了大规模的人口南移高潮。人口南徙大致沿着三条路线向巴蜀、湖广和江淮、江东方向移动，尤以第三条路线人数最多。江东地区在南朝时期得到了长足的发展，是为中国农业经济发展史上的一大重要事件。上述三个农业经济区继关中、关东之后，逐渐上升为我国重要的农业三大经济区域，由此揭开了我国经济重心由北向南转移的序幕。

但对黄河中下游地区所受破坏程度，傅筑夫先生的估计太严重。无论曹魏时期还是北魏时期，只要政治稍稍安稳，该区域的农业就会较快地恢复元气。关中由于历次战争均受害最重，下降得较严重，关东农业区仍然不失其在全国的重心地位。这可以从唐天宝八年所载天下正仓、义仓的储粮数字的比较得到验证：正仓江南、淮南二道合计仅为河南道的35%，义仓则为河南道的65%。[2]

另外，有一点甚为重要，就是谭其骧先生指出的，黄河中下游的生态环境，由于魏晋南北朝所造成的一定程度的退耕还牧，黄土高原上长出新

---

[1] 有关秦汉时期江南地区的情况，傅筑夫先生在《中国封建社会经济史》第2卷第1章的论析，可供参阅。人民出版社，1982年版。
[2] 数据采自中国农业遗产研究室：《中国农学史》（下册），第3页统计结果。科学出版社，1984年版。

的植被,黄河水患显著减少,出现了一个长期安流的局面。这也为关东经济区的农业恢复发展创造了一个极好的条件。[1]反而进入唐宋时期,两度对北方农业耕地的过度开发,才真正促成了该地区的生态严重破坏,从此一蹶不振。[2]

唐宋为我国黄河流域耕地衰退老化与南方耕地拓殖的第二次高潮时期。就后者而言,也可以称为我国耕地拓殖的第四次高潮。

江南地区再次借助唐末五代、北宋亡国两次北方动乱,获得进一步开发的契机。这一时期,耕地的拓殖已由长江流域推向珠江、闽江流域,整个南方兴起了以筑圩田、墟田、湖田、涂田、沙田、畲田等形式的开发新耕地高潮。南方在太湖流域、湖广平原之外,又增加了粤闽农业经济区。到南宋,中国经济重心南移过程终于宣告完成。

与此相反,唐宋时期,北方的耕地经历了由高走低的衰退过程。由于隋唐帝国中心在西安与洛阳(时称两都),北方的耕地拓殖再一次被强化。虽经唐末割据与动乱的破坏,但到北宋、辽、金,又一次被强化。但这两度的强化不同于以往:一是帝国中心地,官僚豪强占地夺地严重,逼着无地少地农民转向山区、丘陵开垦。其中唐帝国为对付突厥、吐谷浑、回纥,还在新疆、内蒙、甘肃等北部、西北地区移民"屯田",其规模更大。他们大多刀耕火种,不断毁山毁草,随种随抛,结果数百年间青山变成秃山,水土严重流失。由此导致北方气候恶化,黄河水患更趋严重,并开始出现沙漠南移的迹象,农业势必逐渐走下坡路。二是帝国对南方的依赖心理日益严重,唐中叶起开创了所谓"以江淮为国命"的局面。如果说隋代开通南北大运河,其主要还出于对江南控制的政治军事目的,那么唐以后的统治者就把它看作为帝国的经济命脉。在粮食供给(官粮和军粮)上日益仰赖南

---

[1] 谭其骧:《何以黄河在东汉以后出现一个长期安流的局面》,秦和西汉时期,由于实行"移民实边"等政策,森林和草原遭到严重破坏,水土流失严重,两百年间溢堤4次,决堤7次,改道3次,平均百年发生6次。东汉以后直到隋朝,六百年间仅溢堤7次,改道1次,平均百年1.3次。载《学术月刊》1962年第2期;史念海:《历史时期黄河中游的森林》,载《河山集》(二),生活·读书·新知三联书店,1981年版。

[2] 同上注,谭先生文指出,自唐代到1936年,黄河流域共发生水患1546次,平均每百年发生117.3次。这情景远远超过秦汉时期。

方。唐帝国宁愿花费大力气去打通漕运,也不愿用心修筑关中、关东水利,就是一个说怪也不怪的例证。[1]北宋建都汴梁,更意味着帝国统治者已经放弃对关中农业区的关注。上述两点形成恶性循环,导致黄河流域农业出现显著的衰退老化倾向,加速了农业重心由北转南。这种统治者的狭隘心理,极像"猴子吃桃子",吃一个丢一个,从整体来说,北退南进盈缩抵消的结果,就是全国总的耕地面积增长速度明显放慢。[2]

明清时期为我国耕地拓殖的缓慢发展时期。总体说南方耕地的开发,到两宋时期同样也有一个临近"合理开发"的边界问题。由于帝国政府财政向南方倾斜的强压,以及多次人口南迁使南方人地矛盾逐渐突出,南方的造田运动,已跳出平原河网地区,成为向江、湖、海、山争地,耕地开发差不多到了竭尽全力的地步。缩小湖面、拦截江湖,带来了水利系统的失调,水害也日甚一日,也存在一定的生态失衡的问题。明清时期南方农业就颇受其害,耕地拓殖也就进入了停滞阶段。

到明清时期,虽说我国耕地拓殖的发展历程基本终结,但也不是丝毫没有扩展。明初强迫迁移江南过剩人口到江淮流域与河南,规模不小。仅凤阳一府垦田数竟与山西一省等同,超过4万顷。河南一省的垦田数竟跃居全国第一(近15万顷)。但其效果实在可以怀疑。相反黄河的多次改道,造成大

---

[1] 唐以前水利兴修的重心在北方,有关数据详参冀朝鼎《中国历史上的基本经济区与水利事业的发展》,中国社会科学出版社,1981年版。唐以后有李剑农先生续作,参《宋元明经济史稿》,生活·读书·新知三联书店,1954年版,第18页。水利工程项目按今省辖区统计,唐代今浙江一省(44项)已超过北方各省(其中陕西、山西最高,各为32项);北宋浙江86项,竟超过北方四省之总和(64项)。

[2] 正史所载官方的垦田数之不真实,使史家几无从利用的可能。仅举一例:
　　隋开皇九年为1 940 426 700亩,唐玄宗开元十四年为1 440 386 213亩。即使以唐一亩合今0.783亩折算,前者为15亿余亩,后者也有11亿余亩,隋比唐高已不合情理,而两者数字之高(已到了1979年的数字),更是明显不可信。相反北宋最高的数字为真宗天禧五年524 758 432亩,其余时间更低。以宋亩合今0.896亩折算,则为4.7亿亩,比西汉末低。宋比隋唐少那么多,令人难以置信。明洪武二十六年为850 762 368亩,出于明《万历会典》,按明亩合今0.911亩折算,则为7.75亿亩,这一数字应为官方掌握较准确的数字。梁方仲先生在《中国历代户口、田地、田赋》一书中所作的历代垦田比较统计图表(第581页),就是根据这些官方数据画出的。数据的收集,梁先生功不可没,但据此做出比较统计,恕我不客气地说,这是枉费力气。许多数据之间的反常,颇多违反历史常识的地方,几无从解释,没有可信性。

量盐碱化,长江以北的耕地从总体上说有极大的退化。大概清代对东北与新疆地区的开发,是这一时期耕地开拓唯一有成绩可言的事件。其中东北柳条边内农垦区的垦田数由顺治末年的2.7万顷,增至雍正时的170万顷,增长60余倍,业绩最为可观。这一过程延至民国时期尚在进行之中。

以上描述的大致轮廓,其细节部分实在问题甚多,但耕地开垦逐渐由北向南,由中原向四周作面上的扩展,从史书所载各种情况综合判断,应该基本成立。但直到清末,这种垦田的成绩,正如开头所说,增长幅度不大。其中除政治原因外,生态破坏造成许多垦田退为废地,实在是一个很大的教训。

耕地的进退、盈缩,还可以从另一个角度得到间接的说明。1979年,我们已经有一个比较可靠的全国性统计。全国15亿亩的耕地中,高产田仅有4.8亿亩,平产田4.1亿亩,而低产田则有6.1亿亩,占到了总耕地面积的40.2%。固然造成低产的原因不止一种,但生态条件不好无疑是重要因素——许多耕地并不属于优质合理的可垦田地,如山丘梯田、低洼易涝田等。高产田多集中于太湖流域、湖广平原、成都平原以及珠江三角洲等少数地区,这些地区大致在宋以后才崭露头角。这证明农业经济重心由北向南移动确是一个不争的历史事实。

农业产出:亩产量及其他

中国传统社会农业经济的发展水平,归根到底要反映在经济效益即投入与产出的比例上。假若我们能通过各种办法估算出每一朝全国粮食平均亩产(单位面积产量),并据此估算出每一农业劳动力平均产出粮食量(劳动生产率),据此再做出历代比较,发展轨迹岂非就一目了然?它显然是一个最能反映农业演进的重要标志。

非常遗憾的是,历史文献却并没有给史家提供这种数量统计最起码的条件——例如虽有偏差极大的全国垦田数,却没有全国农业总产量的数据;有严重隐漏的全国人口数,却没有全国农业人口的统计数据。记得彭泽益先生在大连一次学术会议上,曾就计量史学的可能性问题发表过一个中肯的意见。他说很难,古代几乎不可能,即使我们尽量设想各种的

"加权"方案,缩小误差;大约到了近代尚可尝试。我很钦佩彭先生的直言,这是出自对学术负责的真诚。

勉为其难,就有了各种象征性的或示意性的统计。我觉得这样的尝试,总比完全"心中无数"为好。前提是必须说清楚,这是需要排除许多限制性条件下的粗略"统计",起一种类似"示意图"的作用。

关于我国历代粮食亩产的演进,蒙文通先生依其长期积累所得,在1957年就做过一次系统性的研究,极见功力。[1]"文革"结束后再次进行"封建社会长期滞迟问题"讨论,许多论者显然就没有注意到蒙先生的研究成果,仍是凭印象说话,一口咬定即以农产量而言,就足以说明中国农业自西汉后"基本停滞不前"。这种错觉显然来自读史书时的"望文生义"。粗看一般史书所载历代亩产,从战国到明清,确实低的至少也有一石,高则也不过三石,平均大约在一石半上下波动。这不是"超稳定"地"长期停滞",又是什么?

错误在哪里?首先就出在有些人论史全然忽视经济学必要的知识,不知道我国历代度量衡和亩制的演进,是呈不断放大的趋势。同是亩产一石,亩制、量制不同,其间就有不可忽视的数量上的差别。

举一个最明显的例子,例如《汉书·食货志》所载李悝、晁错关于五口之家、百亩之田的议论,几乎为论者所必引。从两人所论得知,战国时"亩产一石半",到西汉却"亩产一石"。从字面上看,这不是在倒退吗?奇怪的是,似乎谁也不去管它,大而化之就说过去。殊不知李悝说的是周田(大亩,首由蒙文通先生揭出),一亩合今0.51亩,一石折今仅0.2石;汉初行东田(小亩),一亩折今亩仅0.2882亩,石同战国。这样,统一折合成今亩今量,则前者为亩产0.5882石,后者亩产为0.69396石。这一矛盾以此就化解,可以通释无碍。若以一石为135市斤计,则战国魏时亩产为79.41市斤,西汉初已提高到93.68市斤。西汉初的数字确实不低。据1938年陕西一省的统计,粟的平均亩产也只有115市斤,1949年为130市斤。

---

[1] 蒙文通:《中国历代农产量的扩大和赋税制度及学术思想演变》,《四川大学学报》1957年第2期。

其次，就是没有花工夫去仔细收集亩产材料，作认真的前后比较。以粟的产量而言，同出《汉书·食货志》，汉武帝实行赵过代田法后，亩产即提高到2—3石；《淮南子》更有亩4石的说法。但也千万别由此得出与晁错时比，亩产已翻番的结论——因为汉武帝时实行的又是周田大亩制，即以3石计，折算下来，合今亩今量，亩产为0.8675石（合今117.11市斤），比晁错时增加0.1736石。估计这是高产田的产量，未必普遍。大致到唐宋，粟的亩产就较多地在2—3石。但考虑到唐石放大到合今0.5944石，北宋合今0.6641石（这是被许多论者所忽略而导致错觉的一个重要因素），亩制也相应放大，折算结果，唐亩产2石（据《陈子昂集》）合今1.4676石，宋亩产3石（据《宋会要辑稿·食货》）合今2.2547石，显然比西汉时增长幅度不算小。虽然我们没法把握这2—3石是否可以算作该时的平均亩产数值，但从这里，至少也可以象征性反映出北方旱田农业由战国到西汉、唐宋，还是在缓慢直线上升演进的迹象。算与不算，所得印象就很不一样。

我曾沿着蒙文通先生的思路，作过一个历代亩产的统计。其中度量衡及亩制是以梁方仲《中国历代户口、田地、田赋统计》附录《中国历代度量衡之变迁及其时代特征》为本，参考万国鼎、王达及日本学者的修正值，加以斟酌。历代的取值史料也在蒙先生的基础上，作了若干修正和补充。限于篇幅，换算及取值史料依据，不再在此一一注出，数值均取舍成约数，编成一个简表如下，作为一种"示意"，供读者参考。

附表：中国历代粮食单产增长示意统计

时代	项目	当时亩产×折合市石÷折合市亩=合今亩产				指数	比战国增减%
		古石	折今市石	折今市亩	市石		
战国（李悝估计）		1.5	0.2	0.5	0.60	100	
西汉初（晁错估计）		1.0	0.2	0.3	0.66	110	+10
汉武帝后	（1）	1.5	0.2	0.7	0.43	72	−28
	（2）	2.0	0.2	0.7	0.57	95	−5
	（3）	3.0	0.2	0.7	0.86	143	+43①
唐		1.5	0.6	0.8	1.12	188	+88

续表

时代	项目	当时亩产 古石	折合市石 折今市石	÷折合市亩 折今市亩	=合今亩产 市石	指数	比战国增减%
两宋	（1）	1.5	0.7	0.9	1.17	194	+94
	（2）	2.0	0.7	0.9	1.56	260	+160
	（3）	3.0	0.7	0.9	2.33	388	+288②
明清	北方	1.0	1.0	0.9	1.11	185	+85
	（1）	2.0	1.0	0.9	2.22	370	+270
	（2）	3.0	1.0	0.9	3.33	550	+450
	（3）	4.0	1.0	0.9	4.44	740	+640③

附注：

① 汉代亩产，许多同志都断为1.5石，其中一个原因是将《汉书·食货志》李悝的估计推断为汉代。蒙文通先生早已指出晁错与李悝估计数之间存在的矛盾，并断李悝为周亩（八尺为步，百步为亩），晁错为东田小亩（六尺为步，百步为亩），汉武帝后行大亩（六尺为步，240步为亩）始可解释。现经统一折算发现，若断汉武帝后仍为1.5石至2石，就会出现少于晁错的矛盾。断汉代单产为3石，才顺理成章，蒙文通先生的考释是对的。
② 蒙文通先生断宋亩产与唐相同，平产1.5石。据宋人文集、笔记，宋亩产不是与唐相同，而是与明清相近，常产为3石。表列三种情况，供参考。
③ 明清根据南北及各种不同情况，列四种估计数，并估定南方常产为3石。

由附表可以看出，中国封建社会粮食单产在两千年间曾经几度上升，但北方的增长明显放慢。明清南方亩产是战国的5.5倍，是汉代的将近4倍。其中，粮食的亩产增长有过四个重要关节点：(一)汉武帝后，较战国增长43%；(二)盛唐，较西汉时增长31%；(三)两宋，较汉增长171%，较唐增长106%；(四)明清，较汉增长284%，较宋又增长41%。两宋粮食单产增长幅度最大，很值得注意。然而考虑到上面所取值的史料，多数来自官僚士大夫所述的个案，反映的准确性和普遍性都问题不少，加以高产、平产、低产田即使到今日其间差别也甚大。因此，我宁愿把这看作为一种"潜在"的农业生产力的演进示意，以此说明中国传统社会的农业，若有一个良好的社会环境，它完全可以发展得更好。

下 篇

中国传统农业是以家庭型的个体小生产为主要经营形式的。即使是大地主田产绝大多数都不直接经营,而采取分散租佃的方式,收取地租;耕作形式也是小农类型的田圃农业。如何认识中国历史上的小农经济,不只牵涉对中国传统农业的历史评价,而且也关联到农业中国在走向现代化过程中对许多现实问题的认识和处置。

小农经济的历史合理性

对小农经济的批判,从近代以来一直很流行。在"中国封建社会长期停滞"的讨论里,无论论战哪一方,都认为造成中国后来社会发展落后或滞迟不前,小农经济不能辞其咎。有的声色俱厉,有的温和保留些,但少有为小农经济作辩解的。直到近二十年前的那次"封建专制主义再批判",所谓"小农经济结构"是"落后贫穷愚昧的根源"论,也还很走红。我们已经摘了那么多的帽子,奇怪的是,小农经济"落后"的帽子似乎就很难摘掉。

导致这种批判成风气的原因多多。若论思维方式,则是"一点论"在作怪,缺乏对整体历史作全局性考察的视界;若论思想资源,则与半生不熟的"西学东渐"大有关系。例如认为现代化(那时称工业化或资本主义化)必然要以消灭小农作为历史前提,走大农场的道路,有英国"圈地运动"的经典先例为证;社会主义农业必然要在国家指导下走集体化的道路,"一大二公",苏联的集体农庄,是我们仰慕追踪的榜样等等,不一而足。

上述囫囵吞枣吃进的"西学"观念,现在看起来都成了问题。随着20世纪后半叶西方史学研究的深入,以及世界范围现代化进程的发展,越来越多的经验事实,正在不断反驳并证伪这些似是而非的立论。

众所周知,农业现代化道路,英国比较特殊,法国走的是另一条道路。法国著名的农村社会史专家孟德拉斯,在他的代表作《农民的终结》里,就感慨"19世纪的社会科学表明,它们对乡村事物的不了解令人惊讶。它们所有的分析和解释的努力都是针对工业经济和都市社会的。"[1]从全书对英国式道路多有批判,上段话的意思似应翻译为"所有的分析和解释都是出自工业经济和都市社会的逻辑"才比较贴切。这也就是我前面所说的"上了大当"的那些观念。孟氏直到著书的时候,仍在强烈地反对不顾农业和乡村的特点,试图用"城市"的方式改造"农村",认为事实已经并还将继续证明:这种"农业革命"是一条不成功的道路。他不无幽默地说道:"如果没有城市,就无所谓农民;如果整个社会全部城市化了,也就没有农民。"这话很发人深思。[2]

也许浸染在现代生活的缘故,我们常常会"数典忘祖",忘却了家庭型的个体小生产对土地的耕耘,其实曾经是传统社会生产力水平条件下最佳的农业生产结构,有其历史的合理性。

对世界现代化进程全局的重新审视,任何国家的现代化,包括英国在内,都先有一个小农经济较快发展的历史背景——脱离农业支撑的"现代化"是不可能获得成功的。[3]根据国外中世纪研究的晚近成果,我们已经知道西欧的封建领主大地产在历史上也呈现出自营地(大多雇工经营)减少和地产分散化的历史趋势,到了"15—16世纪的英国"(马克思说是14世纪),已经是一个"以自耕农为主体的社会"。[4]也就是说,即使在英国也同样有一个在现代化驱动之前走向小农分散经营的不短的历史阶段。再说中国和其他不发达国家的农业,将来的走向如何,也是个悬而未决的"谜"。在我想来,由劳动力密集、资本密集进到未来的科技密集更高一级现代农业之后,农业经营的规模仍可能是"小型"的、"家庭式"的。当然这

---

〔1〕 H.孟德拉斯:《农民的终结》,中国社会科学出版社,1991年版。
〔2〕 孟氏下面一段话是很耐人寻味的:"大多数法国农业史家都庆幸'法国的明智'。由于这种明智,我们国家避免了18世纪农业革命所带来的极端社会后果,而英国人,由于他们向工业经济的逻辑让步,为工业的发展'牺牲'了农业……在一些国家,如英国和美国,农业完全服从于工业社会的逻辑,但农业仍然是无法消除的政治和社会问题,它过分地牵扯着华盛顿和伦敦领导人的精力。"见上书导论"关于农民的研究",第6页。
〔3〕 请参阅拙文《中国封建社会农业经济结构试析》,载《中国农民战争史研究集刊》第3辑。
〔4〕 参阅马克垚主编:《中西封建社会比较研究》第1编第3章,学林出版社,1997年版。

种新一代"小农"必是在生产社会化的背景下,具有现代知识和专业训练的新式农民。这话当然完全不足数。一切都得留待未来去证实。

国内学者对农民史的关注,恐怕要数孙达人教授为最。他从政八年后,毅然"解甲归田",重操农民史旧业,几乎是以超乎生命的热情全身心地投入,使我感动不已。达人在《中国农民史论纲》以及继后专著《中国农民变迁论》里,多次表述了他始终坚信不渝的一种看法:中华文明曾经长期领先于世界,创造了许多世所罕见的辉煌,精耕细作的农业和勤劳耕耘的小农,功不可没。这里,我想首先要提到的是,他关于春秋战国时期"新生小农"和精耕细作农业四大优点的论析,十分深入精到。[1]正如达人所执着认定的,只有在这个基础上,黄河流域经济的大开发、民族的大融合、华夏民族的形成和大一统的实现,世界"轴心时代"在东方出现特有的"百家争鸣"局面等等,才可能从物质基础方面得到通释。下面我想接着前面说到的"个体小生产"是传统农业最佳生产结构的思路,再作一点申述。

关于中国传统农业的发生、发展,目前我们尚不能通解的环节还不少。例如我们何以在转入农业后没有采取兼营畜牧的方式,没有保存林场、牧地,就不容易说得清楚。农牧结合的方式,加上人地矛盾不尖锐,西欧的农民不必像中国小农那样精耕细作,与市场的联系也比中国小农为多。封建领主的田产虽然后来也趋分散化,但始终不像中国"食租"地主,他们有自经营、善会计的传统,这很有利于后来适应商品—市场经济的发展,产生"自转变"。因此中西孰优孰劣的比较,都不能执着"一点"片面地去讲,互有短长或许是最合理的说法。

回到本题上来,同样也有问题:中国的传统农业何以会较早就走上精耕细作的小型农业道路?这方面的解释也不充分。无疑问,中国传统农业的发展,春秋战国是一个极重要的关节。正是在这段时期,中国传统农业的多锄多肥、精耕细作的经营模式得以奠定基础,并延续两千余年而顽强生存下来,支撑了整个中华文明得以持续独立地发展,而未像其他文明古

---

[1] 孙达人:《中国农民史论纲》,发表于《史学理论研究》1993年第1期;《中国农民变迁论》,中央编译出版社,1996年版。

国那样中断夭折。这是结果,那它的造因又是靠什么?

我与达人教授持有相同的观点,中国传统农业的精耕细作模式最初成因于黄河流域,而不是南北皆然(注意:这同目下有些人主张的黄河、长江并行论是不同的)。这种模式推广到南方以及其他各地,那是后面历史阶段进展的成果。

何以要强调这一点?因为我赞同汤因比的"挑战与应战"的进步解释模式。人类的任何进步都是在压力的条件下激发产生的。从新石器时代起,黄河中下游是众多部族频繁出入和激烈竞争的场所,很符合人类学上说的进步产生于种族交错混合的特定条件。农业发展的强弱,攸关每一部族的生死存亡。正是在这种强大的生存压力下,不断强化出"农为邦本"的观念。农业由山前台地走向低地,再走向大河支流的冲积平原,其间无不有部族方国直至商周时代频繁的兼并争夺战争作为历史大背景,春秋战国间的列国战争只是达到巅峰而已。对战争曾经在我们早期历史发展方面所起"恶"的动力或"杠杆"作用,应该理智地做出充分的估计,才可能通释许多早期历史现象。战争带来了文化的交流与相互取长补短,产生文化融合的优势。商鞅严厉的"耕战"政策,绝不是个人主观意识的产物,而是长期历史经验的结晶。秦国是七国中运用这种历史经验在实践上最为成功的典范。如是看,农业在黄河流域进展得如此快,或许可以得到一点理会——此乃事势之必然。因此,华夏民族的融合,既可说成是农业发展的"果",而这一过程又何尝不是造就农业发展的"因"。历史就是这样,因缘果业总是很难截然分离。即因即果,亦因亦果,庄子的思维方法确有道理。这只是我的一种假设。还有别的假设吗?我想一定还可以找出许多种假设办法。总之,在我看这也是一个有待进一步解答的疑案。

凭着考古提供的印象,我们只知道早在仰韶文化时代,生产经营已经采取氏族—大家族—小家庭三级分工的模式(见第一专题所述)。以氏族为单位群策群力开拓耕地,而以家族或家庭为单位耕种管理田地,表明我们的先人是很懂得"群体"与"个体"的辩证关系,使之在血缘共同体内部互补短长,分工合作。或许这也是我们先人不愿意放弃血缘纽带联结方式的一个理由。早期集体耕种的方式在"公田"的形式里曾被保存了很长一段时间。到西周实行"彻田为粮"后,连这种"公田"也被取消,只有周王表演性质的"籍田"仪式上,人们还记得这种象征共同体存在的古老集体耕种的传统。看来个体小生产形式出现得早,也是中国的一个历史特点。

春秋战国至西汉时期的情况就比较清楚。发展到以个体家庭经营、精耕细作为主流的农业,无疑在当时世界上是属于最先进的。就以李悝所说的"今一夫挟五口,治田百亩,岁收亩一石半,为粟百五十石"而论,总产量合今为794市斤,据"服役者不下二人",若以两个劳动力计,则每一劳动力产出397市斤;以三个劳动力计,则为264市斤。至汉武帝赵过代田法后,亩产增加到117市斤,则平均每一劳动力产出粮食就是585—387市斤。与西欧作一对比。直到11至13世纪,英国大多数份地农(领有一半Virgate的庄农,占领地居民的40%—60%)平均占有15英亩(合90市亩)的份地。一英亩收麦8—9蒲式耳,合2.9—3.3市石。按三圃制计,10英亩总产为30市石左右,连同5英亩休耕地在内,每英亩平均单产为2市石,折合市亩是0.33市石。每市石麦145市斤,折合亩产47.85市斤,总产为478市斤。亦按二至三个劳动力计,则每一劳动力平均产出为239—157市斤。[1]列表如下:

英国	239	100%
战国	397	166%
西汉	585	245%

这里还没有与同时期的北宋相比较(北宋亩产是当时英国的5倍多)。由此可知,早在公元前,战国秦汉时期传统农业达到的经济水准即是令人叹为观止的。

由于亩制与量制折算的复杂因素,上述的比较只具有参考的价值,未必准确。国内外学者后来则采取了收获量与播种量之比,来统一比较各国农业的产出水平。日本学者熊代幸雄在其《中国农法的展开》一书中即采用这种方法制成了一个较为详尽的中国与西欧中世纪亩产比较统计表,

―――――
[1] 据波梁斯基《外国经济史(封建主义时代)》提供的数据折算。生活·读书·新知三联书店,1958年版。

限于篇幅,此处就割爱。宁可先生参考此表,作过下面的表述:"欧洲中世纪一般的收获量最低是播种量的一倍半到二倍,通常是三至四倍,最好的年成也不过是六倍。关于我国,从云梦秦简的材料看,收获量至少为播种量的十倍或十几倍,再据《氾胜之书》《齐民要术》记载,则已达几十倍至上百倍。"[1]当然,中国古代农书上很高的数字只是说明可能达到的"高度",绝非现实的、一般的水准。我想通过上面两种计算法,大体上也还是很能说明欧洲中世纪农业为社会发展所提供的剩余劳动总量,肯定远远地落在中国之后。这也正是在传统农业时代,中国先进的秘密所在。

这种农业经营之所以先进,完全是针对传统时代的条件说的。在传统时代,所谓农业生产结构,其主要生产要素可归纳为四项:①耕地;②作物;③农具;④劳力,至于肥料、灌溉等则可以看作为附加因素,为讨论简化起,暂且不论。在传统社会,生产工具较为简单,进化度极低(欧洲比中国还落后)。劳动对象,作物差别也不大,而耕地的丰度提高有相当大的限制(在欧洲还有一个地力递减的问题;中国则不严重,但耕作面积畸零又成了致命弱点)。如果作一种学理性的分析,前三者基本上可以看作为变动很小的"恒量",唯一最活跃、最有弹性的就是第四要素——劳动者的竞技状态和生产的"主动性"和"创造性",善于利用简单的工具附加智力的因素精于经营管理(如培育优良品种、中耕管理、勤施肥、除草等)。因此,在传统时代,农业经济的效率,很大程度上将取决于劳动力这一潜力不小、最活跃的"变量"的能动作用。另外,我们还必须注意到,作为传统的栽培农业,具有园艺化的特点,不需要许多人同时劳作在同一块田地上;否则,就会像后来人民公社经常发生"窝工"现象。但它却需要少数人长期精心地维护保养。因此,家庭型的个体小生产是最合适的一种经营方式。

这样,我们也就找到了分配结构对生产结构发生制约作用的"接口"。正如上一专题所说,中国传统社会农业产权极具弹性,比较"软化"。在这种条件下,自耕农具有独立的经营权利,以家庭为单位的劳动者对支配必要劳动和剩余劳动有一定的余地,扣除赋役负担外的剩余,密切关联着家

---

[1] 宁可:《有关汉代农业生产的几个数字》,《北京师院学报》1980年第3期。

庭的物质利益,相关性强,生产"主动性"和"创造性"自然要高一些。中国传统社会经济结构,最突出的特点和长处,便是自耕农经济产生得很早,每一新王朝初期所占比重不小,成为传统社会生产结构的主流,不像欧洲直到封建社会行将瓦解(英国在十四五世纪之际)才产生类似中国自耕农式的独立小农经济。再说中国地主制下的依附、租佃农民,也比欧洲份地农有较高的生产主动性和创造性。这也是因为欧洲中世纪的绝大部分时间都是劳役地租占统治地位,中国地主制一直是以产品地租为主,没有劳役地租占统治地位的历史阶段(就劳役而言,国家对自耕农的征发前期很重,唐中叶起也渐趋减弱,代之以实物或货币)。这是中国古代历史的"幸运",对于农业经济的发展有积极的影响。在欧洲早期中世纪的农奴制下,农民的必要劳动和剩余劳动在时间、空间上都被严格分开,劳动者无权支配剩余劳动,从而也就根本不会去关心可变量——剩余劳动量的增长。与此同时,劳动者的必要劳动还时常受到领主的苛扰,在时间和劳力方面都得不到必要的保证,怎么可能有较好的生产主动性和创造性呢(附带说一句,中国王朝政权劳役征发,对自耕农的骚扰,却有点类似西方,非正常时期则大过之而无不及)? 相比之下,中国传统社会的农民,在正常情况下(王朝末年除外),就有较多的支配劳动时间与经营方式(包括兼营副业)的灵活性。特别是在实行必要劳动与剩余劳动混一于租田产量的条件下,促使他们要比欧洲份地农更多地关心提高农田的单位面积产量,力求扩大在扣除一定份额的地租之后余下的剩余劳动量,这就比较能诱发劳动者的生产主动性和创造性。在这方面,"定额租"自不必说,就是"分成租",也跟我们得自书本的不同,地主不可能每次亲自监督收成,实际上也是由平均亩产估算出一个约定俗成的"量",类似"定额",只是在丰歉突出时才做出某种调整。由上面的分析可以得出:所有制和分配结构呈某种弹性,不是过于"硬化",对个体小生产的约束力越小,那么个体小生产的"自由"(当然不是资本主义制度下的自由)程度越大,生产结构的功能发挥就越佳。中国传统社会的小农经济应该属于这种较佳的生产结构。

有些论者说:中国传统社会小农经济的最大弱点是"缺乏起码的独立

生存和延续能力"。这样的论断也是不全面的。无论是自耕农还是依附、租佃农民,其生产结构都是以一家一户的个体作为最大、也是最小的生产单元,生产单元缩小为最基本的人口自然单元,物质再生产和人类自身的再生产合而为一,使得这种生产结构系列简单,具有顽强的自生产自组织的再生机制。传统时代,生产工具极为简单,因而,人与工具的结合形式也只需要如此简单。在那样的时代,大农业结构未必就优越于小农业结构。希腊、罗马的大奴隶制庄园不是山穷水尽,迎来了欧洲的"黑暗时代"?[1]被一些人视为"先进"的欧洲封建庄园经济的最后结局,也不是自领大地产的扩大,而是向独立小农的分散个体耕作过渡。在中国,小农经济一锄、一镰(或者再加上一犁,不是家家都有畜力,那就用人力拉犁),一个主要劳力加上一些辅助劳力,一旦和土地结合,就可以到处组织起简单再生产。这种再简单不过的生产结构虽然脆弱,经不起风吹雨打(经济兼并,政治动乱,水旱灾荒),但破坏了极容易复活和再生,又非常顽强。古人所说"乱"而后"治",其中一个缘由,便是这种既脆弱又顽强的小农生产结构在起作用。每次大动乱,特别是农民战争爆发之前以及进行过程中,虽然为数不少的个体小农遭到毁灭,然而具有顽强生存能力的个体小农又会在原地或异乡僻壤重建起简单再生产机制,恢复基本的生产活动,犹如蚯蚓,截去一段肢体,又会再生出更长的一段。这就是新王朝经济得以恢复和发展的基本前提。大家都知道,在"四清"和"文革"时期,山东栖霞县出了一个地图上没有名字的"世外桃源"——小草沟(《新观察》1980年第9期),重演了中国古代不少新县、新乡为流民所建、政府事后承认的历史。这个现代事例,再一次说明小农经济确实具有人们难以想象的顽强再生机制。

小农经济顽强的再生机制,对于中国传统农业经济的发展有什么重大的影响呢?这一点,过去人们比较忽视。其实,它所造成的结果便是中

---

[1] 达人在《中国农民变迁论》第2章第3节,用了不小的篇幅围绕"何以罗马衰败了,而中国和日本却多少获得了成功"问题,转述了西方史家对中西农业比较的有关论析,其中有李希霍芬、西姆柯维奇、怀特和布罗代尔。参第85—87页。读者可自行参阅,不再复述。

国传统农业经济的水平位移——横向发展,即经济活动面的扩展和多元经济中心(地区经济)的形成。中国传统社会经济的发展,自入秦"大一统"以后,从横向看,先进地区最早在黄河中下游的"中原"地区。以后,江汉流域、江淮流域、四川盆地、长江三角洲、钱塘江流域、珠江三角洲和辽河平原的相继开发,都是中国古代经济史上的重大事件。小农人口的大量流动,地区人口密度的增加,先进农耕技术与农作经济随人口迁徙而传播扩散,都起着非同小可的作用。地区经济的发展,实在是中国传统经济横向意义上的突破,与纵向发展的迟缓形成鲜明的反差。仅以汉淮以南地区户数来看,西汉与东汉间有一个较大的增长(东汉永和五年汉淮以南户数较西汉末增长113%),到唐代已跃居全国总户数的54.94%,与北方可以并起并坐了,明朝则已把北方抛在后面(明洪武十四年,南方户数占全国户数的78%)。这是据梁方仲《中国历代户口、田地、田赋统计》有关数据分别计算所得,其中也考虑到了行政区划的变更,但仍不细致,容以后再行核证。耕地面积的增长情况,尚无系统的数据,其中北宋元丰年间,南方官民田占全国总数的68.98%,明弘治十五年则增长到69.80%。这倒与宋、明朝时期南方户数的比例大致相适应。由此推测,南方耕地面积从两汉到宋、明,大致也有一个由20%—40%增长到60%—70%的幅度。总之,虽然由于政治动乱、生态破坏,北方农业经济有所衰退,但由于南方的发展,使整个传统农业仍保持缓慢上升的趋势。这些都说明中国传统社会的小农生产结构有其优点和长处。唯其系列简单,具有顽强的再生产机制,尽管中国传统社会比欧洲中世纪有频繁得多的政治震荡,历史总能保持它的持续性和连贯性,不致像有些亚非和欧洲国家陡兴陡衰,昙花一现。

  中国传统社会小农生产结构系列简单,还带来了另外一个长处,便是它具有内涵的再生产潜力,即使没有多少纵向(诸如国家和地方行政资助)和横向(诸如与其他劳动者的联合)的支持,也可以在封闭的系统内自我扩张。这种惊人的自我扩张力,也不能低估。过去常说小农经济只能进行简单再生产,看来也不然。一般来说,它确实很难实现外延的扩大再生产,但却能利用内部的能量进行内涵扩大再生产,这突出地表现在所占耕地面积受到严重限制(王朝中后期且日趋缩小)的条件下,努力争取单产的提高。他们的基本手段有三:一、增加家庭劳力,用提高人口自然增殖率来弥补生产条件的不足;二、与此相联系的,延长劳动时间,用扩大剩余劳动对必要劳动的比例,争取占有更多的剩余劳动;三、在上述两个条件的基础上,充分发挥劳动经验与个人技术的作用,精耕细作。这些都不一定与追加生产资料,扩大生产规模相联系,而是充分发挥人的主观能动性。故曰:内涵扩大再生产。"风调雨顺,国泰民安"(或曰:"天时,地利,人和"),小农的这种艰苦奋斗是可以奏效的。观察一下前面所列的中国历代粮食单产的增长情况,要知道,这往往是在生产工具没有多大进步的情况下取得的。

是什么阻碍了经济的变革

尽管传统中国曾经有过骄人的辉煌,然而它似乎存心要与进化论、决定论作对,发达的农业社会却很难由自身主动地实现向现代社会的变革。于是人们就习惯性地怀疑起中国传统农业的生产力水平——按照某种定律,社会进化总是生产力发展到一定程度引起的"革命"。后一场"工业革命"产生不了,一定是前面生产力落后的缘故。前面的分析,就是为了回答这一种论点,试图说明中国传统农业现实的与潜在的生产力水平,与西方现代化驱动的条件相比,我们并不算低下。

那么,症结又究竟在哪里?对这个问题,我思考过很久。现在的看法经历过反反复复的猜想与反驳。许多事实,使我不能不怀疑把经济落后的原因归之于"小农经济的保守",是不是一种偏见?特别是近二十年市场开放后的许多经验事实,给予我最强烈的感受,就是农民并不像先前某些理论家所说的那样对市场经济存在什么"先天的排拒性"。他们感受和接受市场经济的能力一点也不比别人弱。这就提醒我们,应该跳出固有的观念,思考是不是毛病出在别的环节,出在小农经济所处的外环境方面?

任何事物(包括社会制度)都不完美,有其长,必有其短。长处的反面就是它的短处所在,很像一个铜板有正反两面。这道理听起来非常浅薄,因为它太贴近生活常识。然而,我从现实与历史相互往复的体验里感受到,它似乎比一些高深莫测的理论更要真实些。

前面几个专题都说到过,中国传统农业是在国家全力倡导、监督下得以发展成为一种进步的形态。"农为邦本"意识之强,非中国莫属;而这种意识绝非停留在口头上,它有一系列的政策举措保证。春秋战国的列国兴亡史,也一再证明"国待农战而安,主待农战而尊"(《商君书·农战》)确实是"治国之要",故为后世历代君王固守不替。看唐宗、宋祖、明祖诸君开国言论,一目了然,不烦赘引。

"农为国本",这话的反面,受到特别"照顾"的同时,也意味着国家一切的一切都得靠它滋养支撑,就像独生子,必得挑起"大家庭"的全部重负。正是国家——大一统高度中央集权的大国——对农业的强控制,使农业本身受到重压,更使农业发展的成果无法扩散、转化、辐射到其他的经济领域,整个经济结构缺乏自身运行的独立机制,变得非常僵硬,难以变革。这里真用得上一句老话:"成也萧何,败也萧何。"这"萧何"就是高度集权的帝国政治体制下的传统的经济政策。

大一统国家强制下分配结构的不合理,无疑是影响农业经济进一步变革的大关节。通史的常识不断告诉人们,由于帝国政府开支、军事开支、其他"公共费用",以及对庞大皇室官僚特权阶层的支付费用一直居高不下,导致赋税徭役负担特重,农民(也包括被称为"庶族地主"的富裕农户)生活境遇每况愈下,小农经济的积累极端困难,使各种变革渠道统统被堵塞不通。

在我看来,农业负担过重,这是一个比起小农经济的生产结构不符合现代要求更为严重、更为致命的病症。前者容易矫治,可通过"学习"而得改进;后者涉及利益分配结构,非伤筋动骨,不能解决问题。

有关情况,我在《中国封建社会农业经济结构试析》一文里作过历代情况的数量统计。因为太琐细,一概从略,有兴趣的可参阅该文。这里,我想重复由这种分析得到的若干与本题相关的看法:

(1)秦汉至隋以前,劳役之害最重,已如前述。唐中叶后直接劳役虽逐渐取消,变形为实物或货币赋税,但每王朝屡变赋税之法,变来变去,不是减法,而是连加法。且看示意表式:两税=租庸调+横征("税外有税");

一条鞭=(租庸调+横征)+横征("鞭外有鞭");地丁制=[(租庸调+横征)+横征]+横征;普遍式:B=a(1+nx)(n为变革频率,x为横征)。这种赋税绝对值的算术级数累进,实际上抵消了唐宋明清以来农业增长所带来的全部积极成果。产量长一寸,赋税量增一分,紧追不放,大体多占总产出的30%—50%上下。帝国政府就是如此摧残农业及其每一个可能产生的飞跃。正如王夫之在《读通鉴论》里所揭露的:"赋重而无等,役烦而无艺,有司之威不向迩,吏胥之奸不可诘……弱民苦于仅有之田而不能去……迫于焚溺,自乐输其田于豪民,而若代为之受病。"自耕农和无政治特权的"地主"经营农业的积极性被摧残殆尽,落到仅为生计谋,"以有田为累"。农业经济除了支撑国家财政赋税之外,哪里还有什么推动经济全局性发展的机制可言?

(2)自耕农所占有的耕地,随时代的推移,人地矛盾的尖锐,呈递减的趋势,越来越分散畸零,而每一朝代自耕农的实际占有土地面积大抵都被压缩在最低必要耕地限量之下。这就意味着,小农经济一直被滞留在维持人口自然再生产的经济水准线上,无力发展出外延性的扩大再生产。农业经营方式和规模得不到明显的改善,直到清末民国,都是如此。

(3)大一统帝国高额赋税对农业经济发展机制的摧残还表现在"劫富""分肥"的政策导向上。江南苏松常嘉湖等地区,两宋以来农业迅猛发展,成为全国的大粮仓。但是,随着江南农业的富庶,重赋的灾难又落到了江南。全国赋税绝对值不断上升,而苏松常嘉湖又畸重。明中叶丘浚在《大学衍义补》说得最为概括:"韩愈谓赋出天下,而江南居十九,以今观之,浙东西又居江南十九,而苏松常嘉湖五郡又居两浙十九也。"江南农业在兼营商品性作物和手工业中寻找摆脱困境的出路,取得了可观的成果(表现为市镇经济的活跃)。然而历经几个世纪苦斗而获得的较高经济效益,却被不合理的高赋税所吞食。本来可以有所飞跃的江南农业实际上被"均调"拉平了,处于与北方相差无几的积累水平上。如果不是这样,江南地区经济的突破恐怕会出现得较早;就一个地区而言,撇开大环境,难说就不能率先经济转型?

(4)我们通常所说的"地主经济",按其形成的途径,大致有二:一是经济性的土地兼并,一是政治性的赏赐或分配(赐田、品官占田、官僚永业田等)。进一步说,所谓经济性土地兼并(土地买卖),细致考察其资金来源与性质,又可分用直接取自农民剩余劳动(地租)的纯经济手段兼并土地与靠政治俸禄、法外贪赃和政治暴力强取豪夺等手段兼并土地两种,显然前者是小巫,处于绝对劣势。因此,在"地主经济"中,政治身份性的官僚仕宦居绝对优势。这使中国的"地主经济"带有浓厚的政治色彩。他们与其说依仗经济实力,不如说背靠政治权力,权力决定财富,财富是权力的延伸。这些人往往享有免役、免税特权,是纯粹寄生性的"食租者"。于是,高额赋税自然就转嫁到广大自耕农和非身份性的"庶族地主"头上。在宋明科举大行之后,加以"党争"日趋激烈,官场"险恶"动辄得罪,再也不可能出现能持续数代以上的官僚世族。叶梦珠的《阅世编》,曾把明代中后期松江地区仕宦人家兴衰无常,不出"三世"的情景,数落得详详细细,"读之惨然"。因此,宋明之后,"田产"的分散化趋势明显,"庶族地主"为数不少。这些非身份性的"庶族地主"的处境也十分艰难,备受压抑。有关记载,俯拾皆是。王安石关于浙江鄞县的情况,已在上一专题中揭出。司马光对陕西也有类似感叹。[1]这类议论到了明、清更是夥不胜计,愈趋愤激:"由是人惩其(指明代的职役)累,皆不肯买田""顾视田以为陷阱""受田者以田为仇""漕重役繁,弱者以田契送豪家,犹惧其不纳"等等。[2]欧美现代化进程的历史显示,代表现代经济的社会力量虽然不少来自工商、金融界,但同样也离不开农业领域。他们或系旧的领主转化(如英国、德国),也可以由独立小农分化而来(如美国),也有像法国,由进城致富后返回乡村的"贵族"或其后代去率先变革。但在传统中国,这种由"地主"转化的"异己"社会力量,只是到了打开国门之后(正确地说,是在太平天国之后),才开始稀稀落落地在东南沿海出现,但也不成气候。这是很值得深思的。

以上是就农业自身而言,还有农业与工商业的关系,我要特别推荐达

―――――――

〔1〕 司马光:《温国文正司马公文集》卷38《衙前札子》。
〔2〕 分见俞弁:《山樵暇语》卷8;张萱:《西园闻见录》卷32;叶梦珠:《阅世编》卷6;光绪《湘潭县志》卷11《货殖》。

人教授的另一个精到论点。他在《中国农民史论纲》第3小节特别说到了"重农抑商"政策。[1]尽管史学界对这一政策多持批评态度,并不新鲜,但达人通过对该政策的剖析,揭示农业经济的成果受此政策之害,不能顺利地扩散转化,促成"农、工、商、虞"四业同步发展、相互推动的局面。应该说这是一个完全新开拓的视角。

达人从董仲舒关于秦末农民战争爆发原因的议论引发开去,分析商鞅等人之所以主张实行重本抑末政策,旨在抑制小农因贫富分化破产而削弱"国本",并把原因归咎于商品经济。他认为从现代经济科学来看,随着小农经济的兴起,必将引发商品经济迅速勃起;商品经济的发展反过来又将促进小农经济的分解,造成贫富对立的加深。当时对这一新出现的社会矛盾,只有司马迁独具慧眼,清醒地认识到国家的经济政策必须"善者因之,其次利导之,其次教诲之,其次整齐之,最下者争之",矛头直指汉武帝的"重农抑商"政策和实行"盐铁官营",反对政府对农工商虞四业的国家直接控制。可惜无论商鞅还是汉武帝,他们都是站在富国强兵的"国家主义"立场,推出"重本抑末",亦即后来说的"重农抑商"政策(商鞅与汉武帝之间还有些区别,参见注)。[2]在秦以后的两千多年里,它一直成为大一统帝国的基本国策。保护小农经济,抑制商品经济,再加上手工业商业的官营,便成为中国传统经济结构的基本格局和发展定式。

需要特别注意的是,达人对重农抑商政策内涵的分析,在通常所说的两条外,加进了他所"发现"的第三条:在打击民间工商业的同时,政府还加强了对工商业的直接控制,实施官营或专卖,以增加国家财政。稍后,陈长华君有《抑商质疑——兼论中国古代的赋税制度》一文,对先秦以来背景、形式各不相同,名为"抑商"、实为"重商"的史实,作了较为翔实的考辨和解析。他得出的结论:中国历代统治者实际上大多重商,搞官商结合,与

---

[1] 参见第159页注[1]。在《中国农民变迁论》里,达人没能将这一观点写进去,并作进一步发挥,殊为可惜。
[2] 从《商君书》的许多篇章看,当初法家对国家以及官僚的收支都有许多限制,不准法外滥取,不允许任意加重农民负担。如"官属少,征不烦。民不劳,则农多日"(《垦令》),"秩官之吏隐下以渔民,此民之蠹也"(《修权》)。比之商鞅,后世之君臣则大不如初。

其说是抑商,倒不如说是重商。[1]两位对抑商与官商相联结、一体两面的揭露上,可谓不谋而合。

这种"二加一"新分析的重要性,通过达人的下面一段议论,便可理解其深意所在。达人说道:"精耕细作的小农经济尽管有较高的生产水平,能给社会提供一个较高的余额,但封建统治者总是用劳役、租税和所谓盐铁之利等方式,从农民那里拿走比农民能够提供的还要多得多的剩余,结果是造成越来越多的农民破产,出现'或耕豪民之田,见税什五'。但如果农、工、商、虞四业是由民间经营的,那么,即使有不少农民因剥削太重而破产了,农民提供的剩余,会通过富商、手工业者的积累而在农、工、商、虞四业中化为各种形式的产业,从而导致生产的发展和社会财富的增加。然而抑商政策的作用恰恰相反,它割断了农业和工商业之间的通道,阻隔了它们之间的交流。结果一方面使所谓'盐铁之利''不事蓄藏产业',变成政府及官僚的奢侈消费,另一方面使商人、手工业者积累了的资金,会因这种政策而仅仅热衷于博取一官半职和求田问舍。社会生产的剩余既然统统无法用来扩大再生产,被浪费掉了,农民的经济状况势必恶化,社会生产势必日益萎缩,经济生活势必陷入'农桑失业,食货俱废'的绝境。于是一场新的农民战争势不可免,从而带来一个新的(王朝)周期。"众所周知,中国传统社会就是在这种反复循环的"王朝周期"里"混"(林语堂语)过了两千年。

达人的上述论析精彩之处,即在揭示所谓"重农抑商"是把双刃剑,既伤害了小农经济,又扼杀了民间工商业,阻断了两者之间良性互动,改善各自处境的通道。关于工商业和市场问题,我将在下一专题里再作讨论——正如达人所敏感的,"工商虞"能不能由民间经营,与中国社会转型艰难的关系更为直接。然而,如果不先关注农业的背景以及农业与工商业的关联,前一问题的考察也会变得十分狭隘。这是一个连接着整体结构的命题——缺乏良性循环的机制,势必陷入恶性循环的困境。这一角度过去的研究者注意甚少。

---

[1] 陈长华:《抑商质疑——兼论中国古代的赋税制度》,载《史林》1995年第2期。

前面的这些论析，无非想说明中国的传统农业，无论从其现实的经济效益，还是潜在的发展可能，它自身不是不能转变，而是其"自转变"的通道，受到来自帝国政治、经济体制的阻扼，被堵塞以至堵死。

下面想通过中西比较，再对上述话题作一点深入的讨论。

尽管中国与西欧曾在不同的时间、空间条件下，同样经历了传统农业社会的历史阶段，也都实行君主制，但它们之间政治、经济体制方面的差别，实在非常明显。这种不同的体制，决定了社会控制、财政征收等制度层面，以及由此造成的农业经济外环境，总是同少异多。但不管怎样演进，王权作为主权的最高代表，其运用国家权力对全国的控制干预能力，明显要比中国弱得多。甚至可以说，那里，根本没有出现过中国帝国时代下的那种对社会强控制的"一体化"趋势。这是中西传统社会最根本的不同之处。中西历史走向的歧异，只有在这种整体性的背景下，才可能获得通解。

从世界范围看，君主制的权力配置是多种多样的。高度中央集体类型的"大一统"只是中国的特色。在中世纪的西欧，王权、贵族、教会三种权力系统始终保持着一种既合作又对峙的态势，权力结构不是一元的，而是多元并峙，具有张力。大体轮廓为：先是实行君主制下的逐级"分封"的地方分权体制，而后则演变为具有协议规则的"等级君主制"，直到晚期才出现不同程度的君主中央集权趋势。[1]

这种多元对峙的政体格局，特别鲜明地表现出一种完全不同于古代中国的财政征收体制。例如9世纪以前的法兰克王国和英格兰王国都建立了君主政体，但帝室与政府的财政长期以来都是分立的。前期君主的收入主要限于个人领地和向封臣征收的封建税，偶尔征收全国性赋税（"国税"），但必须征得某一权力集团的同意（在英国是贤人会议，法国是以地区为基础的僧侣、贵族、城市市民组成的联席会议）。英国随着诺曼征服

---

[1] 以下的叙述基本上都来自马克垚主编《中西封建社会比较研究》第3编各文提供的国外研究动态。书中各作者如王加丰、孟广林、顾銮斋的论文之间观点也略有歧异，大概国外学界对这些问题的认识也不尽一致。但他们所提供的总体情景，对认识中国的特点大有帮助。引用时理解有偏差，概由引者负责，与他们无涉。

的完成,贵族大会议取代了贤人会议,国王征税必须取得它的同意。但是贵族大会议的批准征税并不具有决定性意义,王室税吏还须同纳税人就征收税额、估值方式等问题进行具体协商,如果纳税人不允,贵族大会议的决议也就成为一纸空文。这就是英国历史上著名的"协商制"。据说在法国,国王的势力还不及英国,更得低三下四地与教会、封建主、城市居民商议征税诸办法。每次征税都不得不接受纳税人提出的苛刻条件。13、14世纪之交,英法封建政体发生重大转变。造成这一转变的根本原因是两国都形成了等级代表组织——议会(在法国即为三级会议),而这一原因的核心之点是议会控制了国家财权,从而形成了西方封建社会独具的等级君主制。此时赋税协商制演进为议会授予制,这是协商制更高级的形式。议会的权限不仅涉及制税权、用税权和审计权,而且还关涉财产估价权。议会自始至终都高度关注财产估值问题,并把这一权力控制在自己手里。

上述财政体制,在我看来,它不仅反映了西欧中世纪社会结构与中国的不同,即社会势力的组成及其相互制约的格局,而且对而后社会的演进关系至深。非常明显,在那种社会体制里,虽然不能说已经具备了现代意义上的"私有产权",但封建主、以工商为主体的城市居民作为"纳税人"具有的与国王"讨价还价"的协商权利,表明他们的社会身份还是相对独立的。征收各种"国税"必须与他们自身的利益相关,而不是过度摧残其利益。这与中国的"庶族地主"和工商业者备受重赋和苛捐杂税之苦,欲告无门,真有"天壤之别"。这就可以理解中国上述身份的人只能有一条出路——自己也变成国家官僚,或与官府勾结,背靠大树,不可能像西欧那样,从他们中间产生"自转变"的新的"异己"社会力量。

上面说的还只涉及农业经济的一种主体——在西欧即为"封建主"。现在我们必须关注另一种人数众多的主体——"农民"。

从现在所看到的关于中世纪西欧农民的身份、赋税负担以及收支统计等国外研究的新进展来看,至少跟我大学读书年代所得的印象出入很大。首先,在14世纪之后,西欧旧式的庄园制度已变得有名无实,正如汤普逊所说:"农奴,其中至少有几百万人,已上升到自由人的地位;如果他们还是被称为农奴,那是一个法律上的虚构。"通常被称为"公簿持有农"的农民成了农业耕种者的主体,他们的耕种方式也就是我们所常说的"个体生产"的小农经营,"事实上的自耕农阶级"。第二,农民的负担,从12世纪中期起,货币地租逐渐取代劳役地租成为主导形态,其负担常常为总收益的1/3到1/10。更重要的是,西欧农民主要或仅仅向庄园主承担义务,不像中国那样,即使佃农也得承担国家的赋役和苛税杂捐。第三,正因为如此,西欧农民的商品率和储蓄率一定比中国高。据英国罗杰斯、贝涅特,美国格拉斯,俄国拉斯那特等学者对英国农民生活水平的诸项研究,以一个中等农户的粮食、畜牧及其他打工收入估为年总收入为99.1先令,而口粮、种子等直接消费为55.1先令,地租交纳取高值为7先令,再加任意税、法庭税、磨坊税等总计15先令。这样,在农民全部总收入中,直接消费55.1先令,地租税收负担15先令,剩余为20.1先令,则剩余率(已扣除口粮)为20%。[1]这一情形与中国迥相大异。我曾对汉、唐、明清自耕农民的生活水平也有过一次粗略的计算,显然无法相较。大多数农户往往都必须节衣省食,兼营副业才能苟活;仅靠农田收入,大致所剩无几。[2]也正是这种体制环境下,西欧小农进入市场的机会以及总收支中的商品率都比中国为高,小农的分化也更为明显,中等水平的农户居多,而贫穷与富裕农户居两头,呈橄榄形。[3]这种分化态势又是中国古代所不曾有过的。关于中国传统社会农民与商品经济的关联以及进入市场情况,将在下一专题再作讨论。

总之,农业经济效果、历史效应,不只取决于它产生的内环境,还要受制于它的外部环境的有利与否。对传统中国而言,后者更是致命性的障碍。

余论

"如果没有外国帝国主义的入侵,中国能不能缓慢地发展到资本主

---

〔1〕 以上材料取自前述《中西封建社会比较研究》第1编侯建新文。
〔2〕 请参阅拙文《中国封建社会农业经济结构试析》,载《中国农民战争史研究集刊》第3辑。
〔3〕 参《中西封建社会比较研究》第1编侯建新、黄春高两文提供的情况。

去"？现在看来,这很像是一道考验史家的智力游戏题。过去把它视为不容许争鸣的禁区,是不正常的。但是,目前要想有一个能被多数认同的肯定或否定答案,恐怕为时尚早。

前面的解析,实际已经暗含着欲言又止的不成熟的想法,我总觉得从经济发展的自然趋势而言,似乎在东西方之间不应该存在"能与不能"的根本性设问。只要回顾一下百年以来,直至近二十年的经济方面的变化,中国人天性中也不缺乏"经济理性"的冲动和"最大利益化"的经济动机,即使是穷乡僻壤、向被视为"保守、落后"的农民,对"市场经济"的应变能力和运用"商品规则"的机灵"狡黠",实在大超出书本的想象。如此,阻挡现代化通行的"卡关"是不是还有比经济更为关键的障碍存在?值得进一步探问。

现在仍接经济的话题说开去。对所谓"资本主义"的产生,即今所谓的现代化进程,讨论中往往容易把目光专注在工业的发展,或者商业和城市的繁荣等现象上,忽视农业对现代化驱动所起历史作用的另一侧面,更有甚者,把传统农业视为现代化障碍。其实,它至少是一种错觉。长期以来我们关注于现代化的一些"目标系统",而疏忽了历史学更重要的要关注和研究"过程",考察由不明显状态到明显状态的过渡。系统地看一看欧美现代化史就知道:现代经济社会的发生、发展,一点也离不开农业。首先必须有农业劳动生产率较大幅度的增长,促使商品经济发展到一个相当高的水平,产生飞跃,于是才在工商业领域首先出现变革。工商业变革不断向前推进,它必然又要求农业提供更多的粮食、原料和广大的国内市场,于是第一次"农业革命"就不可避免地发生了。农业革命又以强大的力量推动工业领域发生重大的变革,"农业革命"带来了"产业革命","产业革命"又引发出第二次"农业革命"。现代化进程终于由于两支主力军的互动激荡而获得了稳固的发展基础。限于叙述上的方便,我们只能作如上平面铺叙,其实际过程却是——工农业叠相交互发生作用与反作用的立体过程,很难截然分开。瑞士经济史教授保罗·贝罗赫在其专著《1900年以来第三世界的经济发展》中就说:"产业革命的研究,似乎已经指明,给西方国家在工业化道路上起步以巨大推动力的正是农业这个部门,……农业的支配地位过去在西方国家中也是至高无上的。"据原作者书中注,贝罗赫还有一篇名为《1810—1910年期间的经济发展水平》专题论文,详细考察了欧美发达资本主义国家在产业革命前后农业的历史作用,有许多珍贵的数据,可惜我们还没有找到该文的英语本,找到了我也看不懂。[1]翻译方面的落后,使我们这些"外文盲"大受其苦。贝罗赫尖锐地批评了第三世界许多国家的决策者忽视提高农业劳动生产率的极端重要性,企图绕过发达资本主义国家所经历过的"农业革命"阶段,一味片面追求工业增长率,并以强有力的统计数据证明,结果是事与愿违,工业并没有因此得以"起飞",社会问题却日益严重。这种见解,对于我们研究中国传统社会向现代社会转型,倒是颇有启发的。

如果深入考察一下欧美现代化史,就不会那么妄自菲薄。欧美一些发达国家在其"早年时期"农业所占比重也是相当大的。美国在第一次"资产阶级革命"——独立战争前,农业人口占总人口95%,这个比例绝不比中国传统社会低。直到第二次"资产阶级革命"——南北战争前一年,农业净产值还占工农业净产总值的63.8%。直到一百多年后,即1889年,美国才开始改变工农业结构的比例,工业净产值总算上升到59.1%,也仅仅比农业多18.2%。[2]与此相适应,农业劳动力在全部在业劳动力中的比重,1820年还占71.8%,到1890年才第一次下降为42.6%。[3]其中,粮食单产,直到1901年玉米也仅为660.4公斤,而我国明、清时期玉米单产多数也达到千斤以上,可见美国独立战争前后一些谷物单产水平,也不比中国明、清时期高多少。[4]

可能更为令人吃惊的是,给现代化"起飞"以巨大推动力的农业增长,在欧美许多国家,也都首先是由独立小农来实现的。在英国现代大农场占统治地位之前,也曾有过一个独立小农摆脱封建土地所有制而蓬勃发展

---

[1] 保罗·贝罗赫:《1900年以来第三世界的经济发展》。
[2] 樊亢等编著:《主要资本主义国家经济简史》,人民出版社,1973年版。
[3] 广东哲学社会科学研究所编著:《美国农业经济概况》。
[4] 陈树平:《玉米和番薯在我国传播情况研究》,《中国社会科学》1981年第3期。

的"中介"环节(或曰:过渡阶段),这是为一些历史比较学探索者所忽视的。他们似乎根本不知道历史上还有这么一个"天方夜谭"式的"过渡"。其实,关于这一点,现在的许多国外经济史家提供了详尽得多的史实和数据,而其基本面貌,则在许多人早已熟读的马克思、恩格斯的论述中亦有清晰的介绍。在英国,农奴制实际上在14世纪末期已经不存在了。当时,尤其是15世纪,绝大多数人口是自由的自耕农。在17世纪的最后几年,自耕农即独立小农还比租地农民阶级的人数多。这些自耕农还是英国资产阶级革命的"完成者",他们的消亡要到1750年,其时离英国资产阶级革命也已经有一百多年了。在法国,独立的小农土地所有制恰恰大规模形成于资产阶级革命之后,直到19世纪后半期,法国的小农经济不仅在农业上占绝对优势,而且在数量上也有所增加。法国农业现代化的真正完成,要到20世纪的前半叶(据孟德拉斯《农民的终结》)。在美国,小农土地所有制对封建制的摆脱远较英、法要彻底,名副其实地可称作独立的自由小农,正是在此基础上创造了颇具特色的"美国式"的农业道路。日本在明治维新前有"发达的小农经济"曾为马克思所注目。只有德国,农业劳力中有众多的容克庄园半农奴雇农,但小农仍占总户数的71.4%(仅拥有耕地9%)。[1]这些简明的史实说明:尽管各国农业资本主义发展的具体道路不尽相同,除了普鲁士道路稍有特殊外,都是沿着农奴→自耕农→农业雇佣工人(或租地农)的路线,走的是独立小农分化的道路(在美国、英国,自耕农的消亡要经历数十年至一百年的分化过程;在法国,小农则长期存在)。比较一下,中国传统社会的农业生产结构没有什么特别不同于它们的地方,现代经济变革产生需要的那一部分乡村土壤——个体小农经济在中国早就好端端地存在着。问题的根本就出在"农工商虞"四业哪一个都不能获得相对独立发展的环境。

因此,历史比较学给我们的启示,中国小农生产结构完全有可能循着自身的发展趋势,跟随利益原则的转引,与"资本主义"市场经济接轨会

---

[1] 分见马克思:《资本论》第1卷,第785、790页;恩格斯:《〈社会主义从空想到科学的发展〉英文版导言》。

合,可惜缺欠"东风",演不成"火烧赤壁"。

有关"资本主义萌芽"的研究,大家的目光集中在明清。但是,两宋社会经济的发展,或许更有它的特殊意义。有些学者(如孔经纬、束世澂)对它高度重视也不无道理。中国历代农业单产增长幅度最大在两宋。从史实看,南方个体农民(包括佃农)的经济活动能力有明显的进步。中国古代农村面貌的显著变化,开始在宋朝,明清只是在此基础上稍有发展,正是由于小农经济的强大推动,商品经济才别开生面,出现了前所未有的许多新气象:市制、坊制的废除,镇、市的勃兴,中外贸易的发达……其中镇、市的兴起,其意义远在汴京、临安、北京一类"王都"繁华之上,不可低估。这些镇、市的勃兴基本上都建筑在农村经济发展的基础之上,与小农的经济生活息息相关,具有纯粹地方经济的性质,不像县城以上的大中城市是统治者的政治堡垒与奢侈消费中心,具有病态与虚假的特征。明清镇、市在进入近代后,经受新的经济环境考验,又有一轮兴衰,但其根植于地区经济、特别是农村经济的性能不变。从这一意义上,也可以套用现代语,它们是传统经济的"边缘",最容易变异。两宋经济的许多新迹象,虽然还不能硬套"资本主义萌芽"("资本主义"是一个整体性的历史运动,而不是个别经济现象。这一点留待后面再议),但却像浓密的云层中透出点点的曙光,证明小农经济长足的发展,完全有可能导致经济方面产生新的突破。假设不是金、元具有强烈种族压迫色彩的统治,假设明清两个王朝政权不是与经济发展反方向地高度强化政治专制主义,而是循着两宋对经济实行"开放"的宽松路线前行,说不定中国传统经济也会发生像西方那种类似变迁的趋势,市场经济可能会出现某种突破,至少社会面貌也会很不相同。但这种假设毕竟敌不过历史"实在"的力量,政治体制是一道逾越不过去的"铁墙"。即使在经济最为先进的江南,这种转变的可能性事实上也不存在。

总而言之,"如果不是外国帝国主义入侵"云云,很像是一道多角度思考中国问题的"智力游戏题"。但严酷的历史事实却已经向我们表明,传统中国无法逃避被别人"轰出中世纪"的命运。既然它根本就不存在,史学家也许就永远没有能力去解开这道"智力难题"。

六、特型化的市场与商人阶层

上 篇

众所周知,农业社会与自给自足的自然经济结有不解之缘。中国古代的田园诗更浓重地渲染了这种与世隔绝的恬静气氛。曾经有一种很权威的说法,中国"封建社会"自然经济始终占主导地位;农民不用说,即使贵族与地主剥削来的地租也主要用于享受,而不是用于交换,交换在整个经济中不起决定性的作用。

然而中国的历史总是表现得有点离奇,着实不容易被任何人为的概念套住。与自然经济相对峙的商品经济,在古代世界也不是无所作为。远距离的部族间交换,据说"商(族)人"早就领先一步,[1] "相土乘马""王亥服牛"故事大约反映了最早的交换行为是由部族首领进行的,行于部族之间。所谓"神农日中为市""祝融作市"固不论,"日中为市"的记载明确保存在古老的《周易》里,年代或尚须推考,但起源于"以井聚市"的集市,其久远存在却是不容见疑的,使人不得不怀疑即使早期历史上的农民,与交换发生联系的事实也并非只是偶然、个别的。[2] 货币的使用也很早,在安阳

---

[1] 商业、商人,徐中舒先生最先倡说源于"商族"之名,文载《国学论丛》1927年第1卷第1期,第111页。后郭沫若、李亚农、吴晗都继持此说。从现在史实看来,商人之大量从事商业活动,或系商亡之后的殷商遗民。"商人"之名亦起于此时。上古之商人多半都由身份较低之"游民"主之,此亦贱商的一种社会背景。孟子云:"古之为市,以其所有易其所无,有司者治之耳。有贱丈夫焉,必求垄断而登之,以左右望,而罔市利。人皆以为贱,故从而征之。征商自此贱丈夫始矣。"(《公孙丑下》)这是孟子据古之传说而自己推演出的"商税起源说",不可信,然商人"贱"之为传统,却是事实;又云:"在国曰市井之臣,在野曰草莽之臣,皆为庶人,不敢见于诸侯,礼也。"(《万章》)这些都隐约透露出商人由异国没落贵族转化的特殊身份。

[2] 《史记·平准书》,张守节《正义》云:"古未有市及井。若朝市聚井汲水,便将货物于井边货卖,故言市井。"据说传世殷商青铜器铭文发现有"市"字,但并不可靠。到《管子·乘马》所云:"方六里命之曰暴,五暴命之曰聚,聚者有市,无市则民乏",这已经属于县级以下的乡邑性质的"大市"。马王堆帛书《战国策》释文26:"(梁)小县有市者卅有余",似可作为上说的旁证。于此亦见对《管子》的材料不宜看得太死,它虽成书于西汉,其中必包含不少战国史实。

殷墟出土的三枚铜贝,展示了金属货币历史的古老。由于司马迁的慧识,特创设《货殖列传》,战国西汉工商业乃至高利借贷资本的活跃,成为有籍可考的经济奇观。入至大一统帝国时代,还先后出现过六个百万以上人口的都会,加上成千府县城邑,近代以前中国城市的发达状态,曾使西方世界一度瞠目以视。宋以后市镇崛起,商品经济向乡村的渗透,以及跨地区贸易的发达,更为现代史家提供了大做"资本主义萌芽"文章的舞台。凡此种种,都说明在中国传统社会,自然经济与商品经济很早就平肩而行,相互交织,商品经济的发展程度并不很低。[1]

提醒我们必须充分关注古代商品经济发展程度的,在1949年后,傅筑夫先生应是比较突出的一位。傅筑夫先生较早就提出了"战国西汉资本主义因素说",虽言之有据,在当时着实冒很大风险。他的《中国经济史论丛》与《中国古代经济史概论》作为姊妹篇在改革开放后的出版,[2]表明即使是"少数派"的意见也得到了应有的学术尊重。然而,不管是"资本主义因素",还是"资本主义萌芽",也不管是在战国西汉,还是在两宋、明清,这些商品经济的独特"繁荣气象"似乎都是浮云过眼,到头来两千年的中华帝国终究还是走不出"中世纪"。对此,试问我们将何以通释?固然可以把它归诸政治体制的压制,但也应该同时追问:是不是任何商品经济或市场经济都必然会引导出"资本主义"的经济形态?中国古代特殊的商品经济与市场、城市的发展,到底与我们期望中的社会转型有何种关联,是幼芽与大树的关系,抑或另类异种,原本就不在一个道上?

我们通常都把生产—流通—消费—分配四大环节,看作为社会经济

---

[1] 把封建社会与自然经济等同起来,本源于欧洲中世纪封建庄园的传统说法。现在西方史家对资本主义经济之前的农民经济也作了重新检讨,认为具有"谋生"与"谋利"的"二元经济性质"。参马克垚《中西封建社会比较研究》转引美国经济史家刘易斯·索勒尔所论,学林出版社,1997年版,第152页。其实,所谓"谋利",无非是指农民为某种目的进入市场交易。中西的不同,在中国多半是为应付国家赋役,并侵入部分必要劳动。分析详后。
[2] 傅筑夫:《中国经济史论丛》,生活·读书·新知三联书店,1978年版;《中国古代经济史概论》,中国社会科学出版社,1981年版。

反复循环运行的一个整体动态过程。下面，我想试着用两头夹攻的办法，解析一下中国古代流通环节的特性，以便说明中华帝国时代商品经济、市场经济在其"繁荣"的背后，确实隐藏着许多虚假病态的特征。

帝国体制下商品生产辨析

在"资本主义萌芽问题"讨论里，似乎有一种默认的逻辑，商品经济总会腐蚀旧的"封建社会"机体，犹如看到市场经济，都一概指其为"社会进步"的表识。事情果真如此吗？

胡如雷先生的《中国封建社会形态研究》，是我所看到的中国古代经济史研究领域颇多独到创见的一部学术专著。如雷先生以他素所擅长的政治经济学切入中国历史实际，务去陈言，不落俗套。他率先倡论"中国封建社会中既存在商品生产，也有很多商品并非商品生产的产品"。这就提出了古代市场上的"商品"，按经济学概念严格判断，是不是有真与假的区别？

我以为这一提示，几乎可以看作开启中国古代商品经济之谜的一把"钥匙"。[1]它启迪了后来的研究者，必须透过现象关注其真实的经济的与非经济的社会背景，不能为表面的市场行为所迷惑。只有对中国古代商品经济的"肺腑内脏"，以及它所运行的社会环境进行双重解剖，才有可能理解中国古代特殊的"市场经济"，特殊的市场"生理"机制。

尽管市场古已有之，但古今市场都需要卖方与买方的互动方能成立；流通领域的活跃与否，要取决于生产与消费两方必要的交换能力，这恐怕是谁都知道的经济常识。但出现在市场上的商品究竟是由什么样的机制或动机产生，以及消费能力是由何种因素诱发，生产与消费两方的社会属性如何，无疑都会影响到商品经济发展的潜力与前景。对此，以往古代经济史研究得很不够。我也是由一件事情的触发，才突然感到这种疏忽，有

---

[1] 胡如雷：《中国封建社会形态研究》，生活·读书·新知三联书店，1979年版。需要指出的，胡先生在全书中对当时学界公认的"资本主义萌芽"问题谈得极少，但在我读来，隐含着怀疑的意思，可以体味得到。这是颇值得注意的。

时会影响到对大局的判断,省悟胡如雷先生的提示的确不能忽视。

先举一例以说明之:大家都知道,明清松江棉布产销曾盛极一时,有"衣被天下"之称。谈及"明清资本主义萌芽",商贾云集苏松,松棉走销八方,是一个被史家煮熟了的话题。想不到来自东洋的经济史家西嶋定生用其无可争辩的考证,往这个美丽的"气球"上戳了一个洞,"神话"破碎了。

西嶋定生在其《中国经济史研究》的第三部"商品生产的发展及其结构——中国初期棉业史之研究",对明代以来棉花、棉布的生产、流通过程与市场结构都作了详尽的考察,而松江府在其考察中尤居于突出地位。[1] 戏剧性的突破发生在该部第二章的第二节:"出现在明初财政上的棉花、棉布"。西嶋定生从检阅《明实录》所得的资料,确凿无疑地证明自洪武年间起,除了皇室宫廷以及官僚服用高级棉布外,军队所需的棉花、棉布数量亦极巨,总数棉布达一百几十万至二百万匹、棉花五十万至百万斤(中后期棉布总需求数,加上"互市",增至五六百万匹)。这就揭出了一个重要事实:王朝政府充当了一个特殊的、长期被忽略的棉花、棉布消费的"大主顾"。最初政府还是直接通过赋役途径征派(包括本色、折纳),"促进"了棉花在全国的普遍种植。此时棉花、棉布大多数还保持着"实物征调"的古老形式,与市场经济没有发生多大的关联。变异先由"折变"开始,实施一条鞭法之后,农民的棉花、棉布成为一种特殊的"商品"涌入市场。由于税粮大多改为纳银,苏松农民的棉业成了缓解田租"不能承受之重"的主要补救手段。农民生产的棉花、棉布表面上获得了"商品"的形式,正式进入市场以换取交纳赋税所需的货币,实际上却成了赋税的一种变态。而国家由赋税所得货币,除委托地方收购(《布解》)外,还通过秦晋山陕商人(大多为盐商)南下采办,以满足北方特别是"九边"军区的需求。所谓"富商巨贾操重赀而来市者,白银动以数万计。以故牙行奉布商如王侯,而争布商如对垒"[2]云云,若洞穿"商品生产者"究竟为什么生产,最终"消费

---

[1] 西嶋定生:《中国经济史研究》,农业出版社,1984年版。
[2] 叶梦珠:《阅世编》卷7《食货》。

者"又为谁、其消费"基金"来自何种"收入"来源,那么棉业市场"繁荣"的背后,究竟是我们期望中的商品流通、市场经济,还是国家财政赋税的特殊怪胎,也就大可思考了。

　　西嶋定生与许多日本学者不同,他对"中国封建社会长期停滞论"持批判的态度,因此特别注意发掘能够表识经济演进的史实,且确有不少新的收获。但上述的"发现",在我看来似有违他的初衷。因此西嶋定生仅走了半步就不由得收住了脚步:他虽然已经注意到了国家财政需求与市场经济"变态发展"的某种因果关联,指出棉业的启动最初完全是由于财政上的原因,但在因赋役货币化而棉布输纳介入市场中间环节之后,产品征调与赋役在空间上被隔离,产生了许多假象,他却不愿循原有的思路再深入追究下去。他不像藤井宏和寺田隆信那样,对陕晋商人与新安商人准"官商"的属性(与明清"开中""钞盐"法的关系)予以高度关注,并注意到盐商兼营粮棉的事实,[1]竟把他们看作为与"一般"商人无异,故不免会误判明清松江的棉业生产已发展为"纯粹的商品生产"。事实上,正是活跃于松江市场上的这两种"特许"商人,最能体现帝国后期正常的"生活市场"之外,还存在一种特殊的,适应财政要求而产生的"市场"——最近程念祺君对此有较深入的讨论,著文称之为"财政市场"。[2]西嶋定生的发现,正好不期然地旁证了帝国时代有些市场交易是假性的"商品经济",即如棉业卖方、买方的行为大都出于国家财政赋税的变相诱导,体现了国家权力这只"有形的手"对市场的扭曲。

　　由"西嶋定生发现"启示,深入追究出现于市场上"商品"的生产属性,应该成为考察中国古代"商品经济"特殊性质所必不可忽略的环节。

　　若对出现于市场上的大宗商品,从其"上家",即初始供应方的属性来看,不外乎有以下两大类,试概括分析于下:

---

[1] 藤井宏:《新安商人的研究》,载《江淮论坛》编辑部编辑《徽商研究论文集》,安徽人民出版社,1985年版,第131—272页。寺田隆信:《山西商人研究》,山西人民出版社,1986年版。
[2] 详参程念祺《论中国古代经济史中的市场问题》"大一统后的国家财政市场",载《史林》1999年第4期。

一、农副业产品

粮食

粮食无疑是广泛流通于古代市场上的大宗"商品"。国家历来都高度重视市场粮食价格的波动情况。所谓"谷贱伤农",频繁出现于自商鞅、晁错以来历代主张"重农"政策的政治家议论里,并有许多国家调节粮食价格的相应对策,证明古代有着一个影响十分广泛的粮食大市场。进至明清时期,米市遍及各地城镇市集,星罗棋布,赫然见于各地方志,其势更有甚于前代。

考察分析各时代农户家庭收支情况,可以肯定:农民在交纳国家赋税或地租之后(约总产出的30%—50%),手里余下的粮食十分有限。[1]农民为了换取自己不能自主生产的必要产品,如油盐酱醋、农具等生活、生产用品,不得不用粮食去换取。这也是农村集市、挑夫小贩较早形成的一个动因。然而历史常识告诉我们,传统社会的农民即使在稍晚的年代,仍然维持着节衣缩食的消费方式,这类必不可少的消费总是被压缩到最低的水平,数额极微。能自给自足者,则他们绝不会上市场——此非不愿,而乃不能也。为此,我们不得不进一步追究,农民既然剩余粮并不多,何以粮食市场却又相当发达?是出于什么动机使农民必得忍痛将甚至属于其必要劳动部分的粮食出售于市场呢?

这一谜底,就隐藏在国家赋税的各种变化策略里。随后的分析将一再说明国家赋税形态对市场行为的作用之广泛深刻,超乎一般的想象,绝非仅限于粮食一项。市场的"国家行为",是中国古代经济万不可忽视的历史特点。

非常值得注意的是,中国古代的赋税,从国家形态比较成熟起,就没有遵循马克思所说的劳役、实物、货币三阶段相继演进的模式。至少是从两周时代起,三者平行不悖合为一体,此即孟子所谓"有布缕之征,粟米之

---

[1] 各时代农民家庭收支的粗略统计,不再细列,请参见拙文《中国封建社会农业经济结构试析》有关统计表,载《中国农民战争史研究集刊》第3辑,上海人民出版社,1983年版。

征,力役之征"(《孟子·尽心下》)。从现有的记载来看,大一统之前,两周列国只有"关市之征",即对商税才实施货币征收(时祢"泉布"),其余均征派以实物及力役。但从《管子·轻重篇》所得的各项信息来看,战国时代的统治者已经懂得在粮食、布帛等实物赋税之间通过"轻重折变"谋取财政利益的策略,迫使生产者不得不以米易布或以布易米,诱导出畸形的市场行为,并产生了相应的投机商人。[1]中国货币出现与使用之早,与统治者寻找最小交易成本的财政征收方略不无关联。在这方面再次体现了中国统治者的高度政治智慧。

真正的变化出现在实现大一统之后。大国政治必诱导出特有的大国财政格局。早在西汉(估计秦亦如此),国家赋税明显出现了向农民征收货币的项目,计有口赋(未成年者)、算赋(贾人、奴婢加倍,一度还对达婚龄未嫁女子课以五倍)、献费(限郡国)、户赋(由封君征收)、更赋(以钱代役,其中颇多强迫者)等多项。另外由于国家对盐、铁两项产品实行国家专卖,强制农民也必须以货币购取官盐、官铁。到此,我们才可以理解何以晁错、贾谊等人对"谷贱伤农"要如此高度关注,正说明农民被迫以其农产品易取货币以完纳"国课",已经成为关系政府财政与农民稳定具双重关联意义的一大国家事项。

此后,我们也必须注意到国家出于自身减少"制度成本"的自私考虑,不断玩弄"折变"的手法。据《后汉书·光武帝纪》即有将田租附加税——刍、稿税折变为货币的记载。这种折变自唐宋以后,更是变本加厉,弥漫到各种税项。农民与市场的联系,从这种情景就可以想见,大多出于无奈,纯粹属于被动型,其结果只能使"赋税率"变相提高,侵及农民必要劳动部分。到了两税、一条鞭之后,赋税货币比重增大,就发展到了如前所论及的极致程度。[2]于是二律背反的事实就摆在我们面前:一方面农民与市场

---

[1] 详情参马非伯:《管子·轻重篇新诠》,中华书局,1979年版。该书前半部分载录有马非伯先生《论管子·轻重》长篇论文,对"轻重理论"解析甚详,极有学术价值。马先生断《轻重》等篇为西汉末之作品。我则认为,其中所引案例应包含不少战国的经济史实,而其理论之总结则要到西汉武帝之后。参见第179页注[2]。

[2] 田赋折银较早见于北宋仁宗、神宗年间。明正统年间始于南方各省行"金花银",继而推广及南北各地,此为我国田赋货币化开始制度化的标志。见《明史·食货志二》。

的"虚假"交易日见增多,另一方面农民向市场购买的正常消费能力却日趋下降。中国古代市场的扩张能力受到这层限制,就不能期望有多大的发展前景。

　　读者可能会发问:市场上粮食的出售者还有地主,或许他们才是供应方的大头？应该是这样。事实上,不仅以收取实物地租为生的地主(指食租地主)必须出售多余的粮食以换取货币,而且各级官僚的实物收入部分亦然如此。秦汉的各级官僚的年俸禄收入都是以粮食(石)计等的,三公以上此处不论,首属三公,年收入为4200石(相当于28个农户的年总产出),次则中二千石为2160石,再次二千石实为1440石,直至最低的一百石为192石(相当于1.28个农户的年总产出),共计15等第。[1]以后历代官吏俸禄均有米谷一项(故均以"石"称。辅以钱、绢之类),直至明代中叶以前,明朝各级官吏的俸禄仍以粮食为主、辅以俸钞(亦有以布估给者)。如此,他们理应是粮食出售者的一个方面。但若估计其家口众多,一般所余也不会太多。

　　自战国以来粮商囤积居奇、贱买贵卖,其收购对象有二:一为农民,趁其按时交纳赋税之际,故意压价收购;青黄不接乃至荒年饥岁,更是高价出售。二是官僚地主(禄米加租米)粮食贮藏也有限度,一般地主又因交纳赋税急于换钱,乘人之困伺机压价收购,商人当然不会放过商机;若有权势者(官吏)则可能勾结奸商,伙同投机。因此,我很怀疑"谷贱伤农"的呼吁,其中也包含有地主、官僚的苦衷在内,特别是一般无政治身份的地主,他们所受粮商之折弄机会更多,感到愤激也在情理之中。

　　总之,我们由上可知,粮食作为商品出现于市场,直接间接动因都与国家赋税有关,从其出售动机而论,为交换而生产的商品生产成分有限。而且,对市场上流通的粮食数量也绝不能估计太高。直至明中叶之前,数量日巨的官僚军吏禄米、廪米多由国家漕粮供给,地主及其附属人口赖有租米之入,农民完全靠自给,只有城镇一般平民(私人工商业、服务业

---

[1] 详参拙文《中国封建社会农业经济结构试析》有关统计表,载《中国农民战争史研究集刊》第3辑,上海人民出版社,1983年版。此数据取自《汉书·诸侯王年表》《汉书·百官公卿年表》。

及其雇佣者）才不得不吃商品粮，数量必有限。事实上只有漕粮才走遍天下，粮食作为商品，很长一段历史时期内跑不远，故西汉有谚曰："百里不贩樵，千里不贩籴"，粮食的流通范围可见也有限。

粮商之真正活跃恐怕要到明中后期才开始。这当然与赋税普遍货币化（白银成为社会上通行的货币）大背景相关，是国家权力为节省交易成本所造成的一种特殊经济现象，很难说对农民粮食生产有多少促进作用。借此机会，我想对史籍有关明清苏松地区粮食仰赖"湖广""川米"，以至称"米船稍阻，入市稍稀，则人情惶惶，米价顿涨数倍"[1]之类的公私议论稍作一点辨正。

综合考察江南粮市的活跃，一个相当重要的原因，就是在实行田赋货币化之后，官吏的俸禄米亦改为货币收入（其实这也是促成田赋货币化的一个动因，参见《明史·食货志二》有关金花银之创议），官僚及其附属人口成为了消费商品粮的"大户"。反对粮商投机，叫喊得最凶的也正是他们，其中还包括已经转变为城居、收取货币地租的纯食租地主。我们常常被他们"代民请命"的假象所迷惑。其实这一史实的意义，最多只能反映作为政治性城市的苏州、杭州及其他县邑城市，各种消费功能膨胀，奢侈人口及其为奢侈消费服务的非农业生产人口剧增而已。当然也与苏杭松湖等城市纺织带动的手工业与销售业人口的增长有关。事实上，江南除非兵荒马乱、水旱饥荒的岁月，粮价一般还是平稳的。这多少也说明缺粮情况并不严重。其二，湖广川米出口之多，未见得是该地粮食消费过剩所致，反是那些地区其他赚钱机会不多，经济落后，迫使农民不得不仰赖出售必要劳动部分以应付货币的需要（交纳货币赋税和购买生活必需品）。其三，史料表明来江南的湖广川米，中经江南转贩闽广及南洋海外者比例亦不低。这是一种特殊的转运贸易，并非全由江南当地消费。这一点过去注意得不够。其四，才是江南市镇的兴起的因素，粮食消费人口亦随之有一定的增加。至于所谓嘉定、湖州等棉丝区农民需要籴食，已有研究者指出情形被方志大大夸张，并不属实。此种议论多缘于欲改变交纳漕米（白米）

---

[1]《清高宗实录》卷314。

的动机,希望改折为棉布或货币,故意叫苦不迭。这一点,大凡熟悉江南乡情者都比较清楚。夸张米市,以粮商的活跃,欲证明江南市场经济有大跨度的进步,很值得怀疑。

丝、布

中国古代向重"足衣足食",衣着类当系市场的另一大宗商品。然而,有一点是清楚的,农民和乡村地主长期都是靠"女织"(包括地主女眷及其奴婢)自给,一般不外求于市场。王朝官府纺织手工业向为官营手工业的重点,皇室、官僚(俸禄、赏赐多含布帛)亦多取给于此。这两类产品都不具有商品生产的性质。衣着类商品明显形成大市场稍晚,还有一个因素,便是国家赋税长期列有征调布帛的常项。这种征调从性质上说,应该是劳役的变种或替代,其初源或可追溯到早期部族国家的"贡"法,其名则曰"调"。在"布调"存在的背景下,农民除自给外,除非需要交换其他生产、生活用品,并无多少剩余可供市场流通,自不待言。

我国纺织类经济,以植养桑蚕的历史最久远,新石器时代南北皆有发现。[1]但因其数量有限,长期以来始终为少数贵族官僚所特占的高级衣料,一般平民百姓少能染指,故有"布衣"之称。大麻因其种植适应性强,长期以来一直是民间普遍的衣着原料,直到被棉布所替代。其次为葛与苎麻。苎麻质地虽较大麻为细,然地宜较湿润,东汉后转至南方才大量种植,其加工有一定难度,使用亦不能超越大麻。棉花的种植,可以说是中国纺织业史上具有革命性的事件。目前比较谨慎的说法,棉花的种植先始于西北与西南少数族地区(隐含了两条引入的路线)。自三国起棉布始进入中原,一直视为珍贵之物,多为"贡品"。服用棉布在唐宋已经多见,但尚未发现中原地区种植棉花。[2]棉花种植进入内地,一沿着闽广—江南—黄淮

---

〔1〕 经济史一般多认为丝织重心先在黄河流域,唐中叶后南方丝织才上升且逐渐取代北方的重心地位。此说或据以史籍所得印象。有迹象表明,南方丝织之起也不晚。1958年在浙江吴兴钱山漾良渚文化遗址率先发现丝麻,后河姆渡遗址发现蚕纹,但不能肯定为家蚕。殷墟发现蚕桑与丝织品证据充分,说明商代贵族服用丝织品,已成风尚。

〔2〕 南宋末诗人谢枋得作诗云:"洁白如雪积,丽密过锦纯,羔缝不足贵,狐腋难比伦……剪裁为大裘,穷冬胜三春",足见棉袍在宋末仍被看得比丝锦、皮裘都珍贵。转引自《古今图书集成》"木棉部"。

路线北上，一沿着关陕—豫鲁方向东进，宋元之际为推广期，元明之际则为普及期。至明初则由于国家行政强制，全国普遍种植已成事实。[1]应该指出，经济作物的种植一直是与粮食作物并行，多利用时间与空间交叉间作复种。[2]这就构成了我国农业的另一特点："男耕女织"，农业土地与劳动力的使用都达到"高度密集"的水平。

正如"产权"专题所述，历代统治者都认为"地"是国家给予的，"天地所生之财"理应属于"国家"。因此，征调布帛作为传统，并未有疑义。然颇可怪异者，遍查各书，秦汉赋税诸项中未见有征收布帛一类名目，殊不可解。我们知道，至少自商王国起，丝、麻、葛均列入"贡"物之列，见于殷墟卜辞。西周亦然。春秋战国时期，民间家庭纺织随之兴起。已有史籍可征，冀、鲁、豫三地为丝织业之重地，四川、吴越所产布、绢亦负盛名。虽官家征调之法不传，据孟子"布缕之征"，佐以商鞅之法"大小僇力本业，耕织致粟帛多者复其身"（《史记·商君列传》），推测是时列国都应有征调布帛之法。[3]汉初指责秦暴政时多用"男子力耕不足粮饷，女子纺绩不足衣服"形容（如《汉书·食货志》、《史记·主偃父》传），虽尚不能断言必为征调织品，但《汉书·平准书》所载元封四年事，明言该年民间输帛即达五百余万匹。这数字或许有问题，但确切地透露了有"输帛"一项。暂且搁下此悬案不说。据通常说法，赋税项目中"调"之成立，始于曹魏建安五年（200年）

---

[1] 有关棉花种植史考辨，详参李根蟠：《中国植物栽培发展史》，科学出版社，1984年版。与前引谢枋得之说迥然不同，明中叶丘浚在其《大学衍义补》里说得很肯定："（木棉）至我朝，其种乃遍布于天下，地无南北皆宜之，人无贫富皆赖之，其利视丝枲盖百倍焉。臣故表出之，使天下后世，知卉服之利，始盛于今代。"载《大学衍义补》卷22 "治国平天下之利"。

[2] 棉农并非只种植棉花，常与小麦间作，或一年种稻二年种棉。此据[清]包世臣《郡县农政》与光绪《嘉定县志·土产》，转引自许涤新、吴承明《中国资本主义发展史》第1卷《中国资本主义的萌芽》，人民出版社，1985年版，第204页。

[3] 《墨子·非命》："今也农夫之所以蚤出暮入，强乎耕稼树艺，多聚菽粟……今也妇人之所以夙兴夜寐，强乎纺绩织纴，多治麻统葛绪细布参，此亦其分事也。"这里的"分事"，古时通常含"公作"之意。《韩非子·外储说右上》载有吴起之妻纺绩"幅狭于度"，吴起将其赶走的故事。不管其事是否出于编造，说明官家征调布帛且有规范标准。种种迹象表明列国都有征调布帛之法。这正是曹魏实施"户调"的历史源头。

颁令"其收田租亩四升,户出绢二匹、绵二斤",史书即称"租调制"。[1]此后历三国两晋南北朝、隋唐,直至两税法改革之前,征"调"内容或按户或按丁,门类数量亦多有变更,其法则沿而不革。在这种时代背景之下,农户兼种麻葛、兼营桑蚕,纳调、自给而外,所余不多,势难形成上市气候。

在相当长的历史时期之内,以丝为主的"布帛"在市场上具有"稀贵"的性质。司马迁在《史记·货殖列传》曾列出三十余种商品数量等值的清单,并称是时谁若能拥有其中的一项(如谷一千钟、牛车一千辆等等),即算富"可比千乘之家"(百万之资本,年利润二十万)。清单中等值的纺织类则为"帛絮细布各一千钧(三十斤为钧),文采一千匹"(此处应指年销售量)。此可见布帛的稀贵,故两汉至南北朝时期,布帛常起"准货币"的作用,也就不足为怪。除官府手工业外,若出现于市场上的绢帛,当出自城市民营手工业,或豪族家庭手工业,故数量一定不多。[2]

纺织类产品获得市场活跃的功能,从后来的事实来看,除了棉花介入这一革命性变化外,还需要两大因素的推动:一是赋税货币化,迫使农民必须以家庭纺织来应付困窘局面,并由此使官员俸禄货币化得以实现。其结果却是把农民和官僚(甚至皇室)双重推向了市场,从生产与消费两个不同方向为市场经济输入"能量"。二是国家因官营手工业效率低下,逐步退出"自给"状态,采取包卖、采购方式供给。农民纺织产品获得了更多的市场空间。后者是前者的连锁反应。意想不到的是,明初实施行政干预,强制全国普遍种植桑棉,用权力迫使农作物结构向粮棉结合转向,也为后来的赋税货币化奠定了经济基础。很明显,农民仅靠粮食的出售,是很难承担货币赋税的。这一演变过程事后看来像是连环套,实际都是国家出于节省与改善制度成本的一种"集体无意识"的推动。明乎此,也就不太会对农业经济商品化的发展,脱离具体社会背景,作过高的估计。

赋税的转折,应始于两税法,至明行一条鞭法,方始有大的转折。据

――――――――
〔1〕《三国志·武帝纪》建安九年注引《魏书》。
〔2〕这方面的史料至今发掘尚少。朱熹曾在其文集中说到台州知州唐仲友在婺、台二处开设彩帛铺,且有染坊,"动至数千匹","发至本家彩帛铺货卖"。这恐是官僚非法经商。载《朱文公文集》卷18《按唐仲友状》。

《新唐书·食货志》，开元时曾对非蚕乡可变通以岁银十四两替代所纳之"调"。这说明国家财政方面渐有将实物赋税改为货币赋税的意向。到建中杨炎两税法颁行，"调"名义上并入两税，然直到宋元，仍是钱物并收，夏税一般还征收丝绢、布帛或木棉诸物（始于元代江南）。[1]两宋且多以"折变""和买"等名目征收绢帛。这非常典型地反映出制度创新或变迁，传统习惯定式的克服还需要一定的过渡与适应。

明初曾有一个非常奇怪的"倒退"逆向运动，如北部九边军事地带实行军屯、民屯，军队全部实行生产自给，以及对全国农户实行含谷、棉、丝的田赋征调，表面看又强化了国家实物征收的旧局，回归自然经济。然而，我们应特别注意的是，冲破数千年旧制度，造成风气转向的压力，首先恰恰来自官员的提议，其背后的动因即是统治层对货币经济的认同。事实上对大国来说，完全靠实物流通显然是不适宜的，制度成本太高。据《明史·食货志二》，正统元年（1436年），副都御史周铨奏言："行在各卫"的官俸禄米必须到南京支取，"道远费多"，不得不以低价将禄米换成货物，[2]"十不及一"，"朝廷虚糜廪禄，各官不得实惠"，建议在苏畿、浙江、江西、湖广地区改行田赋折银。正统帝经质询户部尚书后，正式决定于南方实行"金花银"新制，所得田赋银两悉数解入国库，再以白银支付俸禄。[3]到成化年间，又将此项改革推行于北方，田赋货币化的改革遂告完成。随之职役、杂役征银的改革也逐步跟进。万历年间张居正颁布"一条鞭法"，实际上只是对这一变革既成事实的最终法制认定。

由此想到了与大明王朝同时期的西欧。14至16世纪，西欧领主制经

---

[1] 最早则由陆贽揭出："定税之数，皆计缗钱，纳税之时，多配绫绢。"载《陆宣公奏议》"均常赋税恤百姓"。马端临在《文献通考》卷3《田赋考》中亦云："自初定两税，货重钱轻，乃计钱而输绫绢；既而物价愈下，所纳愈多矣。"

[2] 《明史·周忱传》："时京师百官月俸，皆持俸帖赴南京领米。米贱时，俸帖七八石，银一两。忱请重额官田，极贫下户，准纳银每两当四石解京代俸。民出甚少，而官俸常足。"这与上述周诠的建议如同一辙，但说得更实在。其实改革前官员大多都以米易银，而不是易物。

[3] 此项改革，在王圻《续文献通考·田赋考》里说建议是由江南巡抚周忱提出，而后由周诠上奏，奏文内容与《明史·食货志》悉同。周诠其人，《国朝献征录》卷87有传。"金花银"意谓成色好的银，正统时只称"折色银"，至嘉靖时"金花银"之名方通行。

济正经历着深远影响而后历史走向的一系列变化,其中尤以英国最为典型。因连续好几个世纪的黑死病袭击,人口锐减,土地相对丰裕,劳动力的稀缺,迫使领主缩小自领地,领地更趋租佃化和分散化,出现了"独立小农"(自由租佃农)成长的时代,有些史书甚至称这一时期为农民的"黄金时期"。据有关西方经济史家的晚近研究,14世纪中期及整个15世纪,在领主经济商品化比例下降的同时,由于人口减少,使农民处于较为有利的地位,故租税型商品化程度有所减低,而产品剩余型商品化及部分专业产品商品化有所提高。其中关键的一点,农民的租税负担与中国同期相比显然要低得多。尽管许多经济史家的估算不尽一致,经折中后的概算,地租加上各种封建捐税,仅占总产出的10%,进入市场部分(货币地租和生活、生产性消费)的商品率为44%,由此知剩余率即储蓄率为15%。经一个半世纪农业经济的休养生息,进入16世纪,人口复苏与农业商品化呈同步增长态势,羊毛业与毛纺业生产更加快了商品化进程,中等农民构成了乡村人口的绝大多数。科斯敏斯基在《11至15世纪英国封建地租形态的演变》中指出:"甚至在温切斯特大主教领地这样一些与市场有密切联系的地产经济中,农民交付的货币地租也大大超过了封建领地经济从出售产品得来的款项。由此证明,市场的供应首先依靠着农民经济","市场上农产品的供应进一步操纵在独立的农户手中"。基于这种情形,西方有些史家称西欧城市手工业,正是仰仗这种靠得住的农村生产者提供的商品化农业,才有相对独立的城市特权和比较稳定的"市民市场"。[1]

西欧农业三个世纪所经历的变化,其社会意义,我认为还必须与该时期国家财政变革、工商业发展状态联系起来作综合考察,才能比较完整地理解它在社会演化中的作用。首先,正是在14—15世纪,英法等国家发生了由特权制财政向协议制财政的历史转变,形成了西方封建社会独具特色的协商制,国王和他的代理人必须向征税对象说明征税理由,在取得对方理解的基础上方可商议征税数量、时间等事宜。在这方面,同时期中国

---

[1] 以上叙述均采自马克垚主编《中西封建社会比较研究》第一编"农业"提供的国外相关研究成果。学林出版社,1997年版。

商人正苦于屈从国家权力无所不至的强制之下,假若他们知道了自己西方同行有此等社会待遇,真不知作何感想!与此同时,西欧以羊毛纺织为马首,虽然也根植于农民家庭手工业,但因受到出口贸易的刺激,再加城市行会有较多的独立处置的权利,因此农村呢绒业在15世纪中叶后有明显的发展,市镇化的发展速度也日趋加快。同期的中国的纺织业就没有这种海外贸易市场的机遇,其发展前景受到限制,一度"兴盛"(这是与过去"布调"时代相比)之后,就不再可能有更大的飞跃可以期待。

关于工商业方面的情况,稍后再谈。现在还是回到中国当时棉纺织业商品化的农村背景上,再作进一步的分析。

必须指出的是,明中叶"一条鞭法"实施赋税货币化,固然起到了把农民进一步推向市场的作用,但农民的赋税负担也同时有加重的趋势,境遇更为艰难。我认为这是探究"农村市场"兴旺现象背后,"商品生产"究竟有多少真实性,不能不加重点关注的问题症结所在。鉴于"资本主义萌芽"问题讨论中对江南棉丝市场的估计大多偏高,这里我想对江南有关农民的赋税负担稍作烦琐的疏列,实亦出于不得已。

在上一专题已经说过,所谓"一条鞭法",实际是将两税以来历久增加的各项正杂税、职贡尽数合并滚入,绝不会比原有税额减少。[1]国家不吃亏,这是一条雷打不动的基本原则。而所谓"折色以米值为断",各地折算时往往又高出一般市价,以至有人揭发山西闻喜县有将原米价银三四钱折成银三两者。[2]这是山西藩王府仗势欺人的恶劣个案。在苏松周忱改革时规定金花银一两折税粮米三石八斗(后改为四石),但到成化年间松江府金花银一两只能折税粮米"二石或二石五斗"。[3]丘浚在《大学衍义补》里也说"米价有折至银七八钱者,有一二两者,参差不齐。令即下而民

---

〔1〕 顾炎武《日知录集释》卷10:"往时夏税秋粮,及丁银、兵银、役银、贴役银,种种名色不一,或分时而征,或分额而征,上不胜其头绪之碎烦,下不胜其追呼之杂沓。自嘉靖四十年侍御庞公尚鹏按浙,改作一条鞭法,最简便直捷。"于此最见一条鞭法只是并合,而原先杂税名目之多,恐未能尽数罗列,仅所列名色亦为史家不甚说得明白的。对于民间负担,经济史研究向较薄弱,尚容改善。
〔2〕 《明宪宗实录》卷210。
〔3〕 顾炎武:《天下郡国利病书》第8册《松江府志・田赋一》。

尽以米变卖,非所愿也"。以上说的那就是常情。再说官方即使以粮食市场出售常价(按说应按收购价)折算,而到交纳时粮商乘农民之急征压价,出入之间,农民利益又受一番损害,结果农民赋税负担较前必有增无减。

另有一层隐情,时人论之亦详。一条鞭法之实施,既以田亩为本,清丈厘清田亩实数当在情理之中。但官僚制度之下,其执行成本之高,受害者必为小民无异。刘仕义说得最真切。他在其《新知录》中也肯定海瑞在南直隶将各种赋役合并为"一条鞭法"的做法,意在纠正以往征收名目过繁、关节舞弊多端,称之为"权豪莫肆,贫困少苏,诚良法也……此法行而天下平矣"。然而一旦付诸实施,"惜书吏为奸,奉行无状,一丈量之余,亏口有大小,册籍有虚伪,甚至有势者除沃壤为荒地,无势者开旷土为良田,隐弊百端,难以枚举,虽诉讼繁兴,有司莫难清稽规正,民但鼓腹含冤,仰屋窃叹而已。呜呼!除一弊,滋一弊,改革之难,诚难哉!然则小民何时而获苏息也。"[1]实际上,权势之家在田亩上的花样百出,有飞洒在别人户头上的,叫"活洒",有暗藏在逃绝户头上的,名"死寄",还有畸零带管者,有悬挂掏回者(买田不过割赋税者)等等,全通过贿通书吏,[2]实际将负担转嫁到无权无势之家均摊。因此,势必造成赋税折算数高于原实际应纳之数。

说到棉丝重地苏松嘉湖地区,有明一代为"江南重赋"而发的议论遍处可见。顾炎武作《日知录》《天下郡国利病书》,于此收集尤多。其中有关"一条鞭法"前背景者,曾节录杜宗桓上巡抚周忱书云:"(虽历经前代减免),松江一府税粮尚不下一百二万九千余石。愚历观往古,自有田税以来,未有若之重者也。以农夫蚕妇,冻而耕,馁而织,供税不足,则卖儿鬻女。又不足,然后不得已而逃。以至田地荒芜,钱粮年年拖欠。"[3]历检有明一代所论,唯明末徐光启对其熟悉的家乡及其附近地区的农情,论析最切中要害。他在《农政全书》关于木棉一章,借丘浚"至我国朝,其(棉)种乃遍布于天下,地无南北皆宜之,人无贫富皆赖之",有长段议论,大发感慨

---

〔1〕 刘仕义:《新知录摘抄》。
〔2〕 陈子壮:《昭代经济言》卷3。
〔3〕 顾炎武:《日知录集释》卷10 "苏松二府田赋之重"。

曰:"尝考宋绍兴中,松郡税粮十八万石耳。今平米九十七万石;会计加编,征收耗、剩、起解、铺垫、诸色役费,当复称是。是十倍宋也。壤地广袤,不过百里而遥;农亩之入,非能有加于他郡邑也。所由供百万之赋,三百年而尚存视息者,全赖此一机一杼而已。非独松也,苏杭常镇之币帛枲纻,嘉湖之丝纩,皆恃此女红末业,以上供赋税,下给俯仰。若求诸田亩之收,则必不可办。"[1]读此概论,我们还能说江南农民的纺织生产可看作非谋生而乃谋利的"商品生产"乎?

由徐光启的话,还引出了一个常为史家疏忽的问题。实际上,"一条鞭法"后,赋税项目并非像文本所说的已经单一简化。时至明末天启元年(1621年),苏松巡抚王象恒有《东南赋役独重疏》,幸为炎武先生录入《天下郡国利病书》,开列了一份较详的赋税名目的清单,读之愕然:"据四府册开,每岁漕粮正改兑并耗米共一百五十三万一千九百七十八石八斗一升零,白粮并耗脚夫船及各王府禄米共二十七万七千七十二石八斗八升零,南粮并耗脚等米六万四千三百九十一石三斗零,军储存留恤孤等米一十二万三千八百三十二石三斗七升零,此四府本色之概也。而本邑三梭阔白布匹共三十二万二千七百七十四匹犹在外矣。金花银三十六万五千一百三十九两零,京边银二十七万一千六百七十一两零,轻赍过江米折芦席等银一十六万九千六百七十余两,南北等部马牲价、药材四司料价等银七十万五千五百五十余两。此四府折色之概也。而加派辽饷二十一万一百五十八两五钱零犹在外矣。"[2]

江南多佃农。因此也应该将佃农的经济情况稍作介绍。从各种资料来看,江南农民一般耕田都在10亩上下。[3]亩产按常年平产稻米二石、春花(小麦)七斗,以高计不过三石。[4]地租按平均量计为亩一石半。则所余为一石半。除去地租,十亩之余值十五石得银为15两左右(均以明常价米

---

[1] 徐光启:《农政全书校注》卷35 "蚕桑广类"。上海古籍出版社,1979年版,第969页。
[2] 顾炎武:《天下郡国利病书》第7册"苏松"。
[3] 张履祥《补农书》下:"上农夫一人只能治田十亩。"这是浙江桐乡县的情况。陶煦《租核·推原》:"一夫所耕,不过十亩",说的是江苏昆山县水乡的情况。
[4] 综合张履祥《补农书》、包世臣《郡县农政·齐民四术》等相关资料。

石银一两计)。每年每户农户织布推算最多不过18匹，折得银5两左右。合计除地租外家庭总收入约得银20两。口粮食物(9.5两)、[1]衣着(1.5两)、[2]农本(4两)[3]以低标准折算需银共约15两，剩余5两。这5两正是棉织所得之收入。这就印证炎武先生所录松江旧志的说法不虚："妪晨抱棉纱入市，易木棉以归，机杼轧轧，有通宵不寐者。田家收获，输官偿外，未卒岁，室庐已空矣，其衣食全恃此。"[4]入至清代，松江叶梦珠仍云："吾邑地产木棉，行于浙西诸郡，纺绩成布，衣被天下。而民间赋税，公私之费，亦赖以济。"[5]

　　上述推算实际略去了两大变数：一是水旱灾荒。由于各种原因，本处低洼地区的江南，入至明清，涝为大害，旱蝗亦时或作虐百端。大熟之年不可多得。浙江桐乡张履祥生于明清之际，长期潜居不仕，深谙乡情，曾备载晚明清初湖州地区历年灾荒至详，其总言之则曰："十年之耕不得五年之获。"[6]这最能概括明清太湖流域的实际。因此，上述收入概算必须打一个不小的折扣，才符实情。

　　二是政府的各种叠加的摊派。这方面的细节因资料搜罗不易，故对此项实关农民生计的社会经济史基础性研究向称薄弱。前面我曾举海瑞淳安县二三十项"规例"，说明县级政府的各种开支多取自对小民的摊派，不胜其多。近读吴煦在做幕僚时载录的道光二十年与二十三年乌程县账册，各种开支备录至详，向上级主管(含藩、臬、道、运、粮、学、府)送礼的各项

---

〔1〕 我曾据《沈氏农书》与《陈确集》提供的长工生活情况，算得长年口粮与副食品消费总计约为十一两。当然这是最高数。此处则按最低标准混算为全家消费数。
〔2〕 洪亮吉：《意言·生计》"一人之身，岁得布五丈即可无寒"。此处已经依低标准，合全家老小混算为16丈。
〔3〕 章谦：《备荒通论》"一亩之田，未耜有费，米子种有费，解斛有费，祈赛有费，牛力有费，约而计之，岁率千钱"。棉田农本更高。此处压低计算。
〔4〕 顾炎武：《肇域志》江南九"松江府"。
〔5〕 叶梦珠：《阅世编》。
〔6〕 张履祥：《补农书》。陈恒力先生《补农书校释》(增订本)最称善本，辑录校补用力甚勤，且有许多实地调查附以注释内，更增加了对张氏书的理解。农业出版社，1983年版。有关灾荒详参下卷"总论"所录"书改田碑后"、"桐乡灾异记"、"祈雨疏"及"沈氏《奇荒纪事》"等篇。

开支(三节、二寿的节仪及门包等)亦不隐讳,尽数开列。[1]这些钱的来路他没有交代,只知重要一项即为"加耗"。当年周忱在苏松率先推行所谓"均田、均役"改革(一条鞭法先声)时,即创"加耗均征法"(又称平米法),已将耗米纳入正税,然而后来却又重新恢复,不啻"耗上加耗"。这种加耗俱见于前所举赋税项目中多有"耗"字即知,大清沿袭如明。耗米的征收,不仅是为了弥补税粮征收过程中的损耗,而且主要是为了筹划地方公费、官吏收入以及其他无法报销的费用的来源。[2]另外,明一条鞭法已将各杂税项并入,没多久,中央及地方政府不时又将旧项杂税恢复。清时人就指出"明季一条鞭之法颇便,然并南米在内,后复征南米、颜料、油药等项无不在内。此条银中未详注名件故也"。[3]其中"颜料、油药"之摊派不见经传,可见名目之繁多,以致史书不屑记载。明松江范濂在其《云间据目抄》里即说:"苏松正赋,民已不堪,而额外又有均徭、练兵、开河、织造、贴役、加耗,种种不经,难以枚举。则如上乡三斗六升五合起科之田,计有五斗之供矣。况兼凶荒赔纳,其利安在,而士民何乐于有田也"。[4]"种种不经"四字,道尽苦楚。还有一项变相摊派,通史都很少提及,就是强制性的"户口食盐法"。大明政府的强横,就是不管你吃不吃官盐,城乡居民必须按户丁交纳盐钞或盐米,大致是大口食盐12斤,小口食盐6斤左右,各时各地不一。赋税货币化后改为纳银。明末谈迁感叹道:"盖以盐给民故征钞(城市征钞、乡村征米),今官不给盐而征钞如故,其弊不知所始(其考南唐即有'盐米')……南唐偏安何足论,而全盛如今日,何流弊至不复问也?"[5]其实谈迁完全是明知故问,他心目中"盛世大明"理应轻徭薄赋方不致亡国灭族,故感慨特深。至于"子民"原一切都属于"国家","国家"当然有权利按需收取各种"国用",宋元明清无所区别。这一道理,

---

[1] 详参太平天国历史博物馆编:《吴煦档案选编》第七辑"浙江乌程县道光二十年漕用各费账册""浙江乌程县收支账册",江苏人民出版社,1983年版。
[2] 参阅伍丹戈:《明代土地制度和赋役制度的发展》,福建人民出版社,1982年版,第76—77页。伍先生认为耗米之征是由周忱创设的。
[3] 章大米:《俛阳杂录》。
[4] 范濂:《云间据目抄》卷4。
[5] 谈迁:《枣林杂俎》智集。

谈迁是没有能力洞穿底蕴的。

如果再深入追究下去,不唯农民,就是明清江南庶民地主的境遇也不如意,常有"以田为累"的感慨。初时至少我自己对此并不以为然,猜想总是故意向政府"哭穷"成分居多。后检阅史籍有关赋役制度细节稍多,方知"富者"确实也有他们的难言"苦衷"。史家共知,北宋以来富户地主最苦于各种职役。明初朱元璋更新添粮长之役,后畸变为贴赔代纳的苦役,常致富家倾财破家,亦为史家熟知。征役的原则向来"富者编重差,贫者编轻差"。殷富上户所金派的粮长、里长两役,负责钱粮催征与运交,更兼出办上供物料和公府公费。又有各种名目的杂役,也依人丁多寡产业厚薄分为上中下三等,统称之"均徭"。然凡有科举身份的各种缙绅地主,下至举监生员,都有各种优免的特权。因此苏松富户地主若无政治身份,必不堪政府百般骚扰,致有"士民安乐于有田?"之慨。叶权下面的说法颇反映当时的情状:"苏松嘉湖,东南上郡,但有力之家,买田不收其税粮,中下之家,投靠仕宦以规避。故富户一充粮长、解头,即赔累衰落矣。"[1]一条鞭法虽将各种差役折纳为银并入田赋,但执行稍久,里甲、均徭等科派陆续又恢复,庶民已交丁银而被派征差役如故。[2]苏松地区更有"白米""布解"两种特殊的差遣,均需由殷实富户来承当,庶民地主田亩多者首当其冲。对此松江府人叶梦珠论明之情形颇详:"吾乡之甲于天下者,非独赋税也,徭役亦然,为他省他郡所无。而役之最重者,莫如布解、北运。即以吾邑(上海县)论,布解每年一名,后增至三名,俱领库银买粗细青蓝素布,雇船起运至京交卸。北运(白米)每年二十三名,俱领漕米,春办上白粳糯米一万三千余石,雇船起运至京,交与光禄寺,禄米供用诸仓,必签点极富大户充之。次则南运,运至南京,每年二名。次则收催坐柜秤收,概县银二十余万两,每年四十八名。"[3]政府虽给予一定量贴解银,但中途有种种意外

---

〔1〕 叶权:《贤博编》。
〔2〕 据伍丹戈先生的判断,周忱行均田均役法时,以户丁为对象的"四差"(即里甲、均徭、丁壮、驿传)金派原样保持,并没有归并入内。参之文集、笔记所揭江南情形,似当初合计征银,曰"编丁征银",然而,日久又生各种派役。伍先生意见参其专著《明代土地制度和赋役制度的发展》,福建人民出版社,1982年版,第76页。
〔3〕 叶梦珠:《阅世编》。

损耗,以及各个关节的勒索、刁难,赔贴甚多,故例被看成苦役。万历年间华亭聂绍昌曾作有《布解议》,对布解的各种费用一一开列,算出细账,说明赔累在哪里,勒索在哪里,大致每匹布价不过七钱,而赔银自二三钱至五六钱为正常,若被验收退回,则几无措手之地,"所以吴中一闻此役,如赴死地。"[1]

凡此种种琐考,无非想说明,在中国传统社会历史上,即使以商品经济最为活跃的苏松嘉湖地区而言,一方面农民为应对政府强加的各种苛重的负担,逼出了一种多种经营、商品化比例较高的农业经营的新路子;另一方面这种投入市场的商品多半是基于赋役、地租的原因而被动产生的,假性成分居多,穷于应对。农民与庶民地主的经济状况虽比其他地区为好,基于国家剥夺性的赋役过重,剩余率与储蓄率仍偏低,基础十分脆弱。因此,它向市场经济输送的"能量"就在这点可见的限度之内,不可能再有多少继续发展的潜力。直至近代以前,即使号称最富庶的江南,也仍长期徘徊于"中世纪"状态,看不出有新的希望曙光,根子即在国家强控下,颇多假性商品经济,"富国"有功,民富则誉不符实,徒有虚名。

二、手工业产品

中国传统社会的手工业素称发达,许多手工业部门不仅历史久远,所创造的技术成果,也多为现代社会之前世界工业技术史上的亮点。有关史实,一般通史著作都备述甚详,此处均略过不赘。

按照马克斯·韦伯在《世界经济通史》中的说法,手工业作为经济概念,应具有以下两个主要含义:一是原料加工的含义,即原料经过人的劳动改变了形态,获得新的使用价值。二是为销售而生产。[2]这就把为满足家庭自给需要的加工活动排除在外。事实上,从历史角度考察传统手工业,很难拘守这样规范的定义。"销售"与"自给"的界线是模糊的,否则就无以理解遍见于明清江南方志"着衣不是织布人""寸丝寸缕不上身",农

---
[1] 顾炎武:《天下郡国利病书》第8册《苏松》。
[2] 马克斯·韦伯(旧译维贝尔):《世界经济通史》"第二编:资本主义开始发展以前的工矿业",上海译文出版社,1981年中译版。

民不能自给却必得出售必要手工产品的特殊苦衷。因此,为了揭示传统市场的复杂性,仅着眼于手工业产品门类或市场流通状态是不够的。转换角度,改从手工业的社会属性、技术属性以及产品的消费属性等方面细作考察,就不难发现它与农副产品商品化一样,也包含有许多深层次问题,值得探究。

手工业在其原始形态即属于氏族—部族集体共有(请回忆"姜寨模式"西边临河岸边的制陶窑场),而后成为部族国家的"国有"生产部门,多聚集于中心聚邑。所谓商周"工商食官"(语载《国语·晋语》),至春秋战国始有私人手工业的出现,也是治中国史者耳熟能详的老话题,都略过不表。

值得指出的是,进至大一统帝国时代,手工业者,不管是国营还是民营,其社会身份大多仍不能与一般的"编户齐民"相侔,始终被看低一格。这是与西欧中世纪大异其趣的地方,中国传统社会手工业发展命运之不济,这像是一道难以打破的"铁幕"。

中国古代手工业的经营模式,细分有家庭手工业、官府手工业、民营手工业三种基本类型,后者还可以细分出单纯的私人手工业与商业资本型手工业。三类基本形态的分布态势,极像哑铃,两头粗壮,中间细长。细长者即为民营手工业,备受歧视压抑,活像旧时代既瘦弱又不敢吭声的乡村"童养媳"。"哑铃"一端为官府手工业,就其基本性质而言,除专卖产品外,与商品生产无缘。另一端为农民(含部分城市贫民)的家庭手工业,其主体诚如上面所说的是农副兼业,全为应付赋税生计的不足,究其实质也并非原为商品而生产。上节已作过讨论,不赘。

如果从讨论市场经济的角度,似乎官营手工业本不属题内之义。然而,有两点理由决定了讨论还得从这里开始。首先,官营手工业由中央到地方,覆盖了所有手工业主要门类,诸如武器、纺织、陶瓷、机械、金银工艺、建筑和矿冶等传统手工业最有影响的部门,还将民生日用的盐酒茶等大宗产品实行专卖,充当了为国家开辟财源的特殊角色,抢走了原可属于民间手工业施展身手的市场份额。它对市场经济的破坏作用是双重的,既把皇室官僚乃至政府工程所需产品排斥于市场之外,依靠直接劳役实行自给,同时也使民生日用商品带有浓厚的政治财政色彩,成为一种假性商品经济。其次,官营手工业长期以征发民间手工业者为其劳动力来源,直接剥夺其必要劳动时间,民间手工业在这样的压抑处境里,决定了其在相当长的历史时期内,不可能有较大的发展潜力。在这种双重压迫下,中国传统社会市场经济不仅发展有限,而且备受扭曲。

官营手工业劳动者的身份虽历经变迁,但始终极低。据史籍所载,秦汉时期官营手工业作坊、矿场劳动者的来源有四:一是官府奴婢,曰"隶"(云梦秦简男称"隶臣"、女称"隶臣妾")。他们或由战俘、没官而来,或为奴婢后代,世袭为奴,均属于终身服役者;即使因军功赦免其奴隶身份,也仍得为"工"。二是犯罪刑徒,曰"徒"。矿场、铸铜铁、建筑工程等体力繁重的部门,此类劳役多由刑徒承当,刑满则止(大多从事苦力,生还可能不大)。三是由官府征发的服役者,曰"(更)卒"。这是每个民间成丁工匠必须按规定服的徭役,其中部分还被分配与刑徒同在手工作坊、矿场劳动。四是有一定手艺的自由身份的工匠,曰"工"。他们除了少数由官奴婢免除奴隶身份转变而来外,主要都是从民间手工工匠中征调得来,多为能工巧匠,其中有称"工师"者还负责传授技术,带教"徒弟"。从许多出土文物看,他们对产品的质量负有责任,似兼监工之职,故产品上往往刻有"工某"的名字。前三种人都为非自由人、无偿服役者,后一种实质也是服役,不过算是高级服役,身份表面上是自由的(实际也不得自由离开),猜想也有一定的"工薪"收入。很明显,早期官营手工业具有严重的劳役性质,形同"牢狱作坊"。

秦汉时期不仅官府手工业,就是所谓民间由豪强富商经营的手工业部门,劳动者亦类多奴婢。[1]中国手工工匠身份之被看低,大概与这种历史传统极有关系。此外,还有一层历史渊源,当追溯到第四种人:"工"。他

---

[1]《史记·货殖列传》所载因经营盐铁致富的卓氏、程氏、孔氏都使用奴隶生产,其中有的还是"放流人民"。后来盐铁官营,部分也是为了管束"流亡"可能产生的社会治安问题。西汉豪强世族之家多蓄奴婢,据《汉书·张汤传》,张安世"家僮七百人,皆有手技作事,内事产业"。秦汉的民间手工业,除农民家庭副业外,主要是豪强地主的家庭手工业,其部分产品倒是面向市场,以谋利为目的。史称张安世"能殖其货",富有超过了当时的大将军霍光。

们是从史书上所能见到的最早一批私人手工业前驱者。吕思勉、童书业先生都做过推考，认为"百工"渊源于早期部落内部分工，出现个别专长于手工业的某些"专业氏族"，即所谓"族有世业"(《考工记》郑注)。进至部族国家乃至方国联盟，一部分专长手工业的氏族沦落为依附者或被征服者，如传说中的昆吾制陶冶铜、薛国前身为"夏车正"，成为某种产品的"专业生产基地"，产品必须"贡献"给共主，如同农业方国必以其农特产品上"贡"，性质颇相类似。[1]《尚书·洛诰》有一段严厉教训属于殷商遗民中的"百工"，说不要再"湎于酒"，这次不杀是对你们客气，也证明"百工"往往来源于被征服者，故身份必低人一等。随着西周礼崩乐坏，"王官"失散，"百工"就陆续流落入民间，成为私人手工业者。大一统后再度为国家收录入册籍，必须随时听候征调。这种征调制度长期沿袭至明清，说明民间私人手工业者古来就不与一般编户齐民同等看待。童书业先生称"百工"，又像自由人，又比一般自由人低，但非奴隶。西来阶级概念于此就显得手足无措，然而这种介乎自由人与非自由人之间的特殊身份，恰恰是中国传统社会私人手工业社会地位的真实反映。

官营手工业产品具有两极分化的特点。一些精美绝伦、极高档的产品多出于此，多服务于高级奢侈消费。[2]特定的服务对象决定了这种产品不惜工本，不具市场价值，是在严格的监督下完成的。但一旦监督不严，或供应民间以牟财源，低效劣质在所难免(见《盐铁论》贤良文学的揭发)，急工乃至闹事，亦时有发生。因此，以非自由人为主体的官营方式终究要被征发劳役的方式逐渐替代。

第一次转折发生在南北朝至隋唐。长期战乱，政府官营手工业一再解体、重组、再解体，为民间手工业乘机发展提供了不少机缘。社会缓慢性的

---

[1] 参童书业:《中国手工业商业发展史》"第一篇"，齐鲁书社，1981年版。吕思勉:《先秦史》"第十二章"，上海古籍出版社，1982年版。下文转述，随亦参以己见，读者自可亲阅原书以甄别之。

[2] 最著名者当数长沙马王堆汉墓出土的"素纱禅衣"，长160厘米，两袖通常190厘米，领口、袖头都有绢缘，而总重量只有48克，被誉为"薄如蝉翼"。该墓出土的大量纺织品工艺质量，缫、织、染、绘、印，都极高档。至于龙袍凤冠、名窑瓷器，则不用说，人人皆知必为"名牌"产品。

蜕变积淀到唐代,官府手工业劳动者的结构显示出与秦汉有较大的异变。其时虽仍有相当数量为奴婢、刑徒和贱民,但征调民间手工业者的比例明显在上升。这种被征调的工匠称之为"番匠"。他们的"上番"期已从北魏时期每年6个月缩短为20天,而且也可以"纳资代役",让愿意工作的"番匠"为其服役。前者称"短番匠",无偿服役;后者则称"长上匠",期满后领取由"代役资"发放的"帮贴钱",算是有偿劳动。第三种则是新的类型,他们由政府专门出资雇用,称"明资匠""巧儿匠""和雇匠"。据《新唐书·百官志》,"和雇"的工资为每日"绢三尺",看来属于临时雇用性质。"明资匠"、"巧儿匠"则多为有特殊手艺或技能的工匠,待遇更高些,但与番匠同样具有强制性,所谓"散出诸州,皆取材力强壮,技能工巧者,不得隐巧补拙,避重就轻"(《唐六典·尚书工部》),也绝非自愿受雇。各种不同属性的劳动力比例,依据部门与产品质量要求有所不同,大致中央重点部门和工艺要求高的雇用的比例高些,依次而降,矿冶、建筑等粗壮简单劳动需求较多的部类仍以非自由人为主。总之,带强制性的出资雇役,在唐代最初还是"新生事物",越到后期就越成气候。

第二次转折当数宋明。由于以资代役的制度渐成气候,到北宋,官营手工业就以雇募制为主体,由政府支给钱米,工资级别也已经有籍可考(如下等工匠月粮二石,添支钱八百文;依次上升)。[1]但细分起来,"雇"与"募"之间亦有不同。被"募"工匠具有"官身",终身不得离开;而被"雇"者,当时工匠称之"当行",又称"纠差",仍属强制性轮派,但有一定的期限。[2]与以前征役制的不同,在于后者不再为无偿劳动。元代、明初虽然有一定的倒退,匠户身份低落,但从明代官府手工业轮班匠与住坐匠两种基本成分分析,仍是唐代雇募的延续。住坐匠附籍于京师及京师附近,每月10天,支给钱米。较唐倒退的是,轮班匠被征调的服役期一度增加到3个月,后减少到22天,但却为无偿服役。较大的变化发生在成化之

---

[1] 参《宋会要·职官》一六之五、六、七。
[2] 此说为童书业先生据招兵与募兵之别而创,似尚无直接证据可资坐实。我以为联系唐之短番匠与长上匠,明代有长住匠与轮班匠,当合情理。参《中国古代手工业商业发展史》,齐鲁书社,1981年版,第155页。

后,政府推行"以银代役"制,民间工匠被征调服役的制度终于可以用"赎买"的形式获得一定的解脱。直接劳役制经历了一千七百多年,才从手工业领域悄然隐退。

官营手工业民间征调或雇募比例的提高,也与官方直接经营从某些领域后退的趋势有关。金、银、铜均为币材,金银且为皇室权贵阶层特殊装饰用品,采冶和产品收购一向由国家严格控制,此处不论。这里要说的是原本与民间生产、生活相关密切的盐铁官营,为中华帝国经济的一大特色。盐的官营将放在商业一节讨论。这里重点讨论生铁的采炼冶铸。

我国进入铁器时代之早,当居世界之首。战国至汉初,铁的采冶曾是民间工商巨子致富的两大利源之一。作为新型金属材料,在武器、农业、手工业工具方面所具有的使用价值优势,获利之厚,可以想见。唯其如此,没有多久,自秦国统一前后起,即开始将利权收归国有,陆续有"铁官"的设置。全面实行生铁采冶官营,并禁止私人经营,则出于汉武帝财政利益应占首位的考虑。是时全国有49处"铁官",加铁矿产地两处,共51处,分布于40个郡国,长江以南只有桂阳郡(湖南郴县),显然这个地区进入广泛使用铁器较中原为晚。[1]

武帝后,终东汉之末,虽间有废罢宽弛之举,但铁官之设始终不废,其应变办法大多是在维持一定量的官营矿冶外,逐渐增开一些口子,或是允许部分民营,但必须官收官卖;或是委托民间经营,归铁官统一管理(类似官督民办)。[2] 被迫变革的主要原因是官营矿冶以非自由人劳动者为主体,难以管理(多次发生"铁官徒"武装暴乱),技术也日臻复杂,管理监督成本太高,不如坐收"租税",但总以官收官卖,不减少财政收入为目标。

---

[1] 西汉铁官设置数,各书说法不一。此据夏湘蓉等编著《中国古代矿业开发史》,第45页及表二《汉代全国金属矿分布地区表》。该表还列有若干未设置铁官的矿产地,均据《汉书·地理志》和《续汉书·郡国志》考出。地质出版社,1980年版。

[2] 高敏先生在《东汉盐、铁官制度辨疑》中指出东汉章、和时期曾有"纵民鼓铸"之诏,并认为东汉虽设置铁官,却已下归郡国管理,但收取铁税。文载《中州学刊》1986年第5期。东汉时,据司马彪《续汉书·郡国志》所载铁官有三十四处,除新增七处外,其余都较西汉减少。据此,目前只能说东汉已开允许民营或官督民营的先例,直接官营的比例较西汉有所后退。至唐始为之大变,"但收官税"的类型才成为了主潮流。详下注。

到唐代,由政府直接经营管理的方式更趋守势,不少"铁官"成为只管收税的官吏,制度的蜕变格局大致成形。入北宋,朝廷明令准许百姓自由开采,民营铁冶业开始兴盛,官营也改为募役。[1]变革后效率明显提高,有宋一代的生铁年产量达到500万斤至800万斤之多,较之唐代高出数十倍。[2]然而元至明初,又恢复官营,以致洪武二十八年内库积存生铁达3743余万斤,铁多为患。洪武帝于是"诏罢各处铁冶,令民得自采炼,而岁给课程,每三十分取其二"(《洪武实录》),民营铁冶又重新获得生机。清代康熙时一度严禁开矿,乾隆即恢复明制,但较之前代也没有明显发展。

由上述概论可知,就像生铁这样一项重要的产业,本可以推动社会经济的技术改造,但由于长期处于政府直接控制之下,劳役制度和官营方式虽然在管理、监督、效率诸方面弊端明显,但真正要以民营为主,颇费周折,反反复复,历时一千六七百年,此其一。其二,虽然自唐代起,民营比例逐渐上升,但产品仍然要由国家控制支配,以致宁愿在国家内库堆积如山,采取禁开或关闭的方式收缩采冶,也不愿放开民间市场。究其因,政府固执地认为铁之大用在武器,又生怕民间从事武器生产。中国历史上最著名的民营铁冶业如清代广东佛山,其大宗产品为铁锅,其次为铁丝。其余小型铁铺则多为打造农具。何以北宋以来,拥有世界顶级年产量的生铁,除了供应数以百万计军队的武器装备外,只能大量堆积存放于政府仓库,而不能用以推动其他手工业部门的技术改造(例如纺织机械都是木机,铁纺织机械要到近代才有),颇值得深思。与此相类似的还有煤的开采。据说远在新乐文化时期即有煤雕出土,西周亦有同类煤雕,煤的发现极

---

[1] 据《旧唐书·职官志》:"(盐铁特使)掌冶署,令一人,丞一人、监作四人……听人私采,官收其税。"然而,据《唐六典》卷30载明"凡州界内,有出铜铁处,官不采者,听百姓私采……官为市取",说明并非取消官营,而民营产品也仍由政府收购出售。这可与《唐会要》卷88载刘彤上言"得收其利,贸迁于人,则不及数年,府有余储矣"相印证。北宋一方面下令听民自采,一方面鉴于官营效率太低,大多改为募役,取消原来的劳役制。官营、民营、半官半民营三种形式平行不悖。据苏轼云,"(徐)州之东北七十余里,即利国监,自古为铁官,商贾所聚,其民富乐。其三十六冶,冶户皆大家,藏镪巨万。"(《东坡奏议》卷二)证明此处铁官制已撤销多年,悉由民营。

[2] 北宋英宗时生铁年产量达824万斤,高出唐宣宗年间约76倍。元丰年间为550万斤,减少的原因不知是不是表明铁产量已经过剩。

早。煤矿的开采和用以炼铁,有的认为可以远追溯到西汉(河南巩县、郑州两冶铁遗址),较可靠的说法则要到北宋(河南鹤壁煤矿遗址)。苏轼的《石炭行》就说到采徐州西南煤矿之煤用以炼铁(该处为四大冶铁基地利国监所在地),炼出的刀剑锋利异常。但是直至清末,煤矿的开采始终不发展。有关研究者还对西汉以来各种矿产特别是生铁的冶炼作过燃料分析,结论是绝大多数使用木炭,而极少用煤。民间亦是用柴火而不用煤,甚至在有煤的地区亦然如此。按照马克斯·韦伯的说法,蒸汽机的发明源于煤、铁矿的开发需求,煤铁的"重大联合"。[1]因此,可不可以说煤被冷落的命运,蒸汽机的发明与中国无缘,早隐伏在手工业的病态发展格局里,是一种历史的预设?

其实真正的根子还在手工业的社会地位。帝国统治者固执地认为只有农业才是创造物质财富的"本业",而工商则是耗费财富、损害农耕基础的"末业"。帝国重本抑末的传统国策,决定了帝国长期以来经济结构重心严重倾斜,手工业始终处在被强制、被压抑的地位。这种强制、压抑最突出地反映为人身的歧视。

手工工匠自秦汉起,始终是外在于一般编户齐民的一种特殊人群。且不说隶、徒之类的非自由人,就是民间工匠,法律强制必得世袭为业,不能自由迁徙,不能入"学校"读书(《魏书·世祖纪》载太平真君五年诏书),政府可以根据需要随时调遣强迁至别处(如京师或国家生产基地)。唐代由于民间手工工匠人数显著增多,因此法律规定比较清楚。如"一入工匠后,不得别入诸色"(《唐六典》卷七),由此推测他们必别立户籍,元明之专立"匠籍"必有历史依据。政府还加以组织编制,"凡工匠,以州县为团,五人为火,五火置一长"(《新唐书·百官志》)。自唐宋以来,"行会"之名称日见于史籍。这种行会与西欧行会大相异趣,其成立全系官府管理的需要,宋人对此说得明确:"市肆谓之行者,因官府科索而得此名"(《都城胜纪》),"市肆谓之团行者,盖因官府回买而立此名"(《梦粱录》)。从后者"团行"

---

[1] 马克斯·韦伯(旧译维贝尔):《世界经济通史》"第二编:资本主义开始发展以前的工矿业",上海译文出版社,1981年中译版,第162页。

的名称,即知与唐工匠"州县立团"的关联。"行头"实则为官府的代理人,征调劳役、强制"和买"(勒索)和课以赋税,都是通过这种严密的组织系统实施,滴水不漏。由于官方文本都语焉不详,我们对其细节部分向来不甚了解。据康熙五十九年(1720年)《长洲吴县踹匠条约碑》,得知政府对"不下万余"的"苏州内外踹匠",每十二家编为一甲,设"甲长"每月轮值。另从包头中择一人设立"坊总",每一作坊设"坊长"。"坊总颁给团牌,管押各甲"。"踹匠五人连环互保,取结册报",由坊长、包头、甲长填簿逐级汇总到"坊总",各负有"一体治罪"的法律连坐之责。下开九条"条约"。幸有这样的史料,我们方知对工匠管制之严。[1]这除了治安考虑外,更有征调劳役和征用产品的目的。由此可见,工匠比农民更少人身自由,是一种只有在中国方可理解的非自由的"自由人"。直到明代实行代役银制度之前,他们始终必须轮番为官府手工业服役。就以最少每年20天计,包括往返路程、官府拖延,至少要耽误二三个月的必要劳动。如此社会处境,中国手工业的发展自然举步维艰。

手工业者的上层,包括作坊师傅(小老板)或工商相兼的小店主,他们也还必须承担各种城市居民的赋役负担和工商之税(包括产品抽分)。地方官吏衙胥的百般勒索,见之于各种地方碑刻,多如牛毛,习以为常。生产销售的产品也有严格的限制。例如纺织房舍车服之类不得制造属官僚等级享用的产品,民窑不得烧造"官样青花白地(后扩展到黄、红、绿、青、蓝等地)瓷器",不得染指专买品领域,如此等等。因此民营手工业大多只能生存在农村家庭手工业与官营手工业的隙缝之中,拾遗补阙,活动余地极小。

各种通史在叙述手工业时往往渲染工艺创造以及它们的"科技成就"。事实上,整个传统社会手工业技术,明显带有"大一统性"、"工艺封闭性"和"劳动密集性"三个基本特性。重大的技术发明多服务于皇室官僚系统的大一统需求以及追逐好奇的个人癖好,缺乏技术改造的动力。精美产品都为少数特权阶层独占。它们追求的是不计成本的质量竞争,而不是价

---

[1] 载《明清苏州工商业碑刻集》,江苏人民出版社,1981年版,第68—71页。

格竞争,不能造成市场经济效应,刺激手工业经济的发展。许多重大工艺多属心灵手巧为基础的个人即兴创造,既不可能有理论性的总结,更无复制程序的重构观念(故中国科技始终缺乏实验环节),经验高度保密,父子单传,有的甚至为朝廷独占,世多失传,不具普遍推广价值,更不用说引起技术改造的连锁效应。绝大多数手工产品多为简单劳动,分工不细,与家庭手工业无多少差别。特别是矿冶、机械行业,劳动强度大,工作条件恶劣,但或因其为官营,或因民营者处境困窘,只得顾眼前利益,缺乏必要的资本投入,劳动密集型的手工部门始终产生不出技术改造的刺激机制,甚至有些节省劳力的技术也宁愿弃之不用。金观涛、樊洪业等学者围绕中国为什么不能产生近代科技革命的中心题旨,曾对中国传统科技作过出色的结构性解剖与批判,因与本题有所疏离,不能再作介绍,读者可自行参阅。[1]

再从手工业产品结构来分析,生产资料部类与生活资料部类的比例严重失调。由于帝国军事—官僚政治体制所造成的病态消费极为膨胀,其需求不仅数量可观,而且几乎深入到生活资料部类的所有领域,促使手工业部门结构恶性"浮肿"。纺织、陶瓷、酿酒、制茶、金银首饰、宫廷园林以致造纸印刷等都病态地偏向政府官僚的奢侈消费一头倾斜。生活资料部类的生产,留给民间手工业的空间很小,只有在官僚收入基本货币化以后,才显得比较活跃——然而究其实质,也只是原来官营消费的变态转移。反观生产资料部类,不仅缺乏必要的资金投入,而且大多被强制纳入军事—大一统的需求陷阱,限制民间发展;民间手工业的困窘反过来也限制了生产部类生产的需求。因此,从经济基础性的需求来看,农业、手工业的技术改造在生产资料部类萎缩的状态下,根本不可能产生变革的可能性。这是与西欧因战争的需求而推动私人工商业者乘机壮大的社会环境不能相比拟的,科技没有市场强大的需求推动,也难以形成气候。因此,中国传统社会手工业官营独占格局,其造成的社会后果,不只影响市场经济的片面发

---

[1] 金观涛、樊洪业等:《文化背景与科学技术结构的演变》,载《科学与传统文化》讨论集,陕西科技出版社,1983年版。

展和病态萎缩,而且弥漫性地影响到中国社会变化的一系列环节,实在是不可轻易放过的。

由上面各种分析,想到了通史界有些人常把城市手工业者看作为"市民",他们的某些反抗当成"市民运动",恐怕都是求之心切产生的一种幻觉。他们实际上仍是农民,而且比农民的社会身份更低,是破产了的农民走投无路后的一种无奈的选择,逃出了一只鸟笼,却又被关进控制更严的另一只鸟笼。自由对他们是一种奢侈品,可望而不可即。说到底,中国传统城市,更像是农村的复制品;即使是由商人或手工作坊老板组成的行会、公所,也有点像农村社会的空间移植。这一切,将是下一讨论议题的内容。

下 篇

传统中国的市场不可谓不发达,其城市的规模也曾居世界之首。早在公元前,战国秦汉之际,史迁的笔下,就已出现"天下熙熙,皆为利来,天下攘攘,皆为利往"的形容。[1]不管马可·波罗、雅各·德安科纳等人所写中国游记是否实有其人其书,但可以推想,只要西人来到宋明时代的中国,面对诸多中心城市"市场繁荣"景象,一定会感到惊讶莫名。[2]

美国学者钱德勒在《城市发展4000年》一书中列举了不同历史时期35个世界最大城市,中国有5个城市先后8次位居世界第一。[3]仅就欧洲

---

〔1〕 载《史记·货殖列传》。
〔2〕 对《马可·波罗游记》一书的真伪,海内外一直存在争议。1995年,英国不列颠图书馆吴芳思博士新著《马可·波罗到过中国吗?》出版,重开争端,国内报刊相关报道甚多,此处从略。最近上海人民出版社推出由英国大卫·塞尔本觅得并编译的《光明之城》。据说原作者为意大利犹太商人雅各·德安科纳,比马可·波罗还早4年来到泉州,归国后写下这一直秘藏至今的游记。此书的真伪也将引起学术争讼。上海人民出版社1999年版。书前有李学勤先生的《导读》与陈高华先生中译本《序》。陈高华先生提出的疑点,至为关键,读者可参阅。
〔3〕 转引自宁越敏等著《中国城市发展史》,安徽科技出版社,1994年版,第391页。钱德勒(T. Chandler)关于汉唐长安、北宋开封以及明南京、杭州、清北京的城市人口数,与中国史家所估算的颇有出入,不知其所出。如北宋开封仅44万余,显然过于偏低。

而言,11世纪号称"城市复兴"之初,人口最多的英国城市伦敦或温彻斯特,也不超过8000居民。[1] 1150—1200年,大城市巴黎、伦敦、科隆坡和布拉格才升格至3万人。直到1348年大瘟疫袭击前夕,巴黎、威尼斯、佛罗伦萨和热那亚的人口方接近10万,而伦敦、米兰等也只有5万多人。1500年左右,西欧居民达到20万的城市一个也没有;到1700年,才有12个城市的居民人数突破10万大关,其中在20万以上的有4个。[2] 相比起同时期的中国,不用说前后已出现过6个百万以上的都会(长安、洛阳、开封、杭州、南京、北京),县邑城市,明约有1400个,清增至1500个,[3] 其中人口在10万以上者为数不少,像盛泽一类的著名市镇,居民亦已达到5万之多。西人怎能不为之惊叹?

即或今之国人,若无历史阅历,读着孟元老《东京梦华录》以及相似的《都城纪胜》《西湖老人繁胜录》《梦粱录》等关于昔日百万人口都会"繁华"的载述,所谓"金银彩帛交易之所,屋宇雄壮,每一交易,动即千万","酒肆瓦市,不以风雨寒暑,白昼通夜,骈阗如此",恐怕也多少会跟着坠入"梦境"。

遗憾的是,在我们的通史里,也常常会跟着这些"梦华录",极尽所能地展示历代都市的"繁盛",表现中国古代"工商业的发达"。这些描述是不是片面,会造成什么样的历史错觉,似乎都无暇顾及。相比之下,我倒要敬佩起"局外人"布罗代尔。他在《15—18世纪的物质文明、经济和资本主义》第一卷设有"城市"专章,对15—18世纪东西方许多城市作了生动的历史描述,不时提到中国,也引用了诸多欧洲旅行家对明清中国都会繁华景象的游历观感。作为一位冷峻的社会史家,他显然并不为那些旅行家夸张的好奇心迷惑,一眼看出了他们观察的片面性,讽刺道:"不幸的是,(由于他们的报道)我们对于(北京)宫里的大场面比市井细民的生活了解得更多。我们更感兴趣的倒是用木桶运来活鱼的鱼市,或者是那个野味市场……这里,不常见的东西掩盖了日常事物。"末一句话特别深刻。他自

―――――
[1] 布瓦松纳:《中世纪欧洲生活与劳动》"第10章",商务印书馆,1985年版,第114页。
[2] 以上数据采自奇波拉:《欧洲经济史》第1、2卷,商务印书馆,1988年版。
[3] 据周振鹤:《中国历代行政区划的变迁》,中共中央党校出版社,1991年版,第71页。

己则敏锐地注意到了他们关于城市里衣衫褴褛的脚夫苦力和捡破烂者的叙述,并由此推断出"中国潜在的贫困无所不在。皇帝、官吏高高凌驾在这贫困之上,一味享乐靡费,他们的奢侈好像属于另一个世界。"当时的中国,城乡俨若两个世界,而两个世界的对立也集中投影到了城市的空间里,布氏的感觉是对的。

如果布罗代尔的议论仅仅到此为止,有些学问家或许会因其人道主义的色彩太浓而不屑一顾。布氏提出的下一个问题却使所有学问家都不能不屏息静听:相比东方"通常是国家赢了,于是城市隶属于国家,受到强有力的控制","欧洲城市享有无与伦比的自由;它们自成天地,自由发展。城市势力之大,竟能左右整个国家"。他将这种东西方城市迥异的历史命运比喻为"两名赛跑选手",一个赢了,一个输了,并说:"这一巨大事件的起源还没有研究清楚,但是它产生的重大后果十分明显。"[1]布氏很明智,他不想包揽问题的全部答案,巧妙地将"为什么会如此"的哑谜甩给了世界同行,留下许多悬念。

事实也确是如此。要想说明这一"起源",势必牵出千丝万绪,绝非三言两语所能道明。但是,布氏的结论是无可辩驳的。传统中国在城市和市场两个领域的"赛跑"中最后却成了输家,它走的是一条歧路,没有能朝通向"现代"的目的地跑去。

这里将继上篇商品生产的辩驳之后,从消费和流通两个领域,接着剖析帝国时代市场的性质。至于对布氏上述提问能否有较满意的解答,只好试着讨论,实在不敢说有多少把握。

帝国时代消费形态解析

人类的经济活动,归根到底乃是为了改善人类自身的生存状态,创造更好的生活环境。经济发展的动力,必然也只能来自人类不断增长的物质

---

[1] 布罗代尔:《15至18世纪的物质文明、经济和资本主义》第1卷,生活·读书·新知三联书店,1992年版,第650、651、608页。

与精神的消费欲求。因此,考察经济系统的动态运行,不能想象可以忽略消费的环节。市场的性质也要受制于消费的性质及其社会效应。中国古代经济史研究,对消费的关注非常不够,通史对此也往往付之阙如,不能不说是一个缺憾。

当然,生产与消费互为因果的关系,只有到了发达的商品经济时代,才有可能被人充分认识,也始有"市场杠杆作用"(或看不见的手)概念的提出。在传统农业社会,这种关系为种种非经济因素和传统观念遮蔽,消费经济受到传统思想家与史学家的冷落,是完全可以理解的。但这并不能勾销经济实在的规则,既有市场,就会有买方与卖方的互动,市场的发展不可能不受到消费需求与消费性质的影响。反过来说,要探究传统市场的性质,在说明生产供应方的状态之后(详见上篇),也还得深入剖析购买者另一方——消费形态的种种历史特性,才可能从生产与消费互动的视角,再来作综合的判断。

我想先从消费能力的来源说起。一个社会的整体消费能力,归根到底来自物质生产创造的成果,即供给市场产品的能力,这是没有问题的。货币有时也可以创造"虚拟"的消费能力。在中华帝国时代,不时也出现过因币材不足而导致货币短缺,商品贬值,更多的却是国家利用货币"改革"侵夺平民的财富,创造出"泡沫"性的国家和官僚消费行为。这种情形下,由此增长的消费能力具有虚假的性质。但从经济学上来看,短期的反常,并不能改变商品总量与货币总量动态平衡,才能有正常的经济秩序的法则。

在中国传统社会,购买力首先来自农业和手工业两大主要生产部门物质成果的分配与再分配,而商业除了具有刺激农业、手工业发展,并使产品增值的作用外,商业以及服务业的劳务收入也应该看作产生社会购买力的一种来源。如果把前者看作产生潜在购买力的"本源",那么出现于市场上最活跃的现实购买力,恰恰是由前者转型而来的间接形态,例如赋税及其变形——官吏俸禄与其他法外收入,高利贷和官营、专卖商业的超额高利润,以及各种官私地租收入等等,其次才是经营者(农民、手工业者、小商小贩等)的各种劳务收入。

诚如上篇所述,中华帝国时代,生产主体阶层农民和手工业者的购买力总是被压抑在维持人口生存与人口再生产的最低水平线上下,他们的市场消费能力微乎其微。即使入至明清时代,顾炎武曾以农业经济发达的松江为例,称"农家最习勤以为常,至有终岁之劳,无一朝之余。苟免公私之忧,则以自为幸"。又说"田家收获,输官偿外,未卒岁,室庐已空矣"。[1] 谢肇淛感慨道:"黄云遍野,玉粒盈艘,十几皆大姓之物,故富者日富,而贫者日贫矣。"[2] 身历"康熙盛世"的唐甄根据其在苏州一带所见,描述甚为真切,说道"行于都市,列肆炫耀,冠服华妩。入其(平民)家室,朝则囱无烟,寒则胴体不申",吴中鬻男女为优倡遍处皆见,"困穷如是,虽年谷屡丰,而无生之乐"。[3]

从实际情况看,佃农、自耕农家庭的消费具有浓厚的自给自足色彩,属于"压缩性"的低消费。相当多数家庭大都满足于果腹粗衣,向市场购买小额消费品需斟酌再三。究其原因,除了自然因素(旱、涝、蝗及瘟疫之灾)带来的不稳定,影响经济生活之外,主要是官税特重与私租苛刻两大因素,前者使业主(包括中小地主)难以施展手足,后者则压得佃户喘不过气来,故顾炎武曾有一奇想:"故既减税额,即当禁限私租,上田不得过八斗。如此则贫者渐富,而富者亦不至于贫。"[4] 手工业者的收入状况,恰如上篇所描述的,绝不比农民好多少,始终摆脱不了官府劳役的桎梏,生活更不稳定。这恰好表明,消费不仅取决于生产,且要受到分配环节的制约。不合理的分配制度可以起抑制消费,反过来阻抑生产发展的作用。

从传统消费模式而言,上一种我们可称之为"压缩性消费",那么相当数量的中小地主则属于"节俭型"消费,往往要以半自给为主,必要时才辅之以市场消费。略举清初留居吴中的唐甄的自述为例:"唐子有治长经之田三十亩,谢庄之田十亩,佃入四十一石,下田也。赋十五,加耗、加斛及诸费又一也,为二十三石。大熟则余十八石,可为六口半年之用;半熟则尽税无余;岁凶则典物以纳。尝通七岁计之,赋一百五十四石,丰凶相半,佃之

---

〔1〕 顾炎武:《肇域志》江南9《松江府》。
〔2〕 谢肇淛:《五杂俎》卷4。
〔3〕 唐甄:《潜书》下篇上《存言》。
〔4〕 顾炎武:《日知录》卷10。

所获不足于赋，典物以益之者六斛，而典息不与焉。"[1]足见明清江南官粮之重，使一般小地主的生活也相当拮据。最后，唐甄不得不出让田地，改为经营丝绸贸易，处境才有所改善。当然，像唐甄单纯靠坐收田租持家，这在江南不算是善筹家计的，困苦更在理中。一般若经营有方，庶几可得"小康"。吴伟业曾说到太仓诸生王鉴明，精天文地理之学，明亡后遁入浙江天目山中，力田十余亩，"躬耕于野"，经营自养，自得其乐。[2]王鉴明作为明"遗民""隐士"的生活方式固属特例，但从记述看其基本生活资料多依靠奴童雇工以及家庭手工业自理，在历代"寒士"之家，颇具代表性。这说明即使中小地主也仍然难脱自给自足的窠臼，无力全部依赖市场消费以维持自身的生活。此即通常所说的"小康"消费方式。

除以上两种消费模式外，也确实存在着另一种令人触目惊心的"豪奢型"高消费模式。历代事例，各种史书所载俯拾皆是。我曾以明清江南为例，归纳为九类消费项目，并作了一些历史计量描述，此处不再赘述。[3]现在需要重点分析的倒是，这种高消费能力是怎样形成的，以及这种豪奢型高消费的性质与社会效果。

没有疑问，这种高消费能力在传统社会与广占田产（也不排斥兼营某些商业、高利贷）不无关系。入至宋元明清，私人田产的分散化倾向逐渐突出，唯有所谓官僚缙绅才可能拥有大田产至千亩、万亩以上者。仅以明代为例，华亭徐阶一度入嘉靖内阁出任首辅，权势显赫。据说其家族拥有田产24万亩，富于严嵩；[4]湖州董尚书（份），"田连嘉湖诸邑，殆千百顷"；[5]华亭董其昌拥有"膏腴万顷"；[6]常熟钱谦益总田产不详，仅据其

---

[1] 唐甄：《潜书》上篇下《食难》。
[2] 吴伟业：《吴梅村诗集笺注》卷2《寿王鉴明五十》。参见《归庄集》卷2《曹翁寿诗序》、卷7《陆翁家传》。
[3] 请参阅拙文《明清江南消费风气与消费结构描述》，载《华东师大学报》1988年第2期；《明清江南消费性质与消费效果解析》，载《上海社科院学术季刊》1988年第2期。
[4] 伍袁萃：《漫录评正》。
[5] 范守己：《曲洧新闻》卷2。
[6] 无名氏：《明抄董宦事辑》引《控董其昌辩冤状》。

死后亲戚威逼勒索去"膏腴六百亩",[1]生前田产亦当以数千计。这些"尚书"级的缙绅,家有千亩租入,即为千两白银,岁有数千成万两白银之入,当然完全可以支撑他们豪奢的消费方式。

然而,有一点常常容易被人忽略,即使广有田产,也很难支撑无限度的豪奢性消费。当消费水平降不下来,而家产收入因众子均分的缘故,今不如昔,家庭经济就必然陷于崩溃。古时有所谓贵族之家"五世而斩"的说法,但到了科举时代,多数仅能维持"三世",周期大大缩短。号称富庶的江南,明清田产转移之频繁,门祚兴衰之无常,私家笔记、野史记载颇详,作者每以"欷歔不已"作结。清初钱泳在苏州府见到许多田产巨万之家因挥霍无度而转眼没落,有诗咏道:"生前占尽三州利,死后空留半亩坟。堪笑世人贫益富,不知于我似浮云。"[2]叶梦珠在《阅世编》卷五《门祚》中更一一罗列松江府诸多由富转贫、家道中落的事例,不胜感慨:"以子所见,三十余年间,废兴显晦,如浮云之变幻,俯仰改观,几同隔世。当其盛也,炙手可热,及其衰也,门可张罗。"[3]"三十余年间",仅隔一代而已。这种门户败落,虽与豪奢挥霍不无关系,究其根底,多半是由祖上官宦,后裔则降落为"素封",境地每况愈下所造成。王士性说得好:"缙绅家非奕叶科第,富贵难于长守。"[4]

王士性真是一语道破天机。奢侈性消费强大、持久的经济后盾,恰恰主要不是来自田产经营,而必须依赖于政治性的官僚俸禄与巨额的法外收入,亦即权力的支撑。历代拥田万亩、千亩者,查其家世,多属显宦家族,出身非尚书即侍郎部曹,身居六卿,官运亨通。更应该指出,奢侈性高消费的经济来源,与其说主要来自官俸,毋宁说依靠法外收入。钱谦益虽两度出仕,高居要职,然都昙花一现,瞬即下野,其数万家产,纵情挥霍之财力又从何而来,似乎是一个谜。张汉儒劾钱氏疏稿,虽竭尽告讦之能事,不可谓完全无中生有,毕竟也透露出钱氏一类明代乡宦倚势恃强、弱肉乡

---

[1] 《虞阳说苑》甲篇《河东殉家难事实》所载《孝女揭》。
[2] 钱泳:《登楼杂记》。
[3] 叶梦珠:《阅世编》卷5《门祚》。
[4] 王士性:《广志绎》卷4。

民、恣意刻剥的种种劣迹,如荐举受贿、侵吞钱粮、把持盐政、冒顶骗饷、接受投献、包讼官司等等,俱为钱氏等生财致富之道。[1]其非法收入正不知为官俸的几十、几百倍!又如钱谦益的情敌谢三宾,亦为华亭人,曾任太仆少卿,其视师登莱时,借戡平"盗寇","乾没贼营金数百万,其富耦国"。[2]"百万"之数可能出于夸张,然贪污巨款是实。他靠着这抹黑的巨额白银,买宅西湖,放情声色,比钱谦益从容自如得多。还乘人之危,从钱氏手中夺得宋版《汉书》,竟使"风流教主"钱牧斋虽夺得娇娘柳如是而沾沾自喜,却不得不以失此殊宝抱憾终身。至于受门生故吏、下属官员之种种"贽礼",在历代都属公开纳贿,常常是一笔难以计算的可观收入。崇祯时严禁受贿纳贿,官场贿赂却愈禁愈烈。谈迁在《枣林杂俎》中提到当时士大夫的"荐贿",即说"崇祯末士大夫苞苴辄千百金,苦于赍重,专用黄金美珠人参异币,时都门逻严,而经窦愈广"。史载周延儒依靠张溥等集资20万巨款买通关节,得以再度入阁任相,上任途中即收受人参巨贿,"积若山阜"。[3]明末上等人参一斤价值达16两白银。所贿人参堆积如山,堪称价值连城。地方官献媚行贿用尽心机到此等田地,亦可知官场用于此等消费(我曾戏称为"发展性消费",即官场投资性消费),上下成风,朝野弥漫,已到了尽人皆知,几为公开的"秘密",它在官宦消费结构中具有突出地位。清初广泛流传合肥龚鼎孳因小妾顾眉力阻其殉节,甘为"国贼"(降清)的笑话,所谓"我愿欲死,奈小妾不肯何"?[4]其实,"妻管严"的背后,正是对沉湎难舍的靡奢淫逸生活方式的眷恋。与龚稍不同,吴伟业是因维持不了百口之家的巨大消费,为高消费的经济重负所迫,也不得不出仕清室,自叹"误尽平生是一官",又不得不以"一官了婚嫁,可以谋归耕"自嘲。[5]究竟是什么使其畏死而恋栈官场,"误尽平生"?据说吴上任时,

---

〔1〕 张汉儒:《疏稿》,引自谢国桢《明代社会经济史料选编》下册,上海人民出版社,1980年版,第361—364页。赵翼《廿二史劄记》卷34列举明代缙绅乡宦之恶,事例甚众,可参见。
〔2〕 全祖望:《鲒琦亭外集》卷29《题视师纪略》。
〔3〕 刘奥文:《五石瓠》。
〔4〕 葛昌懋:《靡芜纪闻》引纽锈《临野堂集》《绅志略》。
〔5〕 《吴梅村诗集笺注》卷5《自叹》、卷6《送周子俶》。

"多携姬妾以往",[1]如此迷恋于拥姬挟妾,挥霍无度,亦就不得不"入吾彀中"。复社成员吴昌时,明末在江南算得上是豪奢巨子,在嘉兴南湖据有鸳鸯楼,名闻遐迩。"酒尽船移曲榭西,满楼灯火醉人归。朝来别奏新翻曲,更出红妆向柳堤。欢乐朝朝兼暮暮,七贵三公何足数。"[2]虽有20万巨额遗产,仍不足维持,于是勾结周延儒,"通厂卫,把持朝官",终因"赃私巨万"而弃首东市。[3]豪奢型高消费的来源,除了广占田产、官场俸禄贿赂两大支柱外,便是商贾长袖善舞。缙绅地主兼营商业高利贷不在少数,富商大贾更靠串通官府,买卖亨通,加入到奢侈性高消费行列,容后再论。

我们从以上三种个体消费模式里,已经看到了中国传统社会消费行为的两个极端:一头是处在贫困线上下,多数劳动者以及部分贫寒的士生消费严重不足;另一头是穷奢极欲,消费过限,造成了种种不正常、不合理、不道德的经济生活与精神生活的病态。处于中间状态的"小康之家"的消费水平只是相对地稍微宽绰,实际也仅属自给或半自给性的低消费水准。这种消费模式,以消费主体区分,大致有贫困型、小康型、豪奢型三种;以消费方式分,又有自给型、市场型与自给、市场混合型三种。消费水平高低悬殊,突出地体现了传统社会消费的鲜明等级性与强烈的政治色彩。

以上都是着眼于个体的消费形式。事实上还有一项不可忽视的社会消费未予涉及,那就是:帝国政府的巨额军事—行政消费。为了维护大一统的帝国集权统治,帝国政府必须拥有庞大的军事—官僚系统,并实行繁复的军事—行政管理,造成了一种特殊的以国家财政支付为手段的"社会消费"。这些消费项目除支付巨额俸禄(还包括恩赏奖励)日常开支外,诸如武器装备、道路(水陆)设施、内外军事防卫设施、上至宫殿下至各级政府衙门的修建,以及时不时动用军队内外作战的战争费用等等,其总量虽无法统计,但从官僚军事机构的规模即可窥见一斑。帝国官僚军事机构规模,历代发展的总体趋势都是由简至繁,官吏军士数量直线上升。《汉书·平帝纪》载元始五年诏:"惟宗室子皆太祖高皇帝子孙,及兄弟吴顷,

---

[1] 林时对:《荷插丛读》卷3。
[2] 《吴梅村诗集笺注》卷2《鸳湖曲》。
[3] 《明史·周延儒传》。

楚元之后,汉元及今,十有余万人",明代分封藩王,皇族人口繁殖更是骇人。以官吏人数而言,根据《通典》《续通典》"职官"极不全面的统计,西汉文武官员为7500余员,包括吏属总计为13万余至15万余员;唐文武官员倍增到18000余员,包括吏属总计达37万余员。北宋文武官员上升到42000员,估计包括吏属将近100万。宋真宗一次裁减各路冗吏就有195 800人。北宋真宗至仁宗40多年,文武官员增加1倍,包括吏属,据宋祁估计,猛增5倍。这么日益膨胀的官僚机构,仅俸禄一项,在两汉约占全国财政开支的一半,到宋、明,由于军费激增,相对比例下降为1/3,但绝对值却有增无减,不断上升。军费,始终是一项更为沉重而且不稳定的非生产开支,平时养兵,所费甚巨,战火一开,钱粮就像流水般淌去,难以胜计。东汉永和中仅对西羌的几年战争,据蒙文通先生的估计,平均每年耗费70亿,约占年收入的1/5。中唐后,古人即有用兵10万"不得农桑者七十万家"之叹,德宗建中元年籍兵768 000余人,则将祸及农家513余万户。[1]唐元和后,南方地区竟达到"二户养一兵"的程度,即使京西北,河北地区也"率三户以养一兵"。[2]帝国后期实行募兵,军士人数猛增,达到惊人的地步。宋初厢、禁军总额为22万,8年后,仁宗庆历年间已达到近120万,猛增4.8倍。明朝一开国,基数就高,洪武二十五、二十六两年分别为120万至180万,永乐时期又增加到280万,[3]为历朝开国初期所未有。军费的比重陡然上升,宋代已占全国财政开支的1/3,而明更是畸形,隆庆年间,一岁钱谷所入为230万两有奇,而边饷竟至280万两,遂有明末"加派"之举,直至亡国。

国家财政支出,除了前面说到的官僚军士俸禄支出,间接转化为这些阶层的个体消费,成为市场消费的大主顾外,应该特别指出的,官府、军队以及其他"公共工程"所需公共用品的直接消费,也会部分地进入市场,成为一种特殊的"买方市场"。如果说这些"公共用品",前期大多取自派征上贡和官府手工业,那么自唐宋而后,政府采办(包括强行勒索性质的"和买")的比重越至后期越大,故程念祺君遂有"财政市场"之说(他说的范

---

[1] 《资治通鉴》德宗建中元年。
[2] 《文献通考·国用一》。
[3] 转引自吴晗《读史劄记》"明代军兵"。生活·读书·新知三联书店,1956年版。

围比之更广,还包括因财政需求而造成的特殊市场行为,我将在商业一节再行讨论)。[1]上篇说到的明代"九边"军需棉布、棉花数量之巨,就是一个典型的事例。再如向来被作为"资本主义萌芽"依据的明清苏州丝织业"机户出资,机工出力",经专家研究,此类机户实质是服务于政府采办的"外包工",是在官府"织造"萎缩后,政府通过市场定点采购,完成政府消费行为的一种特殊形式。[2]

至此,我们可以将中国传统帝国时代社会消费结构的主要特征归纳如下:在消费结构内部,国家军事—行政消费大大超过社会个体成员的消费,非生产人口的消费大大超过生产人口的消费,生活性消费大大超过生产性消费,奢侈性消费大大超过正当性消费。四大比例失调,消费重心严重倾斜,说明这是一种在大一统集权统治体制下才可能产生的,具有强烈政治军事色彩的,畸形病态的社会消费结构。这种畸重畸轻的病态消费结构所产生的社会后果,很值得分析。

若要追究造成生产主体消费严重萎缩的原因,首先离不了帝国赋税徭役的苛重。生产者前期苦于劳役无度,后期困于赋税太重,特别是经济先进的东南沿海地区,备受"平调"之害。地租、高利贷乃至官商色彩的专卖商业,与国家赋税结伴而行,成为剥夺生产者剩余劳动的又一利刃。畸形的劳动密集型生产方式还带来人口膨胀的恶果,使劳动生产率被人均分割而更趋下降。帝国的土地政策与商业政策阻断了生产经营者向规模经济求得改善生存境况的机缘。如此等等都促成生产主体消费的严重萎缩。其结果便是生产发展缺乏更广泛的需求刺激,表现为生产经营者的积极性低落与技术的保守停滞。

市场的发展,正因为建筑在生产主体与消费主体严重背离的沙滩上,没有了广泛生产主体的参与,缺乏向纵深发展延伸的动力,个别豪富市场的繁华与普遍平民市场的萎缩适成鲜明对比,点与面脱节,使市场在整体

---

〔1〕 详参程念祺《论中国古代经济史中的市场问题》"大一统后的国家财政市场",载《史林》1999年第4期。

〔2〕 参阅西嶋定生《中国经济史研究》第3部"中国初期棉业史研究",农业出版社,1984年版。

上更像是一张此断彼裂的破网,网漏几可吞舟。

　　就以城市人口而论,古代中国城市均建筑在政治军事中心之地,为历代行政建制的产物,通过由上而下建立。作为帝国都会,人数超过百万,只能说明帝国官僚—军事机构的庞大,寄生性人口以及为他们服务的附属人口众多,财政负担之重,绝非西欧君主国所能想象。然而虚假繁荣毕竟掩饰不了它的基础脆弱。当生产主体陷于经济困境,发生"再生产危机",并给予惩罚性的打击时,沙滩上的大厦顷刻倒塌。这就是我们常常看到的每两三百年一次的战后"经济萧条",城市凋敝乃至一蹶不振。当开封失去其北宋都会地位之后,其当日的畸形繁荣也就烟消云散,沦为二级城市。《东京梦华录》说的不正是这样的噩梦吗?孟元老还不知道更惨的是,待到明末战乱,开封水淹,历朝建筑悉数废于一旦。如今唯有水淹不了的铁塔,如白头宫女孤独地残存下来,诉说着这一中国古代都会特有的兴衰史!

　　威廉·汤普逊说得好:"按照自然之理,对于生产的最强有力的刺激(也就是最大生产所必需的刺激),是使生产者在完全享用他们的劳动产品上获得保障。"[1]当然,这是一种理想化的观点。但生产者在占有劳动产品方面权益的多少,即社会分配中所占份额的大小,应该是社会进步的一个标尺。欧洲中世纪向现代的转变,与许多传统描述的不尽相合,其契机正在于对农民处境的某种改善,包括人身自由与赋税等封建负担的减轻,然后才有耕地的拓殖、农业经营的改革与家庭手工业向工场规模的发展等新气象。[2]农民的被剥夺与小农阶级的消灭,则是将近一百年以后(工业革命)的事,主要也只发生于英国。现在不少人只是记住了这一英国农业革命的最后结局,却没有注意到农业突破性的发展即使在英国也是现代化展开的一个基点,它是依赖于小农阶级积极性的"解放"才取得的。[3]

---

〔1〕 威廉·汤普逊:《最能促进人类幸福的财富分配原理的研究》,商务印书馆,1981年版。
〔2〕 可参考布瓦松纳:《中世纪欧洲生活和劳动》,商务印书馆,1985年版;皮朗:《中世纪欧洲经济社会史》,上海人民出版社,1964年版。
〔3〕 请参前编《农业经济的内环境与外环境》。

按照明清江南农副业所取得的生产力水平,农业经营地主在经营方面取得的成就,如果松弛国家的田粮杂赋予高额私租两大绳索的捆绑,即使进行一定幅度的减轻,也可能会像顾炎武所设想的,"贫者渐富,而富者亦不至于贫矣",江南完全有条件率先在农业手工业领域出现突破性的变革。这更有力地说明,明清社会转变的根本性障碍,主要不应归咎于生产力结构,而必须追究分配结构以及决定这种配置结构的政治体制。

生产主体消费水平的被压抑阻碍生产的发展是比较容易理解的。那么,传统社会居主流地位的高消费现象又应怎样评估?为什么它同样也不能刺激生产的发展,使之成为推进社会经济结构转变的动因呢?

我曾通过对九类社会主要消费项目的粗略数量分析,得到的结论是:日常食用消费仅占微弱的比重。相比之下,室居器用的消费稍大,然多为耐用消费,一次投资可子孙传代,比例也不算大。巨额的高消费却用之于追求雕琢、新奇或足以炫耀门第的豪奢消费,如操办豪华的婚丧喜庆、储藏珍宝重器与竞建园林别墅等,更有甚者,则是为追求功名利禄、官场拼搏的政治性发展费用,以及满足青楼姬妾、歌舞彻夜、酒池肉林的费用,几似无底之洞,非倾囊而尽,绝不罢手。这说明,官僚缙绅阶层的高消费具有传统的特权奢侈消费性质,它与宫廷消费相互激荡,形成病态的畸形消费。这种病态的高消费,实际上只能导致商品经济的虚假繁荣,无益于社会经济的健康发展。

首先,奢侈消费的大宗都是工艺复杂、不惜人工的精致产品。这类消费品的生产奉行质量竞争的原则,而同实行价格竞争的合理化生产宗旨(即改进技术、降低成本、扩大产量、提高效率的近代生产宗旨)格格不入,时代精神迥相殊异。他们珍藏、馈赠的大量珠宝、翡翠、玛瑙、象牙、金银首饰、摆设及金银用具,都属于传统工艺品范围,材料稀贵(有的取之于海外),制造工艺取决于传统工匠世代相传的雕琢手艺,不可能扩大再生产,而价格的昂贵使大量的货币被消耗于这类不实用的消费上,阻抑了投资的欲望;特别在金银贵金属方面,特权阶层更表现出强烈的"储藏"意识,[1]妨碍了社会游资向其他实用生产部门的转移。即使像丝绸棉布的纺织生产,在欧洲是率先向合理化生产转移的起跑点,然而在我国传统社会,奢侈消费追求的不是服装衣着的大众化,而是带有特权等级特色的服饰精致工艺化。据叶梦珠、范濂所述明清时内服皆尚刻丝、织文,后又流行"以绫纱堆花刺绣,绣仿露香园体,染彩丝而为之,精巧日甚","绣初施于襟条及肩带袖口,后用满绣团花,近洒墨淡花,衣俱浅色,成方块。中施细画,一衣数十方,方各异色,若僧家补衲之状,轻便洒潇"。[2]"绫绢花样初尚宋锦,后尚汉唐锦、晋锦,今皆用千钟粟倭锦、芙蓉锦",[3]更有一种龙凤牛头麒麟袍服,染大红、真紫、赭黄等色,"一匹有费至白金百两者",[4]即由民间折技、团凤棋局、花纹棉袍发展而成,后为宫廷所专用。服饰的工价与原料成本严重不成比例,往往高出几十至百倍,从经济的眼光看来,纯属豪奢的高消费。这类奢侈消费也普遍见于希腊、罗马与欧洲中世纪的宫廷、贵族消费。这是一种现代化以前的消费特色,"为了毫无意义的享乐,支出莫大的费用,消费支出的数量多本身成为它的目的"。[5]它只能稳固偏重传统手工艺的陈旧生产结构,而不能产生那种现代化所需要的新的刺激,促进"为通过减少生产成本和降低价格以牟利的独特的资本主义趋势"。[6]与此相反,农副产品的价格偏低[7]。肉类(猪、牛、羊)与家禽的消费价格之低,突出地反映了广大民众阶层的副食品消费基本自给,他们在这方面的市场

---

[1] 详参杨联陞:《中国货币与信贷简史》"前言",载"中国现代学术经典"《洪业、杨联陞》卷,河北教育出版社,1996年版,第572页。杨先生提到的是清朝和珅,同样,在明朝严嵩的抄家清单里,也反映出其储藏的金银数量之巨骇人听闻。历代窖藏金银不时被发现,更突出地说明了官僚豪绅将大量金银用以储藏,不能转化为投资资本,实是一种普遍现象。此点经由杨先生指出,我认为至为紧要,应引起史家足够重视。

[2] 叶梦珠:《阅世编》卷8《内装》。

[3] 范濂:《云间据目抄》卷2。

[4] 褚华:《木棉谱》。

[5] 威廉·罗习尔:《历史方法的国民经济学讲义大纲》第17节《奢侈》,商务印书馆,1981年版。

[6] 马克斯·韦伯(旧译维贝尔):《世界经济通史》,上海人民出版社,1981年版。

[7] 我曾对明清江南地区的副食品与其他商品的比价作过一些描述,请参阅拙文《明清江南消费风气与消费结构描述》,载《华东师大学报》1988年第2期。

购买力低落到最小限度。反过来它又使农副产品的生产缺乏强有力的刺激,仅限于农民的家庭副业,无以产生新的诱因推动农副业走上专业化生产(大规模扩大生产)的道路。这种情况正与西欧现代化前后农副产品价格上升的现象截然相反。因此,尽管官僚缙绅盛筵成风,却不会带来任何促进生产发展的积极效果。农副产品的商品化只局限于中心城市周围极狭窄的四郊,寥若晨星。农业变革的前景渺茫得看不见一丝微光。

其次,过多的财富在奢侈的名义下所造成的罪恶,不仅在中国,就是在世界其他国家,也一直是道德家们非难的一个题目。明清之际关于浇风日滋,"人情以放荡为快,世风日以侈靡相高","黠傲之俗,已无还淳挽朴之机"的众多议论,剔除其传统世俗的偏见(对任何有悖于传统的新现象的敌视),关于奢侈所带来的道德方面的弊害,他们批评得还是有道理的。奢侈消费使这些极端富有者的心灵受到污染,不会珍惜财富的来之不易;极端的官能享受,必然使这些人缺乏坚毅的精神(明清之际,缙绅的失节行为从这里也可以得到一点解释)。入至帝国时代,我国与西欧很不相同的是,地主多不事经营,以食租为主,而在宋时之后,城居地主的比重不断上升,成为寄生性极强的食租阶层。具有政治身份的地主更以超经济的手段,助纣为虐,伙同官吏强取豪夺。因此,在他们中间无法造就出一代社会变革者所需要的坚韧不拔的素质。他们只知道如何不择手段地攫取为满足官能享乐所需要的大量财富,根本不会考虑如何通过艰辛的经营(更不用说冒险)去积攒财富。我们在明清之际虽然也看到过一些(也许最多还不到几十个!)经营地主,但他们多半都不是身份性缙绅;而且,也随时有可能会蜕变、倒退为缙绅(徽商则又是另一种蜕变,容后再论)。与西欧中世纪后期的领主贵族相比,明清的缙绅应该是自叹不如的。这不能不说同强有力的专制政治支配下所造成的财富分配极端不平等,以及由此产生的糜烂的奢侈生活方式有关。

还有另一种社会后果也不能忽视。"极端的富有将引起羡慕与模仿,并以这种方式把富有者的恶行传播给社会上其余的人或者在他们当中造成其他罪恶。"[1]威廉·汤普逊的这段议论也十分切合中国的明清社会。围绕着这些骄奢淫逸的官僚豪绅身边的,既有东施效颦的富商大贾(容后再议),还产生了诸如豪奴衙蠹、男优女娼、市侩帮闲、三姑六婆等各色人等,造成了各种社会恶行,尽管后一类人的身份实是可怜,不过是富有者罪恶的殉葬品。在这方面,马克斯·韦伯的某些论点不无参考的价值:现代化在欧洲,也绝不是单纯靠奢侈这类不合理的经济贪欲发动起来的。[2]

最严重的社会后果则是来自政治方面。以政治一体化为主要特色的中国古代传统社会结构,一方面用政治强有力地统治着经济,政治、经济融为一体,所有奢侈性的高消费无不是靠着政治的力量才得以持久地支撑着,经久不衰,绵绵不绝;另一方面,正因为如此,为着追求奢侈性的高消费,更鼓励着极端富有者必须紧紧地攫取政治权力,将政治权力视作生命,从而又强固了官僚军事性质的集权政治结构,并且使权力的垄断与滥用成为无法克服的社会痼疾,任何新的力量都难以摇撼这棵盘根错节的千年老树。帝国后期,随着白银成为流通货币以及赋税货币化的推进,吏治的腐败,官场朋党角争,都愈演愈烈,并出现了严嵩、和珅一类前所未有的巨贪,都从这里可以得到解释。

当然,帝国时代长达两千多年的消费经济也并不是没有一点变化的迹象,这方面当然要以明清江南最为典型。该地区的消费经济,在明清两代,从纵向(历史)或横向(地区)比较看,都有某些进步。如果将视野扩大到城镇,那么,也绝不是毫无变革的端倪。由于江南的农业经济结构已经发展出粮食、经济作物与家庭副业、手工业并举的复合式多种经营结构,农业内涵发展的潜力得到较为充分的发挥,提供维持人口生存与再生产的必要消费量的劳动生产率有明显的增长,这就为从农业中挤出过剩的劳动力转到其他经济部门成为可能(这不同于旧式的流民群)。家庭手工业的发展、市镇人口(其中绝大多数为手工业、商业以及其他服务业人

---

[1] 威廉·汤普逊:《最能促进人类幸福的财富分配原理的研究》第2章,商务印书馆,1981年版。
[2] 可参考马克斯·韦伯:《新教伦理与资本主义精神》,生活·读书·新知三联书店,1987年版。

口)的剧增,以及流向一、二级城市人口的增加(例如苏、杭、宁的踹工、染工,还有庞大的服务业从业人员,多数来自江阴、绍兴等农村),都形成了一定容量的人口流动群。这种农村人口向城市的流动,在欧洲中世纪后期,曾经是推进资本主义经济关系产生的历史前提之一,是现代化历史展开的序幕。市镇、城市的这些新增人口,为城镇消费经济增添了新的成分,推动了消费的大众化。从地方文献记载中,我们经常可看到城镇属于社会底层的人群正在向原来的消费阶层挑战,骚扰了后者的消费习惯。所谓"服饰器用竞相僭越,士庶无别","自明末迄今,市井之妇,居常无不服罗绮,娼优贱婢以为常服,莫之怪也","至今日而三家村妇女,无不高跟履"等等感叹,[1]说明这种新的消费主体的参与,尚难为传统观念所理解。消费主体的扩大,推动了某些消费品的大众化,从而为该类产品的生产提供了刺激。最能反映这种消费变革的便是该类产品由于大众化而价格趋贱。例如制袍服的姑绒,明时每匹价值银百两,到康熙时已降至一二十金,次者仅八九分一尺,下者五六分,"价日贱而绒亦日恶",富贵人改以皮裘标榜;茶叶明时得二三两一斤,到康熙时有二钱一斤的,"然色如旧而味无香气矣";瓷器价格也拉开,崇祯时最上者三五钱一只,丑者三五分银即可买十只;烟叶刚进江南一两二三钱一斤,康熙时已降至每斤不过一钱二三分;水蜜桃露香园佳品刚出,每斤值银一钱,后"种日广而味日淡,质亦渐小",每斤只卖四五分……[2]马克斯·韦伯在《世界经济通史》中说过:"走向资本主义的决定性作用,只能出自一个来源,即广大群众的市场需求,这种需求只能通过需求的大众化,尤其是遵循生产上层阶级奢侈品的代用品的路线,而出现于一小部分奢侈品工业中。"[3]当然,马克斯·韦伯也并没有把这"决定性作用"看作是他现代("合理资本主义")理论的唯一内容,实际上他在其他地方还论及更多比之更为重要的"决定性作用"的内容。但是,他确实为我们提供了理解上述某些消费品"价日贱而质日恶"

---

〔1〕 叶梦珠:《阅世编》卷7《食货》。
〔2〕 同上。
〔3〕 可参考马克斯·韦伯(旧译维贝尔):《世界经济通史》,上海人民出版社,1981年版,第262页。

现象的钥匙,告诉我们不要忽视这种新消费现象包含的社会意义。但是,社会变革是一种综合性的总体变革,仅有一小小隙缝是不足以使旧社会的大厦倾覆的。在明清江南,首先是从农村中挤出的大量过剩人口往往被官僚贵族所吞噬,成为男优女婢,成为青楼娼妓,成为舆夫佣仆。江南大家蓄奴之风盛行,以至被人称为"第二次农奴化",即是一个例证。人口的价格低贱,一个婢女抵不上一斤人参,家养奴婢千人,在缙绅之家是负担得起的。这从另一个侧面又说明了官僚缙绅在高度集权的专制政治庇护下十分强有力,中国古代不可能出现与传统政治壁垒相对抗的、具有"自由空气"的西欧式的城市,使人口流动群得到良好的、有利社会转变的归宿。城镇中的手工业太薄弱,无法容纳更多的流动人口,少量流入城市的农业人口更多的是被附庸于官僚缙绅奢侈业的服务业所吸引。他们还受到奢侈消费的风气的浸染腐蚀,不能合理地支配其经济收入。我们从地方文献与碑刻中看到,踹工、染工的仅有收入往往被胡乱花在酒肆、赌场与戏馆中,缺乏必要的储蓄欲望。[1]有益于社会生产发展的,从质量竞争变为价格竞争的新消费经济没有能形成一股势不可挡的潮流。在明清江南,实在谈不上有所谓"市民经济"与传统经济的对抗。"端倪"之谓,最多也只是一束微光,沉重的传统黑箱仍然紧锁着,不容也不可能被打开!

帝国时代商人的历史命运

进入改革开放时期,流通领域率先活跃起来。一改数千年轻商、贱商的传统观念,竟有"全民经商"的谑语流行,着实叫世界为之惊奇。反映到学界,中国传统商人的话题,包括失落已久的徽商、晋商研究,近十余年由冷变热,从经济史而弥漫到文化、伦理、文艺各界。此中有喜亦有忧。经济史流通领域的研究,从来没有像现在这样得到广泛关注,绝对是一件可庆

---

[1] 参见《明清苏州工商业碑刻集》有关碑文及《苏州府志》《吴县志》有关官府严禁踹工、染工观剧赌博的材料。恕不赘引。

贺的事情。但也不得不指出，其间一些传述者无暇咀嚼消化，急于应世，缺乏必要的历史纵深感，甚至人为地变味，恐怕也会帮倒忙。

例如一些出版物浑然不顾传统商人与真正的现代商人之间隔着一条历史的鸿沟，专以重现传统商人的"辉煌"和"智慧"为主题，甚至还声称"只要把传统中国商人的方方面面亮出来，今日的中国商人也许会突然洞达自身"。在我看来，此话离谱得出奇，颇有点像期盼"植物人"奇迹般醒来，"传统商人"朝夕间就站立变为"现代商人"。先撇开"社会转型"根本性主题不说，仅就中国传统商人社会性格和历史命运而论，他们的许多描述也是不真实的。殊不知在帝国时代，中国传统商人扮演的，绝不是他们笔下那种充满喜剧情味的社会角色。其悲多于喜，种种历史苦涩，若被这种非历史的"寻根意识"刻意遮蔽，很可能会变成一种严重的误导。文学界尚情有可原，在史学领域也有这种现象出现，就不能不感到遗憾。

纵观帝国时期一代又一代的传统商人，他们苦于与政治的关联，不得不在帝国超经济干预环境下讨生计，屈从权势，匍匐而行。与西欧同行相比，他们只有"苦恼人的笑"，终究无力走出中世纪峡谷，成长为一种相对独立的社会势力。有商人而无"市民"，这是不争的历史事实。我认为，这才是史学工作者在中国商人面临历史转折关头，需要向全社会认真做出的一笔历史交代。同理，现代商人如不能挣脱陈年旧梦，对历史有深刻的检讨，也很难获得真正的自我。

古代中国商人确曾有过一次风光，其"青春时代"全亏了司马迁的神来之笔，被描述得栩栩如生。惜乎《货殖列传》仅为千古一现的"绝唱"。继后各部官修《食货志》却一步步沦落为国家财政流水账册。究其原因，修史者官家身份的气短识浅固然不能辞其咎，但自西汉中叶以降，列国纷争年代富商"结驷连骑"、"所至国君，无不分庭与之抗礼"的"良辰美景"，奈何均成"明日黄花"。时异势衰，商人的历史命运一步步沦入漫长的"黑暗时代"。纵再有神来之笔，也无法勾勒出根本不存在的，可与范蠡、计然、白圭一代伦比的伟业。

关于此种情境的开端，我以为，通过《货殖列传》与成书于西汉的《管子·轻重篇》对读,[1]便可以观察到中国商人命运的历史性转折。

传统时代商人的最佳舞台,乃是可获取巨额利润的远程贸易。利用市场足够大的空间,调动地区差价和季节差价,则是他们长袖善舞的两大"绝活"。此为传统商业的基本特点,中外皆然。在古代中国,唯春秋战国时代,才有此种千载难逢的最佳商机。因此之故,那个时代的商业先驱者对商品市场价格规则和成功经商经验的总结极精彩,可参阅司马迁转述的计然、范蠡、白圭诸人言论。那时虽然没有希腊、罗马似的海上大舞台,但中国地域之广大,列国资源物情之多姿,还是为商人提供了广阔的自由发展空间。列国必须借此才得以"互通有无"。正是凭借穿梭于列国之间的"国际贸易"大舞台,范蠡、白圭、吕不韦之辈才可能施展身手,谋如伊尹吕尚,智如孙吴用兵,趋时若猛兽鸷鸟之发,纵横捭阖,数致千金,乃至富可敌国。

在《货殖列传》里,太史公从关中起首,然后由三晋、巴蜀、三河……一直说到南楚、吴越,详尽列论各地域风土物情、都会胜景。司马迁如此着力烘托"天下经济大势",正合了流通基于资源多样和劳动分工、区域差异的经济学原理,说明其对富商大贾致富的市场背景有深刻的理解。另一旁证便是李斯著名的《谏逐客书》。他为了说服秦王放弃拒绝吸纳各国优秀人才(时称"客卿")的错误决策,拿来驳辩说服的论据,便是秦王享受的种种珍奇玩好无不来自各国,"物"既如此"国际化",何独弃"人"而不"爱"?李斯不厌其烦罗列的各方珍奇,正好坐实了当时"国际贸易"的活跃,以及这种"国际贸易"的特定对象主要是各国国君及其他公卿大夫的奢侈消费(与此伴生的还有高利贷资本的活跃)。这与西欧中世纪市场经济的早期发展格局有极相似之处。试想,所谓弦高犒秦师、郑商救荀罃,[2]乃至尽人皆知的吕不韦以子楚作"奇货可居"的故事,其主角哪一个不是因从事国际贸易而成巨富的,弦高带领的似乎还是

---

[1] 关于《管子·轻重篇》的成书年代,我基本上同意马非伯先生之说。可参阅马非伯:《管子·轻重篇新诠》,中华书局,1979年版。有关此书,我个人的意见已见前篇附注。下文论述略有不同马先生之处,也请读者有以教正。
[2] 分见《吕氏春秋·悔过》、《左传》成公三年。

一个规模不小的"国际"长程贸易商帮？

另一类大商人即为盐铁商人。经济活动的核心是资源的利用及其配置。谁占有该时代主要资源的支配权，谁就能赢得经济的主动权。春秋战国时代商人另一致富的缘由，便是当时最重要的物资——盐、铁以及其他矿产尚由商人自由经营，还没有完全纳入"国营"的铁笼子里。那个时代盐铁关系国计民生，真不亚于今日之石油、电器，是远程贸易的大宗。《货殖列传》所列如猗顿、郭纵、寡妇清、蜀卓氏、宛孔氏、齐刁间等等，在司马迁所举著名商贾名单里几占大半。他们都无不由盐铁致富，占尽风光，极盛一时，直至汉武帝实施盐铁官营。除此而外，《货殖列传》篇末寥寥数笔点到的"贩脂、卖浆、洒削、鼎食"之流，皆属小商贩"勤劳致富"性质，在该年代的市场经济氛围里实在只能充当点缀，不足以成气候。

《轻重篇》是以借托"管仲"的形式加以改造新编的。在我看还不能完全否定其中引用了许多春秋战国时期的历史资料和思想资料，以致前人也有真相信此为管仲之书(如梁启超《管子传》)。《管子·轻重篇》的许多内容还与《史记》的《太史公自序》《货殖列传》《平准书》多有类同。然通观《轻重篇》所着力论述的经济思想，南橘北枳，其整体精神正好与《货殖列传》所肯定的春秋战国商人的经济思想形似而实反。最关键的是，经济思想的主体已由私人转向了国家，或者像马非伯先生所说的：由"自由主义"转变为"干涉主义"。[1]这是两书对读时必须注意的大关节。

马非伯先生对《管子·轻重篇》的研究历数十年心血，凡七易其稿，辩证《轻重》成书年代为西汉末，从名物制度、思想演变到语言词汇考辨，不放过一字一词，历历有据而不蹈虚空。但在我看来，还有一极成功之处不应忽略，先生正是通过对该书经济思想的整体诠释，从两种具有时代转折意义的经济思想对立，坐实了该书写作的特定时代——它只能出现于帝国经济政策大逆转的年代，西汉中期"盐铁官营"等一系列干预政策出台之后。《轻重篇》与《盐铁论》御史大夫(桑弘羊)一派多同调，而颇可与西

---

[1] 马非伯：《管子·轻重篇新诠》"论《管子·轻重上》——关于《管子·轻重》的著作年代"，中华书局，1979年版，第44页。

汉中后期的国家经济干涉政策相印证。马先生这一招厉害至极,可谓点准"要穴",足可以置信古论者"非伪书论"于死地。《盐铁论》"干涉主义"一派的理论根据也因此浮出水面,说明它绝非如"烹弘羊,天乃雨"者所认定为某一人之过,实是一群有知识者对新政权贡献的"集体智慧"结晶。更深层地说,它还是帝国知识分子乃至商人阶层,其社会分化由潜转显的历史运动,从文献角度截获的一个重要证据。

限于本篇题旨和篇幅,这里只想举一最典型事例以说明之。

《管子·轻重篇》所主张的,其核心经济理论乃是对价格法则的重视,即所谓"物多则贱,寡则贵,散则轻,聚则重",由此设计出一系列由国家主动运用该项法则严格控制和干预全国经济活动的经济对策。其源盖出于《货殖列传》所载计然的"贵贱论":"论其有余不足,则知贵贱。贵上极则反贱,贱下则反贵。贵出如粪土,贱取如珠玉。"然而计然的"贵贱论"明显来自市场经验,表达的是一个精明的民间商人如何利用价格随货物量与货币量之比上下波动的经济法则,正确判断商机,采取与平庸反其道行之的大胆决策,以赢取最大利润。然而到了《管子·轻重篇》,立足点却已经转变为"(人君)不求于万民而藉于号令"(《国蓄》),实质是要变市场经济为指令经济。它主张通过国家行为来操纵和变动物价——所谓"藉于号令"——改变货物的"轻重"关系。例如,由国家直接控制谷物和货币两种核心资源,时而使谷在上、币在下,时而使币在上、谷在下,人为地造成物价"用什而相百"的剧烈波动,再由政府贱买贵卖,以获取最大的垄断利润。这就是后来帝国政府一再实施的"均输、平准、六筦"以及改变币制、农业信贷等经济干预手段的理论依据。甚至它还为赋税货币化的政策转向伏下暗线,如建议人君赋税征收期限必严,而征的是货币,那农民为了换取货币以纳税,不得不急于卖出农产品,则农产品价格就必会降下来。

更要害的是,这种国家调节的宗旨,正好与司马迁力主的"贫富之道,莫之夺予","善者因之,其次利道之,其次教诲之,其次整齐之,最下者与之争"思想背道而驰。其经济政策旨在"予之在君,夺之在君,贫之在君,富之在君"(《国蓄》),"夫富能夺,贫能予,乃可为天下"(《揆度》),强调必须把经济的贫富予夺之权掌握在国家政府手里,使经济活动完全纳入政治体制的铁笼子里,服从政治一体化的社会架构。由此而提出的谷专卖、官山海(即盐铁专卖等)、官天财(山财矿产渔业管制),都体现了《轻重篇》的主题乃是国家垄断性的"干涉主义",特别是"夺富"的主张,更无疑为打击富商大贾的举措明目张胆,实为春秋战国以来"自由流通"思想的大反动。

在传统社会以权力为中心的体制下,一切经济活动不可能不受权力体制的牵制,商业也不例外。春秋战国时期的商人多有贵族的背景,甚至有些还是贵族经营的,商人为其所雇用。但在封建分权、列国纷争的格局下,列国及其各种贵族间利益的对峙,毕竟留下许多隙缝和可利用的矛盾,使商人有自由运作其间的空间。诸侯国出于"富国弱敌"的考虑,也多纵容商人纵横捭阖,更为商业创造了许多"国际贸易"的商机。子贡"结驷连骑,束帛之币聘享诸侯",绛之富商"能行诸侯之贿,而无寻尺之禄",宛孔氏"连车骑,游诸侯"等等,[1]虽均语焉不详,无从得知其细节,但从中都可窥得一丝消息,证明上述推论庶几不误。即使在被视为重农抑商始作俑的《商君书》里也不乏此类旁证。如秦国亦有"军市",证明秦国如同其他各国,也委托商人从事军需物资的采购与运输,此类商人还经常偷盗军粮私售,故有"使军市无得私输军粮"的禁令(《垦令》)。另如《去强篇》"粟生而金死,粟死而金生"一节,初读不知所云。细辨其味,讲的是国内粮食生产与"国际贸易"的互动关系,主张国内大力鼓励粮食生产的同时,还必须积极发展粮食出口贸易(更反对粮食进口)。其好处既避免国内因粮食多余而谷贱伤农,更可趁别国缺粮而高价出口,为国家换取货币储备,如此则"金粟两生,仓府两实,国强"。[2]看起来《商君书》不是一味机械地重农抑商,也很懂得如何利用商人为其谋"国强",粮食商人因此也可借机籴粜游刃有余。云梦秦简《法律答问》称东方诸国入秦国贸易的商人为"客"、"邦客"或"旅人",只要到所在政府登记("请簿传于吏"),即可在秦地做"进出口"生意,亦见不禁"国际贸易"。

---

〔1〕 分见《史记》"仲尼弟子列传""货殖列传",《国语·晋语》。
〔2〕 可参阅高亨:《商君书注释》,中华书局,1974年版。《去强篇》释义,本文对高先生之析释略有异同,亦请读者注意。

进入统一帝国时代,自秦至西汉之初,战国商业自由发展的势头仍习惯性地滑行了一段时期,终于在武帝时期止步。由武帝始,铸钱权收归中央、告缗令、盐铁官营以及均输平准等一系列经济政策出台,特别是"告缗遍天下,中家以上大抵皆遇告","于是商贾中家以上大率破"(《汉书·食货志》),商人群体蒙受历史上从未有过的重大打击。从此中国商业"自由流通"的"黄金时代"终告谢幕。过去商人是"一仆多主",尚有回旋折冲的空间。帝国一统之后,虽"海内为一,开关弛禁",周流天下无阻,却落入了"一主一仆"的陷阱,昔日可利用的"缝隙"弥合,无论如何再也逃不出"如来佛"的掌心。改弦易辙,商人的社会性格为之大变。这是有关中国传统社会发展全局的大关节,实在没有理由轻忽。

此次经济政策大逆转的缘由,虽多有成说,我以为其中尚有可深究的余地。说武帝因连年对匈奴作战,财政极度拮据,导致汉初宽松政策逆转,一般也只是作为导火线看待,而且这种抑商政策也并未因武帝统治的结束而中断,其基本精神历代延续不替,说明它绝非一时一帝的临时性举措。

另外归诸"贱商"的观念(如秦之"七科谪"、汉之"不得衣丝乘马")也难以成立。社会上普遍贱商的观念存在于整个传统时代,即使就在上述两项身份性歧视法令颁布的秦及西汉之初,也正是"富商大贾周流天下,交易之物,莫不通得其所欲"(《货殖列传》),"法律贱商人,商人已富贵也"(晁错《贵粟疏》)之时。可见社会地位即使低贱,只要能自在地做生意,也并不妨碍商人发财致富。

最堂而皇之的理由,则莫过于"商人兼并农夫"会导致"农本"基本国策的动摇(文景两帝诏令及贾谊、晁错、董仲舒等所论),以及商品经济造成道德风尚倒退(陆贾、贾谊等)两条。说实在的,我很怀疑这些都未见得是帝国政府"抑商"的真实动机。后者的议论直到明清亦代不绝人,恐怕多属"人文关怀""书生之见"。生死离不开奢靡消费的特权阶层,从来都把这种高论当成"精神奢侈品",充耳不闻;更不论官商横行、官僚兼商的行为历代有之,总多口是而心非。前一条,在传统农业社会听起来最振振有词,也历来被史家作为"充足理由律"对待。我相信有些思想家发此议论,或基于传统农业经济思想,或对商品流通的积极作用缺乏必要认识,其忧虑以致发展到对商业持排斥态度,都可能是真实的。然而按之实际也多有疑点。首先历代帝国政府从来没有从"农本"考虑,将粮食如同盐铁那样列入专卖范畴,而平抑粮价又是"雷声大,雨点小",措施时断时续,极少认真做过。构成最大悖论的,还在于帝国政府自西汉起即广开向农民征收货币赋税的先例,更赋、口赋、算赋等货币赋税在整个赋税中的比例不低。这岂不是硬逼着农民在规定的期限必须急售粮食,为商人趁机压低粮价"助纣为虐"? 历代传统粮商因囤积居奇而多负"奸商"恶名,农民对此多无可奈何,是谁之过? 帝国政府为稳固"农本"而抑商的口实,至少在这个节骨眼上也是极端虚伪的。

帝国时期当权者对待商品流通的态度,事实上相当矛盾。有些史家往往误信官方"抑商"的声明,忽略了生活强过于观念。在传统中国,市场经济首先是为着服务于特权者的消费需求而存在的。这在上节消费结构严重倾斜的分析里已看得清楚。陈长华君发表有《抑商质疑——兼论中国古代的赋税制度》一文,对先秦以来背景、形式各不相同,名为"抑商"、实为"重商"的史实,作了较为翔实的考辨和解析。他得出的结论,即与传统说法大异其趣:中国历代统治者实际上大多重商,搞官商结合;与其说是抑商,倒不如说是重商。[1]即如武帝所谓的"盐铁官营",也是"除故盐铁家富者为吏"(《史记·平准书》),实际是私商官营化,铁器质量下降,价格反比民营时高出许多;均输平准更是官营商业,政府直接充当行商(均输)坐贾(平准)的角色。[2]从此,商人之中的狡黠者,踏上了官商勾结的不归之路。中国传统时代,商品经济既发达又不发达的怪现状,就与这种结构性的病态密切相关。

不可否认,与此前封建列国时代相比,帝国政府对民间商人的打击压抑确实非常严重。帝国政府与商人之间的矛盾,说穿了,乃是权益分割方面的利害相交。帝国政府自有难言的苦衷。庞大臃肿的军事—官僚

---

〔1〕 陈长华:《抑商质疑——兼论中国古代的赋税制度》,载《史林》1995年第2期。
〔2〕 马元材:《桑弘羊传》,中州书画社,1981年版,第84页。

体系需要巨量的财政支撑,政府成员也需要开浚财源以"养生送死"(王安石即云"人之情不足于财,则贪鄙苟得,无所不至",针对官员俸禄之薄,出此感慨之语)。[1]不从商业这块"肥肉"上割点肉、榨点油,何以为生?因此站在"国家主义"的立场上,"抑商"也是势之必然,不得不为之。

　　桑弘羊最懂得此道。他为了对付贤良文学派的高调,还祭起一面大旗,叫作"民不加赋而国用足"。[2]此间所藏"玄机"也不难拆穿。如果战国时代政治家还固执于农战政策,经历秦汉易代的变动,新一代政治家已经意识到农业赋税的增加是有限度的,超过50%的临界点无疑形同社会性自杀;秦之速亡,记忆犹新。政府不是不想"加赋",乃不能无限"加赋"也。那么与商人"争利",在财源上"夺流"("夺流"为《管子·轻重》用语),转向控制"盐铁"等资源以"富国",成了"国家主义"财政强本之道。此话只说对了一半,"国用"较前是充足了,但农民却不能不受官商之害,如《盐铁论》中文学贤良所揭露的盐铁质劣价贵,"强令民买之"。商人官税加重,也要设法转嫁到消费者头上。所谓"见予之形,而不见夺之理"(《管子·轻重·国蓄》)对农民全成了谎言。明里的"予"根本说不上,暗中吃亏倒是一点不假,无异于变相加赋。[3]天佑在其专著中指桑弘羊为"国家商业资本派",是非常恰当的。[4]因此,帝国政府出于财政的考量,以行政手段介入商业,与商人夺利,这才是历代帝国当权者在"抑商"口号下隐藏的

---

[1]　王安石:《王文公文集》"上(仁宗)皇帝万言书",上海人民出版社,1974年版。
[2]　《史记·平准书》讲述桑弘羊用盐铁官营等法治理财政取得业绩时,用了"民不益赋而天下用饶"语。此语大致确可概括桑氏在盐铁会议上全部辩护的主题,见《盐铁论》的《轻重篇》:"赋敛不增而用足",《禁耕篇》《非鞅篇》:"不赋百姓而师以赡"等。至《管子·轻重》仍继续鼓吹这一理论,梁启超称之为"无籍主义"。王安石行"熙宁新法",即向神宗宣传"民不加赋而国用足"。此语较前贴切,也更易理解,故改用此语。
[3]　关于盐铁专卖对农民的危害,在盐铁会议上,文学贤良多有揭露。如说"夫秦楚燕齐土力不同,刚柔异势,巨小之用,居局之宜,党殊俗异,各有所便。县官笼而一之,因铁器失其宜,而农民失其便","县官鼓铸造铁器,大抵多为大器,务应员程,不给民用。民用钝弊,割草不痛"。这些缺点,多为官营事业的通病,今日之人亦多能理解。见《盐铁论》"禁耕""水旱""非鞅"等篇。
[4]　谢天佑:《秦汉经济政策与经济思想史稿》,华东师范大学出版社,1989年版,第163页。

真正利益动机。

如果说还有什么动机,有一条也不可忽视,就是防止任何有可能构成对帝国集权统治具威胁的集团性社会势力形成。依然是桑弘羊道得最明白:"今放利于民,罢盐铁以资豪强,遂其贪心,众邪群聚,私门成党,则强御日以不制,而并兼之徒奸形成也。"(《盐铁论·禁耕》)这是帝国政府"抑商"深层的政治考虑,也不得不于此揭出。纵观中国传统社会史,桑弘羊正可谓属深谋远虑者——"中世纪城堡"历两千来年,即使墙敝屋漏,也终形成不了如西欧那样,由城市商人抛头露脸地从内里新造一种社会体制的力量。桑氏"禁私门成党"这一条,其功则莫大矣。虽然历代抑商宽严不一,手法多变,也未必所有皇帝都能有此自觉的意识,客观效果却不期然地吻合桑弘羊这位商人后代设计的目标。商人个体的精明,为着一己之私利,甘心牺牲商人整体的生存环境,桑弘羊只是开了个头,而后中华帝国的历史还将一再重现这种悲喜剧(例如商业行会异化为政府代理人甚至鹰犬,详后)。

帝国政府以国家身份介入商业流通,不是一件很容易的事。众多物流必须通过市场方能连接卖方与买方,而市场时空两大因素变化多端,操作程序上的复杂性,信息成本和监督成本的高昂,足以使官方直接介入流通显得十分笨拙,步履维艰(有官盐、官铁,必有私盐、私铁,"走私"活跃,即为显例)。官营商业欲一手遮天更是不可能。桑弘羊策划的直接由官方经营盐铁(官产、官收、官运、官销)的方式,不论是在两汉,还是在而后历代王朝都时断时续,只是在财政困难时才不得不重操故伎,就充分说明此为"偏锋",而非正道。正常情景,则必由"经理型"改而采取多种变通灵活的方式,如代理制、税收制等等,总之还是离不开商人这一中介环节。[1]

在这种社会情势下,恰如寅恪老所言,"对实事之利害得失,观察过

---

[1] 关于食盐专卖由"官营"转变为"专利",并称为"经理型"向"税收型"的转变,为程念祺君之发明,所论甚详,可参阅《论中国古代经济史中的市场问题》,载《史林》1999年第4期,第20页。

明"的中国传统文化长处,也充分地体现在商人的"应世机变"上。[1]他们必须与层层叠叠的官僚机构虚与委蛇,除政策性苛税外,还得备受多头勒索。[2]其中有些人非常注意捕捉官方经济利益的动向,不惜"吃小亏、占大便宜"。可以这样说,在传统中国,凡在商业上能抛头露面,称富商巨贾的,靠经营有方远远不够,只有通过权财交易歪打正着,争得"政策性优惠"方能操持胜券。其中获取某些重要资源的"专利权"则是最具优势的主项。自然成功者也毕竟少数。因此,从整体上说,帝国时代真正的富商大贾很少;即或上述少数成功者,也因其政治背景的不稳定,没有"持续性发展"的保证。陡兴而陡衰,则为难免的结局。盛极一时的徽商、晋商,终究没有能随清末时局的变动而步入"近代",就是一个很值得深究的课题。

综观帝国时代商业经济形态,若从经营者身份上区分,则有官商(含专卖、特许商)、私商和非法商(走私商、"海盗")三大类。从经营方式上区分,则有集市贸易(含贩夫贩妇)、转运贸易(行商、长途贩运商)、铺商贸易(坐贾)、域外贸易和走私贸易等。从经营商品上区分,则有盐商、粮油商、衣布商(丝绸、棉布等)、茶商、瓷器商、金银商、竹木商、纸商、酒商、钱庄商(含典当业)、洋广商和船商等,号称"三百六十行",另外还有如茶馆、瓦子等服务业。尽管中国传统社会商品经济触须细如蛛网,深入城乡的商业门类众多,但商业经营状况天差地别,极不平衡。一是商业高度集中于城市,乡村民间生活市场极其分散窄小;[3]二是经营一般日常商品居多,因消费对象购买能力局限,价位偏低,利润微薄,而少数奢侈性行业利

---

〔1〕此时,不禁记起寅恪先生世纪初说的一席话:"(中国)其言道德,惟重实用,不究虚理。其长处短处均在此。长处即修齐治平之旨;短处即事实之利害得失,观察过明,而乏精深远大之明……此后若中国之实业发达,生计优裕,财源浚辟,则中国人经商营业之长技,可得其用。而中国人,当可为世界之富商。然若冀中国人以学问美术等之造诣胜人,则决难必也。"引自《吴宓与陈寅恪》,清华大学出版社,1992年版,第10页。
〔2〕关于历代商税门类及负担状况,周伯棣《中国财政史》有较系统的概述,此处不再备述。上海人民出版社,1981年版。各级官吏乃至衙役不胜数计的勒索,虽史书偶有涉及,但都不及各地明清工商碑刻所提供的资料来得真切。可参阅《明清北京工商业碑刻集》《明清苏州工商业碑刻集》《上海碑刻资料选辑》等。
〔3〕关于民间生活市场的窄小,可详参程念祺《论中国古代经济史中的市场问题》,分析甚细。文载《史林》1999年第4期。

润特高,尤以长途转运贸易,或利用资源稀缺性,以满足权贵豪富者奢侈消费心理,或利用地区差价,贱买贵卖两头刻剥,常能获取超额利润。与消费结构相应,商业结构也是重心严重倾斜,具有病态的特征。

要论富商,经营奇珍异宝获利最丰,往往在巨商中占有一席之地。这类通过远程贸易而来的特种商品,销售中心多汇总都会城市。元稹有"求珠驾沧海,采玉上荆衡……经营天下遍,却到长安城"之诗句传世,而明张瀚描述京师(北京)则说:"四方财货骈集于五都之市,彼其车载肩负,列肆贸易者,非仅田亩之获、布帛之需,其器具充栋与珍玩盈箱,贵极昆玉琼珠,滇金越翠,凡山海宝藏,非中国所有,而远方异域(从上文看,此处'中国''远方'均应灵活理解。——引者)之人,不避间关险阻,而鳞次辐辏,以故蓄取为天下饶。"[1]除国内远程珍奇贸易,由东南海上进口的犀象、玳瑁、珊瑚、猫儿眼、香药等稀缺商品,亦向为权贵者所好。唐宋后它们大部为官方市舶司所垄断,属国家"专利",而私商或勾通市舶官吏多取"余货",甚至不惜走私海上,不避风险经营之,可见利润诱惑非同寻常。[2]《太平广记》所载岭南富商陈武振,即号称"家累万金,为海中大豪,犀象玳瑁,仓库数百",[3]这是唐时情景。至明清则难有如此"明火执仗"的富商,多演化为"海盗"之流。一般府县城邑的富有者,亦不乏追逐时尚的风气,明中后期尤甚。如明末清初江南开始盛行皮裘,一袭之裘,值二三百金。[4]海獭暖帽每顶纹银二两。帽最贵者为细草编织名"得勒粟"者(产自北方少数民族),每顶三四两;更可骇者,有一种西宁长缨凉帽,一顶值银三十余两。[5]此为北货南运。同理,南运至北,如明松江丝绸棉布运至西北少数族地区,主顾多为酋长一类权贵,其销售价格虽史无明载,估计其价亦

---

[1] 元稹:《元氏长庆集》卷23《估客乐》;张瀚:《松窗梦语》卷4。
[2] 最典型的事例,莫过于明中叶的"倭寇",实与海上走私活动密切相关,多为中国"海盗"混迹其间,并非尽为日本"浪人"。明王士性《广志绎》、明燮《东西洋考》、何乔远《闽书》多有载述。近著以林仁川《明末清初私人海上贸易》收录梳理最为详备。华东师范大学出版社,1987年版。
[3] 《太平广记》卷286"陈武振"。
[4] 唐甄:《潜书》下篇上《富民》。
[5] 叶梦珠:《阅世编》卷8。

不菲,且转卖北货南下,两头得利。这些都很能说明传统商人适应上节所说的社会消费重心的严重倾斜,利用富贵者追逐时尚心理,通过远程贸易获取超额地区差价的成功。

帝国时代最显赫的富商,当推盐商。自春秋战国至秦汉之初,盐铁两业曾联袂傲视群商。兹后铁业地位明显下落,在商品流通领域远不能与盐业平起平坐。关于古代采铁冶铁业产权及其经营情况,已在"商品生产"一节揭出。生铁业当初首先是占尽"材料革命"初起的风光,而在列国军备竞赛激烈的背景下,更是"春风得意",大赢其利。然而待到"六合为一",帝国实施强有力的中央集权统治,铁之使用于军备大项尽为"官营"独占,无求于市场。私商仅能局促于民间市场一隅。宋以后虽然"官营"制铁业逐渐让出阵地,民营的比重有所上升,但鉴于农业与手工业技术更新迟缓,农民和私人手工业者购买力极度低下,铁器的市场需求萎靡不振可想而知,故经营规模不大,多为工商相兼的中小铁铺,其境遇甚至不及城市餐饮酒肆业红火。秦汉之后,史书鲜有铁商称富的载录,殊不足怪。

盐业的境遇却迥然不同。盐商依靠"食盐"这一家家必不可少的特殊商品资源,钻营于国家"专卖"政策起伏多变的隙缝之中,左右横通,俯仰有术。朱明中后期至大清前期更发展到巅峰状态,扬州盐商云集,其富骄四方称羡,有《扬州画舫录》极其形容。现今"食盐"在商品大家族中已微不足道,后之学子对上述情景恐会大惑不解:何以盐商会凌驾诸商之上,有如此独领风骚的"辉煌"?作为帝国时代商业的一大怪异现象,在现今颂赞传统商人的时文里,往往避而不谈,总有点"为亲者讳"的嫌疑。然而,正是在盐商身上,最能体现中国传统商人特有的社会性格及其历史命运。

盐作为一种食物调料,虽极不起眼,却家家必备。食盐所含之钠为人体健康所不可或缺的重要金属元素。体内缺钠,轻则四肢乏力,重则全身浮肿。食盐且有平衡体内酸碱、调和肠胃以及解毒等生理功能。故古人称"盐为食之将","无盐则肿"。[1]

在古代中国,"盐法"无疑与国家财政息息相关,政策随时俯仰而曲折

---

[1] 前者见《汉书·王莽传》,后者出于《管子·轻重甲篇》。

多变,情节比较复杂。其中以宋代盐政最具代表性,可分为四类:(1)民制(或官制)、官收、官运、官销,称"官般专卖制"。(2)民制(或官制)、官收、商运、商销,称"引(钞)盐制"。(3)民制、官收、官运、商销,其中亦有"扑买制"和"分销制"之别。(2)、(3)总称"官间接专卖制"。(4)民制、商收、商运、商销,称"自由贸易制"。[1]准之历代盐法变革,大致也不出此四种范围,且以官、商勾结谋利为其大端。

根据"六合之内,皇帝之土"的国家观念,自秦始皇起,帝国政府历来都将"山海池泽"与全国田地均视为"天下之产"。因此,盐铁茶与金银铜等同样都属于"国有资源",为国家财政的利益渊薮,这是没有疑义的。然而采用何种操作手段实现财政目标有效,这是一个政策实践问题,要取决于多种因素。历代盐法多变,此中有许多机巧,其主轴则始终是政府与盐商分割利权的纠葛。盐商的命运也随之而波动起伏——但盐商似乎是商人之中最善于利用政策、屈伸自如的"蜥蜴"。盐商为传统中国的特产。在帝国绝大多数年代,他们之中能暴富者,多走官商串联、权钱交易的门路,老实经营者的处境则始终不脱"艰难"两字。

汉初盐法实行的是"自由贸易制",史家都无异议。盐的开采、加工和运销,人力成本和垫付成本都较高。正是缘于盐业特定的"成本—收益规则",只有规模经营,包括必须招徕众多奴隶与无业流民("天下亡人")从事生产,走销四方、经营多门,方能有巨利之收。所谓"(刁间)逐鱼盐商贾之利",就是为了克服单程走销运输成本偏高的经营弱点,兼营别业往复转贩,降低成本、增加收益。因此"豪强擅障山泽",盐商多为大贾(史称盐民"依倚大家"),一点也不奇怪。司马迁云刁间"连车骑,交守相",推测一则依靠官府背景,避免郡国追捕"亡人",次则必有逃税漏税的考虑。此时官商勾结,尚局限于"利税"环节,空间有限。

武帝"笼天下盐铁",实施"盐铁官营",为中国盐法一大历史转折。桑弘羊主持的盐法与前此"民营制"完全相悖,实行严格的"官般专卖制",即

---

[1] 此据戴裔煊:《宋代钞盐制度研究》"第2章",中华书局,1984年新1版,第56—57页。戴著对盐法之研究,不仅于有宋一代盐法考辨特细,更以史识见长。

官督民制、官收、官运、官销，政府行为贯彻始终，具极强烈的国家垄断性质。除个别大盐商摇身一变而为"盐官"，小零售商寄身于"官铺"勉强谋生之外，盐商的生财之道断绝殆尽。这是盐商蒙受的一次厄运。

以政府机构直接介入食盐的供产销，虽独擅其利，但操作上的困难甚多，弊端百出，收益未必理想。桑弘羊时的具体实施细节，因史料记载与宋明相比稀缺至极，实不得而详。有些情节目前似难于通解。如西汉盐官之设，可考者凡37处，[1]今之江浙两省广大地域，仅浙江海盐一处，而甘肃、宁夏、陕西、内蒙古、山西共有10处，江浙的销售效率，大成问题。再如非盐产地各郡县行销的盐，通过什么样的转运环节到达，是由专门机构负责转运，还是由各郡县直接去产地"官般"，也成了悬念。唐宋"官般"都是与漕运环节接轨，利用运粟空船从漕粮集结地所设盐仓运回，多少解决了运输成本过高的一重困难。而从《汉书·贾复传》看，贾氏时任南阳冠军县掾，与同僚十余人往河东"迎盐"遭遇盗贼，仅贾一人将盐运回南冠。南冠与河东相距不短。此虽王莽时事，却可窥见西汉时可能郡县所分配的官销盐，得由自己去产地或"盐官"所在地"官般"。若此，则今之江浙地区，仅"海盐"——"盐官"机构如何转运，各郡县食盐的"官般"转运成本更高（效率也成问题）。再加由郡县销往所属城乡各个角落，势不得不借助零售商，又增加一道批零差价。怪不得连宣帝诏书也不得不承认："盐，民之食而贾咸贵，众庶重困。"[2]从王莽以"六筦"名义重新宣布食盐"官营"，透露西汉后期食盐的"官营"多半名存实亡。

正是因为直接"专卖制"操作上的困难，至东汉一代，盐之管理权下放郡县，且恢复"私煮课税制"。从此，除战乱和分裂割据时期，如魏晋以至北朝（官盐军事化时期），五代军阀割据时期，以及宋、明建国之初，一度恢复过官府直接专卖的"食盐官营制"外，间接专卖制为帝国盐法的主流。

帝国前期的财政实践说明直接"官营"并非理财的良策。但盐之大利却又不能放弃，于是"大国之善为术者，不惜其利而诱大商，与商贾共

---

[1] 严耕望：《中国地方行政制度史》，第196—197页。转引自郭正忠《中国盐业史》（古代编）第33页。

[2] 《汉书·宣帝纪》。

利,取少而致多",[1]此即为间接"专卖制"的微言大义。帝国中期盐法变革的这种导向,自然为盐商长袖善舞提供了某些周旋的空间,但同时也规定了盐商必须与官方"共利",其经营一步也离不开如何用足国家政策的新格局。

以"官商共利"为特征的盐法,其源盖出于唐安史乱后的盐政改革,第五琦发其端,而终成于刘晏。刘晏盐法史称"就场专卖制",实则为民制(或官制)、官收、商运、商销。政府在产盐地设置机构"榷售"(现场发卖),盐商就"场"买得官盐后,即商运商销,赚取官府"批发价"与市场实销价的差额(纯利润则要扣除运销成本)。政府从盐民与盐商两头获利,财政收入数十倍增长。史载刘晏改革前,政府盐利收入为40万贯,仅占岁入的1/10;至大历末仅东南盐利(海盐)即达600余万贯,超过国家岁入的一半。[2]这一制度虽起因于安史之乱后财政困窘的特殊情景,却预示着帝国财政新热点的转向——开了帝国后期商税在国税比重中逐步上升的历史先河。

从唐中期实行"榷售"政策后,盐商开始重振雄风,韩、白诸贤均谓"上农大贾""豪宿之家"争相名庇"盐籍","五方之贾,以财相雄,而盐贾尤炽",[3]推测经营"官榷"盐业获利必异常丰厚,才趋之若鹜。但若不细细推敲高额利润的来历,盐商"财雄擅响,鼎食提衡"的底牌不可能全盘托出。

据《新唐书·食货志》所载盐法改革前,海盐每斗仅售10文。暂以此10文作为政府付给盐户的收购价("盐本"),到第五琦"官榷"时规定的专卖价格("榷价")上升至110文,"盐本"仅为"榷价"的1/10(直至唐末最高时也仅及1/8)。此后40余年间又猛涨2至3倍,最高达370文。国家盐利收入的陡增,于此得解。盐商首先是从批零差价中得利。政府售给大盐商的批发价多少,未见载述。据《唐会要》卷88所载,"诸处煎盐场亭"卖给"小铺商"的"枭价"为190文,低于"榷价"250文或300文,其间差价为60文或110

---

[1] 欧阳修:《欧阳文忠公文集》卷54"通进司上书"。为上下文通达,引用时词句略有删改。
[2] 关于唐后期盐利收入变动情况及其在国家财政总收入中的比例,详参郭正忠《中国盐业史》第205—209页。总体估计盐利所入占全国岁收1/5至1/2左右。这一比例大致与唐人文集中的议论还是吻合的。
[3] 分见《白居易集》卷63《策林》、《文苑英华》卷423《会昌二年四月尊号赦文》、《韩昌黎集》卷40《论变盐法事宜状》。

文,毛利润率为31%—57%。这还是元和后在产地就近机动增加的小批量交易,大批量"纳榷"所得差价必更大。再有一层,唐中后期盐商卖出的市场价普遍高于官府"榷价"。据杜甫《盐井》诗云:"自公斗三百,转至斛六千",每斛十斗,则盐商卖给消费者的盐价比"榷价"多出一倍,为600文。即使杜诗有所夸张,但统计两项差价,"坐收厚利"(韩愈语)超过100%以上(以190文增至400文计),应是最低的估计。其中经营规模("纳榷")越大,获利越丰厚。显然盐业买卖要比一般商业贸易利润高得多。

然而,大盐商仅仅靠这些"差价"是绝不可能陡成暴富的。即就唐中后期而言,大盐商尚有许多"额外"生财之道。其一,利用买盐农民缺乏现钱实行赊销,[1]收获时农民用米谷布帛以偿,盐商趁价落之时按最低收购市价折值,多出一层盈利。农民不准买私盐,只得听其摆布,此为倚"官盐"欺侮小民,足见其"诈"。其二,伙同官吏一起"公利私入",这才是盐商暴富的隐秘,可谓之"奸"。"苍蝇不叮无缝鸡蛋","官榷"也总会有许多"缝隙"。有案可查的,一是借"赊贷"故意坏账。因"纳榷"数量非小,盐商有时凑不足巨额现钱,盐铁官吏为完成任务,常通融赊销。此举原亦无可厚非,然从事后中央政府再三追逼无效,甚至被迫"疏理减放"(即抹掉一部分"欠款")的迹象看,盐商"坏账"多半与所属官员"勾当"在前,能赖则赖,亏空的是"公利"。二是利用"虚估"贿赂官吏,此为大头。刘晏初时为解决战士春服,鼓励盐商以绢帛(后来扩展为漆器、玳瑁、绫绮等)代盐利,折值时优惠给价(即高于市价),后来就成为唐后期盐利"虚实估"一大公案。略去财政"公案"不提,盐商从"虚估"中得到的好处非小,其间又必与过手官员"好处",故意高估其价。这一笔"外快"非小;而从这里又引出另一生财之道,即利用销盐、纳盐之便,往来兼营绢帛等物的长程贸易,低进高出,多头赚钱。虽后来政府曾有令禁止盐商兼业,亦一纸空文。这正是钻营有道,无孔不入。还是白居易看得分明,说道盐法之弊,"上不归于人,次又不归于国,使幸人奸党得以自资"。盐法初行,国家收入大增,随后每况愈下,原因多多,商蠹、官蠹串

---

[1] 韩愈即说:"贫多富少,除城郭外,有现钱籴盐者十无二三,多用杂物及米谷博易。"这是当时农村的实情。见前《韩昌黎集》卷40《论变盐法事宜状》。

通侵吞"盐利",即为大端。仅敬宗时福建盐监院官卢昂一案,贪赃数达30万贯,家有"金床",其金枕"大如斗"。奸商养贪官,贪官肥奸商。可以凭常识推理,凡因盐利成大贪的,因其放纵而造就的"大奸商"其富必有过而无不及。此类弊端实为"官商共利"的孪生物,并非加强管理所能完全根绝,唐代韩、白诸时贤谈到官场腐败,最后都归诸"官权",可谓洞彻见底。

唐中后期盐商的"雄起",还只是一个序幕。经两宋跌宕转折,至明、清(前期)大盐商的暴富才达到巅峰状态。此中的奥秘,还得从北宋实施"钞盐法"关节说起。

北宋盐法,游移不定,繁复多变。其中"官般官卖"系由政府一手经营到底,而所谓"通商"是在盐产"国有"基础之上,开放商运或商销一二环节让盐商"代理"经营,时称"官商共利",大凡不出前面说过的四大类。其中唯"交引法"或"钞引法"为北宋所首创,对后世影响深远。

"交引"在前,"钞引"在后。宋初商人用现钱或实物向"榷货务"购置"交引"("引"有"凭证通行"之意),商人凭"交引"至产盐地支盐,然后运至规定地区货卖。中期起基本停止以实物购兑交引的办法,改为一律用现钱购买"钞引",支盐运销,时称"钞盐法"或"钞引盐法"。政府所发的支、运、销通行凭证,就称"盐钞引"。[1]

"钞盐法"属官制(或官督民制)、官收、商运、商销,其精神一承唐刘晏盐法。与唐后期、五代十国所不同者,一是权转归中央,盐商直接与中央主管部门打交道。北宋政府最初是出于解决北边驻军军备物资(刍粮)供应的诸多困难,招募商人纳刍粮于"沿边州军",商人再至中央政府领取现钱或茶盐等专卖物资("折博"),时称"入中"。"交引""盐引"都由"入中法"发展而来,目的是为了节省政府军需物资购、运费用与效率。到行"钞引法",已逐渐演变为中央政府以筹集经费(只收现钱)为主要目的,[2]盐

---

[1] 盐钞版式及钞纸,详见戴裔煊《宋代钞盐制度研究》"盐钞"章,第114—116页。
[2] 此一关节,戴裔煊先生言之最切:"在此时期以前,解盐之通商,不过为应付沿边籴买,政府可以赖以减少现钱之支出而已。自钞盐法推广于东北东南之末盐,盐息之入,固不仅在乎应付沿边籴买,固成为国用所仰给之主要泉源。"见戴裔煊:《宋代钞盐制度研究》,第369页。

利为饵,成为开拓财政利源的重要招式。这正是北宋起财政事权一统中央的体制在财政政策方面的一个重要变化。其二,与此关联,"钞盐"商人凭借着政府对之需求甚切的这层"共利"背景,取得了某种"专卖特许权"(可简称"专利"),具有准官方的"中央代理商"身份,因此有"黄旗盐客"之称。钞盐商所至之处,无不放行无阻,以致一些州官甚至冒充或"假借商贾,率用大舟载盐,杂贩禁物,植以黄旗;所过关津,皆莫敢问,往往得志"。史载仅浙江处州的客商,一年内竟购买钞盐引高达50万贯,可见盐商资本之雄厚,其他商人莫与伦比。[1]同时亦可窥见盐商借运销"黄旗官盐"名义,多从事各种违法贸易(包括走私物资),官商勾结,牟取暴利,其众多幕后"新闻",多被正史湮没,不得而详。

明朝的"开中法"即由北宋的"入中法"演变而来,主要是为了军事目的而实施的招商代销制度。其法推行范围较广,影响最著当推开中盐粮与北部九边军事地带军需供应的关系。有明一代,为防御北边蒙古、女真等部族,自西至东设置"九边"(特殊军分区),财政支出尤以此项军事费用所占比重特大。在朱元璋设计的自给性质军屯制度失效后,明政府便利用"开中法"转向主要依赖于"召商入粟中盐",以支持九边繁重的军需。商人入"米"(含米麦粟豆,也有时兼折布、铁、茶、马,甚至折银钱)于沿边,凭其发给的"仓钞"亲自至运盐司比勘发给"盐引",然后下场支盐运销,其法与宋"钞盐制"同中有异,基本精神仍一脉相承。盐商的活动实际已成为国家财政体系(侧重军事财政)的一部分,并由于放宽"折博"范围,也与国家控制下的物流运行网络发生广泛关联,有机会借政策之便,参与更多合法与非法的商品交易。

"开中法"关联着国家财政军需与盐业"官商共利"两层关系,因此具体运作环节十分复杂,在实践过程中弊端百出。为切实保证国家财政利税不流失,操作管理制度也变化多端。成化以后,开中盐商实际已转变为以纳银为主,并分化为边商、水商、内商三种商人,原先"开中"所包含的沿边纳粮(报中)、领引支盐(守支)、盐货运销(市易)的"三位一体"变为"三

---

[1] 参阅郭正忠:《宋代盐业经济史》,人民出版社,1990年版,第818—819、836页。

商分立"。其中领引支盐的内商由于"万历纲法"的改革,规定必须由资本雄厚的商人包揽承运官方盐引所上纳的盐银,以"纲"为单位,"占窝"承卖。这些资本雄厚的盐商以"占窝"的形式遂取得承领盐引、拥有"盐纲"垄断权的"纲商"。"纲商"的出现,意味着寄生性极强的盐业垄断型大盐商的成立,而水商、边商落到了受内商支配的地位。

清前期盐法基本沿袭明制。《清史·食货志》即云:"引商有专卖域,谓之引地。当始认时,费不赀,故承为世业,谓之引窝。"与明代不同,盐商"占窝""引窝"更趋向集团化。各地多以"公所""总局"等名义,由财力雄厚的大盐商领衔,众多盐商合伙进行有组织的结纲兴贩。领衔者名称不一,两淮、两广称"总商",两浙称"甲商",山东称"纲头""纲首",而河东称"纲总"。一般"总商"或"甲商"之下,还设有"副甲""商经""公商"等多层管理者,他们"身不行盐……皆出入公门,攀援官吏"。[1]"公所""总局"不仅管理发盐派销、课饷、捐输,还负责缉私,有巡船、巡丁协同官府查缉,俨若官府派出的"代理机构"。至此,大盐商半官半商的垄断地位已升至巅峰。

自明后期起,明清大盐商富奢显赫,解囊"报效",动辄数十万两,官府待之若上宾,甚至个别还蒙受皇帝"御见"恩宠。[2]对此,史书记载不绝,好事者更极其形容。然对其致富之道,商人多讳而不言,后为之作传者,如汪道昆《太函集》之类,又常以艰难起家、"儒商"风范掩饰其他难言之隐,故"尽信书,不如无书"。若将那些"传记载述"尽看作信史,不免雾里看花,走神失真。现在大概只有在政府查处有关"盐政"渎职贪赃、违法违规的众多案例里,才可能窥得其暴富隐秘之一二。

大盐商陡成暴富,隐秘多端,随时而变。择其要者,大致有:(1)"报中"环节:串通边方官吏,少纳多领,纳贱折贵,甚至"虚出通关"(不纳米

〔1〕 吕星垣:《盐法议》,载《皇朝经世文编》卷50。
〔2〕 官吏对"总商"的谄媚,史家多引李煦密折,参奏两淮巡盐御史张应昭"恩威不立,疏通无术……闻众总商有公务进见,或议论参差,应诏不能决断,辄云'太爷们,你饶了我罢',两淮传为笑谈"。盐商显赫、富奢诸多事例,可详参《徽商研究论文集》所收王思治、金成基《清代前期两淮盐商的兴盛》与萧国亮《清代两淮盐商的奢侈性消费及其经济影响》两文。安徽省人民出版社,1985年版。

粮而给仓钞)。其初报中商人多就边地(由明初商屯军屯演变而来的商品粮生产基地)购粮纳中,藩王宗室、朝廷权臣插手其间,称"势豪占窝"。因此这类商人都串通当地"势豪",贿赂主管吏胥,买贱(压粮农)卖贵(抬高纳中折值),上下其手,成为富裕的"边商"。最早一批徽商由此北上,而山陕商人得近水楼台之便,由此崛起,成为主体。(2)"支盐"环节:凭"盐引"到场支盐,由于支盐候待,候待周期越来越长,甚至多壅积难支,因此出现"兑支、代支、积支"等现象。明以后海盐成为大宗,支盐必须到淮、扬、浙盐场。边商鞭长莫及,不得不多将盐引售与专以守支、市易为业的内商。内商重操边商故伎,串通有关职能部门,对边商压价贱收,排挤弱商取得优先领盐权,迫使弱者变为"水商",不得不转从内商手中高价支盐分销。强悍内商两头盘剥,盈利可观,而纳银开中的转折,以及"万历纲法"更纵容了内商夺取垄断盐引的支配地位,内商就成为盐商中的主体。时称"内商占窝"。身居内地的徽商遂乘时雄起,其势逐渐盖过山陕商人。(3)"支盐"与"市易"的中间环节:内商占窝除贱买贵卖盐引外,还有"套搭虚单"和"占窝囤户"两手。前者类同"虚出通关",勾通官吏支盐实为虚单(假账),而实单却搁置壅积,时称"浮引"。后者则利用支盐上述各种弊端,内商故意囤积"盐引"投机买进卖出,反复炒作,有点像"投机炒股"。以上两项表面看是商人之间尔虞我诈,"大鱼吃小鱼",实则边商、水商还是要把损害转嫁到消费者身上,因此市场"官盐"长期价高不下,民怨沸腾,一直是明清社会生活中非常严重的社会问题。私盐猖獗泛滥,就是反证。(4)"收盐"环节:弘治后开禁"余盐"(灶丁交纳官额后的余数),内商开始获得直接向盐场购买余盐的权利。入清后更因北边军事形势缓和,遂废"开中法",盐场出产悉归商收,内商更直接插手收购,拥有收盐垄断权。其刻剥灶户常不择手段,有乘灶户缺资以借贷"权衡子母,加倍扣除"者,有以大小桶"浮收灶盐","每桶实多一二十斤"者,有强行压价者。据两江总督陶澍事后的估计,仅内商从收购环节所获超额利润竟至数十倍之多。[1](5)"市易"环节:运销过程内商更是贿赂官吏,百端奸诈。最甚者为"影射

---

[1] 陶澍:《敬陈两淮盐务积弊附片》,载《陶文毅公全集》卷11。

夹带",买通地方官吏,大肆夹带走私,从私盐直至各类违禁物资(如海上走私物品)。明末至清初,私盐泛滥猖獗,恰恰是缉私机构伙同"总商",互相"攀染勾连",以致乾隆帝也承认"凡遇奸商夹带、大枭私贩,公然受贿放纵……此弊直省皆然"。正因有官吏势要参与,愈革愈厉,以致朝野上下愤慨申斥各类缉私机构"形同虚设"、"徒增官费,而无成效"。至于盐商借运盐之便,兼营粮米等其他商品贸易,名正言顺,独得多头经营之利,还不在其列。

盐商作奸诸法,非亲历其时者,总想象不周。郑祖琛《更盐法》有一总括,揭出了前所不及说到的其他作弊情节:"(盐商)之世其业者,遂转其利以病民,百弊为之丛集。出于场灶,则偷漏有弊,夹带有弊;验之于监掣,则掌称有弊,捆包有弊;运之中途,则换驳有弊,改包有弊;行之于口岸,则加卤耗有弊,加三带有弊;售之于水贩,则掺和有弊,轻称有弊。"[1]连清官方也不得不感叹:"奸商之盐日多。"(嘉庆《两淮盐法志》)其作奸之法也日甚一日。

关于盐商"辉煌史"幕前幕后旧闻,虽然未必都说清楚了,却已经费去太多篇幅,至此必须刹住了。我之所以斤斤计较于此,是因为从盐商身上最能切问中国传统商业肌体的脉动,检测其健康与否——严酷的史实昭示,它绝非像当今走俏的时文里所高唱的一曲"中国现代商业先驱"颂歌。不切断这种深厚的历史遗传基因,中国的商贸是走不出传统病态畸形的,更谈不上经济结构的现代化。

现在关于中国古代商帮的热销书文越出越多,尤以徽商、晋商走笔更浓,几成文人的"徽晋情结"。殊不知徽、晋商人的"雄起",虽然不能完全抹杀个别商人起家艰难、经营有道的情节,但能成其"大"者,无不与此种不光彩的盐业经营有关;"非奸不富",亦非此类人独有的"人性",而是"时势"刻意塑造了他们,成全了中国人常认同的"识时务者为俊杰",捷足则先登。这里不能不提到一位日本学者——藤井宏。其连载于1953年的《新安商人研究》,实发端于1943年的《明代盐商的一考察——边商、内商、水

---

[1]《皇朝经世文编补》卷49。

商的研究》。他以充分可信的论证最先揭出徽商"雄起"实缘于明清财政背景下官督商办盐业的史实。看来在中国学术界,傅衣凌先生至迟不晚于1947年即注意到这一重要学术信息,在其论著中加以引申,且有1983年翻译上书之举,国内学术界才逐渐纷起呼应。在日本,寺田隆信在藤井宏的影响下,于1972年完成了《山西商人研究》(1986年始有中译本推出),更详尽地剖析了山陕商人与明代北部军事消费地带的特殊关联,其成果也不离藤井宏所揭示的主旨。到此,徽、晋商人靠官商勾结、利用国家政策暴富的老底已被晾晒于光天化日之下。今之某些作文颂商者,似乎无暇再读上述非读不可之书,若全然不知其存在,真可为之长太息也!

从桑弘羊开始倡论"民不加赋而国用足",直至清道光十年开始陶澍"废引改票",大盐商走完其"光辉路程",前后历经两千余年。帝国盐政下的盐商命运跌宕起伏,多数盐商备受官府苛税勒索相兼,艰难苟存,[1]唯有与官府背景最深的少数大盐商从政策性的垄断性经营之中,侵蚀公私之利,陡成暴富之势。然其所带来的社会后果却十分深远广泛,于市场经济的发展有大害而绝无大利。概括言之,至少有以下几项:

(一)官盐"专卖"以来,平民百姓所必须购买的食盐价位长期居高不下。在商运商销之后,各种附加成本叠压,兼之盐商奸诈百端,更使盐价高昂之势难以遏制。另有一层情节必须指出:政府在官卖情形下为着强制抑配,曾有"蚕盐钱"等[2]名目的成立。改为商销,政府实不再支盐,宋明政府却仍依旧规,按户或人丁以各种形式预征配额的"盐丁钱""盐粮""盐钞",

---

[1] 鉴于主题所限,文内着重讨论的是大盐商的暴富背景,有关中小盐商艰难经营的种种情节,均从略不及。这是要请读者特别留意的。例如北宋蔡京时期政府滥发乃至屡屡更改盐钞,旧钞如同废纸,盐商"家财荡尽,赴水自缢,客死异乡,孤儿寡妇号泣吁天者,不知其几千万人",最堪称历史大悲剧。明清一般盐商受官府和"总商"双重盘剥,境遇亦较困苦,为之呼吁者议论甚多,恕不再转述。

[2] "蚕盐"制度始于后唐,由北宋承袭。政府先以盐贷人户,到蚕事既毕,人民以钱粮或绢帛随夏税偿官。后来政府既取消官卖,由盐商供批,却仍令农民输蚕钱如故,无异于多了一种额外赋税。此外尚有"乾食盐钱""丁盐钱"等名目。明代更实行"计口给盐"制度,不管其吃不吃官盐,民户都得按标准交纳"盐米",后又发展为"纳钞"、折银,实际国家并无盐支给,这一额外加赋遂被制度化为"常赋"。此弊政直到雍正"课归地丁",才被摊入田亩。

遂成一种额外赋税。此等横蛮无理的苛敛,直至雍正"课归地丁"方始作罢。唐太宗曾以"割股啖腹"比喻官吏贪赃的愚蠢,想不到宋以后历代帝国政府竟明知故犯,竭泽而渔。其结果"民不加赋而国用足"遂成历史笑柄,广大农、工诸业生产者阶层市场购买力落到最低点,民间生活市场日形萎缩凋敝。此点已由程念祺君专文论证揭出,学界亦多赞同,不赘。[1]此足见明清市场有其不可忽视的"空洞",市场点与面的断裂,外强中干的虚弱,绝非城市权贵者的奢侈消费气氛所能掩盖。帝国市场经济不因其表面繁荣而有性质上的根本性转折。

（二）富国强兵与藏富于民,始终是传统中国经济政策与经济思想争论的焦点。司马迁在《货殖列传》中强调"贫富之道,莫之夺予""渊深而鱼生之,山深而兽往之,人富而仁义附焉",鲜明地站在"藏富于民"一派的立场上。可历代帝国政府听不进去,都耿耿于无所不在的盐利,煞费经营,方便多门,其理由也不出"富国强兵"四字。实践的结果,表面看国家财政收入确实也曾陡增数倍。凡大动干戈、兴师动众,更依仗多方苛敛盐利而得解军需之困。汉武、宋祖、洪武皆用此道,康、雍、乾亦何尝不是？以"十全武功"自诩之乾隆帝,盐商"捐输"报效军前,大项就有八次之多,总计捐输不下1310万两白银之巨,方成全其"十全武功"。至于官吏贪墨、吏治腐败,更是与盐政形影不离,成为紧追不放的"副产品"。虽每度盐政改革总因国库收入严重流失,制约"奸弊"的举措不断翻新,极欲封死口子、扎紧篱笆,却都被盐商无孔不入的行贿手法一一破招,无济于事。

北宋末年蔡京屡改盐法,大肆聚敛。徽宗得下属报告说所纳盐钱积满国库,还不敢相信,遂问"丞相"商英:"直有尔许邪？"商英答曰:"启陛下,皆虚钱。"据说经派人清点果然库盈不假,商英也被申斥。但从另一角度考量,商英所言之"虚"真是"诤言",只是商英不敢往深处申明其"微言大义"。宋南渡后,始有胡安国首揭发蔡京盐法的危害:"诸路空乏,乃复

---

[1] 关于民间生活市场因此萎缩,请详参程念祺《论中国古代经济史中的市场问题》,分析甚细。文载《史林》1999年第4期。

百般诛求，犹不能给，民穷为盗，遂失岁入常赋以数千万计，则盐法实致之耳。"[1]社会不安，百姓流亡，政府"常赋"严重流失，无异于顾此失彼、釜底抽薪。

何独北宋若是，整个帝国时代，以盐政为典型，百般诛求，甚至不惜权力介入，视市场为盈利之渊薮，假盐商之手，将区区之盐当成"摇钱树"，结果地方官吏勾结盐商，层层盘剥，小民不堪负担，遂失"民为邦本"之根本"大义"。其聚敛所得盐利，从根本上看都像商英所说的，乃是"虚钱"。宋亡于金、元，明亡于清，清遂于列强前顿成"弱国"，"富国强兵"的终极目标不都成了泡影？

权力与经济的结合，最大危害即在于吏治腐败，国之大蠹侵蚀根基，以致国衰政亡。权力可伸手市场，贪利之人必不顾"公利"，恣意弄权"谋一己私利"。权力介入愈深，任何蝇头小权无一不可"生财先富"。故明代人即言之不讳："其势要贪利之人，必藉此致富；而无耻官员，多假此夤缘进身。"[2]清嘉庆帝得知盐商"夹带走私"，也说"押运官弁，恐不免包揽纵容，地方文武及总运催趱各员弁，亦必有得其规卖放情事"。[3]顾炎武则站在民间立场，说出另一番道理。他说盐法"非通商以裕民，乃厉民以惠商也"。这是指地方官员因散放商盐有利可图（"回扣"匪浅），以其家乡昆山而言，官员"急商课严于国课"，[4]竟养肥了一班大官盐商，害苦了百姓。再进一步追究，不也同时养肥了一大帮地方"贪官"，"厉民以惠奸"吗？咸丰元年，户部曾对"废引改票"有一总结，其中说道："夫票盐之所以愈于长商（指垄断性盐商）者，何也？长商受官管束，官吏因之侵渔，长商无可如何，故有费（今之所谓"回扣"之类），而盐日滞（指私盐猖獗、官盐滞销）；票商随时认领，官吏即欲需索，票商立许告发，故无费，而盐易销（私盐不行）。则减费所以裕课。"[5]此话也有水

---

[1] 胡寅：《斐然集》卷25"先公行状"载胡安国《恤民论》。
[2] 戴金：《皇明条法事类纂》卷13《禁止势要卖盐钞例》。
[3] 《清仁宗实录》卷231，嘉庆十五年六月甲辰。
[4] 顾炎武：《天下郡国利病书》卷4。
[5] 《皇朝政典类纂》卷70《盐法·盐课》引邸抄。

分。"告发"之类彼时未必都有效,但因切断了垄断一途,权力与经济的联系明显减弱,领票成了"自由市场",盐商此处不行,改投他处领票,官吏奈何不得,才是最厉害一手。

帝国历代盐法改革各种方案足可汇编成巨著,但"上"(指国家)不"受惠",下(指小民)被其"祸患"的批评也不绝于史。究其根由,盖出在权力与经济牵引太紧的下下策上,竭泽到头必池浅无鱼。入至清中期,帝国政府与盐商之间的利害冲突愈演愈烈,盐引壅积、官盐滞销,政府与盐商两败俱伤,于是绝境之中,始有道光年间陶澍"废引改票"的变革。由于此法将重点转至收税,放开食盐的自由贩销,效果一度不错,说明市场经济自有其内在发展的理路,强行违背必受商品流通规则的惩罚。可惜不久因内外战事紧张,各地督抚又走上收敛"盐厘"一路。这也说明盐政植根于帝国体制深处,政治利益至上,市场不振,终为沉疴。

(三)在前节消费形态的解析中,曾经将富商大贾的消费形态暂搁置一旁,现在到了必交代的时候。关于明清盐商的消费形态,特别是惊人的奢靡消费,有些学者曾作过较详尽的收集描述,文篇俱在,此处不再赘述。[1]

值得注意的是,以徽商为代表的富商大贾,其消费品格实具有"啬俭—奢靡二律背反"的悖论。它在商业资本形成和发展的初期,往往十分注重节俭,甚至被人视为吝啬,对人对己均异常刻薄,寸铢必较。冯梦龙《三言》最极其形容。待资本积累达到一定规模后,却又显示出相反一面:争奇斗富,"穷极华靡"(雍正对盐商批评语)。一正一反,都同出商人本性。因此若把这种"豪奢消费"仅仅归之于模仿官僚权势消费,就不免有失肤浅。通过畸形的大盐商消费形态,我们能看到的不只是商贾消费的畸形,更深层地反映出传统中国商人的历史命运。

仔细分析其巨额利润花费去向,大端有四:

① 官场消费。大致用于贿赂官府关卡,广结政界要人,宴请送礼,也

---

[1] 代表性的论文,有萧国亮《清代两淮盐商的奢侈性消费及其经济影响》(原载《历史研究》1982年第2期)、叶显恩《徽商利润的封建化与资本主义萌芽》(原载《中山大学学报》1983年第1期),俱收入黄山书社出版的《徽商研究论文集》,1985年版。

包括主动被动地"捐帑""报效"。其费占其利润比例,有人估计约不低于40%。[1]平心而论,当视钱如命的商贾拱手请官僚势要"笑纳"贿金之时,心底必"恶骂无耻"。然而,他们也很清醒,为了求得官府庇护,以谋进一步利用官府牟取非法暴利,不得不预付这笔节省不了的"成本",故谓之"子母相权"。这是符合盐商特定的"成本—收益规则"的。只要贿赂的收益大大高于成本,商人绝不会收住这只"黑手",腐败也必弥漫而不可收拾。

② 科举消费。这是对前述那种社会压抑的心理逆反。长期处于"人在屋檐下"的屈辱感,使其懂得权力才是获取和保障财富的可靠"法门"。改换门庭,当为长远之计。他们或以捐纳的方式,谋一"功名"虚衔以求保护,更将希望寄托于子孙后裔"光宗耀祖",投资科举,以摆脱"贱籍"。

盐商在家乡乃至经商之地广建书院、县学、社学、私塾,其"助学"之费亦不菲,且多传为美谈。现在许多人很喜欢引用汪道昆"弛儒而张贾,弛贾而张儒,一张一弛,迭相为用"[2]的议论,渲染上述"壮举",美之曰"儒商走向"。我以为这多少还没有读出故纸背后的东西。

殊不知汪氏笔下暗藏千种情万种苦,欲说又止,这是他老于世故的地方。唯有一处感慨,稍露消息:"(徽州商人)递废递兴,犹潮汐也,不戢者犯禁,不羁者作荒,不覆即败。"[3]寥寥数笔,徽商受尽权力者的簸弄,把握不了自己命运的怅惘、失落,尽显纸上。汪氏曾说过:"吾乡业贾者什家而七,赢者什家之二。"可见业贾不易,走在权力与经济交织的钢丝绳上,能长久保持平衡不摔落的极少。他们不能不心有余悸。正是出自权力压抑下的经济乃至人身的高度不安全感,徽商有一种莫名的"权力妒忌症",诱使其发生必与权力同化的微妙心理变化,可称之"反向认同"。人人具有"利益最大化"倾向之说不错,但并非像韦伯所说取决于有无"经济理性"那样

---

[1] 据宋应星《野议·盐政论》云:"万历盛时,(盐商)资本在广陵不啻三千万两,每年子息可生九百万两。只以百万输帑,而以三百万充无妄之费,公私俱足,波及僧道丐桥梁楼宇,当余五百万两。"由此得知正常情景,官场交易费(输帑与无妄之费)占利润44%。

[2] 汪道昆:《太函集》卷52《海阳处士金仲翁配戴氏合葬墓志铭》,载《明清徽商资料选编》,第438页。黄山书社,1985年版。

[3] 《太函集》卷55《处士吴君重墓志铭》,载《明清徽商资料选编》,第360页。

简单。一切都要受制于"结构"——在政治一体化的格局下,以权谋财"低成本、高收益"的格局不变,商业贸易没有相对独立的市场保障,"朝不虑夕",徽商朝官宦一途逆向转变,寻求安全感,寻求新的发展前程,能说不是另一种"理性"吗?

以上两种"消费",若从商人的眼光看,恐怕还是一种特殊的"投资行为"。前者为短期投资,后者则为长期甚至长长期投资(为子孙后代计)。

③ 社会公益消费。徽商除了在其家乡广建县学私塾、宗庙祠堂、助学恤贫外,经商之地也"乐助公益",尤以救灾恤贫、修桥铺路、助建书院寺庙等最为突出。此类消费的动机,实起于"自卑情结",也有结好地方利于经营的考虑。"无徽不成镇",徽商之"富"往往成为注目的焦点。明清方志多有江南各地嫉怨徽商"精于搜括"的议论,遍及城乡各阶层,类似于东南亚土著居民对华侨富商的那种不健康心态。鉴于此种情景,徽商的"善举",必有摆脱困境、改善形象乃至克服自己"自卑心理"等多种需求。尽管这种行为未必一定能直接带来经济效益,但也不能说绝无经济理性的考虑。这多少也反映商人社会地位的低下,不得不惜痛将其部分利润用于"公益"。明清方志例无商贾入传的,但徽商因救灾而入《灾异志》的不少,说明此举也有成功的地方。

④ 转向投资:购置田产。其中多数回乡购地,也有落户经商之地,息商归田,"以长子孙"的。对这一点,以往学者称之资本"封建化",多有批评,无异议。对何以如此,我想在这里多说一层意思。

如今颂商者多不能深入体恤徽商心理,一味渲染如何如何成功经营,而对其内心诸多苦涩反倒抹去不提。细读徽商资料,屡多洞察"天人盈虚之数,进退存亡之道"的议论,大有深意可探究。如明嘉靖歙县人黄镛,号称洞悉此道,"年几耳顺",遂"幡然来归","犹早夜习勤,益拓田宅",曰:"吾将以遗安也。"[1]此一"安"字道尽商贾种种苦涩,读时必得深况其味,方不负黄老苦心。

徽商经营失败的事例在传记中所占比例颇重,常被读者轻忽。关于徽

---

〔1〕 歙县《谭渡黄氏族谱》卷9《松涧黄处士传》,载《明清徽商资料选编》,第95页。

商浪迹天涯,客死异乡,甚至无颜返乡,其子千里寻父,幸者尚得"父子相持而泣",惨者"扶持(尸骨)而归",种种情节堪成绝好悲剧题材。今之文人多"媚",失败者几不值此辈一顾,可叹![1]不明此种情景,就读不懂休宁查道大归田自命"慎斋",曰:"天道忌盈,可不慎乎";汪勋晚与西山鸾鹤订交,曰:"与其流浪湖海,战慓风涛,孰与陶写丘林,偃仰云石。"[2]回想马克思《资本论》所说欧洲资本家若获利300%甘冒杀身之危,肝脑涂地在所不辞,而中国徽商却深陷于那种"克己""知足",退归田园的心境,东西商人精神判若天地。这种差别,岂止是文化观念的差异,更是政治经济构造的殊别:"天不同,乃道不同"——试想中国商人若富过了头,会有多少麻烦,怎"可不慎乎"?

上类徽商还算懂得近谋远虑者。更有高度压抑无处宣泄,化为及时行乐者,则可归之"心理变态"。史载扬州盐商中有"欲以万金一时费去者,门下客以金尽买金箔,载至金山塔上,向风飏之,顷刻而散,沿沿草树之间,不可收复。又有三千金,买尽苏州不倒翁,流于水中,波为之塞"。[3]

因此,以徽商为典型事例,其消费形态折射出的是中国传统商人品格的严重扭曲。业贾、仕宦、退隐种种不同面目,变幻多端;刻薄搜刮与挥金如土,一啬一奢,若是反常,洞穿其历史境遇,均可通解。

帝国时代的商业资本,即使获得某种机遇,有相当规模的积累,到某一临界点便呈萎缩后退态势,更无可能进一步深入产业领域,转化为产业资本的可能。因为传统商业资本大的积累必与政治关联太紧,具有突出的寄生性和欺诈性。它并不建筑在社会购买力不断增长的市场经济正常发展的基础之上,也无生产领域扩展的空间可供施展身手,只能依恃病态的消费结构,攀缘于国家财政政策提供的"非常空间",既要与政治权力同流合污,也要时时受到政治权力强烈的干预和百般勒索,更受国家政策和政治形势波动,肌体脆弱,命运无常,绝没有把握"自我"的主动权。他们无力

---

[1] 就我读到的,就有胡士畿、程世铎、詹文锡等事例,读之不觉潸然泪下。请详参《明清徽商资料选编》,第241、245、246页。
[2] 参前书,第84页,录《休宁西门查氏祠记》《休宁汪氏统宗谱》所载。
[3] 《扬州画舫录》卷6,见前引书,第363页。

也无法进一步扩大资本积累,依然是在帝国设定的铁笼子里"跳舞"。盐商毁于"改票",票商废于战乱,便是显证。

从本质上说,帝国时代富商大贾的存在,表明传统时代的商品经济的发展,在政治一体化的框架内,商品经济不能独立运作,不仅没有能对旧的生产方式—政治体制起所谓"解体"的作用,相反它却沦为政治权力的"婢女",造成了权力与财富畸形"联姻",刺激官僚特权阶层贪欲恶性发作,加剧政治腐败与社会震荡。明清市场的表面繁荣与两朝政治腐败愈演愈烈,互为因果,岂是偶然巧合? 因此,若想从传统中国富商大贾身上找到社会变革所需要的新的社会力量,乃至"资本主义的曙光",无异于痴人说梦。

七、政治构造与政治运作

中国传统时代的社会控制机制,政治体系是其中的坚核,主流文化是为这样的政治体制作意识形态支撑的。经历了长达数千年历史进程的不断选择、再选择,进入帝制时代,方基本定型。其间又经历代王朝多方修补、充实,最后在时空坐标系统上画出的整体图像,确实很有历史个性。

现下学术界多半根据最后定型的那种形态,名之曰"封建君主专制主义中央集权统治体制",西人则有称之为"东方军事—官僚专制主义极权体制"的(如魏特福格尔)。[1] 依我看两者差别不是很大,前一种冠以"封建"对帝国时代实不伦不类,后一说法对体制的"军事"性质,及其与"专制"的关联有特别的敏感。但是在众多的相关论述中,往往有"先天命定"的色彩,仿佛如婴儿坠地时的第一声啼哭,就注定了他一生必须在"专制主义"里讨生活。魏氏是如此,国内共鸣者也有意无意地在加重这种渲染。

---

[1] 魏特福格尔:《东方专制主义》。中国社会科学出版社中译本将作者译为魏特夫,1989年版。

晚近通史又因"五种形态论"的遮蔽,"封邦建国"的一长段历史被冠以"奴隶制时代",其时分权政治体制的特色悄然打入冷宫,更强化了中国自古以来就生活于高度一统"集权统治"之下的历史误导。

我觉得且不说曾有过与帝制不同的"封建时代",即使用"专制主义"恶谥一笔骂倒"帝制",固然痛快,却无益于通解这种社会控制机制产生及其演变的历史长程,而且也会把这种体制的内在机制和社会功能简单化,不屑花力气悉心研究这种体制持久存在的"历史合理性",即不能揭示其曾经有过的"合法性资源"的多种选择。它的存在全然成了证明中国"国民性"倾向"极权"(即所谓"奴性")的"历史根据",而且成了一种影响深远的思想成见。由此,对变革这种体制的条件和途径也难有清醒深刻的认识,盲目性很大。盲目最易激发躁动。前贤屡为之痛心疾首的"破坏尤过于建设",近代激进主义的事与愿违,恐怕都与这种认识误区不无关联。为此,吕思勉、钱穆、陈寅恪先生等前贤在其学术论著里都有诸多深切的批评(详见《吕著中国通史》《国史大纲》以及本书外篇学术史相关评述)。

因此,这里想先从关于辨识中国传统社会,特别是帝制时代政治体制特征的相关学术史说起,看看能不能从中提出一些问题,以供进一步讨论。

辨识政治体制特征的方法论策略

大家知道,早在明末清初,诸先贤就曾将传统时代一切政治体制的弊病悉归之于"一家一姓"的君主专制,谓曰"后世之君,私天下以利己"(黄宗羲),"自秦以来,凡为帝王皆贼(天下)也"(唐甄),"今之君人者尽四海之内为我郡县……郡县之失,其专在上"(顾炎武)等等。这些议论直斥"君主集权",在传统时代固属惊世骇俗、不世出之诤言。但若认定传统政治制度仅仅是因君主"私天下"而造就一切,君主制能维持两千余年就成为不可理解的"哑谜"。事实上,支撑中国君主制长期存活的社会机制极为复杂,而且在一种特定的社会体制内还长期有效。唯其如何,帝制废除后"民主制度"建设遥遥无期,"专制主义"一再复活,才可能被释解。

百年以来，正是由于政治体制改革的屡次失败，许多学者在辨识中国传统社会政治体制特性方面筚路蓝缕，开出了许多新的认识领域，多有超越前贤之处。这里，我想首先提出王亚南先生的《中国官僚政治研究》（初版于1948年，再版于1981年）。[1]它是继"社会史大论战"之后具有承前启后意义的一部学术专著。

20世纪二三十年代，由陶希圣在《读书》杂志上开始挑起的那场"社会史论战"，主义、党派的色彩和"当下情结"都极浓。然撇开政治成见不论，即就秦以来中国社会性质的判定，即有所谓商业资本主义社会说、前资本主义社会说、亚细亚生产方式说、专制主义社会说、佃佣制社会说等等名目。[2]这种认识上的混乱，多少反映了中国新史学草创时期很难避免的那种迷惘，面对遽然外来的众多社会政治名词概念，一时不辨所以，容易把别人的谜面直接当成猜测自身的谜底。

但陶氏当年的代表作《中国社会之史的分析》也决非一无是处。颇值得一提的是，陶氏在书中对中国传统政治体制中士大夫独特的身份以及由此建立起来的"官僚制度"，具有特殊的敏感。这是他的高明之处。他断言"官僚是集权国家的一个傍生的制度（系统）"，"破坏旧国家，必须破坏旧国家的官僚制度"，并预感到废除帝制，名义上的专制君主可以没有，但仍有"革命党官僚化"和"官僚制度死灰复燃"的可能。他当时的主张是："彻底打破官僚制度的方法便是直接民权中直接选举权和直接罢免权"（亦见当时对西方政治学的认识之片面肤浅。——引者附识），"中国数千年来后封建时期（指封建制度崩溃以后、资本主义发达以前）的官僚国家，这样才可以打破"。[3]不管人们后来如何评论他，这样的识见已经远远超越明清至辛亥前后诸贤达的识见，绝没有理由以平庸视之。可惜他自己所投身的"革命党"不期然地按着他曾经担忧的方向走去，自食其言。

---

〔1〕 王亚南：《中国官僚政治研究》，中国社会科学出版社，1981年再版本。书前有高足孙越生撰写的《再版序言》，对先生本书学说思想多有精彩的阐释和发挥。
〔2〕 邓拓：《论中国历史的几个问题》"再论中国封建制的停滞问题"，生活·读书·新知三联书店，1979年版，第61页。
〔3〕 陶希圣：《中国社会之史的分析》，辽宁教育出版社新世纪万有文库本，1998年版。

等到王亚南先生于1947年将该书的各篇在《时与文》先期连载时，陶氏当时杞忧的新一轮官僚政治（连同新官僚资本）再生，"专制主义"在蒋氏王朝再度肆虐，传统政治体制并未随帝制终结而终结，都已成为天人共怒的事实。王书与陶希圣《中国社会之史的分析》相隔一个历史时段，但其主题却仍一脉相承。而待到"文革"结束，新一轮"专制主义"批判又开始，弟子孙越生整理再版并撰写了意味深长的《再版序言》，与先生书初版时，又经历了一个历史时段。前者相距19年，后者则有32年之隔。"专制主义"与"官僚政治"相伴相生的话题，在现代中国历史的两大时段里仍然不断被"沉痛"地接着讲下去，就足够说明这一话题与中国历史特性关联的深刻程度，亦见辨识中国传统政治体制的特质，由君主专制展开去，深入探索它存活甚至僵而不死、再生复活的社会机制，显得特别重要。

王亚南《中国官僚政治研究》显著的特色，便是具有突出的世界眼光，头两篇即从世界已经存在过的各种政治体制的异同分析起，引出中国"官僚政治"的特殊性。全书聚焦的中心，已经从一般的"专制主义"批判，转移到探究"专制主义"在中国存活的深层根基——"官僚政治"和"权力经济"（这一名词为笔者所加，但其意不离先生所指"两税制"与"科举制"两大"杠杆"说），以及建基于"权力经济与官僚政治"之上的集权体制何以会具有"延续性、包容性、贯彻性"（先生对集权体制都冠以"封建"一词，那是时代风气使然，不应苛责）。"三性"以及对"三性"根基的论证辨析，无疑是先生凝聚其对中国历史长期深沉思考得出的深刻洞见。我觉得先生对"官僚政治"根由的揭示，明显比陶氏更进一层。先生首先认定传统中国的"官僚政治是一种特权政治"，是在"国家的"或"国民的"名义下被运用来"管制人民、奴役人民，以达成权势者自私自利的目的"。这种政治形态的生命延续，实依赖于"前资本主义"的经济体制、民众的"愚昧无知状态"以及对外封闭如"木乃伊"三大条件，并指出上述前提是密切关联着的，三足鼎立，相互扶持。先生还说："官僚政治既然是当作一个社会制度，当作一个延续了数千年之久而又极有包容性、贯彻性的社会制度客观地存在着，我们要改革它，要铲除它，就不能单凭一时的高兴，也不能单凭外面有力的推动,甚至也不能完全信赖任何伟大人物的大仁大智大勇或其决心与作为,而最先、最重要的是要依据正确的社会科学来诊断它的病源,并参证当前世界各国对于根绝那种病源所施行的最有效的内外科方术。"[1]这些话在50年后的我们听来,几近"预言"的性质,仍具很强的震撼力。

从传统政治体制里发现知识阶层(士大夫)与"官僚政治"的特殊关联,揭示出"特权政治"的性质,无疑切入了中国历史肌体的腑脏经络,是最富"中国性"的研究境界。但若由此多走一步,以为只要解决"知识官僚阶层"的问题,甚至误以为只要知识官僚阶层完成向"理想人格"的转变(所谓"内圣"),一切问题即可迎刃而解,就会变得极其荒谬。

当年陶氏之书,就有这种偏向,不必再论。这里还想对海内外新儒家"新内圣开出新外王"之说,表示一点异议。我不否认新儒家在中西交融的背景下,以开放的心态,吸取世界文化之神髓,回头致力根基于中国自身,侧重道德升华方面的学术建设功业。但有些新儒家人物试图进而"通过儒家来开出民主与科学",通过儒家"圣道"来开出"政术",来定住"政术"的思路,比之王亚南等前贤确是大大后退了。

其实早有人引用朱熹感叹"尧舜三王周公孔子所传之道,未尝一日得行于天地之间",作为对"内圣外王"有力的历史反驳。当今海外新儒家的代表人物之一,杜维明先生更意识到:"使得孔孟之道一蹶不振的杀伤力不是来自学术文化的批判,而是来自非学术、非文化的腐蚀。"这一洞见似乎并没有引起新儒家群里许多人的足够注意。

事实正是如此。不同于文化道德层面,政治体制的转型,首先关涉政治经济层面的安排,正如王亚南先生强调的主要是"社会科学"起作用的地方。西方社会学、政治学较之中国儒学高明之处,即在他们认定考察的逻辑的起点应确认"人"是"经济人"与"政治动物",其理路是以恶制恶,在权力作为一种稀缺资源的开发与分享上,在权力的制控上实行的是游戏法则(或雅名曰:协议)。这与道德领域所崇尚的"内圣"是两股道上跑的

---

[1] 王亚南:《中国官僚政治研究》,中国社会科学出版社,1981年再版本,第179—195页。

车。道德政治化的结果，到头来往往损伤自身的纯洁性。这方面的教训，中国历史上不胜枚举。

西方哲人说得好："国家是人类必要的祸害"，"权力必导致腐败，绝对的权力必导致绝对的腐败"。"内圣开出外王"，从历史的经验上看，各种各样的"内圣开出外王"，总有一种想建立"文化天朝"的冲动，以某种文化（有人曾明倡曰："思想上的太祖高皇帝"）"大一统"的绝对权威型的霸道意识，竭力排拒文化的多元化张力的存在。道德政治化、政治道德化的进路，从"内圣"衍化为"外王"，必得寻觅一个能操作的"实在载体"。这个"载体"在中国就是"卡里斯玛"式的天才领袖，最终总归于复活不同形式的"至高无上者"，为某种畸形的专制政治招魂。[1] 我对"新权威主义"的反感也是由此而来的。至于所谓的亚洲四小龙由儒家开出"资本主义"一说，我向存怀疑态度。事实上他们既非靠"儒学"经济起飞，而"权威政治"也推迟了真正走出传统统治"峡谷"的进程；他们由于经济的变迁将来可能走出"政治峡谷"，依仗的也不是今人所指的那些"儒教（内圣）文化"，而主要是一套新的政治经济运作机制——"自由市场经济＋自由民主政治"。与这种社会转型相应的文化变迁，最好的前途就是能够包容东方文化中原有人类性和普世意义的传统，而不是简单的"西化"，失去本土化的根据。由此而再回味王亚南先生1948年上面说的一长段话，亦见后人未必全胜过前人。

这里我就想到另一个问题：历史的"感觉"与历史的"理解"两者之间的异同关联。

提醒"事实强于概念"，有其深刻之处。国人对本土的政治体制弊端有着许多切身的体验，处在"情景"之中，感觉的敏锐是外人远所不逮的。传统中国的帝制为西史所未有，其独特即在君主专断一切的刚性与官僚高度流动的柔性巧妙结合，因此中国学者特别困惑于"专制主义"尽管十分讨嫌，必欲去之而后心安，却总不乏再生的新旧官僚支撑，得以一再复活

---

[1] 有关评论详参拙文《当代新儒家的价值定位——"内圣开出外王"质疑》，原载《中国研究》1996年第3期。

苟存。魏特福格尔的"水利社会说"之所以隔靴抓痒，也就是不明此种"再生"的根据。据我所知，李约瑟最初也是相信魏氏说的，但当李氏在1944年前后目睹国民党官僚政治腐败之时，心里也就产生了对魏氏说的"不满足"，故有对王亚南先生之发问（见《中国官僚政治研究》"自序"）。随后西人的看法也在变化。等到1966年巴林顿·摩尔写作《民主和专制的社会起源》时，他明显理解到了中国学者感觉的准确性，在讨论中华帝国政治体系时，即把科举制度产生的"行政官员和儒生阶层"作为一个重要话题展开（实际摩尔的分析大多本于韦伯，稍后即会谈到）。[1]

但感觉到的不等于就是理解了的。整体性的感觉若没有分析概念的助力，也很难深入到它们生命机制的肌肤深层，弄清其何以能存活。新儒家把问题归结到"知识官僚"的"人格"，走向偏锋，就是过于执着于上述的感觉。而亚南先生当年追溯"官僚政治"，已经意识到探究"官僚政治"依存的"生理根据"，要比改变官僚"成分"更显得紧要。这种时候，正如亚南先生所指示的，西人社会科学的分析概念对于理解中国历史，就具有原来"中学"所不具备的优势。

对理解中华帝国政治体制极有帮助的诸种"西学"中，我想特别推荐韦伯及其"理想类型"的方法论策略（详细的论述，可参阅苏国勋的《理性的限制——韦伯研究引论》）。[2]

大家知道，韦伯与迪尔凯姆（一译"涂尔干"）不同，走的是"个人—社会"的社会学分析路线（吉登斯称之为"个人本位"，与之不同的是"社会本位"，构成西方社会学两大流派）。[3]我觉得从基本的"人性"作为逻辑的认识出发点，总是比直接切入"社会"的话题要来得深刻——更能体现一切人文社会学科归根到底是"人学"的主体精神。韦伯依据他"社会行动单位"——以抽去个体特征的普遍性的"人"为逻辑出发点，细析"人"赖

---

[1] 巴林顿·摩尔：《民主和专制的社会起源》"第4章"，华夏出版社译本，1987年版。
[2] 苏国勋：《理性化及其限制：韦伯引论》，上海人民出版社，1988年版。另可参阅洪天富为韦伯《儒教与道教》中译本所写《译者序》，也有精到的评述。江苏人民出版社，1997年版。
[3] 安东尼·吉登斯：《社会的构成》"引言"，生活·读书·新知三联书店，1998年版。

以行动的各种动机和利益机制,得出了辨识政治体系特征的基本认识路径,简言之:五种社会行动的正当性(情感正当性、价值合理性的正当性、宗教正当性、习惯正当性和法律正当性),四种行动类型(情感型行动、价值合理型行动、传统型行动和目的合理型行动;前两种通常称"信仰伦理",后两种称"责任伦理"),以及三种合法统治类型(卡里斯玛型、传统型和法理型)。如果理解了韦伯所说的"理想类型"只是一种方法论的策略,就不会误解上述三种统治类型并不能一一对号任何民族、国家特定的具体历史形态。以上所提炼出来的成分、要素几乎大多数都包容兼混在每一种具体的统治形态里,最多只是哪种特征更突出鲜明,成为主体性特征而已。但前述的概念体系将来对我们讨论中国传统社会政治体系形态特征,无疑有启发路径的作用。

韦伯《儒教与道教》[1]一书比较集中地讨论了中国,他关于中国社会中央集权的权力高度集中与地方政治控制的脆弱涣散两重性的分析,关于中国伦理规范性质的法典与西方形式化法典的不同,关于中国"家产世袭官僚制"与近代西方"法理型官僚制"不同的分析,都属于"旁观者清",为国人增加了多种观察的视角。

但还应该指出的是,韦伯关于传统中国政治体制的评论,从方法论上来说,最具启发意义的并不完全局限于上述的一些具体论断。韦伯的分析,更重要的是,他通过对统治的各种"合理性"的分析,给出了一种辨识政治体制构成的普遍性原则(或可称之为广义经济学原则):政治体制实质上是一种对"稀缺资源"配置与支配的体制。这些资源既包括经济的、财富的,也包括文化的、情感的,例如权威、声望、荣誉等资源。在传统中国,则表现为皇帝以"全国"或"全体国民"的名义集中一切资源于"国家",一切资源(土地、财富、知识、权威等等)都被"权力化",全部"官僚"都是这种"权力资源"的"代理人"。由此就造成了与西方不同的社会进程:在集权体制下,权力决定财富,以权力谋取财富。权力与财富紧密结合的程度为世界之最。如此,特异的社会现象就必出现于中国:只要这种单一以权力

---

[1] 韦伯《儒教与道教》仍以洪天富中译本为佳,江苏人民出版社,1997年版。

决定财富占有的国家集权体制存在,它的统治"合法性"的基础也就难以动摇。在我看来,读《儒教与道教》时,若忽略韦伯在其独创的"家产官僚制"概念下所包藏的这一理论主旨,就不能说已经完全读懂了这部名著。

看来摩尔是读懂了韦伯所说的中国"家产官僚制"的内在涵义,因此他曾以生理学做比喻,"没有一个生理学家只满足于知道人体中骨骼和肌肉各占多少比例。他要知道的是在身体运动中,骨骼和肌肉是如何同时在起作用的","同理,在研究中国时,我们须知的是地产、知识所有者和政治机构之间的相互关系"。由这种侧重"结构关系"的方法论导引,他就触摸到了"权力决定财富"这一他称之"中国社会面貌最重要的特征",并由此揭示出一系列由知识获取权力、由权力获取土地金钱等财富的中国社会运动的"规则",使他的著作较之其他西人更切合中国的实际,也更富历史通感。[1]我建议读者不妨将以上两书互读对读,会更有收获。

在辨识中国政治体制特征时,在方法论上还有一种视角不可忽略,那就是"传统"与"现代"的比较研究。这方面,阿尔蒙德和小鲍威尔合著的《比较政治学:体系、过程和政策》,也是一部值得一读的参考书。该书尽管主体部分主要是针对现代西方政治体制的,但该书所指出的,如政治体系不同于民族、国家、政府以及政治机构,它是一个生态学的概念,强调考察体系内环境(政治体系内部各部分之间的相互依存关系)和外环境(政治体系与外部国内、国际环境的相互依存关系)的重要性,以及政治过程输入、转换、输出、反馈回路的系统分析方法,都为我们认识政治体系形成机制及其特征,提供了有价值的方法论策略。更重要的是,通过由他们提供的西方现代政治模式,再与我们自身作比较,很容易感受到中国传统社会"社会化程度"之低,甚至可以说只有"国家"而无"社会"(一说"国家强于社会"),[2]可能是一个最与将来现代化相逆的传统特征。由此展开,传统中国政治体制诸如社会分化度(组织分化、功能分化、角色分化等)低、社会成员(政治)参与度低、结构分化度低、社会横向流动度低以及垂直

---

[1] 巴林顿·摩尔:《民主和专制的社会起源》,华夏出版社译本,1987年版,第131—132页。
[2] 唐德刚:《晚清七十年》,岳麓书社,1999年版。

流动压抑或扼杀横向流动(不允许产生任何具有"公共空间"性质的实体或中间团体)等诸多相关特征,也都一一凸显无遗。这些特征若离开了上述比较研究,就不可能从传统中国的"历史实际"中直接分解辨识出来,亦是显而易见的。

"封建"与"郡县"之辨

长久以来,有一种以讹传讹的"历史成见",认为上古希腊罗马一开始就是"民主与共和"之源,而古代东方却先天性地陷入"专制统治"的陷阱。[1]中国人接受这一看法,最初起于近代"落后情结"的刺激。当时学界接触西史有限,作为中西比较简单化时期的产物,尚不足为怪。[2]可是直到现在,"专制主义自古就有"的观念在通史著作中仍有市场,就有点不可思议了。

史实昭然。在中国历史上,君主"独制"[3]体制充其量也只有两千多年的历史(在我看来,极端君权即真正君主专制时代,自明初算起,六百

---

[1] 这一误解或许与亚里士多德《政治学》中的一段话有关:"君主政体的另一属,其权力类似僭主(专制)。常常见于野蛮民族(非希腊民族)……因为野蛮民族比希腊民族更富于奴性;亚洲民族又比欧洲民族更富于奴性,所以他们常常忍受专制统治而不起来叛乱。"商务印书馆,1997年版译本,第159页。按照亚氏对"古代历史"的认识,认为"古代各邦一般都通行王制,王制(君主政体)所以适于古代。因为地方贤哲稀少,而且各邦都地小人稀"。而后逐渐产生"立宪政体""寡头(财阀)政体""僭主政体""平民政体"。自然这主要是针对那时以地中海为中心的欧洲历史而言的。参上书第165页。
[2] 尽管在西哲的政治学、历史学著作中确有类似的"欧洲中心主义"的偏见,但若细读亚氏《政治学》、孟德斯鸠《论法的精神》、洛克《政府论》、卢梭《社会契约论》等名著,他们对欧洲上古、中古出现过各种政体的历史分析,就不难明了欧洲历史上也存在过多种政体并存与演进的局面,与非欧地区历史总体上也无甚大异。上举诸书,稍后我将会议论到,详后。
[3] 考察春秋战国诸子之说,儒法两家都主"君主制",然儒重"亲民",而法倡"尊君"。由此形成中国传统帝制的治政两大要则(中国帝制的复杂性由此而来)。法家多以君主"独制"有别于诸家。然细究之,其"独制"的涵义则为"在君则制臣"(《韩非子·内储说下》),重在驾驭臣下;其要旨则归于"民一于君,事断于法"。它与绝对君主专制主义(即亚里士多德所说的"僭主政治")仍略有区别,吏治仍是一个重要的政治原则。故这里仍取文献原有的"独制",而不采西方习用的"专制"一词,以示中国政体有西方所不及的自在特点。

年还不到）。[1]既非自古就有，也绝不会"万古常存"。早在1940年，吕思勉先生写作《吕著中国通史》上册时，大概出乎同类感触，就特地说了下面一番话："贵族政体和民主政体，在（中国）古书上，亦未尝无相类的制度……贵族政体，古代亦有其端倪，不过未尝发达而成为一种制度。至于民主政治，则其遗迹更多了。我们简直可以说，古代是确有这种制度，而后来才被破坏掉的……有人说，中国自古就是专制，国人的政治能力，实在不及西人，固然抹杀史实。有人举此等民权遗迹以自豪，也是可以不必的。"[2]这里，想对吕先生的话，依我的理解稍作申述。先生所云的"民主政治"，多半为早期部族时代崇尚"集体议事"与"（共同体）众意"精神的延续（可由帝国时代少数族政权早期形式佐证），而上古的"贵族政治"则因为混合着"寡头政治"（国王甚或"共主"独大）而显得不纯粹。多种政体混合的特点，西方上古历史上亦然如此。如果仔细阅读亚氏《政治学》、孟氏《论法的精神》、卢氏《社会契约论》等书，就不太会笼统地将"君主制"一概指称为"专制统治"。稍后将议论到。

中国历史向被视为"静"的历史。以秦后两千年观之，或尚勉强能传达其整体意韵；若再往前推去，则大谬不然。实际中国早期历史，并不乏类似西方上古那种风云剧变、婀娜多姿的色彩。传说中的黄帝、炎帝、共工、蚩尤，其叱咤风云、此起彼落，应不让"荷马时代"。上古众多方国彪悍雄极而昙花一现，恐亦颇多"英雄主义"悲剧情味，惜其名其事多失载不传（良渚汇观山"方国"即为一例）。直到晚商，纣王尚有浓烈的"英雄主义"气息，秦末项羽似乎更像最后落幕的"盖世英雄"。[3]而后每当王朝鼎革，亦或多或少仍有"英雄主义"复活的尝试，但气度风范则大不如前，已今非昔比。大抵演进到现代，进入所谓的"世俗社会"，"英雄主义"在政治领域才

---

[1] 关于这种与时论颇不合的看法，建议读者可注意钱穆先生《国史大纲》目录所显示的历史分期，于明代后始揭出"君主独裁"字样。
[2] 吕思勉：《吕著中国通史》，华东师范大学出版社，1992年版，第44—45页。
[3] 我在"部族时代"一节中所举的阎村"鹳鸟石斧"、西水坡的"青龙白虎"，都隐约透露这方面的信息，参前。《史记·殷本纪》描述"帝纣资辨捷疾，闻见甚敏。材力过人，手格猛兽"云云，亦证商末尚有"英雄主义"遗风。项羽实是一个欲回归旧时代的"末路英雄"，别姬一幕，似可视为送终中国"英雄主义"时代的"挽歌"。

光彩不再。

中国政制由"质胜于文"进至"文胜于质",达臻"文明"一途,实应归功于西周的创制。仲尼夫子称颂西周为"郁郁乎文哉",绝不为过。今日看来西周政治显然有浓厚的贵族色彩,而"共主"名义下的地方分权体制,"部族民主"和联邦"共和"的成分也隐约可辨。[1]此类政制均与秦以后一统的君主"独制"格局泾渭分明。因此古贤多称周秦之间为"天下一大变局",但其中也不乏往后看,发思古之幽情者。

这一大变局始于春秋战国之际,成于秦皇统一,而真正稳定下来,"三代世侯世卿之遗法荡然净尽",则要到西汉文、景、汉武三帝"严诸侯禁制",前后总计不少于三四百年,其中秦以后制度反复期亦有百来年。[2]这一大变革由长期渐变到最终稳定成形,大致与世界历史上任何重大的社会制度变易所需时段长度基本相似。[3]它将与我们今天正经历的这次社会转型,一起构成中国文明史上前后相继的两大历史性转折。其余大大小小的变局,看似重要,其实都只能算作同一社会类型历史演进中的一些渐进插曲而已。

关于秦开创君主集权大一统体制成立之前,我国政治体制变革情景,已在本书头两篇"部族时代"和"封建时代"专题里做了交代,不再重复。此处将以战国至秦的历史性转折作为讨论起点,以期为探究帝国政治体制的特征做一历史铺垫。

---

[1] 在讨论中国古代政权政体性质时,传统的做法往往倾向于单一性的确认。其实这完全没有考虑到历史的复杂性。亚里士多德在《政治学》一书中曾说到斯巴达政体,当时许多思想家认为它属于君主政体(一长制)、寡头(少数制)和民主制(多数制)政体三者的混合组织。而亚氏本人则认为它是贵族和民主(平民)的混合政体。这一点对我们认识西周政体应该有所启发。参《政治学》,商务印书馆,1997年版译本,第66页及注。
[2] 关于"世侯世卿"渐变为"布衣将相"之局,其间的曲折,清代赵翼在其《廿二史劄记》"汉初布衣将相之局"中作了极精彩的整体概括,可参阅。中华书局,1963年版,第31—32页。
[3] 唐德刚先生在其《晚清七十年》一书里多次说到社会转型,中外历史均证明至少需二三百年以上,才得最后走出"峡谷"。并说由商鞅变法到武帝,从封建到郡县的转制,一"转"就二三百年。这一论断史识卓立,特推荐于读者,有兴趣者可找唐先生原书一读。岳麓书社,1999年版。

秦统一全国为郡县,意味着特定的中国"封建时代"体制基本终结。自秦汉以来,中国历代政治家、史学家都无一例外地看重"封建"与"郡县"之间的区别,认定它是前后两种不同的政制。关于它们之间的优劣利弊,从李斯初与诸臣廷对,引发"焚书"之祸,到唐柳宗元再作《封建论》、明末顾炎武新翻《郡县论》,入至大清,雍正帝针对"曾静案"还在大发宏论,争论始终不断,足见由"封建"转向"郡县",确实是中国社会演进中的"历史大关节"。

以"封建"与"郡县"为历史性标志的两种政治体制,其间的重大区别,今人据以判断的视域自然要比古人宽阔得多。萧公权先生在《中国政治思想史》中概括为两项,言简意赅:"秦灭六国为吾国政治史上空前之巨变。政制则由分割之封建而归于统一之郡县,政体则由贵族之分权而改为君主之专制。"[1]第二项之中,实还包含有另一要项,即赵翼在《廿二史劄记》借"汉初布衣将相之局"所申述的由"世侯世卿",改为中央政府任免的"流官制",布衣白身(理论上)均有机缘进入政界,贵族世袭政治格局坠坏。从行政层面上亦可简言之为:由贵族政治转至官僚政治。因此,秦开创的大一统君主中央集权体制实包含有三大要素:君主"独制"(最后裁决权归于君主),地方集权于中央(郡县),以及官僚任免而不得世袭(流官)。

两汉以来,凡有识见的贤达人士多认识到由"封建"进至"郡县",乃取决于种种社会情势的演进,绝不是任何个人或集团的好恶所能左右,历史也无法往后逆转。今之史家更持同类立场,绝不至于因集权专制之苦,而认为由封建进至郡县"不当如此"。但有一点也是清楚的,历观古往今来,任何政制都不会尽善尽美,有得有失、有利有弊,亦在情理之中。卢梭说得好:"如果有人要绝对地提问,哪一种才是最好的政府,那他就是提出一个既无法解答而又无从确定的问题了。"[2]我想,集权统一体制固然有类似人们常乐道的诸如"书同文、车同轨",以及有利经济文化交流、民族融合

---

[1] 萧公权:《中国政治思想史》(二),辽宁教育出版社,1998年版,第241页。
[2] 卢梭:《社会契约论》,商务印书馆,1980年版译本,第110页。

等等优势,但也绝不能因此就说原来的分权贵族政治体制绝无其内在的合理因素。

旅美学者杨联陞先生曾以《明代地方行政》为题,在"封建论与集权论"的标题下,有一段道人所未道的议论,很是精辟:"在传统中国学者的心目中,这两种制度是完全对立的,因此他们往往不考虑到任何定义问题而热烈讨论它们的利弊。事实上,我们无须把两种制度看成是两种互不相容的政府组织形式。从整个政治制度史来看,我们发现如果把这两种传统的政治形式当作是具有极为宽广的光系的两极的话,似乎更有意义。"[1]这一提示表达了一个更为深刻的理念:集权与分权乃是一切国家权力统治必难避开的两极,相反而相成,犹如广阔光系的两极。向心力与离心力构成一种弹性张力,仅执其一端,必偏执僵硬而丧失生机活力。以此言之,"郡县"与"封建"所包含的政治学意义,细究其潜在的权力资源,远远超越我们看到的具体历史,它具有更复杂、更值得研讨的许多内涵,需要我们去体味。

历史实是人们不断选择自身存在方式的历史。曾经有过的历史选择,后人固无权苛责,但在今人再选择时,检讨前人的各种选择的得失成败,斟酌取舍,思远慎终,亦当是后来居上者应具备的智慧。

集权时代,重新检讨反省"封建"的合理性,历代不乏议论。[2]当帝国中央集权制发展至明末已成烂熟之势,百病困扰,则更有以顾炎武先生为代表,出而大胆倡论"寓封建之意于郡县之中"。[3]其名言即曰:"知封建之所以变而为郡县,则知郡县之敝而将复变。然则复变而为封建乎? 曰:不能。有圣人起,寓封建之意于郡县之中,而天下治矣。""穷则变,变则通"为我中华民族所特有的智慧。亭林先生据此做出"敝而复变"论断,在当日似几近空想,却不期然地猜测到了数百年后终将要发生的政体变化。这一

---

[1] 杨联陞:《明代地方行政》,载入著者审订的文选集《国史探微》,第94页。辽宁教育出版社,1998年版。
[2] 有关历代古贤论述,前引萧公权《中国政治思想史》多有介绍,可参阅。另外,前引杨联陞先生名篇《明代地方行政》,在"传统学者对封建制度与郡县制度的争论"一节对此有集中的讨论,值得一读。
[3] 顾炎武:《顾亭林诗文集》卷2 "郡县论九篇",中华书局,1959年版。

判断无疑有似预言,具有一定的前瞻性,难能可贵。

亭林先生针砭古今,常出奇论。如谓:"封建之失,其专在下。郡县之失,其专在上",可谓一针见血。关于"郡县"过度集权之弊,先生则曾具体展开为:"今之君人者,尽四海之内为我郡县。犹不足也,人人而疑之,事事而制之。科条文簿日多一日,而又设之监司,设之督抚……有司之官凛凛焉救过之不给,以得代为幸,而无肯为其民兴一日之利者。民乌得而不穷?国乌得而不弱?"

细究先生议论,过度集权之危害,除造成官僚主义、文牍主义等严重弊端,吏治效率低下外,还有一个中央与地方利益的不平衡,更需注意。先生痛感高度集权,一切归之于上,甚且"以东州之饷而给西边之兵,以南郡之粮而济北方之驿",国家岁费无所底止,地方穷以应付且不及,其害无穷。梨洲先生也持同见,在《明夷待访录》中即直斥其"利不欲其遗于下,福必欲其敛于上",为集权之最可恶者。[1]在《日知录》里,先生曾举一例以证过度集权损害地方利益。他说遍游天下,有一印象特深:凡郡县为原来唐旧治者,"其城郭必皆宽广,街道必皆正直",原衙门的旧基"必皆宏敞";相反,凡"宋以下所置,时弥近者制弥陋"。[2]仅以宋后市容衙舍局促狼狈一端,即足够说明自赵宋财权完全集于中央以来,地方财力穷窘日甚一日,集权过度之害,不言自明。

然则"封建"之意又何以有其利用价值?亭林的基本立论,与梨洲《明夷待访录》"论方镇"所揭主旨不谋而合。[3]他们都是基于"天下之人各怀其私,各私其子,其常情也"的新"人性论"立场(注意:这确是对传统人性论的重大突破),肯定"用天下之私,以成一人之公",或曰"以我之大私为天下之公"(梨洲语),乃为"三代"治法的精神所在(此处且不论有"我注六经"、以义改史之弊,即所言之"私"作个人利益解,抑或作地方、部族利益解,语义也是模糊的。古贤不重概念的界定,与西方古哲迥异,稍后将有评论)。而秦之后一变而为"以君为主,天下为客","所谓法者,一家

---

[1] 黄宗羲:《明夷待访录》"原法",上海古籍出版社,1955年版。
[2] 顾炎武:《日知录集释》卷12"馆舍",上海古籍出版社,1985年影印本。
[3] 黄宗羲:《明夷待访录》"方镇",上海古籍出版社,1955年版。

之法,而非天下之法……固足以害天下"(梨洲语)。故两贤认为尽革"封建","古圣王之所以恻隐爱人而经营者荡然无具"(梨洲语),诚足感叹。

综合两贤所述,从深层发掘,他们之所以主张"寓封建之意于郡县之中",似乎还有点"现代味",包含有这样的立意:凡有效的政治体制,必须适应人的"利益自我化"的原则,应该具有促进"人"利益需求的激励机制。反言之,凡不能适应和促进"人"利益需求的政治经济体制,都不能达到"天下共治"的目的,也就违背了三代"天下为公"的精神。他们所主张的"私有公用",是一种很具中国特色的"公私观",隐含着对帝国时代产权"国有"性质的否定。可惜的是,这是一个极其模糊的命题,"公、私、有、用"四个字都没有内涵、外延的意义界定,当然不能导致"契约"性质的约定规则,更无法发展为积极的政治实践。

但有一层意思是明确无误的,他们都主张适当地实施地方分权。在他们看来,与"封建"分权、保护私有产权制度不同,过度集权之弊,即在于专事聚敛,一切利权均操于中央,以成"君主之私"。在这种体制之下,中央委派的郡县官僚,不像原先宗法贵族,均为外地异乡来客(此为回避制所限定的原则),又限定任期,不免产生短期行为,对上而不对下,缺乏致力于地方事业的内在利益动机和长远考虑是必然的。反之,若取"封建之意",放权于地方,允许以县为单位实施自治,"以复井田、封建、学校、卒乘之旧"(船山语);郡县"令长"不由中央委任,而是由当地民众推举本地贤明人士主政,方能如"马牛以一圈人而肥"(犹今之承包到户)。本地推举的"令长",因其家属、亲族、乡邻都在本地,切身利益休戚与共,必能产生发展地方自身利益的主动性和积极性,故能造富一方。天子放权于地方,"藏富于民",四方富足,则天下不治而治。亭林、梨洲所谓"用天下之私,以成一人之公,而天下治"的意思大抵如此。

这一设想后来竟为清末民初一度倡导"地方自治"者奉为祖本,不能说没有一定的逻辑内在关联。但若将上述议论直接就当成提倡"地方自治"的"现代启蒙思想",我期期不敢苟同。当今世界盛行的直选、民选制确实不失为治疗集权痼疾的良方,但此决非"乡举里选"的"古为今用"。两者社会情景实风马牛不相及。顾、黄两贤的设想,因缺乏体制环境的铺垫,新的独立社会力量缺席,各种必备条件空缺乌有,无疑缘木而求鱼,新瓶装旧酒。社会总体结构依旧,若真能付之实施,难免重蹈魏晋"世族统治"乃至唐藩镇割据之覆辙。辛亥后之混乱,各省多军阀政客,乡间不乏土豪劣绅,也多少旁证了这一点。这一切,均非古贤不愿为之,实不能也,即起"圣人"亦无所施展其睿智慧识。因此,只要"明夷"之期不足穷而且尽,则黑暗后的黎明,现代体制的出现,只能让智者一直"待访"下去,"喟然而叹"不止。

杨联陞先生看得明白:"顾炎武'寓封建于郡县'一语,事实上是传统中国学者反对过度中央集权的延续。"[1]观念是现实的影子。正是通行至明清之际,秦制所代表的那种高度中央集权体制的各种弊病凸显无遗,才使顾、黄一代学者的病理诊断显得特别有深度和力度。他们对明亡的检讨,是在前此无法比拟的更广阔背景上展开的,几包含了对清以前历史的全方位检讨(亭林毕生写作的《日知录》和《天下郡国利病书》,便是最好的说明),其境界自然远远超越历代学者。这是一面。

还有另一面也不能不看到。从他们往往只能采取"倒回去"的思路,也充分暴露中国传统学术致命的弱点,亦即钱穆等先生批评的:"只研究治道,不研究政体。"若将顾、黄等先贤的文论,与西方古哲的政治学著作互相对读,就不难发现亭林、梨洲先贤因为得不到类似亚氏那种政治学理念的支撑,既撤不走政治道德化的心理屏障,也跳不出"封建、郡县""公天下、私天下"固有的概念陷阱。试看顾、黄两贤都将"三代封建"之君认定为"藏天下于天下……未尝为一己而立",是"以公心待天下之人";相应则简单地指斥秦以后的中央集权体制为"独私一人一姓""一人之产业",均无法通解前后历史。在后人看来,这种不顾具体的社会分层,即社会成员构成状态,而以笼而统之的"公、私"模糊地定性时代,未免有言远而意浅之叹。可见中国传统的思维方式在政体分析面前,实在捉襟见肘。期望由此找到"走出中世纪"的有效医方,无疑是过于天真了。

反观古希腊先哲亚里士多德。其生活的年代(前384—前322),约略相

---

[1] 杨联陞:《国史探微》"明代地方行政",辽宁教育出版社,1998年版,第104页。

当于战国孟子时期。亚氏的传世名著《政治学》,既有对政治学原理的发挥,对各种政治学说的检讨,更为精彩的是以特有的政治学眼光全面审视以往历史,致力于解析各种政治统治要素的组合,展开对各种政体的比较分析。全书关于政体类型(有所谓"品种"和"品种的变态"的六种分类)得以成立的条件、内部构成与关联、利弊得失及其存亡演变,都有详尽论析,极尽逻辑论证和分析归纳之能事。东西方思维方法的差异于此体现得真是淋漓尽致。

亚氏对政体的讨论,非常关切历史的复杂性。具体而微,是全书最显眼的特色,为中国传统学者远所不逮。他在阐述政体发生的由来后,将历史上曾经有过的政体具体区分为君主制、贵族制和共和制三种"正宗"政体,[1]并相应衍生出三种"变态"政体:僭主政体为君主政体的变态,寡头政体为贵族政体的变态,平民政体为共和政体的变态。对"变态政体",亚氏明显表示反感,认为僭政最恶劣,寡头次劣,而平民政体是在三者之中最可容忍的政体。对各种政体的相应社会条件,亚氏有一总论,说道:"适于君主政体的社会应该是那里的民族或种姓自然地有独一无双的英豪,其才德足以当政治领袖而莫可与竞。适于贵族政体的社会应该是那里自然地既有若干政治才德优异的好人又有乐于以自由人身份受贵族之辈统治的民众。适于城邦宪政(共和制度)的社会应该是那里自然地存在有胜任战争的民众(武士),那里在小康阶级之间按照各人的价值分配政治职司,他们在这样的气度中既能统治,也能被统治。"[2]亚氏的上述概说未必完全得当,而其"正宗"三政体,颇类似于韦伯的"理想类型",不可能一一对应具体历史。正因为如此,亚氏强调三种"正宗"政体都各有其合理性,应视不同情势而定;但更多的现实政体却颇多混合型,纯而又纯的政体只是一种空想。

---

[1] 亚里士多德对此界定说:政体(政府)的以一人为统治者,凡能照顾全邦人民利益的,通常就称为"王制"(君主政体)。凡政体的以少数人,虽不止一人而又不是多数人为统治者,则称"贵族(贤能)政体"。以群众为统治者而能照顾到全邦人民公益的,人们称它为"共和政体"。《政治学》,商务印书馆,1965年版译本,第133页。

[2] 亚里士多德:《政治学》,商务印书馆,1965年版译本,第133、172、179页。以下凡引自本书者,不再另行注明。

亚氏的精明还表现在对政体的分析一点也不僵硬呆板,总是尽可能细化。例如他就指出"王制(君主制)实际上包括若干不同种属",其中斯巴达的王制是"君主政体的真实典型",而僭主(专制)政体则为君主政体的另类,此外还有民选总裁("艾修尼德")形式、史诗(英雄)时代王制和全权君主("绝对权力的君主")形式(指波斯王室),总计不下五种。

亚氏的政体类型分析方法,应该说对于我们具体判别中国历史上出现过的君主政体的各种特性,很有借鉴意义。例如殷商、西周固然也有"君主",但绝难与秦以后的君主"独制天下"同日而语,似乎更像是亚氏所说的"贵族政体"的变态——"寡头政体"。入至帝国后,通过正史一直关注的"君权"与"相权"之争,当前期"相权"极重的时候,我们不也可以考虑按亚氏的思路,把那种集权体制看作非"全权君主",不应该用"君主专制"一把尺量死?再如中国人说的"君主独制",是不是与"专制"完全同义?具有开明色彩的君主,理应与独断残暴的"僭主"(专制君主)有所区别,一概用恶谥"专制君主"加之于所有帝王,是不是恰当,也颇值得斟酌。如此等等。

然而更为重要的是,中国传统思维方式总爱把治理国家方式的好坏归诸于道德、人心、世道之类精神性因素,而对社会其他因素的作用轻忽,甚至一切都被"道德化",因此对各种政体的内在机制缺乏分析综合的眼光。相反,亚里士多德却十分重视构成政体条件的社会综合分析,包括人口的量与质、领土面积、自然生态(如气候)、社会分层构成以及产业、产权状态等等。唯其如此,他对政体成立条件有着非常冷静和深刻的分析,给人以智慧启迪。

亚氏就社会成员构成的上、中、下三层状态与政体的关联发表的议论,就特见精彩。他说道:"很明显,最好的政治团体必须由中产阶级执掌政权;凡邦内中产阶级强大,足以抗衡其他两个部分而有余,或至少要比任何其他单独一个部分为强大——那么中产阶级在邦内占有举足轻重的地位,其他两个相对立的部分(阶级)就谁都不能主治政权——这就可能组成优良的政体。"这一点,在西方现代民主社会里已被证明为政治学通则,虽然古之"中产阶级"与今之"中产阶级"涵义完全不同。

前编 通论专题研讨

亚氏最反对上层与下层完全断裂的那种政体,下面的一段评论,几乎更像是针对中国历史而说的:"如其不然,有些人家财巨万,另一些人则贫无立锥,结果就会各趋极端,不是成为绝对的平民政体,就是成为单纯的寡头政体;更进一步,由最鲁莽的平民政治或最强项的寡头政治,竟至一变而成为僭政。僭政常常出于两种极端政体,至于中产阶级所执掌而等于中道或近乎中道的政权就很少发生这样的演变",又说"凡是平民政体中没有中产阶级,穷人为数特多,占了绝对的优势,内乱很快会发生,邦国也就不久归于毁灭"。

自然亚氏的分析方法对中国只有借鉴意义,切入中国历史实际,还有一个契合史实的难题。在现代学者中,许倬云先生也曾运用社会分层理论,从上、中、下三层关系纵论中国历朝政治统治的得失,别具只眼,异峰突出。限于篇幅,恕不能详引,仅举其标题或可略窥大意:西周的包容——上层的坚凝;秦代的缺失——中层与下层的疏离;汉代政治权力的基础——中层的坚凝;东汉的缺失——上层与中层的断裂;唐代的用人——中层的变化;宋代的养士——中层的扩大;明清的缺失——中层与下层的断裂。[1]这是切入到政治体制架构的内部观察,将中国历史细化的理路,得出的理念与亚氏相似,特别重视中层的作用,认为凡是具有坚凝的"中层",并能起上下转合作用的,一般治理国家都比较成功。

然而,在我看来,中国传统的政治体制恐怕很难像许先生所说的,具有真正社会分层意义上的"中层"。先论"封建时代",先生所说的"中层",实际只是诸侯分权体系下"邦国"贵族。由于他们与其治下的下层(本族平民)血缘相连(同族同宗),方圆不大,距离极近,容易整合成一个"上下"紧密沟通的板块。而所谓"上层"的"中央之国"(共主),与所谓"中层"的诸侯"邦国"保持"联盟"关系,"中央之国"主要负责"礼乐征伐",犹今之国防外交和意识形态的主导,"共主"并不直接管理诸侯国治下的"下层"。这样"中央之国"与"诸侯之国"两者之间又构成一个"上下"板块。因此,可以说这只是两种上下"板块"的黏合,而并不存在"上、中、下"直系整合的

---

[1] 许倬云:《历史分光镜》,第85至91小节,上海文艺出版社,1998年版。

整体结构。在经济和政治关系比较简单的条件下，这种"封建"式的分块整合的效果确实较理想。这也是顾、黄两贤之所以将"封建"看作为发展地方利益的"理想模式"的缘故。萧公权先生有言："当封建鼎盛之时，生活大体有序，上下守分相安，固不失为一太平之世。然而时迁世易，政治与社会均起变化，乃由安定以趋于骚动。"[1]说得极为得体。

进到帝国时代，国家管理的幅员特辽阔，又实行统一的垂直统治，情形完全不同。在这一点上，黄仁宇先生从"大历史"着眼，得到的观察似更为准确。他认为，历代帝国集权体制的致命弊端是结构性的"中间缺失"，并把它比喻为美国式的"潜水艇夹肉面包"："上面是一块长面包，大而无当，此即是文官集团。下面是长面包，大而无当，此即是成万成千的农民，其组织以淳朴雷同为主……上下的联系，倚靠科举制度"，而科举制造就的"成千上万的官僚既不能公开坚持本身利益，也不便维护地方利益，只好用非经济及非法制的名义去维持组织上的逻辑"，不能承当起"中层"的作用，结果就出现"没有一个中间的经济机构"，无法"在数目字上去管理"。[2]黄仁宇先生对帝国时代的官僚机构设置状态，还有一个形象的比方，叫作"倒砌金字塔"。中央机构最庞大繁复，实际管理公众的府县级机构，却简陋而人员稀少，居中的道、路、省一级大多只是派出代理人性质的官员，并无像样的管理机构。管理深度与管理宽度的比例（如管理的深度越深，则层次必相应增多，层次管理的宽度亦应增大）违反政治管理常识，最能突出地说明上述"中间缺失"的弊端非常突出。当然以今天现代社会的经验来看，这种"中间缺失"，不仅仅是没有"中间阶级"的存在，没有"中间性的经济组织"，更重要的是没有任何"公共空间"——除了垂直型的权力系统之外，没有任何对权力实行制衡的横向性的社会团体和社会组织。正是在这一意义上，我们才说：中国传统的社会治理体制，仅有"国家"而无"社会"。这种"中间缺失"、上下断裂的政治体制，自然就会造成像

---

[1] 萧公权：《中国政治思想史》（一），辽宁教育出版社，1998年版，第18页。
[2] 黄仁宇：《放宽历史的视界》，中国社会科学出版社，1998年版，第61、153页。"中层缺失"与"不能在数目字上管理"两层意思，同构成黄氏中国历史观的核心，始终贯彻于《万历十五年》《中国大历史》《赫逊河畔谈中国历史》诸书。

亚氏上面所说的那种政治结局:最容易产生暴政和暴乱。

亚里士多德在《政治学》里还讨论到国土面积、人口的数量质量与政体的关系,值得我们注意。此前,柏拉图早在其《理想国》的"法律篇"里,已经提出"国境的大小和境内的居民(人数)"是"立法家"必须考虑的"两个要素"。亚氏曾不无幽默地说:"事物如为数过多,就难于制定秩序。为无定限的事物创造秩序,只有神才有可能,神维系着整个宇宙的万物,为数既这样的多,其为积又这样的大,却能使各个依从规律,成就自然的绝美。"他据历史的实例,认定"一个城邦,如果像一个民族国家那样,人口太多,在物质需要方面的确可以充分自给,但它既难以构成一个真正的立宪政体,也就终于不能成为一个真正的(民主和共和)城邦"。国土面积大小与政体的关系亦然。卢梭或许是接着这个话题说下去,表达得更为清晰。他在《社会契约论》里就政体的"土地广袤与人口的数量两者得以相互满足的比率"问题作了专门的讨论,很艰深。但他的结论是清楚的:"民主政府就适宜于小国,贵族政府就适宜于中等国家,而君主政府则适宜于大国。"当然他也承认有许多"例外"。他对"国君制"作了历史的考察,说发现一点:"当政府是操在唯一一个人手里时,这一比率(指君主与臣民的比率。——引者)便达到最大的限度。这时候就发现君主和人民之间的距离太大,而国家也就缺乏联系。为了建立联系,于是便必须有许多中间的级别;就必须有王公、大臣、贵族来充实这些中间的级别。然而这一切完全不适合于一个小国,这一切的等级会毁灭一个小国的。"这就是他认定"君主制适宜于大国"的一个理由。但他立即又为自己设问:"如果一个大国要治理得好是很困难的,那么要由唯一的一个人来把它治理得好,就更要困难得多",由此展开他对"国君制"治理一系列弊端的批判。例如"个人专制的政府,其显著的不便就是缺乏那种连续不断的继承性","阴谋和舞弊必然插手进来……迟早一切都会变成金钱交易","在国王治下所享受的和平比起空位时期的混乱来还要更坏得多"等等。[1]由此可见,前面提到的上下断裂,几乎是大国君主制与生俱来的痼疾。

---

[1] 卢梭:《社会契约论》,商务印书馆,1980年修订2版中译本,第66、87、96—102页。

正如我在前面说过的,中国传统学者囿于道德化的思维方式,从没有也不可能以这样的政治学视角考察君主政体在中国历史上所遇到的各种困境,并予以反省。在传统中国,假若说有政治学,那就是"治术"和"治道"。前者为法家所创,历代君臣都藏诸内心的暗处,"只做不说";后者则为儒家所创的"仁政(王道)",但在政治实践里却事与愿违,大抵落入"只说不做"的套路。唯其如此,像顾、黄诸贤欲以"治道"定住"治术",才显得壁立千仞,光彩异常。然而,他们为思维方式所限,也毕竟开不出"新天"。

现代学者中有人是看到了"大"对中国传统政体带来的困难。他就是撰著《东汉前中国史纲》的张荫麟先生。他在《史纲》第七章《秦始皇与秦帝国》意味深长地写道:"在这幅员和组织都是空前的大帝国里,怎样永久维持皇室的统治权力,这是始皇灭六国后面对的空前大问题,且看他如何解决。"[1]事实上,这一"空前大问题"不仅始皇帝没有解决好(迅速灭亡便是明证),历代帝王都无不为之处心积虑,一代又一代不停地补苴罅漏,直到清亡,仍然悬而未了。这便是下一个话题所要讨论的内容。

刚柔相济:帝国政治体制运作机制

有关中国传统社会的总体特性,学术界曾有各种不同的说法。其中"长期停滞"说、"三性"说(王亚南)和"超稳定"说(金观涛)等,异曲同工,都是对体制千年不变的"历史实在"作形体解析。而傅衣凌先生提出的"富有弹性"说,则是以传神的方式表述出中国特有的政治运作意境。中国传统的君主集权体制能够维持两千余年,绝非西人想象的那样仅靠所谓"亚洲人的奴性"。"奴性"云云,其实质正如韦伯所说,乃是"处在关系之中的行动者排除抗拒其意志的可能性",为所有权力必包含的内容,东西方之间并无差异。权力运作的现实性,服从强制程度的高低,则取决于这种统治"合法性"资源的状态。中国的两千年一贯制,没有诸多政治运作的高

---

[1] 张荫麟:《中国史纲》,上海古籍出版社,1999年版导读本。我的有关议论,请参读《导读》拙文。

招,没有一张一弛的应变智慧,是断难成就这种世界历史"奇迹"的。说传统时代,中国的政治权谋不低于西人,仅从"弹性"一点即可领略其风味。

儒家都相信良好的政治拥有共通的原理。他们把这些原理用一个最模糊的名词"道"来表述。孔子说:"殷因于夏礼,所损益可知也;周因于殷礼,所损益可知也;其或继周者,虽百世可知也。"[1]这就是撇开具体的"治术",专就理想政治的准则("治道")而言。这种"治道"颇有点类似西方政治学的"理想类型",所以夫子敢说虽"百世"而不变。但落实到具体的历史层面,孔子也知道"道之将行也与,命也;道之将废也与,命也"。[2]这"命"是人所无法预测和把握的历史变数,说不出、也道不明,犹如西人在这种无奈状态也常会脱口说出"只有上帝知道"。因此,说儒家绝对否认"变"也不近情理。孔子不就说"齐一变至于鲁,鲁一变至于道"? "变"与"常"之中,儒家重视的是"常"。

法家则反其道,他们把"变"的重要性放在"常"之上,特讲求"治术"的变异。商鞅即向秦孝公建言:"当时而立法,因事而制礼……治世不一道,便国不必法古。"[3]韩非更是借编写历史故事大讲"治术",并力主"古今异俗,新故异备。如欲以宽缓之政,治急世之民,犹无辔策而御悍马,此不知之患也"。[4]这层意思,几乎被后来所有主张"世急用重典"者奉为经典。

秦始皇用法家之言而统一六国并建"独制"之体,一时颇得志忘形于"乃今皇帝,一家天下……黔首康定,利泽长久"。但毕竟为"初尝螃蟹"者,有勇而少谋,面对一系列新出现的难题,不思进退,无远虑即有近忧,以致速亡。故汉初贾生总结秦亡原因,有一名言,谓之:"仁义不施而攻守之势异也。"(贾谊《过秦论》)

继后之汉,毕竟有前车之鉴,变得聪明。虽说汉初曾有行黄老之治的一段过渡期,但贾生的话实际早已预示此后的帝国统治终将归于"霸王道

---

[1]《论语·为政》孔子答子张问。
[2]《论语·宪问》答公伯寮问。
[3]《商君书·更法》。《史记·商君列传》亦载此篇,文字稍有不同。
[4]《韩非子·五蠹》。韩非《内储说》六篇大抵都是针对历史经验而大谈君主如何"独制"的"治术"。

杂之","阳儒而阴法"。修定治道,只是个时间问题。到武帝时确立这一大原则才到火候,距商鞅也已两百余年。此后凡升平之世,儒家的"治道"倡行;到危难治急之时,法家的影子由隐而显。读北宋中期王安石的"万言书"(《上仁宗皇帝言事书》),不得不拾起商韩"事异则备变"的话头,给人印象至深。因此,治道与治术,两极随事而张弛,儒法相反而相成,实是帝国政治体制运作的大框架。

"治道"尚可以像儒家者言,大而化之地说"政者正也",有许多教条味。"治术"则不然,必须随事应变,计较利害,面对一系列生死攸关的现实问题。一统帝国与"封建"之世最大的不同,统治幅员辽阔而又必须一竿子到底,不容横插枝节。"一家"皇帝如何能笼住六合之内的"天下",是个空前大难题。撇开经济民生问题(前几个专题已作了讨论),仅就权力层面说,至少也有两大难题需要面对:一是如何防止危及"乃今皇帝,一家天下"的皇权"独制"格局。韩非虽早就提示出危害皇权的若干因素,但历代外戚、权臣(权相)、佞臣(弄臣)、女宠(后妃)、宦官(阉人)乃至悍兵悍将(军阀),还是一再成为皇权颠覆的祸因。这些祸端都是由皇权内在滋生的"病毒"造成的,费了多少代人的诊断试方,吃尽苦头,到明清两代才算病情略有减轻。二是如何防止危及中央集权的一统体制。这就涉及了前面杨联陞先生提示的权力光谱(结构)的两极:中央与地方的关系,垂直统治与横向发展的关系。严耕望、许倬云、杨联陞诸先生都矫正过史家的一种通病,指出中央集权体制并非一开始就非常僵化。前期地方的权力行使尚有一定的自由度,只是宋以后才出现过度集权的弊端。但由此也还必须思考:何以中央要对地方权力越收越紧?何以要切断一切横向联系,不容任何危及集权的中间性机构成立?这种对策亦有不得已的苦衷。它们多半都是针对可能诱导分裂的因素而随时之宜制定的。"扶得东来西又倒",只能说明有些病症则产生于"生理结构"本身,虽有扁卢,最终还得因医治无效,蹈入死亡一途。

下面将围绕上述难题,对帝国政治体制的机制及其运作过程,作一俯瞰式的总论。限以文体,多语焉不详,其细节自可检阅当下许多政治制度专史著作。

一、"卡里斯玛崇拜"及其演绎：中国传统政治体系的核心特征

关于"卡里斯玛崇拜"，在"部族时代"一节作过交代。这种对个人特有魅力的崇拜，在原始部族时代都普遍存在过，非中国独然。但在中国，大一统的国家是由"滚雪球"的方式长期推进而演化成的，历史的连续性显得特别突出。因此原始的"卡里斯玛崇拜"就融入新的政治体制里，成为维系"君主"绝对权威的光环。试看两千年帝制史，中国人根深蒂固的观念，国家的命运总希望系于一天才人物，儒者称"天纵英明"的"明君"，老百姓则称之为"救民于水火之中"的"好皇帝"。每当社会震荡，必有"真命天子"将出的期盼，企求能有一位非凡人物，凭借其特殊的人格或精神魅力，汪洋恣肆而又任性地调度历史舞台，重整纲纪，带领社会走出峡谷，再开"新天"。这就使我们有理由坚持，"卡里斯玛崇拜"，或者叫作"天才史观"，是帝制时代政制的一个核心特征。

韦伯曾经依据其"理想类型"的分析方法，将统治类型分为三大类：法理型、传统型和"卡里斯玛型"，并对其相应的统治资源作了分类。中国传统政治体系，不论是"封建"还是"帝国"时代，依据其政制的规模和复杂结构，都应该归入"传统型"大类里，已经不再是那种单纯的"卡里斯玛型"原始形式。然而任何现实的统治形式都不可能像概念演绎那样单一。很显然，帝国政制的"卡里斯玛"色彩极浓，它所依赖的资源，既来之于原有的"情感正当性"与"习惯正当性"，同时也加进经由儒家改造而成的"价值（信仰）正当性"，三位一体。因此，中国传统的政治体制的内涵实在要比韦伯说的复杂得多。

将原始的"卡里斯玛崇拜"演化为"天才统治"史观，有一个从口耳相传到文献载录"层累地"积淀的过程。这种流传中不断被赋予"意义"改造的过程，实质也是政治被意识形态加工的过程。司马迁在作《五帝本纪》时，曾广泛阅读过当时存世的，一切有关远古先史的"百家言"，并遍访东西南北，搜集各地民间"长老"口耳相传的史实，"择其言尤雅者"入录。从史料的来源来说，《五帝本纪》已经竭尽所能，最能充分反映从"荐绅"到民间关于先史"集体性民族记忆"的早期状态。在这些"集体记忆"里，我们

能强烈地感受到前述的"卡里斯玛"色彩。那些为部族创业建功的特殊人物,不是"生而神灵,弱而能言"(黄帝),"其仁如天,其知如神,就之如日,望之如云"(帝尧),就是"顺适不失子道,兄弟孝慈""入于大麓,烈风雷雨不迷"(帝舜);舜所命"二十二人"亦各司其职,"咸成厥功","天下明德"。吕思勉先生多次指出这些载述多有"轻事重言"的通病。其实这些人无非是部族时代的"部族长"或"联盟共主"。[1]所托之"言",既包容有以前部族"英雄主义"的古风,亦掺入流传过程中加进的对政制"意识形态"的支持。

战国时代类似"卡里斯玛"天才统治的议论,要数孟子"五百年必有王者兴"一语最出名,百代之后,犹有余音。孟夫子曾引《书经》曰:"天降下民,作之君,作之师,惟曰其助上帝宠之,四方有罪无罪惟我在,天下曷敢越厥志。"这一段话,说明古老的"英雄主义"已被改造为支撑君权"唯予一人"的"意识形态",其中既有宗教式的君权神授成分,又有儒家"王道"理想政治资源加入其中。试看他是怎样为武王"伐商"、以下弑上的暴力行为辩护的:"一人横行于天下,武王耻之,此武王之勇也。而武王亦一怒而安天下之民。今王一怒而安天下之民,民惟恐王之不好勇也。"这一人、一怒、一安,神情毕显地道出后来帝制时代"卡里斯玛"完全可以借着"吊民伐罪"的名义肆行诛伐,"王道"中混合着"霸道"。刚柔相兼,富有弹性的双重人格,是新一代"卡里斯玛"的历史特征。[2]

照孟子的说法,每当政治资源枯竭似久旱"苗槁",则"天下之民皆引领而望之",归之犹水之就下,此时"卡里斯玛"的魅力"沛然谁能御之",是所向无敌的。与战国时代社会转型同步,原先部族英雄主义时代情感的、宗教的、习惯的"正当性资源",经文化精英的提炼,终于转化为服从一统君主权力体制的行动意志。维护君主集权体制统治"合法性"的意识形态由此历经反复强化,历史沉淀,终于演化成了帝国时代公众的集体无意识。这种"集体无意识"不经脱胎换骨的改造,现代民主就很难在该种社会

---

〔1〕 吕思勉:《先秦史》第2章、第7章,上海古籍出版社,1982年版。
〔2〕 《孟子·梁惠王下》答齐宣王。

里生根。

1.1:"卡里斯玛"品格辨析

帝国时代"卡里斯玛"的真实品格究竟怎样？政治的实际运作总比"文化精英"的构想要丰富复杂得多。准之于历史，我们看到的，真正体现"卡里斯玛"品格的，就是王朝鼎革中出现的"开国之君"。他们大凡必须靠战争的强暴力量才能实现其功业，最多只是"不嗜杀人"，或者像李善长劝朱元璋"不妄杀"而已。

这类人物的出现，首先要有"天授"的因素，就是"时势造英雄"。小亭长刘氏、穷和尚朱氏之类，生不逢其时，还不是一辈子穷死乡间的命运？当年朱元璋起兵不久，初至滁阳，"里中长者"李善长来迎，即分析天下形势说："秦乱，汉高起布衣，豁达大度，知人善任，不嗜杀人，五载成帝业。今元纲既紊，天下土崩瓦解。公濠产，距沛不远。山川王气，公当受之。法其所为，天下不足定也。"李善长的所谓"山川王气"云云，说明"卡里斯玛"神化的传统，久已深入中国城乡；一般稍有历史常识的公众都懂得适逢乱世，"土崩瓦解"之时，必有"王者"取而代之。待兵进金陵前夕，儒生陶安来投，他的话就更能说明儒家意识形态的特点："方今四方鼎沸，豪杰并争，攻城略地，互相雄长，然其志在子女玉帛，非有拨乱安民，救天下之心。明公率众渡江，神武不杀，以此顺天应人而行吊伐，天下不足平也。"陶安进言则由"天下土崩瓦解"进至更高的层次，即"王者"须"拨乱反正、为民吊伐"，将"卡里斯玛"的双重品格及其成功要素说得言简意赅。

乱世英雄夥矣，最终成功者毕竟"唯予一人"。如若多人并雄，则依"天无二日"的规则，必须拼出一人。试观历代成功"帝业者"，除适时地利用乱世形势，善于举起"顺天应人而行吊伐"的政治大旗之外，还需要具备两大主观要素:有勇有智。"智"者，富权谋，长机变，善用人，豁达大度。"勇"者，果敢决断，坚忍不拔，不行宋襄公式的"不杀二毛"蠢"仁"，也鄙夷项羽式的"妇人之仁"。为扫除前进道路上的一切阻碍，绝不心慈手软。有勇无智者，乌江自刎；有智无勇者，如李善长、刘基，终当为人所用。

在帝国时代一治一乱的周期性运行中，前述"卡里斯玛"的品格表现得比世界上任何民族都要来得典型。当年鸿门宴前，范增对项羽就说过：

"沛公居山东时,贪财,好色,会入关,财物无所取,妇女无所幸,此其志不在小。吾令人望其气,皆为龙虎,成五采,此天子之气也。"后半段明显抄袭历代传说中的"卡里斯玛"的神化故伎,不足论;前半段则颇能说明,乱世诸雄,怀有"唯予一人"的大志,才可能百折不回,获致最后的成功,此即所谓有"天子之气(气度)"。秦末之项羽、隋末之李密、元末之张士诚,都败在这一"卡里斯玛铁律"下。

唯其有取天下之志,故当决胜千里之时,他们都有能容纳"天下之贤"的大气度。汉高祖置酒洛阳南宫庆功时,曾就"吾之所以有天下,项氏之所以失天下",对群臣说出了下面一番大道理:"夫运筹帷帐之中,决胜千里之外,吾不如子房;镇国家,抚百姓,给饷馈,不绝粮道,吾不如萧何;连百万之军,战必胜,攻必取,吾不如韩信。此三人皆人杰也,吾能用之,此吾所以取天下也。项羽有一范增而不能用,此其所以为我擒也。"

但光这一条还不够。广武对阵,汉高祖面对项羽要挟,镇定自若地说:"约为兄弟,吾翁即为汝翁,必欲烹而翁,则幸分我一杯羹",弄得项羽手足无措。史家据此讥讽刘氏有"匪气"。彭城战败,刘数弃子女孝惠鲁元于车下,幸有滕公救之。常情之外,才见"非凡"。再观刘邦擒韩信后对话,笑曰:"多多益善,何为我擒?"史家又感慨刘之不念当日战功,"擅杀功臣",斥之无情无义,"流氓行径"。这都是从道德观念着眼,殊不知乱世,每成者为王,败者为寇,岂刘邦、朱元璋独然?唐初李氏兄弟血溅玄武门,骨肉相残。太宗若崇尚"道德至上",退让一步,不也就没有他后来的"贞观之治"了?这就见得"卡里斯玛"品格还有"杀气"的另一侧面。

道明这种"卡里斯玛"统治双重品格的,韩非算一个,但还比不上马基雅维里。韩非说得最多的只是"参验而行诛、见功而爵禄",毕竟还讲"法制"式"理性"。马氏在《君主论》里则语出惊人:君主必须兼有狮子和狐狸两种兽性,像狐狸以便识别陷阱,像狮子以便使豺狼惊骇。下面一段话于中国情形也颇切合:"所有武装的先知都获得成功,而非武装的先知都失败了⋯⋯当人们不再信仰的时候,就依靠武力迫使他们就范。""如果没有那些恶行,就难以挽救自己的国家的话,那么,他也不必要对那些恶行的责备而感到不安……如果照办了,却会给他带来安全与福祉。"[1]

这种情形在中国帝制历史上也屡见不鲜,但话语系统毕竟有东西之别:西人常直率,而国人则多含蓄。宋初有一则故事,读历史的恐无不知晓。赵匡胤"黄袍加身"后,紧接着要进行一系列的统一战争。其中南唐名为大国,实为弱国,一向称臣于北周和刚易鼎于手的赵宋。南唐后主以为凭着这份甘心称臣的情义,太祖或可宽容了他,故遣特使徐铉以"江南百姓"的名义前来求和。出身兵营的太祖却答得斯文而颇近人情:"天下一家,卧榻之侧,岂容他人鼾睡?"徐铉一听,就懂得一场兵戎相见、生灵涂炭是不可避免了。于此亦见得后主李煜原应该去做他擅长赋诗填词的文学家,称皇称帝不是那份材料。雄心勃勃的太祖,识字不多,才真是一世英主,故能成就大宋王朝。马氏说的那种"武装先知",到了东方人那里,话语委婉之中暗藏杀机,果断不"仁"同样不输西人"先知"。

1.2:"卡里斯玛崇拜"的政治效应

"卡里斯玛"型人物的出现,客观、主观条件齐备的概率是很低的,周期较长。"卡里斯玛"的基因又往往很难靠遗传获得。[2]因此,历代王朝大多数时段,实际是靠这种统治合法性的意识形态支持,继续生活在"卡里斯玛"的光圈下,其效应必然呈递减的趋势。但对一个大王朝而言,高潮过后,也尚能维持大约一二百年的残局,又是靠什么?

一是靠儒表法里珠联璧合的配套,维护"光环"。

以儒家为主流的意识形态,已经在臣民心里牢牢地埋下了"君主"为

---

[1] 马基雅维里:《君主论》,商务印书馆,1985年版中译本。
[2] 历代帝王后继者年幼即位及在位日短、年寿极促的事例极多。仅从生理条件上说,也是一代不如一代。此生于深宫、长于妇人之手使然,莫可奈何。赵翼《廿二史劄记》"东汉诸帝多不永年"一则,曾举最突出的东汉为例,详考之曰:"国家当气运隆盛时,人主大抵长寿,其生子亦必早且多。独东汉则不然。光武年六十二,明帝年四十八,章帝年三十三,和帝年二十七,殇帝年二,安帝年三十二,顺帝年三十,冲帝年三,质帝年九,桓帝年三十六,灵帝年三十四,皇子辨年十七即为董卓所弒。唯献帝禅位后,至魏明帝青龙二年始薨,年五十四。此诸帝之年寿也。人主既不永年,则继体者必幼主。幼主无子,而母后临朝,自必援立孩稚,以久其权。殇帝即位时,生仅百余日。冲帝即位才二岁。质帝即位才八岁。桓帝即位年十五。灵帝即位十二。宏农王即位才九岁。"实际此种情形,历代皆有,唯不如东汉之典型。中华书局,1963年版,第82页。

一国之主,安危所系,须臾不可离却,"集体无意识"根深蒂固。只要看史书,即使到了王朝中后期,君主已不成君主模样,如明正德、嘉靖、天启之类,有良知的大臣心中未必无数。但在进谏书中还得称他们"天纵英明"、"睿智天宠",把一切过失尽推到"奸佞"欺隐作恶的账上,委婉地劝其不要丢失了他们固有的"卡里斯玛"("圣君")天性。这不尽是套话,其中还应包含有靠"投影"的虚弱光圈,勉力维护"君主敬且畏"效应的苦心。

最典型的事例,就是海瑞"骂皇帝"。经历"文革"的人都知道,为着这则历史故事,著名明史专家吴晗还不幸命归黄泉。但真的找来海瑞谏文从头到尾细读一遍,也就明白,海瑞绝没有想破坏嘉靖皇帝头上的"卡里斯玛"光环。他在那篇《治安疏》里,固然写下"嘉靖者,言家家者皆净而无财用也"空前大不敬的话,但前前后后却有一大堆铺垫、转折的话,不能略去不看。文首即援引汉文帝恕谅贾谊直言的先例,为自己谏诤开道。接着一口气说了那么多中听的,肯定嘉靖的好话:"陛下天质英断,睿识绝人,可为尧、舜,可为禹、汤、文、武,下之如汉宣帝之励精,光武之大度,唐太宗之英武无敌,宪宗之志平僭乱,宋仁宗之仁恕,举一节可取者,陛下优为之。"尖锐批评诸种过失之后,也不忘强调一切都只需要"陛下一振作间而已","一振作而百废俱举,百弊划绝"。[1]嘉靖帝不杀海瑞,多少也看懂了这层苦心——海瑞毕竟还是希望"卡里斯玛"的光环能由暗淡转为辉亮。

海瑞的这种进谏方式,可说是历代臣下谏诤的通用格调,绝无例外。历来明智之士都懂得,"君主"是大国"秩序"的象征,即使不满意,总比闹起"无君无父"的动乱要好得多,这就叫作"无秩序中的秩序"。用荀子的话是"维齐非齐"。魏徵有一段进谏的话,最能说明这种统治的特质。他对太宗说:"臣闻知臣莫若君,知子莫若父。父不能知其子,则无以睦一家;君不能知其臣,则无以齐万国。"[2]中国既阔大又多"不齐"(发展不平衡),农民似汪洋大海,没有一定的规则,就不能整合;这个整合的规则,在当时只能是"君君、臣臣、父父、子子"(按迪尔凯姆的标准,是靠家庭同质放大的

---

[1]《海瑞集》"治安疏",中华书局,1962年版,第219、221页。
[2] 吴兢:《贞观政要》"择官",上海古籍出版社,1978年版,第93页。

"机械整合"模式）。唐太宗也算是非常有悟性的君主，他也顺势反复告诫诸臣僚："君臣本同治乱，共安危"，"君失其国，臣亦不能独全其家"。儒家意识形态正是从这种大局出发，要求自己的成员苦心期待、精心维护"圣君"的光环效应，如此方能为君臣子民俱带来"福祉"；知其不可为而仍必勉为之，谓之"忠臣"。

但假若认为光靠意识形态就能维持，也不免天真。因此，历来传统统治者骨子里总不放弃"法家"的一套"棍棒"统治手段，故又称外儒内法。如果说儒家提供的伦理至上的道德教化，重在"敬"；法家则提供了一整套法术势结合的统治权略，重在"畏"，具体操作后代有诸多发明，留待稍后"运作机制"再说。这里要特别强调，数以百万计的军队，是这种统治得以维持"威严"的根本保证。所以任何地方性动乱，不难戡定，全国性农民起义成气候的条件是非常苛刻的。这已为了解中国历史的人所熟知，不必多说。我们可以看到一条不成文的规则，对军队的依赖，每一王朝后期必比前期更强；前后王朝，越到后期军队数量有增无减、愈增愈多，就明白此中奥秘。

朱明王朝更创造出"厂卫"这样的"特务统治"，臣僚也成了假想中的敌人。宋濂与刘基俱为洪武时代一代"文宗"，宋濂更有当代"太史公"之称。太祖甚为倚重，开国文稿大都出诸渠手笔，常出入禁中密语。即便如此倚重，洪武皇帝竟还派人秘密侦察其日常行动。一天上朝，问濂："昨饮酒否，坐客为谁，馔何物？"幸好宋濂具以实对。史载，太祖笑曰："诚然，卿不欺朕。"后世可以对此不齿，且斥之为"蠢"，实侦不胜侦，终难免被"欺"、被骗。但也确实有效——毕竟死亡恐惧，是人本能的弱点。这只要回忆一下明天启年间，魏忠贤淫威肆虐之时，除少数"东林党人"以死抗争外，绝大多数臣僚不都纷纷上表"献忠心"？到崇祯"清查"时开出的一长串名单，今天还保存在史书里。

二是靠"贤相良臣"的"补救"效应。

秦始皇所创立的"今皇帝并一海内""朕为始皇帝，后世以计数，二世三世至于万世"的君主独制的体制，确如其臣僚所言，"自上古以来未尝有，五帝所不及"。然而这种体制并不能"自然"地确保君位长久，"至于万世"。贾谊《过秦论》即讥其"以六合为家,殽、函为宫,一夫作难而七庙隳,身死人手,为天下笑"。说秦始皇缺乏统治经验,其言不为过。

仅靠一人独制不能保有天下,"卡里斯玛效应"亦有限度。唐太宗算得上是明达这种政治事理,不世出的杰出明君。他在臣僚面前毫不讳言:"岂得以一日万机,独断一人之虑?且日断十事,五条不中。中者信善,其如不中者何?以日继月,乃至累年,乖谬既多,不亡何待?"因此宣布自己的施政方针是:"以天下之广,四海之众,千端万绪,须合变通,皆委百司商量,宰相筹划,于事稳便,方可奏行。"[1]这种聪明,得之于历史经验。太宗目睹隋末之变,震慑于"天子者,有道则人推而为主,无道则人弃而不用",故特重"君臣同体"的治道。

我之所以不满意以"专制"一词说死中国帝制,因为这种来自西方的成见,每每看不清中国两千年帝制实依赖于发达的行政官僚制度。其中丞相一职,乃为百司的首揆,理论上应代表整个文官集团的意旨,举足轻重。[2]古谚曰:"天下安,注意相;天下危,注意将。"直到明末,梨洲先生著《明夷待访录》,对相权一事特别看重。他反感明太祖废丞相几近痛恨的程度,愤慨地写道:"有明之无善治,自高皇帝罢丞相始。"丞相一职何以如此重要?梨洲的观点是:"古者不传子而传贤,其视天子之位去留犹夫宰相也。其后天子传子,宰相不传子。天子之子不皆贤,尚赖宰相传贤,足相补救,则天子亦不失传贤之意。"梨洲之言,道出了当"卡里斯玛效应"因君主世袭而必然递减,丞相则可以起"补救"的作用,尚可依赖其统摄官僚集团以维持政局。

"丞""相",按字义均有副、贰的意思,以"副贰"天子的身份当行政官僚集团的首冲。秦始皇时,承秦国任客卿为相的历史传统,丞相之位极高。此于《李斯列传》可尽得其实。汉初萧曹虽号为名相,实与军功有关;武帝

---

[1] 吴兢:《贞观政要》"政体",上海古籍出版社,1978年版,第15页。
[2] 钱穆先生《国史大纲》云:"有丞相即非君主独裁,即非专制。"且引宋人洪咨夔之言:"往古治乱之源,权归人主,政出中书(即宰相),无不治。权不归人主,则廉ento一夔,奚政之问? 政不出中书,则腹心无寄,奚权之揽?"先生认为:"判划政、权分属君、相,实中国政治自秦以下一重要进向也。"商务印书馆,1996年修订第三版,第147页。

以前,非封侯必不拜相,历任丞相皆拔自军功封侯者,周勃、灌婴、周亚夫等纯军人亦得名列相位。武帝后始由儒臣入相,昭、宣以下,非儒臣绝不能居相位,丞相选拔的正常规则方始确立。这一前后相异的选拔规则,凡由战争而创新朝者,大抵类此。这与"卡里斯玛"的效应相符——前者实是对开国者麾下军功集团的回报,颇能体现"卡里斯玛"原始性质;后者则体现帝制成立后"以天下世袭不必贤,而丞相足以弥其缺憾"的"补救"功能。其中以儒臣承当,又有"以古圣哲王之行摩切其主,其主亦有所畏而不敢不从"(黄梨洲语)的意义。儒学的意识形态的作用,正是通过这种渠道进入政治体制内部,发挥其整合的功能。

西汉昭帝死后无嗣,后继人选武帝子广陵王、孙昌邑王皆因行为不端,为霍光等群臣否决,最后则自民间选取武帝废太子之孙迎立为帝,是为宣帝。其中昌邑王因太后旨意曾一度入主龙宫,淫戏无度,"群下鼎沸"。霍光犹豫于"古未尝有"否决嗣位之举,大司农杜延年即搬出"伊尹相殷,废太甲以安宗庙,后世称其忠",力劝霍光。光即召集丞相、御史、将军列侯、中二千石、大夫、博士会议,延年再次直申其理由:"汉之传嗣常为孝者天下,令宗庙血食也。如汉家绝祀,将军虽死,何面目见先帝于地下乎?"事实证明他们议决选定的宣帝,不负其所望。虽其事或有霍、杜串演"双簧"之嫌,但整个故事极典型地可为梨洲"补救"效应下注,其中"汉家绝祀"一语最重,意即关乎大汉王朝存亡,高祖帝业是否坠地,"忠臣"理应担负"安定社稷"大任,其理论依据则纯出于儒家之说。而后明神宗万历帝几度欲徇私爱(郑贵妃),废长立幼(福王),终于拗不过群臣异议,不得不愤愤然放弃。可见儒家意识形态的"规范"作用也不可小视。这事梨洲先生写作《置相》一论时必定记忆犹新,最感痛快的。

中国传统政治的主流,确有规范君主言行的意识形态要求。因此从政体的"合法性"角度说,君主须受"圣哲之教"的监督。"君君臣臣"之意,后一"君"即指君主须合规范,君主必须像一个"君主"模样。除此还有"天道""天意"的儆示,天象诸"不祥"征兆,虽荒诞不经,实则也是一种监督手段。这种"正当性资源"也就成为以丞相为代表的官僚集团谏诤君主行为不端的"合法根据"。当"卡里斯玛"式君主强有力时,"良相贤臣"最多只与君主光环相辉映,起陪衬的功能;但当后代"不必贤"的君主袭位后,这些资源却可以起维护"卡里斯玛"虚假光环的功能。

"卡里斯玛"型,在时间之维上常表现为不可重复性。其有效时段多长?偶然性诸多,但大抵也有一个平均概率可以观察。一般大王朝开国后的二三代之内,帝位世袭总多事端,但威权并不减于开国之初。西汉高祖仅有一嫡子(名盈,史称惠帝,吕后所出)。继位之前屡起"易储"风波,幸张良、叔孙通等死谏,吕后力争,得以继立。当年叔孙通劝谏的理由就是:"太子天下本,本一摇,天下震动。"说明他深通维护"卡里斯玛"光环的重要性。高祖毕竟非凡,弥留之际,"(吕)后问陛下百岁后,萧相国死,谁令代之。曰曹参。其次曰王陵,然少戆,陈平可以助之。平智有余,然难独任。周勃厚重少文。然安刘氏者,必勃也。复问其次,上曰:此后亦非乃所知也。"高祖及其君臣皆出于战争环境,由"自然竞争律"而崛起,文武均为一时之雄。故其时仍在"卡里斯玛"有效时段之内,虽有吕氏"外戚干政"之祸,刘氏天下终得再显"文景"风光。而高祖对相、将等关键臣僚的人事安排,事后证明确凿起到了维护刘家"卡里斯玛"光环不坠的效果。

明太祖所面临的后继问题,处境要比汉高祖惨得多。嫡长子早死,嫡长孙幼而柔弱,竟至不禁临风而泣。虽其"行事多仿汉高",但在人事处置上走极端,必欲将有威胁性的第一代"精英"人物残杀殆尽而后安。建文继位,几无任何有力人物可足倚重。死无归宿,乃祖父"不学(经、史)有术",实应负最大罪责。清代赵翼语及此,不免感叹太祖效汉高祖杀功臣,"学之而过甚者矣"。[1]然有明与大唐相仿,"卡里斯玛"效应则体现在他们强有力的第二代人身上——出于战争环境的李世民、朱棣无疑是高祖、太祖的复制,而世民之才干实远胜于乃父。赵宋兄终弟及,据说出于"明智"的抉择,不在此列。而隋初杨广代父,似应属于前述同一类型,惜国祚过短,不入史家视野。因此,这些帝国型王朝国初君位风波,实可以看作"卡里斯玛"型统治的延续。

盛衰转折一般多发生于中期。其初六七十年,拨乱反正,休养生息,

---

[1] 赵翼:《廿二史劄记》"明祖行事多仿汉高",中华书局,1963年版,第673页。

吏治尚称清明。承平既久，必出现高峰期，如汉之武帝、唐之玄宗、明之世宗、清之高宗，皆当其时（北宋似无明显高峰期）。然以上四人亦不得相提并论。汉武帝尚有雄主气概，颇得"卡里斯玛"遗风。玄宗气度远逊汉武帝，然能倚重姚、宋两名相，"开元盛世"光彩亦算不虚。后不听张九龄"宰相系国安危，相林甫，臣恐异日为庙社之忧"，遂至天宝兵乱。世宗、乾隆则完全坐享其成，败家有余，渐露出帝国下滑光景。故以每一大王朝而论，极盛必衰，"花团锦簇"之后，便是"衰草枯杨"、落花飘零的时日。然而有一现象出人意外，世人皆谓其"离亡国不远"，实际却还可以拖上七八十年之久。其间还偶有一闪而过的亮点，夕阳残照一景。何以致此？这就又回到梨洲先生所说"补充"效应的话题上来了。

这里，仅就传统学者多所贬抑的霍光"辅主"昭宣两代的极端事例，略申前意。武帝皇后不育，诸妃诞有六子。除一子病死外，因种种事端，"立储"风波迭起，致使晚年武帝在继后问题上陷入绝境，最后不得不演绎一幕残忍的"杀母立储"惨剧，把最幼的8岁弗陵托孤给霍光等四大臣，撒手西归。昭帝在位13年，死后无嗣。霍光等自民间迎立原废太子孙询继位为宣帝，年方十八，已如前述。按理这是一段君主风采最为暗淡的时期，却能赢得"中兴"之誉。霍光虽非儒臣出身，传统且都以"外戚"目之（武帝创内朝，故其领尚书事的地位实高于外朝宰相，应视为真相）。然追溯昭、宣两代能继续维持在"卡里斯玛"光圈效应之中，获"中兴"之名，霍光之功万不可没。

颇耐人寻味的是，班固作《汉书》，对霍光评价有褒有贬。在《汉书·昭帝纪》借周公辅成王典故，表彰昭帝与霍光君臣"各因其时以成，名大矣哉"！接着所叙政绩"承孝武奢侈余敝，师旅之后，海内虚耗，户口减半。（霍）光知时务之要，轻徭薄赋，与民休息。至始元、元凤之间，匈奴和亲，百姓充实。举贤良文学，问民所疾苦，议盐铁而罢榷酤"，件件皆出霍光之手。可见班固心底很清楚，汉业能在昭宣两代衰而不坠，实为霍光及其所统摄的官僚集团（如杜延年等）全力"维护帝业"的结果。但班固对霍光不能不加贬责，见于《霍光传·赞曰》。班氏虽仍肯定其"匡国家，安社稷，拥昭立宣，光为师保"，但批评也甚为严厉："（霍）光不学无术，暗于大理，阴妻邪谋,立女为后,湛溺盈溢之欲,以增颠覆之祸。死才三年,宗族诛夷,哀哉!"班氏的立场也可理解,其用意也无非是要维护君主的"卡里斯玛"式的威权,不得有任何僭越的言行乃至心迹。在我看来,"不学无术",亦属于"莫须有"一类的欲加之罪何患无辞,霍光岂无学?况且其尊崇儒臣、文学贤良有加,史载俱详。至于那点为子女图利禄的私心尘欲,怎比得上君主"九五"所享有的一切?然而想不到的是,班固如此,船山先生在《读通鉴论》里也持同样见解,大加鞭挞光"不学无术"。[1]于此方大悟"相权"云云,实质还是被关在"君主制"笼子里的"小鸟",注定飞不高,也根本不允许其飞高! 儒学的整体作用从来都不允许越出"君君臣臣"正统的阈域,"鸟笼"之内就是"补救"所能达到的最大值。

但若以现代眼光看来,所谓昭宣"功光祖宗"云云(《宣帝纪》班固评语),其实也只是借重臣僚苦心维持的"卡里斯玛"光环,昭宣仅为"借光"获虚名者,又何足道哉!若以任贤选能的规则,霍光凭其才干,在另一种体制下,未尝不可以亲秉国柄,身为一国之主,而其功业或许还不止这些。可惜他也只是"笼中之鸟",还得受缚于君主制礼法的桎梏。霍光如此。张居正何尝不是如此!

读班、黄史评,不免生出"此一是非,彼一是非"的感慨。不知梨洲先生可知民间"伴君如伴虎"的民谚否?魏徵有"愿臣为良臣,不为忠臣"之求,言外不胜悲怆。李泌最通达,声明只愿与君主保持"师友"关系,"自由出入",临难可助其一臂之力,事成迅即隐退华山,悠悠然做他的道士先生。然如魏、李者毕竟寥若晨星。试看帝国时代,多少为相为权臣者,其命运如何?即或巧于周旋,保得身家名誉者,都有忍辱负重的一本难念的经。还是曹雪芹写得好:"昨怜破袄短,今嫌紫蟒长。乱哄哄你方唱罢我登场,反认他乡是故乡。甚荒唐,到头来都是为他人作嫁衣裳!"

在君尊相辅的体制下,选贤任能,终究是一场梦、梦一场!这也就是我总不敢以"启蒙思想"恭维梨洲先贤《置相》论之诸多理由中的一条理由。

---

[1] 王夫之:《读通鉴论》上册,"宣帝一",中华书局,1975年版,第89—90页。

二、传统统治恩威并用的官僚运作机制

中国传统统治自从世袭贵族政治退出后,实行的是流动任期制的官僚制。海内外现代学者都已经意识到,中国帝制的长期存在,与发达的官僚制度有密不可分的关联。"唯予一人"的君主体制又是如何控御庞大的官僚系统的呢?不管前期的推举制还是后期的科举制,控制的机制,无非两个大原则。

一是利益分享原则。

权力与利益分配的关系,有一个漫长的演化过程。关键性的转折,则是由"先赋地位"变为"获得地位"。前者权力主要基于声望和荣誉,而后者则已经利用权力去获取利益,在物质资源分配方面享有某种"特权"。[1]但不同的权力结构,特权获得的方式及其结构也绝不相同。

由权力获取物质资源占有的优越地位,见于战国诸子,大多均视为天经地义。其中孟子说得最堂皇,强调君子必以仁义为先,"不义之禄"不取,但也申述"无君子莫治野人;无野人莫养君子","有恒产者必有恒心"。这还是基于"封建"田产的世袭分配规则而言的。荀子则从形式理论的角度提出了"分"(读若"份")的概念。"分"即利益分配准则。他认为"辨莫大于分","制礼义以分之,使人贫富贵贱之等,足以相兼临者,是养天下之本也。《书》曰'维齐非齐',此之谓也"。如此,方能避免因人性欲恶之同,"物不澹矣则必争,争则必乱,乱则穷"。[2]荀子所说只是一般通则,真正适应帝制时代权力分配结构制度化理路的,则见于《商君书》诸篇。其重点则在打破原有贵族占有世袭田产的特权格局,代之以按军功授田的新分配动力机制。这一进路大致也就规定了后来帝国利益分配必基于流动性的权力占有的进路,而其深处则体现了帝国体制正是一种以权力规范经济利益分配的"特权统治"格局。在帝制由列国初创到形成全国性制度的过程中,最引人注目的变化,就是职官俸禄制,最后成了按权力分配利益的

---

[1] 请详参格尔哈斯·伦斯基:《权力与特权:社会分层的理论》第3章"分配制度的动力学",浙江人民出版社中译本,1988年版。
[2] 以上分见《孟子·滕文公上》《韩非子·二柄》《荀子·王制》等篇。

主导形式,论功爵授田则为辅助形式。韩非论及君主"治术"时,直言不讳"二柄":"明主之所道制其臣者,二柄而已矣。二柄者,刑、德也。何谓刑、德?曰:杀戮之谓刑,庆赏之谓德。为人臣者畏诛罚而利庆赏,故人主自用其刑德,则群臣畏其威而归其利矣。"其中"庆赏"的内容,当时包括俸禄与赏田两项。韩非提出的这一治术的双刃法则,实际汉以后仍为历代帝王恪守不息。然祖此说的韩非却被打入地狱,亦是中国历史一怪。

帝国时代君臣利益共享的形式多种多样,不再细述。[1]总体上说,俸禄是赋税的再分配,为主项;允许占田是地租的再分配(国家拿小头),默认法外收入(如馈赠、规例)是对收入不足的补偿,均为辅助项。如果前期地方推举制还一定程度上基于财产状况的差别(门第),容易造成门阀世家,不利于国家集权向心力的凝聚,那么科举制的妙处,它基于考试录用原则,表面上"人人有份"、高度流动。然而即使到宋明科举名额大为增加,也还是"粥少僧多",竞走"独木桥",士大夫实际已失去了与君主分庭抗礼的现实与心理的任何依据。故唐太宗有脍炙人口的名言:"天下英雄尽入吾彀中。"太宗还算是历代君主中最善于对臣僚进行"政治思想教育"的一位皇帝。现在收在《贞观政要》里关于君臣为"头首"与"股肱"的比喻,关于"割肉啖腹"的告诫,关于如何真正懂得"爱财"的教训,讲利益分享、"同舟共济"的道理,讲得都娓娓动听。如曾对臣下明言道:"朕终日孜孜,非但忧怜百姓,亦使卿等长守富贵",奉劝诸臣"若能备尽忠直,益国利人,则官爵立至",强调"体用合一"。然对臣僚来说,既入仕非常不易,保住官爵也就是保住利禄,仕途必须处处小心,是一种常态。君主善于利用心态,牢笼臣僚也显得驾轻就熟。明嘉靖、万历长期不上朝,原因有诸多解释,但"朝政懈怠"一条为多数人接受。然细想起来,这种统治方略或亦可以看作君主运用利益原则,实施"无为而治":阁臣间为谁当"首辅"争斗不已,说不定正是君主求之不得的。事实只要谁秉政久了,政敌遂多。到皇帝厌烦了,想换一新人以示"恩宠",不愁没有可利用的把柄——弹劾首辅的奏章早

---

[1] 不久前出版的《中国俸禄制度史》(黄惠贤、陈锋主编),对历代官吏的分配状况叙述整理甚详尽。可参阅。此处不再细加罗列。武汉大学出版社,1996年版。

堆满案头,借势下诏处置,选用新首辅,不就得了?反正"围墙"外想冲进来的大有人在,不愁没有人争当"首辅"。想到这里,有时真不得不佩服这两个赋闲"不上朝"皇帝,深谙"无为而无不为"的道家法门,与太宗皇帝说的"尽入吾彀中"确有异曲同工之妙。不过前者尚有几分正气,讲究选贤用能;后者则充满歪邪,完全靠制造官场乱局,玩弄深藏不露之术。这也正是大唐与有明帝国气度前后迥异的地方。

任何统治体制都实施利益分享,但中国传统帝制不以财产为权力获取的基础,由此规定经济权益必须首先来之于政治权力,以权力换取财富,同时又实行高度流动的原则,权力除君主外都不能世袭。后者既使任何社会成员都没有对抗国家政权的经济背景和社会势力(魏晋门阀例外),更使他们必须严重仰赖国家的保护,君主的赐惠。这就是帝国时代与"封建"时代不同,所谓社会精英,一日无君,"惶惶然如丧家之犬"。主父偃在汉武帝时,以力主削藩、击匈奴而深获君主赏识。其先"家贫,假贷无所得",北上游说频遭冷遇,狼狈落魄至极。以上书言事击中武帝心机,被委以重任,一路顺风。偃专迎上意,肆意检举揭发,"大臣皆畏其口,赂遗累千金",估计家赀颇丰。有朋友劝偃不要"太横",应预先为自己留有余地。主父偃的答复妙极:"臣结发游学四十余年,身不得遂,亲不以为子,昆弟不收,宾客弃我,我厄日久矣。且丈夫生不五鼎食,死即五鼎烹耳。吾日暮途穷,故倒行逆施之。"[1]恣意贪婪的结果,终以在齐相任上"受诸侯金"、逼齐王自杀事,为老政客公孙弘参奏,遭武帝"族诛"。这类人物在历代官场都不少见,但像主父偃那样能袒露心迹无遗者,后世罕有。武则天称帝,就曾利用这种心理,恣意贪图利欲者自荐,试以官职,"宽进严用";凡言过其实不合格者多加杀戮。故宫女每见新官入宫参拜,即私下笑曰:"新鬼来矣。"此事虽属可笑,却也道出帝王以利禄诱之,确为牢笼臣僚一大法门。

二是无限褫夺的原则。利益的分享是有前提的,就是必须恪守"为臣之道",除奉行职守等正常要求外,不得僭越礼法尤属要害。历代刑法中最

---

[1]《史记·平津侯主父列传》。

严重的是"十恶不赦","谋逆"则列为首恶。何为"谋逆",最后解释权则归皇帝,最具弹性。帝王或臣僚要置政敌于死地,都可以往这一条款上纲上线,"莫须有"三字即可定案。岳飞之冤死,绝非个案。即如胡惟庸之死,实是其执秉相权日久,结党营私,排斥异己,构成对皇权的威胁。但明太祖定其罪状时,却安上"通北元、结日本"等骇人听闻的大逆之罪。且把胡"里通外国、图谋不轨"说得有板有眼:"惟庸逆谋益急。而是时日本贡使适私见惟庸,惟庸约其王,令以舟载精兵千人,伪为贡者,及期,会府中力士掩执帝,度可取而取;不可,则掠库物泛海就日本(即叛逃)";"上(太祖)悟,乃登城望其第,藏兵复壁间,刀槊林立(此时没有望远镜等现代工具,不知凭什么能看得如此真切?——引者)"。[1]今日读之似"天方夜谭",当时却被认定"铁案如山",谁敢怀疑?历朝所谓"狡兔死,走狗烹",所谓"权高震主",所谓"伴君如伴虎",都证明以褫夺原则威慑、儆戒臣僚,确是帝国时代君主通用的权术。

有赏有罚,亦为普遍之理。问题是中国传统帝制时代,"一朝天子一朝臣",褫夺缺乏严格的法律操作顺序,君主爱憎喜怒就是最高法律。表面也有皇帝发下廷议的顺序,"三堂会审",煞有介事,但谁都知道这是形式。何况办案人更多的怕被牵连,廷议上的定罪总重于帝旨,好人宁愿让皇帝去做。读清史康雍时代"廷议"史料,每多这种"法律闹剧",殊觉可恶。如年羹尧案,议政王大臣刑部议后题奏,称其有大逆之罪五,欺罔之罪九,僭越之罪十六,残忍之罪四,贪黩之罪十八,侵蚀之罪十五,凡九十二款,"律应大辟。其父及兄弟子孙伯叔之子、兄弟之子年十六岁以上皆斩,十五以下及母女妻妾姊并子之妻妾,给功臣家为奴。"此种判决,无异于杀尽杀绝,表明参与议决者"立场鲜明,态度坚决"。雍正遂以念年氏平青海之功,令羹尧自裁,子年富立斩,而父、兄俱"加恩革职免罪",十五岁以下子孙发极边充军。[2]这就算显示了雍正对待旧臣的"皇恩宽大"。

在那样的体制下,臣僚生死富祸真是莫知朝夕。大臣要么恩宠有加,

---

[1] 谷应泰:《明史纪事本末》卷13《胡兰之狱》。中华书局,1977年版,第180—181页。
[2] 蒋良骐:《东华录》卷27 "雍正三年",中华书局,1980年版,第445—447页。

即使碌碌混迹，也能逍遥法外。然一旦"龙颜大怒"，甚至皇帝厌烦，都难免以"你死我活"终局。发配或终身禁锢，已算幸运。明此事例者，前曾引魏徵对太宗言愿为良臣毋为忠臣，读之最堪断肠。另一位要算开元玄宗名相宋璟。他主动以年老为由请求致仕。面对皇帝勉力挽留，他有一段绝妙答词："陛下未厌臣，故得从容引去；若已厌臣，首领尚且不保，安能自遂。"史书载曰："泣下，上为之动容。"我想这还算是大唐时代，到了明清末运之际，连说上这等牢骚话的胆量恐怕也没了。

最不讲道理的是株连家属，女眷没为官奴。读明永乐杀戮"建文诸臣"，真是毛骨悚然。死者女眷没入为官妓后，生下子女，永乐即下令"拉出去喂狗"。如此无人性，鲁迅先生曾作杂文鞭挞。再说张居正十年显赫，死后鞭尸不算，儿子竟难逃一死，受居正师教的万历毫无情义，亦属可恶。然而正是利用这等全方位的死亡恐惧感，君主才得坐稳宝座。因此，有时对君主时代臣僚的人格扭曲苛责太深，亦觉于心不忍——真切地体会生活于此等帝制情境下，亦知人性本有西人所说的"死亡恐惧"的弱点，少能超越。

以上两条可谓"阴阳互补"，软硬兼施。君主正是靠他们"规范"官僚政治，使其围着"君主"统治的规则不停运转。韩非若泉下有知，自己的先见之明，竟能为长达两千余年的历史不断丰富发展，不知是喜是悲？

然有一利必有弊，君主既以二柄对付，臣僚亦有自处之法。帝国上升时期，为政尚宽，臣僚有儒家真信仰者也还不少。景帝时郅都，史称"酷吏"，却与则天时期的酷吏迥然不同。郅的人品颇可敬，行法不避贵戚，"问遗无所爱，请寄无所听"，非常廉洁自重。人忧其必为皇亲贵戚所不容，他则慷慨申言："已背亲而仕，身固当奉职死节官下，终不顾妻子矣。"时势移至帝国下游，君主控御之术日严日酷，臣僚则孜孜于利日甚。臣僚于得失生死之间，专求避害趋利，节气一事渐为大多数人视为"刍狗"。明清时人对官场风气多有尖锐批评。迨至明亡，自成进京，文武臣僚大多贪生怕死，叛降成风，为历代少见。[1]自成寻得崇祯遗体后，予以殓葬，在东华门外

---

[1] 拙文《李自成和大顺政权》曾据轶史笔记，对明降官的各种丑态，作过较详尽的描述，可参看。载《中国农民战争史研究集刊》第2辑，上海人民出版社，1979年版。

设厂公祭。据说李岩、宋献策散步经过,唯见两僧供养灵位,"诵经礼忏",而"降臣绣衣乘马,呵寻而过,竟无惨戚意"。由此感慨,两人间有长篇对话,为清初计六奇收入《明季北略》。虽李、宋是否真有其人,尚难断论,但李、宋的议论,足可以代表明亡前后一些冷眼观世者对朝政的批评,极为可信。往昔读时,曾为之久久不能平静。兹录其中关键一段于下:

  岩曰:"明朝选士,由乡试而会试,由会试而廷试,然后观政候选,可谓严核之至矣。何以国家有事,报效之人不能多见也?"
  献策曰:"明朝国政误在重制科,朝廷高爵厚禄。一旦君父有难各思自保。其先进者,盖曰:'我功名实非容易。二十年灯窗辛苦,才博得纱帽上头,一事未成焉。'其老成曰:'我官居极品,亦非容易。二十年仕途小心(此话足见明祖以臣僚为假想敌人,厂卫统治行之既久,后果却适得其反。——引者注),始得此地位。大臣非止一人,我即独死,无益!'此资格之不得人也。二者皆谓功名是己所致,所以全无感戴朝廷之意。无怪其弃旧事新而漠不相关也。可见如此用人,原不显朝廷待士之恩,乃欲责其报效,不亦愚乎?"[1]

三、传统统治消除内部隐患的运作机制

  中国帝制时代的统治体制,前期专制独裁的色彩还不甚突出,即使被普遍骂为"暴君"的秦始皇,他的政治体制里"丞相"的权力很大,读《李斯列传》就知道,二世、赵高当日也惧他三分,可惜私心太重,患得患失,丧失时机,终至戮死咸阳而悔之已晚。东汉多经学世家,也不乏累世三公,在政治上举足轻重。即使末年,"党锢之祸",士大夫也都能大义凛然,可以说出"高自标持,欲以天下风教是非为己任"(出自李膺)的大话。唐代"政事堂会议",大臣集体议政,有名有实,最重要的是,那时御史的职责是进谏皇帝,而不像后来异化为专门弹劾臣僚同事,变成君主控制臣僚、臣僚相互内争的工具。大抵君主专制倾向的趋强是宋代开其端,恶性的发作在明

―――――――
[1] 计六奇:《明季北略》卷23《宋献策与李岩论明朝取士之弊》。

初,废丞相、设厂卫,而后一发不可遏止。

对上述问题的考察,往往着眼于君主的独断,似乎是皇帝变坏了,这几乎是研究中国传统政治制度史常见的认识误区。中国传统政治体系越来越趋向极端君主专制,从根本上说,是由君主中央集权体制内在矛盾的发展所规定好了的,因果相连的一种"业报"。这种体制从其产生之日起,便先天地包含有多重矛盾,其中有君与相的矛盾,君与臣的矛盾,政与军的矛盾,中央与地方的矛盾等等(这里还不包括君、臣与民众的矛盾,它涉及社会控制问题)。

"资治通鉴",何止是一部迄于五代编年史的书名,更是一部推动全部传统中国政治演进的"发动机"。上述诸种内在矛盾,大大小小的事端历代都发生,但只有到了造成极大危害,成为注目的焦点时,才会由善于总结历史经验的臣僚提出改革方案。你看一朝之内,每代新皇帝登基,往往必检讨前任的失误(这是通过授意顾命大臣代写的先帝"遗诏"来昭示全国的);朝代鼎革,更是讨伐前朝"罪恶",宣布拨乱反正,反其失败之道而行之。然而,它们往往"扶得东来西又倒",补东墙拆西墙,矛盾没有从根子上解决,却越走越极端。因此,这种演进,从局部看,多半是随机的、微观的,它们宏观的历史后果是事隔几代之后才清楚显示出来。今天我们作为后人总结时,才会说:它实际上是为消除内部隐患而做出的举措,其客观效果便是阻止了一切可能产生的社会化和地方分权趋势,凝固了它独有的社会化程度低下的传统社会特征。这一类的运作机制,可以归纳为两大类:

3.1:反集团化机制

反"社会化",广义是指不允许任何社会性集团的存在(在工商业一节已略作交代),此处狭义地指严禁官僚集团化或官僚帮派(古时称"朋党")。大致的操作手段有:

(一)权力分散和相互牵制的原则。这是防患于未然的"治本"之策。韩非当日早就预见到威胁君主集权的各种因素,如权臣、弄臣、外戚、内宠,但要变为一种成熟的政治操作,总是由"事后诸葛亮"来完成。

首先遭遇到的是相权的威胁。帝国时代中央权力体制的沿革,君权与相权的矛盾,及相权的下落,有一条明晰的线索。大致从两汉先后虚三公、创"内外朝",到隋唐三省分治、分割中枢,再到明废丞相、六部直接隶属皇帝,至此相权的威胁基本消除。此后内阁、军机处为首者官场虽仍尊称"相国",却威严全无(明廷杖最典型),职能形同文字秘书或办公厅主任,收转文件而已。梨洲先生曾从礼仪一节讲述相权前后轻重的变化:"古者君之待臣也,臣拜君必答。秦汉以后废而不讲。然丞相进,天子御座为起,在舆为下。宰相既罢,天子更无与为礼者。"(《明夷待访录·置相》)丞相进见赐座,礼仪有加,唐宋时犹存古风。明代则已不成体统。入至清代,军机大臣为首的一班臣僚进见,必长跪而受旨,口称"奴才",更是不堪其辱。奏折送中央称"廷寄",明由通政司转达内阁,首辅执笔代皇帝草拟处理方案,称"票拟"。权归皇帝"批红",实多由主笔太监代笔。清皇帝多自批奏章,且行密折制,朝臣至督抚大员均不敢擅权,人人自危,独断始名实相符。[1]

将行政权、财政权、司法权分散在三个机构手中,相互牵制,以分中枢之权,这是宋代自创的中国式的"三权分立"。军人世家出身的宋太祖,听从赵普等人的高级参谋,针对五代以来"方镇太重,君弱臣强"的历史教训,提出"稍夺其权,收其钱谷,收其精兵"的十二字方针,对官制进行了全面调整,使之叠床架屋、权力交叉,达到事事牵制,甚至官、勋、职、差遣名实分离,无人能独揽某一项权力,可谓中国传统政治操作规则上的一大发明。宋代常以同中书平章事名义授为正相,参知政事为副相,数人同时受职,本无专权之可能。然财政权又分归主管盐铁、户部、度支的"三司使",号称"计相"。军事则分归枢密使主管(其分权状况见下),号"枢府""西院",丞相亦无权干预。与相权类似,司法权则由审刑院(明称都察院)、大理寺与刑部分别掌执检察、审理与司法行政,相互牵制,也是一分为三。

分权牵制体系固然有利于君主独尊,但付出的代价也是高昂的,从此"潜水艇夹肉面包"上面一层越做越大,机构叠床架屋,事权不一,"三

---

[1] 关于清帝密折制度,有杨启樵《雍正帝及其密折制度研究》一书论之甚详,可参阅。其总结密折制度的作用,归纳有十条,其中"官员间相互牵制,彼此监视""督抚等大员不能擅权""人人存戒心,不敢妄为,恐暗中被检举"列为前三条。广东人民出版社,1983年版。

冗"(冗官、冗兵、冗费)岂止只是北宋一代弊政,明清实变本加厉。由此统治素质和统治效率的低劣,成为不治之症,推诿和混迹成为普遍的吏习。仍有个别清廉和干练负责者,却往往反遭同僚妒忌,"四面楚歌",亦很难办事。早在北宋中期,王安石当年力主变法时,就对宋开国以来的吏治状况有许多忧虑:"以今制禄,而欲士之无毁廉耻,盖中人之所不能也。故今大官者,往往交赂遗、营赀产,以负贪污之毁;官小者,贩鬻、乞丐,无所不为。"这是大实话,只有安石能为之。他认为根子出在国初体制,造成"方今官冗,而县官财用已不足以供之",因此当今虽"重禁贪吏",实"禁其末而弛其末"。[1]荆公所见极是。但他执政后既因体制根本无法动摇,"裁机构、裁冗员"流为空文,他的"高薪养廉"(增吏禄以养之)方案,同样也是治末而不治本,"竹篮打水一场空"。

(二)军权的处理,要到募兵制取代征兵制之后才尖锐起来。在此之前,士兵多由民间调发,"兵民合一"。然社会状况变化到唐中期,传统军制势难维持,"府兵即无兵",乃渐有职业军队的产生——时谓之"募兵制"。唐后期的藩镇割据酿成五代十国大分裂,其根子就在当时对职业军队"将兵"结合及其严重后果缺乏经验。"吃一堑,长一智"。宋太祖终于"从旧营垒里"杀出来,给予致命一击,才找到了治病的药方。这就是设立中央统一的常备军,将精兵全部集中于禁军,且把练兵权(归两衙三司)、统兵权(归兵部,管行政)和调兵权(由枢密院执掌,权归皇帝)三者分离,"兵不识将,帅无常师"。此法一行,而后虽名称有变,但均不离其"三分"宗旨,军阀割据以及军事政变的危险基本解除。明清二代分裂不再,能保持六百年长期统一,宋太祖之功莫大焉。

但付出的代价也很沉重。陈登原先生曾针对上述军权分割,综析其弊端有:以中央独当戎务,集于君主;命出多门,权非一贯;以文驭武,似狗捕鼠;用将不专,兵与将离;各面之官,少有处分,不能统一指挥。谓有宋一代武力不振,屡败于辽、西夏、女真,盖出于此。[2]明代更走极端,作战统帅

---

〔1〕 王安石:《王文公文集》"上皇帝万言书",上海人民出版社,1974年版,第8—9页。
〔2〕 陈登原:《国史旧闻》,生活·读书·新知三联书店,1958年版,第274页。

多为文官,武官低人一等。晚期更以宦官监军,统帅动辄受制,不成体统。结果军队愈养愈多,素质反而下降,军队腐败不减官场。北宋时即有箭落马前、军士雇人领俸粮的笑话,而"文官不爱财,武官不怕死",作为民间谚语,广泛流行于宋明清三代,朝野史书不绝于载,极具讽刺意味。

在这种体制下,军队虽不再构成对权力的威胁,军官却效法文臣,专以贪黩应付为务,势所难免。不说自宋以来,外战外行,屡战屡败,内战亦未必"内行"。对付小股叛民,尚能狐假虎威,遇到较强的农民义军,都窘态百出。大明之亡,军队腐败和指挥不灵在众多因素中亦是重要一项。明末吴伟业作《绥寇纪略》,曾对此作过详尽的材料收集和精到的评论。如杨嗣昌精心布下"四正六隅",就毁于各路、各省军队的不合作,各保一方,以放走出界了事,故义军得以周旋有余,此处不赘。仅以崇祯末年京营而言,兵饷高达170万两白银,又京支(上京班番)70余万,居户部兵饷的1/3。然而10余万京营却根本守不住一座京城。军权一向操于权贵宦官,冒占军籍成为他们一大法外收入。"京兵注名支粮,视军府如传舍,一不乐,辄贿司总以买替而去之,朝甲暮乙,虽有尺籍伍符,莫得而识也",说明军官根本无从确知手下究竟有多少兵,故当事者称之"有粮无军"。崇祯下诏练兵,到场的"日不过二三百人,勒习未终,昏黄遽散",无甚军纪可言。故自成一旦兵临城下,京兵"即涣然离矣"。其间曾调拨3万京兵筑营新桥南,方圆15里为屯,军资运输即费10日。自成军刚到,即作鸟兽散,所有"甲杖火器,尽弃之资贼,贼且用之攻城矣"。[1]

(三)"朋党"即为谋逆的原则。对臣僚而言,"朋党"最为大忌,也是致杀身灭族的大祸,历来都不敢踩这个政治地雷。东汉有"党锢之祸"。宋欧阳修虽曾作《朋党论》,欲为之正名辩诬,毕竟敌不过权力政治本身的需要。雍正曾亲自写了一篇"御制朋党论",竟称"朋党之风至于流极而不可挽,实修阶之厉也。设修在今日而为此论,朕必诛之而正其惑世之罪"。

官僚间私下门生故吏相互攀缘,是科举时代形成的一种官场"习惯",

---

[1] 吴伟业:《绥寇纪略补遗上》"虞渊沉",上海古籍出版社点校本,1992年版,第402—403页。

无非结成争名夺利的关系网,岂有结党与皇帝作难的事? 在中国传统帝制时代,经济问题比政治问题的风险要小得多,因此只要不卷入政治斗争旋涡,大多无碍。试观历代,史书上所谓"某党",绝非自己所称,均由政敌诬陷而成立。"东林党案"最初的名单即出于阉党顾秉谦一手编定的《缙绅便览》,后又有崔呈秀进呈的《同志录》《天鉴录》,哪有东林诸人自称"党人"的?

相反,严嵩、和珅的用事,许多人猜测受宠原因,其实有一条常被忽略,就是"不结党"与"孤立无援"。实则严、和既当权势,谄媚趋附者总不少,但皇帝却是这样认为:既满朝都说他坏,不得众心,越发说明他在朝中并无党援。因此,常常出现怪现象,某人被攻击得越厉害,无人为他说好话,位子就坐得越高、越牢。明世宗时历任首辅最久者为严嵩,历内阁21年,首辅15年。其任首辅期间,臣僚上章弹劾者数遭廷杖谪戍或死于诏狱,前仆后继不绝,殊为悲壮。何以屡扳而不倒? 其中缘由,谷应泰在《明史纪事本末》"严嵩用事"文末曾有如下评论:"帝以刚,嵩以柔;帝以骄,嵩以谨;帝以英察,嵩以朴诚;帝以独断,嵩以独立。赃婪累累,嵩即自服帝前。人言籍籍,嵩狼狈求归。帝且谓嵩能附我,我自当怜嵩。方且谓嵩之曲谨,有似飞鸟依人。即其好货,不过驽马恋栈。而诸臣攻之以将,指之以炀灶,微特讦嵩,且似污帝。帝怒不解,嵩宠日固矣。"[1]有关世宗与严嵩一对君臣的心理,谷氏刻画得惟妙惟肖,入木三分,堪称历史心理学精品,令人叫绝。其中"嵩以孤立"一语,最发人所未覆。

大清开国之后,鉴于亡明门户之争,特重"朋党"之惩。顺治年间更明令严禁"生员纠党、立盟结社"。然康雍乾三代,时兴"朋党"大案,实出于皇权需要。康熙年间,明珠一案,关系索额图、明珠与熊赐履、徐乾学、汤斌等满汉大臣间纵横捭阖的关系,其间是非殊难辨清。据说康熙得到口头秘密揭发,即召高士奇责问:为何无人揭发(明珠)? 高答道:谁不怕死? 康熙即说:有我。我欲除去即除去了。有何可怕? [2]于是高士奇即与徐乾学密

---

[1] 谷应泰:《明史纪事本末》"严嵩用事",中华书局,1997年版,第836页。
[2] 李光地:《榕村语录·榕村续语录》"续语录"卷14,中华书局,1995年版。

谋起草弹劾奏章,先呈皇帝改定,交由佥都御史郭某提出。这一事例最能说明"朋党"是君主对付臣僚结党威胁皇权的一把撒手锏,该出手就出手。权臣虽炙手可热,"有何可怕"？真正可怕的是皇帝。

（四）高度流动的原则。这是接受魏晋门阀豪强酿成三百年大分裂教训后,实行科举制的最大好处。古时所谓"君子之泽,五世而斩",到明清恐怕能维持二三世,就不容易了。明清田产越分越细,少有前代那种田连阡陌的大地主,土地畸零的状态更加突出,"千年田换八百主",就是这种政治地位急剧浮动在经济产权方面的反映。"三十年河东,三十年河西"。读《阅世编》,就知道东南最繁华的松江地区,望门大族在明代后已很难维持四五十年。看到嘉靖年间显赫一时的徐阶,后裔沦落到如同乞丐,穷酸而架子放不下,真觉得世道多变。怪不得曹雪芹能写出"金满箱,银满箱,转眼乞丐人皆谤""择膏粱,谁承望流落在烟花巷"这等令人潸然泪下的词句。西方汉学界都对所谓乡绅看得很重,似乎在他们身上有什么潜在的"政治动力"。对此,我一直不敢置信。仅凭其紧紧抓住"君主"一根稻草,在"科举"水面上漂浮不定的政治经济命运,就不可能成为新的、异于传统社会体制的"社会力量"。

3.2:反地方分裂机制

中国的地方分裂酿成大祸的有数次,其中以三国两晋南北朝、五代十国和宋辽金三次为最著。此中有生存圈外部环境的因素（即北部游牧民族的南下）,也有政治体制内部的机制问题。前者始终未能找到良策,反倒造成必须保持庞大的军队,军费支出成为累赘,军队的素质却每况愈下,"内战内行,外战外行"。后者确实形成了一系列行之有效的操作法则,择其要者有二：

（一）军权集中于中央,内重外轻、内外相维。该项原则最早为唐府兵制所创,后为宋代继承发展,明代更是用卫所制度,使军队遍布全国,军区犬牙交叉,统于五军都督府,而权归皇帝。军队与地方无直接统属关系,且经常实行调防制。这对防范和戡平地方性动乱,极为有效。

军权集中于中央,也有诸多不便。明清以来,鉴于地域太广,逐渐有督抚制度产生。明巡抚始初都因事而设,代表中央对辖区内的军民财刑诸事实施统一调度，由明后期入至清，遂成为居都布按三司之上的省级最高长官。总督明时都因军事行动而设，负责统一调度各路军队。入清总督多辖两省，形成督抚重叠。督抚并不直接管理军队，只是有事负责调度。基层的知府、知县，地方治安无疑是其一大事责，既无权调动军队，但却必须对其治区内的民变或遭遇流窜"盗匪"攻陷等事项负全责，《大明会典》规定重则可处以斩首，蛮不讲理。因此，大部分录取的进士都喜欢在京师任职，知县、知州一级官员以监生、举人居多，年纪偏大，常有超过五六十岁的。可见地方官员在皇帝和朝廷心目中的地位。设若一旦有事，就必设法隐瞒，大事化小；追查得紧，又往往草菅人命，敷衍塞责。明末陕北出事，及至弥漫至山西，朝廷一直以为是"疥癣小疾"，已经戡定平息，都是由于各地谎报军情所致。待已成燎原之势，则已经剿不胜剿。

（二）地方权力制约分化原则。从宋代开始，收人事、财政、司法终审等权力归中央，特别是地方官不得自行征辟僚佐，本地人不得任本地官（回避制）以及任期一般为三年等，确实切断了地方政府与地方豪强联手的可能，消除了地方分裂对抗中央的隐患。

宋以后，分裂的内部条件不再具备，保证了明清两代的"大一统"。地方政府，元以来正式成立行省一级机构，明布政使司（称藩司）、按察使司（称臬司）与都指挥使司（称都司）三权分立，各自奉行垂直领导，归口六部和五军都督府，既强化了对府县的督察，也使省级权力不归于一人。清虽设巡抚、总督，号为"疆吏大员"，但皇帝对他们的督察极其严厉，甚至以密折形式，有专人随时反映动向，相互检举揭发，形同特务统治。早在康熙四十三年，任职江南织造的曹寅（此人为康熙幼年伴读，视为心腹，派驻江南，作为自己耳目），接御批由："朕体安善，尔不必来。明春朕欲南方走走，未定。倘有疑难之事，可以密折请旨。凡奏折不可令人写，但有风声，关系匪浅。小心！小心！小心！小心！"[1]四个"小心"，足见曹寅所负使命的机密性何等重大。据专家研究，雍正年间在各省总督、巡抚、布政使、将

---

[1]《曹家史料》，第23页。转引自杨启樵《雍正帝及其密折制度研究》，第162页。广东人民出版社，1983年版。

军、提督、按察使多重关系之间,已形成相互以密折形式监督报告对方的"情报网",大小文武官员无不在这种监视网络的扫描范围之内。[1]这种做法的代价,是使地方吏治几无主动性和创新精神可言,严重扼杀了地方相对独立发展的可能性。前一时期,美国学者孔飞力《叫魂——1768年中国妖术大恐慌》一书译介至国内,引起学界注意。这本书的成功,就在于通过一个莫名其妙的"叫魂"妖术事件,充分暴露出在所谓乾隆"盛世"的年代,地方吏治的混乱,也根本无效率可言。孔氏书末即评论说:"如果说,弘历的清剿撞上了官僚们设置的路障,那么构成路障的恰恰是最令他痛恨的官场恶习:谨慎地隐匿情报,小心地自我保护,隐瞒真相以掩护人际关系,百促不动以墨守常规程序。"最后他意味深长地写道:"没有人会哀悼旧中国的官僚制度。"[2]

以上的叙述分析,未必已经将帝制时代政治体制得以维持的各种手段一网打尽。但有一点是清楚的:救一弊则又生一弊。行至帝国末年则已成满目疮痍,气息奄奄,这一体制已经耗尽了它的"合法性统治资源",油干灯尽。

船山先生曾经以其极富哲理思辨的头脑,思考过许多权力统治运行的规则。《读通鉴论》就是这种历史哲学思考的精粹。时代无法提供超越他观察到的历史之外,有别于当时中国的另一类政治体制,因此只能在哲学的空间里,展开他对政治前途的期望。他敏锐地感觉到:"成而不倾,败而不亡,存其量之所持而已。量者心之体,智者心之用。用者用其体。体不定,则用不足以行。体不定而用或有所当,惟其机也。机者发而可中,而不足以持久,虽成必败,苟败必亡。故曰:非智所及也。"[3]此处的"量"取之于佛学概念,整个议论都有"心学"的痕迹,强调重在人心之把握,一切存乎"理"。有感于此,我此处宁愿将船山的"心之体"歪解为"政体"。事实恰如上述思辨所言,体制才是定于百年、千年的"恒量",虽以智谋救弊用利,可以维持一时而不能长久,"虽成必败,苟败必亡"。自然这里所说的"一时",

---

〔1〕 杨启樵:《雍正帝及其密折制度研究》,广东人民出版社,1983年版,第173—175页。
〔2〕 孔飞力:《叫魂》,上海三联书店中译本,1999年版,第305—306页。
〔3〕 王夫之:《读通鉴论》卷28,中华书局,1975年版,第1038页。

是指历史时间。在体制合法性统治有效的时间内,虽有成败生死,但仍可能以其机制的修补,"生死死生,成败败成",败而知其有所成,死而知其固所以生。但一旦体制合法性耗尽,生机已断,则"非智所及也"。这些道理,如哲者船山也是不可理会的——诚如唐德刚先生在其《晚清七十年》里所说的,中国在经历"千年不变"之后,行将进入历史的"三峡"。不论时间长短,"历史三峡"终必有通过之一日。但历史沉重的负荷注定了它一定会很痛苦。

八、中国现代化艰难性的历史思考

正如开头交代过的,限于个人能力,《通论》半通不通,到这里就只能一泻千里,聊以作结。但读者如若有心读完全书,或许能够理解:本话题从笔者《通论》的写作初旨而论,也算前呼后应,绝非突兀而来。

"问题意识"

历史有三大要素:时、地、人。在时间—空间—人类三维构成的历史坐标系上,围绕着求生存、求发展的主题,落实到各个民族、国家,凸显出来的整体图像,多是升降不定的波浪形曲线,有起有落,绝少一路飙升。

试看世界大历史,有多少落后变先进的。美国是其中的一个典型,一批批从英国盲流来的"西部牛仔",靠个人奋斗和历史机遇,开出了一片旧大陆无法与之比拟的"自由天地"。也有多少先进变落后的。两河流域曾经是人类最早的居地,也是孕育今日西方文明的摇篮,而今两伊地区仍是干戈不息,生灵涂炭。记得因写过《癫狂与文明》等名著而震惊当代的福柯说过:"人类把自己的命运交给了带有千条支流的水道,带有万条航道的大海,交给了处在一切事物之中的伟大的不确定性……他将去的地方是未知的——可他一旦上了岸,那地方其实就是他的故乡。"

历史是人创造的,但它绝不是任何个人意志的产物。就个体而言,再精于计算,算天算地算人算己,精心安排后事,结果还是要随海浪漂泊,被冲击到他不曾想到过的海边浅滩,供历史凭吊——马克思常说"历史走错了房间",大概也是指的这种"伟大的不确定性"。诸葛亮算是"上知天文,下知地理"的天才,就在他的《出师表》里也隐约流露出事势不可测,唯尽人事而已。

中国人则常常喜欢把这种"伟大的不确定性"叫作"气运"。在历史学家那里,就演绎成了高深莫测的课题:必然性与偶然性的辩证。我却更愿意把它变成凭生活常识可体会的感觉——犹如人生是一种过程,历史(群体的人生)也是一种过程。甜酸苦辣,什么滋味都尝遍,这才叫"完美"。如果真有什么"历史命运"存在,那么"命运"也绝不偏袒任何民族,而是将民族的、国家的盛衰荣辱都公平地交由他们自己去抉择,自己去一一品尝。

每个民族都没有永久的辉煌,也没有不能自我救赎的沉沦。佛家人有一偈说得妙:"欲知前世因,今世尝着是;欲知后世果,今世做着是。"这对单个的人,是无法验证的。但相对在时间流中不断流淌的群体历史检讨,却不无深刻性。历史效应里深藏着正负潜显四大种子。辉煌时已经隐伏着日后衰微的潜因;沉沦中却蓄积着将来可能直冲云霄的势能。我想,历史学家若不再满足于扮演擅长叙述故事的"说书人",更愿意往深处开发,是能够为这种瞻前顾后、参透因果,提供一种富过程性的思考智慧的。

中国在传统农业社会的长历史时段里,曾经持久地独领过风骚,极盛数千年。然而极盛之中,由后来之人检讨,不乏种种历史隐性弱点。"千里搭凉棚,没有不散的宴席。"大约走到明清鼎革之际(暂以1644年为始点),中华帝国再度陷入"内战"和新旧王朝易代的历史轮回,却已经意味着沉沦的开始。在此之前两年,英国革命已经揭开了西方开辟"资本主义"时代的历史序幕。当时的中国人尚没有意识到,东西方社会的差距正是从这里被拉开,越拉越远。此后所谓的康雍乾"盛世",投影到世界大历史的屏幕上,那不过是晚霞余晖。相比西人以其"理性资本主义"的时代精神,变落后为先进,大步走向工业社会,那时的中国依然沉浸在帝国"繁华旧梦"里,不思长进。我真不能理解今日文艺界何以如此热衷于清宫戏,"雍正王朝"已经演完,"康熙王朝"却又将献演。雍正的精干、康熙的大度,掺以御宴富阔,深宫畸恋……没完没了地咀嚼帝国旧梦,不觉得很苦吗?

历史在流淌,背影渐远,涛声依旧。[1]历史翻到距今百年前,那些既悲又壮的故事才真正值得咀嚼。

从19世纪的末叶起,先进的中国人,百折不回、梦寐以求的经历只能用"苦涩"两字形容。其全部主题或许可以简单地概括为"不甘落后,再铸辉煌"。可是,那时的中国真多灾多难,国运不济,事事难顺。

百余年过去了。我们这一代人生而有幸亲逢改革、开放的历史转折,在不到二十年的时间内,其变化之快已足够令世界为之震惊。不断开拓未来的人们,实在不应急于向前奋进而忘怀过去。过去了的东西,人们往往会有一种莫名其妙的健忘,不珍惜,不复细加深究。我诚挚地建议读者诸君,在忙碌于世务之余,有必要付出一份闲心思,静心地回眸历史,细细咀嚼和品味过去。任何个人,任何民族,如若遗忘了历史,无异于再度由零开始,又怎么能超越现在,走向未来?

我们时常感叹中国在现代化进程中一再失去历史机遇,多次与幸运之神交臂而过。

依据目前史学界多数人的说法,第一次是明中后期以来的"资本主义萌芽"。对此,我个人持怀疑态度,已见前述。在逻辑上也许可以成立一种假设,凭明清帝国的经济发展状况,改变国策,内重工商,外则开放,则……可惜即使近百年的历史也没有能证实这一主观逻辑可以轻易化为事实。有一道门槛毕竟不像天真的人们所期望的那样,轻易跨得过去——帝国政治体制是命根,贾宝玉的"通灵宝玉"是万不能摔破的。

确实不错。1368年朱元璋建立大明帝国之后,中国在技术的某些方面还保持着世界领先的地位。郑和下西洋,说明当时我国的造船技术和航海水平是世界第一流的。著名的法国年鉴学派第二代扛鼎人物布罗代尔,

---

[1] 挚友刘九生君近日自古城西安寄呈新作:《历史流响:人的花朵——献给历史学家周一良》(目前尚未刊出)。上句即为其文开首数语,微有改易。君与我出于同一性情检讨古今,然其激越深沉,几混合着血与泪,余则远所不逮。

著有三卷本《15至18世纪的物质文明、经济和资本主义》。他以不凡的功力展现了4个世纪欧洲现代化进程的全幅历史,把他的整体史观体现得活灵活现。这样一位具有新的史观和严肃态度的当代史学大师,在世界经济背景中时而也涉及同时代的中国,却常常会表现出某种迷茫。例如他感叹明朝(永乐皇帝)于1421年由南京迁都北京,认为这实际上是"背离了利用大海之便发展经济和扩大影响的方针",不无遗憾地说:"不论这一选择出于有意或者无意……中国在争夺世界权杖的比赛中输了一局。"当他说到郑和下西洋,那种对中国历史"怪谜"无以自解的神态就完全袒露无余。他这样写道:"我们不妨想一下,如果中国的帆船当时向好望角以及印度洋和大西洋之间的南大门埃吉海角继续前进,那又会造成什么结果?"看起来他对郑和下西洋志在"夸耀国威",奉行"朝贡"式的"亏本交易",违背"经济理性"等等,未有真切的理解,还是按西方人的思维往下想,假若中国人再往前走几步,抢在欧洲之前享有"地理大发现"以及由此展开的全部"上帝之手"赐予的优惠,为什么不可能夺得"领先权",走向世界?

可惜中国历史并没有像那位法国史学家想象的那么乐观。由贫农朱元璋创立的明帝国比以往所有帝国都顽固保守,甚至从北宋对市场开放的心态上后退,又回到小农封闭干枯得像"木乃伊"那样的状态。"厂、卫"的特务统治表明权力层里面也没有多少行动的"自由度"。更不用说由白银通用激发出的贪欲,党争门户愈演愈烈,官僚政治更趋下流堕落,终究由盛转衰,农民再度暴动起义。从李自成杀进北京,崇祯皇帝煤山自尽,接着汉满两族交火,直到康熙平定台湾,60余年间一直处于内战之中。正当中国人习惯性地把"窝里斗"闹得最欢的时候,大洋彼岸的英国人正从资产阶级革命进到"光荣革命"时代,确立了适合其国情的君主立宪类型的民主制度,为产业革命铺垫好了社会的、政治的发展平台。顺便说一句,我们过去过于偏重"产业革命"的决定性作用,殊不知没有政治上的民主制度和有利于自由市场经济运行的法理制度,产业革命也不可能发生并获得巨大成功。

第二次是"洋务运动"和"戊戌变法"。一系列外战的屈辱,终于使一些当权者意识到需要"自救"。满族旧贵不行,起用汉族士大夫,曾左李张算是遭逢时运崛起,平"洪杨",兴"洋务",史称"中兴名臣"。

中国现代化进程从什么时候开始算起？我认为,关键性的转折发生在19世纪五六十年代之交。晚清由曾国藩、李鸿章、左宗棠等地方实力派,开始在安庆、金陵、上海、武汉等地创办新式军用工业,是一个时代性的标志。此时,中国政府第一次改口,把与外国人相关的事务,不再鄙称"夷务",而一律称"洋务",并设置"总理各国事务衙门"(外交部前身)。[1]为了对付外国的"坚船利炮、声光化电",开始引进外国科学技术,创办新式机器工业,发愤自强。因此以"自强"为目标的第一次改良运动,历史上称"洋务运动",也叫"自强运动"。当时的指导思想集中起来有两点：一是"师夷长技以制夷",即通过办"洋务"以"自强",目的是为了不受列强的欺侮；二是坚持"中体西用",只是选择性地用它对中国富强有利的"技艺",中国原来的国体,也包括传统政治体制、传统思想文化的"立国之本",是绝不准许变易的。

众所周知,日本的明治维新与曾、李等人创办"洋务工业"站在同一时间起跑线上。日本也是被西洋的炮舰"轰"着离别中世纪的,可它成功地走出来了。中国却步履艰难,一唱而三叹。严复的英国同学伊藤博文成了明治新内阁的首相,而且据后来的史实证明正是他最早策划了甲午战争。而严复回国后却一直怀才不遇,只能用翻译《天演论》以唤醒沉睡中的国人,"物竞天择,优胜劣败"八字深入人心。"洋务"虽然办了不少新式工业,但官办或官督商办所造成的腐败,决定了它的低效。当权的慈禧等满贵又不把洋务放在心上。甲午一仗的惨败,宣告了"洋务运动"破产。于是就产生了学习日本,需要改革政治体制,建立君主立宪的要求,这很快就到了19世纪和20世纪之交。1898年,旧邦维新的曙光刚刚显露,年轻的光绪帝急召康有为等一班书生,宣布"变法",史称"戊戌变法"。由于种种原因,一丝希望瞬间却化为泡影。中国近代第一次政治体制改革试验,仅维持百日,即以六君子流血而宣告流产。改革不行,老毛病又犯。1899年,激愤的

---

[1] 1861年清政府设立"总理各国事务衙门",曾国藩设立安庆内军械所。1864年李鸿章在苏州设立炮局。1865年上海江南机器制造局、南京金陵机器局成立。1866年福州船政局成立。

中国农民组成义和团，烧教堂，杀洋人，在大河上下掀天翻地。接着八国联军长驱直入，攻占北京，再遭国耻。这已到了19世纪的最后年关，即1900年。20世纪的头一年，1901年，中国人迎来的不是什么"新世纪"的"献礼"，而是丧权辱国的《辛丑条约》。

以后可能还有三次机遇的失去。对此，史学界目前尚有争论。这里也简单说一下。

一是1905年慈禧宣布"新政"。慈禧狼狈逃窜西安，沿途备尝苦楚，终于痛感有国破家亡的可能，下决心实行立宪新政以自救。从宣布的新政纲领来看，它甚至比戊戌时期的改革内容更全面，变革的幅度更大。但它并不立即实行，总想慢慢来，能拖则拖。不久慈禧病死，接着清末最后一个当权的精英人物张之洞也紧跟下世，剩下的都是昏庸之辈。人无远虑，必有近忧。还没有容得他们再拖，武昌的枪声响起，辛亥革命结束了他们借变法自救的"美梦"。各省纷纷独立，看似一种新的历史局面即将出现，以致今人仍在惋惜它可能造就"联邦制"新政体的实现。历史的严酷就在于清政府改革留下的唯一实际成果："新军"，很快演变成军阀，新一轮的内乱把所有"民国"的美梦撕得破碎。辛亥后对民国的普遍"失望"，在鲁迅、陈寅恪、章太炎、严复诸前贤的书中都表现得十分强烈，也成为今人经常在破译的一个重要历史情节。

二是20世纪的二三十年代。由于北伐的胜利，军阀割据时代的结束，此时正逢世界列强忙于"一战"，中国的民族工商业遇到了一次发展的极好机缘。这一时期经济的发展状况之好，甚至被称为中国"民族资本主义发展的黄金时期"。然而日本的侵华战争把这一历史进程打断了。接着八年抗战，战后"五子登科"，国民党空前大腐败，终于迫使蒋氏王朝逃到孤岛，另谋生计。他们很像猴子为突然隆起的喜马拉雅山阻隔，被逼开始了"猴子变人"的进化。这一变革目前还在进行之中。

三是1949年新中国成立后，本可以按照原定的"联合政府""建设新民主主义秩序"的计划，逐渐推行现代化的目标。结果众所周知的原因，当初回答黄炎培的妙语（即如何避免中国王朝轮回，答曰："实行民主"）被置之脑后，却发生了急着向社会主义甚至共产主义过渡的悲喜剧。一花开后百花杀，一系列极左的政策又使现代化的进程中断。

我个人与史学的交往屈指数来，已过四十载。总觉得中国历史走过的轨迹很像那个由阴阳鱼巧妙组合而成的八卦太极图。这个包藏着一阴一阳、变化无穷的圆，是中国先祖杰出的思维创造物。它所构建的宇宙—世界模式是最完美的——正像希腊哲人毕达哥拉斯所说的，还有比圆更完美的平面几何图形吗？唯其如此，中国人思维的深处总是"以不变应万变，万变不离其宗"，就像六十四卦到了"既济"该有圆满的结局了，可接下一卦却是"未济"——中国只有跳出"圆"的怪圈，像量子力学所描述的，从一个能量级轨道跳跃到另一能量级轨道，才有中华民族伟大复兴的真正希望。

到了近世，每次像是出现了巨变的情景，却转眼发现又似乎回到原先的状态。近一百余年，波涛连天，峰峦迭起，几乎每二三年就有一次风云突变。虽然人物的变化跟不上时代的步伐，先进的变得落后了，激进的成了保守，更有许多昙花一现的匆匆过客，但总不乏一显身手的"弄潮儿"。反观执掌权力的人物，情景却全然不同。大约到了咸丰前后，满族显贵中的明智派，如肃顺、奕訢等，自知腐败昏庸的满洲贵族已不足依仗，开始了"重汉轻满"的人事政策的大转折。汉族儒臣如曾胡李左等乘时崛起。在太平军震撼下摇摇欲坠的大清王朝，确然仰赖于这班"中兴名臣"受命于危难之际，"挽狂澜于即倾"。当时汉族知识分子中有些人寄希望于曾李可以一举"灭清复明"，开出新局面。读一读《曾国藩家书》，就明白这是海市蜃楼式的幻觉。曾不敢，李也不愿，他们只是做"补天"的工作，就害怕"君臣错位"，会乱及体制根本，"纲纪坠地"，不可收拾。再说"清末新政"虽没有成功，但当时改革的主体力量和主动权已经由中央向地方转移，新的"社会精英"地方士绅大张其势。他们仍以有科举功名的官绅为主，包括日益活跃于各界的原洋务幕僚。其中不少人也逐渐转向投资工商业，被称为新"儒商"。借"制宪新政"之机，似乎很可以走出一条地方自治的新路。很不幸，这一机会又被军阀混战所粉碎——还是"枪杆子胜过笔杆子"。到蒋介石率国民军北伐，士绅工商急寻"新主"，必拥戴一"真龙天子"而后一统天下的习惯心理发作。"4·12"大屠杀，上海的工商绅士曾合计拿出300万元资助蒋介石，当时可谓是一笔巨款。后又拿出700万元贷款助蒋介石北上。他们万没有想到，将来有一天会被蒋氏官僚资本整得苦惨，重又沦入任人宰割的命运。

如果说在古代，我们的社会机制较之世界其他国家并不逊色，一治一乱，分久必合，循环轮回尚且情有可原，那么近代的沉沦，我们确实并不甘心。然而无始无终的圆还是萦绕不去，跳不出旧轨。忽而波涛汹涌，忽而峰回路转，热情满怀常常变成沮丧悲叹。这就不能不让我们思考一个问题：中国传统社会向现代社会的转变何以如此艰难？何以不能再度走向辉煌，却必须经历百年苦难的低谷？

辨识理路

如何走出"中世纪"，是一种特殊的中国情结。百年来，所有愿意独立思考的中国人，不管其接受的观念、政治主张如何不同，都为着它魂系梦绕。每一个时代都有自己的时代精神。百年来中国的时代精神，就是面对现代化挑战的压力，重新审视和检讨全部中国历史，期望中国民族再度复兴，重铸辉煌。

这种挑战对百年中国人来说，经历了许多"死去活来"的痛苦，留下的困惑也很多。而且，等到我们把中断了的现代化进程重新驱动时，可以毫不夸张地说，百年前的所有争论，几乎全又重新漂回到我们面前。如"中西之争""物质与精神之辨""效率与公正之辨"等等。

这些两难命题多与特殊的中国历史情景相关联。

首先，数千年来的中国历史曾经非常辉煌，留下许多文化瑰宝，值得珍惜。因此，在海通之前，中国人从来没有想到辉煌之后会有沉沦。历史的这种积累和自爱自重的情结，将使我们在接受挑战时心境特别复杂、特别尴尬。我们既想保存旧的美好的东西，又希望能接受新的外国人有的东西，只要精华，拒绝糟粕，既患失也患得。看不惯苍蝇蚊子一起跟进来。"水至清则无鱼"。这点大有别于历史底气薄弱的日本，没有害怕失去的面子观念。

第二,我们是在一种非常特殊的情景下开始"走出中世纪"的。大家都知道,我们是在列强的"坚船利炮"打击下才被迫打开国门,然后才有"东方睡狮"的"觉醒",开始"自强"运动。但百年来正逢西方列强商品输出、资本输出两次高峰,列强一再蛮横地欺侮中国,动刀动枪,割地赔款,"救亡"成了第一主题。虽然我们不得不向西方学习,但总感到"先生"很可恶,老欺侮"学生"。救亡与启蒙成了一对矛盾,不容易处理好。激进的民族主义情绪常常会使我们的头脑不够清醒,该进不进,该退不退,误了时机。西方人常说要敢于同魔鬼打交道。中国人则向来最痛恨"洋鬼子",动辄以"卖国"恶谥棒杀所有同魔鬼打交道的人,斥之为"假洋鬼子"。

面对上述这一特殊情景,迫使我们不得不往内里看,重新审视全部中国历史,于是就产生了有关认识中国历史的许多特殊难点。这种疑难是过去传统中国史学从来也不曾想到的,属于全新的课题。归结起来,至少有两大问题:

一是曾经长期领先于世界的农业中国,为什么从17世纪中期起,反倒落在欧美之后,不能率先实现向现代社会的转型;不仅不能率先,甚至还不能由自身主动地实现"走出中世纪",必须被别人"轰出中世纪"?这一问题很像是要给进化论以特殊的难堪,似乎要创造一种有别于内因决定论的"外因决定论"。不管怎样,看来中国人要"走出中世纪",就得面对善处内外因互动的世界性难题。

二是即使被迫着开始"走出中世纪",150来年的历史充分说明,这一历程走得特别曲折、特别艰难,一波三折,进一步退两步。虽然多数人不会甘心接受悲观宿命论,认定中国历史命定地"走不出中世纪",但至少必须面对这样一个严酷的现实:中国由传统向现代的转型过程一定很艰难、很漫长。这种艰难的根源,历史学可以给出哪些解释?

一种是吃"后悔药"。李泽厚与刘再复有《告别革命》一书出版,反映的不只是他们两个人的心态。我们经常听到这样的议论,如果慈禧当年不杀六君子,早点觉悟把"变法"旗帜拿在自己手里;如果辛亥党人不闹暴动,清末新政成功;如果日本人不打进来,如果毛泽东与刘少奇思想一致……我总觉得这些人要么没有读过历史,要么读了等于白读。这就叫没有历史感。历史既已如此，说明它有不得不如此的"历史合理性"。你应该做的是，说明它们何以会如此发生，积极地去清理阻碍现代化的历史基地，而绝不是责怪为什么要发生。只要这些不该发生的悲剧发生的历史根基还在，谁有那么大的能力去阻止它们发生呢？

还有一种较前者来得深刻的看法，是埋怨"国民性"。历经辛亥失败的低潮后，严复曾经悲观地说过："（中华）强立之先，以其有种种恶性根与不宜存之性习在，故须受层层洗伐，而后能至。故欲问中国人当受几许磨灭，但问其恶性根与不宜存之性习多寡足矣。"将现代化的受挫归之于中国的"国民性"，曾是经历辛亥挫折的一代人的普遍心态，集汇成一种思潮。严复的想法，今天我们也有。我们不也常常说，没有人的现代化，也就不可能有社会的现代化。但是不是也可以反过来驳问：没有社会体制或结构方面的现代化，没有制度环境的孕育、造就，人的现代化又怎么能实现呢？平心而论，现代化艰难的根子固然与民族素质有深切的关联，但是不是还可以追问：民族素质又是什么造就的呢？这就不能不进一步追究到造就这种"素质"的历史环境——特有的中国传统社会结构，从体制或结构中去寻找"历史基因"。

当我正为这些问题大感疑惑之时，忽然读到洪峰在小说《极地之侧》结尾处有一段小说人物之间的"对白"：

> 后来的人都走了。只有我和小晶依旧站在坟前。
> 西边的天空鲜血一样弥漫。
> 小晶碰我一下，说："我们也该走了。"
> 我说："该走了。"
> ……这时候天已经很昏暗，出现了我前面说到的那种青紫颜色。四周很安静，天大极了人小极了。

兴许是职业的习惯，我的眼睛久久盯在"天大极了人小极了"八个字上，辗转反侧，想到的尽是中国历史上种种诡秘莫解的疑惑，忽有所悟。大家知道，戊戌殉难六君子中谭嗣同死得最壮烈。临死前他手书遗言："有心杀贼,无力回天。"似乎他也省悟到:数千年炼铸的"天"强过于人,"天大极了人小极了"!

我不是"有神论者"。上面说的是个比喻,只是针对过去太强调人的主观能动作用,过了头,变成唯意志论,绝无"天"不可变的意思(因为这毕竟是人造的"天")。我想将董仲舒的话改装一下,换成"天不变,道亦难变"。这里所谓的"天",无非是形象地借指经济、政治、文化诸项子系统整合而呈现出来的社会制度、社会大系统。它们一旦成形,相当长(!)的时段内,"人"都在它的笼罩之下,显得很"小"。因此,结构、制度的系统分析有其特别重要的方法论意义。与其想靠人改变自私自利的本性,还不如先改革制度,用制度去约束、制衡。制度变了,人也不得不改变,不得不适应。在西方叫作"以恶制恶"。这方面,我们这些年多少都已经有了一点体验。例如人一旦到了外资企业,就变"老实"了,经受得起"委屈"。因为他从自利的角度认可了这种"制度",在经济学上叫作"外在利益的内在化"。

历史探源

从历史根源上去追溯中国现代化的艰难性,是一个无所不包的大题目,笔者绝无此野心包揽全局。这里只想据个人思考所得,从历史结构方面去检讨,试说它有四大难:"老、大、多、后。"

第一个难是难在"老"字上。诸难之中,数千年历史积淀形成的种种结构性习性,不经长时间磨损,势难消融化解,故显得特难。我曾开玩笑地说,长臂猿就因为"手"(上臂)发展过度,终究不能进化为人。大凡某一社会形态发展得过于成熟周密,就难以变革突破。新的变革最容易在薄弱的甚至荒野不毛之地创造奇迹。

林语堂先生曾以其特有的调侃,幽默地说过:"中国向来称为老大帝国。这老大两字有深义存焉……无论这五千年如何混法,但这五千年的璀璨被我们混过去了。一个国家能混过上下五千年,无论如何是值得敬仰的。中国向来提倡敬老之道,老人有什么可敬的呢?是敬他生理上的成功,抵抗力的坚强,别人都死了,而他偏活着。"

"文革"末期,我因一个偶然的机缘有幸去曲阜拜谒孔老夫子的故里。当步出东门,向孔林走去,沿途的景象,真使我惊讶莫名。试看那些千年古树,一排排一行行,有规则地向远处延伸,是那样苍老,伤痕累累,有的内囊全都蛀空,只剩一层枯黄的树皮艰难地包裹着,垂垂老矣,气息奄奄。然而抬头一望,那枯树的枝头上,悠悠然地竟生长出好些翠绿的新叶,在空中随风摇曳。奇哉,老树枯藤。那时突发感触,这不正是古老中国最逼真的写照吗?二十多年过去了,还始终忘不了那一刻。

中国历史,现在已经可以确定有一万年的农业、五千年的文明、两千年的大一统。四大文明古国,唯有中国逃脱了灭国、分裂的厄运,文明未曾中断。历数千年的长期积累、完善,中国传统社会,从其社会结构的整合而言,应该说是非常成功的。它至少具有以下几个特长:

(一)结构简单,整合容易,具有顽强的再生能力

中国传统社会的内核是以一夫一妻为要素的父家长制家庭。这种父家长制家庭,形象地说,像是一种"负阴而抱阳"的特殊单细胞生命体,由此复制放大,逐级演变为氏族—部族—部族国家,再由成千上万的部族国家经军事兼并,像滚雪球似的逐步合并为庞大的军事官僚专制主义的中央集权大一统国家。在外延不断扩展的同时,其社会结构的内涵却像单细胞放大,仍保持同一性:由内向外看,它是"家"的圆周逐级放大;从下往上看,又是父权逐级上升,叠筑起父权的金字塔。国以家为本,家以国为本,同质同构,故始皇帝称之为"六合之内,天下一家"。天子或者皇帝就是普天之下最大、也是最至高无上的"父亲",君父御临万众子民。父与子的关系,是所有各类社会关系的原始模板。由这一模板不断复制出其余的人际关系或社会角色,名虽异而实相同,如兄弟、夫妇、臣民、君臣,以至同僚、师生、亲朋等等。以孝悌为本,逻辑外推为忠君爱民。儒家提倡的从修身齐家到治国平天下,也是循着这种社会单一整合的内在逻辑,去塑造精英人格的。因为社会整合建筑在最直观、最原始的家庭人伦基础之上,简洁明了,从孩提时代起,就可以在家庭中接受这种制度化的熏陶,很容易被理解、被习得。因此只要这种简单的社会结构还建筑在单一小农经济的基础之上,没有市场经济的重大变迁,不产生急剧的社会分化,社会角色的分

化就很容易复制再生。中国古代王朝的一灭一兴，嬗代更替，靠的都是"父家长制"这块复制模板。它很像生物界中的蚯蚓，斩断一段，又可以长出一段，生命力特别顽强。

（二）盛行"父权崇拜"，迷信个人魅力

建筑在父家长制基础上的社会，其治理方式究其根本都不脱家长制，一切应由"家长"说了算。这就是中国传统统治根本的合法性资源。按马克斯·韦伯的说法，它属于由"情感正当性"支配的"情感型行动"，称"卡里斯玛崇拜"。因此中国特别盛行父权个人崇拜，迷信天才人物。

孟子即云："五百年必有王者兴。"入秦以后，二三百年间必有一雄才大略者出来革故鼎新，汉唐宋元明清是也。后来社会节奏加快，进入近世，大抵是四五十年一轮，必有一杰出人物惊天动地。不管怎样，中国人根深蒂固的观念，国家的命运必须也只能系以一天才人物的拯救，称之曰"圣君""国父""伟大的父亲"等都可以。每当社会震荡，必有造神运动出现。连那些不伦不类、七拼八凑的民间杂教，也都要捧出一个教主"君临"教徒，教徒视之若"神灵"。人们总期盼有这样一位非凡人物，能凭借他特殊的人格魅力，汪洋恣肆而又任性地调度历史舞台，"救民于水火"，重整纲纪，大乱后大治。几年前有一本书很轰动，名叫《第三只眼睛看中国》，不还在呼唤未来中国需要有一个"神"的复活吗？

这种由"父权崇拜"引出的"天才崇拜"，经历史长期的积淀，内涵变得非常厚重。中国传统统治在反复的"一治一乱"中不断总结经验教训，积有极端丰富的阅历，驾驭权力的技巧娴熟而富弹性。论政治权谋之善变老练，中国恐怕当居世界之最。这一点，历史学的贡献最大。二十五史，说到底都是《资治通鉴》。历代帝王之道都讲究以前朝覆亡为鉴，善变、多变，但最后总不离"以不变应万变，万变不离其宗"的"根本大法"。

试以《周易》为例。八八六十四卦，头一卦称"乾卦"。全卦都用"龙"的形象设喻。前后有六期（六爻）变化：初期"潜龙勿用"，当"龙"还没有露头，位卑力微时，须韬光养晦，养精蓄锐，善于隐藏自己。据说"龙之为物，能飞能潜"。能潜能藏，唯龙能之。朱元璋初时拥戴"小明王"，甘心"作贼"（后来有人就因"为天作则"掉了脑袋），大概属于此道。二是"见龙在田，利见大人"。阳刚渐增,头角初露,开始迈出重要一步,但距最后成功尚远。此时最重要的是要按照"大人"的标准(即帝王之道)塑造、充实自己。定县李善长教他的,将来刘基到金陵,面授机宜的,大抵不出这类大学问的套路。三是"君子终日乾乾,夕惕若",是说已经有了一定的资本或地位,为着远大的目标,必须时时警惕慎行,如临深渊、如履薄冰般地待人处事,一步步开拓。这就是朱元璋在金陵设计的"高筑墙,广积粮,缓称王"。四是"或跃在渊",已经具有行动实力,就必须敢于面对一切,或进或退,或跃或沉,审时度势,从容自在。从历史经验看,背后似还有不择手段、不行"妇人之仁"的意思。西征陈友谅、南灭张士诚,北至大都而放元帝北归,朱元璋这阶段好不从容。五则为"飞龙在天,利见大人"。"九五"之尊的地位终于获得,也就是孟老夫子说的"五百年必有王者兴"的天才人物出现的时候。《周易》的注释者就说:"犹若圣人有龙德,飞腾而居天位,德备天下,为万民所瞻仰。"六则以"亢龙有悔"最后作结,意味深长。《周易》讲究事物的发展盛极必衰,"亢龙"忘乎所以,高飞穷极,势必遭受挫折。故警戒"亢龙"知进而不知退,知存而不知亡,知得而不知丧,一定会后悔莫及。朱元璋大杀功臣,自以为可以为长孙排除继位的阻碍,结果却害得其左右无助,眼睁睁让皇位被亲叔夺走。《周易》这一卦,可以说把中国王朝历史的兴衰过程全说尽了。遍观历代开国君主,大抵不出这些路数。这里仅以洪武为证。历代王朝都跳不出最后"亢龙有悔"的结局。

远的不说,再说较近的蒋介石,一生多变。蒋氏是一个复杂的历史人物。刚从四明溪口小镇上走出来,还满身乡气。来到上海,混迹于十里洋场,当过兵,也出入赌场、交易所,流气、霸气都学会了。湖州南浔的张静江,恐怕算得上是蒋氏的"李善长",是助蒋完成"见龙在田,利见大人"阶段的一个关键性人物。后来蒋氏有负于张静江,但比起朱元璋杀李善长,还不算太恶。此是后话。经张推荐到了黄埔,收敛流气,矢志革命,连中山先生也不怀疑他是三民主义信徒,当上黄埔军校校长。蒋氏一生对"校长"这一称呼最看重。曾几何时,军权在手,一路兵进上海,就翻脸不认人。"4·12"大屠杀露出真容,接着既清"共党",也压"本党"异议人士。这一长段经历,很像《周易》由"潜龙勿用"到"或跃在渊"。在黄埔还"如临深渊",

到上海就"大动干戈"。因为他相信只有这样,才能"飞龙在天"。在蒋氏身上儒家影响很深,也为史家所共识。《曾文正公集》常备于案头,诵读不辍,绝不虚假。手下又搜罗一大批留洋饱学之士,各有专长,更有与外国保持密切联系,生活完全洋化的宋孔两氏与之携手合作。既旧又新,色彩斑斓。但要蒋氏王朝真正实行欧美式的民主政治,那也是"南柯一梦"。即使宋美龄对蒋介石再有影响力,也不过规劝其皈依了基督教,跟着走进礼拜堂而已(据说到晚年越发虔诚)。生活方式浅表层面的变化,不足以摇撼千余年历史积淀注入其心灵深处的"集体无意识"。特别到了触及传统社会的要害——政治权力,这些人物都会坚如磐石,不为所动。蒋介石真正信仰的东西,恰如他对其亲信私下坦言的:"三民主义为体,法西斯主义为用。"前者乃儒家之转型,后者更是法家的变种。骨子里仍不离中国本土的帝王之道、治国大经。但蒋氏还算是百年一遇的人物,惨然离开溪口,漂泊海上时,天良发现,说道:"不是别人,正是自己打败了自己。"没有这份"觉悟",恐怕也就不会有后来的改革。到晚年,看其照片,似乎又返回到溪口,成了身着长袍,双手插进袖管,蜷缩在屋檐下"孵太阳"的十足乡下老头。虽气息奄奄,脸上却显出一丝过去从未有过的慈和与温良。我想,这大概就是他所以还能容忍小蒋(经国)"改弦易辙"的缘由。

当然我们不是否认个别突出人物在历史上的作用,也不是否认权威的作用。问题是中国传统社会缺乏充分的社会分化,没有足够可靠的权力制衡机制。现代社会则迥然不同,它是在高度分化基础上的高度整合,法国社会学家迪尔凯姆称之为"有机整合"。在有机整合的社会模式中,权威依然必须有,但这种权威首先是非人格的法理权威,法律至高无上,任何个人都不能超越法律之上;人格权威又呈现出多元和多样性,各类权威间相互制约,形成动态平衡。没有绝对权威,也不相信天才统治。"二战"后,西方现代政治越来越显示出世俗化倾向,就说明了这一点。

深入下去,就必须说到中国传统社会结构的第三个特点。

(三)"政治一体化",缺乏经济、文化子系统的相对独立性

中国传统社会的三大子系统,政治、经济和文化,政治是居高临下的,不仅居第一位,而且包容并支配着经济和文化,造成了所谓"政治一体化"

的特殊结构类型。经济是大国政治的经济,即着眼于大国专制集权体制的经济,私人经济没有独立的地位。文化是高度政治伦理化的文化,着眼于大国专制一统为主旨的意识形态整合的功能,异端思想和形式化的思辨不是没有,而却总被遮蔽,了无光彩。政治高于一切,一切都被政治化,一切都以政治为转移。这种社会生态性的高度倾斜,造成了产生不出什么别的力量去制衡、约束政治系统。政治系统出了问题,只能靠政治方式即权力斗争去解决,即所谓"以暴易暴",大乱之后才能大治,和平的改革常流于失败。

假若说现代社会的整合,仰赖充分的分化以及这种分化之间的制衡,那么,中国传统社会的整合,则主要是靠驾驭权力的谋略,即法家所说的"法、术、势"一套控制手段。"制衡"是在一个立体模型中寻求各个多面体之间的平衡;"驾驭"则是在一个同心圆的平面上,谋求消弭离心因素,稳固众星捧月的格局,权力围绕着一个太阳——独制的君主旋转。中国传统政治讲究万古不易的最高准则是"天无二日,国无二君"。在群雄并起、称兄道弟的农民起义的后期,必会演出首领火并、血肉残杀的惨剧;假若成功地坐稳江山,则多弑杀功臣,巩固皇权,此即所谓"狡兔死,走狗烹"。中国传统社会的政治体制,其核心是保障皇权的绝对权威,确保中央的"大一统"。因此在不断丰富的政治实践中,制作出一套周密的制度设计,预防和制裁一切有害于上述目标的离心因素。除了君主深藏不露、宽猛恩惠相济等等个人技巧外,细致分析中国传统政治制度演变的脉络,其要领不外乎:一是制止官僚的集团化,绝对不允许政治反对派的存在;二是剥夺地方的自治权,制止一切可能游离"大一统"、导致分裂割据的因素;三是诱之以利禄,笼络社会精英,逼其走科举制"华容道",使之离开皇恩,一无所有,消解可能产生具煽动性的异己精神力量及其社会基础。在这种政治体制下,不仅没有独立的人格,也没有任何可以称得上独立的社会主体力量。以此言之,传统体制"千年不变",绝非偶然。

经济系统的不独立,这里举产权为例,试说明一二。从秦始皇统一六国之后,"黔首自实田",耕地都必须登记在册,看起来是归占有者经营,但必须承认"天下一家",都是"皇帝之土",都是为"国家"打工。因此中国传统社会的产权状况特别奇怪,不容易看得明白。说不存在某种形式的私有产权,也不合乎实际,平日里占有者之间可以转卖转让。说"私有",什么时候都可以宣布"土地国有",像王莽时的"王田"、北魏到隋唐的"均田",南宋的变民田为"公田",后来的"人民公社化"等等,究其实质都摆脱不了"国家主权是最高产权"(马克思语)的阴影。这恐怕是世界上很少有的、中国所特具的一种历史特征。

无论农民还是地主,占有的土地其实都不是完全独立的。这种不独立突出表现在收益权方面。国家硬性规定必须负担各种赋税劳役,还有地方政府的各种摊派。今人最不可理解的是,在整个两千多年里,农民产盐都是由国家管理的,盐户(灶丁)是世袭的专业户。盐最初都实行官产、官收、官运、官销,老百姓只准买官盐。这种靠行政系统销盐的制度成本很高是可以想见的。弊端百出,官盐质差、价高,老百姓宁愿吃私盐,乡村更不愿意跑到县里买官盐。国家盐的收入不保证,就想出一个办法,强制按人口摊派,从夏季的田税里加一笔"买盐钱",不管你吃不吃。后来改为官收、商运、商销,就是"特许包销制",奇怪的是原来按人口收的"身丁盐钱"却不取消。有田就有税,有屋就有税。官商结合的盐专卖制度,由于层层权力的盘剥,成为一种苛政,一直到清亡。国民党时代也仍然不准贩私盐。宋明清三代国家靠盐获得的财政收入占总收入的1/3—1/2。那为什么盐必须要由国家专卖? 根据就是"六合之内,皆皇帝之土"。说任何私有都是不可靠的,一点也不夸张。顺便说到,现在许多出版单位都忙着推出传统商人的畅销书,极力渲染他们的"辉煌"和"经商智慧"。其实在帝国时代,任何老实巴交、靠正道做生意的,都不可能大富,而那些暴富显赫的大商人,无不是依仗权钱交易、官商勾结,走歪门邪道的"识时务者"。因此,靠这些富商大贾,传统中国从来没有产生出像西欧那样一代新的社会力量("市民"),从独立的城市走出来,由他们来摧毁中世纪"城堡"。

国家对私有经济的限制,指导思想是"平均","不患寡而患不均"。"抑豪强""抑富商"就是由这种指导思想产生的传统国策。汉初、明初两次打击豪强规模极大,涉及数十万以上人口,名之为"迁徙豪强"。那些数代土著于此、"发家致富"、没有政治背景的"豪强地主"、"富商大贾"及其家族,一朝令下，原有田产财宝悉化为乌有，能说他们拥有"私有产权"吗？二是"抄家"。权势财富再显赫的官僚地主，一旦有罪被抄没，所有动产和不动产，不只田宅、金银珠宝、奴婢，女眷亦得尽数没入官府。这种做法，现代人完全无法接受，一人做事一人当，怎么可以这样？即使贪污，那么也应当扣除其正当收入部分以及家属的正常收入。但上述的做法，古代视之当然，没有看到谁提出过异议。因为一切的一切都是"皇帝"给的，给你是"皇恩浩荡"，收回亦理所当然。联想到"文革大抄家"，我们的银行为配合"红卫兵小将的革命行动"，不顾国际规则公开银行私人存款，看起来也算是有历史根据，古已有之。因此对私有产权没有清晰的法律界定，公私含混不清，私有产权没有制度化保障的环境，恰恰是以后中国难以走出"中世纪"的一个症结。

第二个难字是"大"。

先说"大一统"，中国早在公元前221年就实现了，这在世界上也是一种奇迹，我们常为此自豪。然而当秦始皇为实现一统中国志得意满，号称"天下一家，皇帝之土"时，肯定没有想到过：大固然有大的好处，但大也有大的难处。大了，必须"统"，不统就神散形乱；大了，就难"统"，统死就生气全无。这"统"字，在两千年里始终是一门高深的大学问，里面有内外的应对、上下的应对，纠缠不清的华夷之争、中央与地方之争、集权与分权之争，更深的还有秩序与自由之争、人己之辩等等。各代人都在"摸着石头过河"，一走就走了两千来年。等到《红楼梦》出来，一个颇有政治头脑的女人王熙凤才有所觉悟，说出了一句男人没有说出的名言："大有大的难处。"

我们通观中国古代历史，最容易感受到的首先是大的好处。它可以也有能力高度集中全国的人力、物力、财力，无论何等壮观宏伟的公共工程都能掘地三尺，突兀而起，令世人为之一震，长城、运河、阿房宫、兵马俑……这是欧洲中世纪诸侯王国做梦也不敢想象的。然而，不顾国力、民力做的许多蠢事也因此特别多，秦速亡于长城，隋促命于运河，古代翻来覆去的灾难，至今想来尚令后人为之黯然神伤。

"大"的第一个难处，就是发展高度不平衡。按照自然生态（地势、气温、降水量等），中国南北、东西都不平衡，其中东西之间的悬殊尤其严重。古代中国大致经历了由西至东、由北到南的政治重心转移的演进轨迹。从宋朝起，经济重心逐渐转移到东部偏南的沿海地带，形成政治重心在北、经济重心在南的分离格局。传统政治体制人为地加剧了这种不平衡。鉴于大一统的政治格局，必不可免地要实行财政上的"平调分肥"的国策。结果"肥的拖瘦，瘦的拖死"，个别经济先进地区率先发生社会变革的可能性被扼杀，而动乱却常常从落后的西北地区爆发，"两头不讨好"。

"大"的第二个难处，就是权力高度集中与地方失控的矛盾。

俗话说："天高皇帝远"。帝国幅员的辽阔决定了必须层层设置官僚机构，而要保证权力高度集中于中央，又必须使中央拥有"日理万机"、事事必统的庞大机构。历史学家黄仁宇就说，结果出了一个怪现象，与社会统治基础呈金字塔形相反，管理机构却是一个倒金字塔。上面是一个大平台，越到下面管理人员就越少。古代行政机构只设到县一级，上面千条线，到这里就变成综合一切的"收发室"，穷于应付。中央政策由近及远，其信息的准确性与执行的有效性，正好与距离成反比；距离愈远，熵值愈高，即通常说的"走样"、失真。因此国外高明的汉学家早就看出，中国历代王朝权力高度集中，世界罕见，但对地方的有效管理反不及中世纪欧洲的君主国。历史上王安石变法的失败，其中一个原因，就是政策再好，例如"青苗法"犹如今之农业信贷，初意甚好，结果地方各级官府为"邀功表态"，竞相争标，然而图操作上的方便，即按家按户摊派（"抑配"）。结果地主、农民都怨声载道，王安石后来也落了个"拗相公"的骂名。甚至极端的还说北宋亡国，王安石是祸首。

对大多数统一大王朝来说，社会稳定的最大难题是农民。帝国政府的物质基础，不说唯一，至少也是绝大部分来自农民有限的剩余劳动，积少成多，支撑着社会的运作。庞然大物般的帝国，后来几乎每十来个农民要养一个官吏士兵。口头上"农为邦本"叫得最响，为了维持这庞大的财政，不可避免地要走到自毁经济长城的绝路上去，更管不住不少地方官吏恣意刻剥小民。一旦王朝由盛转衰，走向末运，吏治败坏，越发不可收拾。一部以数千年计的中国传统社会史，一再显示出严酷的事实：失去了农民，就得垮台。

中国古代社会的一个悲剧,那就是"政治精英"们常把农民大众遗忘在村野角落里。平日,他们是最不起眼的芸芸众生,不因被冷落而辍耕,背负青天,面朝黄土,为一家之生计终日牛马般劳作。他们是如此老实顺从。殊不知他们是可以欺生却绝不畏死。如若把他们置之死地,在生死必择的关头,铤而走险,那破坏性的力量也着实可怕。中国历史上就一再领教过了,从山村里喷发出来的暴怒,会让二三百年的物质积累毁于一旦。直至近世,多次现代化的尝试,其失败的原因之一,便是过分冷落了农村。晚清如此,蒋氏民国也是如此。

一般地说,中国的文化是最富人情味,伦理至上,政治也是被浓重地道德伦理化了的。关于理想人格的议论,也很精彩。可是,有正面必有负面。翻开正史、野史,迎面而来的不乏人与人的"窝里斗",君臣相斗,臣臣相斗,连帝王之家,骨肉相残,也几乎历朝皆有。也免不了隔一段时间,小民与君臣大打出手。最可惊骇的是,每二三百年发生的大规模的农民战争,常致生灵涂炭。我一度曾大惑不解,为什么从"咸阳三月火"始作俑起,汉宫唐殿宋楼明园都非得付之一炬?为什么不坐下来冷静想一想,保存下来让自己也消受"春华秋月",何乐而不为?可见,中国文化乃至国民性也非"中庸和柔"。为什么会有这种反常?这是对"皇恩浩荡"的一种逆反。长时期由失落、失望到绝望,蓄积起来的情绪能量,必须寻求一种特别大的刺激方式才能宣泄——据心理学家说,"放火"刺激释放量最高。

第三个难字是"多",人口众多。

中国的传统农业有着与欧洲截然不同的特性。大约从春秋战国起,我国的农业就走了一条劳动力密集、精耕细作的集约农业的道路,其增产的主要途径不是扩大经营规模,而是通过提高单位面积产量(亩产)和耕地复种指数来实现。农具和农本投资长期停滞不前,农业生产力唯一的也是最活跃的变数即是人口增殖——添进劳动力。我们常常责怪国人"多子多福"的旧观念,岂知彼时实有不得已的经济动因。由唐入宋,往后随着土地所有权的日益分散,耕地的经营更是畸零小块,粮食的需求推动着人口的上升,开始了经济—人口的恶性循环。宋已越过1亿大关,明估计要到2亿,鸦片战争前即已达到4亿的高峰点。因此,在我国进入社会结构变革期,与欧洲大不相同,必须承受一个世界罕见的人口负荷过重的包袱。有的学者把它形容为"人口悬剑"。

人口负荷过重,无疑会对社会变革带来某种长期而深远的制约。在历史上,欧洲的人口负荷状况一向就比中国好。当进入"过渡时期",它的人口增长几起几落:1100—1350年增长, 1350—1450年后退;1450—1650年呈W形增长态势,特别是1550年前后一度因自然灾变(瘟疫)而跌入低谷;1650—1750年又再次减速后退。西人信奉马尔萨斯"人口论",是因为对此他们有难以抹去的噩梦:欧洲在"过渡期"中多次遭遇到"黑死病"(即鼠疫)猖獗的恐怖灾变,长达几个世纪,不少城市损失惨烈(法国马赛于1720年人口死亡近半)。据专家估算,这一灾难总体上使整个欧洲人口较起始时期减少了1/3。人口的骤减直到1750年方被刹住,由此进入长期缓步上升的态势。真可谓不幸中的侥幸,"天助西方"也。欧洲此时正值工业革命的关键时刻,人口负荷较轻(当时欧洲人口总量为1.5亿左右,而与欧洲近乎同面积的中国,同期人口数已突破4亿大关)显然是一个有利因素。据《欧洲经济史》所披露的史料,工业革命前期,英国除棉纺织行业外,当时多数行业普遍从业人员不足,像后来造成社会动荡的失业危机那时却并不突出。很明显,人口压力比较宽松的社会生态环境,对当时以机械化为特征的技术革命的推进,初始阻力要小些。

在社会转型期,社会各子系统之间的协调能力相对脆弱。城市化必不可免地要受到来自乡村流动人口的冲击,而人口负荷过重,无疑为人均经济指数的优化带来不利,更增加了就业、教育、卫生与治安等社会问题的压力。不注意协调,稍一失控,难免会诱发震荡,阻缓经济发展进程。如果注意中国近代经济史的研究,就不难看到我国早期现代化遭遇到的这种人口负荷过重的困境,又没有合适的应对,这是近代社会多次动荡另一个深刻的社会—经济背景。

第四个难字是"后",落人之后的"后"。时间具有不可逆性,历史从来只有相似的重复,而没有原模原样的翻版。正像希腊名言:人不能走进同一条河流,由传统走向现代也无法照抄别人的旧径。其中除了空间(民族)的差异,也还有时间的变数——捷足先登,领天下风气之先者,"上帝"似乎特别开恩于他们。后起者较之先行者,会在更为严苛的条件下经受考验。后起者的难处很多。

依据对欧美市场经济历史的考察,先说两种情境,是后来者特别是中国所不能比拟的。

第一,市场经济拓展的国际环境。当代法国著名史学家布罗代尔在其《15至18世纪的物质文明、经济和资本主义》三卷本中说道,欧洲人独立地发现大西洋,是欧洲市场经济发展中具有关键意义的伟大业绩,"这一胜利为欧洲人打开了(通向)世界七大洋的大门和通道。从此,世界的整个海洋都为白人效劳。"此种论断的背后,隐藏着一个冷酷却又非常实在的经验事实:从传统的市场经济到现代市场经济的过渡,仰赖于一个决定性的驱动力量,便是市场活动空间的最大限度的拓展。显而易见,任何一个民族、国家内部市场购买力的增强,需要相当长的渐进过程。其发展初期、增长的限度必然受到原有的经济结构、经济实力的制约。因此,正像布氏所分析的,先行国家与落后国家由发展不平衡造成的空间上的"经济压差"(又称"势能差")就成为市场经济拓展最重要也是资本积累最易见效的历史前提。欧洲市场经济的发展,如果没有"落后"的亚洲、非洲,特别是当时美洲供其施展魔法,断不能成功。布氏的这一结论并不新鲜。这就是早为我们所熟知,来自马克思揭示的血与火交恶的海外殖民掠夺、"资本原始积累"的历程。

当然,稍后一些,个别后来者如日本也仍有机会故伎重演。它的资本原始积累不就沾满中国、东南人民的血汗吗? 当代中国面对的国际市场环境则已大不相同。从好的方面说,我们不必背负沉重的道德十字架,坦荡荡面对世界而无罪疚感。从困难方面讲,在日趋成熟、发达的国际市场面前,在诸多为别人捷足先登的领域,我们的拓展竞争,有时有点像轻量级与重量级"拳手"之间的较量。我们的资本积累也将比先行者更多地仰赖于自身的积聚,特别是国内公众购买力的渐进增长。单从这一角度来考虑,我们宁愿将市场经济成长的过程看得困难些,时间上估算得长一些。

第二,在社会转型期,社会各系统之间的协调能力相对脆弱。就以欧洲"过渡期"而论,虽然人口压力相对要小,社会仍然长期震荡不安。既有前述的天灾,也夹杂着无以掩饰的人祸。这是因为资本主义市场经济,任凭私欲伴着货币跳舞,"少数人得利,多数人被捉弄"(布罗代尔语),并直到1750年前,商业、工业的发展繁荣多是以牺牲农民的利益为代价。黑死病的肆虐,并非纯是天灾,其中乡村人口的贫穷,城市因人口过度密集,卫生状况恶劣,以及因农业衰退而造成的粮食危机等等,都起了火上浇油的作用。某些西方正直的经济学家不无辛酸地说:"英国工业革命牺牲了整整两代人。"(见布罗代尔书)现在真不知道还有多少人读过恩格斯的《英国工人阶级状况》,要知道直到19世纪后半叶,英国的市场经济还混合着畸形与病态,公众动荡不安也不足为怪。我国当今的市场经济既不可能遭遇欧洲那种谁也不愿逢到的侥幸"机遇"(西方人权论者或许已经忘记,以饥饿和瘟疫减轻经济的人口压力,毕竟是最不人道的),当然更不能走牺牲公众和农业利益的歧路(欧美资本主义市场经济之所以要经历如此长的历程,与此也不无关系)。因此,后来者最难过的一关是心理关。必须直面现实,清醒地认识任何现代化模式在实际推行过程中,总是有利有弊,有善有恶,进步中包含有某种退步,利益也不可能一体均沾,稳定所必需的社会福利、社会保障的建立,也有一个过程,有赖于经济的增长。后来者期望完全避免先行者之"短"、之弊,虽然是一种良好的愿望,但也应该意识到很难很难,有些是过程中所难以克服的,只有走到一定阶段才能做到。先行者的好处,当时没有任何前例,他们的尝试是一种自然演进,走到哪里算哪里,后起者往往就特别挑剔,容易产生一种不切实际的对变革完美性的期望,不懂得结果全在于过程之中。这也是中国近百年反反复复,走了又重转回来的一种心理根底,保守主义很有市场,在民众中也很有影响力。

近代中国的当权者,如晚清政府,只望学到增强国力的"富强之本",特别是坚船利炮之类,而对政治体制、思想文化的改革则讳之甚深。这是一道难过又必过的门槛。因此中国思想文化界的不少有识之士,对西方近代化的后果有相当理解深度,不忍中国重罹"物质富裕,精神贫困"灾变,面对变态的中国近代化痛心疾首,多持严峻的批判立场。在思想文化领域,他们甚至超前地对资本主义理性做了许多深刻有价值的批判,领20世纪世界"理性批判"风气之先,显示出特有的哲理智慧。这种心态的缺陷,就是不能正视社会变革的过程性和不完美性,否认经济操作有别于道德,现代法理制度的最大特点只能制恶而不可能止恶。后起者在近代化问题上的争论、纠葛不清,往往造成多歧,使各种社会力量消耗于内部摩擦,增加了变革成功的难度,近代化进程必曲曲折折,延以时日,呈现出特有的长期性和反复性。

余论

我们不必为百年来的曲曲折折感到沮丧。假如说哲学使人聪明,文学催人产生激情,那么史学教人冷峻。什么叫"历史感"?历史感就是一种大时间感。胸中有了大时间格局,就能像斯宾诺莎说的:"不笑,不悲,也不怨,只是为了理解。"历史的时间单元不同于生理时间,它往往以百年、千年为一单元。且看世界上较早实现现代化的国家,成就今天令人羡慕的绩效,至少也花费了四五百年。一百年,只相当于一个百岁老人的生命时间,在历史的长河中只算得上一小段。有了这种宏观的大时间观,尽可以坦荡荡地看待过去百年的跌宕起伏,一局大戏才演了一半,好戏正在后头。社会变革是一种不随意认同于主观设计的自然创造物,它有它自己的轨道,重要的是不要中断,更不能倒退。

经历许多挫折、失败之后,直到最近,花了很长时间才弄清,我们进行的社会改革,从本质上说,不是以谁为师,而是人类历史上各民族(除非中途消亡)都要经历的一种社会转型,一种历史大转折。它是要由原来的传统农业社会转变到现代工业社会,也就是美国托夫勒所说的由"第一次浪潮"进到"第二次浪潮",一般简称之为"现代化"。

变革最初只是少数人的事业,慢慢才扩展开来。现代化真正成为中国全社会的主题,进入寻常百姓家,牵动亿万家庭的神经,从上层到下层,全民都跟着为之或喜或怒或哀或乐,我以为只有到了我们这个时期,改革开放的近二十年。

从这一点可以看出,刚刚过去的二十年很不平常。它既是一个半世纪以来中国改革进程中从未有过的最好时段,同时也是整个"现代化"历史链条中的一环。瞻前顾后,后来还有后来者。现代化的长篇"连续剧",虽然演过了一幕又一幕,跨过了两个世纪的门槛,看来真正的好戏还在后头。我们仍然处在社会转型的"现代化"过程之中。

　　世界现代化运动的总结,上升为现代化理论,在西方也要到20世纪的后半叶。直到现在,西方的现代化理论也还流派纷纭,莫衷一是。关于现代化的目标体系,怎样才算实现了现代化,至少有十几种说法。有关这方面的内容,有许多参考书。但有一点越来越清楚,现代化没有唯一的、标准化的模式,任何国家都不可能原样照搬别国模式,都必须走出符合自身特点的现代化道路,才有希望获得成功。

　　最近一次现代化的重新驱动,最重要的特点,便是鲜明地提出了建立和完善市场经济体制的目标。其实,市场经济的历史十分悠久。从文明时代一开始,市场就进入人类社会生活,承担起产品—商品流转的经济角色。而市场经济体制相对就年轻得多,但从其基本完善而言,至少也已经有一二百年的历史。它是随人类经济变革的"第二次浪潮"应运而生,在现代工业文明时代才确立起来的。什么叫作"市场经济体制"?它是以流通领域在空间上极大的拓展(跨地区、跨国贸易)为先导,通过创建现代金融业的特殊手段,实现了用市场经济特有的"游戏法则"——通常所说的价值规律或价格法则(看不见的手)——将生产、消费、流通、分配等环节以市场为核心实现高度一体化,并进一步渗透到社会生活的一切领域,由此造就了像西方经济学家所说的"市场遍及一切的社会"。这就是市场经济体制的基本特征和主要功绩。

　　从世界范围来看,英美等国是属于市场经济体制的"先行者"(一称"早发内生型"),像中国等发展中国家都属于"后来者"(又称"后发外生型")。后来居上的国家和民族,历史上不乏其例,我们完全有理由自信中华民族也有这种可能,但是,后来者的成功必定是有条件的、相对的。其中一个不可或缺的前提,首先必须能够通盘熟悉先行者的全部历史经历(包括成功的和失败的经历),并且融会贯通,合理消化,然后依据自身的情况和特点，加以创造性的转换，才有可能走出一条具有自身特色的成功之路。

在奔向世界市场经济大潮的当下，中国人的脚步是急促而匆忙的，对此，我以为一则以喜，一则以忧。欣慰的是我们终于摆脱了千年传统的困扰，认识到了"历史的必然"，代价虽辛酸苦涩，然毕竟匆匆上路了。忧虑的是因急促而无暇深思，浮躁中最易滋生浅薄，好像是第一次跑到别人的"超市"里，眼花缭乱，什么都好，拿到篮里便是菜，不明是非。据说目前经济类专业十分火爆，求学者门庭若市，然而求学者却不耐烦听讲经济史课程，以至于连一些颇有知名度的经济系科，也把这类课不断从课程表上悄然划去，实在令人为之惊讶。我们这个民族有时太讲求"立竿见影"，吃过许多亏还不醒悟。恩格斯曾尖锐地告诫过，如若忘记了"历史的启示"，人们"就会陷在半昏睡状态"，"仍在黑暗中摸索"。一个不善于站到历史经验巨人肩膀上，不断提升自己理论水平、精神品位的民族，是不可能创造出后来居上的历史奇迹的。

反观20世纪后半叶许多发展中国家这方面的实践，有一些现象很发人深省。在欧美本已行之有效，屡获成功的"法门"，一经后来者移植，常常会变味走样，不再灵验，甚至变成讨嫌的弊端。某些后来者"本土化"的结果，不是旧瓶装新酒，便是新瓶装旧酒，异化为传统的替代物。探究其发生特殊畸变的原因当然很复杂，但其中有一点却是共通的，便是忽略了先行者成功的"历史情境"。后来者最容易犯的心理病症是"浮躁症"，或者叫作"压缩饼干心态"。此种心态具有两大症状：一是期望值偏高，后来者大多幻想能侥幸地压缩先行者经历的过程，伸手就摘采果实，不耐烦培育土壤，耕耘不浇溉，睁大眼盯在别人最高"价位"上，只肯高攀不愿低就，幻想"一步到位"。二是心理承受能力偏低，既幻想舍"过程"而收获"果实"，当然对实施过程中必然出现的代价与难以避免的曲折缺乏心理准备，稍遇挫折，便怨天尤人，自卑自毁，最坏的还有可能乱了方寸，发疯似的胡乱折腾。有感于此，我觉得学术界、理论界应尽快为公众切实补上"历史"一课。

在此之前，我想先说一说自己近年来经过思索得到的有关中国现代化进程的一些不成熟的看法。正是出于这些方面认识的求索，才会回过头

去考量历史上的现代化过程,并期望从中得到有益的启发:

(一)对实现中国现代化,具有充分的自信心固然重要,但还必须赋予高度的理性。应该以冷静、沉着的态度,直面变革,认识变革是一种"历史性的运动",需要方方面面的配合协调,过程很长,不可一蹴而就。对中国而言,由于现代化带有被动和后发的性质,内在缺乏现代化的理论资源和历史资源,先天不足,后天又多次失调。因此,不能过分期望什么都会"必然出现"。"上帝"(市场经济、第三只手)不会特别恩宠中国人,让中国人走一条笔直又笔直的"康庄大道"。一路飙升,长期高速(高增长、低通货),而没有回落、衰退,乃至引爆危机,外国现代化历史上没有,中国人也不会有这种特别的福分。无论从历史经验还是从学理上探讨,在现代化实现的可能性上,与其想得容易,还不如想得艰难些(不是所有人都必然自动成为"上帝"的"选民",都可轻易登上"天国");在实现的时间上,与其想得短,还不如想得长些(西欧大约花了5个世纪)。现在权威的说法,是需要几代乃至十几代人(20—30年为一代)的努力,头脑还算清醒。

(二)我们几乎是在理论准备和心理准备都不甚充分的情况下,在中断了近40年后(1937—1978年,间隔着战时经济、计划经济),突然驱动、突然起飞的。实践中学习(摸着石头过河),这是明智的选择。我们不能再延误时机了,否则,就有可能被开除"球籍"。对"摸着石头过河",正确的理解是,首先必须敢于实践,同时也意味着学习这一任务的紧迫性,实践再忙,也必须挤出一切可能有的业余时间尽力补课:补有关世界各国现代化历史的课,补市场经济历史经验的课,补有关市场经济所需要的制度环境的课,减少实践的盲目性。目的是一个:让我们能以充分健康的心态去应对现代化可能遇到的一切难题。

(三)不正常、不正确的心态的产生大概缘于以下几个原因:

(1)对"国情""球情"是什么缺乏深刻的了解;

(2)对社会转型是什么缺乏深刻的了解;

(3)对市场经济是什么缺乏深刻的了解;

(4)对社会发展或社会进步的真实内涵缺乏深刻的了解。

(四)需要打破以下几种幼稚的观念:

（1）可以照搬别人成功模式、依葫芦画瓢的观念；

（2）社会转型靠经济"一马当先"，就能万马奔腾的观念；

（3）市场经济没有风险、不会出现危机的观念；

（4）社会发展两大准则公平与效率没有冲突的观念；

（5）社会全面发展十全十美的观念（即只有正面效应、没有负面效应的观念，平均受益、人人满足的观念）。

（五）应树立以下几个观念：

（1）社会转型是一个经济、政治、文化全面转型的长过程，不可能很短、很快就完成。它要经历许多发展阶段（长时段、中时段、短时段），每一发展阶段都有其自身的特征及其局限性。从总体上说，可以有先有后、有高有低，呈波浪形螺旋状的上升态势，其中有高峰和坦地，也有低潮和险谷，既不能盲目乐观，也不必惊慌失措。但真正完成转型必得是"全面转型"，这一结论是毫无疑问的。

（2）从一个阶段的巅峰状态下落，即意味着新的一轮发展时机的到来，两者之间称作"瓶颈效应"，最容易产生危机，能否确立新的目标，敢于冲破、越过是一种考验。

（3）市场经济会有它自身的规则（游戏法则），有不可捉摸、不可预测的方面，其中能否及时反省，不回避矛盾，不讳疾忌医、讳莫如深，非常重要（对东南亚模式的忧虑，最早产生于1994年李光耀与金大中就"文化能否决定命运"所展开的争论，它是由美国《外交》杂志挑起的。可惜当时未能引起世人的关注）。

（4）正确看待分化，适度控制分化，这是市场经济下社会管理、社会控制的一门新的领导艺术，不容易，但非做好不可。

（5）社会发展从每一段落看都不完美，完美的追求存在于全部过程之中。一种发展趋势，一经驱动，就会如危崖转石，不达其地而不止。改革产生的问题只能通过改革的深化才能解决。

后编　回顾与反思

世纪即将煞尾,很自然就想到"百年总结"。一位中年学者对我说,他认为无论哪个领域,都必须认真读他们的原书,该读的都必须读完,然后各自从个案分头做起,前后左右摸清底细,才可能为写出有质量的百年学术史提供条件。此说极有见地,我是十分赞同的。

但是,作为《中国历史通论》,不能不对百年来中国历史通解的"家底"有个回顾照应。前人的终点,就是后人起步的始点。更重要的是,由于特殊的历史跌宕曲折,前半个世纪的许多成果久被遮蔽断裂。在新的一代人那里,前贤所论闻所未闻的,几不足为怪。前贤已经认清的,后人摸黑重复在做,越说越糊涂的,也时有发现。所以我觉得,如果我们要想获取对中国历史的真切理解,几乎无法越过他们开拓的山峰;用力攀越过去,再往前走,才可能有一个新的峰峦展现眼前。

综合上面两点,我放弃了"史学史"式的叙述,只能如实地以"读书随感"的形式,就我所读、所关心的问题作些回顾。

本编分两个部分。头两篇是对前贤在重估中国历史方面大的关怀和所涉及的路向,说一点自己的读书心得。后两篇是针对我20世纪后半期所关心的,用以观察和理解中国历史的观念和方法,做一点清理。

一、百年史学建设历程回顾

20世纪许多史学名家,从个体看,他们有的注重宏观阐发,以纵览大局取胜。有的则专擅实证,以具体而微见长。或激越,或苛刻,或冷峻,或宽容,取向、思路各个不同。但通过编纂形式或个性风格,综合其整体精神,围绕的是同一主题,即面对现代化挑战的压力,重新认识中国。压力转化为推动变革的动力,使史学呈现出前所未有的蜕变,走过了为新史学艰辛创业的百年。

百年史学主题:重新认识中国

中国古来是一个最重历史经验总结的国度,史学发达。每逢王朝鼎革,社会急剧转折,必牵动对历史的重新审视。通过"鉴史"而"资治",历来都如此。汉、唐之初围绕秦亡、隋灭的两度讨论,即有《新书》、《过秦论》与《贞观政要》等名作传世。明清鼎革之际,王、黄、顾三大家更以明亡为话头,引发了一场对中国传统社会历史深沉的全面检讨。他们对秦以来历史病症诊断检讨周详尖锐,为空前所未有,但现今论者以"启蒙思想"称许,我觉得未免言过其实。很明显,直至被动海通之前,对历史的审读,都只是在既定的历史格局之内,只限于讨论"治道",而从不涉及"政体"(钱穆先生语),并未走出"中世纪"。三大思想家虽然大胆地说出了自秦以来,"国家"只涉"一家一姓"的利益,与关系民族百姓命运的"天下",绝不是一回事。然而,究其议论仍不越"微调"的樊篱,方案则多为过去用过的旧武器。例如用加强相权来抑制皇权;为克服隋唐以来流官任期制的"短期行为",外地官员不关心地方利益的习敝,就提议用选择本地的豪绅来代替流官;这些都是用过而被抛弃,后者更又回到了东汉魏晋"世族门阀""九品中正"的老路。这也是时势使然。没有新的社会政治资源的输入,没有新政治格局赖以产生的社会力量,只能朝后看,从旧日光景里寻生路。

中国王朝的反复轮回,到了大清季年,渐渐露出了断港绝潢的景象。海通之后,迫于外族侵凌,内乱不已,原有的体制衰疲腐朽暴露无遗。史家的头脑里,第一次被严复"物竞天择,优胜劣汰"的洋论所震慑,感受到中华民族"生存危机"深重,以致有亡国灭种的险虞,开始了对旧日体制和民族历史的解剖。在这种情景下,史学必不可免地要经历伤筋动骨的蜕变,开始它与近代社会新陈代谢相呼应的变革。

20世纪史学,最大的情结便是"救国保种",或者说如何使中国能自立于世界之林,步入现代化世界。这只要观察一代新史家崛起的动因,便不难明了。他们之中绝大多数最早都是在中国"亡与不亡"的心理刺激下,或先或后地走上史学一路的。

在上一代有影响的史学家里,梁启超、王国维较年长,是19世纪70年代出生的;陈垣、刘师培、吕思勉等居中,出生于19世纪80年代;90年代"甲午"前后,陈寅恪、郭沫若、顾颉刚、钱穆、傅斯年等相继出生。正是凭借这一群"跨世纪人才"的卓越建树,大抵到20世纪三四十年代,新史学已然成形,跟上了新文学行进的步伐。

梁启超是那一时代新思想的"呐喊者",自称为"新思想界之陈涉"。可以毫不夸张地说,20世纪前期各种风云人物,很少不受任公汪洋恣肆雄文的拨动,产生一种必欲起而"新民""救国"的冲动。晚年,他的精力逐渐由政治转向了史学,颇有论著,其中《历史研究法》一书,则集中展示了他对历史理解的新视野。接着就是胡适之。他很像偷火种的普罗米修斯,从西方偷来"科学主义"的火种,烧遍文史各界。他在文学史、哲学史方面点燃的"野火",也燃烧了古老沉闷的史学界。他们俩对史学界的影响,可以聊举两例:前者启发了钱穆,后者直接推动了顾颉刚和傅斯年。

手擎胡适给予的"火把",义无反顾,向旧史学发起叛逆冲击的"急先锋",应该是顾颉刚。1923年,顾颉刚首次提出了他的"层累地造成的中国古史"说,劈头就说"三皇五帝"以来的上古史尽是"作伪",迅即惹起疑古与反疑古的轩然大波。这一举动无异起着打破乾嘉百余年来史学沉寂局面,从根上松动旧史学基石的"破坏"性的作用。据其自传体的《自序》(载《古史辨》第一册),先生是在长期徘徊于经今文与经古文学之后,疑窦丛生,忽遇胡适之先生指点迷津,走上"疑古"之路。他说:"我心目中没有一个偶像,由得我用了活泼的理性作公平的裁断",秉承"科学理性"的精神,尽情"破坏"传统史学的心境,写得坦白直率。同受胡适与"科学主义"的感召,傅斯年走了不同顾的另一路向,稍后再议。顾氏自述其治史动机:"我心中一向有一个历史问题,渴想得到解决,且把这个问题作为编纂中国通史的骨干。这个问题是：中国民族是否衰老抑或尚在少壮？"这再次证实了新史学共同心理情结的所在。在我看来，这番话的分量极重极重，不啻是惊心动魄的一问，起死回生的一问。今日研究中国历史的人，又当如何回答？怕只怕有的人连这份关怀都不存在了，那才是真正的悲哀。

顾先生当年曾自谦他只是做"破坏工作"，现在"走出疑古时代"的人也经常以"破坏"过头责难先生。我不想去纠缠辨伪的那些具体历史细节，只想提醒一个似乎已被遗忘的事实：1923年，先生还有一份史学重要建树，永留史册。这就是在《答刘胡两先生书》中提出的四个"打破"：（1）打破民族出于一元的观念；（2）打破地域向来一统的观念；（3）打破古史人化的观念；（4）打破古代为黄金世界的观念（《古史辨》第一册）。这四条标准不仅有许多史学前贤（如傅斯年、蒙文通、徐中舒、吕思勉、杨宽、缪凤林等等）关于民族起源史方面的建设性研究成果作支撑，而且也绝不会因今日众多考古新发现而失去其预见的敏锐性。相反，新的考古发现正不断地证明上古中国确实存在过"方邦林立、满天星斗"这种多中心并起的格局，民族非出于一元，地域也并非向来一统。这是认识中国文明发生史的一大关节。今天有些人的认识，反比先生落后，这是很可奇怪的。

钱穆先生是因受了梁任公的《中国不亡论》的激励，由此而转入历史研究的。可以说，宾四一生都在思索如何通过史学，寻找到使中国靠自己内部的"生力"不亡，特别是"精神"（历史命脉）不亡的根据。一部《国史大纲》就是他用心血凝成的史学"救亡曲"。弟子余英时对宾四老师有深刻的理解。他借外国学者评论先生"是中国史学家之中最具有中国情怀的一位"，深情地说："主流派的中国知识分子或认同于北美的西方文化，或认同于东欧的西方文化，都能勇往直前，义无反顾；他们只有精神解放的喜悦而无困扰之苦。但是像钱先生、陈（寅恪）先生这样的学人则无法接受进步与落后的简单两分法，他们求新而不肯舍旧，回翔瞻顾，自不免越来越感到陷于困境。"（《钱穆与中国文化》）这种困境和焦虑，是不是已经过去？我觉得很值得作为后学的我们细心体味。

如果说当年顾颉刚对"中国亡不亡"采用的是疑问句，那么钱穆继之则已应对为肯定式。先生的应答是：这无关乎衰老或少壮，"国有魂，则国存;国无魂,则国将从此亡矣"。因此他是立基于文化生命观,执意要以"中国历史精神"重写中国通史,以振元气,以医病痛。这就是《国史大纲》的"一贯体系,一贯精神"(严耕望语)。《国史大纲》成书于1939年国难当头之时。通读全书,先生对中国民族得以自立的文化生命和精神元气(总称之"中国历史精神")钟情珍爱之意跃于纸上,严"华夷之防"贯通于对中国古代历史的阐释之中。然其惴惴不安者,并非单单关注"外邪"的侵袭,最令其揪心、痛心者却是民族、国家"所流通之血脉枯绝""社会元气之斫丧……生机奄息不复",故对国史的探求特强调绝不可将"生原"(民族潜在之本力)与"病原"(造成一时病态之外邪内毒)混为一谈,反对"非自顶至踵脱胎换骨不可"的激进史观(见《引论》)。或许我们有理由对其过分文化自恋的立场持异议(我个人也有此同感),但绝没有权利不尊重他的那份感情(只要回想一下当时他的讲课受青年热烈欢迎的情景,即知其有他人不可企及的精神魅力),以及他对一个民族想医治衰病时应不应立基于自身"元气""生机"培养的诘难。后者至今仍是摆在我们面前的中西如何会通的难题,值得深思。走向现代化,我看中国人要学外国的一切长处,但绝不要幻想:别人能救我们!

与顾颉刚同属义无反顾,而取向迥异的,是郭沫若先生。早年,他曾是一位具"凤凰涅槃"激烈情怀的天才诗人。"大革命"失败后,在日本潜心研读甲骨金文,开始用唯物史观研究上古史。1930年,《中国古代社会研究》一书正式出版。他在该书序言中说:"中国的社会固定在封建制度之下已经两千多年了,所有中国的社会史料,特别是关于封建制度以前的古代,大抵为历来御用学者所湮没、改造、曲解",其疑古情绪较之颉刚他们有过之而无不及。又说:"对于未来社会的展望逼迫着我们不能不生出清算过往社会的要求。目前虽然是'风雨如晦'之时,然而也正是我们'鸡鸣不已'的时候。"新史学出现的时代背景,再一次凸显无遗。但非常值得注意的是,虽与胡、顾两氏同出于"清算"历史的心境,同是为了摆脱黑暗,为未来中国寻找一条"生路"(顾氏在《自序》中也说:"若换了一种乐观的眼光看去,原还有许多生路可寻"),沫若却特别声明,他与适之他们并不同道,"对于他们(指胡、顾等)'整理'过的一些过程,全部都有重新'批判'的必要"。他宣告将要批判的对象是从封建"巫觋"直到"近代资本制度下新起的骗钱的医生",几有横扫一切牛鬼蛇神之势。我们要到很后才清楚,这一分道扬镳,在社会取向方面将意味着什么。文化的"自虐",已经预伏了将来文化摧残的祸根。可以说,其中有不少连沫若也是始料未及的。

在20世纪史家中,陈寅恪先生可谓是壁立千仞的一位"奇人",看不出他有明晰的师承。他早年是在日本读的中学,后到上海入读复旦公学,在清华任教前,更多的时间都在海外游学,历日、德、瑞(士)、法、美五国,不求学位,懂十数种语言。据姻亲兼哈佛同学俞大维回忆,"他平生的志愿是写成一部《中国通史》及《中国历史的教训》","目的是在历史中寻求历史的教训"(见蒋天枢《陈寅恪先生编年事辑》所引)。看寅恪《隋唐制度渊源略论稿》《隋唐政治制度史论稿》《元白诗笺证稿》等名著,考证精微细琐,几乎很难相信大维所说的,他对通史曾有过兴趣。但有一点可以肯定,先生对"中国历代兴亡的原因"始终给予高度关注,并融注于考辨的深处。寅恪的史识与同时代许多史家比照,很有独特之处。他的视域开阔,思虑也极深,这种思虑给人有超越具体历史,略带人类悲剧情味的东西在里头的那种神秘。例如早在1919年哈佛,就对吴宓说:"救国经世,尤必以精神之学问(谓形而上之学)为根基","稍读历史,则知古今东西,所有盛衰兴亡之故,成败利钝之数,皆处处符合。同一因果,同一迹象,惟枝节琐屑,有殊异耳。盖天理人情有一无二,有同无异"(《吴宓与陈寅恪》)。所以,我觉得弟子王永兴强调老师治史源于宋学,未必就非常贴切,而任继愈径称"陈氏史学是中国现代学人对古代传统史学的总结,从陈氏起,也宣告了中国传统史学的终结",更是不明陈氏史学的真价值,离题太远了。任先生的这一评论,假若从对时代的认识而言,王国维先生庶几近之,但也还欠公正,何况是寅恪先生?到现在为止,我们也只能仰之弥高,从"不古不今,不中不西"的自语里去揣摩体验先生的史学。

寅恪先生亦中亦西、亦古亦今,胜善于融会中西古今,别出化境,此即"必须一方面吸收输入外来之学说,一方面不忘本来民族之地位"(《冯友兰〈中国哲学史〉下册审查报告》),不像钱穆多强调中西之异,严于华夷之辨。故寅恪先生能对魏晋南北朝间民族迁移与隋唐王族"胡汉混杂"特致精神,对佛禅之影响考证至微,开西方人类学融入中国史学之先局。此其不同之一。其二,寅恪先生对文化与文化所托之社会经济制度的相关存亡有极冷峻客观的认识,申言若社会经济制度已变,依托该社会经济制度的文化必"消沉沦丧于不知不觉之间,虽有人焉,强聒而力持,亦终归于不可救疗之局"(《王观堂先生挽词》),不若钱穆力执不疑,文化自恋情结特浓。故先生对中古时代各项(财政、职官、礼仪、文化等)制度渊源沿革用力甚勤,并兼及集团宗派的分析,考证精微,多发前人之所未覆,向为史家敬崇。而其治学路向,王永兴先生说得极确,"先生从来不放过小问题的考证解决,但他更看重有关国家盛衰生民休戚大问题的解决;即或是解决小问题,也要归到有关民族国家大问题"上来。他以《隋唐制度渊源略论稿》为例,说"先生此书名之为隋唐制度渊源,并不主要论述制度沿革本身,而是探讨人、社会对制度的影响,区域保存制度的可能性,人在保存制度文化中的作用等。隋唐制度之所以能够再呈辉煌,正是由于江左、中原及河西三区域保存发展了汉魏文化,使五百年延绵一脉。寅恪先生所以用这种方法研究制度,探讨隋唐制度渊源,正是由于当时(即抗战时期,身处西南大后方之时。——引者)国家民族生死存亡的背景。先生此书,也正是先生对中国学术文化惜之若命的体现。此先生撰是书之苦心孤诣也"。当今研究陈氏史学者,无有像王先生那样体会深切,有无穷回味。

与寅恪相似,独辟蹊径,路向却殊异的,还有僻处上海(那时史学中心在北京)、完全靠自学成才的吕思勉先生。他在历代制度演进方面的建树,以及他对社会史的特殊关怀,可能因为当今王意识到制度变迁与创新的重要,故越来越为史家珍视,留在后面再议。

开头就说了,本篇不是"史学史"。还有许多史学名家,我不可能在此全数列举。上面聊举数例,无非想说明:跟明末清初大不同,20世纪初因有了西方历史文化、西方社会体制的参照对比,对中国历史的重新审视,必呈现出多元观照选择的复杂格局。现在大家所习称的"西化"、"民族本位"以及"中西会通"等等思想路径,都不同程度地转换为历史学家对本国史考量的"话语"系统。在这个意义上,也可以说史学是从整体上反省和检讨中国全部历史,探索中国发展前途的现代思想运动的一部分。

固然没有"思想"的"学术"也还有不少人继续在做,但真正有影响的,体现史学革新风貌的,都有相应的思想影子跟随其后。但也得提醒一句,上面说到的"不同程度"几个字不能忽略。因为思想史毕竟不等于学术史,说下去,就明白。

由上面蜻蜓点水般的叙述,看得出20世纪的史学,活灵活现地映照出中国民族面对现代化的复杂心态。由历史的重估,引发了对世界文化的选择比照与对本民族历史的自我反省,在这两方面,都有许多值得珍惜的认识成果留下来,可供我们后人体味再三。

我们很快就会看到,尘封已久的历史陈迹,在一种新的情景下,受新的心理感召,换了新的观察视角,不仅入手的路向不一,史学家笔底呈现出的评判、感受也都不尽相同,甚至于针锋相对。历史的复杂性,非常像具有无限棱角的多面立体模型,由于观察者所站的方位不同,选择的角度和光线明暗程度的反差,观察所得的印象也就各不相同。所谓客观、整体的历史,只能存在于无数次扫描的总和之中。新史学的整体发展和完善,只能在认识多元化的互动激荡中,通过不断融合而获得升华。所以在作学术史回顾时,与其苛责一方,还不如"同情地理解",综合甄别比较,于同中求异,于诸异中见一同,对我们更为有益。

新史学:对科学实证的追求

新史学最初是以近代科学的姿态出现的,决定性的时间要到20世纪30年代后期。用科学主义的态度重新审视中国历史,还原客观的中国历史(那时称"重建中国历史"),这是当时新史家最崇尚的潮流,也是与旧史学赖以区别的标志。

在这方面,傅斯年先生的功绩最大。这倒不完全是指他个人在史学上的成就(如夷夏东西说、性命古训辩证)。胡适对斯年的评论最确,说"他能做最细密的绣花针工夫,他又有最大胆的大刀阔斧本领。他是最能做学问的学人,同时又是最能办事、最有组织才干的天生领袖人物"(《傅孟真先生遗著序》)。尽管今天的青年学子恐怕很少知道,但中国现代史学史已经郑重地记下：从1928年起，傅斯年先生把主要精力都倾注于学术行政，创建并长期主持了中央历史语言研究所——中国第一个史学研究专门机构，业绩辉煌。据说他当时曾想邀另一位先生出任所长，那位先生不肯，且说："第一流人做学者，第二流做教师，第三流才去做官。"傅先生当即大笑："看来那只好由我自己来做了。"他本可以做成皇皇的第一流学者，却最后选择了办所。然而正是靠着先生的行政天才和人格魅力，特别是学术开拓、动议策划的非凡识力，在他连任的22年里（至1950年病逝止），会聚并成就了近世实证最有成绩的一大群史学名家。胡适说他是实行了英国培根所讲的"集团研究"的方法，"培根三百年前的理想，到了一百多年前才由世界上一般先进国家慢慢地做到"，孟真在中国做到了（《傅孟真先生的思想》）。还有一点也极为重要，就是傅斯年所倡导的"上穷碧落下黄泉，动手动脚找东西"（书面的、实物的），"一分材料出一分货，十分材料出十分货"，支配了大半个世纪实证最有成就的史家治学路向，影响深远。他是中国考古的伟业——安阳发掘和清内档明清史料、《明实录》整理等重大工程的发起者和组织者。他在20世纪上半叶确实无愧为中国史学界的领袖人物，中国新史学事业的重要奠基者。这样的学术组织天才，能不能说是"前不见古人，后不见来者"？下结论或许尚早，似乎只能靠最后的"实践检验"了。

但在此之前，还有一个情节、一位人物不应忘记，那就是对新史学的创建起过"清道夫"作用的顾颉刚先生，及其由他一手掀起的"疑古"风波。

以怀疑开道，是新学科产生的常规。怀疑不仅总与实证结伴而行，而且它恰恰是科学革新的前提。有了怀疑，才激发起新的实证要求。在傅斯年创建史学"集团"之前，先有对"古史"真伪的一场大辩论，说明新史学的产生有其内在的逻辑。因此，20世纪20年代的《古史辨》论战，我是把它看作新史学诞育的阵痛期。

颉刚的"疑古"，除了科学主义的外来思想背景外，还包含着关乎中国本土学术的重大突破：在中国历来"经学即史学"的背景下，史学必须先叛离、摆脱经学的桎梏，才有重新审视和论析中国历史的可能。假若还是剿袭"六经皆史"的陈说，不清理层累地积淀于国史里的种种"意识形态"污染,后人最多只能在顾炎武这样的旧史学的基地上加加减减,哪来超越?哪来新史学?围绕着《古史辨》展开的那场论战,虽然没有"真正的结果"(颉刚语),但它无疑是一次史学上必不可少的思想解放运动。

明乎此,我们就没有理由为"古史辨"派某事某书的论断"过头",而对疑古这一宗旨大加怀疑。说实在的,即使到了今天,地下发现比从前大大丰富了,对于古人出于各种原因假托、修改、伪造古史"事实"的证据是增多了,而不是减少。这类事后来的历朝历代也都有,如苏洵的《辨奸论》、高拱的《病榻遗言》等等。否则,史家对史料鉴别这一基本环节,不就可以从史学中取消?我很怀疑,有没有"走出疑古时代"的一天?史学存在一天,怀疑包括质疑刚刚过去的"史实"永远也不会了结。至于有人说伪书也有史料价值,这完全是另一个话题。反问:不明其伪书,何来另一层意义的"利用"?

当时胡适、钱玄同,也还有傅斯年,都对颉刚的一系列疑古举动予以特别的支持。傅斯年从欧洲写回的信里,给了颉刚的疑古纲领充分的肯定,称"史学的中央题目,就是你这累层地造成的中国古史",以至认为"颉刚是在史学上称王了","你们(指搞史学的朋友)无论再弄到什么宝贝,然而以他所据的地位在中央的缘故,终不能不臣于他"(《傅斯年选集》"与颉刚论古史书")。

大约在1926年归国后,傅氏开始疏离"疑古",路向一变,转而专致于倡导科学实证。用他自己的话,叫作"从怀疑到重建"(1925年致顾颉刚信)。而这一转折也正合着发生学的逻辑——由破坏到建设的节律,新史学就是在这一过程中慢慢成形的。

用什么重建?当时的口号,就是胡适提出的"用科学方法整理国故"。这一主张在史学的真正实践,最具代表性的就是傅斯年创办史语所。科学主义是否能成功地解决对中国历史的重新认识,获得一个确定不移的客观的、真的中国历史?看起来,我们的前辈中有不少人曾是笃信不疑的。

例如傅斯年先生当年有三句话震动一时:史学便是史料学,史学本是史料学,史学只是史料学。新中国成立后,凡是附和这话头的,无不挨批判。实际就在1928年建史语所的那个"纲领性文件"里,傅"大炮"的火力还有比这更猛烈的。文末是这样作结的:"我们高呼:一、把些传统的或自造的'仁义礼智'和其他主观,同历史学和语言学混在一起的人,绝对不是我们的同志!二、要把历史语言学建设得和生物学地质学等同样,乃是我们的同志!三、我们要科学的东方学之正统在中国!"(《历史语言研究所工作之旨趣》,载《傅斯年选集》)

不瞒诸位,最初读着这些已经陌生的话语,特别读到"要把历史语言学建设得和生物学地质学等同样(科学和精确)",我私下曾不免发笑过:真天真!等读到寅恪先生的教训:"所谓真了解者,必神游冥想,与立说之古人,处于同一境界,而对其持论所以不得不如是之苦心孤诣,表一种之同情,始能批评其学说之是非得失,而无隔阂肤廓之论。"(《冯友兰〈中国哲学史〉上册审查报告》)方感受一种愧疚不安。

为了说明这一层意思,先得回到前面说过的"学术"与"思想"的关系上来。史学总有两个层面,客观的和主观的。新史学的创建,无疑地首先会带上主体参与者的主观色彩。这不仅是指他们史学研究的动机、价值取向,而且还包含了他们用什么不同于前辈的观念、方法,去质疑旧史,重估国史。

说到治史的动机,在它的背后,或明或暗地总隐含着各自的价值评判标准。如此,20世纪初的思潮,必不可免地要带进新史学的初建过程里来,牵涉"主义"之争,或者像现在说的,牵涉进关于"西化"与"现代化"之类路向的争论里来。

这种论战实包括了"中西文化"和"社会史"大同小异的两种论战。我觉得应该说明的,上述的争论,聚讼的中心舞台在"文化""社会",而不在"历史";论战的代表性人物对政治目标或"道路"取向的关心,远过于学术建设。这只要翻一下罗荣渠主编的《从西方到现代化》论争文选前三编,所谓"西化"论(如胡适、陈独秀)、"本位文化论"(如梁漱溟),对中国历史的论析,总喜欢一步直接进入"整体特征"的把握。他们的"历史通感"由于没有经过严格的重新研究过滤,多少是跟着自己的感觉和先入为主走,不免容易把中国历史(也包括西方历史)的特征说死。这也包括后来发展出来的"中国化"的一批学者(如张申府、艾思奇)这些人物,严格说绝大多数都不入史家之林。还有一点,是到很后才逐渐清晰起来的,就是几次"文化史讨论"都潜伏着一种隐患,开了直到今天还有极大影响的"文化决定论"的先河。"文化决定论",究其实质也还是意识形态决定论。认定什么都最终是由文化特性决定的,与意识形态高于一切、决定一切,意味是差不多的;至少由前者走向后者,是一条畅通无阻的直道。

但是,若低估了这种论战对新史学的影响,无疑也是不真实的。除了史家个人的政治倾向会或多或少影响到学术的因素而外,更重要的是,论战对峙双方,从不同的方向都给中国史学术重建输送了一系列的"问题意识","问题意识"则是史学创新意识不可或缺的能源。

这些"问题"大概可归纳为:中国目前的落后,是"东西"不同,抑或"先后"不同?是中国历史根性决定的,还是中国历史变迁决定的?改变落后,是按着西方的面貌来个根本改造,还是循着中国历史内在特性"旧邦维新"?中国走向现代化主要是靠外因,还是主要靠内因?假若说有内因,中国历史能够提供哪些根据?如此等等。

重读当年论战的文章,如同前十多年重复经历过的那样,新旧名词、概念满天飞,各以"主义"争胜,愈辩愈绝对化、极端化;时间长了,唱的人还在不停地唱,可听的人就会因无甚新意而起厌倦和怀疑。中国历史真的是像他们说的"一、二、三"那样简单吗?在争论"我"好与坏,"我"应该变成什么之前,是不是应该先弄清究竟"我是什么"?"我"是怎么走过来的?即使旧史不可靠甚至有伪史的成分,那客观的真史("真我")又如何而得?

到了这个关节,史学家与政治家,以及那些随时都想变成政治家的"道德家"的分道扬镳就开始了。如果道德家看重的是"善",政治家看重的是"利"(即富强等等),那趋向科学主义的史学家,更为看重"真"。苏格拉底的"认识我自己",就转换成"认识我中国"。由此,关心的重点必转向认识论,亦即治史的方法——如何寻求真史?他们不再满足于演绎,而相信归纳法的运用或许更为可靠。

傅斯年曾经是五四运动的一位学生领袖,参与了"火烧赵家楼"著名事件。但在留学归来办史语所时,他的心态已大变。许多生前友朋的追忆都说到他是因不满政治而转入学问一途的。在他的文集里,能找到的最有力证据,便是1942年写给胡适的回信。此时病中的傅斯年,大约躺在病床上曾经多次为自己"放过电影"。信中对老师诉说道:"病中想来,我之性格,虽有长有短,而实在是一个爱国之人,虽也不免好名,然总比别人好名少多矣……我本心不满于政治社会,又看不出好路线之故,而思进入学问,偏又不能忘此生民,在此门里门外跑来跑去,至于咆哮,出也出不远,进也住不久,此其所以一事无成也。"(《傅斯年选集》"致胡适书")信中"看不出好路线之故"与"不能忘此生民"两语最堪回味。

前面说的"国亡不亡"的情结,先是化为一阵狂风暴雨,急欲用行动找出一条路来。等到"五四""火"的热情褪尽,一大批人转向学问,就像傅斯年那样,很有点像现在说的"边缘化"。这大概就是许多学科、包括史学到20世纪30年代都有相当建树的一个重要内因。

自始至终跟随一起的同事、著名考古学家李济对所长的了解最深刻。提到傅氏办所的心意,李济这样说:"他在中央研究院,创办历史语言所的中心目的,固然是由求纯知识的观点出发,但是潜在他的下意识内,所以帮助他推动这一学术事业的真正力量,还是一个爱字。因为他爱中国及中国的文化,他要先从研究中国的历史开始;他想彻底地明了中国文化的本体,原先的长处与短处。他提倡新文化,正是要扶植旧文化里好的、灿烂的及有益于全体人类的一面。但是中国固有文化的长处在哪里?短处在哪里?却不是单凭几个主观所能断定的。这一类的判断,若要作得准确可靠,必须建筑在真正的知识上。他所以毕生的精力用功史学,并提倡语言学、考古学、民族学,都是要找这一类的知识。并世的朋友,与他具同一理想,有同一见解的,当然不止他一个人;但在别人仅能托于空言,他却能实际地把这一理想发挥出来。"(《傅斯年印象》)

明乎这种特定的情景,似乎可以为傅斯年先生的"史学就是史料学"作点辩解正名了。细读先生的《旨趣》和相关史学方法论的其他文章,同后来批判者把这一主张简单化地歪曲为"史料即史学",是大相径庭的。

这里不可能对这个话题作详细的展开,从文本看,有两词最关键、使用频率也最高,即"材料"和"工具"。按我的理解,要点有二:一是离开了史料(即"材料"),史学只能无中生有、形同胡说;离开了新史料的发现,史学的发展也就极为有限。二是离开了对史料搜集、整理、归纳、分析、综合(也包括辨伪)的科学方法和新学科(语言学、考古学、人类学)等一系列操作"工具",史学也就没有什么过程可言。因此,史学就是由史料出发,经一系列操作"工具",最后从史料推出结论的全过程。除此而外,别无史学可言。他还特别警惕观察者主观价值的介入带来的"污染"。傅先生的第一句,即拒绝某些人为自己的"同志",就是针对这种"主观污染"而发的。这里已经包含了后来争论很大的"为科学而科学""为学问而学问"的意思。我想这就是"史学就是史料学"的本义。

这一主张明显来自西方自然科学的观念和方法,带有浓厚的"科学实证主义"的色彩,但其目的是清晰的:科学地认识中国历史。傅斯年还有一个志向,就是要由中国人自己建立起"中国学",并扩展为"东方学",与欧美"汉学"争一高低。史语所在傅先生主持的22年里,应以商周考古(含甲骨金文学,如李济、董作宾、容庚)和明清内档的整理(《明清史料》等)成就最著,且最能代表傅氏风格。而在此时及其后,诸如断代史(如陈寅恪、徐中舒、劳榦、许倬云)、政治制度史(如严耕望)、社会经济史(如全汉升)、人文地理(如严耕望)等方面的成绩,虽然诸学者治学都有其各人的个性特点,考察视域和学术包容也越来越开阔,但无不可以看作傅斯年实证风气下的皇皇成果。称史语所为"史料派",虽然不尽贴切,但极重史料搜索考辨,穷尽所能,以小见大,治史讲求精深而有新解,确实是以史语所为代表的一种鲜明风格,并为中国史学的发展带来深远的影响。

史语所的这一治学路向,在当时及以后,在史学界不是都全盘认同,没有争论、没有批评的。这里且不去说史学能不能做到像自然科学那样,就说中国史学本身治学的风格,也有多种。对此,作为他们后辈的严耕望、余英时在回顾性质的相关文论里都有涉及。读者可详细查阅《治史三书》和《钱穆与中国文化》。

我个人觉得严耕望先生在评论吕思勉时说的一番话,很可以拿来作为对上述科学实证风格的一种总结。他说近代(指20世纪前半期)史学风尚,一是偏向尖端发展。一方面扩大新领域,一方面追求新境界。这种时尚,重视仄而专的深入研究与提出新问题,发挥新意见,对于博通周赡但不够深密的学人就不免忽视。二是近代史学研究,特别重视新史料——包括不常被人引用的旧史料。史学工作者向这方面追求,务欲以新材料取胜,看的人也以是否用新材料作为衡量史学著作之一重要尺度。而主要取材于正史,运用其他史料甚少,更少新史料,虽博通周瞻能成系统者也不免被低估。我想,正因为严先生治学出入于两者之间,对科学实证一派的长短俱有体验,故方能出此公允之论。

史学作为一门现代学科,讲求实证,讲求专深,朝分化、细密、深入的方向发展,既是近代学科发展普遍性的标志,也是中国史学本身求发展、求完备的需要。这一路向,在20世纪上半叶无疑是秉承了牛顿经典力学时代的方法论风格。但即使在今日也仍然应该成为史学事业建设的基调。在此基础上,才能伴奏出多音调、多色彩的交响乐来。

诠释:史家与时代的对话

上面所说的科学实证一路的史学,很容易给我们一个感觉,似乎他们与史学的时代主题是偏离的。或者说他们采取一种"边缘化"的立场,是不是疏淡了史学回应时代的功能? 因此,当历史诠释学观念强化后,对这一路向的批评也就必不可免地要产生。

1998年,恰逢史语所建所70周年,台湾有关方面出版了《纪念文集》。当时在任所长杜正胜撰有一文,题名《史语所的益友——沈刚伯先生》。沈刚伯,我是从读他追思故友傅校长(台大)的文章始识大名,知道他对傅氏的人格极为推重,文中也看得出他们之间史识有歧异,尽管只是一笔带过(《傅斯年印象》)。正胜先生的文章,则明白告诉我们,沈先生早在1968年史语所40周年所庆的演讲中,从史学的取向再次发表了颇与故校长相左的意见。两位好友属"和而不同"的君子之交,争论绝非个人间事。

两位先生之间意见的歧异,涉及百年史学的一些重要关节,很具有代表性。所以在这里,我特地把正胜先生的介绍综合一下,备录于下:

一是沈先生强调史学的内在理路是讲"通变",反对一味讲"专深"。

他认为历史就理论上讲,应该是整体的,因为没有古就没有今,没有过去就没有未来,所以严格而论,只有通史才是真正的历史。很怀疑傅一味倡导崇尚专深,弄不好,就成了"象牙塔""饾饤之学"。傅则认为"通史的做法不会造就知识性的突破"。这一点我还可以引钱穆《傅斯年》作旁证。钱先生也说傅"不主张讲通史",说有"某生专治明史,极有成绩",傅先生却不许他上窥元代,下涉清世。钱穆不以为然,认为若不能"上溯渊源,下探究竟",怎么可能"真于明史有所得"?所说之事是否为真,我无处证实,但钱、傅"专"与"通"相互对峙,严、余两弟子相关忆述甚多,这是没有问题的。

二是沈先生强调必须讲求史学的外缘即意义和作用。这也可以分成两部分。

首先是从学理上说。沈先生说他不敢相信人类的历史也同自然界的历史一样,可以"成为一门完全信而有征的科学"。也不同意傅氏主张"不以史观为急图,纯就史料以探史实",所谓"存而不补""征而不疏","材料之外,我们一点也不越过去说"。沈先生认为,事实上史料无一不是经过写作人主观的选择与主观的组织而成的,无论他存心如何公正,写出来的东西总是表现他个人的思想与识见,绝不能说是客观的。史书所载只是"史事"而不能说是"史实"。史学是史家与史料的互动的结果。历史所研究的过去不是死了的过去,而是在某种意义上,仍然活到现在的过去。

第二则是从史学外缘的意义和作用,亦即与时代的关系上说。沈先生认为史学必须随着环境的转变而不断变化,"世变愈急,则史学变得愈快;世变愈大,则史学变得愈新"。历史著作之所以不断求新求变,因为"我们大都抱着鉴往知来的目的去读历史,一逢世变,便想从历史中探寻世变之由;求之不得,自然就不满意于现有的史书,而要求重新写过。于是乎每一个新时代必有好些根据其时代精神所改修过的新史书"。他不赞成所谓纯史学,史家成为象牙塔内的玄思冥想者。他认为傅先生关于历史研究的定位和写作的形式已经过时,那是兰克时代的产物。他担心:与时代隔离的纯之又纯的史学,如何维持不断的创新力以免于枯竭?又如何得以接受外界不断地刺激而产生新观念,写作新史书,以完成新史学呢?所以沈先生主张史学还是要回归于社会,回应时代,尤其是史家对时代和社会的看法。

沈先生关于治史的观念,大约是因为和我前几年的思路比较吻合,感到特别地亲切(参见本编后两篇文章)。但在我因为要做这项回顾性质的工作,前贤的书读得稍多之后,觉得问题比较复杂,不是三言两语说得清楚的。这里实际包括了两个需要讨论的问题:一是史家与时代的关系;一是史家治史的史观和史学方法,也包括"通"与"专"等不同的学术风格。从学术史回顾角度,第一个问题比较重大,关系到百年史学的评估;后一问题,见仁见智,只能共存共容,我看不必求同。

关于史学与时代的关系,从百年过程来说,恰恰不像沈先生所忧虑的那样(当下怎样,又是另一个问题)。正如第一节所述,由于特殊的情结,中国新史学与时代的关联实在是非常紧密的,有时紧密得离了谱,产生了负面的效果。这方面,反显出了史语所的某种"独立人格"。自然,正因为"救亡"的情绪强烈,新史学在对中国历史整体认识方面所做的努力是艰辛的,争议多,所积淀的成果也不少,以至直到今天,我们还在不断咀嚼,不断重复。

历史学永远是现在(怀抱着未来追求的现在)与过去的对话。这不是什么人的特别发明,而说的是一个事实,自有史学以来就存在的事实。所谓孔子"春秋"笔法,一字褒贬,不也是史家的"灵魂"在与"过去"对话?史家首先关心的应该是"历史事实",这是他工作的对象,他的独特资源;接着,他必然要思考这些"历史事实"背后的"意义",并诉诸阅读对象,发挥社会功能,这是他工作的目的,体现其价值之所在——他绝不会或者绝不甘心把自己降为实录文书的"史官"。这些在史家群体里应该是不需共识的共识。

在20世纪,恐怕史学家中很少有人认为中国社会不需要"变革"。胡适在总结傅斯年一生思想演化轨迹时,便说"从他《新潮》时代以来三十多年中,只有一句话,就是希望国家近代化。反过来说,就是反中世纪主义"。(《傅孟真先生的思想》)问题是变什么,怎么变?正是由于对现实变革所持的观念和所取的路径不同,由此而反观过去的中国历史,通过跟过去的重新对话,对中国历史的整体认识,就必歧异多姿。正是在这一点上,我们不能把傅斯年为代表的科学实证派说得过于简单。其实他们自己何尝没有主观意识的渗入,最多只是比别人淡薄些、警惕些(即他们所说的"客观"些)就是了。

或许更关键的,还不完全在自己主观的"价值取向",因为一个真正的史家都有起码的职业道德,不以自己的所好去"作伪历史"(可惜也不是所有人都是如此,容后再议)。从史学本身来说,最关键的是用什么样的参照系统,来帮助我们通过史实、串联史实,达到分析、认识中国历史整体特征的目的。纯粹的事实归纳,最多只能描述过程,比《纪事本末》《十通》做得更细密些,在西方也仍属于"传统史学"。何况当时的中国,对"意义"的关心何等强烈:历史发展到今日中国,好在哪里,不好在哪里? 为什么会这样? 等等都是悬念。没有比较的参照系统,就无所谓中国历史的特质、特点,也无所谓用废取舍、变革保守,我想,这是不言而喻的。

正因为如此,我觉得傅斯年当初关注的"科学工具"有狭隘的弱点,当时和后来的史家都必然要超越他的"新工具"论。历史,人类的历史,不可能像分析一块石头、一种地层那样明白干脆。"社会",人群不同时代、不同民族的"集合方式",这是中国旧史学中从不曾有过的概念,到了新史学手里,变成了必须首先面对的大问题。人类学,狭义的体质人类学,只解决中国人种本土产生,还是西来;而广义的人类学,就转化为文化学、社会学——这时候,人文社会学科与自然科学的差异就不可回避。这时候,新史学所要采取的"工具",就必须从语言学、考古学扩展开去,更多地仰赖于越趋分化的人文社会多学科(社会学、政治学、经济学、人文地理学等等)的帮助。还有一点不能忽视,就是必须依靠外国历史的比较坐标——那时主要是西欧北美的历史。顺便说一下,傅斯年自己也意识到了遗漏"社会"一项研究目标的不妥,他在《清代学问的门径书几种》一文提出后人应做的几项工作,第三即为"中国古代的社会学正待发明"(参《傅斯年印象》赵天仪文)。

新史学与"西学东渐"的关系,是一目了然的。中西历史、文化的比较更是热点。问题是待到我们的史学接纳西学的人文社会学科资源的时候,

"西学"已经分化为对峙的两支。这就使百年的史学在借鉴"西学"以透析中国历史时,产生了严重的路向分化。

针对当时中国落后于世界潮流,企求现代化的历史走向,在新史学里,以批判的态度重新估量历史,应该说是主流、大趋势。批判过头,才会有另一种声音出来,但也不能说他们就没有批判性的思维。但批判的主要资源似有两大类别:

一种是以西方现代社会为参照坐标,以自由主义为主流的欧美思想观念和方法论切入批判,重新界定中国历史的特质。这在新史学创建的前期,曾经是一种比较普遍的趋向。例如中国社会历史是一个以家族为核心的宗法社会,道德政治化,政治道德化;高度集权,专制主义,国家利益至上,没有独立的个人价值;有国家而没有社会,没有中间阶层(晚近又增加了"公共空间"的概念),没有公民意识或公民权利;是"人治"社会,人情大于法,不重法治;以农为本,主静、主和谐,发展比较迟滞;重实用,不重形式逻辑,不关心抽象思维,以及轻视工商和科技等等。这些见解也常见于社会文化各界的议论和通论(如胡适、陈独秀、梁漱溟、冯友兰等),并非完全出于史学家。但无疑它们都是基于中国史实,通过中西比较而得出的中国历史特质的认识。中西历史意韵的不同,其中最脍炙人口的,要数钱穆《国史大纲》"引论"说的:"西洋史正如几幕精彩的硬地网球赛,中国史则直是一片琴韵悠扬也","中国史如一首诗,西洋史如一本剧。一本剧之各幕,均有其截然不同之转换。诗则只在和谐节奏中转移到新阶段,令人不可划分"。

另一种是"以俄为师",以社会主义的"苏式"思想观念和方法论切入批判的。以社会主义为路向的,批判的领域就更为开阔:业已存在过的社会,无论东西方、传统的或现代的社会,都必须为社会主义所取代,均属于批判的对象。因此,这一路向的历史学家,在相当长的时间内,对五种社会形态"普遍规律"情有独钟,不自主地放弃对中西历史文化比较的深入思考,精力专注于"社会性质""阶级定性""阶级压迫""阶级斗争"等共性概念层面上,影响到本国历史文化自身的深沉考察和开拓深挖,而与政治的过度关联又或多或少影响到他们的求实求真,生搬硬套的毛病很突出。

后编 回顾与反思

但是，我觉得需要指出的，即使在20世纪前半叶，社会主义思想对史学家的影响面要比我们现在想象的宽得多，包括后来分化到另一阵营里的人物，这种影响也还存在。且不说陶希圣，傅斯年就一直自称他是自由社会主义者（罗家伦《元气淋漓的傅孟真》）。这种影响从史学角度说，主要是促进了两方面的进步：一是关心国计民生和下层百姓的生活，对社会不公正的揭示；二是重视社会经济对历史进程的作用。无论是中国古代，还是西方人文传统里，文化形态史观是弥漫性地占据着优势，高度重视社会经济的作用，是历史考察视角的重大转换。有识力的史学家一般都能敏感到这种方法的价值，并不完全与个人的政治倾向相关。这方面典型的例子，就是吕思勉先生。在新史学里，中国社会经济史研究的兴起，这一路向的推动作用，不容抹杀。但真正在这方面做出较深入研究而富创见的，则要到熟悉西方经济学原理和方法的一代学者手里，突出的如全汉昇、杨联陞等。

在20世纪诸史学大家中，吕思勉先生可能是治学心态最平心静气的一个。这与他淡泊宁定，素不喜结交知名之士，"埋头枯守、默默耕耘"（《吕思勉先生编年事辑》）的为人风格极相契合。诚之先生治史多取材于常见正史，运用新史料很少，所以不容易被傅氏科学实证派看重。等到严耕望先生关于"四大史家"（二陈、吕、钱，见《治史三书》）一说出，他的地位才陡然升格。严耕望的不拘门户、慧眼识贤，令人敬佩。但先生博通周赡（二十四、三通熟读数遍）、著述极富（不少于五六百万言），以及第一个用语体文写出通史（四册《白话本国史》，1920年起写作，1922年出版），开风气之先等等，亦属实至而名归。

诚之先生受家学的熏陶，早年即入史学一路，或者也可以说是自学成才。虽然也有许多论者以为他与其家乡常州今文经学关系至深（他教中学时的学生钱穆就这样说），但对先生一生影响最深远的只是康有为的"大同希望及张三世之说"，至于今文经学只是他辨析史料时选择参考的方法，后来更兼采"今古"两家，左右旁通，绝无旧经学的门户之习。读先生遗著遗文，很难见到有像前述诸贤那样关于民族兴亡的大议论。其中与先生的个性禀赋不无关系，此处暂不讨论。但必须指出，先生绝不是"两足书柜",对国祸民忧无所动心的"书斋学究"。先生《遗文集》问世,读其时文书信,有两个特点可说:(一)先生极具平民意识。此与寅恪、宾四特重精英文化迥然有别。先生十分关注民间社会的生计,大至水利、赋役、吏治,小至百姓饮食起居,所到之处,必细为调查,对物价浮动尤其敏感,至几元几分,均一一载录;更为难得的是,他奔波南北,细心询问农家生活,对他们收支负担,作了许多纪实性的报道。先生眼睛向下,关注民间基层生活,重视社会经济研究,在同辈史家中恐少有与之匹俦的。(二)对社会进化向持乐观向前的心态。他信从社会进化的观点,认为制度的变迁最为紧要,随经济而进,势异则事备,制度的不断变迁,是一定的。这同寅恪的悲观成鲜明对比,似与沫若相近。但从其主张自然演进("自然"者,非揠苗助长之意)的立场看,与沫若之激进,更像"同床异梦"(有一点殊可注意,先生论著绝不提及沫若,似非偶然)。晚年《自述》他一生思想经历"三次变化":由钦佩康梁向往大同,进至信服法家,1930年前后转而服膺马克思学说。先生辛亥后,因不满"政党作风","遂与政治卒无所与",一生也绝少参与社会活动。因此,作为他的后辈,对其服膺马克思学说如此之早,着实有些惊诧。细想之后,似乎也不突兀。如将1930年有关遗文《沈游通信》与晚年《自述》互读,即知理想大同("于此主义,深为服膺,盖予夙抱大同之愿")与重视社会经济("马克思之说……大抵抹杀别种原因为非,然生计究为社会发展原因之最大者")实为先生服膺的两大内在因素,而平民意识则为更深层的心理根据,与前此的思想路向实一脉相承。难得的是,他之接纳,出诸学术追求,不沾激进情调。例如他从不主张中国有奴隶制社会,对历史上的贵族政治、民主政治持论公允不偏,也不赞成"阶级斗争"、"阶级专政"之说,俱与沫若相违。至此,我方始领悟寅恪先生所言"不要有框梏,不要先有马列主义见解,再研究学术"的真谛。这绝不是要情绪性地排拒马克思学说,而是说必须基于自身独立思考的基点之上,信则信,疑则疑。因此他晚年对把马克思主义弄成教条十分反感,也是自然的事。

诚之先生因参编《古史辨》第七册,后人也有误派他为"疑古派"的。先生与顾氏出发点最大的不同,是一心旨在"建设"。入至近世,编著新式通史，吕先生是当之无愧的先驱者和开拓者。他不仅留下了两部通史，四部断代史实际也是先生计划中的大通史工程的一部分。先生自云，他以"理乱兴亡"和"典章制度"两个板块构成他通史的大框架。两者相较，史家共识，先生在"典章制度"方面留给我们的财富最堪珍贵。今之讲史、治史者仍时时翻阅，受惠不已。这固然是潜心积累、锲而不舍所得慧果，但绝非只是抄书。治史者都有体会，制度研究，特别是贯通古今、涉及全方位的制度渊源沿革，从细琐繁复、茫无头绪的材料中梳理出线索脉络，没有分析综合、比较鉴别的功力，绝难摸到边际。先生于著作中常透出一些精彩议论，知道他实得益于对社会学、人类学等新知识的吸收，社会经济、社会组织、社会生活都进入了他的中国通史，他实为中国社会史研究的先驱。先生治史特立独行，不屑追逐时势。例如他一方面颇推重今文经学"三世说"，怀抱"大同世界"的理想；一方面又认同法家的"督责之术"，以为可以有用于节制资本与权力之无限。在《先秦史》的结论一节，特别说到老子"邦治之世"、孔子"大同理想"，从其追求的人类境界有"不可移易"的道理，但"徒存其愿，而不知其所由至之途"，实在是"说食而不能获饱"，坠入空想，所以研究考察社会制度变迁所需条件和必不可少的过程特别重要。后来的"农业乌托邦"实践，证明诚之先生确是先天下之忧而忧，具有历史的预见性。

对于要不要运用社会科学理论于历史研究，也有许多批评。严耕望先生在《治史三书》里多次说到，他赞同运用各种社会科学方法与理论作为治史工作的辅助工具。但各种社会科学理论在史学的运用也各有局限，不能恃为万应灵丹。他特别反感每一论题大体都先有了一个结论或意念，这个结论或意念是由他们奉为神圣的主义思想推演出来的，然后拿这个结论或意念作为标准，在史书中搜录与此标准相合的史料，来证成其说。中国史书极多，史料丰富，拿一个任何主观的标准去搜集材料，几乎都可以找到若干史料来证成其主观意念，何况有时还将史料加以割裂与曲解。这一批评在今日仍当为我们治史的人时时警惕，而其所指俱有事实根据，无须例证。前即硬指西周为"奴隶社会"，后则有"四人帮"评法批儒，发展到了极致，参与其中的不少亦是名忝史林的人。

对社会科学理论的误用，除了政治的原因外，也多半有功利之心的污染，久处鲍鱼之肆，平时弄习惯了，不以为非。随手就可举出一例。现行的许多"通史"在每一大王朝末，必大书阶级矛盾尖锐，以作农民起义爆发的背景。到大明王朝，万历皇帝为三皇子婚礼动用户部银2400万两，敕令湖广山东河南三省拨田4万顷于福王，这两项都是必写的。黄仁宇就揭穿两事俱不实。前者是皇帝故意出难题，要知道这2400万的数字，等于整整三年半全国的收入银两的总数，稍用脑就知道怎么可能？当时也果然把户部尚书杨俊民吓死在任所，万历帝总算达到了报复朝臣力阻他想立常洵为太子的目的，出了一口恶气。后者先没有弄清这是给"佃金"（由地方政府所交的官田现金津贴），而不是直接赐给由其自己管理的"庄田"，这数字又是皇帝漫天叫价，明知也达不到；福王实际年收入是2万两，离此"指标"远甚（详参《放宽历史的视界》"明《太宗实录》的年终统计"）。久治中国古代史的不会不知道，我国古来对数字没有概念，成千成万大而化之说的不少。"千百万"，是千万还是百万？说的人口无遮拦，无非极其形容。例如崇祯时堵允锡上奏，说"长沙、善化两邑，旧额百万亩，今人藩封者，且七八十万亩"，日本学者清水泰次在1928年就作文考证，证明堵纯属"信口胡说"（《投献考》，转引自黄仁宇前书）。数字不顾史实随己意夸大，也包括了很权威的所谓"封建社会中国农民要交地租七成、八成"说法，到了我接触地方经济史时，才弄明白这是一种"数字游戏"。为什么会闹这么多的笑话？就是先入为主，屈从风气，见了这等材料，不假思索就用上，甚至不惜在数字上做手脚。这种"以论代史"，在"文革"前就已经很厉害，不是到了"四人帮"时期才这样。

余英时也介绍过杨联陞先生在这方面的一些见解。杨先生为清华经济系出身，早年对经济学和社会经济史有浓厚兴趣，后来扩展到社会科学的其他领域。恰好20世纪40—50年代，史学和社会科学合流在美国蔚然成风，先生原有的治学倾向也因此发挥到淋漓尽致。他的《侈靡论》从中国传统经济思想史上发掘出一种近乎现代凯恩斯以来所强调的关于消费的理论。到20世纪60年代，在欧美"汉学界"主张以社会科学代替汉学的人逐渐多起来，并在《亚洲学报》上展开热烈争论。杨先生始终守住一条,"训诂治史"是治史的基本立场,如果解释与事实之间发生冲突,则必须尊重事实,放弃解释。他对美国"汉学"后起之秀往往富于想象力,抓着几条感兴趣的史料便急着运用,"误认天上的浮云为地平线上的树木",妄发议论,提出了不客气的批评(参《钱穆与中国文化》"中国文化的海外媒介")。这种风气,据我所知,现在的美国"汉学"研究中还时有发生。我们也应以此为戒。

这些都说明"实证"与"诠释",并不注定是相互对立的,关键在史家必须遵循基本的史德。它们理应成为一对好朋友,互济互补。我们很难割舍任何一方。

除了上面说的基本路向外,也还有一种比较特殊的治史路线,其中以钱穆、陈寅恪最具影响,我想陈垣先生亦当属于这一类型。现在一般有称之为"民族本位论者"的,也有呼之为"文化保守主义"的,还须仔细推敲。他们的研究,一方面也接受了来自西学的影响,实证的、逻辑的论述方法,以及人文观念的关照,都有许多与古贤迥异的新识见,另一方面却极端反感对本国历史文化的虚无主义态度和浅薄狂妄的进化观,以及似是而非的"文化自遣"(将我们自身种种罪恶与弱点,一切推诿于古人),力持对本国已往的历史必须有"温情与敬意"(以上为钱穆《引论》所言)。强调"国可亡,而史不可灭。今日国虽幸存,而国史已失其正统,若起先民于地下,其感慨如何?"(陈寅恪:《吾国学术之现状及清华之职责》,1929年)对于他们,典型的社会主义者和自由主义者都视之为"保守",自在情理之中(如胡适就讥讽寅恪先生颇有"遗少"气味)。时至今日,这种印象仍磨灭不去,如认定"陈氏史学是中国现代学人对古代传统史学的总结,从陈氏起,也就宣告了中国传统史学的终结"(任继愈为《陈寅恪先生史学述略稿》所作"序")。或者说"陈寅恪是继王国维之后唯一的中国文化亡灵守护人"(李劼语)。我知道后者与前者的意味南辕北辙,绝不可相混,但有一点是明白的:我们今天当如何评估这一类型的学者,仍是一个未有确论的悬案。个人的认识已写在《历史检讨的视域及其多义性》一文中,此处不再重复(载《中西文化交流》1999年集刊)。

余话

"回顾"行将结束。很明显,这里给出的只能是极为粗略的轮廓,主要着眼于20世纪史家的治史路向。有关诸史家具体的研究成果以及诸多精警的学术创见,待到相关专题讨论时,将尽自己所知,酌情地再作推荐。

20世纪史家的各种治史路向说明,从重估中国历史的同一源头出发,冲出的却是两条河床:一种是实证的、逻辑的、工具性的,他们关注的重点在"我们的历史是什么";一种是价值的、体验的、批判性的,他们关心的是"历史给了我们什么"。正因为如此,要说20世纪史学的精彩,正来源于这种内在的紧张,才显得出它多姿多彩,特别耐人寻味。一旦这种紧张,因外在的或内在的原因消失,史学也就会失去它的光彩。

在我看来,史学的这种两难景况,恰好与历史的实相(像)是非常吻合的。历史,人类的历史,总不离"历史领着我们走",或是"我们领着历史走"两大路向,似乎历史就生存在这两种对峙的张力构成的"物理场"里。任何想摆脱约束,执着一种路向独断孤行,结果都被重新拉回到"历史场"里来。在这种时候,不能不使人正视:历史的真谛究竟是什么? 我们是不是真正领悟了它的真谛?

有人说,史学不应该与哲学相掺和,因为历史是不以人的意志转移的客观存在,实证才是它的真正本色。但我却总喜欢往反方向去想:史家假若没有了对人类命运的根本性关怀,没有了对人性的深刻反省,我们是不是很容易被历史的沉重拖到海底,再浮不到海面上,向世人说清楚:大海的故事究竟精彩在哪里?

二、被遗忘的个案:张荫麟及其《东汉前中国史纲》

百年来在新史家里头,关于"通博"与"专深",确实历来都有不同的看法。傅斯年是代表了一种意见。他认为应该先从断代史做起,其潜台词便是只有断代史做齐、做成功了,才可能有像样的通史出来。我想这个意思,直到今天,史学界的绝大多数同人仍会有同感。断代史、专史没做好,再有本事,能做出好的通史吗?

但问题跟随着又出来了:通史是不是只需要把断代史"接龙"接起来就成了?后来的实践已经告诉我们,断代史出得也不少,也有尝试大规模"接龙"工程的,但也很难理想。记得1941年当张荫麟出版他的《东汉前中国史纲》第一册时,就在他的《自序》里说:"在这抱残守缺的时日,回顾过去十年来(指20世纪30年代)新的史学研究的成绩,把他们结集,把他们综合,在种种新史观的提警之下,写出一部分新的中国通史,以供一个民族在空前大转变时期自知之助,岂不是史家应有之事吗?"说得多好!然而,冷不防,在分别一一说明了他剪裁调度通史主张的五条选择标准后,突然插上一句:"写中国通史永远是一种极大的冒险!"不能不承认,这是一句大实话。

通史不容易写好,不容易写得使多数人满意,原因很多。从实际的操作层面上说,"通"是专的综合。通史的写作者必得"通博",对个人来说,这是极难做到的。虽然他完全可以借助现有的成果,但在个人精力方面必会遇到许多主客观条件的限制。"无所不知"是不可能的,"归纳"总是先天地具有"不完整性"。所以,百年里,有好几部个人的通史是没有写完的,而且没有一部通史能完全经得起专家的仔细挑剔。正因为如此,才有集合各方面专家集体协作的念头。这样做,在"专、博"方面的矛盾或许可以缓和些,却引来另一个大缺陷:通贯始终的"气"没有了,我把这叫作"气散神消"。因众多作者各自操作,难以相互关照、前后呼应,缺乏一以贯之、整体理解的精神气质,是预料之中的事。即使像《剑桥中国史》那样,采取"专题集合"的形式,且有一主编总领其"精神","神散"的先天性弱点还很明显地存在。

无论怎样说,通史真正的难,还是难在史识,那种能居高临下,"一览天下众山小"的把握能力,即"识大而不遗小,泛览而会其通,达人情,明事变,洞幽赜,晰条理"(徐哲东赞吕诚之先生语,见《吕思勉先生编年事辑》)。这种能力或许需要某种不同寻常的禀赋。但有一点是可以从比较成功的通史写作中得到体验的,这就是:此种能力的获得,仅仅有具体史实的资源供给一定是远远不够的。它更需要作者对人文领域更广阔的知识背景和深入的体验,对人类,对社会,对世界方方面面多视角的体察。这时,我领悟到了吕思勉先生特地把一句俗话加于强调的意义,这就是"世事洞明皆学问,人情练达即文章"。

我粗略地统计了一下,在顾颉刚《当代中国史学》出版的1945年以前,大约已有42部通史(不包括史话一类,据《1900—1975年:七十六年史学书目》)。到今天,究竟总共出版了多少通史?我没有统计,或许已不下百部。这只要看近二十年各地编通史教材成风,就可知数字一定很壮观。

时间作为一种特殊的过滤器煞是无情。大江东流不止,潮起潮落,风行的未必就能传承,精粹遭遇冷落亦时或有之。所幸时光似水,反复冲刷筛洗,是沙砾是金子总会逐渐分明。这里,将要向大家推荐的是,张荫麟教授(1905—1942)短暂一生留下的唯一著作:《东汉前中国史纲》。它是经长期遗忘后,重新被记起的一部未完成的通史。其人其书,因为有一些前面《回顾》中没有说得尽兴的意思,所以增加了这一篇"个案"。

为学贵自辟,莫依门户侧

《东汉前中国史纲》是当时教育部计划出版的高中历史教材《中国史纲》的第一部。1935年,张荫麟已从美国留学归来两年有余,任清华大学历史、哲学两系教授。受部聘后,他当即放下手里的其他科研课题,"遍咨通人",潜心策划《中国史纲》体例和细目。还特别向清华请了长假,专致笔耕其所负责的先秦至唐以前部分。其余部分原计划邀请吴晗、千家驹、王芸生等分任。

未及两年,"卢沟桥事变"突发,国难当头,张荫麟被迫离京辗转南下浙大、西南联大,其事遂不如愿。经诸多友人的催促力助,将此前已完稿的八章,加写《自序》,遂由他改教的浙江大学史地教育研究室,最先以石印本形式在贵州遵义面世。原初题名《中国史纲》第一辑(此据张其昀《张荫麟先生的史学》,笔者尚未见原本),时为1941年春夏之间。初次印行匆促，著者名还曾误植为杨荫麟，张荫麟也不在意。又据《自序二》《自序三》，知次年再版，始增入九至十一章（前据吴晗《记张荫麟》，后一点吴文回忆则有误）。此后，先生兴奋中心转移，改攻两宋史，仅撰写三章（第三章未完），就因病撒手西归，终年37岁。如天假以年，从其已发表的宋史成果预测，《中国史纲》的宋史卷必将更为光彩夺目——想到至今尚没有一部能与张氏风格相匹敌的两宋史，对他的英年早逝怎不叫人伤感备至？

读过《东汉前中国史纲》的，多会惊羡它的文笔流畅粹美，运思遣事之情深意远，举重若轻，在通史著作中当时称绝，后也罕见（唯钱穆《国史大纲》可相匹敌）。全书没有累赘冗繁的引文考证，不故作深奥高奇，史事都以"说故事"的方式从容道来，如行云流水，可令读者享受到一口气读完不觉其累的那种爽悦。也因为读来悠然轻松，据我个人的观察，读者很容易轻忽了对著者构思和寓意的细心体察。一不经意，书中潜心涵泳所得的精警见地，屡屡就从眼皮下滑过。为此，我想先从著者的人格、学术风貌说起，特别是他对历史学与哲学"联姻"的特殊关注，作些介绍，或许对读者进一步体会该书不无帮助。

离张荫麟去世才四五年，谢幼伟博士著文怀念故友，就不无忧虑地说："这一位天才学者，俗人不必说，即学术界中也许已忘记了他。他的著作以报章杂志发表的短文为多。这些短文到现在还没有集合出版，整部的著作有《中国史纲上卷》，而这也只有浙江大学史地研究室的石印本。所以在某一时期内，他虽曾惊动我国的学术界，到目前他却很可能为学术界所遗忘。但他是最不应遗忘的一人。"此后，情况虽然还没有到谢氏杞忧的那么糟，文集、《中国史纲》海峡两岸还都出版或重印过，但流传不广。世俗总多势利和健忘，也是无可如何的。

张荫麟的名字，今日大多数学人恐怕都会感到陌生。然而，恰如谢氏所说，回溯到20世纪三四十年代，张荫麟名声不小，曾被学界誉为奇才，受到了前辈和同龄学者的普遍敬重。1929年夏与张荫麟同船赴美留学的谢幼伟博士，更是热情赞美荫麟为天才，在长篇的纪念文章里写道："张君是天才，这是无疑问的。他在清华读书的时候，曾写过一篇《老子生后孔子百余年之说质疑》，寄到《学衡》杂志，《学衡》的编者认为是一位大学教授的作品。这一点即可证明张君的聪颖是远在一班学人之上的。所以大名鼎鼎的梁任公先生遇到了这一位年轻学生,也不能不特别注意,不特别赏识。"(《张荫麟先生言行录》)

张荫麟来自广东东莞,自幼丧母,家境贫寒。1923年秋季考入清华学堂(时为留美预备学校)中等科三年级,直至1929年大学毕业,经历了清华学校改制的全过程。入学伊始,即如上述所记,不足18岁的张荫麟,已经著文向老师梁启超挑战"老子出生"说,且考辨精细,征引经典凿凿有据,名惊京华。在继后的两年里,他在《清华学报》《学衡》《东方杂志》等一流刊物上发表的学术文章不下十余篇,涉及经学考据、中外交流史、科技史等多项领域,还参与了当时正轰动学界的(顾颉刚)"古史辨"论战。今天,重读这些论文,我们简直不敢相信,一个二十来岁的学生,学术水准竟可以让当下有些大学教授感到汗颜。其中《明清之际西学输入中国考略》不仅大大扩充和修正了乃师(启超)关于这个论题的史料,而且对西学输入的影响以及清代并未因此而改变"科学(思想)不盛"的原因发表了精警见解;《张衡别传》和《宋卢道隆吴德仁记里鼓车之造法》两文,则更应该看作首开我国古代科技史研究风气的力作,具里程碑意义(刘仙洲先生即如是说)。计不完全的统计,去美留学前的六七年时间内,已积有学术成果(包括译文)40项。怪不得谢幼伟博士终发为"天才"的赞叹。

张荫麟自号"素痴",常用作文章笔名。我以为,无论从哪方面看,例如对学术的痴情专注,孤傲内向,不通人情世故,不易适存于现社会(友人谢幼伟、张其昀、贺麟、吴晗等回忆他的个性),以及治学"神解卓特,胸怀冲旷"(熊十力赞其学术境界),也包括过早地夭折,难享永寿等等,张荫麟都很符合天才学者的特征。然而,如若只从个人天赋角度去理解,那很容易忽略了今天重新认识张荫麟先生的许多更有价值的启示。

近代以来,人才成群风涌而起,明显有过两个突出的高峰时期。一是晚清咸、同年间,以曾、胡、李、左、张以及围绕在他们周围的幕僚文士为代表。是时人才济济,不拘一格,政坛文气之盛为中古以来所未有。其中能集道德、事功于一身如曾、胡者虽凤毛麟角,但在经世致用一隅有卓识奇功,建树不凡的可以数出一大群。稍后在他们的影响下,还走出了一批最早通达世势、熟悉"洋务"的新人。二是20世纪二三十年代，具现代意义的各种学科相继滥觞，"筚路蓝缕，以启山林"，一代沟通中西的学科权威名家大抵成形于这一时期。假如说上一高峰"事功"派占尽风光，许多人物多似电闪雷鸣般倏然过眼，有力度而少余韵；那么第二个高峰承上辈及其时代的恩泽，别开新天地。是时激荡过后，"朝野"尚称"苟安"，中西文化教育往来更密。淡出"事功"的"学问"派那厢真现独好风景，其山高水长，遗泽后世且深且厚，更堪百年后回味不已。

张荫麟生而有幸，及时亲逢学问盛世的文化滋润，并能以新秀的身份参与其间。他天性聪颖，造化把他从岭南送上京华，进入风云际会的文化中心，后来又留学西洋，确是时势造就了他天才有为。那时，"五四"个性解放、自由探索的新风吹拂神州，学术报刊似破土春笋涌出，自由讨论风气盛极一时。张荫麟又直接生活在梁启超、王国维、刘师培、胡适、陈寅恪、吴宓、傅斯年、钱穆、顾颉刚（其中最年轻的，也比荫麟长十几岁，均属老师辈）等等一群知名学者辉映的人文光环下，犹鱼得水，遨游自如，才有了上面"少年英发"动人的一幕。

读张荫麟的传记，最令我感动甚至妒忌的，是那个时代学者的气度和学术自由讨论的文化氛围。同在清华，哲学家贺麟比荫麟高三级，两人很快就成为终生挚友。据贺麟的回忆，荫麟给他的第一印象是：一个清瘦而如饥似渴地天天在图书馆钻研的青年。一天晚上，在梁任公的中国文化史演讲班上，梁任公从衣袋里取出一封信来，向听众中问哪一位是张荫麟。张荫麟当即起立致敬。原来是荫麟写信去质问老师前次演讲中的某一点，梁先生在讲台上当众答复他。这事发生在张荫麟已于《学衡》著文与先生商榷之后。他俩常去听梁任公的演讲，可见对先生的仰慕。但张荫麟的脾气向不愿意拜访人（终生不改，时人称其为"怪"）。1926年夏，被贺麟拖着才第一次拜谒梁任公。先生异常欢喜，勉励有加，当面称赞荫麟"有作学者的资格"（另据王焕镳《张君荫麟传》，说"梁任公得其文叹曰：此天才也"）。此后二三年中，他却从未再去谒见过梁任公。他很想请梁任公写字作纪念，也终于没有去请（见贺麟《我所认识的荫麟》，载《思想与时代》第20期，1943年3月）。还值得补一笔的是，1929年初，张荫麟正在撰写长篇学术论文《伪古文尚书案之反控与再鞫》，针对梁先生燕京大学演讲《古书之真伪及其年代》而发。论文在《燕京学报》刊出时，梁任公已病逝。张荫麟在文末特别有一段附语，说"此文初属草时，梁先生尚在世。本当重校付印，先生已下世，竟无从请问以决所疑矣。作者极不愿意于此时举其素所尊敬之学者之旨为错误之例。惟以爱真理故无法避免耳"（台湾1956年版《张荫麟文集》，全文长48页）。

有这样的老师和这样的学生，气度、风范尽在不言中，这正是那个时代的骄傲。张荫麟与同时代学者多有评论商榷的文案往来，不独对梁任公。本着学术面前人人平等的天则，对其他师辈如周树人、陈寅恪，年长而刚负盛名如顾颉刚、冯友兰，他的评论也总是"是则是，非则非，毫不掩饰，毫不客气"，而被评论者都豁达大度，师长更以奖掖新进的态度深许之，至少也不会像现在那样，弄不好就扯到别的地方去。不信，可以去读寅恪先生诗：《挽张荫麟二首》（载《陈寅恪诗集》第31页）！

张荫麟一生信奉恪守的治学格言，是"为学贵自辟，莫依门户侧"（《致贺麟留美赠别诗》）。张荫麟在他光彩而短暂的一生中，这种个性气质实在是太强烈了，因此也特别地感人。诵读他的学术论著（也包括教材的编写），我们处处都能触摸到那种不甘因循剿袭，勇于求新求突破的自由创造精神。这再一次证明，寅恪先生所说的"独立之精神，自由之思想"，"思想不自由，毋宁死耳"，绝非义宁一人所独执，而曾经是沐浴了"五四"精神那代人的真诚追求。那时，"吾爱吾师，吾更爱真理"的话很流行，没有任何权威偶像是碰不得，不可说不的。这样的氛围不可复得，方有"壁立千仞"之说。唯其如此，优秀学者于"五四"后一二十年内成群成团地喷涌而出，才可以被通解、被体认。

这种不依门户、自由创造的风格，绝非世俗常见的那种无端狂妄，借浅薄挑战名家以求一搏。张荫麟从心底里尊敬一切有学术成就的前辈和师友，细微地体察汲取一切有价值的学术创造，治学厚实而见地敏锐，执着底定而鄙薄趋俗。据说他最崇拜的是章太炎，对梁任公表面上"敬而远之"，再而三地"挑战"，内心实则一往情深。熟悉他的朋友说，张荫麟最钦佩任公文章"笔锋带有情感"，"张君的文章颇受任公的影响，一篇之中总含有多少任公的笔调"。

那时,刚从经学考据的桎梏中叛离不久,国学的根子依然深扎在一代新学的底部,欲连根铲除(也毕竟铲不尽)那是几十年后的事。张荫麟的学术是以考据起家的,很见功力。对太炎先生服膺至深,即是明证。有人统计,他有2/3以上的文章都涉及考辨,学问有根据而不流于空疏。然而,张荫麟可贵的是,承传而不因循,勇开风气敢为先。张荫麟曾对谢幼伟坦言:"写考据文章是很容易的",言之似极轻松。反之,为了《中国史纲》,他却喟叹:"写这种文章是很费苦心的。"一轻一重,其味无穷。

在阐明这轻重内涵之前,我先得把张荫麟对任公的纪念文章拿出来,一则彰扬他对老师真诚而不带一丝虚假的爱(这是最有价值的尊师),一则为理解他在这个问题上的立场提供一份证据。据现在掌握的材料,梁任公刚去世,"全国报章杂志,纪念追悼他的文章,寂然无闻"。张荫麟在甫将赴美前夕,即草写了《近代中国学术史上之梁任公先生》一文,首次从学术史演进的角度,将老师一生智力活动划分为四期,分别评估他在各时期的"特殊贡献与影响",客观公允,敬仰之情含而不露(载《学衡》第67期。贺麟所述赴美后一文,已是第二篇,记忆有误,不赘)。十多年后,他所参编的《思想与时代》特地刊登了张其昀录存的任公未刊遗札中数十事为《梁任公别录》,张荫麟亲为之跋。文章起首即声情并茂:

> 此时为此文,不禁起予空谷足音之感也。方戊戌前后,任公之在文界,何啻如旭日中升?一篇之出,百数十万人争诵。曾不四十年,后生已罕或能举其名。其一知半解者,甚且为蚍蜉之撼。"或荣誉若天仙光宠,消逝时迅越流星",歌德之诗,可为任公赋矣。

接着大段论述任公与政的种种曲折,反驳攻击者,并检讨自己十年前"年稚无知,于(先生)民国后之政治生涯,妄加贬抑",评析平恕允直,可与寅恪先生《读吴其昌撰梁启超传书后》对读,此处略过。笔锋转至学术,张荫麟说道:

> 以言学术,世人于任公,毁誉参半。任公于学,所造最深者唯史。而学人之疵之者亦在是。以为其考据之作,非稗贩东人,则错误百出,几于无一篇无可议者。实则任公所贡献于史者,全不在考据。任公才大工疏,事繁骛博,最不宜于考据。晚事考据者,徇风气之累也。虽然,考据史学也,非史学之难,而史才实难。任公在"新汉学"兴起以前所撰记事之巨篇,若《春秋战国载记》,若《欧洲战役史论》,元气磅礴,锐思驰骤,奔砖走石,飞眉舞色,使人一展复不能自休者。置之世界史学之林,以质而不以量言,若吉朋、麦可莱、格林、威尔斯辈,皆瞠乎其后矣。(《跋梁任公别录》)

此跋的文风,酷肖乃师,磅礴之势不减。活泼泼的张荫麟就是这样:对自己素所尊重的老师,他不讳言其短,"才大工疏,事繁骛博,最不宜于考据"寥寥几笔,可谓弹无虚发,正中鹄的。而于先生史才、史识之长尤三致其意,领悟深得精髓,亦属"就有道而正焉"。我做教师的有经验,百依百顺的,尽说好话的,未必就是最好的学生。还是贺麟说得极有余味:"哪知这位在学生时代质问梁任公批评梁任公的荫麟,后来会成为梁任公学术志业的传人。"梁任公是个大忙人,晚年转而治史已时不我待。张荫麟靠着他对前辈史才、史识的独具慧眼,《中国史纲》的创制获得了非凡成功,而这便是对老师最好的回报。

从上文即可读得张荫麟的心声。他绝对不是故意看轻考据。考据是很苦的事,是一种特别的工夫,只有耐得住寂寞的人才能做出实在的成绩。然而,不以考据为底止,注重推出义理,这才是张荫麟治学的个性特色。而且,这义理也是经过改造,充实了新的内涵的。他的治学理路,在从美国斯坦福大学写给张其昀的信中说得最明白:"国史为弟志业,年来治哲学社会学,无非为此种工作之预备。从哲学冀得超放之博观与方法之自觉。从社会学冀明人事之理法。"(海峡两岸《文集》均有载录)所以,他对谢幼伟说的一易一难,绝非故作危词,内中大有深意存焉。这实际关联着一个时代大话题,就是:考据与义理的关系。

我以为谢幼伟的确算得上是荫麟的钟子期了。张荫麟选择对谢氏发此骇俗之论,亦可谓"择其善鸣者而鸣之"。张荫麟死后5年,谢氏在纪念荫麟的文章中作了如下的发挥:"写通史是需要思想,需要有很高的识解的。有人认为专门弄考据的人是思想上的懒惰者,这虽不见得完全正确,但若在考据上兜圈子而不能有进一步的工作,则至低限度,这种人是难得有什么思想可言的。考据必进至义理,必以义理开拓其心胸,然后其考据不落空。一位良好的历史学者不能光是一位考据家。不管他的考据做得怎样好,然而这只是史料的提供,尚不是史学的完成。史学的完成,有待于史学家理解的深入和同情的洞察。这一点又须待史学家具有史学的修养。治史学而不兼治哲学,这是一种缺陷。"(《张荫麟先生言行录》)

张荫麟在新史家群雄纷起的那个年代,能够独树一帜,特具风骨,确实应该归诸他不满足现状,不随众亦步亦趋。众史家中,他是最先觉悟到史学的改造创新,应该借助哲学革新理论观念和思维方法,借助社会学认识历史上的社会构造和社会变迁,以滋补旧史学义理的"营养不足"。可以这样说,在史家中,对西洋哲学和西方社会学了解的广度和深度,当时无人可与之伦比,他可谓独居翘楚。特别需要指出的是,从《"可能性是什么"》《论同一》等文来看,20世纪初西方一些哲学新潮已进入他的视野,如柏格森、罗素、怀特海、斯宾格勒;特别是现象学刚兴起,张荫麟就注意到了,这在中西哲学交流史上也值得记一笔。

当时,编著中国通史蔚然成风,因为学识才华的特殊,学者普遍对张荫麟都期望很高。钱穆在1942年底,把他的《中国今日所需要的新史学与新史学家》一文作为对荫麟的悼念,发表在《思想与时代》杂志上。文末即说:"故友张君荫麟,始相识于民国二十三年春夏间。时余与张君方共有志为通史之学。当谓张君天才英发,年力方富,又博通中西文哲诸科,学既博洽,而复关怀时事,不甘仅仅为记注考订而止。然则中国新史学之大业,殆将于张君之身完成之。岂期天不假年,溘然长逝。"史家偏好经验事实,一般很少像张荫麟那样深陷于哲学沉思。因此,熊十力耐不住破门而出,说道今之言哲学者,或忽视史学;业史者,或诋哲学以玄虚,二者皆病。特赞张荫麟先生,史学家也,亦哲学家也。其为学规模宏远,不守一家言,使天假之年,纵其所至,则其融哲史两方面,而特辟一境地,恢前业而开方来,非荫麟莫属(《哲学与史学——悼张荫麟先生》, 1943年)。

张荫麟天性聪颖,但他从不自恃天赋而学点偷懒。束书不观,空谈义理,天才成为无知浅薄的狂汉,张荫麟是不愿为之的。张荫麟治学的勤奋几乎近于癫狂。每写一篇文章,精神高度集中,老是几晚不睡觉,直至文章一气呵成时,然后才大睡几天,大吃几顿。寓所里满地满床的书,东一本,西一本,凌乱狼藉得不成样子,他也无所谓。到病重的时候,他开玩笑地对友人说:"我从今后要学懒了。"可他还是做不到,连劝他改读点轻松的小说,改不了习惯,依然捧起哲学书,手不释卷,直至临终。因为读的书极多极广,著文不论古今中西,随处触发,总见火花。他的时评也写得极犀利明快,有时惹得当局十分恼怒。在史学、国学、哲学、社会学四方面所积功底,使他可以和当时任何一门专家对话。然而,通博并不是他的真正骄傲。张荫麟对社会、对历史那种全局统揽和深刻洞察的独特把握能力,在当时才是出类拔萃,最具价值的。

在我看来,张荫麟《论历史学之过去与未来》《传统历史哲学之总结算》两文,代表了他那个时代史学理论认识的制高点。有些观点后来不仅未有超越,甚至有所倒退。

《论历史学之过去与未来》,发表于1928年《学衡》杂志。我觉得它明显受到乃师梁任公1922年《中国历史研究法》的影响,但因其对现代西洋文化、哲学的了解超过任公,故而想申述老师未尽之意。应该注意的是,那一年,正是傅斯年正式在北京创办史语所,并发表了上篇说过的"科学实证宣言"。张荫麟的观点是不是与之有意关涉,我不清楚,但其间的不同,读开首第一句话即知:"史学应为科学欤?抑艺术欤?曰:兼之。"

他认为理想的史学应具备两个条件,一是正确充备的资料,二是忠实的艺术的表现。后者不纯粹是说文笔,主要指把握人类历史具有"思想情感性质"活动特质的能力;这种能力"半存乎天才,非人力所能控制"。对历史这一特质的认识,即历史是人的历史,是人为追求自己的利益和意愿的活动,他特举了斯宾格勒关于文化的见解,思想渊源是清楚的。很显然,强调史学还具有人文的特性,这是含蓄地表示他同傅斯年纯科学派有所区别,而"半存乎天才"一说,则是他对获取历史通感之难的一种解释。

上面的观点实际只是提个头,全文却完全是围绕历史资料性质展开的。他详细论析了历史资料本身的局限,分为"绝对之限制"和"相对之限制"两种。第一种,是史料客观存在的限制,为后人无法补救的,诸如记载史料时观察范围、观察人、观察地位、观察时之情形、知觉能力、记忆、记录工具、观察者之道德、证据数量九种限制以及传讹、亡佚等共十一种情况。第二种是指史家处理过去资料时所产生的限制,有因绝对的限制而产生的谬误未经发觉者、伪书及伪器未经发觉者、史料本不误因史家判断的不精密而致误和事实的解释因时代的进化后此证明前此为谬者四种。读者可以拿它同乃师《中国历史研究法》第5章对照着读,即知有发展。这样的论证,最后还是想要说明史学不能直接面对研究对象——历史,而离不开"人"(记录史料的人和研究史料的人)的主观活动,故史学很难做到像研究物理化学那样"科学";但追求"信史"的目标不能放弃,唯有认识到种种限制,庶几或可近之乎。

如果说《论历史学之过去与未来》着眼于史料学,那么《传统历史哲学之总结算》则转向对历史观本身的检讨。两文写作,虽间隔着留学美国的六年多时间,却仍可以看作是姊妹篇。后一篇,将在下节结合《东汉前中国史纲》写作背景再作扼要介绍。

最后,还想特别说说他的一篇不容易引起注意的短文:《玩"易"》。1956年台湾版《文集》就因疏忽(或别的什么缘故?)而漏收,实在不应该。因为,这代表着他关于社会进步一种独特的历史思考。

这篇短文写定于1933年9月。从文内"异国晚秋"字句推测,写作的时候人还在美国。张荫麟借发挥《易经》的哲理,实际谈的主题是社会变迁和"革命"。这么一个很深奥的社会哲学问题,他却几乎是用了散文诗的形式来表述,很含蓄,也很深沉。短文直指《易经》的着眼处在生命,故曰:"生生之谓易。"而近世流行的"革命"一词又恰好是从《易经》"革卦"里推演出来的。与时潮最不同的是,文内反复申述,要把"易"应用到"革命"上,要懂得革命是新生,要懂得"生"是不能急催的,不能揠苗的。社会秩序原是活的,原是一个活的有机体。所以革命的"命"要当生命解。只有创造新的生命才能革掉旧的生命。不然,革命只等于寻死。他极为感慨地说道:

"创造新的生命,以一个新的社会秩序易一个旧的,那岂是病夫易室,贵人易妻那样容易的事,而急促得来的?"用不着我多加饶舌,熟悉百年来思潮变迁的学人,都能掂出这些话的千钧分量。这才是真正经得起百年历史检验的义理。我要补一句,这里反映出了张荫麟对孔德、斯宾塞以来的社会学基本学理的圆熟运用,而且妙在不着痕迹,极似寅恪先生的风格。所以他对历史的考察,往往侧重社会层面,在制度的创设和功能演化方面,非常用力,颇多新的洞见。这种史识后来被应用到对历史上农民起义和改革、改制的全新诠释上,极其成功,如《宋初四川王小波李顺之乱(一失败之均产运动)》、《南宋亡国史补》和《东汉前中国史纲》第11章《改制与"革命"》。行内人读了多能体会这些文篇在史学史上的特殊价值,但一般读者则未必。尤其是前两篇,形似考辨之作,更不合现在读者的口味。除专门理论探讨文章外,张荫麟的史学论述风格,是从不脱空搬弄理论概念,横插大段议论,义理即寓于史事铺叙之中,偶有一二句点睛之笔,亦淡淡而出,极容易被放过。或许这就是中国史学的传统,所谓《春秋》笔法。读者宜多加咀嚼,细细消化才是。

众窍无穷,天然自成

编著新式通史肇始于20世纪之初。1900年,章太炎先生发表《中国通史例略》,首先发起设计新通史的动议。梁任公随即响应,于1901—1902年开始酝酿写《中国通史》,但始终未能履践心志(张荫麟对此最感痛惜),留有一些关于通史新体例的设想和春秋、战国《载记》、《年表》等片段尝试。最早真正付诸实践并开创章节体"通史"的,要数夏曾佑及其《中国历史教科书》(写于1902—1904年)。进入到三四十年代,编著中国通史教材已蔚然成风。据不完全统计,截至张荫麟《东汉前中国史纲》出版时,至少已不下三四十种(此依《七十六年史学书目》统计所得)。

然而,到了1945年,顾颉刚先生编著《当代中国史学》时,却秉笔直书道:"中国通史的写作,到今日为止,出版的书虽然不少,但很少能够达到理想的地步……故所有的通史,多属千篇一律,彼此抄袭。""编著中国通史的人,最易犯的毛病,是条列史实,缺乏见解;其书无异为变相的《纲鉴辑录》或《纲鉴易知录》,极为枯燥。"顾先生的这些评点,对今日大多数教材还基本适用,最多增加了变相的《通典》,算是人事物俱备,实在是难为情。

当时顾先生认为较理想的通史,点名有吕思勉《白话本国史》《吕著中国通史》,邓之诚《中华二千年史》,陈恭禄《中国史》,缪凤林《中国通史纲要》,张荫麟《东汉前中国史纲》,钱穆《国史大纲》,共六人、七部。应该说,这一点评大体公允。荫麟的书虽未完成,顾氏为之惋惜,但仍给予刮目相看,亦见得《东汉前中国史纲》的价值。

张荫麟刚刚经历颠沛流离,生活甫定之后,1940年2月在昆明为《史纲》写下了篇幅不短的《自序一》。文气与正文迥然不同,读起来不轻松。一般读者在读完全书后,再去啃《自序一》比较合适。《自序一》,与其说是张荫麟对《史纲》调度构思和剪裁史实标准的一个交代,毋宁说它更像是将《史纲》升华到历史哲学的高度,为理解整个人类史(不独是中国史)提供一种经他梳理过的理路。历史专业的学生若能将张荫麟的理路与他的实践对照着反复品味,会加深体会熊十力所说的:"融哲史两方面",境界就不一样。

我想首先要提到的,是张荫麟在《自序一》里说:"写中国通史永远是一种极大的冒险。"这话夹在大段理论阐发之中,很容易滑过。然而,这确确实实是个中人的肺腑之言。教了许多年中国通史,不能不常与教科书打交道。我有时也隐约觉得,通史好编,也最难编。所以,读到张荫麟这句话,特别感到震动。

记得严耕望先生说过,中国通史必须折中于重点与全面之间,并能上下脉络连贯一气,与断代史有别,与专史也有别。因为有此种种考虑,所以大学"中国通史"可说是所有历史系课程中最难讲的一门课。过去大学"中国通史"课程教得最成功的,耕望以为应该数钱穆宾四先生为最(据笔者所知,较晚还有一位,就是20世纪50年代曾在山东大学教中国通史的赵俪生先生)。

说到教材,严耕望认为,目前所有各种中国通史中,仍以钱宾四先生的《国史大纲》为最佳。此外,可以吕思勉先生的几部断代史为辅。他的理由是:钱先生才气磅礴,笔力劲悍,有其一贯体系、一贯精神,可谓是一部近乎"圆而神"之作,所以讲者可以拿他来作一条贯穿的线索,也要诸生仔细地阅读。吕书周瞻绵密,可谓是一部近乎"方以智"之作,所以讲者可以拿他作为钱书之辅,以济钱书之疏阔。而且吕书征引原书甚详备,最便讲授者参考之用(详参《治史三书》,198—199页)。

严耕望是钱穆先生的得意门生。他关于通史课及其教材何以难的一番见解,我以为深得其中三昧。一部通史,假若不能给出中国历史发展的脉络和它独有的神韵气数,还是不写为好。耕望没有提到张荫麟,这是因为《史纲》未得以窥全豹,故不在他讨论的范围。其中,"一贯体系、一贯精神"八字,最是要领。假若要压缩成一个字,那便是"上下脉络连贯一气"的"气"。

泱泱大国数千年,多少人事,多少典故,通史不可能细大不捐,应有尽有地写进去。事实上谁也做不到。正像张荫麟说的,"即使(集合许多人)能如此做,所成就的只是一部供人检查的中国史百科全书,而不是一部供人阅读的中国通史"。通史,通史,它独特的神韵就在"通"字上。行内人多有体验,编通史需要有高的识见和全局驾驭能力,最好是由一人通贯到底。他很像是一位具有艺术天赋的导演,要把历史舞台上的人和物、时间和空间调度得活灵活现。张荫麟《自序》中之所谓"笔削""提要",今人之所谓"剪裁""出思想",全是为了做好"通"的工夫,使之生气盎然,全局皆活。烦冗枯燥,没有思想(或者说不敢有思想),光靠史料填充版面,就全然丢掉了"通史"的灵魂。

何谓"通"?我以为,从高处说,能凸显其意境者方谓之"通"。静安先生论文学,说是:文学之事,其内足以摅己,而外足以感人者,意与境二者而已。上焉者意与境浑,其次或以境胜,或以意胜。苟缺其一,不足以言文学(王国维《人间词乙稿序》)。其实史学又何尝不是如此。20世纪史学,冯友兰、钱穆均称有信古、考古、释古三派,其中信古一派,一般均不取。若以上面说的意境而分,一为致力于历史的抽象(抽象的程度可以不一样),以"释古"(即韦伯说的"理解")擅胜,能给出一以贯之的"精神"(或荫麟说的"意义"),犹之于文学的"写意"。一为专攻描述具体的史实,以"考古"(即复原实像实况)争长,可比之于文学的"写实",但也绝不是三块、四块的拼盘,通史应该给出发展脉络清晰、阶段特征明显的"整体"(或曰"体系")。

"通史"的最高目标,自然是"精神"与"体系"二者统一。所造之境必合乎历史之自然,所写之意亦必凸显历史之真义。境与意能浑然圆融,恐怕只存于假设之中,"此曲只应天上有"。张荫麟虽心向往之,也明乎此事仰之弥高,所以在《自序》里一再申明:编写通史有许多无可奈何的"天然限制"(对这种相对的与绝对的限制,张荫麟在《论历史学之过去与未来》一文里有详尽的论析),自己所做的"与所悬鹄的之间有多少距离",只好付之读者的判断了。这不能作一般谦词读过,而是唯贤者能有之的真诚坦陈,甘苦尽在其中。

如果明白了"意境"之说,那我们就不会相信有所谓标准化的"国定"教材。假如把张荫麟的《史纲》与吕、钱两书对照着读,就看得出20世纪上半叶的通史教材,成功的地方就是极有个性,多姿多彩。

《吕著中国通史》着眼处为社会的演化,在制度的考订梳理方面最具优势。今日虽不能说无可挑剔(毕竟许多专题研究有了长足的进步),但精细而富独见的地方在在皆有,极见学术功力,当日无出其右,现下亦颇可烛照"左愚"。不足的是条分缕析甚细,政治大势与制度沿革两部分又截然分开,从"通"的标准要求,算不得上上策。诚之先生读史之多,公认首屈一指,但在制度演化方面,也只能详于隋唐以前,而略于宋明之后,不可谓全备。这再次证实张荫麟所说,通史之难,还在于人力的"天然限制"。这部书对专业学习(特别是研究生)很有用,由此再去读诚之先生的断代史、专史,实为登堂入室的最好门径。但最大的缺憾,就是不容易引起一般读者的阅读兴趣,因此流行不广。

这方面,钱穆《国史大纲》就异峰凸起,读者占有率之高,是完全可以想见的。一篇《引论》正可以视先生为当代贾谊,痛哭复长太息者再而三,特忧"中国文化命脉"的衰息断绝,"历史生原"的遽然中断。当日情景,以严耕望的亲历记述为最真切。宾四先生才思横溢,民族情怀热烈,亦擅讲演天才,行文一如其演讲,词锋所煽,动人心弦,"一以中华文化民族意识为中心论旨"。是时正值抗战艰苦时期,一经刊出,大后方争相传阅,极一时之盛(详参《钱穆宾四先生与我》)。《国史大纲》可以说是以气盛情深而获取成功的一部通史。黄仁宇曾在《中国大历史》里称誉宾四先生是"将中国写历史的传统前接后带到现代的首屈一指的大师"。但若以专家的角度来看,疏阔之议势所难免(耕望也委婉说到)。然最可斟酌的,倒是这种近乎自恋式的本位文化情结,不免对本属历史批判的应有之义,多有遮蔽回护,总欠几分冷峻。对近世的落后、变革的艰难,也缺乏深沉有说服力的内省。这也是黄仁宇说的"写历史的传统"的弦外之音,缺乏现代性。就通史不可或缺的制度和社会层面的揭示而论,《国史大纲》比起吕著要逊色,也是毋庸讳言的。

张荫麟写《史纲》,上述两书均不及见到。与钱穆先生有所互商,详情亦不可而得(似读得过《引论》)。然而,以书论书,张著正介乎二者之间,平静冷峻有似诚之,而文采飞扬则不减宾四。思维切入的理路和注重社会全貌,与吕著更易谋合。他在《自序二》中给自己规定的重点是:"社会的变迁,思想的贡献,和若干重大人物的性格,兼顾并详。"对历史全局因果的理解,特具哲学思辨的那种网状的发散性,运用起来又能不着痕迹,以平易浅显出之。我以为,这才是张荫麟《史纲》的长处,而为上述两大家所不逮。遗憾的是,写出的毕竟是片段(包括两宋),还看不到他对国史全局统揽的"底牌"。所以,就通史的影响和实际成就而论,尚不能与吕、钱伦比。

与现今的风气大不同,作为一位在史坛已负盛名的专家,张荫麟独把编著高中历史教材看得极重。说其鞠躬尽瘁不为过。临终前一直陪伺身边的好友张其昀追忆说:"他是一位饱学之士,能禁其阅书,而不能禁其运思。他念念于史纲之完成,虽在病中仍精思不休,而病势遂陷入深渊。"(《张荫麟先生的史学》)

在历史教材方面,张荫麟不愿重蹈旧径,极想披荆斩棘,开出一种使人人能读、读而有所得的新体裁。这在他的《自序二》中已交代得十分清楚,读者自可检阅。《史纲》体裁的创制是极其成功的。文笔的简洁优美,说理的平易生动,读者初展书,一股久违的醇香就会迎面扑来。

我一直在想,张荫麟何以要这样做?要知道这正像他自己感慨的,深入而浅出,劳神费心,是"很苦的"。何况他对社会和历史的思索很投入,不少地方带有形上的色彩,超凡脱俗,沉潜隽永,最可以在这种地方显示高深。然而,这些高深的议论在《史纲》中竟消失已尽。他自己苦心"玩索"所得的体验,都化为了"以说故事的方式"淡淡托出。

我私下揣度,恐怕不仅仅只是为了"高中生"。近世以来,生搬强灌的"道理",不胜其烦。新概念、新名词满天飞,摧枯拉朽,气势逼人。蛮横之余,负面的效应就是人人高谈阔论,以主义角争高下,却忘掉了许多脚下最平易的事实,最通常的历史知识。无论上下贵贱,愚蠢的历史错误总不断重犯,就说明了这一点。张荫麟写有《中国民族前途的两大障碍物》《说民族的"自虐狂"》两篇评论,可以窥见他这方面的思虑。与其空谈主义,何不即事求理?要求国人素质的提高,使他们自然地浸沉于历史的演化里,潜移默化,用心神会,不是比填鸭式训政更切实有效吗?

寅恪先生晚年潜心笺证钱柳因缘,自述其心志"不仅藉以温旧梦,寄遐思,亦欲自验所学之深浅"。联想及此,莫非张荫麟亦欲以《史纲》"自验"其历史哲学运思的"深浅"?笔者不揣愚妄,对若干关节点,谬效前人"代下注脚"于下。不敢说能为先生"发皇心曲",亦算是为读者诸君深入阅读《史纲》,从《文集》与《史纲》互读的角度,聊尽"导读"的微薄之力。

在构思《史纲》的时候,张荫麟脑海里早就有了对历史大格局的思考。1933年,张荫麟从美国寄回长篇论文《传统历史哲学之总结算》(简称《总结算》),刊登于当年的《国风》杂志。台湾版《文集》所注刊名、年份均有误,此系去世后友人重刊以志纪念。大陆教科社版则未能入录,恐不能不说是智者之失虑。教课之暇,我常以读历史哲学书籍作为业余爱好,这方面的信息也不算闭塞。我敢说,这是一篇超凡脱俗的历史哲学力作。读完《史纲》,再诵读该篇,许多意犹未尽的深意,真是"看山水底山更佳"。

《总结算》对20世纪东西方流行的四种史观(目的史观、循环史观、辩证法史观、演化史观),逐次论析其本义,"抉其所见,而祛其所蔽",火候把握不温不燥,颇见功力。令人敬佩的是,张荫麟对这些各具方法论价值的思想遗产,都以一种独立思考的批判精神,用求实求真的历史感——加以过滤,是则是,非则非,不偏执,更不迷信。经这种积极的思虑和批判,凸显出来的是20世纪最难能可贵的思维成果——对机械进化史观和单线一元决定论的摒弃,代之以宽阔发散性的整体思维。他的基本立场可以表述为:人类的历史是人自身创造自身的历史,"一切超于个人心智以外之前定(亦即先验的。——笔者按)的历史目的与计划皆是虚妄。""历史之探索,乃根据过去人类活动在现今之遗迹,以重构过去人类活动之真相。无证据之历史观直是谵呓而已。"

任何理论概念再好,比之于实际生活本身,总显出它的贫乏和单调。历史观念之于历史实际,亦是如此。近年来这一声音高起来:"让历史自己说话!"自然,历史哪能自己说话?它无非要提醒我们,史学必须一步也不能离开对历史证据的搜集和甄核。历史不是为概念而活着的。相反,任何概念都必须经受经验事实的证伪。忠实于历史,乃是史家的职业道德。直到现在,通史的整体框架还是板结硬化的。一个重要的原因,就是拘泥于一些固定化的程式,出于这种或那种缘故,不能直面历史实际。重读张荫麟写于50多年前的教材,不能不感慨系之:张荫麟正是靠着他这种历史认识论的独立思考,《史纲》才会有不同于众、至今还光彩依旧的许多历史洞见。比之于他,我们是进步了还是退步了? 真不敢说。

《史纲》只写到东汉建立为止。全书最精彩、最富学术价值的,是第2章到第7章。因为这6章,正好关系到我国历史走向最早的两次大转折,为认识中国历史的大关节,非同一般。在这6章里,张荫麟层层交叠错综推进,着眼于历史复杂的因果网络关系,有放有收,构思极费匠心。我上节所说的对历史全局的统揽和深刻的洞察能力,这里体现得淋漓尽致。

现今中外史学界都有同感,中国社会有许多迥异于西方的历史殊相,制度、文化、意识形态等等的传统和历史走向都极具个性。费正清在经历了长时期挫折之后,最后也不得不放弃"欧洲中心史观",承认必须"以中国看中国"。然而这并不容易。20世纪70年代后期,哄闹了好一阵的"封建专制主义批判",像是"灯谜大会",很能说明生活于"此山中"也未必就识得"真面目"。原因很多,重要的一点,在做出得失是非的历史价值判断之前,最要紧的倒是必须从源头清算起,弄清中国社会何以会一步步地走到后来这样的田地。

如何定位中国文明历史的开局?张荫麟在前述论文里,对黑格尔以来"目的论"史观的批判用力最大,其中很有深意。

通史界对"目的论"一词多觉陌生。这么玄乎的问题与我们有何相干?然而,只要往深处想,许多已习以为常的国史判断,思维背后的潜台词,不都有"人类史为一计划、一目的之实现"(黑格尔)的意味?这种先验的"计划、目的",可以托为"天作之君"之类的神学体现,也可以化为"世界精神"的意识产物,即使是以"社会组织递次演进"的"必然规律"来强行框架特定的具体的民族历史,所谓"五步论"中国也"概莫能外",从哲学意义上说,不都是"目的论"的翻版?

第一个显例,即为中国是否经历过"奴隶制社会"。所幸现在相信的人越来越少了。我至今最不能理解的,商代历史里野性的气味(例如人殉、牺牲等等)较浓,还容得联想。"郁郁乎文哉"的西周,还一口咬定它仍为"奴隶制社会",岂不是硬闭起眼睛,存心不想辨认历史事实?史学为着"概念"活着,还有什么生气?

第2章《周代的封建社会》,是张荫麟对先秦历史文献多年潜心研究心得的晶体,先行刊登于1935年《清华学报》。他通过九个角度的组合,绘声绘色地揭示出了周代社会的整体面貌,包括社会各阶层、城乡生活状况、政治管理体制乃至意识形态等方方面面,静态的和动态的演化史迹,说得都有根有据,平和易懂。在所有通史教材里,对周代社会的整体勾勒,我至今还没有看到比荫麟更周全、更清晰的,无一句落空。

通过九节逐次的生动描述,读者可以信服地看明白:周代既没有希腊、罗马那种"奴隶制社会"的模样,也与西欧中世纪的"领主制社会"迥然相异。它就是具体的一个社会历史个案,是由我们祖先独创的,独一无二的中国式的"封建",以家族、宗族聚邑为基础,由部族方邦联合,而进至以宗法制为纽带的"封邦建国","散漫"(注意,这是荫麟的特别用词)的"封建"。再走下去怎样?稍后就说到。

张荫麟并不回避奴隶问题,而且描述细致具体。但置于他的整体结构之中,奴隶的地位、作用也是一目了然,不容有异想天开的余地。对奴隶,我们有许多先入为主的"夸张"。张荫麟在书中具体比较了贵人的奴隶与乡邑农民(庶民)生活处境的同异后,说道:"(庶民)他们的地位是比奴隶稍微高贵;但他们的生活殊不见得比奴隶好",说的是在特殊的情景下,苛税杂役法外扰民。张荫麟就是那样真诚,不肯迁就流行,不愿意把话说死。说死了,历史就不是活生生的,可以让人回味的。试想数千年的中国古代社会里,这种情形在史书中不就经常见到?极端的例子,明清河北正定、河间一带专出太监,怎么理解?为什么好好地不当自由的农民?要说有"奴隶社会",一座大观园不就是,还用得着到说不清的商朝去找?

如果不是过于偏执观念的成见,能说张荫麟描述的不是实实在在的周代历史?对周代社会认识之重要,还因为它关联着对中国历史能不能有一个连续把握的历史通感。只要前后上下打通去思考,问题也就不难豁然解开。于此,荫麟在第2章第1节开首的点睛之笔:"周代的社会组织可以说是中国社会史的基础",看似平易,却有千钧之重。

我特别佩服张荫麟敏锐的历史通感。其时,地下考古发现还很有限,对几千年前社会基层,一般人的聚落生活遗址,全然无知。他完全是凭着文献捕捉到历史灵感的。今天,早于商周以前,新石器时代的考古发现也越来越丰富,完全证实了以同一血缘的家族、宗族聚合在一起的聚落——"乡邑",始终是上面屡经变迁的国家(从方国、王国到帝国)政治的基础。原先陕西姜寨发现的是以公共广场为中心的同心圆模式,大中小房子分五群圆拱围绕着广场(像是公社集会的场所)。我曾自作聪明地提问:是什么时候,我们的民居聚合离开了"罗马广场"而变成排房模式的?很快考古发现证明这是一个假问题。在辽宁,在湖南,连续发现了五六千年前的聚落遗址,竟然活脱脱地就像旧时我家乡村落的排房,五排、六排的,一个村落;南方还发现了一条小路通向远方,"小桥"流水的画面似在眼前。你说奇特不奇特?数千年里我们绝大多数人口就没有走出过这一情景。最近十来年,才有了一点点走出的样子。

什么"人人普遍皆奴隶"?什么"奴隶军事集中营"?现在觉得真有

点好笑。许多前贤的感觉我们都疏离了。他们老说,一家一户,同族相拱相助的乡村生活,在平日里是"自由"的、"平等"的,除非天灾和从外面冲进来的人祸(参许思园《中西文化回眸》,华东师范大学版。张荫麟书里也有类似的描述)。现在想想,那时同族相聚,"死徙无出乡";即使到了郡县制时代,"天高皇帝远",政府只设到县一级,若风调雨顺,老百姓所求不高,外面的人也不大管,这情景也真有点像。否则,《老子》里关于"小国寡民"的描绘,《桃花源记》里的世外村落,想象的根据哪里来?汉吕后、唐武则天年代,上层、宫里杀得天昏地暗,甚至"阴阳倒错",只要不苛政猛如虎,还懂得"休养生息",连正史也承认,是时天下尚称"乂安",百姓"逸乐"。这情境现代洋人不容易看明白,从山村里走来的多少都能体验。上面变化万千,底层依旧如故。什么"王"、什么"帝",能给我安静,都无所谓。山还是那座山,水还是那样的水,这就是直到开放以前中国的历史底蕴:数千年以不变应万变。

由第2章而下,直到第7章秦统一止,实际整个成一系统。这是有关中国历史走向的一个大关节。对这种历史变动,在第5章第1节,以优美似散文的笔调交代了总的态势:"春秋时代的历史大体上好比安流的平川,上面的舟楫默然潜移,远看仿佛静止;战国时代的历史却好比奔流的湍濑,顺流的舟楫,扬帆飞驶,顷刻之间,已过了峰岭千重。"

历史有静和动两方面。前者,张荫麟称之为"一个有结构的全体之众部分的关系",亦即社会学里的"社会结构分析"。"周代的封建社会"一章主体部分,用的就是这种方法。相对于静的结构的描写,后5章,就是张荫麟称为的"变动的记录",有时就径称"演化"。它所涉及的,相当于社会学中的"发展"和"变迁"两个范畴。张荫麟的基本立场,在《自序一》下半部分作了扼要的说明。

吕思勉、钱穆在他们的通史引论里,都说到"人类以往的社会,似乎是一动一静的",吕称之为"生命的节奏";"人类历史之演进,常如曲线形之波浪,而不能成一直线以前行",钱称"历史的风韵"由此而异。这都说明由辨同异而断动变,是通史家着力入针的"要穴"。历史的静不好写,但动的历史更难驾驭,特需要识见。

张荫麟称自己是倾向于"演化史观"的。但在《总结算》里特别申明,他与近世流行的进化论之间有不少原则性的分歧。他所特别不能苟同的,一是崇尚"突变"。他说:"吾人若追溯其过去之历史,则必为一演化之历程;其中各时代新事物之出现,虽或有疾迟多寡之殊,惟无一时焉,其面目顿改,连续中断,譬若妖怪幻身,由霓裳羽衣忽而为苍髯皓首者。"他不相信靠朝夕之间"天翻地覆慨而慷"的举动能造作出奇迹,什么事情前后都有纠葛丝攀,只能渐渐地变动。这层意思,在关于春秋战国变化态势的描述里,已经用近乎文学的语言表达得很生动。二是迷信"必然"。张荫麟主张:"一切民族之历史之通则,宜从一切或至少大多数民族之历史中归纳而出结论。其能立与否,全视乎事实上之从违。"他戏称郭沫若氏《中国古代社会研究》中所执世界同一的演化程式,为"一条鞭式的社会演化论",是"欲将我国古代生活记录生吞活剥以适合之"。

张荫麟后一段意思,需要略为申述一下。我试问过自己,什么叫历史必然? 天下本没有路,走的人多了,就成了路。中国的历史也是一步一步慢慢踩踏出一条路来的。回过头看,曲曲折折的长路,一直连到天地洪荒,一代接一代的人,精心算天算地算人算己,都算不准确,那长程轨迹、那总的结果却是明白的。这结果一定跟"理念"有偏差,跟别的国家、民族更不一样。事后,对这种结局作因果的清理,便得出了所谓的"必然"。以后呢,以后再说。历史学家除此而外,还能做什么?

当然,张荫麟对这种"过程"的历史感觉,绝不会像我上面说的那样浅陋。他既有高度,也有深度,把这称之为"定向的发展"。他说:"所谓定向的发展者,是一种变化的历程。其诸阶段互相适应.而循一定的方向,趋一定的鹄的者。这鹄的不必是预先存想的目标,也许是被趋赴于不知不觉中的。这鹄的也许不是单纯的而是多元的。"(《自序一》)我想,这就是张荫麟对多元发散性思维一次成功的运用。

西周之后,中国历史走向如何? 张荫麟在刚开始说西周时,就早早埋下伏笔,它实际上是后5章的总起:"从这散漫的封建的帝国到汉以后统一的郡县的帝国,从这阶级判分、特权固定的社会到汉以后政治上和法律上比较平等的社会,这其间的历程,是我国社会史的中心问题之一。"一千来年的变动轨迹及其特征,张荫麟的归纳就这样要言不烦。

中国的历史虽然还有许多问题一时还说不清,但她的神韵读多了总有一种特别的感觉。张荫麟这一个"散漫",一个"统一",真是把前后两种不同的历史意境点化得"神"了。在之前,中国人还没有享受到"大"的好处;在之后,中国人从此也要同时备尝"大"的难处。这种历史的通感,张荫麟犹如名医,号脉是如此准稳。

商周王国(张荫麟称"帝国",因为商王或周王有时也自称"帝"),绝对不像现今有些史家说的,已经是一个"统一"的国家。它更像是一个散漫程度略有差异的方邦联合,但都必须以我(商或周族)为核心,不是平等的联合(有君臣的名分)。它明智的地方,表现在尽可能不破坏原有方邦的社会组织,稳定基层,"一国多制"。正像张荫麟说的,周人实行的是地方分治:"在一个王室的属下,有宝塔式的几级封君,每一个封君,虽然对于上级称臣,实际上是一个区域的世袭的统治者而兼地主","诸侯国的内政几乎完全自主"(第2章第1节)。在中国历史上,只在这个时期才有真正名副其实的贵族阶级和地方分权。如果这种历史格局一直延续不变,那中国的历史也许与欧洲的历史不会有那么大的差异,不至于后来谁也认不得谁,如同陌路人。

然而"天下没有不散的筵席",周的"礼制"再完美、再周密,也抵不住人性恶的情欲本能。世袭贵族阶级(公室、世卿)为算计自己的利益,算计别人的利益,"宗族和姻戚的情谊经过了世代愈多,便愈疏淡","名分背后的权力一消失,名分便成了纸老虎,必被戳穿"(第2章第9节),终于不断地相互争斗、相互残杀,出新招,换花样,竟把一个旧的社会秩序给毁了,也亲手把自己所属的那个阶级送进了坟墓。在春秋战国的五六百年里,再没有比贵族阶级渐次在自杀中消灭再重大的事件。不知不觉中,所有好事、坏事,都围着这个中心转;谁也没有料到,人人都在唱"葬花词"。自杀总比他杀更多悲剧的情味。中国历史终于朝着另一方向走去。这就是张荫麟花了5章的篇幅(其中包括相应的思潮起伏,此处割爱不赘),讲了许多故事,要托给我们的这种特具中国韵味的"动的历史记录"。

对这一变动,前辈史家间的价值评判颇有出入,但大历史的构架都是一致的。其中以诚之先生说得最明白。他把中国古代史分为三个时代：(甲)部族时代，(乙)封建时代，(丙)统一时代。钱氏《国史大纲》大体也是循这一思路定纲目的。张荫麟在《史纲》里没有总括，但与吕、钱两家完全不谋而合。读者可以比照现行市场上出名的"通史"，孰为真实，孰为虚假？

第7章第3节，张荫麟破例地引证了秦始皇纪功石刻的原文，然后似乎很不经意地写道："在这幅员和组织都是空前的大帝国里，怎样永久维持皇室的权力，这是始皇灭六国后面对着的空前大问题，且看他如何解答？"

张荫麟没有能把《史纲》写完，但就在上面那段不经意的点题里，已经把此后全部历史的总题目交代给我们了。这就是大家的笔法。

从此，"乃今皇帝，一家天下"，中国再没有真正意义上的贵族，满天下多是皇帝任命的官，直到宣统逊位。在考试(科举前亦有考试)面前人人平等，布衣士子平地可"跳龙门"，但到头来都是争着为皇帝打工。不求有功，但求无过，就成了这种官僚政治深层的劣根痼疾(吕思勉先生多次论及)；也正因为如此，"清官"物以稀为贵，才特别叫座。对皇帝的好处是不用说的，"科举市场"人才资源充足，谁不老实，就招别的人来打工，所以宦海浮沉，风波不断，至有"新鬼又来了"的笑话(武则天宫女语)。对这一点，唯有已故傅衣凌先生一语中的：中国古代的体制，特点不在"长期停滞"，妙在它"最富弹性"，死去还可以活来。

试想，此后两千来年，所有的历史还不是围着这"空前"的"大"字，一代一代不停地补苴罅漏，为中央与地方的关系，为"铁打"的君王与"流水"的职官之间的关系，为宽猛、收放、和战、治乱等等难题，费尽心机。其中历史学起了关键的作用。前车倾覆，后者修轨；拨乱反正，正又复生奇。我们的全部古代政治学，都写在《资治通鉴》之类的史书里头。平心而论，成功是巨大的。林语堂好刻薄，记得他说过："不管怎样，无论怎样混法，中国能混过这上下五千年，总是了不起的，说明我们的生命力很顽强。"(大意)能说语堂先生刺耳的幽默里不包含真理？《东汉前中国史纲》刚开了头，例如关于汉武帝的经济对策、关于王莽脱离实际的改制闹剧，都写得很有意思。在两宋的遗篇里,对兴亡盛衰的讨论要深入得多。

总之,中国历史可以回味的地方很多。张荫麟《史纲》里值得回味的地方也还有很多。"百闻不如一见",还是自己去读出味道来,才是真切的。

参考文献

(1)《东汉前中国史纲》,辽宁教育出版社"世纪万有文库"本,1998年版。

(2)《张荫麟文集》,伦伟良编,台湾"中华丛书委员会",1956年版。

(3)《张荫麟文集》,张云台编,教育科学出版社,1993年版。

三、中国社会史学科建设刍议

社会史与文化史先后在传统史学领地上突兀而起,被认为是改革开放以来我国史学变革的两大标志。与文化史相比较,社会史似乎略显得有几分拘谨,毕竟它还是一门很年轻的学科。即使在社会史研究比较发达的西欧、北美,其兴盛也仅始于20世纪中叶,至今仍充满争议,很难找到一致认同的定义。对刚刚复兴的中国社会史来说,它既要充分关注世界范围内该学科的进展和成功的经验,又必须依据中国社会的特点,做出自我选择,走自己的路。因此,目前应该努力创造一个多元化的,充分开放的学术讨论环境,从容地思考学科建设的各种方案,以期在沉着中求突破。

走出低谷的历史抉择

社会史研究如何驱动,将规定社会史学科发展的轨迹,以及它能否驶向变革的彼岸。在这里,至关重要的是必须对社会史兴起的学术情境和历史学的时代变革有一个深刻的认识。

目前社会史很容易被界定为历史学的一门专史或分支。我感到这需要斟酌。这种界定很可能会因为简化了社会史兴起所包含的丰富学术变革内容而冲淡其对传统史学叛逆的意义,从而使之沦为传统历史学的附庸。

没有异议,社会史同传统史学有难以割断的历史血缘。而且,无论东西方,史学危机都曾对社会史的兴起产生过催生作用。大约在20世纪中叶前后,西欧、北美都经历过程度不同的史学危机,社会史由此乘时而起。30年之后,中国史学也备受"无用"和孤独的煎熬,其深重得多的危机意识迫使史学工作者由西方的启示而找寻解脱的生机。文化史与社会史的崛起,便是由不同角度做出的选择。

当前史学遇到的危机实质上是社会信任的危机。以政治史为核心、深深纠缠于"事件—人物"固定框架的史学传统,显得老态龙钟,无力回应社会变革对史学提出的一系列斯芬克斯之谜。悠悠数千载的中国历史,虽经古往今来史学家不断敷演,却总摆脱不了王朝兴亡与贵人荣辱的基调,而津津乐道于政治艺术,政治偶像、人物偶像被供在史学的祭台上,不断受人朝拜。近代马克思主义唯物史观的引入,冲击过"帝王将相史",一度唤起了人们对史学变革的热情,然而巨大的历史惰性却又把它抛入了传统的海洋中而被融合同化。特别是片面强调政治斗争为历史唯一主线与动力的观念,为特殊的中西方融合铺设了暗道。除了社会形态之类的术语略微改变了史学的外观,中国社会结构的特殊性和社会变革的艰难,仍像一个猜不透的哑谜。到了80年代,现代中国人经受内外的刺激,再也不能忍受百年来的落后。为了奔向世界现代化的时代洪流,中国迫切需要知悉一切有关传统农业社会向现代社会变迁的奥秘。社会神经兴奋中心转移到了现代化经济建设这一崭新的主题上来,由此牵动了整个社会的改造,社会改革涵盖了以往被阶级斗争笼罩的一切领域,渗透进社会生活的各个角落。一向自尊的历史学突然坠落——关于政治斗争艺术的历史遗产不再受人钟爱,经济决定一切的简化论使历史学拙于"社会"研究的短处捉襟见肘,职业的惯性使大多数研究仍囿于"事件—人物"旧模式徘徊不前,因而偏离了时代需求的中心。虽然也有少数勇士采用破门而入的反传统战术,试图用新的理论和方式回应社会与时代的诘难。固守传统的历史学却以不屑一顾的心态用沉默来对付新的变革,只是在年轻人心中才激起感情的涟漪。试问,历史学既不愿与传统决裂,又与时代相隔离,怎么能奢望社会给予它公正的对待呢? 对此,史学工作者不能不反躬自咎,寻找走出低谷的新径。

正是在这种时势的推动下,衰败、中断了数十年的社会史在中国再度复兴。这主要是由史学界的一些学者倡导的,与当初社会史在中国最早落户的情境很不相同。20世纪二三十年代,社会史是由接受西方社会学教育的第一代中国社会学者移植而兴起的。当时的史学界则采取轻蔑或旁观的态度,不轻易介入。现在,中国的史学工作者似乎倾向于自信:社会史可以通过自身的扩张,由历史学家来完成。史学变革的这种主动精神殊为可贵,问题是这种变革是否仅靠领域的拓宽、课题的更新就能实现? 我们是否能由此走出史学的低谷?

初始动机的相似,很容易使人忽略了东西方社会史兴起所依托的学术情境方面的差异。最明显的便是过急地将视线集中于西方社会史所显示的新课题上,忽略了变革赖以实现的许多重要前提。据此我不赞成目前认为社会史只是传统史学领域的拓宽,是历史学分支的论点。相反,主张社会史为了取得自己成长所必需的独立学术地位,目前急需下决心割断传统史学的脐带,在一种新的学术氛围中发育壮大,开拓自己的路。从这种意义上说,社会史首先应作为传统史学的叛逆角色出现在学术舞台上。

也许法国的同行——历史年鉴学派给了中国史学界以巨大的鼓舞,使上述的自信心有了厚实的支撑。为此,有必要对法国年鉴学派的历史经验作一番分析。

我以为,年鉴学派的成功经验,有两点是值得借鉴的。首先,它是对旧史学传统(19世纪实证主义史学)的一种叛逆。用该学派第三代传人勒高夫的话,归结为:打破政治偶像、个人偶像、编年偶像,将政治史赶下王位,是他们的首要任务;进而冲破"事件—人物"的旧格局,以实现使"一切成为历史"的整体研究的新目标。经过他们创造性的史学实践,历史已不仅是政治史、军事史和外交史,而且是经济史、人口史、技术史和习俗史;不仅是君主和伟人的历史,而且是所有人的历史;是结构的历史,不只是事件的历史;是有进化、有变革的运动着的历史,不是停滞的、图表式的历史;是分析的、有说明的历史,不是纯叙述性的历史,总之是无所不包的历史。正因为这样,年鉴学派的创始人宁愿用一个模糊而多义的"社会"作为他们史学流派的概括语,由此年鉴学派也就被看作是当代社会史的开拓者。这就启示我们,将社会史看作等同于政治史、经济史、军事史一样的专史,过窄地界定社会史的研究范围,是与年鉴学派的精神不符的,称不上是对旧史学的叛逆,而只能是旧史学的补充。第二,更重要的是,为了使沉睡的历史获得现实的生命,实现使历史成为"整个生命的复活",年鉴学派认为历史学不应只停留在肌肤表面,必须深入到内脏、血脉乃至整个神经系统,探索"社会"这一"特别狡猾的猎物"的生命奥秘。为此,必须变革观念,变革理论,变革方法,变革——至少部分地变革语言。很明显,这一全面的变革,仅靠史学原有的财富是不敷使用的。因此,拆除学科间的高墙,博大地容纳经济学、心理学、地理学、社会学、人类学乃至数学等多种学科,实施"学术杂交"正是年鉴学派成功的最大秘诀。

应该指出,法国年鉴学派在社会史后一方面的实践是有局限的,对此,勒高夫有过中肯的检讨。这是因为法国是一个史学传统特别悠久的国度,年鉴学派依然保持着史学矜持自大的传统色彩,轻视理论的作用。从法国移开去,视线转向英、德、美诸国,我们的认识就会更深一层。社会史的兴起,不仅是基于史学危机而产生的史学变革的战利品,它更是整个西方社会科学普遍历史化的积极成果。社会史能形成为富有特色的新学科。更大程度上应归功于其他社会学科的变革,其中起关键作用的则是社会学。

社会学尽管资历不深,但从它诞生伊始,便沐浴着近代理性精神的恩泽,既不像历史学那样醉心于因果的线性排列,也不像历史哲学高悬空中,用人类本性、社会本性之类摸不到边的抽象观念去制造种种幻觉,而是用实用主义方法,抓住"社会"这一"特别狡猾的猎物",进行机体解剖。尽管社会学的鼻祖孔德编织了一套社会学颇富哲学意味的理论体系,社会学在相当长时期内,却是用功能主义的观点,竭力探寻某一特定社会能持久维持和自我调整的结构的内在秘密,致力于社会问题的病理诊断。因此,社会学常常被认为是一门应用性很强的学科。现代工业社会的社会结构和社会问题的研究是最引人注意的主题；贴近现实,富有社会改良意识和职业良知则是社会学家的最大特色。可以这样说,现代西方社会能在危机中驶过一个又一个险滩,社会学自有其不容抹杀的一份功绩。

假如社会学始终保持这种态势,那将与历史学绝缘,不可能走到一起。发生于19世纪末20世纪初的社会学的变革却为这种联姻提供了机缘。两个重大的因素影响了社会学向新的方向变革。其一,西方社会内在的矛盾和危机,使社会学家已不满足于关于社会结构协调和谐之类的"整合"神话,日益关注因利益、权力、地位的矛盾而引起的冲突、紧张等客观存在,社会冲突理论取代功能理论受到社会学家的青睐。在这一理论的推动下,关于社会变迁的研究被拥上社会学的王位,其中卡尔·马克思的影响是毋庸置疑的。而马克斯·韦伯则用其毕生的精力出色地完成了关于由传统社会向现代社会("理性资本主义")变迁的一系列开拓性论著,奠定了社会学历史化的变革基础,创立了历史社会学,第一次为社会学与历史学沟通架设了桥梁。其二,第二次世界大战后不发达世界的现代化浪潮强烈吸引了西方社会学家,社会学第一次大规模离开本土转而考察非西方社会的历史变革。原有的关于西方现代工业社会结构和变迁的理论与方法在一片新的疆土上受到严峻的检验,碰到了一系列的困惑。社会学家为了解开非西方社会变革的绳结,不得不逆向追溯包括非西方社会在内的全部世界史,进行综合比较,再一次与历史学会合。由于以上两个原因,继马克斯·韦伯之后,更多的社会学家开始运用历史研究风格进行社会变迁的研究,进一步推动了社会学的历史化。与此同时,历史学也以"一切历史都是世界史"作为回应,接纳了社会学的历史化。这两股力量互相激荡,使一向深藏在社会学理论深处的关于社会整体的认识升上水面,被更广泛地观察思考,于是社会学的宏观理论借助20世纪自然科学方法论的引力迅速转向结构—功能主义,试图构筑一个能包容全部历史时空和社会整体的理论体系。无疑它又重演了当年历史哲学乌托邦式的宏愿,至今仍未能取得一致认同,而且常受到讥笑。但是应该看到,它毕竟为宏观把握全部社会历史提供了种种有启发性的新思路。为了变革浸透了实证主义惰性、缺乏宏观理论的西方历史学,社会学的这一最新变革成果犹如甘霖,浇灌出了社会史这一枝新葩。

强调社会学理论对社会史学科创立的关键作用,绝非意味着要抹杀经济学、人类学、心理学等其他学科的影响。社会学的优势在于它一开始就占领了社会这个制高点,而不像历史学始终被政治遮住了视线,陷于迷津。唯其如此,社会学在它成长的道路上,从理解社会的总目标出发,总是毫不迟疑地吸收其他学科的长处。综观社会学理论的各个主要流派,功能学派源于生物学的有机理论和社会人类学;交换论明显受到古典政治经济学的熏陶,而后又受到社会人类学的深刻影响;互动论更多地体现出心理学的渗透;而冲突论则表现出社会进化论与人类解放的哲学理想主义的交互作用;当今被认为最有发展潜力的结构主义学派,不仅综合了以上各家之长,又深受现代语言学、自然科学以及数学的影响,正向沟通微观层次分析与宏观整体把握的更高目标挺进。现代社会学理论以其不断吸收、不断消化的积极态度浓缩了各种学科对社会认识的理论贡献,因而富有朝气和活力。

到这里,我们已经看到,20世纪各种学科普遍变革与综合交融的大潮,正是社会史兴起的最佳学术情境。社会史并非历史学家孤军奋斗的结果,而是各路学术大军协同作战的集体战果。其中,社会学(特别是社会人类学)则起着开道的作用。说社会史是历史社会学与社会历史学联姻而诞生的婴儿,虽然未必完全贴切,但也不算离谱。依据"总体大于部分之和"的现代思维方式,它只能被确认为一门新学科,而不再归属于历史学或社会学。

之所以要强调这一点,绝非是因为它关系到定义之争。我认为,如果对社会史在一种新的学术氛围中独立成长起来的这一根本性的事实没有足够的认识,就很难下决心主动实现角色转换。历史学的古董鉴赏习惯是颇为根深蒂固的。简单地移植新课题,已经有迹象表明,很可能变成罗列奇风异俗、陈规旧习的民俗展览。这当然是与社会史倡导者的初衷大相径庭的。它提醒我们,新课题最多只能提供变革的外在形式,而变革的成功与否,将最终取决于用什么样的内涵去赋予课题以新的生命,显示其社会史的意义。可见,社会史研究的驱动,不能让摆脱"史学无用"的浅表意识所支配,而必须从学科变革的更深层次上去设计它的发育环境和运行轨迹。占领社会认识的制高点,以促进社会变革为学科的时代使命,这才是中国社会史复兴的出发点和第一推动力。

揭开中国社会变革艰难的奥秘

中国社会的特殊性是为世界学者所公认的。它以其特有的魅力吸引过许多外国学者的关注,但他们毕竟缺乏亲身体验,所以有时连他们自己也不得不怀疑是否有隔靴搔痒之弊。我国学者却又有身在庐山不识真面目之叹。将认识的困惑归之于"身在此山中"有一定的道理,因为一方面由于身处其中,对民族和历史的弱点容易失却自我批判的敏锐;另一方面又因长期封闭而找不到与之比较鉴别的参照目标。但是,不能完全归咎于此。我们对自己民族的历史严格说来既熟悉又不熟悉,社会生活的许多方面被遗弃在暗角里,无人问津,不知深浅;更为关键的是,我们用以观察和解析的认识手段已显得落后陈旧,经验性的、线性因果排列的传统历史学缺乏足够的穿透力进入到历史的深层;历史主义的方法往往强化了存在即合理的民族主义遗传基因而无法产生强烈的社会批判意识。中国社会史以这种未经西方学者透彻认识的特殊社会为研究对象,既要认真吸取西方社会学和社会史一切成功的经验,又必须根据我国国情进行理论与方法的再创造。社会史的复兴,应该用学科的实践证明,中国人完全有能力认识历史的"自我"。建设一个具有中国特点和中国气派的社会史新学科是我们的共同奋斗目标。

当然,认识历史的"自我"并不是中国社会史的全部终极目标,社会史应该有自己的时代精神和历史使命。法国年鉴学派的大师曾呼吁社会史家应该"全身心地投入生活中去沉浸在生活之中,沐浴在生活之中,把自己和人类打成一片",认为"理解活生生的现实的能力是历史学家的最基本的素质"。历史与现实奇妙地沟通,即使凭直觉也是能切身体验到的。近现代中国变革的艰难,同历史的传统千丝万缕地紧相粘连、扭结在一起,更使处在改革进程中的中国人感喟深叹。处在特定国情中的中国社会史,既要抛弃传统历史学的狭隘民族主义,也要避免重蹈欧洲将社会生活史变成琐碎的古董鉴赏的覆辙，克服西方社会史已经抛弃了的建立一个无所不包、杂然并陈而无中心的"大历史"式的"社会史帝国"的野心，要占领时代变革的制高点，以促进社会向现代化变革为自己学科的中心使命。欧洲社会史在整体研究的指导下，确立了"以重建社会结构变迁及其过程中的普通人的历史"为学科的中心任务。正如有的学者已经正确指出的，这是在20世纪西方社会的世俗化进一步发展，普通人在社会生活各个方面影响和作用日益明朗与强化的社会氛围中产生的，反映了西方"人"的观念的变革潮流。这对中国社会史无疑有先导作用。但根据中国社会的特点，我们的社会史研究还必须集中在社会结构与社会变迁的聚焦点上，采取逆向考察的方法，从俯瞰当代的战略高度，去深刻解剖一切妨碍中国社会变革的历史陈迹和历史传统，揭开中国社会变革艰难的奥秘，为扫除变革的一切障碍提供特有的贡献。不能设想，社会史可以没有明确的社会观和社会变革意识，可以不体现学者的社会价值判断和理性的社会选择。应该看到，在历史学界乾嘉烦琐考据的遗习仍有市场，由于"四人帮"利用史学功能而产生的逆反心理也妨碍着学者接近现实。中国社会史复兴之初，有必要扭转此种与现实隔离的倾向，弘扬接近现实的时代精神。当然，这并不意味着社会史应该让道德选择之类的个人感情色彩去污染学科的科学性，而是应严格恪守学术上的"价值中立"原则，使理性的判断尽可能建立在对世界历史清晰的认识基础上，这就要求学者具有合理的理论观念与研究方法，并不断接受经验事实的证伪检验。

社会史应该一反历史学偏重经验叙述的旧习，通过"构建"和"理解"历史，使历史成为具有活的生命的、"有灵魂的人"。社会史必须紧紧围绕着从远古而来的我们是何模样，我们又是怎样走过来的，我们会走向何处，我们应该走向何处等一系列问题。进行新的社会历史反思，寻找新的角度和新的理论去重新认识历史的自我和现实的自我。

中国社会史将以"我们是谁"为中心，综合回答以上四个相关的问题。为了解答这个难题，我们应该采取多种方法论策略。首先应该提到的，便是接纳现代社会科学"整体研究"的新思维方式，从横断面上将中国传统社会看作是一个具有整合机制的动态社会大系统，实行结构—功能主义的系统分析,这就意味着必须抛弃经济单线决定论,从经济、政治、文化科技与生活等各个侧面去探寻中国传统社会如何实现"整合"以及这种"整合"为什么难以打破。中国传统社会"整合"的凝固性曾经引发了史学界关于中国封建社会长期停滞的多次大规模讨论。但是由于拒绝或忽视了整体研究的策略,众说纷纭、各执一端的争论,导致多数人在支离破碎地肢解社会整体。这其中也有突破,那就是一度被史学界视为异端的"超稳定系统说"的提出,特别是关于"政治一体化"与"同构效应"的假说,无论从方法论的启示和潜在的理论解释能力来看,都值得社会史学者重视。该假说也有不尽如人意处,它间接来自系统论、控制论等自然科学方法论的引入,未能充分关照到经西方社会学消化、改造过的社会宏观结构理论,对社会系统与自然—物质系统的区别,对社会各种系统功能的分类、社会控制与运行的特殊性以及社会整合的各种不同类型与特性等关键性问题缺乏理论性的说明。显得过于笼统、抽象。与此相关联,用以论证假说的经验事实,大多借用史学界现成的有限成果,这就局限了这一假说穿透历史表层的能力。同时也不够丰满,留下了许多空白急需填充,中国社会史如能抓住这一具有发展潜力的假说,从强化经验事实和改进理论解释方式两方面用力,借助西方社会学关于社会整合的理论解释方法。也许会有更大的进展,例如迪尔凯姆曾区分了两种不同的社会整合类型,中国高度发展、极为成熟的传统社会无疑是世界上独一无二的"机械整合(或称关联)"的范例。在这方面的进一步验证和发挥,很可能为世界社会学的社会整合理论增添一份新的财富。

第二种方法论策略,便是与社会学共时性认识相呼应,改造历史学历时性的传统认识手段,利用时间的多元性的新理论策略,实行逆向考察法。这就要求社会史将"我们是怎样走到这里来的"与"我们是谁"联结在一起考察,实现社会学层次(社会类型或模式构建)与历史学层次(时间序列与因果分析)的统一。我国史学界对年鉴学派布罗代尔的"时间多元性"理论还相当生疏,社会史必须尽快补上这一课,才能与传统历史学的时间观告别。传统历史学常被"最任性和最富欺骗性"的短时段所捉弄,咀嚼了无数戏剧性的事件,而对历史的总体特征却仍一片模糊。社会史应以此为戒。力图通过短时段、中时段去探索隐藏其间的社会深层结构——长时段。例如史学界常常根据明清之际的某些事件与变动的迹象,乐观地判定已由此开始"走出中世纪"。然而,对自明清至近代的历史作总体研究,就不难发现在变动不居的后面,一切都以半静止的深层为转移,万变难离其宗,即使被人难堪地"轰"着,也没有真正"走出中世纪"。深入观察明清至近代,会在骇浪滔天、瞬息即变的历史之外,看到还有另一种沉默的、隐秘的、几乎不受时间侵蚀的历史。这种常被称为一半归于结构、一半归于时机的"无意识历史",为地理格局、自然社会生态、生产率限度以及思想文化积淀等长远起作用的因素所规定,凸显出不同的原始运动和节奏。社会史必须学会用新的方法策略去区分光亮表层和黑暗的深层,并准确地捉摸住它们之间的联系和运动节奏。具有了"时间多元性"和长时段特殊价值的观念,才会敏感到常易被忽略的隐藏在戏剧性事件中的"原始运动"怎样以新的形式复活,"死人"是如何紧紧地拖住"活人"的。中国社会变革的艰难,往往在这种时而前进、时而倒退的复杂扭结中给人留下最深刻的印象。

比较研究已被证明也是一种行之有效的重要方法论策略。由于法国年鉴学派的推动,"一切历史都是世界史"的观念深入社会史界,世界范围内的比较研究蔚然成风。中国传统社会的特殊性,只有在与西方和东方的许多参照系的比较研究中才可能得到进一步确认。例如张光直通过比较研究,提出玛雅—中国文明代表了具有世界普遍意义的历史连续性强,与突变型的西方社会有别的社会类型,就发人所未发,很具启发性。

我国学者已经充分注意到了整体研究这一当代世界学术发展的总趋势。然而,应该如实地承认,关于整体研究的理论路线和方法策略即使在世界范围内至今也未曾获得圆满解决。当代社会学名家也坦率地说,从微观层次分析到宏观结构与过程把握间尚有鸿沟难以填平。创造高度抽象、几可与自然科学媲美的社会定律甚至公理的尝试,试图靠公理、定理演绎社会运行法则的愿望,常被讥讽为乌托邦。看来比较现实的,是采纳功能、交换、互动与冲突诸种理论策略,用命题或分析框架来构建由经验事实升华的中观或微观性的认识,以期为宏观的整体研究提供可信的沟通基础。

例如马克斯·韦伯关于习俗—指令经济与商品—市场经济的类型分类、传统权威与法理权威政治类型的划分,以及由比较宗教学得出的文化伦理类型等众多命题集;迪尔凯姆关于区分机械关联和有机关联的命题,习俗、礼仪包含的"社会团结"的命题等等,对认识传统社会与现代工业社会的区别,中国传统社会结构与变迁的特殊性,都可以提供许多思路。

这里,不能不指出,在学术界,有一部分学者颇瞧不起微观研究,没有艰苦扎实的资料积累,不对经验事实作细致的归纳解析,就急于下判断、发宏论。西方学者构建的某些宏观理论固然以其气势和观念的新颖而颇有吸引力,但那里微观研究的风气仍然很盛,也颇受尊重,被看作是宏观理论得以奠立的基础。遵守逻辑的严密性,讲求实证主义,是西方学术的"根",几经合理改造被包含在一切新的学术变革中。对此,我们应充分认识,才不致失之偏颇。我国学术界缺乏实证主义发展的这种"中间性"阶段,尤应注重经验事实的积累、归纳和证伪等基础性工作。中国社会史,如同西方社会史所经历的那样,首先就面临着一场资料革命。一向使中国引以为自豪、具有很强连续性的官方历史文献,尽管汗牛充栋,能提供的有用成分却是相当有限的。有关城乡基层的经济生活、社会生活、社会组织、民情风俗,以及属于民间的人际关系、观念信仰、社会与个体心理等,大量散见于地方志史、文集笔记、野史轶闻、戏剧小说、民歌俚曲、家谱族谱与碑刻墓志中。特别到了近代,户籍人口资产企业档案和包括民间诉讼在内的刑法、民法等司法档册,尤属珍贵,这些都亟待人们去分析利用。有组织、有计划的社会考察和民俗调查,将提供活的社会标本,理应列入中国社会史的基础建设规划,并应设法取得正在进行的地方志编纂系统的支持和协同,只有认真地对我们民族的社会历史作充分的包括文献与实地多种形式的调查研究,中国社会史的学科建设才会有坚实的基础,学科的中国化也才不致成为一句空话。

当然,任何微观研究都不应是纯粹经验事实的考证和归纳,它必须渗透着对社会总体与社会演进的宏观意识,设法疏通由微观到宏观的通道。即使疏通的是羊肠小径,也比材料堆砌,纯粹叙述有价值得多,已故的陈寅恪先生在隋唐政治制度渊源的专题研究中,曾对隋唐两代皇族的血缘姻亲关系以及魏晋以来民族的社会的世情风俗作了极为翔实的考据,功力之深为后人一致赞叹。这种精致的微观研究没有流于乾嘉的琐碎,而是引发出了关于隋唐社会政治演变的宏论卓识。其原因之一,就是他对西方社会学(包括社会人类学)不仅有过研究,而且还出色地使之中国化了。这一事例很可以为社会史的微观研究提供一个示范。

中国社会史微观研究的天地是相当广阔的,不应作任何具体的限制。但从学科建设的角度看,似也应有一个引力中心以形成相对宽松的引力场。这个引力中心,以笔者之见,便是本文强调的中国社会史的中心任务——认识中国传统社会的社会结构与社会变革艰难的特殊性,围绕着揭示中国传统社会何以变革艰难这一奥秘,设计一系列课题研究计划,仅举例如下以供讨论:

婚姻—家庭制度研究。中国传统社会的社会关系都是以血缘亲属之链为基本符号的。即使是形似复杂的国家政治结构,实际上也只是宗法家长制家庭的放大。由这种血缘结构的同构串联而形成的垂直政治系统,是一种非常典型的"机械关联"模式,社会整合的秘密即深藏于血缘亲属的一系列礼仪、习俗、伦理中,婚姻亲属制度的研究可能为社会制度化和社会整合提供内在的"社会密码"。

社会控制机制研究。中国传统社会凝固停滞,但也不乏紧张和越轨,中国传统社会依靠什么能不断消解紧张和越轨,以维持社会结构的稳定,这就是社会控制所要研究的内容。其中包括各种形式制度化(约束人际关系的礼仪、习俗和法律、伦理)社会控制的物化实体机构,还有安全阀的设置等。目前社会史的讨论似有将政治、经济、法律制度排除在外的趋向,我以为是不妥的。关键是必须调换新的视角,从制度化与社会控制的意义上去寻求它与社会结构维持、调整等功能的关系。例如隋唐以后的科举制,促使士阶层纳入政治系统并高度流动,以消解社会异己力量,无疑具有安全阀的作用。

社会心理和个体心理研究。关于文化心理在社会结构和社会变迁中的作用,现在已得到认同并逐渐强化。现实的研究策略,最好先选择不同社会层面的人物做个案研究,进而归纳上升为各种不同群体或亚文化心理的剖析,创造一种有别于个人传记的集体传记,然后才有希望对难度很大的民族心理与社会心理做出贴切的概括。目前急于描述民族心理特征的做法近乎空中楼阁,使人难以首肯。假若有人愿意将某一时空的非身份性"士"从文集、墓志、传状中选择数百人作一归纳性分析,可以预计会产生受人欢迎的效果。

社会反抗运动研究。尽管农民起义和农民战争的研究在我国号称繁荣,由于简单的"动力论"的束缚,至今仍徘徊不前。如果合理地采纳社会冲突论的许多命题,就应该深入考察社会冲突各方的价值观、社会规范、社会信仰、社会心理、社会目标,以及冲突的组织(包括组织内部的权力、权威方式)等,由此领悟冲突的激烈性、持久性不同,对社会结构的作用也不同,并揭示出何以激烈的冲突未能产生使社会结构转变的功能。激烈的农民战争最终却起了调整缓解社会冲突、稳固社会整合的作用,这是颇耐人寻味的。

社会区域研究和社会人口研究。中国传统社会的凝固与社会领土幅员、人口密度、人口流动率以及地区间的自然生态,物质资源的不平衡等因素都有相关性。加强区域社会的比较研究与人口社会学的研究,或许对揭示我国传统政体模式以及向法理权威转化的艰难能提供若干启示。中国历史上多次发生的少数民族南下和人口的大迁徙高潮,以及由此产生的小农社会的顽强再生,对强化军事—官僚的政治专制体制,以及缓解社会冲突,似乎有过奇异的功能作用,值得深究。

社会分层研究。中国传统社会始终面临着调处中央与地方关系的难题,这是作为一个高度集权的统一大国特殊的社会整合难题,国外学者非常注意对明清东南沿海"士绅精英"的研究,我国社会史工作者似应对此有更多的发言权,并由此做出更切近实际的解释。在我看来,国外学者过高地估计了地方主义。士绅精英尽管有种种新的利益要求,然而,他们仍然摆脱不了成为传统社会整合基础力量的命运,未能走到社会"转型"的新轨道上去。当然,这仅是一个事例。社会分层研究应该从各个层面上展开,以利于从权益(财富、权力、地位)结构的角度深入理解传统社会的总体结构与特征。

中国社会史学科所担负的历史使命,规定了它在发展道路上充满了希望,但也有许多荆棘等待辟除。社会史从传统史学中突围而出,表面上看是一种分裂行为。但它将从一种全新的角度去探寻重新解释社会—历史的理论与方法,在一片新的疆土上建设起认识社会的理论学术体系。到了功德圆满之日,很可能会复归寻根,为建设新的历史哲学贡献自己的所能。只有到了历史哲学变革成熟之时,新史学的诞生才能真正成为现实。而其前提是社会史必须敢于挣脱传统的束缚,融会当代世界文化的一切积极成果,加上自身的创造,走自己的路。

[文后附识]

社会史是因历史学变革的时代需要而应运兴起的,它确实为变革中的历史提供了一种具有活力的新样式。但是,仅仅引入一些社会学、人类学的新名词,改换上"社会史"的包装,很难为学术界所认同。这应该是一次从外延到内涵,从观念到方法的全面性、创造性的大转变。

我想,为了使社会史真正承当起历史学变革的学术角色,从事社会史研究的学者首先应显示出与之相符的、强烈的维新变革意识,力求在"变"字上做文章,敢于另辟蹊径,踏出一条新路。

基于探寻历史海平面之下深层的、奥秘的认识论使命,社会史关注的中心不再是"国家"的历史,而是"社会"的历史;历史编纂也将以"释义"为特色,取代旧的"描述"为主的传统模式。随着史学研究中轴的变易,传统史学着力烘托的王朝兴替、政治震荡,以及相关的事件、人物隐退到第二线,而"芸芸众生"及其沉默的生活世界、心理世界被拥到历史学的前台。这意味着,我们熟悉的、积累经久的东西许多将被搁置起来,需要重新学习,从头做起。只有研究者完成"自我"的转变,才能期望实现史学样式的创造性变易。

"变"谈何容易。我以为应对由传统史学脱轨走向社会史学的艰难性有充分的心理准备。不要期望社会史会在极短时期内一蹴而成"名牌"。现在,许多基础工程正亟待上马,需要默默埋头耕耘,涓涓细流,为将来奔腾呼啸,各自贡献自己有限的可能。正像国外社会史学界曾经"狂妄"宣称的,社会史的最终目标,将是重新改写"历史"。为了这个最终目的,应该先从细部做起,从难处入手,综合性的工程只有积聚到了水到渠成之时,才有可能坚实地拔地而起。

为了变革传统史学的惯性,我建议,中国社会史研究目前应迅速将透视的焦点从国家上层移向社会下层,下力气研究芸芸众生:农民、手工业者(近代工人)、商人、平民(近代市民)、士兵以及平民知识分子等,透过他们日常普通的物质生活、精神生活和心理世界,展示千百万人的"众生相",由下而上地展开对中国社会深层结构的揭露。当然,这不排斥多元、多侧面的其他课题的研究。

历史视角的转换,合乎逻辑地要求有一场动作幅度很大的"史料革命"紧随其后。社会史没有"新米下锅",不用说展示新貌,甚至会发生"生存危机"。例如,中国社会史不研究农民是不可想象的,中国的文明史是从山坡、田野走来的,农民及其社会生活,社会组织和社会心理,不仅构成了中国人的主体历史,而且也是其他一切中国人历史的原始基因。令人深以为憾的是,法国的马克·布洛赫写出了《法国农村史》,而泱泱农业大国的中国却至今没有一部农村史或农民史。成功要取决于史学的理性论证,这就需要有足够多的,颇具说服力的史料作为实力后盾。这时,"二十五史""十通"之类的旧库藏却于事无补。由此可见,中国社会史的转变,首先将逼迫一切有志者重新寻找矿藏,艰辛地去勘察、开采新史料。

值得欣慰的是,已经有一些中青年学者不畏艰难,领先一步了。例如福建的陈支平、郑振满等,历十载艰辛,从家谱、宗谱、族规、乡约、田契、当约等大量珍贵的民间资料着手,结合对活"化石"实地调查,对明清福建的家族组织和乡村社会做出了卓有成效的兼实证和理论分析于一体的研究。上海的钱杭、谢维扬对江西几个县的家族法制的人类学田野调查亦已数度春秋,积有可观的研究资料和论证成果。陕西的秦晖对关中地区大量土改档案资料(这是历史上最全面、最系统、准确、质量最高的一份乡村统计资料)进行了现代的数理统计分析,并追溯到新发现的明代鱼鳞图册,据此提出了令人惊异的"封建社会关中模式"。上海的罗苏文等别出心裁地以近代上海石库门普通的市民群为对象,通过档案、文书、报章杂志、口碑乃至春联、贺语等资料的发掘,展示了百年来在中西文化冲突、交融中"上海滩"人群变动中的"海派"心态。凡此种种,有力地说明,中国社会史的希望在青年。我相信,只要有更多的人耐得清贫,甘于寂寞,一批又一批社会史新史料会不断发现并被成功地应用,在这方面,近现代的前景可观。以上说的是中青年学者。我觉得有责任补充,在我们这一辈人中间,相识二十余载的挚友孙达人教授,关注中国农民史,数十年如一日,衷情不减。特别令我感动的是,他毅然"解甲归田"后,在杭州与王志邦等同志热心觅寻搜索家谱、族谱与鱼鳞图册,成绩可观。祝愿他有新的成果不断问世。

我无意贬低理论对社会史变革的重要性。假如说,采集和使用新史料是社会史"原材料革命"的话,那么,史学观念、史学方法的变革则是它的"能源革命"。问题不在于孰主孰次,而是要把这两种变革真正融为一体。

实际上,史料和史观总是处在一个互动的研究引力场中,相互感应,匹配成偶的。整体史观(即关于"结构"和"过程"的观念),社会学、人类学、经济学和心理学的介入,肯定会推动我们去发现新史料,或是从原有的史料中"嗅"出新意义,并编织成新的网络。我在接触明清徽商时,有一个念头盘旋不散:明清时代的商人能不能成为推进社会变革的主体力量,如欧洲中世纪晚期商人那样?偶然由徽商生活方式和消费行动中引发出奇想:徽商平日生活的吝啬和刻薄,与其在贿赂官府、结交权贵,以及热心办私塾、行"善举"方面却又挥金如土,反差何以如此强烈?怎样来解释这种二极背反的行动背后的心理机制呢?追究其动机,实是无奈地屈从于政治压抑。"贿赂"是"现实"地甘心为附庸,转化为儒是为了寻求同化,而大兴善举则多是出于心理自卑,为摆脱社会的"鄙视",求得社会舆论的承认。这从一个侧面反映了仍然处在"政治一体化"的明清中国,商人没有欧洲同行的那种"野性"和勇气,根深蒂固的心理自卑情结,引导他们以同化为封建政治势力为最佳、最安全的归宿,缺乏强烈的追逐资本和资本原始积累的欲望,仍深恋着权力和土地。他们也仍然属于没有希望、面向过去的一代。作这样的理解,关于徽商生活方式、消费行为的那些资料就"活"了起来,并有可能帮助我们开掘出社会史的新视角。

我认为,从事社会史研究,关键不在于是做宏观还是微观的研究。最终的成功,将取决于能不能以富有穿透力的新概念、新范畴、新方法去重新破解、诠释新史料,为揭破中国社会历史上一系列传统史学所不能解释的谜团,拿出浑然一体的研究成果来。

四、社会历史认识若干思考

古往今来,人类各民族的社会历史及其演进变革的轨迹,已为数量可观的历史学著作不断载录描述。但是对这种一向被认为不依人们主观意志转移的客观存在的阐释,社会历史"密码"的破译,总不尽如人意。

假若历史学家仅仅告诉人们历史"是什么"而对"为什么是这样,而不是那样"表示沉默,不能从过去—现在—未来的连续与变异的曲线(注意,不是直线!)中揭示历史内在的生命秘密,并作出很具说服力的阐述,实在不能算是合格的、有价值的历史学。以消闲的心态视历史为"古玩鉴赏"或者满足于"附庸风雅"的人也许不会有多大的反感。但对那些为着追求现在和未来而必须回溯过去的人来说,他们一定会感到极大的失望。因为历史学家没有给出他们极想领悟的社会运行及其变迁的奥秘。

也许历史学家应该为这种缺憾或不满感到高兴。正是这种曲径通幽的神秘感,这种永无止境的不满,才产生出无穷的诱惑,使历史学具有探索不尽的魅力。历史,即使是某一特定时空的有限的"历史",总是可以不断地被重写,被重新解释。

然而,有一点必须说明,历史学家也有着他们自身难以名状的困窘和苦恼。他们绝非是天生就能对自己领域内的"社会历史"做出解释的"万能博士"。实际上,在他们的研究生涯中,能给出的解释不可能很多;即使已经做出的解释也常常会被反驳,其中也包括自我质疑、自我反驳。越深入其间就越会深刻地体验到:对社会历史的理解,要比对自然的认识难上几十倍。

社会历史,这是变动不居、利益意向互相冲突的人所创造的"历史",充满了偶然性和变异性。历史存活于时间和空间之中,一切都瞬间逝去,"人不能进入同一条河流",也不可能复制,更谈不上犹如自然科学那样可以在"实验室"里演示操作。历史的社会情景是由众多人群的"心"(心理动因)和"力"(利权分享的竞争行为)相互激荡造成的,决定这种情境之所以如此而不是那样的变数不可胜测。即使身临其境,情境中人,也免不了有"当局易迷"之失。何况隔着一个不可逆的时空,后人只能借助于间接的"中介"——遗存的史料去揣摩猜测? 我曾经设想过一个即时的情景,选派十名学生去街头等候某一"事件"的发生(例如两辆自行车相撞而发生的围观),并要这些"当事人"提供"实录"。凭经验就可以断定,每一份"实录"既不相同,也不可能将"事件"的所有"变数"涵盖以尽(不用说,其中还必掺入记录者的主观介入)。可见史学必仰赖史料,而"史料即史学"之说绝不可靠。陈寅恪先生于此体验最为深切,说道:"吾人今日所依据之材料,仅为当时所遗存最小之一部,欲借此残余断片,以窥测其全部结构,必须具备艺术家欣赏古代绘画雕刻之眼光及精神,然后古人之用意始可以真了解。所谓真了解者,必神游冥想,与立说之古人,处于同一境界,而对其持论所以不得不如是之苦心孤诣,表一和之同情,始能批评其学说之是非得失,而无隔阂肤廓之论。"(《冯友兰中国哲学史上册审查报告》)其意隽永,最堪玩味。

中国历史有没有自己的"谜"

我最尊敬的老师,陈旭麓先生,生前在《浮想录》中写道:"历史没有自己的谜,谜都是创造历史的人的设想。"无可弥补的缺憾是,现在已不能起先生于地下,先生的话必有深意存焉。学生不敏,只能在此妄加揣度。

我想,历史没有自己的谜,这是因为特定的"历史"是这样而不是那般,其千姿百态,乃是创造着历史的人在特定的情境中的"自然创造物",

是所有参与创造的"力"互动所构成的"平行四边形"的"对角线"。人人都参与了历史的创造,而被创造出来的历史却永远不是人们意料中的历史。这里不存在"谜",而是必须领受的"历史"的"鞭子"(西人喜好称作"上帝的鞭子",意思也一样)。追求完美是人类固有的禀赋(康德语)。唯其如此,社会历史才具有那种大江东去浪淘旧迹的生命活力。历史又常常开人玩笑,让人走错房间,于是就有了期盼完美后的失望,又有新的不满意。社会历史就是靠这种满意与不满意的往复摆动,像一架硕大无比的钟表,遵循着它自身的脉动运行而不息。对其自身而言,这是一种大化流行的"自然",是无须装饰的本色,确乎不是什么"谜"。

然而,历史,已经过去的历史,必有许多会永远消失、死亡,不被记忆。那些被记忆、被重复叙述、再度激活的,总是属于被生活在当时或后世的人们认为具有"意义"的东西。历史是人们选择后的历史,历史只有在人们选择中才得以继续存在。仅仅从历史被选择的这一事实出发,就比较容易理解:所谓真实的历史,整体的历史,只有在认识论的意义上才相对地存在。历史自然进程的本身已经被深埋于时间尘土中——这是一种自然,一种大化,随缘而生,随缘而转,已随时间而远去;它却又作为遗传基因深藏在现实生活中,无形而有迹,可意会而难言传。从这种意义上说,所谓"历史的逻辑",或者说"历史之谜",确乎是由试图理解它的人"人为"设定的。人们对历史的兴趣,归根到底不是寻求历史自在的"存有",而是寻求现实的"存有"。一切被逻辑化的历史,实际上都是理解历史的人的"心中的历史"。由此也就产生了人们理解上歧异纷然的"谜",有些"谜"是由思考、认识过程的开放性引起的,也就是说对"自在"意义上的历史的认识本不可能穷尽;有些则是为了人为地"创造历史"、试图强加于历史而造成的(例如"四人帮"的"影射史学",就是企图强扭历史自然逻辑的最近也最拙劣的一个案例)。先生似乎更多的是有感后一种人为设定的"谜"而发的。对此,先生在后期遗著中曾不遗余力地痛加鞭挞,文案俱在。

我以为,前一种"谜"也是存在的。例如,在历史上,中国社会的特殊性,向为世界学者所公认而无异议。坦率地说,外人,即使是国外很著名的汉学家,虽身处局外常能道出我们不易想到或不情愿去想的"问题",

细品起来，也多有瞎子摸象、隔靴抓痒的那种隔阂。其中诚实的学者也承认，面对这种独一无二的"社会历史"，不由自主地会产生一种神秘感，有许多"谜"猜不透。在这里，我已经把那种基于"西方中心主义"的偏见排除在外（读者自可检阅美国学者柯文《在中国发现历史》所提及的种种案例）。著名的法国年鉴学派第二代扛鼎人物布罗代尔，著有三卷本《15至18世纪的物质文明、经济和资本主义》。他以不凡的功力展现了4个世纪欧洲现代化进程的全幅历史（体现其整体史观）。这样一位具有新的史观和严肃态度的当代史学大师，在世界经济背景中时而也涉及同时代的中国，常常表现出某种不解与迷茫。例如他感叹明朝于1421年由南京迁都北京，认为这实际上是"背离了利用大海之便发展经济和扩大影响的方针"，不无遗憾地说："不论这一选择出于有意或者无意……中国在争夺世界权杖的比赛中输了一局。"他对"中国人"放弃"林业和畜牧业"而表现出的"无知"表示不可理解，说"这委实太可惜了"。假若这些还多少带有中西比较的价值评判意味，那么，当他说到郑和下西洋，"我们不妨想一下，如果中国的帆船当时向好望角以及印度洋和大西洋之间的南大门埃吉海角继续前进，那又会造成什么结果"（指中国若如此，将抢在欧洲之前享有"地理大发现"以及由此展开的全部"上帝之手"赐予的优惠），无疑袒露出他面对中国历史"怪谜"的那种茫然若失、无以自解的神态。

殊不知中国学者却又有另一番苦衷，常感身在庐山而难识庐山真面目。将认识的困惑归之于"身在此山中"不是没有道理：一方面由于身处其间，对民族的和历史的弱点容易失却自我批判的敏锐；另一方面也因为长期封闭，找不到鉴别的参照系统，难有比较评判的大眼光。但是也不能完全归咎于此。我们对自己民族的历史严格说来既不熟悉又熟悉。问题在于：贴身的社会生活经验若不经知性的洗练，最容易喷突为情绪化的宣泄，而不是智慧的闪光。古典超验性的或近代经验性的解说策略，缺乏足够的穿透力深入到历史地平面以下的深层。历史主义的方法往往强化了存在即合理的民族主义遗传基因，无法产生强烈的社会批判意识。一位由自然科学破门而入的中年学者，在通览了历史学家的许多成果之后,以特具的敏锐感慨道:中国历史学家像是跌进了一张硕大无比的因果网络,变化出数十种解释模式,到头来,它们之间却可以随时相互驳诘、质疑,甚至互相置换。用目下本地最流行的语言:摆在我们面前的是一盆"糨糊",捣过来捣过去,终究模糊一片、一片模糊。情景中人都清楚,他所批评的,正是七八十年代产生过数以百计论著的"中国封建社会长期停滞问题"的讨论。

笔者从求学到执教中国古代史,一晃竟也有四十来年。近若干年,我常有一种难以言传的苦恼,越教疑惑越多,方知真要看懂中国历史绝非易事。例如,我们常说中国是一个君主专制中央集权体制根深蒂固的国家(至少从秦始皇算起)。"根底"在哪里?古人说是"天作之君",那么为什么希腊、罗马那个"天"却造做出贵族民主制、贵族共和制?夏、商说不清,西周不很有点像欧洲中世纪的风味,假若按西周的方向发展,侯国并立,天子乃为"天下"的"共主",中国历史的格局又当如何?假若不是秦灭六国,或者七国不相统一,又怎样?自然,人们完全可以用历史不容许"假设"去避开这些幼稚的提问,正面的解释又当如何?总不能归咎于始皇帝一人即可了事?何况,这离中华文明历史的"根"未免还远着一大截呢!

从这"未名"之根滋荣的枝叶确乎茂密异常。殊为怪异的是,中国人一方面相信"龙生龙、凤生凤",一方面"龙"固然不断地生"龙"(君主世袭),而"虫"却也可以变"龙"——深受专制主义之害最苦的农民一旦夺取全国政权,也一定会做起"真命天子"来。细究起来,普通中国人的生理基因中似乎都有"帝王心理"的遗传密码。日常生活中,只要比别人高一点或多一点什么,就难免会不由自主地流出准"帝王"意识,所以民间有"土皇帝"之说,家庭还有"小皇帝"的雅号,商业广告戏称顾客为"皇帝"!民主观念在中国最难生根。直至近代,还有不少人(而且还是大有名气的学者)期望出一个"好皇帝",因为他总比那些贿选总统、军阀土匪强。这会不会就是一种"根基"?不是,又当如何解释?

比较,是研究任何事物、辨明其特性最通常有效的方法。中国比较史学的兴起,表明我们也开始重视这一早为其他学科接纳的方法论手段了。

然而,中西比较,若只关注名相,而不是从整体上去体察,也会造成新的困惑。例如,欧洲中世纪许多导致折入近代的变革因素或条件,从现象上说,在中国似乎早就存在(布罗代尔在书中这类感慨特多)。13世纪前后欧洲领主庄园的衰落,是以地租制、租佃制的确立为标志的,而此两项在中国至少从西汉起就已具备。至于雇佣制、土地私有制、商品货币经济,以至城市的繁荣等等,近代化这方面的历史前提条件,与欧洲同时期相比,有时还胜出一筹(故而已去世的傅筑夫曾创战国秦汉"资本主义因素"论,说明先生已看出这一点)。13世纪初欧洲大城市巴黎、伦敦之类只有3万人左右,到1328年巴黎增加到8万已耸动遐迩,同期中国一个地方大市镇就有5万之多的居民,何况历史上有过超百万的六大都市?纸币也是中国最早发行,钱庄、典当也扮演过"类金融"的角色。最可奇怪的是,引起欧洲工业革命和农业革命的不少科技条件,却源自中国"出口"(例如四大发明、轮作制、有机农肥等),"墙内开花墙外香"。再如,韦伯认为官僚制度是近代政治的产物,但他也注意到中国的官僚制度却历史非常悠久;更不必说有的汉学家还从唐代发现了"内阁制",对官员的检察系统也很发达,这就更说不清楚了。

　　按照目下很流行的观点,文化形态要比政治、经济对社会的作用更深刻、更久远,甚至说它本身就是社会存在的某种"深层基因"。我知道,在西方,"文化形态史观"的传统是源远流长的,然以此通释中国也不免捉襟见肘。一般地说,中国的文化是最富人情味,最少"物化"意识,伦理至上,民本为要,政治也是被浓重地道德化了的。关于理想人格的议论,也很见精彩。可是,有正面必有负面。翻开正史、野史,迎面而来的不乏人与人的"窝里斗",履践理想人格之说的却是凤毛麟角,故而特别感人肺腑。宋之理学、明之心学,虽入手有歧异,旨归都是高扬性理或良知,即最高的道德追求。细读古贤的原书才明白,他们的激愤首先是指向士风的沦丧(而并非像"左派"史家所说是为了蒙蔽百姓),隐约地也不满于君王。阳明倡言"理在心中",说明当时社会最缺乏的正是纯美的人性——人心被严重地污染,以致谁能保持自身内在的良知,谁就可以成贤成圣(恐怕这就是"人人皆可为尧舜"的注脚)。何谓"心即理"?身外的社会是如此恶浊,找不到一块净土,无可奈何,唯有一个权利是别人剥夺不了的,那就是守住自己心中的良知,净化自身的灵魂,往自己心中下功夫,即体即用,体用不二。由此可见,单从文本上去确认文化,而不关注真实流行中的变异,并不能切中要害。有的学者很迷惑于赵宋一代文化之与国势的反差,在我看来,若想以唯文化的视角推理辩说,多半会言不及义,距离实情太远。此中微妙,若对错综复杂的(也就是由众多因素掺杂的)具体社会历史情境无有深切的体验,难有"形似"的言诠,更不用说"神似"的意会了。

对社会历史的认识能否成为科学

在我求学的年代,历史学是一门科学,必须、也必能做到"恢复历史的本来面目",那是毋庸置疑的。执教长了,才体会到"独上高楼,望尽天涯路"的意境,水天一色的地平线还不是最终的边界。疑惑总想化解,从科学哲学那里获得灵感的期待依旧强烈。曾经相信,跟踪时代,寻求思维方法的变革,史学才能更上一层楼。

中国素称史学发达、遗产最富有的国家。"究天人之际,通古今之变,成一家之言",太史公的话,一经印入刚趋步走入史学殿堂的青年学子的脑海,多半会化成终生萦绕的"梦"。至少在我个人的经历中,可能还因着对《史记》这一史家"绝唱"的倾倒,特别感受到这句话在史学境界上震烁古今的力度:没有穿透天人古今的历史通识,就不能算是真正的历史学家。继续深入古典史学的世界里,梦也就不那么圆了。以下的说法,可能不算过分:二十五史,除了前四史,其余说到底都不过是些"断烂朝报"(正确地说,更像帝王官员的人事档案袋);其实前四史,后三史也已经失了太史公的原味,《史记》真的成了"无韵之离骚,史家之绝唱"。何以如此?就是因为后来的"正史"丢却了太史公原话的第三句:"成一家之言。""官家气"太重,"经学味"又太浓,失其一则三者俱失之。唯有涑水先生的《资治通鉴》,勉存事件绘声绘色描述的史家笔法,一脉未断,然灵气与锐气几已悄然褪去。没有了来自生命的体验,也就不会有生命的激情;失却了生命的激情，也就失去了太史公对天人古今挥洒自如的那份诚挚。史学的感染力即源于发自心底的自然。

然而事情远不那么简单。时过境迁，我们不容选择地注定要生活在一个科学主义分析实用的世界里，追求的是一个明明白白的世界，一颗明明白白的心。包括太史公在内，即使如船山先生《读通鉴论》如此空前绝后的史论，其思辨的"空灵"和义理的"玄虚"，对我们后辈却显得迷离隔膜；更重要的是，它们已经不再能满足现代人心中正欲寻问解答的饥渴。

无论中外，传统史学都是让人物、事件唱了主角，长于从事件中描述人物，事件史最见光彩。各种因果的探索也多围绕这一中心舞台而旋转出众多的解释模式。中国史学向以王朝轮回迭替、人物盛衰荣辱为主题，以叙述为主的史学编纂方法从来就没有构成"危机"。以"理""气"为形上框架，以道德人心变迁为衡定标尺，君子小人交争的唯文化主义古典解释模式，较之西方也自有独具的意蕴。然而待到中国传统社会以其整体形象，裸露在实力角胜的世界大舞台上，备尝耻辱之日，有识之士方开始有了整体思考与比较研究的急迫感，尝试着分析"中国社会"整体的特性（它的优点和弱点，主要是与西方现代社会比较）。"社会结构"（较早称"社会形态"）和"社会制度"凸显出前所未有的意义，全民族强烈地关注着社会转型（变迁）与制度创新的进展及其可能有的前途。这就使我们在回溯历史时必发生热点和视角的转向，寻求新的天人、古今史学通识。传统史学唯人物、唯事件的解释模式遭遇到时代的挑战，不免要黯然失色。

我们常常感叹，作为万物之灵的人类以其独具的思维能力而自信，但是与他对外在世界的认识相比，对自身的认识有"模糊"的形上把握（如中国的大易阴阳理论、西方的绝对"理念"流转），却缺少清晰的"透明"。从世界文化的全幅屏幕上看，由"认识你自己"到认识你自己生活于其中的"社会"，人文学科朝"透明"方向的探索最为艰难。相反，经历三个多世纪变革积聚，到19世纪和20世纪之交，自然科学在宏观（宇宙系统）与微观（物质结构）探索方面极其辉煌。抵挡不住的诱惑，使一向以追求形上思辨的人文社会学科情不可抑地也想追踪"科学"的成功之路。在西方，这种转向也不是"一窝蜂"而上的。一般地说,经济学(或许还有法学)最早也最先取得某种成功,孔德开创的社会学就起步较晚,而历史学这块古老王国的变革可能发生得是最迟缓的。这种思维方式的变革,如果想用最概括的语言来表述它与形而上学思辨的区别,那就是"除非有适当的观察作为辅助,不然就无法建立起任何坚实的理论"的"实证精神"(孔德《论实证精神》)。说得更直白些,就是与"古典精神"反其道,由演绎走向归纳,由综合走向分析,先把"人"或"社会"当作"物质"那样对待,分析—归纳—架构—验证。

这里,我联想起了不久前冒出来的关于"社会科学规范化"的大议论。一向孤陋寡闻,对这种议论的背景知识实在一无所知(因为据我所知,在西方一般地指认自然科学为"规范",而人文社会学科为"理解"),故而恍如雾中看花。揣摩着,若以上述变迁的本义而论,所谓"规范"云云,当是指向自然科学效颦,首先抛弃任何形而上的先验之见,以足够的"事实陈述",即由严格的观察所得的证据为始点,继而在由观察所得的"陈述"中间寻找内在的逻辑联系,进行理论的架构("假设")。然后,在"陈述"与"假设"之间互相甄比,按公认的法则或程序来决定其架构的被确认程度:证实或证伪。最基本的要求是,首先必须保证观察陈述是真实的、准确的,同时论证至少也得不违反最基本的逻辑法则。参照这种"规范"最基本的要求,对历史学只可大而化之地说,首先就是史料的严格考辨,并保证史料与史论之间的逻辑一致性。

治史者第一步必须把握史料,精于考辨,然后才可能进行历史的"逻辑化"(正确地说是"形式化"),这是不言而喻的,而且也不算"新闻"。在我国,史家历来崇尚史料的淹博、识断和精审,不以孤证立论,切忌胸臆武断,贵在反复参证互通,求真剔伪。至乾嘉学派错综运用小学音韵、名物训诂、版本校勘,对史料的此种考辨功夫几达长袖善舞之境。转至近世,虽新学纷起,仍有不少先贤十分讲究这种辨伪考真、溯源返流的功夫,并与西方实证方法在精神上探求沟通(在这方面,严又陵先生首倡考订、贯通、试验的"实证三层次"与内导、外导相结合的逻辑论,可谓沟通中西方法论的第一人;履践而至妙境当首推寅恪、宾四、诚之三先生)。此种治史传统一度失落过甚,亦无可讳言。特别值得一说的是,有些人"误读"了一切历史都是试图理解它的人的"心中的历史",以为史料无足轻重,妄凭主观先验生造只有自己看得懂的"专有名词",随意从历史长河中捡起些许浮草,就歪唱历史,且名之曰:架构"新范式",叫人啼笑皆非。近年有鉴于此,故又有"让历史事实说话"的呼声再起。我想,这绝不意味着要重返"乾嘉时代",它的真正意义在力纠轻忽史料、空阔浮谈之风,再度强调史学若离开史料的依托将成"无米之炊"这一"常识"。

如果认为由"事实"建构"理论"、由"现象"揭示"本质"的路途仅一步之遥,那是过于天真了,何况"历史事实"本身还有一大堆"污染问题"暂且不论。像牛顿的"哲学思维准则"所宣布的那样,"正规"意义上的科学,它的"目标和基本前提"是:"找出(物质世界的)普遍秩序和规律。"所谓规律性,就意味着事实本身不是纯粹的素材,不是无联系的因素的大杂烩;相反,必须在事实中并且通过事实,能够证明存在着一种贯穿这些事实并把它们统一起来的"形式"。众所周知,在自然科学那里,只有当它具有严格的数学表达"形式"(定理或定律),并能够反复验证,才被确认为科学的理论。那么,人文社会学科又做得怎样呢?

我觉得,把经济,人的生产方式和经济生活方式,看作这种或那种社会存在形态成为"现实"具有决定性作用的"深层原因",是马克思对史学思维方式变革最重大的贡献。这不是说,在此之前,西方历史学中没有人关注过经济。但是,人文主义源远流长,文化形态史观根深蒂固,几乎湮没了经济这一人类生活的根本"基础",应该是不争的事实。直至近世,所谓以"科学实证"精神"征服历史领域"的大家,如伏尔泰、吉本、罗伯逊、维柯,乃至被誉为"为历史哲学建立基础"的名著《论法的精神》的作者孟德斯鸠、《论人类不平等的起源和基础》的卢梭等等,也仍不离从"法""民族精神""人性"等政治文化或道德文化上立论的柏拉图、亚里士多德"传统"。正是马克思,他作为西方传统思想的"叛逆者",说出了一个极寻常的"历史事实":"一切人类生存的第一个前提也是一切历史的第一个前提,这个前提就是:人们为了'创造历史',必须能够生活。但是为了生活,首先就需要衣食住行以及其他东西……"(《德意志意识形态》)三卷《资本论》，展示了在社会历史领域欲与牛顿、达尔文一比高下的气度，对有关近世商品、货币、资本经济运行的历史考察，确实不能不令人敬佩其经济学、社会学乃至数学的天才。

别笑话我在这里讲的是人所共知的"ABC"。或许是逆反性的反弹，也可能是时下的"流行"，唯文化史观（说轻一些是过分夸大文化在历史中的作用）造成的混乱，已经到了不能不棒喝的地步。例如前文曾提到的赵宋国势与文化的反差，问题提得尖锐，也确有才气。可是，作者过分偏好"文化思辨"，竟"辨"出原来是"中国文化（他指称为审美型文化）"本就含藏的"玩"文化"基因"在作祟。"文化"被玩到这等田地，真该还他一句：这种历史观察法，"怎一个玩字了得！"赵宋在为消弭历朝一再出现的破坏君主集权与国家大一统的众多离心因素方面，进行了一系列的体制改革，其苦心经营亦旷古所未有，而且也比较成功（元明清的大一统某种意义上应归功于它），但是代价也很大。政治体制，特别是军事官僚机构的恶性膨胀，给国家经济带来了创历史纪录的重负；圆滑的"杯酒释兵权"以及重文轻武等等开国祖制，意想不到的是紧收"事权"与放纵置产、怂恿"娱乐"的新平衡术，利权之间，向利倾斜、以权谋利之风乘时而起（至明清愈演愈烈）。连带说到若干年前有关王安石变法的争论，有些论者也不明此理，责怪荆公"聚敛"，我曾作文指出，此原非介甫本意，乃赵宋政治、经济格局所致，与上述国穷"民"富态势也不无关联（故"富民"反对最烈）。司马君实台下可以说风凉话（因为，他当时是"富民"的代言人），他若当政长了（此时他必须站到国家的立场上），也只得如此。故民间有"不当家，不知柴米贵"之谚。归咎于一人，是谓没有历史感。该文作者还举了一些理学之士的"两面作风"佐证，其实也是迷执于"文化"而忘了包括"吃"在内七情六欲这一本有的"人性"（更不了解宋明商品货币经济上升的历史氛围），下意识地以为理学本可以不食烟火、包治百病。《明儒学案》开卷说到一位康斋先生（吴与弼），家境窘迫，时向邻家借谷度日。尽管他日日打坐东窗，习练理学工夫，但也一再坦认："病卧思家务，不免有所计虑，心绪便乱，气即不清"，"思债负难还，生理蹇涩，未免起计较之心"，真实至极，也深刻至极。说实在的，像这样懂得自律的并不多，大多数人都像太史公所说"熙熙攘攘,皆为利来,皆为利往"(这点就是太史公的"伟大",所以写出了《货殖列传》这一绝作)。理学之士屡见不鲜的"言不顾行",古贤误解为文化问题(或曰:思想问题)尚可曲谅,今人不该如此——科学不是讲观察嘛,稍用心琢磨一下周围的"事实",就不难明白"以食为天"确是历史的"第一前提"。百年来关于"国民性"的议论,西土"主动"、本土"主静"说久盛不衰,然准之于近二十年,耳闻目睹的事实教训我们,中国的"国民性"(包括一向被认为最保守的小农)同样经不起商品货币"魔力"的"诱惑",动势之猛、之速为世界叹为观止。至此,我们应该领悟,忽略了经济的作用力,也就不可能穿透历史运行"非理性"的迷雾,自以为凭"概念游戏"捉住了的历史"特征",终究还要露出虚妄的破绽。近年来将近代化的曲曲折折归罪于这种或那种文化思潮,"文化误国论"甚为流行,造成"文化不能承受之重",少有人愿意从经济的角度(还有政治体制等等视角)去追索更深层的原因。不承认经济比文化更具支配人和社会行为的能量,实在是一种不小的偏差。寅恪先生终以因缘际会而复活,学人竞相仰之弥高,颂词纷出。然真了解先生绝非易事,如谓先生"文化遗民"、偏执文化史观,终是不确。细读先生之文,则中西新旧融通,于社会经济制度致意再三,亦要羞煞今之侈论文化者。下面即是一段传诵已熟的文字:"夫纲纪本理想抽象之物,然不能不有依托,以为具体表现之用;其所依托以表现者,实为有形之社会制度,而经济制度尤其重要者。"接下来谈到佛教,谈到道光以来"社会经济之制度""剧疾之变迁",发以"虽有人焉强聒而力持,亦终归于不可疗之局"的感慨(《王观堂先生挽词·序》)。在文化与经济两极之间往来无碍,既不以主观遮蔽实在,亦不俯世以自损义命之所托,唯大师能之。

我确实比较推重社会学对史学变革可能起的"助产婆"角色。社会学家曾意味深长地感叹道:"社会是一头狡猾的猎物。"正是这种真诚的谦逊,使得他们能感悟出一个至今仍为多数史学家所轻忽的概念:"社会"是一个有似于人体复杂有机系统的"超有机体"(孔德、斯宾塞、迪尔凯姆等由此发展出功能整合系统的方法论策略,此处不赘)。汤因比曾从26种文明的盛衰归纳出"挑战应战原理";其实,"文明类型"概念的提出,最富启发意义，因为每一种"类型"（或曰结构）确实都是独特的、持续的，且有不可比性。中国人从自身历史"六道轮回"中悟出了另一条"定理"：越是成熟、越是发展得完备的文明形态，转型变迁就越是困难。国人向重诗性形象思维，把这种真实的历史感叫作"百足之虫，死而不僵"。

可以说经济、政治、文化诸项子系统整合而呈现出来的社会结构，就像人头顶上的"天"，一旦成形，相当长（！）的时段内，"人"都在它的笼罩下，显得很"小"。因此，结构、制度的系统分析有其特别重要的方法论意义。然而，正像人是不能活体解剖的（故而医学总有限度），但又是靠着静态的人体解剖学才总算有了医学。"超有机体"的"社会"至今也只能巧借生物学、生理学细胞、组织、器官、系统等类似的概念和分析方法，去把握它的结构和功能。不像对社会学无知者所指控的那样"庸俗"，社会学也不满足初期的"有机类比"，其理论与方法论发展得流派纷呈、日新月异，对此史学界知之不是甚多，而是知之甚少。我觉得，它的（方法论）灵魂是整体有机观，而其最值得史学虚心学习的，是容纳百川的博大气象，经济学、政治学、文化学、心理学、考古学、人类学乃至地理学、数学等自然科学方法，无所不试，极融合渗透之能。如果说，某一历史形态，像是多棱的晶体，那么，多侧面、多视角、多方位、多学科地观察、考察它，恐怕是唯一现实可行而又明智的做法。我是很看重"结构"一词对史学方法论的启发的，也未失了理智，即使像年鉴学派布罗代尔那样的大师，读了他的两本名著，由衷敬佩他的学识广博和著述的大气魄，但也不能不如实地说：结构的整体把握，整体史观的实现，路漫漫其修远兮……

不管怎样，当我们追求"科学化"的时候，意想不到的是，抛弃了一种形上的"逻辑"架构，却又不得不接受另一种形下的"逻辑"架构方式，落进了无可奈何的尴尬境地。孔德曾经把这种困窘称作"人类智慧深度的恶性循环"，说道："在这一循环中，我们的智慧首先必然被两个同样迫切而却又根本对立的条件困住。因为，虽然现代人不得不明确宣布：除非有充分的适当观察作为辅助，不然就无法建立起任何坚实的理论，但同样不容置疑的是：如果缺乏某种既定的思辨观念作一贯的指引，那么人的才智就绝不可能收集必不可少的材料。"（《论实证精神》）此时人们最简单也是最武断的做法,就是快刀斩乱麻,由科学主义的"法庭"宣布:历史和逻辑的一致(提升到哲学层面,就叫作"思维与存在的同一"),是最高的判决准则。

现在我们多少已体验到,"历史和逻辑的一致",既是一把裁决"真理"的刀,更是一把远没有成形的刀。即以历史学而论,如何保证史料与史论的逻辑一致性,就是一件十分棘手的事(正因为如此,我对"社会科学规范化"的讨论能否有结果,不抱希望)。在我想来,似乎有着两种意义迥然不同的"历史逻辑"。无以准确名之,姑且说一种是历史的"自然逻辑",一种是历史的"人为逻辑"。前者是指历史本有的、外在于史家指认的内在的逻辑,真如胜义,不假外道而自在。可是,写历史的总想廓清历史的云遮雾障,还个明明白白,于是就有了逻辑化的历史,亦即"人为"的"历史逻辑"。最难的诚如前述,如何确保这两种"逻辑"能契符而互不相悖。

何谓历史的"自然逻辑"? 当然,我们在这里讨论的是狭义的历史,即人类社会的历史。社会的历史,归根到底是"人"的历史(自然生态状况是它的背景),是各自怀着一定的目的和利益意向的人,相互共处又相互冲突的历史。由于人是唯一能思维的高级动物,因此,与任何别的有机生命和无机的物界的历史有着许多截然不同的特性。作为个体,每一个人都有追求自我利益不断增长的内在机制,名之曰:"利益最大化原则"。人又是一种高级的群居动物,不合群就无以生存,更不用说改善、提高生存质量。合作就成为人类第一社会需求(但相对于原生性的个体生存的本能,它只是次生性的需求)。正如不少社会学家所指出的,"合作"是一种社会功能,它产生于冲突又只能通过冲突的调节来"整合"。殊为惊异的是,我先哲对此却早有深刻的洞察,他就是先秦的荀子。荀子即指出"人生而不能无群"。"人何以能群"?他用了一个极富中国哲学意味的范畴,叫作:"分"(读如"份")。下面的一段话应该说是非常精彩的:"人生而有欲,欲而不得则不能无求。求而无度量分界则不能不争。争则乱,乱则穷。先王恶其乱也,故制礼义以分之,以养人之欲,给人之求,使欲不必穷于物,物不必屈于欲。"(《荀子·礼论》)除了"先王制礼义"之类的古人陈词滥调之外,确实已经刮剔到了历史"自然逻辑"的胫骨,其"分"简直就可以看作是社会整合所必有的"制度建设"的同义词。可惜后儒因其为"法家"之滥觞张本而故意充耳不闻。顺便一说,对中国社会,往往法家既是支配着社会制度运作的"黑手"(躲在幕后),又对社会认识别具慧眼,有"歪打正着"之妙,切不可轻易放过。

当代美国新制度经济学派诺斯在《经济史的结构与变迁》等一系列著作里表达的思想,明显是"现代派"的。他认为,为了便于合作,必须有一种向人们提供发生相互关系的指南,以力求减少交往中的不确定性(经济学的术语叫"降低交易成本")。因此,人类从"合群"的洪荒时代起,便有了"制度"的创设。诺斯说:"制度是一种社会的游戏法则。"它们非常类似于一种竞技性运动中由正规规则和补充的非成文规则(习惯规则)所组成的游戏框架,用以制约相互关系,保证既对抗又合作的竞技活动持续进行。由此可知,人主动选择了制度,而制度又约束和限制了人的选择行为,使人处于被动(或者说是压抑)的境地。人类社会的全部历史,从这一意义上说,就是创设制度、变革制度的历史。选择和再选择是社会历史变革驱动的能源。再选择,既来自竞争各方的意愿变化,更是由竞争对抗各方在"综合情景"中通过协议对"游戏法则"的修改来实施的。"制度"的成文化只是对这种实际的选择行为的事后确认而已。

这里,我不是要具体讨论诺斯学说的短长(说到底,也只是模拟自然逻辑的一种"人为逻辑"),而是想指出,诺斯所运用的"游戏法则"一词大有深意。它恰恰非常形象地表达了一种历史学家很少愿意径直道明的社会历史观:人类历史充满无数偶然性和随机性。选择什么,怎样选择,都不是任何个人、团体、组织所能主观设定的。它取决于一种"合力"(在特定的时空中,所有自然力和社会力的函数总值)。人人都参与了历史,人人都无法知道自己的选择将落到何方。这是一种生存意义上的"游戏"。而且,这种再选择的"游戏"永远处在不断的流变之中,伴随着人类生存情景的多变而无边无涯,殆无止境。

按照上述的理解,历史的"自然逻辑",只能被看作为历史运行状态的自身。动态的历史自然进程本身就是它的内在"逻辑"。这里,我想到了20世纪中国最富哲学原创性的熊十力先生的"恒转观"。十力先生说:

"本体之流行,是刹刹新新而起,未有一刹那顷,守其故……流行者,不是凭空忽然而起之流,乃本体之流行也。本体是万变万化之真源,含藏万有,无穷无尽。"(《原儒》)这是对历史真如胜义的一种超时空的体验。唯其不执着于一时一境,始能有如此深邃的洞察。由此可以说,历史的逻辑就是历史"本体"的"流行"。若一定要追问它是什么,固然可以列举种种"色相",总是举一而漏万,反不如说:"一切法都是刹那灭……即凡法于此一刹那顷才生,即于此一刹那顷即灭。"凡是用心思辨的人,其实多多少少都会有这种心领神会。现在少有人去读恩格斯的《社会主义从空想到科学的发展》,书中就有这样一段类似熊氏色彩的话:"当我们深思熟虑地去考察自然、人类历史或我们自身的精神活动时,在我们面前首先呈现的是种种联系和交互作用的无限错综的图画,其中没有任何东西是不动的和不变的,万物皆动、皆变、皆生、皆灭……"(顺便一说,在中国体用不二思维方式原难二分为唯物唯心,西方也并无绝对清晰的二分边界。)

  康德说过,本体不可知,但可以思。"思"什么,思"存在",很玄。相比之下,"天空不留痕迹,鸟儿却已飞过",似乎更容易启发人去想象有限与无限的对待关系。设想鸟儿飞过的那瞬间(人生也是一瞬间!)留下了一帧"摄影",虽则我们不能说它就是"鸟儿飞过"的本身(绝对的真实),却总是它的刹那"印象"(同时也打上了摄影师的印记,如特定的视角),是一种不离真实的"似"。有了"鸟儿飞过"的印象,我们才可能实在地感受到苍穹的浩渺。我想,史料之于历史的价值大致也只是如此这般。若从历史是一种自然进程,是一次性的、不可重复的意义上说,只有按其留下的尽可能连续的"痕迹",摹写描绘,方能得到一种"似",故而叙述未必劣于阐释。这可以看作是一种死(死去活来)工夫,却是史学必不可缺的基础工作,凭空起不了华厦。或许是现代人的浮躁,太急于功利,因此,"阐释"却成了"聪明人"的遁词,"史论"加举例竟创造出了目下"最现代"的"历史编纂学"和"最现代速度"的史学编著业。有感于重史料风气的淡薄,我很为过去有点情绪化的鼓吹"阐释为主"感到不安。

  还有一种情形,是误用了自然科学的方法,却不理会人类历史及其文明形态本有的"自然"。斯宾格勒说得好:每一种文化都是独一无二的经验。各民族的社会历史也是一种独立存在的整体。所谓"独立的整体",就是在世界历史的大背景上显示的是"它",独一无二、不可替代的"它"(殊相)。"整体"的内在结构可以分析但不可以分解,是庄子所说的那个"混沌"。例如说中国传统社会结构是"超稳定"亦可(这是从整体上与近世之资本主义形态相比较),然可推敲之处甚多,且不说数千(年)间制度变化之微妙让所有历史学家穷其一生也不能尽传其真迹(中国古代制度之变化轨迹,唯有遍读过二十四史数次的诚之先生,方可谓得其形似,见《吕著中国通史》),而且一些制度的演进创设也不是以"古代""现代"死概念可以理喻的(像科举制度,布罗代尔惊异地说"虽然考试并非绝对没有舞弊,但它在原则上对社会各阶层全都开放,其门户远比19世纪的西方大学开得大。科举给人担任高官的机会,这实际上是社会机遇的再分配,也就是牌局中的重新发牌")。何况还可以反诘,若以千年后之新人看来,西欧数百年的"资本主义",也未尝不可以用"超稳定"一言以蔽之(因为这时又有了新的参照系统)? 在历史的长河中,千年、百年都是"刹那顷",岂有"超稳定"的神话? 现在不是很时行"后现代""后后现代"……恐怕还可以一直"后"下去,未见得有底止。佛家说得好:"境随识转",执着于此情此境而断论"历史"终究是虚妄,纷繁复杂,变化莫测,刹刹新新,这就是历史的本相,人类历史固有的特色。在域外,关于历史的"自然逻辑",康德算是以西方方式深得其中三昧的一个。读他的《历史理性批判文集》,这位哲学老人以其特有的狡黠避免正面回答历史的"自然律"是什么。因为他清楚,他无法直面他眼中的"历史情景":"当我们看到人类在世界舞台上表现出来的所作所为,我们就无法抑制自己的某种厌恶之情;而且尽管在个别人身上随处都闪烁着智慧,可是我们却发现,就其全体而论,一切归根到底都由愚蠢、幼稚的虚荣甚至还往往是由幼稚的罪恶和毁灭欲所交织成的;从而我们始终也弄不明白,对于我们这个如此之以优越而自诩的物种,我们究竟应该形成什么样的一种概念。"此时,形上哲学的全部狡猾性在这里表现得淋漓尽致,且听他说:"对于哲学家来说,这里别无其他答案,除非是:既然他对于人类及其表现的整体,根本就不能假设有任何有理性的自然的目标,那么他就应该探讨他是否能在人类事物的这一悖谬的进程之中发现有某种自然的目标;根据这种自然的目标被创造出来的人虽则其行程并没有自己的计划,但却可能有一部服从某种确定的自然计划的历史。"(《世界公民观点之下的普遍历史观念》)"自然的目标""自然的计划"是什么,读完他的全书,也不可能有明确的回答;若强迫他一定要回答,我想他还是会说:你若能长生不老,读完人类全部历史,答案也就有了。非常有意思的是,新近译出的布罗代尔论文集《资本主义论丛》,载有布氏在一次国际学术讨论会上的答辩。当辩者反唇相讥说"希望自己的观点符合实际",布氏以稍带调侃的口吻说:"我没有丝毫的把握。假若能让历史重新开始,把所有的事情都恢复原状,历史将成为科学。可惜历史不是科学。"这再次证实了如寅恪老所言,历史本有的"逻辑"(本体)只能在"神思冥游"中被体悟。它是不可言说的。无奈时也可以被描述("言诠"),但被描述的相对于"本相"终究拙劣(不用说康德方式,就是熊氏方式,十力先生自己也声明这只是一种"言诠"),不可言说才是最高境界。

上面所说,极容易被认为是历史的"不可知论"。我也是很晚才对这种略带玄气的说法,似乎突然有了某种感悟——其实,最先的感受倒是从"科学革命"的冲击波中获取的。先前,出于对科学的崇拜,我总觉得"科学世界"是"透明"的,上天入地、唯精唯一的秘密都是可以穷尽的。后来是库恩、波普尔温和而彬彬有礼地教训了我,而那位被称为"无政府主义者"的法伊尔阿本德则近乎粗野地重复了这种训斥:宇宙之外尚有反宇宙物质不可知地维护着宇宙的生存,量子力学的宇称定律并非完全"宇称",科学也处在永远"刹刹新新"的"恒转"过程中,忽而透明,忽而模糊。"不可知论"对任何执迷不窹是当头棒喝,而它又往往是诱导新知的摇篮。较自然科学相形见绌的人文历史学,难道不更应该有这种破执去惑的心境?我的直觉告诉我:唯有真切地承认历史"自然逻辑"是一种"恒转"的"混沌",才不致困于有限的历史"人为逻辑"之中,成为"井底之蛙";才有足够的勇气沿着"自然逻辑"的"神引",去探寻历史留下的踪迹,尽可能地去亲近不可预测的未来。

也许是人类思维的优点、也是不可割舍的弱点:当一切处在朦胧之中时,我们会不满意它的"模糊";当我们来到一切都是明明白白的分析世界之中,我们又怀疑它的"透明"是不是一种欺骗,又因丢失了朦胧美而兴味索然,少了想象驰骋的诗境。这里,我想偷窃福柯的一段话,歪其意而用之:人类把自己的命运交给了带有千条支流的水道、带有千条航道的大海,交给了处在一切事物之中的伟大的不确定性⋯⋯他将去的地方是未知的——可他一旦上了岸,那地方其实就是他的故乡。他只有在"模糊"和"透明"之间的广漠的空间里(或许它就是熊氏所说的"本体"的"恒转")才拥有他的真理。

社会历史的认识能否"价值中立"

社会历史,归根到底是人的历史。由单数的人变为复数的人群的集合,不只是量的累积。复数的人群不可能简单地还原为单数的人。"社会"作为一种"整合"人群的"突生现实"的出现,意味着人的境遇因此而迥然不同于生物界。自然科学(包括生物学、生理学)的方法不能不在这里受到严峻的挑战。

无论是对自然界还是对社会历史的深层思考,都存在着有关"一与多"的"哥德巴赫猜想"试解。莱布尼茨或许是受周易的启发,他创造了"单子"概念,说单子既不是单纯的一,也不是纯粹的多,而是"统一性中的多样性的表现",是一个动力学的整体,只能在无限丰富的结果中表现自身。这虽然仍不脱"概念游戏"的技法,还是顽强地再现了不满足于"多样性"而欲寻求"统一性"的人的思维天性。同样,百年来关于中西社会及其文化的比较研究,多专注于殊相的抉发,也忽略了一个实在不应该忽略的思考,这就是:"从本质上来看,不同的国家的人民为同样的难题所困,为同样的疑团所惑。"(许思园先生语)从自然中脱胎出来的人,既是一个理智的存在物,又是一个社会的存在物。当他(这里指复数的人)脱离幼年的混沌状态开始获得"自我"意识起,命运注定了下述难题必将伴随其始终:个体与群体的矛盾,自然赐惠与人为索取的矛盾,物质享受与精神需求的矛盾,自由与秩序的矛盾,理想与现实的矛盾,稳定与变异的矛盾等等。除此而外,对个体而言,还有情感与理智的矛盾,生与死的矛盾等。中国古代关于群己之辨、理欲之辨乃至心物之辨、生死之辨,说明我列祖列宗对人类生存境地的思索绝不逊于世界任何别的民族,也再次证明人类面对的难题都是相通的。

社会,乃是人群合分聚散无定的"驿站",天地悠悠,过客匆匆。个体的人既天赋有独立自由发展的要求(因为他是理智的存在物),又无以单个生存而必须合群,始于男女,成于家庭,外化为民族和国家(因为他是社会的存在物)。社会历史上所呈现的种种戏剧性的变化,无不基于人内在的本能要求(本我)与外在群体整合的要求(超我)的张力,其余一切矛盾都是由此而派生的。本我与超我、个体与群体的对立统一,是社会内在的结构性矛盾的"根",是它一切变化的最终的"深层原因"。当我们的视线转到"社会",就必然首先地要指向个体与群体的整合。群体总是以利益的游戏法则扭合的,人与人之间是以有形的或无形的"协议"(或曰:契约)互相联结,求同存异。每个个体必须出让部分权力以获取可能得到的权利,"利益最大化原则"只能在边际效率的函数集上才能得到确认。"正义""公正""合理"等等都是以特定的"协议"认可为前提的。最好的"平等"也只是机会的平等,而不是每个个人权利的平等。克尔凯郭尔不无深情地说:"在一切痛苦中最为痛苦的是,既要完成精神任务(他指的是'精神自由'),同时又要生活在人群中。"这是个体精神至上者想摆脱"协议"的痛苦。卢梭是属于激进的一派,"人生而自由,却无处不在枷锁之中",着眼的是政治或国家形式对个人"约束"的夸张。道德理想主义者,恰如马克思所说,一个理想的社会,应该是为实现"人的自由的、全面的发展"提供充分条件的社会。然而迄今为止,个体与社会的匹配契合,始终为一些最基本的难题所困惑,由此包括马克思在内的人类先知圣贤们所渴求的那种完美,就成了社会发展中驱之不去、挥之不就的永恒"情结"。

人文学者,包括历史学家,通观古今中外已有的社会演进,不能不感慨万千,面临着评判上的尴尬。犹如人生诸多烦恼,叹道"人生就是过程",社会的历史何尝不是如此,"过程"本身即是它的真义所在。我们找不到无可挑剔的完美,看到的只是对完美不懈的追求。转而不能不修正我们的期望,说道:"寻求的不是结果的统一性,而是活动的统一性,不是成品的统一性,而是创造过程的统一性。"(卡西尔《人论》)"上帝"给我们的是一杆永远找不到合适平衡的、处于摆复中的"天平"。前述的种种两难,如阴阳两极相济,此重彼轻,过分倾斜到哪一头,而冷落另一端,社会都难得安宁,人们也不会感到满足。重则轻之,轻则重之,矫枉而过正,过正则再矫之,无穷的摆复调整,这就是社会动态的运行,这就是全部社会历史的真义。从这一意义上,甚至可以这样说:人类社会的历史,也是不断"试错"(借用科技语)的历史。那些为众人不满意、不合理的旧事物虽随变革潮流而淘汰,新的不满意、不合理又跟踪而来,不舍昼夜。变革,将是无穷无尽,如危崖转石不达其地而不止。试看古往今来,转折之际变革热情高涨,人们基于对现状的不满,在先贤圣哲的理想之光的照耀下,一往无前。对未来期望值之高,必会鼓动出那种以身殉道、义无反顾的勇气,造作出种种可歌可泣的事件和人物。可是,一旦峰回路转,进入新的坦地,失望的情绪便会慢慢爬上心头,愈积愈重,社会现实并没有像期望的那样完美,还平添出原先想不到的许多讨嫌,于是就有了新的不满意,又有了所谓"超越"之类的新的追求。即以现代市场经济所引发的社会变革而言,无疑是对传统社会"群体"窒息"个体"极端倾斜的矫正。现在又对个性的过分肆虐感到威胁,试图压抑之,故而西哲又忽然对东方群体主义格外垂青。汤因比与池田大作的对话(《展望二十一世纪》)透露的便是这样一种信息。作如是观,方不致误读了汤因比中国将充当"世界大同的领导者"之类的预言。

我很欣赏卡西尔富有哲理的阐释:"人类生存的基本要素正是矛盾……人是存在与非存在的奇怪的混合物,他的位置是在这对立的两极之间","人之为人的特性就在于他的本性的丰富性、微妙性、多样性和多面性。因此,数学绝不可能成为一个真正的人的学说、一个哲学人类学的工具"(《人论》)。人是如此,社会则更是如此。传统的逻辑和形而上学本身由于同一律(不矛盾律)而不能理解和解释人与社会那种"方生方死,方死方生,方可方不可,方不可方可,因是因非,因非因是",永处于创造和流变中的谜。社会的不和谐就是它自身的相和谐。前述永恒性的两难,对立面并不是彼此排斥,而是互相依存。社会正是在这些不同的力量之间的吸引中获取张力,在对立、摩擦和冲突中展示顽强的生命活力。历史的长链上每一环,好与坏都是相对而言的,无绝对的好,也无绝对的坏。

自从赫胥黎、达尔文发现并确证生物进化的历史以后,社会进化的概念也就深入人心。社会进化既与时间的尺度"同一",演进的价值似乎也就变得可以用算术级数甚至几何级数来计量,一切都会由低级到高级那样有序地向前"逻辑发展"。中国古代哲人本不是如此看的(他们将历史运行的轨迹看作为圆),到了近世,我们也就相信了进化论,数典忘祖,追踪流行。细究起来,实在也很难判定究竟哪种说法更逼真地还原了社会演进的复杂性、多样性和多面性。前面我曾经提到过英国白德库克的《文化的精神分析》一书,他是采取倒过来的说法,声称农业社会是采集经济的"回归",而资本主义却是畜牧经济的"回归"。我并不认为此种说法就一定成立,但应该承认它在触及社会心理乃至时代精神(前者驯顺内敛,后者野性外溢)方面是不可多得的传神之笔。最激烈的要数卢梭,他曾"忽如狼嗥般狂吼"道:"文明是道德的沦丧,理性是感性的压抑,进步是人与自然的分离,历史的正线上升,必伴有负线的倒退,负线的堕落……"(转引自朱学勤《启蒙三题》)也许人们可以将这种激愤斥之为"道德"情绪化。想不到一向被认为"理性"的经济领域也存在着进与退的悖论。前面多次提到布罗代尔的三卷本《15至18世纪的物质文明、经济和资本主义》,洋洋150万言,只在读到他本人多次演讲、答辩后,对该书的微言大义,才开始有某种感通。布氏认为"市场经济"不等于"资本主义"(这对中国大多数读者是一则"新闻",可惜这里不容许展开,请参阅原书),由前者发展为后者,原先任何人都不占优势的、完全凭运气决定输赢的公平竞争的游戏规则被破坏,变成可以由"少数人串通交换纸牌"来"作弊",造成了交换方面更大的不平等。布氏说道:"当有一种权力主宰市场时,那就是资本主义,因为在市场上进行的是不平等的交换。"对此,美国纽约州立大学布罗代尔研究中心主任沃勒斯坦,作为朋友和该著作的研究专家,替布氏的"作弊"说下了更直白的注解:"没有政治作后台,谁也不可能独揽经济,更不可能有驾驭市场的能力。为了对经济活动设置非经济的栅栏,为了让桀骜不驯的价格唯命是从,或为了保障非优先项目的采购,必须由某一政治权威施行强制。所谓没有国家为后盾或与国家作对的资本主义,纯属无稽之谈……某种意义上说,近500年的历史是市场节节败退的历史。"实际上,布氏反对的是经济的"垄断"趋势和国家及国际政治的"寡头统治",他认为这不是缩小了不平等而是扩大了不平等。关于这些判断的正确与否绝非本文所能说清的,这里无非是想说明,单线的、绝对的"进化",把"进化"等同于"进步",并非毋庸置疑、不可反驳的。

这种情形在由传统农业社会向现代工业社会转型时,中国人遭遇到的工具理性与价值理性的交战中,也反映得十分明显。再次证明对社会历史的动态运行,我先哲前贤的认识也远非清晰透明的。

无论是严复、章太炎、梁启超,还是王国维、陈寅恪,作为20世纪的一代学问大家,国学根底深厚,多兼通西学,也接受过进化论,严氏更是这方面的播火者。然而,真的面对社会转型种种"色相",诸贤似乎就顿然失态,对西方现代化的负面特别敏感,担心中国步其后尘,重罹"物质富裕,道德沦丧",以及弱肉强食、残酷斗争,人被严重异化的灾难。他们以"人心"或"国民性"为题旨,对当时社会演进的不满、激愤,形之于色。章、严晚年更趋悲观,颇眷恋中国往昔的辉煌,不堪直面未来。由此在中国近世思想文化领域,出现了一种奇特的景象。首先,我们的先哲前贤睁眼看世界时,感觉到的不仅仅是现代化耀眼的荣光。这是因为,带血腥味的资本,西来殖民者对中国横蛮的掠夺,在中国人面前尽情裸露出了西方现代化的另一个侧面——丑陋阴暗的一面;与此不无关联,欧风美雨下中国社会特殊的变形,表明传统与现代之间并非完全排斥,权力之恶与金钱之恶可以交互为用,人性中原有的恶很可能会被新的诱惑教唆得更恶、更放肆。对此,民族的文化基因做出的回应又是西人所没有想象到的:原始儒学开创的理想人格与伦理至上的文化传统,使中国的人文学者特别注重人性向善的追求。老庄反社会、非难理性的哲学思维,特别是周易的变易哲学,又为中国人考察西方现代化提供了一种东方式的敏感和非线性的变易观,使中国人有可能摆脱西人那种昏昏然浸染于单线进化和满足于物质成果之中的自得,借助变易的观念预感到肯定与否定、进步与退步必将负阴抱阳兼容并蓄,由此陷入极度的困惑之中。

多年前,我还不能读懂前贤的苦恼,现在却有点开悟了:其实,既有的现代化模式,都是有利有弊、有善有恶,进步中包含着某种退化乃至退步。利益也不可能一体均沾。它不仅是利益的再分配,更为难堪的是,必然要从魔瓶中放出"欲鬼",来个"孙行者大闹天宫",野性发作,使原有的秩序和平衡不复存在。西方先行者因为是自然演进,很像是摸着石头过河,顾前不顾后,见不到为净。后随者则大为不然,前辙清晰可辨,泥沙俱下,心态就复杂尴尬,进退取舍颇费踌躇在情理之中。严复是以翻译《天演论》而名震遐迩的,可晚年却对他一度钟情的进化论有非常刻薄的批评,说:"不佞垂老亲见支那七年之民国与欧罗巴四年亘古未有之血战,觉彼族三百年之进化,只做到'利己杀人、寡廉鲜耻'八个字。回观孔孟之道,真量同天地,泽被寰区。此不独吾言为然,即泰西有思想人亦渐觉其为如此矣。"我以为,进化论自有其思想史的价值,但对进化论的诘难,更有它独特深刻的意蕴,不可忽视。(这话题太大。有一点可以指出,即使在生物学界,达尔文进化论也已经修正,出现了不少新的学说。就说进化,它也不是绝对的。例如人为万物之灵,是生物进化迄今为止的最高成就。但是人的视力不及猫头鹰,听觉不如鸟类,行走还比不上兔子敏捷。当然这只是就个体生理功能而言。人类、即复数的人之高明,在于能创造出许多替代物,以弥补生理的退化。)1920年春,梁启超由欧洲考察回国,一改常态,竭力渲染欧洲的混乱和悲观主义,申言科学虽在欧洲赢得了绝对的胜利,但现在在凋谢干枯的、机械唯物论的西方,人被赋予了无人格、不安全感、忧虑、疲劳、闲暇的消失以及扩张欲凝聚的恐惧和丧失自由等特征,这是一种典型的精神贫乏症,故必用"以精神为出发点"的东方文化"救治"之。不期然,相隔不到半个世纪,却成了西人的"文化情结",历史就是这样值得玩味!如果今天还把前贤对我们生存困境的普遍忧虑、祈求、警戒中国近世切莫重踏人性异化的歧路,看作为一种文化保守,那实在是对上述人类的生存困境和社会演进的矛盾性缺乏必要的哲学感悟了。

近代中国的哲人基于对本民族的人文终极关怀,不期然地与西方20

世纪"物质—精神"的"世纪难题"发生偶合,早熟或超前地对资本主义理性(尤其是工具理性)作了许多深刻有价值的批判,其精彩绝不逊于20世纪批判"理性主义"的西哲,并显示出东方特有的人文主义的德性智慧。近来陈寅恪研究成了一个新的"热点",我很不同意有些学者把先生看作"文化遗民"或什么"文化亡灵的守护人"。恰恰相反,基于前述的理由,在我看,与其把先生比作过去,毋宁将先生视作代表着未来,更切近对先生学术思想普遍价值的理解。先生虽激愤地说过,文化无法迁就实用,道德尤不济饥寒,但先生发自内心的祈愿,是他相信,一个民族,一个国家,迟早会觉悟到文化与道德是他们永恒存在的"根"。哲人说得好:"无用之用乃为大用。"这里的"无用",就是那种属于最高的、永恒性的东西。此时人们看来无用,说不定彼时突然会感到大大地有用。无论是陈寅恪,还是章太炎、严复,今天读来就要比一二十年前亲切可解得多;我相信,后来人会更清晰、更强烈地意识到他们的价值所在。前辈的道德关怀和道德感召力,将使后辈获得一种张力,不致随着"资本"的诱惑而盲目狂奔,失去人类应有的自制力,沦为另一种动物——物质和金钱的动物。

相信科学客观主义的人,很可能会站出来大声叱责:对社会历史的科学认识,不容许掺入主观的价值判断。学界朋友都熟悉,正是马克斯·韦伯主张对社会历史的认识应该持"价值中立"的立场。然而,当我把他的名作《新教伦理和资本主义精神》读了好多遍,有一天突然发现,韦伯自己也不可能保持"价值中立"。因此,我写下了一篇读书札记,题名为《悼念韦伯的精神分裂》,兹转录于下:

> 知识分子是人,是人就理应具有情感趋向和精神寄托。韦伯是一位著作颇丰,多方位有成就的学习者。但,他首先是一个德国人,一个大日耳曼人。无论是他的经济学,还是他的社会学著作,字里行间都流露出对德意志这个国家和民族深挚的爱和热切的期望,期望它能在整个世界中扮演主角。唯因其爱之深沉,故而恨又显得特别激烈。他哀怨德国资本主义的发展不该落后于英美与欧洲大陆其他国家,特别不满意那些"一心只想吃得舒服的有名无实的"德国新教徒。精

神分裂病症发作后,他去美国旅行考察,更加深了这种刺激。

韦伯是以提出西欧资本主义发生独特的论证而享誉全球的。但即使在写作《新教伦理与资本主义精神》这部核心论著时,他对当时欧美资本主义现状也并不完全满意。这也是很值得注意的一种内在的心理矛盾。在该书的最后几页,他竟诅咒起资本主义文明。他要比他的同胞斯宾格勒和美国的汤因比都更早敏感到资本主义的机械理性正在吞噬着人性,文明的发展将要以文化的堕落作为代价,招致人心腐臭,道德沦丧。他说深受机器生产技术和经济条件制约的资本主义经济秩序已经把"财富"这一昔日圣徒们随时可以抛掉的轻飘"斗篷",变成了一只禁锢人性、污染灵魂的"铁的牢笼"。他接着发表了一段略带怨忧凄楚和无可奈何的独白:

> 没有人知道将来是谁在这铁笼里生活;没有人知道在这惊人的大发展的终点会不会又有全新的先知出现;没有人知道会不会有一个老观念和旧思想的伟大再生;如果不会,那么会不会在某种骤发的妄自尊大情绪掩饰下产生一种机械的麻木僵化呢,也没人知道。因为完全可以,而且是不无道理地,这样来评说这个文化的发展的最后阶段:"专家没有灵魂,纵欲者没有心肝,这个废物幻想着它自己已达到了前所未有的文明程度。"

我不知道最后引号内的那段警世之语出自何处(原作者和后来的译者均未加注),够尖刻的。整段话连语言的风格,都活现出哈姆雷特式精神分裂的特征。不是一个具有精神分裂"异常"的人(或许这就是福柯所说的"癫狂"),是写不出这样深刻的话来的。至今读来,痛彻肺腑,又那么真切。

出人意料,强烈的激愤,没有使韦伯变成尼采,发展成尼采笔下呼叫"上帝死了"的疯子,相反他却从"上帝"那里找到了自认为可以慰藉破碎心灵的一块"净土"。那就是新教伦理。正是靠着这一直觉加细密的论证,发现了前人从未发现过的资本主义的"发生学"秘密。其实,这也并没有医治好韦伯心理的创伤,填平他与现实之间的鸿沟,更没有使他的情绪稍微乐观、开朗些。他内心的精神分裂因此变得更深沉,更难熨平:越是觉得"斗篷"的珍贵,就越难忍受"铁笼"的煎熬,恐怕只有在他全身心地投入写作时,才短暂地忘却了痛苦和焦虑。唯其如此,越是要奋笔写作。这就是他最后10余年创作速度、数量惊人,以及56岁英年早逝深层的心理背景。

新教伦理是不是西欧之所以率先产生资本主义独特性的关键原因,在东西方都有争论,不想在此多置一词。众所周知,韦伯在历史因果模式上是持多元、相对的立场的,即使是以新教伦理在资本主义发生史上的地位而论,韦伯在其著作中也从未有过肯定性的明确单一的界说,而且非常反感别人由此引出简单化的"决定论"色彩的公式。正是新教伦理潜移默化的影响(特别要归功于他母亲的身教)促成了韦伯精神性的创造,他分裂而不疯,愤激中始终保持着穿透历史迷雾的冷静,依然不失学者缜密思辨的风格。

韦伯自己从不承认信教。但以我看来,在他的静脉里流淌的正是新教徒的血液。或者也可能是犹太血统的缘故,天赋中就有一份宗教的精神。新教精神救了他,也成全了他的学术伟业。是新教的敬业严谨,促使他崇尚科学精神和"价值中立"。他一再告诫自己,也对别人宣传,科学不容许将主观价值和信仰判断引入学术研究领域,为此,他决心走进历史王国,以冷峻的历史感审视全部资本主义发生史,暂时将个人的情感趋向和精神寄托抛在一旁,如实地发掘资本主义产生内在复杂多样的原因。正因为这样,多少人误以为是韦伯为资本主义作了最善最美的辩护,以致列宁不无反感地称他为博学、胆小的"资产阶级教授"。为了澄清对韦伯的误解,我想在这里引一段他最富哲理性的话:

> 今天,我们再一次认识到,一事物之所以为神圣,不但不为其不美所妨碍,而且唯其为不美,方成其为神圣……
> 一事物之所以为美,不但不因其有不善之处所妨碍,而且唯其不美,不神圣,不善,方可成其为真。

韦伯的内心无疑最虔诚的皈依真善美,有神圣的理念追求,但在他将历史倒过去、翻过来认真严肃地审视之后,出语惊人:抛掉幻想,世上本无真善美集于一身的神圣。近乎阿Q式的解嘲,生动地凸显出摒弃一切感情色彩的历史学家的冷峻。在历史的法庭上,道德的辩护是不被接受的。人们只看,今天是不是比昨天、前天多提供他什么。这里,只有加法受到欢迎,至于减法却只能深埋进心底。由此推论,正宗的历史学家,内心恐怕很少不是精神分裂的,一定要换成学术性的表达,也叫作价值理性与工具理性之间的紧张和焦虑。

我敢说,韦伯从骨子里痛恨对财富贪欲的追逐。然而,他目睹了积聚财富有效率的经济制度,以及支撑这种经济秩序的工具理性,这正是他期望德国强大所需要的。价值理性与工具理性,道德与效率,韦伯深知在近代历史发展进程中发生着严重倾斜,后者还有可能将前者撕成破布。他不平衡(因为他深知人类舍此没有别的更好选择),却必须找到平衡。我从韦伯的学术实践中,对他的"价值中立"终于有了保留,到头来,韦伯还是唱出自己心中的歌。这又非凭空从"子虚"中捏制出个"乌有"来。韦伯的办法,犹如整理一团"历史发生学"的乱丝,果敢地撕断舍弃他认为对他无用的丝线,将有价值、有意义的穿起来,编织出一个美的境界——他告诉人们,不是那些贪得无厌、纵情声色的政治暴发户、奸商、海盗,而是刻苦、勤奋、吝啬的新教徒在"天职"的信念下开创出近代工业文明。无疑,这是大可争议的。其实,社会转型并不是一首田园诗,倒象是一场乱哄哄的闹剧,生、旦、净、丑,各色俱全,鱼龙虾鳖均有杰出的表现。然最终成功者,还是韦伯所断言的那样,必是正正经经的人,而非七歪八扭、靠不正当手段致富者。那种人成不了大气候,匆匆过客,其兴也勃其败也速,下场、结局未必好;即使老子侥幸保住,儿子挥霍,一样输得精光……这是很值得正朝着"工具理性"路上狂奔的所有人三思的。

从社会历史评判的源头出发,流出的却是两条河床。一条是实证的、逻辑的,它以其严谨、科学的态度讲求重事实、重证据。在这个意义上,也可以说"存在即是合理",某一社会形态及其运行都有存在的理由;只有论断是不是能经受证据的严格证实或证伪,而任何主观价值判断都不容许去改变证据或论断的客观性。一条是价值的、体验的,它是以对人类的终极关怀或普遍的人道主义来审视一切历史,更正确地说,它是以批判的态度从对历史的审视中展示人的最高理想境界。我们对此很难割舍任何一方,鱼与熊掌都欲兼得。正因为如此,我宁愿用"精神分裂"这一可能难以被人接受的形容来指称历史学家的学术境况。一切富有价值的创造可能正是源于这种内在的紧张。不过,在我看来,作为人文学科的历史学,与经济学、社会学、政治学等应用性的社会学科,都应该有两者的心思,但侧重点或主旨是不同的。社会学科往往更多地关注当下社会发展的难题和操作路线,具有明显的社会功利性。可行不可行,有利与无利,是他们所关注的重点。作为人文学科,历史学家应具有超越功利和特定时空的气度,尽管他们的研究对象具有时代性和暂驻意义,但透过对特定"存在"对象的意义阐释,表达的则是超时空的真、善、美最高准则的追求。当有人以经济学理论(即市场会促使成本和利润趋向均衡化)责难布罗代尔前述的资本主义"更大不平等"说时,布氏十分含蓄地回击道:"您已为我证明,一位经济史家不可能同是经济学家。同样,经济学家又兼顾历史的实属罕见。因为这很不容易……"此处省略号是会议记录中原有的,言犹未尽,然一切都在不言之中——对学者而言,其间的微妙都是不言而喻的。

不能了结的"情结"

中国这个民族天分极高,智慧多来之于直觉,即使是对民族历史的认知也离不了心灵的感悟。太史公写完《(汉)高祖本纪》,突发一段"古今之变"的通论,值得诵读:"夏之政忠。忠之敝,小人以野,故殷人承之以敬。敬之敝,小人以鬼,故周人承之以文。文之敝,小人以薄,故救薄莫若以忠。三王之道,若循环,终而复始。"教学的需要,《史记》读过多遍,唯有这段觉得最深奥,最难读懂,也最耐读(恕我孤陋寡闻,今人治史学史,也少有对此段作解释的)。读船山先生的《读通鉴论》,也随处皆有这种西人无以理解的特别的感悟。试举一则:汉平帝时,陵阳严诩任颍川守,以孝行为官,"谓掾吏为师友,有过不责,郡事大乱"(略有历史常识的人都知道,地方胥吏的贪黩向为人不齿。放纵这类人物,没有不坏事的)。王莽却"慧眼识人",将他推举为全国"美俗使者"另加重用。史载"诩去郡时,据地而哭,谓己以柔征,必代以刚吏,哀颍川之士类必罹于法"。船山先生说:"乃思其(指严诩)泣也,涕泪何从而陨?诘之以伪,而诩不服;欲谓之非伪,而诩其能自信乎?"由此引出一长段议论:"呜呼!伪以迹,而公论自伸于迹露之日;伪以诚,而举天下以如狂,莫有能自信其哀乐喜怒者,于是而天理、民彝澌灭矣。故天下数万蛮蛮之众,奔走以讼莽称莽而翕然不异,夫岂尽无其情而俱为利诱威胁哉?伪中于心肾肺肠,则且有前刀锯、后鼎镬而不恤者。"识者皆知,这是针对王莽特定的时代现象而发的,回答了一个为人疑惑不解的问题:王莽何能以"伪"而获誉于当时?以"伪以诚"三字立论,在我看到的今人王莽研究中几乎未见,假如到了西人手里恐怕可以做成一篇大的历史心理分析的文章,但也未必能尽达船山先生的意境。联想上面太史公的引文,我朦朦胧胧觉得,它简直就是"文之弊小人以薄"绝好的注脚。千年之间,互通感应若此契符,这是因为我先哲思维深处都有一部《周易》:"《易》无思也,无为也,寂然不动,感而遂通天下之故……夫《易》,圣人之所以极深而研几也。唯深也,故能通天下之志;唯几也,故能成天下之务……"这也就是我近年来对寅恪先生"神思冥会"说由衷服膺,而以为它应该成为史学仰之弥高境界的缘故。

有诗云:"眼处心生句自神,暗中摸索总非真。画图临出秦川景,亲到长安有几人?"我在想,反正谁也不可能亲到"历史"的"长安",画出的秦川景是由画者的心灵托出的,尽可以责之"非真",也应无怨无悔。也许,过不了多少时候,连我自己也会对所写的东西感到讨嫌。这完全无所谓。福柯的话很合吾意:"不要问我是谁,也别要求我一成不变"——当然,朋友们大可不必担心,我没有能力成为福柯,别说才智,最大的障碍还在我毕竟理性过剩。

续编 后十年思考鳞爪

一、吕思勉:"新史学"向社会史的会通实践

从"新史学"之名由梁启超于1902年正式揭出算起,至今已有105年。吕思勉自述6岁至8岁即和史学发生关系,13岁起读梁先生的文章,治学的道路实受康、梁的影响,虽父师不逮。16岁起读"正史",至23岁已将正续《通鉴》、"二十四史"与"三通"[1]读过一遍,从此专意治史。在往后50年的生命历程里,吕先生笔耕不辍,把毕生的精力都贡献给了"新史学"事业,给我们留下1000余万字的遗著、遗文。笔者不揣浅陋,兹就吕先生的学术创造与"新史学"的关系,以及"思勉人文学术"的特点,略抒己见,以纪念先生逝世50周年。

引子:"燕石"之为宝在识与不识

吕思勉先生在世时,不喜张扬,远离名利之场,但其孜孜以求的业绩早为学界同人看重。1945年,顾颉刚盘点已编著出版的新式通史,不下四五十部,看得上眼的有7部,吕先生一人占据两席。这就是1923年出

---

[1] 生平纪事请详参李永圻:《吕思勉先生编年事辑》,上海书店,1992年版。"三通"之中,吕先生最推崇马端临348卷《文献通考》。中国通史合"理乱兴亡"(政治史)与"典章经制"(文化史)两大板块的想法,就是受马氏的启发。

版的中国第一部《白话本国史》,以及1940年、1944年先后出版的《中国通史》上、下册(今命名为《吕著中国通史》)。顾先生对前者已赞扬其为通史写作的"新纪元",而对后一部再加71字点评,可见欣赏备至。[1]追溯至4年前,吕先生把全部"二十四史"从头至尾至少阅读过两遍以上,系统读完正续《通鉴》、"三通"的时间要更早些,由此而被前辈誉为史界传奇。[2]

吕先生离世50年后,超过1000万字的遗著、遗文大部分都获得了重印出版,另有一些未刊的文字亦在整理之中。其中除大家熟悉的两部通史、四部断代史、一部近代史外,两套完整的初高中教材在长期隐没后,也将陆续重新面世。[3]正值新时期中学历史课程改革颇多争议之际,建议教育界给予应有的关注,相信细读之下必会产生不少启发。[4]

---

[1] 顾颉刚:《当代中国史学》下编第二节。对《吕著中国通史》的评点如下:"其体裁很是别致,上册分类专述文化现象,下册则按时代略述政治大事,叙述中兼有议论,纯从社会科学的立场上,批评中国的文化和制度,极多石破天惊之新理论。"上海世纪集团"世纪文库"本,第85页,2006年版。

[2] 先生自谓《史记》《汉书》《三国志》四遍,《后汉书》《新唐书》《辽史》《金史》《元史》三遍,其余都只是两遍而已。但这是1941年时说的话。见《吕思勉遗文集》第33页,《我学习历史的经过》。黄永年教授的回忆:"吕先生究竟对《二十四史》通过几遍,有人说三遍,我又听人说是七遍,当年不便当面问吕先生,不知翼仁同志是否清楚。但我曾试算过一笔账:写断代史时看一遍,之前朱笔校读算一遍,而能如此作校读事先只看一遍恐怕还不可能,则至少应有四遍或四遍以上。这种硬功夫即使毕生致力读古籍的乾嘉学者中恐怕也是少见的。"回忆录收入《学林漫录》第4集,中华书局,1981年版。

[3] 据目前不完全统计,吕先生编著的大学与中小学中国通史教材,按时间顺序先后有:《新式高等小学历史教授书》(六册,与庄启俞合著,中华书局,1916—1917年出版)、《国立高等师范学校中国历史讲义》(1920年,未刊)、《自修适用白话本国史》(上海商务书店,1923年出版)、《更新初中本国史》(四册,上海商务书店,1924年出版)、《新学制高中教科书本国史》(上海商务书店,1924年出版)、《复兴高级中学教科书本国史》(二册,上海商务书店,1934年出版)、《高中复习丛书本国史》(上海商务书店,1935年出版)、《初中标准教本本国史》(四册,上海中学生书店,1935年出版)、《吕著中国通史(上册)》(上海开明书店,1940年出版)、《吕著中国通史(下册)》(上海开明书店,1944年出版)、《初中本国史补充读本》(上海中学生书店,1946年出版)等,另有许多提纲、教学参考与演讲、问答等通史教学样式。四部断代史实是先生另创的"史钞"样式大通史的一大半。此处六部计其代表作。

[4] 对吕先生在中学历史教材方面的成就,笔者另有《吕著中国历史教材刍议》,刊于《历史教学问题》2008年第1期。

先生从6岁起就开始读经史古籍,每读不仅句读批点始末,且认真写作札记,68年风雨不辍,积箧累筐。[1]1937年3月,先生把从少年起就开始写作的读史札记汇辑成《燕石札记》,第一次交商务印书馆出版。上年10月,先生写成《自序》,称这些札记为"半生精力所在,不忍弃掷",自谦地说:"千虑一得,冀或为并世学人效土壤细流之助而已。倘蒙进而教之,俾愚夫不至终宝其燕石,则所深幸也。"[2]

这里说的"愚夫宝其燕石",先生在后来的著述和演讲中多次使用,源自《后汉书·应劭传》。《太平御览》把这则故事演绎得更细一些。说是宋国有一个"愚夫",从齐国宫室"梧台"以东觅得一块燕石,以为是无价珍宝,西归收藏于室,遐迩闻名。有一位周人慕名前去观宝,主人郑重其事,"端冕玄服"接待客人,打开里三层外三层的丝绸包裹,宝藏终于露面。不想这位客人见后,掩口卢胡而笑曰:"此燕石也,与瓦甓不异。"主人大怒,自此藏之愈固。[3]用"燕石"典故或可视为一般的自谦,若联系先生学术的百年遭际,则觉得内中大有意思。

先生不喜走访知名人士,自述见名人辄自远,不涉无谓的社会交际。没有学历学位,无党无派,遵从父训,一生唯好教书授业,小学、中学、大专、大学都教过。1926年进入光华大学,不久即受聘为新办的史学系主任,遂自托为终身归宿,重要的学术创作都是在这里完成的,前后凡30余年。他多次提到,与康、梁、章、严、蔡这几位当世名人皆不曾谋面,虽无雅故,但读其书想见其为人。尤其是康、梁,治学宗旨和路径受他们的影响,远远超过亲炙的父亲和老师。[4]先生读了不少国外社会科学的书,多靠

---

[1] 钱穆先生回忆:"(1945年后)诚之师案上空无一物,四壁亦不见书本,书本尽藏于室内上层四周所架之长板上,因室小无可容也。及师偶翻书桌之抽屉,乃知一书桌两边八个抽屉尽藏卡片。遇师动笔,其材料皆取之卡片,其精勤如此。"《吕思勉先生编年事辑》,第292页。
[2] 现由华东师大出版社汇编前后两辑总成《吕思勉读史札记》,恢复了过去许多删文。华东师范大学出版社,2005年版。
[3] 见于《后汉书·应劭传》,又载于《太平御览》卷51引《阙子》。
[4] 先生自谓:"予年十三,始读(梁)先生所编之《时务报》(创刊于1896年——笔者按)。嗣后除《清议报》以当时禁递甚严,未得全读外,梁先生之著作殆无不寓目者。粗知问学,实由梁先生庸之,虽亲炙之师友不逮也。"《吕思勉先生编年事辑》,第10页。(转下页)

"和文汉读",以及当时为数不多的中译本。日看报章杂志,自少年时就养成习惯,时事动态了然于胸。可以说,先生的拜师问道是不论古今、不拘门户、众采博取的,但也绝不依傍借重,随风披靡,始终一依自己的秉性,治学讲求沉稳平实。唯其沉稳内敛,不好张扬,议论的深刻往往也只有在反复品味后,读者才会突如其来获得顿悟,眼前为之一亮。

仅举非史学、实史学一例,以为"引子"。1952年,先生写有一篇《三反及思想改造学习总结》,《遗文集》收录这篇未刊手稿时改题为《自述》,全文12000余字。先生殚精竭虑,精细写作,把一生治学观世的经历,以及学术事业、个人思想方面的变迁过程,作了要言不烦的综述,没有一句空话假话,却不少委婉曲折的笔法。对研究晚清民国以来知识阶层的复杂心态,这是一份难得的"原生态史料"。[1]

此文内容涉及太广,这里不可能作专门的讨论。有一情节,颇见先生历史通论的特色。当1952年高校"思想改造"之时,每个教授都必须检讨自己是属于哪个阶级的。先生的检讨,说自己的思想来源"属于资产阶级",不同意一些人把他定性为"有封建时代余习"。理由申述,着实叫人惊叹,由近及远,由此及彼,恣肆发挥开去,简直成了一篇有关"时代与个人"主题的史学宏论。

先生说:因为我的立身行事常常以古贤士大夫为楷模,喜好引用他们的话,所以往往把我看作有封建时代余习的人。这样的看人,这样的人物鉴识,太粗糙,太浅了。因为人的性质,在深处自有其根底。所处的环境与这种根底没有伤害的时候,可以接受环境的熏染。到了两不相容的时候,这种德性的根底就可以把过去的习性弃如敝屣。

接下来一段时代总括,就显示出先生历史通贯的水平。他说:人类的德性,随社会的发展而发展。"封建主义时代曰勇,资本主义时代曰智,社会主义时代曰仁。"这不能不使我联想到司马迁论三代风气周转如环的那

(接上页)对康、梁、严、章、蔡,先生均撰有纪念文章,参《吕思勉遗文集》上册,华东师范大学出版社,1997年版,第385—406页。

[1]《吕思勉遗文集》上册,第434—452页。

段著名史评,那种史学名家独有的大气。[1]

先生兹后的解释,列举了好些古代人物的典型习性,用以论证封建时代之德性为"勇",亦即是"忠"。又回到了正题,反问:后世还有这样的人物吗? 难道就不再有像他们那样看重志节、视死如归的人了吗? 不是。只是因为社会的变化,他们的心理安顿也发生了变化,知道不应该再效忠于一个人。资本主义兴起,人日益向"智"的方向发展,知道个人是不足为之效忠的。因此也可以说,封建主义久绝于中国,死灰是不可复燃的。"在今天,有进于社会主义而涤除其资产阶级之积习者,守封建主义之余习而未达资产阶级之思想者,则无有也。"

最后一句话,是夫子自道,但意义不止于此。发挥开来,是说知识阶层随时代行进,思想陈陈相因,相叠相变,十分复杂,内含有关于人类之德性乃至社会的变迁均连续累进而非绝对断层决裂的历史睿智。一个人的思想,特别是处在社会动荡转折时期,哪有像划阶级成分这么的铁定单一? 其实,社会的变迁又何尝不是如此? 新旧并陈,因缘交叠,抽刀断水水更流。这一意思乃是先生毕生史学通贯功力的透出,绝非信手写来。

读这篇《自述》也有许多难点。例如前头曾交代过自己的思想有过三期变迁,大意是第一期信康梁之说,笃信大同之境及张三世之说;第二期,信仰开明专制主义之说,但以改善政治为大同之第一步,认为法家督责之术可以治政治上的弊病;第三期,深为服膺社会主义,认为这是大同之境的可致之道,人类之行动可致转变一新方向。[2] 到思想改造交代个人阶级属性时,可以理解当时不便以"社会主义思想"自居,然而却给自己套上"资产阶级"的帽子,初读莫名所以,殊不可解。

再读下面一段话,就觉得先生竟有几分难得的幽默,幽默中不乏犀利。先生紧接转向又一话题,但在当时也是人人必须交代过关的一个问题。先生说:现在有人认为亲美、崇美、恐美,大学教授比比然如此,这都是

---

[1] 《史记》卷8《高祖本纪》"太史公曰":"夏之政忠,忠之敝,小人以野,故殷人承之以敬。敬之敝,小人以鬼,故周人承之以文。文之敝,小人以僿,故救僿莫若以忠。三王之道若循环,终而复始。"

[2] 《吕思勉遗文集》上册,第439—440页。

资产阶级思想在作怪。那么你有没有？没有（大概当时认为先生乃属于旧式民族主义者，故并不怀疑他会亲美——笔者按），怎么说你也属于资产阶级思想呢？先生回答说，亲美、崇美、恐美，不能说是资产阶级思想。资产阶级无亲，唯利是图。资产阶级，特色在智。智则知人之所至，我亦能之，何足崇焉？唯利是图，知己知彼，力足敌之，则抗之矣，又何恐焉？故真资产阶级，当赞成抗美。其不然者，其利依附美帝，所谓买办阶级也，直奴才耳。[1]

　　上述那种设问与论证，层层剥茧，环环力逼，很像孟夫子的善辩文风。先生虽然套了当时习用的"封建"和"资产阶级"等词，但显然是在"现代性"胜过"封建性"的意义上使用的，是在讨论"数千年未遇"的社会变迁，以及时代精神的演进。先生用这一方法为"资产阶级"说话，在那时真是足够大胆，不知道挨批了没有？而在今日，较有些谈论"现代性"的，特别像回答"全球化"与本土意识这类两难诘问上，还是棋高一着，说得深透。"资本主义精神"帮助人类发现了自我，这种"智"的精神，即民智的开发，传播到哪里，自我中心的意识便高涨到哪里。由此，我们到20世纪末21世纪初便看得更清楚了，"全球化"的风潮刮得越厉害，个人主义、民族主义也随之喧嚣奔腾。看似矛盾冲突，实为世界变迁的一体两面，不能割舍。什么叫作识大而会通？这就是。

　　这虽然是比较特殊的一例，但像这样有深意的历史通识或时事见解，在先生的学术论著中随处可见。除初高中本国史教材和一些演讲稿比较好读外，四部断代史、一部《中国制度史》，包括最负盛名的《吕著中国通史》，不说大学生，就像我这样教了多年通史的人，也得慢慢细读，读了好几遍，才逐渐品出一点醇香来。

　　历史待我们终究还是宽厚的。先生的学术成就终于得到了如实的肯定，值得欣慰。经得起时间考验而传世的，一定有长久的价值存在。如何准确估计和透彻认识"思勉人文学术"的独特价值，真正把先生毕生凝聚的

---

[1]《吕思勉遗文集》上册，第448—449页。上述原文，有些地方因多带文言语气，笔者不揣陋拙，试译作语体文。但关键处，不敢径改。

学术精神和治学路径学到手,正是作为学术后辈的我们需要做的事情,是对先生最有意义的纪念。

梁启超构建新式中国通史理想的实现

我最初读的是吕先生的四部断代史,作为教学依托,觉得资料非常丰富,省了许多检阅古书之劳。90年代后,终于能读到《吕著中国通史》和《吕思勉遗文集》。读得多了,有点觉悟,才进而想到我们应如何定位吕先生的学术成就比较准确?前几年做百年史学历程与通史编纂的回顾,在几篇文章里约略说过一些不成熟的看法。[1]现在我试作这样的定位:吕先生既是梁启超"新史学"旨趣的实践会通第一人,又是把新史学向中国社会史方向开拓的先驱者。是否准确妥帖,不敢自信,诚恳期待学界批评指教。

在中国,近代意义上的"新史学",特别是编纂新式通史,是由梁启超先生倡导、鼓动起来的。对梁任公,吕先生是崇敬有加。13岁起就从《时务报》上读梁文,除被禁的《清议报》不得阅览,那时"梁先生的著述殆无不寓目耳"。[2]照吕先生的说法,梁任公是狂与狷兼而有之。唯其狂,故敢开风气之先,登高一呼,树立起"新史学"的大纛。作为新史学的开创者,当时代的潮音初到,他较别的人更敏感,而且有那种本领,能够用振聋发聩的方式,唤醒旧环境中人起而变革。从后来史学的进展来看,梁先生的许多看法确实极具前瞻性,但也不免有些偏激和粗糙。吕先生在1941年说:"梁先生的史学,用严格的科学眼光看起来,或许未能丝丝入扣。从考据上讲起来,既不能如现代专家的精微,又不能如从前专讲考据的人的谨严。他所发表的作品,在一时虽受人欢迎,到将来算起总账来,其说法能否被人接受还是有问题。但他那种大刀阔斧,替史学界开辟新路径的精神,总是不容抹杀的。现在行辈较前的史学家,在其入手之初,大多数是受他的

---

[1] 参拙著《史家与史学》,广西师范大学出版社,2007年版。
[2] 《吕思勉先生编年事辑》,第10页。

影响的。"[1]吕先生始终忠实于"新史学"的旨趣,通过自己的努力,在后来的实践中丰富也修正完善了梁先生的新式通史计划。吕先生虽不曾亲炙,却从不忘梁任公引领启牖他走上新史学道路的"师恩"。

梁启超的大志在政治上,奔走呼号,席不暇暖。尽管后期多次动摇,屡屡反悔,直至临终之前,外界环境和他本人的心志,仍不容许他专心史学。那为什么还要选择史学变革展开大动作呢?在以前的中国,什么学问最发达?为帝王"资治通鉴"的历史学。与世界其他国家相比,最丰富的学问是什么?还是"资治通鉴"的历史学。[2]试想经史子集四部,其他三部也都是史材。再进一步说,中国历史学的核心内容是什么?政治。从上古三代起,历代当政者无不推崇史学。几千年来,一般人受的教育,环境里受熏染的,也都是这些东西。所以说,中国人的政治意识特强,运用政治斗争的手段和经验往往也滚瓜烂熟,人人有一手。这里头祸福相倚,但从长时段的社会变迁来看,梁启超认为,史学专注于王朝政治,专注于少数帝王将相、大人物,"群体"的历史、"普通人"的历史被冷落掩盖,旧法子、陈药方不断被沿用而乏自省,民主意识不容易成立,毕竟祸大于福。"今史家多于鲫鱼,而未闻有一人之眼光有见及此者。此我国民之群力群智群德所以永不发生,而群体终不成立也",梁先生说这话时是痛心疾首的。[3]

梁启超在政治上多半是失意的,但他对这方面的思考应该说相当有深度。他较早就意识到,愈后愈强烈,旧邦维新,要使帝制中国变为现代民族国家,"新国"必先"新民"。他从正反两方面都强烈地感受到了,要想成功地改造中国社会,不改善国人的知识素养,势将缘木求鱼。这就想到了要改造原为统治者"资治通鉴"用的旧国史,用新文化、新方法编写国史,让新一代人用现代的眼光检讨中国的过去,以利于走向未来。[4]因此,梁

---

〔1〕 吕思勉:《史学上的两条道路》(1941年),《吕思勉遗文集》上册,第469页。
〔2〕 梁启超:《中国历史研究法》,上海世纪出版集团"世纪文库"本,第13页。
〔3〕 梁启超:《新史学》,《饮冰室合集》文集之九。
〔4〕 日本明治维新的一个经验,就是借编写历史教科书刷清一代人的思想,故明治时期编教科书风气极盛。后来,内藤湖南倡"唐宋变革论"和新东洋史,也是通过其与弟子合编中等学校教科书《新制东洋史》广为传布。梁启超受到日本这方面的影响,也不可忽视。

启超提出"史界革命"的同时，就立志要编写一部全新的《中国史》，把"新史学"的主张转化为可以广泛传播的通史教材。可梁先生又实在是太忙了，心志虽高，终无真正静下心来做学问的充裕时间。算到1921年在南开作"历史研究法"的演讲，"蓄志此业逾二十年"，先生自己说已经积累了不少初稿。从现在掌握的材料来看，直至临终前，除了两份草拟目录外，只有《战国载记》《社会组织篇》属通史计划之内，其余学术史、思想史的论著都是为之做准备的。最后一次与清华同学聚会在1927年夏，先生已经转为寄希望于同志和清华同学用二三十年工夫集体编著《中国通史》，力不从心的怅惘，溢于言表。[1]

梁氏"新史学"后继有人是不成问题的。因为这不纯是个人的意向，而是时代潮流使然，是社会变革在召唤。从成果方面评估梁启超"新史学"的传播及其影响，可以从两方面来展开：一是"专门史"的成绩，即"史"的分支领域的开拓，不少新分支确是直接受"新史学"主旨的启发，由成立而壮大，从事的学者也最多，不在本文讨论范围。二是"普通史"（通史）的成绩，这方面从事的人相对前者要少得多。其中梁氏及门弟子张荫麟、萧一山均得"新史学"通史旨趣之真传，成绩卓然，但都没有能够一通到底。一个开头至东汉，不幸英年早逝，戛然而止；一个以清代收尾，未能如老师所许，回头收拾，中间空缺大半截，梁氏通史的壮志终未能在自己的弟子手里实现，殊为遗憾。[2]可梁先生怎么也没有想到，真正实践其旨趣，并完成他构建中的新通史理想的，竟是一位从未谋面、从旧学走来的东南"私淑弟子"吕思勉。凭两部出色的中国通史、四部中学教材，以及四部功力非凡的断代史（实际

---

[1] 有关情况我在《萧一山与清代通史》《中国通史编著百年回顾》两文里有过简略的介绍，不赘。《战国载记》收入《饮冰室合集》专集之四十六，专集之四十七收有《地理与年代》，专集之四十八收有《志语言文字》，专集之四十九收有《志三代宗教礼学》，后附两份通史目录，详拙文后议。《中国文化史·社会组织篇》则被收入《饮冰室合集》专集之八十六，全文八章，最见先生通史编撰新意。

[2] "专门史"与"普通史"相对待的说法，自西方史学引进，为20世纪20—30年代中国学者所沿用，我们在梁启超与吕思勉著作里经常可以见到这样的区别法。普通史，一译"普遍史"，就是今天所说的通史。断代史，严格意义上是不能称"普通史"的。梁启超原希望萧一山在完成清代史后，续写全部通史，却未能遂愿，参拙著《史家与史学》有关章节。

是先生精心设计的"史钞"样式"大通史"[1],说吕先生是梁启超"新史学"旨趣实践会通第一人,我想梁先生在泉下也会首肯的。需要特别补充说一句的,吕先生的6部大、中学通史教材不仅学术含金量高,而且都是从远古一直写到编著时的当下,个人独著,一通到底,往时罕见,今也无有。

历史就是那么有趣,虽不能说是梁先生"桃李不言",但还是应了梁先生开出的新路径"下自成蹊"的佳话。偶然中还有必然,这是学术史上的一种因缘,因缘中的一种互缘,特别值得说一说。

这种因缘首先来自学术的内在理路。关于梁启超的"新史学",学者多侧重从"变革"张扬其作用,却多少轻忽了其承继前学而来的脉络。1923年北大历史系创始人朱希祖为萧一山作《清代通史叙》,先生曰:"清代学术,以考据之学为最长,直超出乎汉唐以上;而斯学发达之原因,有正因,有旁因。每观世人泛举旁因,而不能抉发正因,诚为治史者一大憾事。"[2]朱先生竟从明中期文章复古之风追溯起,谓欲复秦汉之文,必读古书,必先能识古字,于是说文之说兴焉,由此而音韵之学兴,继而实学训诂之风起,再至欧洲算术舆地之学输入中夏,乃由综贯中西的考据之学起而易为今之新学。这一梳理学术脉络的长篇大论,无疑是借萧一山的创作,提示"新史学"不是凭空而起,无源不能成活水。

20世纪以来,像梁启超、朱希祖那样,殷切期待有一部足以担当得起开发新民智的"中国全部通史",几乎是所有新知识阶层的共识。然而对承担这一任务的史家来说,目标是那么地高大,条件又是十分地苛刻,能之者百无一二,以致傅斯年当年认为编写新通史的时机远不成熟,而张荫麟在1940年,一方面强烈感觉到"一个民族在空前大转变时期"非有一部新的中国通史作"自知之助",一方面却感叹"编写中国通史永远是一种冒

---

[1] 已出版的有《先秦史》(1941年)、《秦汉史》(1947年)、《两晋南北朝史》(二册,1948年)、《隋唐五代史》(二册,1959年)。先生晚年体衰多病,余下两部断代史《宋辽金元史》《明清史》已做了史料摘录,惜未能完稿,是为史学界一大遗憾。此一样式,在《中国史籍读法》中先生有说明:"现在史学界最需要的,实为用一新眼光所作的史钞",搜选材料,仍依原文,己见则别著之。《史学与史籍》,华东师范大学出版社,2002年版,第89—90页。

[2] 朱希祖:《清代通史叙》,见华师大出版社2006年新版萧一山《清代通史》前列原序。

险"。吕先生1952年议论到华东教育部组织专家研讨中国通史教学大纲的编写,尽管他也拟出了一份大纲,但劈头即说:"中国通史是一个极重要而亦极难讲授的科目。"[1]

基本的一条,要编写"中国全部通史",必先通读完中国历史最基本的史料,对史料搜辑、考据、述论、编纂诸事要有一定的阅历和造诣。梁启超在正、补两编《中国研究法》里开出了一长串书单,分门别类,可谓精要周到,以为是治史者所不可不读的,但在《自序》里还是如实地承认:即使是从幼童时读起,"白首而不能殚,在昔犹苦之,况以百学待治之今日,学子精力能有几者"? 梁先生感叹这样的标准,"在昔"苦读诗书的时代还少有人做得到,而今新式学校是觅不得这样的宝。像梁启超这样的天赋聪明,无暇坐冷板凳,看书稍粗糙些,不免也被非议。所以,吕先生反复强调"苟讲学问,原书必不可不读","不论在什么时代,学问之家,总有其所当循的门径,当守的途辙,此即所谓治学方法"。[2]以此衡量,治通史的"入门线"是很高的。此非笔者妄自造作吓人,特引章太炎1933年在上海大学教职员联合会上的讲话,就可以见得当时几有共识的"入门"标准,恐怕今天的博士生也难能做到:

> 太炎先生曰:史记文义平易,每日以三点钟之功,足阅两卷有余。《二十四史》三千二百三十九卷,日读两卷,四年可了。即不全阅,先读四史,继以正续《通鉴》《明通鉴》,三书合计,不过千卷,一日两卷,五百日可了。不到十七个月,纪事之书毕矣。欲知典章制度,有《通考》在。三通除去冗散,不过四五百卷。一日两卷,二百余日可了,为时仅须八月。地理书本不多,《元和郡县志》《元丰九域志》《明清一统志》大致已具,顾氏《读史方舆纪要》最为精审,不可不读,合计不过五百卷,半年内外可毕。《历代名臣奏议》,都六百卷,文字流畅,易于阅读。一日两卷,不过十月。他如《郡国利病书》《清史稿》等,需时

---

[1] 吕思勉:《拟中国通史教学大纲》(1952年),《吕思勉遗文集》上册,第537页。
[2] 吕思勉:《史学上的两条大路》(1941年),《吕思勉遗文集》上册,第469—474页。

亦无多。总计纪事之书，需时半年，典章之书，需时八月，地理之书，需时半年，奏议之书，需时十月。以三年半程功，即可通贯。诸君何惮而不为此乎？〔1〕

所幸天不绝人，"在昔苦读"的人那时还有少数保存。梁氏通史的计划要由这些稀有的、梁先生素不相识的"读书种子"来完成，很像是传奇故事。以笔者有限的阅读，除吕先生而外，当时还有像范文澜等少数老先生，兼通新旧两学，在通史的大天地里皆能出入自如，不失通史原旨。〔2〕

吕先生的读书不仅完全符合上述"入门线"，而且加数倍之力超额完成。1941年先生在《从我学习历史的经过说到现在的学习方法》里说苏常一带读书人家，本有一教子弟读书之法，使其先读《四库全书书目提要》，不啻在读书之前让他先了解目录学和学术史。此项功夫，先生在16岁已经做过，经史子三部都读完，唯集部仅读一半。故先生不无骄傲地说："我的学问，所以不至于十分固陋，于此亦颇有关系。" 17岁，先生受同乡"小学"名家丁先生的指示，把《段注说文》阅读一过，又把《十三经注疏》阅读一过，后来经史出入自在、相互打通，植基于此。至于遍读正史、三通，前节已详，更是奇迹。此外，先生早年读《日知录》《廿二史劄记》十分用心，特别服膺亭林先生经世之学。〔3〕对章太炎的文字学，先生也用过功，对训诂考据之法相当重视。但先生认为：考据是由读书时发现问题才去应

---

〔1〕吕先生在1939年写有《史学杂论》一文，内云："苟讲学问，原书必不可不读。"文内记述自身体验，称：小时读康南海《桂学答问》，尝见其劝人读正史，卷帙实亦无多，不过数年，可以竣事，倘能毕此，则所见者广，海涵地负，何所不能乎？当时读书之精神为之一壮。及近年，复见章太炎在上海各大学教职员联合会之讲话（二十二年五月）。谓正史大概每可读一卷。史乘之精要者不过三四千卷，三年之间，可以竣事。其言与南海如出一辙。上述章氏引文，见录于《吕思勉先生编年事辑》，第202页。

〔2〕参拙著《史家与史学》"范文澜：追求神似的马克思主义史学家"，第22—25页。

〔3〕先生自谓6岁从塾师读《四书》，先生竟还是幼童的学生开始读《通鉴辑览》、《水道提纲》和《读史方舆纪要》，着实令人惊讶。8岁时，母亲为其爱子讲解《纲鉴正史约编》，10岁后又从另一位塾师读《纲鉴易知录》，将《易知录》从头至尾点读一遍。其后，父亲让先生通读《四库全书总目提要》，更令先生泛读《日知录》、《廿二史劄记》和《清经世文编》。从此顾炎武、赵翼，后来加龚自珍，为先生最早私淑的史学三先生。16岁后立志治史，开始独立并系统阅读正续《通鉴》、《二十四史》与"三通"。详《吕思勉先生编年事辑》。

用,而发现问题,一半系天资,一半由学力,不能刻意追逐。大抵涉猎的书多了,自然读一种书时,容易觉得有问题,就需要考据。所以讲学问,归根到底,根基相当地宽阔最为重要。[1]

在立志治史之前,就已经读了那么多的书,称绝于常州。这是因为吕先生是在数百年读书仕宦世家长大的,父母两人合力悉心培养,完全按照严格的经史子集四部之学来训练;常州又为"今文经学"学派的文渊之乡,硕儒众多,习经成风。先生从幼童起就熟读古代经书、史书,浸染于"经世济民"的精神领域里,又受到父亲"隐而不仕"人生观的影响。他的读书没有个人功利的目的追求,崇尚的是知性和德性的奠基。但必须看到,如果不是遭遇"数千年未有之大变局",不是内乱外患的激烈震荡,吕先生要想成为他心目中所崇拜的顾炎武,恐怕也难。没有切肤的亡国之忧,没有新思想的浇灌,深入骨髓的历史反思,既无动力也无营养滋补。最好也只是赵翼、王鸣盛、钱大昕再世,常州学派中多了一位更以史学见长的传统学者。受康梁问道之学的启牖,在"新史学"的召唤之下,方有先生一生通史事业的创造。现在有学者研究指出,由今文经学的"经世"转轨为"新史学",是学理内在的自然脉络[2],吕先生恰恰正是连接两者"转轨"成功的典范。在梁先生是平生不识吕常州[3],可算是意外收获;而在吕先生,读书无意"急用",乃最后显为大用。

梁启超壮志未酬,留下两份草拟的通史目录,前已说过。我发现《吕著中国通史》的构架非常符合梁先生殚精竭虑设想的原旨;不同处,吕先生的通史目录较为简练合理,更切大学通史教材的实际。兹将梁先生草拟的通史目录与《吕著中国通史》目录列表于下,读者可以对照[4]:

---

[1] 文见《吕思勉遗文集》上册,第407—411页。
[2] 请参阅路新生:《经学的蜕变与史学的转轨》,上海古籍出版社,2006年版。
[3] 1923年,吕先生《白话本国史》出版,同年写有长文与梁任公《阴阳五行说之来历》商榷,刊于《东方杂志》(今收入《论学集林》),上海教育出版社,1987年版,第19—33页。此为先生早年第二篇正式发表的史学论文。文末云:"倘梁先生不弃而辱教之,则幸甚矣。"未见梁先生有回应,故有"不识"之语。
[4] 梁先生的两份目录,到林志钧编辑出版《饮冰室合集》后,方始为外界读到。是书由林氏于1932年编就,中华书局1936年排印出版。吕先生对社会史的考虑,始于1920年,目录成于1929年。先生是否看过这两份目录,从现有见到的文字里找不到确证,有理由认为,属于心通暗合。

原拟中国通史目录	原拟中国文化史目录	吕著中国通史
一、政治之部	（不分部）	（分上下编）
朝代篇	朝代篇	下编政治史（目录略）
民族篇	种族篇上下	婚姻
地理篇	地理篇	族制
阶级篇	***	政体
政制组织篇上中央	政制篇上	阶级
政制组织篇下地方	政制篇下	财产
政权运用篇	政治运用篇	官制
法律篇	法律篇	选举
财政篇	财政篇	赋税
军政篇	军政篇	兵制
藩属篇	教育篇	刑法
国际篇	交通篇	实业
清议及政党篇	国际关系篇	货币
二、文化之部	饮食篇	衣食
语言文字篇	服饰篇	住行
宗教篇	宅居篇	教育
学术思想篇上中下	考工篇	语文
文学篇上中下	通商篇	学术
美术篇上中下	货币篇	宗教
音乐戏曲篇	农事及田制篇	
图籍篇	语言文字篇	
教育篇	宗教礼俗篇	
三、社会生计之部	学术思想篇上	
家族篇	学术思想篇下	
阶级篇	文学篇	
乡村都会篇	音乐篇	
礼俗篇	载籍篇	
城郭宫室篇		

续表

原拟中国通史目录	原拟中国文化史目录	吕著中国通史
田制篇		
农事篇		
物产篇		
虞衡篇		
工业篇		
商业篇		
货币篇		
通运篇		

***读者当会注意到,梁先生前一目录有两处列有"阶级篇",可见太忙,不暇校订。后一目录未见有"阶级篇",则非漏列,而是与梁先生对这一问题的观点变化有关。

《吕著中国通史》上篇目录,最初酝酿于1929年,是时先生在常州中学讲授《中国文化史六讲》,大体内容已经具备。[1] 关于目录透出的结构体系,体现了"新史学"什么样的目标意义,将在下节再论。从上面的目录对照可以看出,梁启超"新史学"的通史计划,由吕先生实践而落到实处,不仅符合梁先生理想中的知识储备要求,而且目标和构想也灵犀相通。由"坐而言"的倡导,至"起而行"的实现,这是一个需要极大毅力和久长耐性的创作过程。吕先生积极地担当起了这个责任,加以修正完善,成就了自己在"新史学"中的独立地位。

"新史学"旨趣的丰富和会通

梁启超先生呼唤"新史学"之起,实因晚清内外时事形势的逼迫,偏重于"功利"方面的考虑,合乎当时的实情。"宣言"一段结论性的话,给人的印象至为深刻:"今日欲提倡民族主义,使我四万万同胞强立于

---

[1] 参《吕思勉遗文集》上册,《中国文化史六讲》第95—146页,及《中国阶级制度小史》第273—314页。前者当时未刊,后者1929年由上海中山书局初版。

此优胜劣败之世界乎？则本国史学一科，实为无老、无幼、无男、无女、无智、无愚、无贤、无不肖所皆当从事，视之如渴饮饥食，一刻不容缓者也。然遍览乙库中数十万卷之著录，其资格可以养吾所欲，给吾所求者，殆无一焉。呜呼！史界革命不起，则吾国遂不可救。悠悠万事，惟此为大。"[1]再看"宣言"给出的史学定义："史学者，学问之最博大而最切要者也，国民之明镜也，爱国心之源泉也。今日欧洲民族主义所以发达，列国所以日进文明，史学之功居其半焉"，仍着眼于"爱国""民族"的意义。因此，当梁启超1902年发表"宣言"之时，论其思想，民族主义意味的浓烈不容掩饰；论其宗旨，则显为救亡图存、革故鼎新、创立现代民族国家的目标服务。

这种"功利"的考虑，最能说明梁启超是站在时代潮流前头的先进代表。梁启超关于"新史学"主旨的基本看法，直到今天也还没有过时。但发表"宣言"的当时，目标固然高远，用什么手段、怎样去完成，尚不及细细琢磨。还有一点容易被人忽略，或许也是新旧转换不可避免的"过程"。凡带有革命性质的运动，它初起时的一个策略，往往喜欢把新与旧转换成黑与白的对立。既要说明"新"的东西应该产生，就千方百计，甚至不惜危言耸听地开出"旧"的必须死亡的理由，许多人相信极端才会产生魅力。这样的策略用之于政治斗争可能成功，毕竟政权是可以取而代之的。但用之于学术变革，何况是历史悠久的历史学，这就比较烦难。知识是连续累进的，新的树木还须从旧的土壤里慢慢生长起来，其中也离不开旧的养分滋润。吕先生在1937—1938年撰有《论基本国文》一文，估计是在光华大学的演讲，内中特别指出：国文与其他学科一样，异常复杂，均由"堆积"而成，这是常识，不待费词。所以新的既兴，旧者不会废，也不能废，因为社会的文化非常复杂，旧者仍有其效用之故。[2]

较早敏感到梁启超"新史学宣言"提法过于偏激，有可能诱导走古今割裂极端之途的是东南大学的柳诒徵先生。他曾直言不讳地说："此

---

[1] 梁启超：《新史学》，见前注。
[2] 吕思勉：《论基本国文》，《吕思勉遗文集》上册，第679页。

等风气,虽为梁氏所未料,未始非梁氏有以开之。"[1]我觉得吕先生对梁启超的人品和学术的鉴识,比起柳诒徵要平恕得多。先生在1930年著文说道:"梁任公是冰雪聪明的人,对于人情世故见得极其通透。早年的议论,还未能绝去作用;到晚年,新更趋于平实了,然亦只是坐而言不是起而行的人。"[2]

综合梁启超当年批判旧史学"四弊二病三恶果"的内容,他理想中的"新通史"实际包含有两大改革目标:一是通史内容的改革,二是通史体例的改革。[3]前者是带有根本性的改造,"史界革命"的意义集中就体现在这里;后者则要起枝叶扶疏的匹配作用,也需要别出心裁,才能相得益彰。对这两大改革目标的定位准确与否,以及改革的广度和深度如何,不仅会影响到"新史学"事业的发展前程,也将规定"新史学"在什么意义上说它是真正成功的。因此,百年回头看,新史学目标的提出,固然需要有石破天惊的勇气,唯有改革先知者能为之。但相比较提出高远的目标,既能传达新的意义,又能在学术上充分站住脚跟,切实地编写出为世人钦服的"新通史",就不是那么容易。在变革的过程中,有太多的荆棘,太多的险关,需要许多人切切实实地开拓耕耘,需要许多人艰难地用力于攻关拔寨。这里,不仅不会有凭"精神胜利法"美梦成真的神话出现,也不可能提起头发完全离开原土壤。它必将是一次学术上具有"推陈出新"意义的创造。

吕先生与梁启超不同,一直生活在社会的基层,对国事和民生都非常

---

[1] 柳诒徵对梁氏的批评见《国史要义·史德第五》。柳先生对梁氏视《二十四史》为帝王家谱、断烂朝报、相斫书等等议论耿耿于怀,非关个人恩怨,有关情况参拙著《史家与史学》,广西师范大学出版社,第91—108页。
[2] 吕思勉:"从章太炎说到康长素梁任公"(1930年),《吕思勉遗文集》上册,第392页。
[3] 梁启超在《新史学》一文内称旧史学有"四弊二病",并由此产生"三恶果"。四弊为:"一曰知有朝廷而不知有国家。""二曰知有个人而不知有群体。""三曰知有陈迹而不知有今务。""四曰知有事实而不知有理想。"二病为:"其一,能铺叙而不能别裁。""其二,能因袭而不能创作。""合此六弊,其所贻读者之恶果,厥有三端:一曰难读……二曰难别择……三曰无感触。"见前注。

关心,但从不愿涉入政界,故旁观者清,有浓厚的平民意识。[1]他的看法较少掺杂近视的政治功利考虑,心中有大理想,但平实而沉稳。这不仅体现在当时写的一些时事评论里(可惜大多尚未系统整理出版),对"新史学"发展进程中出现的一些现象,敏感并做出批评的时间也较早。

早在1920年撰写《白话本国史》的序例,先生已经不指名地批评近来所出的教科书,随意摘取材料,随意下笔,凭虚臆度,把自己主观羼入,失掉古代事实的真相,甚至错误到全不可据。[2]同年,在《新学制高级中学教科书本国史》的序例里又说:"本书力矫旧时历史偏重政治方面之弊,然仍力求正确及有系统。须知道偏重政治方面固然有弊,然而矫枉过正,拉着什么书就抄,不管它正确不正确,而且都是些断片的事实,其流弊亦很大。"[3]到1934年写《复兴高级中学教科书本国史》的序例,则在"绪论"里明白道出他盘旋已久的忧虑,说"凡讲学问必须知道学和术的区别",批评前人常说的读历史乃在知道"前车之鉴",失诸肤浅实用,须知"世界是进化的,后来的事情绝不能和以前的事情一样。病情已重而仍服陈方,岂惟无效,恐更不免加重"。[4]在经历了许多时事的变迁和内心的思考,他的看法趋向深沉,对史学急于眼前的功用觉得不妥,觉得需要把史学变革引向"根本"之途。他在《蔡孑民论》开首发表了一通议论,言辞委婉,却饱含深意。先生讥刺关于"有用之学"的说法,认为总不免有轻学术而重事功的味道,"其实学问只问真伪,真正的学术,哪有无用的呢"?接着,正面的见解就上来了:"当国家社会遭遇大变局之时,即系人们当潜心于学术

---

[1] 吕思勉先生自述:早年无意于科场功名。稍后目睹戊戌变法以来,苞苴盛而政事益坏,朋党成而是非益淆。辛亥革命起,予往来苏常宁沪者半年,此时为予入政界与否之关键。如欲入政界,觅一官职之机会甚多,亦可以学者之资格,加入政党为政客。予本不能做官;当时政党之作风,予甚不以为然,遂于政治卒无所与。详《吕思勉先生编年事辑》与《吕思勉遗文集·自述》。
[2] 参上海古籍出版社2005年版《白话本国史·序例》。
[3] 《新学制高级中学教科书本国史》,商务印书馆,1924年初版,1927年第四版。此书今尚未重印。
[4] 此教材系前教材由文言改白话,篇幅亦由12万字扩充至40万字,商务印书馆1934年分上下册出版。今重印本由上海古籍出版社2006年推出,改名为吕著《中国史》。其实仍称"高中本国史",有什么不好?

之际,因为变局的来临,非由向来应付的错误,即因环境的急变,旧法在昔日虽足资应付,在目前则不复足用。此际若再粗心浮气,冥行摘涂,往往可以招致大祸……所以时局愈艰难,人们所研究的问题,反愈接近于根本。"[1]

诚如吕先生所忧虑的,检阅百年来"新史学"的发展历程,梁启超当初对"新史学"旨趣的论述,那种不注重"根本"、急于"作用"的隐患,引发某种负面影响,并非完全是意外事故。两千多年来,在中国人的观念里,"朝廷"与"国家"、政权与社会原就是混通不分的,用"国家"取代"朝廷",也就极容易滑向新的"资治通鉴",政权意识盖过社会意识,重视意见发表,将当下政见、方略的不同硬与历史认识纠缠在一起,不重疏通知远,不从整体上通盘检讨历史,厘清中国历史自在的轨范和发展理路无从谈起,那么所治者多在标不在本,徒费口舌,难有真正的收获。

吕先生对中国历史所持见解,有异于此。在吕著的论述里,频率出现最多的用语,就是:"观其会通"、"摄其全体"和"深求其故",而这一切又最后归之于史学的根本在"认识社会发展过程及其变迁因果"。这些道理在梁氏《历史研究法》里,前两者未得到应有的强调,第三条似与梁氏反复申述的"因果律"说相通,然意境亦很不一样。至于用"社会"取代"国家"作为主题词,则是通史主旨的一大深化。因此说吕先生丰富和修正完善了"新史学"的旨趣,在这些方面体现得比较明显。

吕先生论著反复申述"观其会通""摄其全体"的重要,有很强的针对性。先生于1945年有与梁氏《历史研究法》的同名之作[2],其中特别讲了读史固然有益,但读史不得法也会造成大害,再次告诫诸生:"须知道,应

---

[1] 吕思勉:《蔡子民论》(1930年),《吕思勉遗文集》上册,第402—403页。其实早在1920年撰写的《白话本国史》"序例"里,已有委婉的批评:随意摘取几条事实,甚且是在不可据的书上摘的,毫无条理系统,现加上凭虚臆度之词,硬说是社会进化现象,却实在不敢赞成。上海古籍出版社,2005年版。
[2] 本书作于抗战后,1945年由上海永祥印书馆出版,故流传不广,至1981年始为上海人民出版社收入《史学四种》。抗战前,先生在光华大学有《史籍与史学》讲义,观其文意,前后相通。该讲义虽两次被收入,均不全,且有删节。至华东师大2002年版《吕著史学与史籍》始完璧归赵。

付事情,最紧要是要注意学与术之别。学是所以求知道事物真相的,术则是应付事物的方法……由于一切事物,有其然,必有其所以然,不知其所以然,是不会了解其然的性质的。"所以浅薄的应付方法(术士)终必穷于应付而后已,而深求其故,寻根究底,会通全体,则是治史者的任务(学者)。先生说明,纯为"应付"而把历史知识当作实用的,足以误大事,这也是为治人者贡献"策论"常有的通病和大弊。举的例子是筹安会诸人策划袁世凯做皇帝。他说:当时大家看到这个通电,就说袁世凯想做皇帝了。我却不以为然。我以为生于现今世界,而还想做皇帝;还想推戴人家做皇帝,除非目不识丁,全不知天南地北的人,不至于此。后来事情果然是如此。你说他们没有历史知识? 袁世凯和筹安会中人,何尝没有他们的历史知识? 在中国历史上,皇帝是如此做成的,推戴人家做皇帝是如此成功的,例子多得很。反对的人从来就有,岂不可期其软化收买? 即有少数人不肯软化收买,又岂不可望其动用武力削平(这使我马上想到了赵匡胤"陈桥兵变"的故事——笔者按)? 但说到底,造成策士误事的,不是历史知识,还是历史知识的不足,是执一端而不顾全体,不能会通古今中外历史。这一事例说的策士就是杨度,梁任公则草文坚决反对,说明有无历史通识,对一个人的进身处事关系也至深。

反观梁启超对通史新体制的考虑,打破以政治史为核心的旧樊篱是必需的,借助各种学科的帮助,欲将考察的范围扩充至更多领域的意图也很明显(参见前目录,其中也包含有社会史的内容)。但仅有"多",仅有领域的扩大,没有一以贯之的东西去拢合,体系骨架也就显得散乱。看来他当时还不及从容考虑,只是采纳了西方文化形态史观,想用"大文化"的观念来组织新通史,因此在晚年把新通史径直改名为《中国文化史》。吕先生则思虑比较深入周详,认为要改造旧史学,仅有泛泛的构想,火花四溅,仅是壮观而已;要摇动一棵树,枝枝而摇之则劳而不遍,只有抓住"根本",才能摇动整体,枝枝俱动。[1]

---

[1] 吕思勉:《论基本国文》(1937—1938年):"古人有言,要摇动一棵树,枝枝而摇之则劳而不遍,抱其干而摇之,则各枝一时俱动了。一种学问,必有其基本部分,从此入手,则用力少而成功多。"见《吕思勉遗文集》上册,第678页。

吕先生为什么特别提出通史必须抓"根本",方能"多"而不散,才有一贯的精神、一贯的体系呢?还得回到中国通史难写的话题上,才能细细体味。

"新史学"再怎么"新",假若不姓"史"了,也就不会有人承认它是"史学"。史学的共性就是必须基于史料,由史料入手获取事实,一切都得靠史实说话。梁启超的《历史研究法补编》,明说是为补充前书不足的,因此在"总论"开头对历史的定义就变化了,说"历史的目的在将过去的真事实予以新意义或新价值",把"真事实"作为"第一性"加以强调,且专列小节特讲如何"求得真事实"。这个例子,再好不过地说明吕先生对梁氏的观察和评论非常到位,有鉴于早年的偏激,"到晚年,新更趋于平实"。

前辈史家均有共识,史学之难,难在真事实的获取,大海捞针,反复比勘,苦不堪言。说史学本是一种功夫,怕苦偷懒的人绝对不要去干这个行当,就是从这个道理上说的。进而言之,史学著作之难,还难在事实的"别择"(鉴别选择)。而编写通史尤难,诚如张荫麟所体验的,难在"剪裁"。显然谁也没有本事把全部中国历史的事实,细大不捐,应有尽有地写进去。通史水平的高下,取决于用什么方法"剪裁"才堪得当。在这一意义上,张荫麟甚至发挥说:史学不仅是一门科学,也是一种人文艺术。

吕先生对这种通史创作的艰难,不唯体验深切,而且一生都在反复琢磨和提炼。他对清代章学诚的见解非常推崇。章氏把史材和史学著作(史籍)分为两物,提倡储蓄史材,务求其详备;作史则要提要钩玄,使学者可读。"提要钩玄"实际上是张荫麟说的"剪裁"所必须达到的境界,非此不是胡剪乱裁,便是史材堆砌成团,不成章法。吕先生评价章氏的这种见地实可谓史学上一大发明,说"章学诚和现代的新史学只差了一步,而这一步却不是他所能达到的。这不是他思力的不足,而是他所处的时代如此。如以思力而论,章氏在古今中外的史学界中,也可算得第一流了。"[1]

"只差一步",这是什么样的一步呢?就是史学必须得西方近代社会科学之助,特别是有关社会整体状况及其变迁的学说,为观察历史增添显

---

[1] 吕思勉:《历史研究法》,《吕著史学与史籍》,第12—13页。

微镜和望远镜,才可能"钩玄提要",透识其整体。所以先生多次强调,古今中外,国家政权多变,各类人物如走马灯,其底下都是社会的变化在使然,绝非像过去人误解的那样,以为舞台不会变,演员在屡变而已。在这一点上,吕思勉先生的认识,不仅没有一丝"遗老"的气息,而且称得上得风气之先,是一位名实相符的思想先进者。

西方到了近代,学科的分化成为一种普遍的趋势。这种风气传到中国(这方面,梁启超借助于日文介绍,敏感得很早,可惜无暇细读钻研),史学在各门现代学科的推动下,专业内分化的趋势也发动起来了,于是有政治史、经济史、文化史、民族史、外交史、科技史等等,它们之中还分出更多、更细的专题。论"新史学",专门史的成绩最显著,令人称羡。专门史的范围毕竟要小一些,而且那时多半都是做专题,还谈不上做专中之通,能够把"竭泽而渔"作为高目标。史学作为一门学科,做得越是仄深越见功夫,这是最符合职业特点的做法,容易为业内所承认,故有唯专为"家"、通不成"家"的习惯偏见。但基于社会变迁的要求,新式学校的广泛兴起,培养一代新人对中国的过去与未来有一种正确的态度,通史再难也不可或缺。傅斯年"暂不宜编通史",是从专家的角度高调要求,生怕粗糙的制品泛滥出来误人子弟。但首先鼓动张荫麟接受编写中国历史高中教材任务的,不就是傅孟真先生吗?

专门史走的是由"合"而"分"的道路,而普通史(通史)则是要将"分"重新返回"合"。这不是简单的拼凑合拢,新的回归应该有所综合、有所升华。吕先生认为通史可以走出困境,开辟新境界,但应该学习专门史创新的榜样,需要在众多与"社会科学"各分支相关的内容间架构一座桥梁,才能通向新的综合。桥梁的架构方法,吕先生认定了,它就是"社会学"。

查阅先生各时期的论著,正面的回答应是连贯的,即向社会史方向开拓。新通史必要以研究社会为枢纽,以考察社会变迁为主线,方能转动全局,开出新境界。据现在查考得到的资料,吕先生这一史学新主旨的表述最早见于《白话本国史》,时间在1920—1923年,也正是梁启超宣告从政界隐退,酝酿制定新通史体制(草拟目录),并且写出了"社会组织篇"之时,真有点灵犀相通的味道。吕先生在"绪论"第一章开宗明义即说:"历史究竟是怎样一种学问？我可以简单回答说：历史者，研究人类社会之沿革，而认识其变迁进化之因果关系者也。"在全书的纲目中，我们看到按历史顺序穿插了一些名目全新的章节，如上古史第一章中的"三皇五帝时代社会进化的状况"，第八章"古代社会的政治组织"（共有六节），第九章"古代社会的经济组织"（共有三节），中古史（上）第六章"社会的革命"，中古史（下）第三章"从魏晋到唐的政治制度和社会情形"（共有七节），近古史（下）第五章"宋辽金元的社会和政治"（共有八节），近世史（下）第五章"明清两代的政治和社会"（共有八节）等。至于不标出"社会"两字的内容在许多章节里也有渗透。对社会情形和社会生活的叙述，在当时是非常新鲜的事。这全仗先生对史料的通贯圆熟，比较梁氏的《社会组织篇》文稿要翔实深入得多了。[1]这本在19世纪20年代初就出版的《白话本国史》，已经被学界公认为我国第一部用白话文写的系统新通史，却至今还很少有人注意到，它也是一部把通史引向社会史方向的开拓性著作，不能不说有点遗憾。[2]

从1922年《白话本国史》开始试验和探索，到1941年应《中美日报》副刊之约，专题写作《从我学习历史的经过说到现在的学习方法》，先生

---

[1] 《白话本国史》，原名《自修适用白话本国史》，从1920年底确定序例，至1922年完成。1923年由上海商务印书馆初版发行。这是中国第一部完整的白话中国通史，初版后一再重印，影响广泛。初版后经过几次局部修订。现在由上海古籍出版社于2005年再版，以初版本为底版，参照了作者生前的修改和其女吕翼仁的校记，为最完善的本子。1949年后，历50余年始能重新排版面世，感慨系之。

[2] 据笔者阅读所得，较早使用"社会史"名词的是1902年8月邓实在《政艺通报》上发表的《史学通论》，邓氏称旧史"则朝史耳，而非国史；君史耳，而非民史；贵族史耳，而非社会史。统而言之，则一历朝之专制政治史耳"。这里的"社会史"是与"贵族史"相对，亦即有"民众史"的意思。通史著作采用社会进化阶段说的，早者推1904年6月出版的夏曾佑《最新中学中国历史教科书》上册，夏氏云："凡今日文明之国，其初必由渔猎社会以进入游牧社会。自渔猎社会改为游牧社会，而社会一大进"，"又由游牧社会以进入耕稼社会。自游牧社会改为耕稼社会，而社会又一大进"，"天下万国，其进化之级，莫不由此"。这实际上也只是文明史——文化形态观的一种表达，尚未自觉地借助社会学方法把通史引向社会史的开拓。同年12月出版的刘师培《中国历史教科书》（国学保存会版）也类似于此。这些资料都说明吕先生采纳社会学运用于通史编写，有时代的背景，有前辈的影响，非纯粹代表个人，而是晚清以来新旧史学蜕变过程中早晚要走出的一大步。

已经完成了《吕著中国通史》的写作,思虑和考量非常成熟,语气也显得特别地坚定。他说:"史学是说明社会之所以然的,即说明现在为什么这个样子。对于现在社会的成因,既然明白,据以猜测未来,自然可以有几分用处。社会的方面很多,从事于观察的,便是各种社会科学。前人的记载,只是一大堆材料。我们必先知道观察之法,然后对于其事,乃觉有意义,所以各种社会科学,实在是史学的根基,尤其是社会学。因为社会是整个的,分为各种社会科学,不过因为一人的能力有限,分从各方面观察,并非其事各不相干,所以不可不有一个综合的观察。综合的观察,就是社会学了。"[1]

今天谈多学科交叉渗透无甚稀奇了。只要看从本科生的毕业论文到博士生的学位论文,就知道已经成了时尚流行,无不声称自己是采用这种"骄傲"的方法研究课题的,后面跟着就是一个不短的多学科清单。在吕先生那个时候,西方社会科学理论还只是初潮骤至,找书不易。梁启超很早就注意到"群学"(社会学),吕先生也受到影响。斯宾塞的《群学肄言》、甄克思的《社会通诠》、马林诺夫斯基的《两性社会学》等,可能是先生最早直接读到的西方社会学译著。[2]先生在1920年已经关注到马克思主义的引入,到47岁(1930年),因友人的介绍,开始阅读马克思主义的书籍,对唯物史观看重经济基础的作用,非常之欣赏。[3]

同乡挚友陈协恭1933年为《先秦学术概论》作序,谓先生天资极高,兼弘通与精核二者而有之,且深研近世社会学家之说,非徒专事古书疏通证明可与之同年而语者。[4]相比于褊狭考据风气,先生的通达尤其显

---

[1] 文载《吕思勉遗文集》上册,第411—413页。梁氏《社会组织篇》,共八章,与《中国文化史》原拟目录不尽相同,亦见梁先生对通史的结构安排一直游移不定。出处参前注。
[2] 先生的著作文章不喜借别人自重,征引他人书籍或言论者极少,文内偶有"斯宾塞有言"之类,言简意赅。具体看过哪些西人的书,不易寻得证据。此处据张耕华为上海古籍版《中国史》(后一种高中教本)写的"导读"。耕华教授从李永圻整理先生论著多年,熟悉先生家中藏书情况,当有所据。其他书名省略,可参阅张文。
[3] 吕先生对唯物史观的接触较早,也很敏感。见到的文字为1920年在沈阳时所写的《沈游通信》,源自先生读《太平洋杂志》的介绍文章,载《吕思勉先生编年事辑》,第87—88页。后者参先生《自述》,载《吕思勉遗文集》上册,第440页。
[4] 陈协恭:《先秦学术概论序》(1933年),载《吕思勉先生编年事辑》,第163页。

得突出。从今日情景而言,又与颇多新派生搬硬套、作势唬人者不同。先生借"社会学"之助,全在细心领会其观察视角与思想方法的优点,反观中国历史事实,融通不离治史精核的要求,反对凿空泛言,生硬灌注。因此先生的运用"社会学",见不到新名词、新概念满天飞,什么模型、模式的莫名堆叠,一如陈寅恪借西方"人类学"的启示,发明隋唐政治制度渊源奥妙,运用存乎一心,了无痕迹。这就是学界老前辈新旧之学兼通的高明。

吕先生接触到的西方社会学理论还处在孔德—斯宾塞初创原理的阶段,什么功能、冲突、交换、结构等等分派分系的理论与方法尚未进入。看先生强调"社会学"是对社会的"综合观察",与孔德当时的意思最切近。后来那种以西方现代社会为模型,通过愈益烦琐化、形式化得出的所谓理论"概念"和"范式",还不致像现在这样"污染"到古代社会的观察,折腾得不伦不类。吕先生对"社会学"原理的领会,最能证明前面老友所说"天资极高",对孔德"吾道一贯"的独到领悟,恐怕连这位西方"孔夫子"也会惊叹后生可畏。孔德把"社会"比喻似人体那样的生命有机体,是更为复杂的"超级有机体";又模仿物理学原理,说社会运行有"静力学"和"动力学"两种定律。我们看吕先生一开口,立足点很高,意境很远。他用本土化语言描述的"社会学",注重揭示的是社会整体运动,富有强烈的历史感:人类已往的社会,似乎是一动一静的,这节奏像是人生的定律。昔时的人,以为限于一动一静的定律,这是世界一治一乱的真原因,无可奈何。这种说法是由于把机体所生的现象与超机现象并为一谈,致有此误。人个体活动之后,必继之以休息,社会则可以这一部分动,那一部分静。人因限于机体之故,不能自强不息地去不断地应付,正可借社会的协力,以弥补其缺憾。社会固然也会有病态,如因教育制度的不善,致社会中人,不知远虑,不能豫烛祸患;又因阶级对立尖锐,致寄生阶级不顾大局的利害,不愿改革等等。我们借社会的协力,就能矫正其病态,一治一乱的现象,自然可以不复存在,而世界遂臻于郅治了。这是研究历史的人最大的希望。[1]

---

[1]《吕著中国通史》"绪论",华东师范大学出版社,1992年版,第5—6页。

这段议论，于孔德—斯宾塞之说有所超越，对早期西方社会学曾有过的庸俗生物学偏向有"先天"的免疫力，把它转化成了一种看重社会制度变迁、积极进取的社会变革学说。这不是创造性地借用西学而别出境界的一个很好事例？

如何用这种新的社会学眼光观察历史，逮住"社会"这一历来为治史者陌生的"动物"（西人有言社会为不易捕捉的狡猾动物，即指其似有形似无形，变动而不居），是个难点。首先就是史材方面的困难。我们看历史学与社会学的结合，即便到了改革开放后，也仍然有不少人以为只有社会生活方面的史料可以利用开发，而原来正史大部分都不得不因"无用"而被废，"社会史"便无奈地变向，朝史学一个分支——"社会生活史"的窄路上走去。不能否认，这方面的史料开发和研究有许多突破，但这只是一支专门史的成立，而非当年"新史学"期待中的"普通史"的成功，甚至弄不好，还可能偏离"新史学"的旨趣，与认识中国社会特点、推动社会变革的目标显得隔膜不合。

借"社会学"之助，疏通知远，通观其变，目的是为了认识中国社会整体状态及其变迁的方向，先生毕生精力尽萃于此，是他认为不可须臾疏离的"新史学"主旨。从这个角度上考量，细致梳理并深入认识先生在社会史开拓方面究竟有哪些突出的建树，就显得很有必要了。

片面理解甚至夸张梁启超对旧史学批判的某些意见，先生向存不同意见。他说：旧史偏重政治，人人所知。偏重政治为治史之大弊，亦人人所知。然（一）政治不可偏重，非谓政治不可不重。（二）政治以外的事项，亦可以从政治记载之中见得。此二义亦不可不知。现在很多人喜欢说社会史是眼睛向下，写民众的历史，当时新史家称"人群的历史"。但若从史材而论，至近现代天地稍宽，越是往前史材愈少，缘木求鱼，久为史家苦恼。至于人民为历史的主人，这是从宏旨大义上说的，政权不为人民所有，情景就难以一言而尽。对此，先生的见解比较切近实际。他说人民方面的材料虽云缺乏，但须知（一）此乃被压迫阶级不能自有政权，而政权乃为压迫阶级所攘夺，自不能与政府方面的材料相比。（二）正史中也绝非一无所有，要费心开发。先生毕生花在这方面的精力真不少，打破了靠旧材料不能编著新通史的疑虑,开发的范围除史部外,兼及经、子、集,对集部价值的敏感也最早,故后来有集萃史材大成的"史钞"通史——四部断代史的编纂(今人对文集的开发正渐成风气,明清数量太大,故稍嫌迟缓)。[1]

史材之开发,已如上论。由史材出史识,则一靠眼光,二靠灵气(先生则说一由工夫、二由天赋)。先生常说"社会体段太大",举一端而概全体,无有是处。正确的方法,就是先得有一种全局性的眼光,把社会看作综合的、流动的、进化的,活用中国古人的老话就是"通观其变"。

回顾百年史学的历程,吕先生所做的建树,无论史材还是史识,下功夫最深的是制度通史,成就也最为卓著。最早可追溯到1925—1926年在沪江、光华两大学对历史系学生的讲授,讲义初名《国故纲要》《国故新义》,一度改为《政治经济掌故讲义》,后改名为《中国社会史》,原稿设18个专题。其中5个专题于1929年正式出版时,命名为《中国国体制度小史》《中国政体制度小史》《中国宗族制度小史》《中国婚姻制度小史》《中国阶级制度小史》。[2]这方面的研究始终在深入,心得愈后愈成熟,最后完善、凝聚于1940年出版的《吕著中国通史》上册。从47岁至58岁,经历了由"不惑"到"知天命",也标志着先生的学术生命达到巅峰,炉火纯青。

通观吕先生的学术编年史,在20年代前期完成《白话本国史》和初高中教材编著之后,精力专注于制度史的研究。治史者都有体会,制度史研究,特别是贯通古今、涉及全方位的制度渊源沿革,要从详纪传人物、略制度事物,细琐繁复、茫无头绪的正史材料中,梳理制度沿革的线索脉络,不

---

[1] 吕思勉:《中国史籍读法》,见《吕著史学与史籍》,第75—77、97页。
[2] 初由上海中山书局于1929年初版发行。1936年4月上海龙虎书局增订第三版,改书名为《史学丛书》。1985年上海教育出版社出版,易名为《中国制度史》,然《中国阶级制度小史》被省删。《中国阶级制度小史》后收入《吕思勉遗文集》下册,第273—314页。据张耕华教授告知:上海古籍出版社将推出这部重印书,不仅恢复吕先生自己的命名《中国社会史》,原删去的部分:《阶级》一章,商业、财产、征榷、官制、选举、刑法诸章中近代以后的叙述,以及各专题内的一些分析、评论的段落,总计10多万字,全部恢复。

博览群书,没有分析综合、比较鉴别的功力,绝难摸到边际。为什么要去干别人看来事倍功半的这等苦活呢?

笔者现在终于读得明白了一些。先生凭着自己治学积累的特长,触悟到历史学与社会学的结合,社会历史学的本土化,必须通过制度史入手,方能曲径通幽。先生自我的表述,有下面两层意思:(一)《文献通考序》把史事分为理乱兴衰和典章经制两大类。前者是政治上随时发生的事情,今日无从预知明日;后者则关于国势盛衰、民生大计的内容最多,是预定一种办法,以控制未来,非有意加以改变,不会改变。前者可称为动的历史("社会动力学"),后者可称为静的历史("社会静力学"),当然这是仅就形式而言,不可泥执。[1](二)进言之,历史上的一切现象,都可包含在这一动一静的交叉变化之中(实际上,动与静也是相对的,动中有静,静中有动。这一点,先生的阐述还不够清晰)。先生说"理乱兴衰",就是古人所说的求治法之善与不善,精力不可谓不多。不可继行的制度不变,治平之世不可得。然当政者对制度的保守为一种集体无意识的惰性,常转为抗阻革新之弊;只有制度的革新,才能治丝理纷、排难堵乱,开出历史新局面。而入至近世,情境又变,青年经历未深,阅读不广,民之情伪未知,嚣嚣然以为天下事无不可为,举武辄踬,戊戌变法以来,屡变而终不得其当,实由是也。先生把会通这两方面的情况看得极重,明乎于此,研治历史则探骊而得珠,教授史学之意义亦由此而达彼岸。[2]

吕先生还从另一角度申述这种历史认识方法的意义。过去的人总说"史也者,记事者也",史事仅止于叙事而已。但历史上发生过的事情实在记不胜记,不能尽记,也不必尽记。深求其故,必从社会制度上着眼,方见得深,看得透。例如以往专重特殊的人物和特殊的事情,却不知道这些特殊的人物和事件总发生在一定的制度环境之中,是那时社会关系和社会环境的结果。制度总在不停地"潜运默移",重大事件看起来

---

[1] 吕思勉:《中国史籍读法》,《吕著史学与史籍》,第97页。
[2] 吕思勉:《中学历史教学实际问题》,《吕思勉遗文集》上册,第479—480页。

像"山崩"那样激烈,却是由社会的长期"风化"积累而成的,由此而造成所谓"世运"的转移,划分出中国历史内在各个时段的变迁。[1]过去因为没有"社会"这个概念,遇到时局艰难,囿于所谓历史的经验,便误以为只要古代的某某出来,只要用过去的某某方法,就能解决问题。若知道社会是动态的,变动而不居,历史便是维新的佐证,而不会再是守旧的护符。"深求其故",还要讲清历史各个方面相互发生的因果关系。社会是整体的,任何现象必与其他的现象有关。这因果关系看似复杂,但其中必有影响力大小的不同,有时此重彼轻,有时彼重此轻,但以物质为基础,经济发展的力量总是历史变化的原动力。有这样的历史认识,就可以改变许多陈旧的认识习惯。例如中国的旧史学一向以政治为核心,习久了就误以为政治才是社会的原动力,国家的治乱兴亡全由于政府中几个人措置的得失。时局不行,换些人就可以了。真知道历史的人,便懂得改善制度比人治更重要,制度变迁的后面,又是由经济变迁慢慢推动的。

在这样一种识史方法观照下,开出会通历史的新境界是自然之理。阅读吕著通史,有许多具体历史情节,后之史家研治专深,更赖史料新的开发,呈现得更为细密可靠(最出色者当如严耕望的地方行政制度研究,从弘通处着眼,精密则称雄一世[2]),但先生许多精彩通观评论,直击要害,能传达出常人轻易看不出的历史意韵,让读者享受知性旅行的愉悦,得益的不仅仅是历史知识的丰富,更是增进了对社会状态和社会变革的认识。我想,先生的作史愿望原就是如此。

先说"人民为历史的主人"。这是社会前进的方向,也是新时代治史者

---

[1] 吕先生对中国历史分期问题的见解,有专题研讨的价值,容后再论。有关情况,可参见张耕华为上海古籍版《中国史》所写的"导读",对先生的分期法有具体的介绍。

[2] 严先生的中国中古政治制度研究的代表著作是《中国地方行政制度史——秦汉地方行政制度》《中国地方行政制度史——魏晋南北朝地方行政制度》。严著既有精密的考证,又有宽阔的视野,对重新认识中央集权政治体制的复杂性有突破性的贡献。严先生为钱穆门生,钱氏又为吕先生的学生。笔者以为,严先生制度史的眼光更近吕先生,故对吕先生有"四大史家"之誉评。见《治史三书》,辽宁教育出版社,1998年版。

应有的宏旨大义。先生始终追求现代"大同"社会的实现,欣赏有理想激情的人,但通过历史的考察所得的结论,认为通达和理性更是现代人必备的品质素养。他从中国历史梳理所得的社会进步,认为必基于社会组织的改变,基于公众参与度之扩大。简约概括为:(一)事权自少数人渐移至于多数,此自有史以来其势即如此。自今而后,事权或将自小多数更移于大多数,移于公众性的社会组织。(二)交通范围日扩,密接愈甚,终必至与世界合流,此观于中国昔者之一统可知。世界大同,其期尚远,其所由之路,亦不必与昔同,其必自分而趋合,则可断言也。(三)公众的受教育程度渐高,公众参与的范围就越广,专擅之少数人秘密政治也愈来愈难得逞,"天下"必为天下人的天下。真正的民主,植根于真正的教育。政治的解放,必先之以教育的解放。[1]这里我们看到吕先生富有特色的治史方向,关注历史上的社会风气、制度变迁,是为了现在和未来社会的进步,也饱含着他对"大同世界"的美好憧憬。

这种通观的认识,落实到中国历史发展脉络的梳理,先生持异于常人的见解,有不少独到之处。先生认为周以前为上古史,这一时期是我中华民族从初浅之群,由部族、邦国逐渐演进为一个大国的过渡时代。夏商周三代,好似一个"国际社会",有大大小小的许多"封建"邦国。其中握一国之主权者称"君",而能驾驭列国之上的强国,称"天下共主"。秦以后进入统一时代,既不再封邦建国,用人亦不拘贵族阶级,封建势力好像是解决了,实则新问题又起来。封建古制的"反动",是不可避免的。不仅表现在思想文化乃至王莽改制的复古,更深刻的是,"封建势力"仍以各种变相在延续。从边远至内地,各种区域内各有恶劣的"封建"势力,事实上即等于上古时代的各个小国,其中有州郡割据,有豪强霸横,有文化较低民族建立的政权,甚至宗室外戚的专权,地方官的"自行其是",都未尝不是"封建"遗逆的表现。因此长期以来政治上的扰乱,

---

[1] 前引参吕思勉《中国史籍读法》,原为先生在光华大学讲授之讲义,生前未刊,时间在抗战之前。《遗文集》收录不全,请见《吕著史学与史籍》,第66—67页;后引参《中国文化论断续说》,《吕思勉遗文集》,第335—336页。因先生叙述甚长,此处由笔者精简而述之,自信大致不违原义。

内乱外患,甚至部分时期的大分裂,莫不是这些势力轮流反复在起作用。封建势力的根源,实在于土地上的剥削,而消除封建势力要靠资本主义的发展。中国疆域广大,交通险阻,资本主义势力的发展多在交通大道一线,难以向腹地深处发展。所以中国政府的统一性、积极性,说起来实极可怜。这只要看中国历代,行放任政策尚可以苟安于一时,行干涉政策即不旋踵而招乱。言治皆轻法治而重人治,地方唯有派一能员就此地方定出相当的方策,才有一定的成效。故秦汉以后,代表国家主权者所当严加监督者乃在官僚,治官之官日益,治民之官日减,治民者但求无过。[1]我们看,这样地观察中国历史,自较许多拘泥于书本或外国理论概念的,更注意到社会组织方面特有的弱点和弊病,政治内在变迁的"中国"特色。

  此就历史长时段之形势而言。落实到短时段,事件的历史,其眼光一样地锐利。兹举一例。先生的历史分期颇多独特,独特之一,即先生反复申论"王莽改制"为中国历史的又一转捩点。先生在各本通史中叙述此事,可简约归纳如下:远古社会始于公产,自公产之制破坏后,人心始觉不安。授田之制既坏,然而有官税、私租之分,遂至汉代起有兼并之害,后世有加派之弊(税外加费)。实则公社、封建的社会组织既已逐渐堕坏,古制本无所依托,然先秦以来言改革者总觉应返古法,分为两大派,一主平均地权(儒家重行井田之说),一主节制资本(法家打击豪强富商)。至王莽乃将两说合而为一,其决心加以贯彻,魄力可谓极大。改革不但没有得预期的结果,反而闹出滔天大祸。这失败绝非王莽一个人的失败。王莽的行政手段拙劣,但这只是枝节。即使手段很高强,亦不会有成功的希望,因为社会环境已经变化,社会组织没有大的改变,根本上是注定要失败的。这是先秦以来言"公产"改革者共同的失败。汉代的多数人对社会现状都觉得痛心疾首,汉以后则主张姑息保守成了大多

---

[1] 以上简述综合《本国史提纲》(1944年)、《中国文化论断续说》(1946年)、《中国通史的分期》(1952年),请分参《吕思勉遗文集》第330—331、558—585、633—663页。先生对商业资本的看法也有许多独异之处,如认为资本主义可以破坏"封建"势力,但它们也容易相互勾结,故亦应"节制资本"。容另文讨论。

数，以为"天下大器"不可轻动，"治天下不如安天下，安天下不如天下安"。所以这是中国历史上的一大转变，思想学术方面相应的变化，即是彻底改变社会的组织业已无人敢提，解决人生的问题遂转而求之于个人，于是后来有玄学、佛学、理学的迭相兴起，直至明末清初才有学术启明星的出现，对政治制度的痼疾与"天下兴亡，匹夫有责"等根本作深刻的反省。[1]我们看众多通史教材，直至当下，多数也还是纽结在王莽改制是耽于空想，还是虚伪作假的个人品质之辨上，未曾从政治变迁的大关节上着眼，就见得吕先生确是极少数能达至疏通知远高度的史学大师。

再举王安石变法一例。先生论熙宁变法，认为王安石的新法，范围既广，流弊自然不能没有。例如青苗，以多散为功，遂不免于抑配（强迫摊派）。抑配之后，有不能偿还的，又不免于追呼，甚至勒令邻保均赔。保甲则教阅徒有其名，而教阅的人，反因此而索诈。在当时，既要大改革，不能不凭借政治之力；而在旧时官僚政治机构之下，借行政力量来实行改革，自然免不了弊窦百出。既处于不能不改革之势，照理应大家平心静气，求其是而去其弊。而宋朝人的风气，喜持苛论，又好为名高。又因谏官权重，朋党之风，由来已久。至此，新法遂因党争而宣告流产。比较新旧两党，新党所长在看透社会之有病而当改革，且有改革的方案，而其所短，徒见改革之利，不措意因改革所生之弊。旧党攻击因改革所生之弊是矣，然只是对人攻击，自己绝无正面的主张。最无道理的是，当时的政治没有问题，不需要改革吗？明知其不好，怎能听其自然？面对这个问题，我想旧党就无话可说了。由历史上改革的失败，先生预言："将来总要有大的改革出来。"[2]读到这里，先生精细阅读各种史料，感觉敏锐犀利，穿透古今的力度就显示出来了。先生说"探原过去以证现在及将来"的会通意境，由此倍感亲切，可以心领神会了。

───────

〔1〕 以上据《复兴高级中学教科书本国史》与《吕著中国通史》有关章节综合而成。
〔2〕 以上议论，系综合《复兴高级中学教科书本国史》与《中国政治思想史十讲》（1935年光华大学讲义）。后者载《吕思勉遗文集》下册，第69页。

"思勉人文学术"精神

1984年,著名历史地理学家谭其骧先生为纪念吕思勉诞辰一百周年题词,写道:"近世承学之士,或腹笥虽富而著书不多;或著书虽多而仅纂辑成编,能如先生之于书几无所不读,虽以史学名家而兼通经、子、集三部,述作累数百万言,淹博而多所创获者,吾未闻有第二人。"[1]"四部之学"为中国传统的人文学术,至现代则分演为文、史、哲等科。先生的著述除通史外,于民族史、思想学术史、古典文学史均有专著纂述。因长期兼授国文教学,对大学、中学的国文教学和语言文字改革,也有许多独立的见解。[2]今日称吕先生之学术为"思勉人文学术",与先生出入于文史哲三科均有创获的经历相符,庶几可以成立。

先生名思勉,字诚之,均富人文涵义。一生学术的主要成就大都是在光华大学完成的,先生视其为最后的精神家园,毕生学术归宿所在,有名校坚聘亦绝不忍弃"乡"他走。光华大学创办于1926年元月,据《尚书大传·虞夏传·卿云歌》"旦复旦兮,日月光华"取名,故以日月卿云为校旗,红白为校色,"格致诚正"四字为光华大学的校训。[3]无巧不成书,"诚"字把先生与光华合为一体,而"思勉人文学术"的真精神也正是在"诚正"两字上体现得最为鲜明。

吕先生读古书之多,无人不钦佩。但视先生为旧时代中人,系旧式人物的错觉,曾经流传一时。至少在我做助教的时候,听得教研室某老师回忆先生上课,不带片纸,手拿粉笔,在黑板上捷书史料,讲完再写,写完再

---

[1] 引文出《吕思勉先生编年事辑》,第357页。
[2] 需要提到的有1931年商务出版的《宋代文学》、1934年商务出版的《中国民族史》,前者收于《论学集林》,后者今收入中国大百科全书出版社《中国学术丛书》。1933年出版的《先秦学术概论》,与多侧重哲学不同,此著独注重社会政治方面,颇具特色。1937年,针对光华大学设立的"基本国文"一科,特撰《论基本国文》长文,对今日大学国文教学亦有启发。原文收入《吕思勉遗文集》,第678—696页。
[3] 光华大学创始人、校长为张寿镛。公子张芝联教授作有《日月光华,旦复旦兮——追忆母校光华大学》,记述办校经过,以及本人就学、任职时代的掌故颇详,载《万象》2000年第6期,读者可参考。

讲,事后对照,洋洋洒洒,一字不误,觉得非常神奇。但讲说者对先生的思想观点作不屑状,不愿多言,因此我一直误以为吕先生确为"封建遗老",是属于过时的旧人物。现在把吕先生的书大都读过了一遍,方始觉悟"读其书,想见其为人",先生从幼年起对国内外时事就非常关心,读新书,也读外国人文社科类的书,且笃学深思,对新思想的吸纳,凡有善者、可信者,无不虚心渴求,但绝不苟取,也不尾从权威,有独立的主见。

吕先生是在光华大学创办的当年8月入校任教的,先任国文系教授,不久即创办史学系,出任系主任。先生一手制定史学系的课程,并向诸生讲述办系宗旨。先生要求学生用新方法整理旧经典,既要用心阅读必要的古籍,也须通过外国史事,精研西籍,更要明了现今世变之所由,目光不唯在书本上。治学的精神,则是"必先立平实之基,进求高深之渐。求精确而勿流于琐碎,务创获而勿涉于奇袭"。[1]此数语实集萃先生一生治学的精神,其中"平实"两字尤为紧要。

唐史名家、陕西师大历史系教授黄永年是吕先生抗战时期的苏州中学常州分校(高中)的学生。生前回忆说:"现在,我也是五十好几的人,已接近当年吕先生给我们讲课时的年龄了,也勉强在大学里带着几位唐史专业研究生。可是扪心自问,在学问上固不如吕先生的万一,在为人处世上也深感吕先生之不易企及。吕先生当年曾为我写过一副对联:夙夜强学以待问,疏通知远而不诬。联上写明是录梁任公语。它促使我时常考虑怎样真正做到这两句话,真正不负吕先生当初对我的勉励。"黄先生后来把从吕先生那里得来的师训,转化为自己的治学格言:"做学问不赶时髦。"[2]黄永年的这句话,作为先生"平实"两字的注脚,确是十分贴切。

在20世纪诸史学大家中,吕先生是治学心态最平心静气的一个。他有激越的理想抱负,但从不张扬,治学有似陈、王两位,也是"外冷而内里极热"。这与他淡泊宁定,"埋头枯守、默默耕耘"的为人风格极相契合。先生绝不是"两足书柜",对国祸民忧无所动心的"书斋学究"。他的学问,有两

---

〔1〕 文见《吕思勉先生编年事辑》,第1422页。
〔2〕 黄永年:《我的老师吕思勉》(1998年10月),载《学林漫录》,中华书局,1999年版。

个特点:一是极具平民意识,与陈寅恪、钱宾四特重精英文化迥然有别。先生十分关注民间社会的生计,大至水利、赋役、吏治,小至百姓饮食起居,所到之处,必细为调查,对物价波动尤其敏感,至几元几分,均一一载录。眼睛向下,关注民间基层生活,重视社会经济研究,在同辈史家中恐少有与之匹俦的。二是对社会进化向持乐观向前的心态。他信从社会进化的观点,认为制度的变迁最为紧要,"大同"是人类必走的道路。这同陈寅恪的悲观成鲜明对比,似与郭沫若相近。但从其主张自然演进的立场看,与郭沫若之激进更像"同床异梦"。他之接纳社会主义学说,出诸学术追求,不沾激进情调,亦即先生讲求的学问须求"平实"。

先生的论治学,一直强调应抱有理想,服务于社会改革的根本,勿流于琐碎饾饤的考证。先生评述年长一辈著名学者,反复陈述他们的成功实是时代使然。是社会的变迁,改革的艰难,玉成了这些学者的事业,而先决条件是他们都对社会改革抱有诚正的热情。他说:对于现状的不满,乃是治学问者,尤其是治社会科学者真正的动机。若对于其现状,本不知其为好为坏,因而没有改革的思想,又或明知其不好,而只想在现状之下求个苟安,或者捞摸些好处,因而没有改革的志愿,那还要讲做学问干什么?[1]1943年,在《学制刍议》一文中,借孤寒子弟教育的重要性发表议论,这段文字少为人注意,却足以传达先生治学的真精神。先生说:"不论国家政治社会事业,总是要有人去办的,而人之能善其事否,实以其有无诚意为第一条件。必有诚意,然后其才可用诸正路,其学乃真能淑己而利群,不至于恃人以作恶,曲学以阿世,反造出许多恶业来。道德为事功之本,诚意为道德之本。"[2]

理想必不可少,但要在激情与理智的平衡。他对康有为与章太炎都很敬佩,说他们当其早年,感觉敏锐,迫之于旺盛的感情,出之于坚强的意志,所以能做出一番事业。但因为感情较重于理性,及至晚年,则渐与现实隔离,遂至不能适应环境,终至招来失败。相比之下,先生更欣赏严几道与梁

---

[1] 《从我学习历史的经过说到现在的学习方法》,《吕思勉遗文集》上册,第412页。
[2] 参《吕思勉先生编年事辑》所录,第251页。

任公。他说:严复头脑是很冷静的,其思想亦极深刻。他不是单凭理想、不顾事实的人。梁任公介乎狂狷两者之间,既有激情,亦不失通达。从许多文字透出的才性来看,先生于梁启超最为心仪,虽然"大同"理想是得之于康有为的启迪,在理性论事、做学问求深刻通达方面,"最于梁先生为近"。[1]

先生认为处于社会变迁的时代,使人人具有改革思想最为当务之急。然而,社会的进化有一定的速率,并不是奔逸绝尘,像气球般随风飘荡,可以不知落到哪里去的。目标虽好,没有好的方法,没有好的实现途径,往往好事会造做出坏的结果。所以,改革思想非可以空言灌注,亦非单凭热情就可以的,必深知现在社会之恶劣,而又晓然于其恶劣之由,然而对于改革的志愿和改革的计划应有理性的考虑。这种理性的考量从哪里来?一是靠从现实得来的阅历和锻炼,一是求之于书籍,求对以往社会的总结和检讨。历来理论之发明,皆先从事实上体验到,然后借书本以补经验之不足,增益佐证而完成之。先生在《读书的方法》一文里特别地说明:"读书,到底是有益的,还是有害的事,这话是很难说的。学问在于心间,不在于纸上。要读书,先得要知道书上所说的,就是社会上的什么事实。如其所说的明明是封建时代的民情,你却用来解释资本主义时代的现象;所说的明明是专制时代的治法,你却用来应付民治主义时代的潮流,那就大错了。从古以来,迂儒误国,甚至被人讪笑不懂世事,其根源全在于此。所以读书第一要留心书上所说的话,就是社会的何种事实。这是第一要义。这一着之差,满盘都没有是处了。"[2]因此做学问的,须将经验与书本汇合为一,把经历锻炼和书本知识相互证明,才会有真体会,有真心得。对现实的观察有多少深度,对历史的理解就会有多少深度;反之亦然。治史学的,如果对现实生活漠然无所心动,完全闷在书斋里,无所用心,不敢思想,学问的格局不会大。先生把世上的一句俗话,赋予新的意义,变成了治史者应置于书案前的座右铭:"世事洞明皆学问,人情练达即文章。"

现在我们来纪念先生的学术,其经历已不可能复制,学术随时代而

---

[1] 吕思勉:《从章太炎说到康长素梁任公》,《吕思勉遗文集》,第385—401页。
[2] 吕思勉:《读书的方法》,原刊1946年6月3日《正言报》。

进,更不允许亦步亦趋,专事保守。如何从精神气韵上领会和融通先生的文化遗产,是为我们这些后学者所当钻研的课题,亦即古人所说的"当师其意而用之"。

二、农业、农民与乡村社会:农耕文明新审视

有关农业、农民与乡村社会的历史研究,在这60年里总共有多少论文著作,笔者作文之初曾想做出约略的总量与分类统计。浏览一圈下来,只得放弃这个太过奢侈的念头。古代中国,是一个比较完整意义上的"乡土中国",然而在号称发达的古代史学里,关于农业、农民的史籍没有地位,仅沧海之一粟。入至近代,我们却遇到了一种意外的情景,越是要现代化、城市化,逃离"乡土中国","三农"的话题越是从另一侧牵动神经,变得敏感和热闹。可以不无夸张地说,在中国,从近代以来,几乎很少有谈历史、议现实,一点儿也不涉及"三农"话题的。在我们即将叙述的60年,特别是近30年里,规模、数量更是大大超过往昔。通史、断代史、专门史不用说,就是政治学、经济学、法学、社会学、人类学、地理学乃至考古学、农学、环境生态学等等,友邻学科相关的"三农史"研究成果不断进入并挑战史学,愈后愈多,总量之巨,不比专业史学为少。

本文给定的"农耕文明新审视"主题词,虽说有相当难度,毕竟还是为笔者摆脱前述材料繁冗的困境提供了一条思路。各分支领域的综述已不断见诸报刊,实无必要作重复劳动,而全面的综述与总结又力不胜任,选择一些变化的环节,凭自己所能达到的理解水平,述评一下60年来有关研究的若干变化轨迹,或许还是比较明智的。但在选择若干陈述方向并加以展开之前,还不得不对"新"字作些解释。即就本主题而论,无论是学者的认识,还是学科研究的视界,"新"与"旧"永远是相对的,往往一体两面,新旧相互渗透与转化,随时变迁,迭相推进。百年来的许多旧话题,一直不断被各种新说法所激活。时势的变化也会从历史遗产里激活出一些新话题,

引出当下关注的视角。再细致地体味,还可以发现有不少旧话题被恢复记忆,重新诠释,似是复旧"翻案",实是在新的情势下,忽然由灰暗而变得明朗起来,填充了更为实证的内涵,获得了新的认识意义。这些都从不同角度丰富和改善了今人对"三农问题"的认识水平。

农业生产力研究

中国是世界上最古老的农业国度之一。农业起源极早,在七八千年以来的漫长历史时期,中国农业经济发达的水平,始终居于世界领先地位。然而,显得不甚协调的,尽管中国任何历史记述实际都离不开农业和农村的背景,在浩似烟海的历史典籍里,却只有归入子部农家类的农书以及时令书、救荒书一类杂家书,才有关于农业的经济与技术层面的叙述,而历代的食货志(以及类似的会典、诏令、奏议)都是从财政赋税或者社会治安的角度,间接地触及农业经济的社会关系层面。后者的立足点,全在国家政策的制定实施上,即使是繁复的田制叙述,也不是土地产权状态的实际反映,长达几千年里竟然没有全国农产总值的官方统计数据。因此,有关农业经济的史学,严格地说,它在古代并不曾真正存在过。

略具讽刺意味的是,辉煌过后,传统农业在近代工业经济压迫面前渐形窘态,乡村与农民的处境日益维艰,大约是从20世纪20年代开始,备尝中西比较煎熬之苦的国人,不得不对自己国家的特点进行反思。经济与社会的反思,"三农问题"成为绕不过去的关节,农业和农业历史的考量进入学界视野,受到不同程度的关注。

"三农",农业经济是核心、是基础。农业经济实际包含有技术应用与社会关系两个层面,亦即关涉唯物史观所说的生产力与生产关系、经济基础与上层建筑两对关系。综观百年历程,在很长的一段时期里,"三农问题"多偏重于生产关系、上层建筑的检讨,精力集中于社会性质与土地占有状态的定性,社会形态的政治取向争论成为焦点,包括资源、生产要素配置与经营方式等内在的生产力研究,一直处于边缘和被冷落的境地。整体性地全面评估中国传统农业经济的水平及其世界地位,从历史学主体而论,是在以经济建设为中心的近30年里才获得明显的突破。

究其原因,入至近代,农业状况的受关注,首先是迫于现实的困境,在与"西方工业化"对比的刺激下,"农业"是需要被改造(革命和改良都是"改造")的主要对象。检讨最先是从社会学和农业经济学界开始的。1923年陈达对北平西郊和安徽休宁的农户生计调查,开了叩问农业现状风气之先,他们重点关注的是农民。随后,农业经济学介入。1929年起,金陵大学农林科由美国教授卜凯领衔,开展了对22省168个样本点、38256个农户的农家调查,生产力状态与经营方式受到关注。左派学者明显对卜凯的调查不满,以陈翰笙为代表的"中国农村经济研究会"继后在江苏、河北、广东进行了针对性的调查,重点转向封建剥削和政府赋税等社会关系方面。然而,时势的逼迫,等不及这种慢条斯理的实证调查之间产生的重大差异能否以及如何得出"合题",多数人觉得中国农业落后于时代是不成问题的"问题",如何通过社会革命摆脱落后的困境才是当务之急。1927年"大革命"的失败,导致社会性质的论战更趋激烈,"主义"和对策的尖锐冲突迅速吸引住了国人的视线。革命与改良的方略对峙,成了贯穿于全部争论的主线,观点决定论据,意见代替考证。对中国农业历史的冷静调查、评估与总结,显然不合时宜,被冷落在一旁。然而这一等,竟然等待了四五十年,待到1978年改革开放后,才真正迎来了研究态势的明显转变。

1. 农业史艰辛的学科创业之路

在"传统—现代"两分对立的思维占优势时代,也有不同的声音与取向。20世纪30年代开始,接受西学影响的学者,曾多次试图引进西方农业品种(棉种、蚕种)与农业技术(无机肥、杀虫剂),用以改造传统农业,遭遇的困难却是始料所不及的,挫折多于成功。于是,有一部分学者想以近代科学的眼光重新审视中国农业的传统,整理遗产,自觉认识我国农业的特点和经验,谋求不脱离国情,中西结合地改进农业。农书的整理、农史的梳理就这样被列入到研究的课程里。其中,农业科学研究机构的创立、高等院校农业系科的成立,无疑为它的催生起到了决定性的作用。最著者即为20世纪20年代末,南京金陵大学、东南大学农科率先开出了中国农史课程,而金陵大学农史研究组主任万国鼎苦心经营古农学资料,成为中国农史学滥觞时期的领军人物。还有郑辟疆任校长的江苏蚕校(后改名为蚕丝专科学校)、张謇创办的南通农校,其宗旨都不离"农吾立国之本,非研究无以改进"。他们对蚕丝、棉业等农业商品经济领域传统经验的开发与改进,为中国农史学研究拓宽了视域。[1]

然而,农史学当时只是时代大潮一侧的小溪,不事声张,埋首"穷经",不要说激烈的社会性质论战无暇顾及他们,就是乡村建设运动者也很少关注他们的成果。这是一群"为学问而学问"的人,而且一棒接一棒地薪火相传,直至大厦落成。看似"无用",却是为未来的"有用"在耕耘播种。在如此艰苦的条件下持之以恒,足为今天规划学科建设者作历史的借鉴。

1949年新民主主义革命的胜利,土地改革的成功,为农业生产力的解放扫清了政权和社会关系方面的障碍。传统的小农经济在解除了各种超经济强制束缚后,获得了它前此从未有过的良好环境。如何迅速恢复和发展农业生产,是革命成功后首先要解决好的政治任务。新政权在以农业为基础的治国方略指导下,十分重视农业科学研究与农学遗产的总结。农学史由此进入了最好的发展时期。在17年里,建设成功了好几个出色的农史研究机构,队伍、人才都有较大的扩展,农史学终于成长为一门独立的学科,出现了像万国鼎、石声汉、陈恒力、辛树帜、游修龄、王毓瑚等一批具有国际声誉的农史权威专家。其中由万国鼎领衔汇辑编制的《中国农史资料》正、续两编,共计613册、4200万字,另有《方志综合资料》《方志分类资料》《地方志物产》三大类,共计689册。工程之宏伟,为自有农业以来所仅有,超越百代。石声汉的《齐民要术今释》、陈恒力的《补农书研究》对标志中国南北两区域传统农业生产经验高度的古农书,用今人的科学眼光和科学方法进行高水平的整理研究,还补充了许多田园调查的材料,堪称

---

[1] 详情与具体成果请参见李根蟠、王小嘉:《中国农业历史研究的回顾与展望》,载《古今农业》2003年第3期。这是笔者见到最有质量的百年农史综述专文。此处笔者所选择事例,专用以围绕本文题意展开议论,千百挑一二,主观片面或所难免。如举例失当、议论有偏,则请方家指正。以下各节,均有类同情况,不及一一注明时,将酌情推荐笔者认同的综述文章以供参考,特此申明。

农学史研究的经典力作。这些研究成果证明粮食亩产在古代传统生产条件下，通过精耕细作、集约经营，也可以创造出相当的高度，而两书所总结的诸多生产经验，例如水利灌溉的开发、水稻合理密植的方法、有机肥料的使用以及注重选种、育种和品种的改良等等，都能不同程度地服务于当时的农业生产，而且也取得过相当好的现实效果（例如各地水利事业的蓬勃展开，科技站的普设，陈永康水稻种植法在江南的推广）。

停滞10年，改革开放后，政府恢复了对知识劳动的尊重和支持，农史学也进入了蓬勃发展的新时期。《中国农业科学技术史》《中国农业百科全书》《中国农业通史》等一系列国家级标志性成果的出现，多种农史刊物的活跃，以及农史研究向多层次、多领域开拓，都表明学科的发展呈现出前所未有的活跃。笔者以为，更值得称道的是，农史学界主动向史学界"进逼"挑战，而史学界更多的人也逐渐重视和引用农史学的研究成果，经这一段时期的酝酿，关于农业经济整体历史的研究与评估的多学科攻关，等待了很久的发展新转机，终于在90年代的中期变成现实（详后）。

2. 传统农业生产力评估问题的提出

农业史研究在1967年前，基本上是作为科技史的分支从属于农学口，可能称为"农学史"更为贴切些。它在"三农问题"的整体话题里，在史学的整体研究框架里，颇显孤单，没有引起相关的连锁呼应。农学史在通史的文化科技章节中仍然被压缩到不能再小的地位，议论分析往往严重滞后甚至陈旧，而经济史、社会史的"主流"与农史学相当隔阂，征引的资料仍然集中于正史（制度史），农书不受重视。

新民主主义革命的胜利，实践认定了论战主张革命道路的一方是符合国情的，而胜利一方在有利的形势下，巩固和继续扩大"战果"，也是顺理成章的事。因此批判封建主义，是当时的主旋律，向社会主义的过渡，是逻辑的必然，学理的配合不可能离开这两个方向。在这种情势下，很少会考虑到，中国农业生产有其相对独立、内在的传统发展优势和宝贵经验，否则长达数千年的时间里能够创造世界上少有的"经济奇迹"，养活一个超等大国的众多人口，就不可思议。到70年代末，终于觉悟到生产关系大改造的超前试验实际上是失败了,事实还证明传统的小农经营模式简单粗暴地抛弃行不通。对此,农学史界的感觉最敏锐,而且几乎是出自职业的天性(少数人违背职业道德的附和,受到业界的蔑视)。种种违反常识的试验,源于对历史的无知,实践也证明农史学科并非在现实生活中完全"无用"。

然而,惯性的作用,即使在现实政策已经拨乱反正,农业家庭承包责任制遍及全国之后,史学界主体关注中心仍是封建社会长期延续的问题。这一讨论发生在"文革"结束之后,乃情理之常,然而在讨论中小农经济被与封建主义捆绑一起,作为"有罪"的一方继续受到谴责,甚至被认为是"中国贫穷落后的根源",暴露出以往史学研究存在的误区要改变不容易。白钢主编的《中国封建社会长期延续问题论战的由来与发展》非常客观全面地为我们保存了这样的历史记录,今天读来别有一番滋味。那时,虽也有一些人隐约地感到对小农经济的合理性应持有历史主义的态度,但在大批判的声浪里,几乎被多数人所忽略,更不用说认真思考、深入研究这一问题。

在此情势下,农学史界起而"抗辩"了。最早在80年代初,郝盛琦、董恺忱等人就已经撰文批评这种全盘否定中国传统农业和传统农艺的观点,指出精耕细作的传统,集约化的经营,虽然是在小农经济基础上产生的,它却是我国农民智慧和经验的结晶。我们没有理由不去下功夫研究中国传统农业的长处和优点,为今天的农业发展提供足资借鉴的经验。许多农史学家还认为,通过精耕细作、集约经营提高农业生产水平的这一发展方向,仍然符合我国今天人口多、耕地少的国情。相关情况可详参叶茂等人编撰的《传统农业与小农经济研究述评》。[1]

笔者认为,农学史界之所以异于"主体"史学界,没有陷入片面论和非历史主义,正是20年代以来积累的农学史研究"内功"发力,到时就体验到"无用乃为大用"的深刻哲理。可惜前者的成果却被史学界许多人有意无

---

[1] 详参叶茂等:《传统农业与小农经济研究述评》,载《中国经济史研究》1993年第3期。综述覆盖面极宽,资料翔实,按论点逻辑编排。如能兼采学术史的时序写法,显示变化与进展过程,就更理想了。

意地忽略,铸成这样的学术隔阂。所幸经历80年代的碰撞和酝酿,到90年代中期前后,学科间互不对话的情况终于有所扭转,新的转机出现了。

新视界的开拓,需要有不甚固守"边界"的跨学科尝试,而突破壁垒森严的行业习见,必须具备勇气,更需要敏感和眼光。记起最初的情景,以笔者有限的阅读经历,想补充两个事例,稍示情景的前期状态。

在沟通农业科技史与通史研究方面做出特殊努力的,陈文华是众多代表中较早的一个。他由历史学科班出身进入农史考古界,"两栖"的身份为他开展跨学科尝试提供了有利条件。记得1981年,他在江西艰苦创办了《农业考古》杂志。从友人那里读到刊物,觉得对我们治古史的人非常开眼界,我就成为最早去信获得赠阅的读者之一。刊物不断介绍农史学的新进展,同时也看得出主编和作者都对中国通史有一种整体的关怀,十分难得。董恺忱,我正是从那里读到他较系统地论证中国传统农业优势和特长的通论性大文,改正了我对历史上小农经济的不少成见[1]。这在当时学界算是发出先声的文章之一。陈文华还主办了中国古代农业科技成就展览,巡展于各地,凝聚了多年积累的相关研究心得,把农学史的成果以通史的体裁、图谱的形式推向社会各界,同时也给史学界传递了相关的学术信息,产生过一定的辐射作用。

另一位就是李伯重。他出身于史家名门,学业根底好,再兼治史勤勉,成名较早,上升速度之快,在同辈人中数一数二。1982—1986年间,年轻的李伯重在《中国农史》《农业考古》杂志上连续发表6篇文章,都是讨论明清江南农业集约化和资源利用的,实证细致周详,取材领域和论析方向异于当时明清江南研究的"一般",而显示出"个别"的特色。因注重生产力

---

[1] 董恺忱在《农业考古》撰文的同时,以中西比较的方法从五个方面进行了较为系统的总结:(1)中国是世界栽培植物起源中心之一。(2)中国框形犁是世界上最发达的传统犁之一。(3)中国是历史上有着较高土地利用率的国家之一。(4)在世界农业发展较早的国家中,中国是没有出现地力衰竭的仅有的几个国家之一。(5)中国传统农业曾一度处于世界领先地位。文末指出,我们有必要"总结中国传统农业的合理内容,比较中外农业的特点和差异,作为农业现代化的借鉴和参考……(这样的研究)会有助于我们开阔眼界,更好地去探索中国农业的未来和出路"。见《世界农业》1983年第3期。

的研究、肯定小农经济历史合理性的成分居多,当时就引起笔者的注意。至今虽没有看到他这种研究方向选择的最初背景交代,但笔者认为初出道的文章都刊登在农史杂志上,就机藏着内在的联系。他以后的研究就是从这里开始,越走路子越宽(由集约农业而进至"早期工业化"),越走方法论的意识越浓,理论上也越自觉。博士论文完成后,终于撩开"神秘的面纱",2001年成书时即鲜明点题:《发展和制约:明清江南生产力研究》。很明显,李伯重是有意识地对着忽视生产力研究的长期弊端,要在研究视域与方法上作更弦改张的尝试。其发动之初,借着农史学的阵地和资源亮相,可以看作是两种学科渗透结合的一段佳话。进入90年代后,李伯重更是活跃异常,频繁出入于中西学界,鲜明地举起"理论、方法"的旗帜,倡导"多视角"地考察经济史,成为传统农业经济再评估讨论中重要一派的"发言人"。他的个案,在开拓"三农"新视野的学术变迁轨迹中,颇有一定的代表性。

传统经济再评价

经80年代的酝酿,90年代掀起波澜。突出的标志便是"中国经济史论坛"从1993年起,连续四次举行"传统经济再评价"讨论会,"这是论坛历时最长、涉及面最宽、探讨有关理论问题最多的一个讨论系列。讨论以清代经济评价为中心辐射到传统社会经济的各个方面,把具体历史问题的讨论与理论方法和研究范式的检讨结合起来。这是在对既往研究的反思,尤其是对西欧中心论批评中产生的不同认识的争论,而在讨论中出现了国内和国外有关学术研究前所未有的相互激荡和相互呼应局面。"[1]

检阅四次讨论会提交的成果,农业史从初创伊始,经历半个多世纪,到90年代末,已经发展为多学科渗透综合的"大农史",有一种大丰收的喜悦。考古学、历史语言学、经济学、社会学、文化学、民俗学、生态学、气候

---

[1] "中国经济史论坛"发布的《记中国传统经济再评价第四次学术研讨会》(叶茂),2005年1月28日。清史纂修工程"中华文史网"也有转载。

学、比较农史、史学理论与方法等纷纷加盟。农史研究领域极大拓展，不仅作物、工具、土壤、水利、林牧渔蚕桑各分支都有很大的发展，还出现了诸如生态史、环境史、灾害史、地区史、民族史、文化史、比较农史、农村工业史、农村市场史等新分支。传统农业与现代化的关系，更是成为学者研讨聚讼的中心，历史与现实的议论交融，中外各种不同观点都在这里展开交锋，气氛十分活跃。

从90年代起，历史学界被多数人认为专业细化已成为主流，各理门户、轻视理论、日益碎片化的趋势难见改善。事有例外。像"传统经济再评价"这样的大话题，这样带有理论性严重分歧的宏观关怀，持续不断讨论12年之久，除"五朵金花"外，60年来恐怕少有这样的"奇迹"，缘由值得探究。

"一切历史都是思想史"。如果把任何学术问题的提出或转轨，简单地看作是对现实的回应，就滑向了庸俗化的泥潭。学术演变有其内在发展的动力与脉络。学者"求异"创造是一种职业本能，基于学术自身延续与变异的轨迹，不同的取向，会有许多个别特殊的因素，反应从来都是多种多样的。然而，我们也不能否认，学者的思维活动，必然会受到他生活环境里思维方式与思潮的影响，具有时代的特点。当代问题的感受会以各种不同的形式影响学者的选题、立意与议论的发挥，特别是形成聚焦的热点，说明许多人都在关注共同的问题，"共性"的背后，隐藏着比较普遍的当下感受。

以本文所涉主题而论，还有其特殊性。百年来史学围绕"三农"话题提出的考察课题，许多是过往历史上不曾遇到过的。传统史学里没有相应的历史积累，先秦过后，"农家"不成其家。因此，我们看到的景象，率先开拓这类课题的是接受西方科学影响很大的农学家，以及经"西化"过的社会学家、经济学家，随后才是对前两种新学科有兴趣、把研究方向转向经济和社会的新史家。这种态势规定了"三农"问题的研究，"三农史"也不例外，必将围绕着"现代化"中轴转动，必将受许多相关新潮的影响，不断经受"现代化"复杂性及其难度的磨难，从而才会变得逐渐成熟起来。

尽管当下最新的议论，认为中国历史内在自有经济走向现代化的"可能性"(或称之为早期工业化),但"工业化""现代化"的概念毕竟是从近代西方输入的,并无先天的本土理论资源。外来的理论概念因其携带着强大的社会事实对比而使中国的先行者不能不为之动容。正如创造始于模仿、成于超越一样,西方工业化极大地改变了社会面貌的先行事实(过程),以及由这种事实携带进来的理论学说,严重地影响并制约着最初"三农"问题的研究,凿壁借光、邯郸学步地开始走路,后人是没有权利讥笑它幼稚可笑的。

西方现代化理论的资源不是一种,经济现代化借以完成的道路或方式也不一样,例如英式与法式、德式区别就不小。30年代中国社科领域革命与改良之争,其背后都打有西方资源、西方模式的烙印,认识、取舍并不一致。但对本文主题而言,在"现代化"的既有大框架里,传统农业是现代工业的反面,小农经济都是作为被改造对象消极地看待,各方却无异议。因此小农经济的落后面,例如工具陈旧不变、土地经营细碎、不计成本的经济"非理性"、生产力低下,以及如何阻碍甚至拖累商品经济、市场发育以及工业的改革……成为"三农史"叙述的基调,就非常"自然"。在对过去怀有灰色情绪的情景下,希望出现为传统小农经济的历史合理性辩护,那只是孤鸿哀鸣,被看作是保守的表现。

正如前述,我们用以检验外来理论的本土资源实际上相当稀缺,因此难免人云亦云,说明我们对家底心中无数,鉴别批判缺乏自我的"本钱"。以农业经济领域而论,号称发达的中国史学,能够提供的资源奇特的稀少。明清时代,对农业经济真正用过功夫的人少之又少,皓首穷经搞考据的不胜其多,罕有看农书的,收有3500余种古籍的"四库全书",仅录有农书9种(其中还包括救荒书2种)。许多珍贵的私人撰写农书,仅以抄本在民间流传,能读到的人更少。[1]因此,直至20世纪20年代以前,我们对自己国家的农业经济历史,实际仍是处于凭"印象"(包括史籍里浮光掠影的碎片)说话的水平。待到近代学科诞生,有了用力整理、研究农学、农书

---

〔1〕 古代农书经长期搜寻探索,估计有五百种以上,明清现存的约有390种。详参董恺忱、范楚玉主编的《中国科学技术史·农学卷》"导言",科学出版社,2000年版。

的一代人出来,我们的知识状态就改变了,才有根底发出自己的声音。

这种时候,我们特别不能忘记万国鼎的开拓。1924年万国鼎回到母校出任金陵大学农业图书研究部主任,为撰写《中国农业史》,开始着手史无前例的古农书(包括古方志物产资料)整理的伟业。在此过程中,他特意翻译了《欧美农业史》,请教了卜凯等外国专家,借以了解西方农学史的基本概貌,以资与中国比较鉴别。他凭着对古农书阅读得到的灵感,1928年就已经意识到"古农书所记,不乏经验之言,往往欧美耗巨资、费时日累加考验而仅得者,已于数百年前载诸我国农书,是其价值可知。晚近学者知农业之重要,审其非按科学方法力图改良不可。顾农业非纯粹科学之比,可以推知世界万国无不然者。风土异宜,风俗异情,农业即受其影响。异国经营研究之所得,未必即可负贩而用之吾国。要当考诸学理,验之事实,使其适合于时与地。是则前代遗书尤不可不加之意,以为研究改良之参考焉。"[1]古农学研究达到现在这样为国际同业界敬佩的水平,大约花了六七十年工夫、至少是三代人的耕耘。今天许多人喜欢夸口侈谈"本土化",岂知哪里是高谈阔论一番,就会从天上掉下来?它需要穷年累月苦学钻研才能达到目标。

实践强过理论。"西化"模式的简单移植,无论宏观、微观层面都在实践中遇到困扰。微观的,像西式农业技术或品种移入中国,遇到人情风土"不宜",屡受挫折。像这样的"变种"尴尬,南橘北枳,在各个领域都有,迫使国人转而对自己国家的历史和本土的根底也要有一番考究。万国鼎在这方面比一般人先知先觉。以后有关传统农业评价的反思、再反思,都是在这样的背景下,话题不断更新,直到今天也未见"终结"。

现代化是个过程,对现代化的认识,也只能借助实践过程积累"习得",也包括不断试错、纠错,才会逐渐变得聪明。能够纠正并改变理念偏差的,离不开知识的力量,也离不开实践对知识观念的修正。中国古农学遗产的发掘,给了突破片面"落后论"于知识实证的力量。沿着先行者开辟

---

[1] 万国鼎:《古农书概论》,原作于1928年5月1日,载《万国鼎文集》第三篇,第328—330页。先生事迹与成就请详参本书附录王思明、陈少华纪念文。中国农业科技出版社,2005年版。

的这条道路,不断深化,才会有今天重新认识传统农业生产力乃至整个中国经济历史发展特点的新视野。

回顾百年历史,许多西化的"理论概念"为我们打开了眼界,获得了新的知识。但当我们睁开眼,用这种理念观察现实的进行时,又不时产生许多的"想不到",需要用实践修正知识。例如按照一些国家现代化的模式,小农经济必须被大农场或集体农庄取代,以致国外学者用"农民的终结"写成了一本大书。然而,农民家庭承包责任制取代人民公社的实践证明,即使在工业化已经取得相当进展的70年代末至80年代,它仍然有"生命力"。这就启发了学者探究历史上小农经济有哪些"生命力"使它能持续在中国生存两千余年,没有死亡。与此同时,也希望能把历史上拥有的以精耕细作为主、讲究天人相参协调的农业生产宝贵经验,在新的历史条件下继承发扬,为工业化,特别是国家的稳定提供粮食等生活供给的安全保障。这是第一次"想不到"引起的学界积极反应。80年代的许多关于小农经济的深入研究与重新评价,背后都有这样的意识或潜意识在起作用。

把传统与现代对立的观点,在这一时期遭到了强烈的批判。不少农史专家通过研究指出:精耕细作的传统,虽然是在小农经济基础上产生的,它却是我国农民智慧和经验的结晶,不仅许多技术经验足资今天借鉴,而且就通过精细管理提高单产这一发展方向而言,也仍然符合我国今天人口多耕地少的国情,绝不能简单地贬之为走"老路"。在中国农业发展过程中,不是放弃精耕细作的传统来实现现代化。相反,必须利用精耕细作的传统来实现现代化。把精耕细作和现代化结合起来,这将是中国农业现代化的特点和优点,是加快实现中国农业现代化的最基本的依据。[1]

比这个更大的想不到,就是90年代后的城市化以及伴随而来的"进城潮"。如果说改革开放后乡村企业兴起,启发学者对历史上农村经济与商品经济、耕织结合、乡村手工业等现象进行了新的扫描和评估,还觉得于史有证、游刃有余,那么随后出现大规模的"进城潮"、农村"空巢老人"与

---

[1] 杨直民、董恺忱:《集约农业发展过程和趋势的初步探讨》,《学习与探索》1980年第1期;刘瑞龙:《论传统农业向现代农业的转化》,《人民日报》1983年5月13日。

儿童留守造成的农业"虚弱化",农业史学者不免感到怅惘。

90年代后,中国的现代化、城市化进程加速发力,喜中有忧。城市化(房产业)发猛劲圈占农村田地,颇有点像英国式消灭小农模式的变种,我们能重蹈覆辙吗? 现实的"问题"又一次逼问"三农史"学者的研究,需要做出清醒的判断。然而,有一些"著名"的"三农"专家,不是忧天下之忧,却是异想天开地发挥"现代"的想象力,把"问题"又拉回到当年争论的起点。例如党国英大发高论:"在现有土地上扩大粮食生产规模,走粮食自给自足的道路,将付出巨大的经济成本、生态成本和社会成本,甚至将使中华民族与现代化无缘。"不计劳动成本的精耕细作,已经是"青山遮不住,毕竟东流去"。他主张在国际分工的大框架内解决中国粮食供需(成为粮食进口大国),只留少数优质农田、少数的农民实行大规模的现代耕作方法,实现农业现代化。[1]忘记历史,就难免无知而无畏。试想:如党氏所云,中国丢掉了农业,人口众多的大国需要别人来养,这样的现代化能成功吗?

正是出于这样的忧虑,当2005年《万国鼎文集》行将出版之际,另一位农学史权威、学生辈的游修龄作文纪念先生,说出了一段含蓄内敛却非常有针对性的话:"往前看,农史研究已经从早期的总结传统农业成就,向现实农业延伸,注意到中国传统农业急速向现代化农业的过渡中,出现重复西方石油农业带来的种种弊病,要不断付出沉重的环境污染和生态破坏、资源丧失的代价,只有继承发展传统农业中的天人合一、能量循环利用、用养结合、可持续发展的思想和实践,提供理论依据和成功的实践范例,才有可能走出依赖非再生的石油农业的死胡同。凡此一派欣欣向荣的

---

[1] 党国英:《中国:能突破农业制约吗? 》,1997年11月发表于《中国国情国力》,《新华文摘》1998年第2期全文转载。笔者读后觉得这位出名的专家不知所云,例如说:"如果继续扩大粮食生产规模,更多的劣等地将投入耕种,土地报酬递减规律的制约将日趋明显,粮食成本将得到进一步增加,国内粮食价格将持续高于国际市场价格。"说到底,他根本不希望中国人用田种粮,因此与他谈历史是没有意思的(然而文内竟大谈中国历史上农业的什么三次大挑战,还提到孙达人。达人看到会气死)。我怀疑他是在为大规模批转出卖农民田地做"敲边模子",就像许多房地产专家高喊房价只能涨、不可降一样。

景色,饮水思源,都是与前辈们在农史园地不断播种、施肥、灌溉的辛勤劳动分不开的。"[1]

还有一件事,也颇值得说说。因为它是从技术层面上,反映近30年这一问题争论还会出现反复,传统农业与现代化的关系,无论认识还是实践上都远未达成一致。《农业考古》2003年第1期刊登左淑珍的一篇尖锐批评文章,题目是"中华民族精耕细作传家宝不能丢"。文章以某农业大学"免耕法"课题组为批评对象,大意是:经济全球化,使我国各行各业均面临机遇和挑战。农业面对世界农业对中国农业的重大冲击,更令人担忧。由于大量施用化肥、农药、除草剂,我国将出口的粮食、水果因其残毒超标而不被国外接收;畜禽因使用污染的饲料和过量的激素,其肉蛋同样因残毒超标不能出口而被退回。我国的农业实行清洁生产,提高粮食安全性迫在眉睫!然而恰在此时,在社会上,某些大报中却出现了在土壤耕作上大力实施免耕法的宣传,某大学课题组为了早出成果,多写论文,更是通过各种渠道大力推广免耕法,在各地培训、试验,这对我国本来就较差的粮食质量,无疑是雪上加霜。免耕法既不符合清洁生产,保护环境,也不符合农业持续发展方向,同时也是对耕地不负责任。免耕法的实质是用化肥代替土壤中好气性微生物转化速效养分供给农作物;用农药和除草剂代替机械除草和消灭病虫害;用大量不可再生的化学能代替可再生的生物能,以及燃料机械能。这不仅与我们发展中的中国国力民情不符,无法接受;更重要的是免耕的基本特征是因不动土造成土壤总孔隙度小,供肥能力弱和地面秸秆覆盖,杂草繁茂,而秸秆是病虫害的寄主,促使病虫害大发生,因此更需要增施化肥、农药、除草剂。渗透到地下造成地下水污染,由于土壤紧实,下大雨时,产生径流,土壤不能蓄水,是造成洪水肆虐的隐患(更多科技细节的批判,此处从略)。针对有关课题组一方面全盘抹杀历史传统,宣称"精耕细作违背科学",一方面功利主义地盲目西化,误导农业高层领导的决策,甚至不惜

---

[1] 游修龄:《怀念万国鼎先生》,载于上书《万国鼎文集》附录部分,写于2005年7月7日杭州。

造假，作者文末感叹道："免耕法不是少投入高效益的耕作方法，免耕更不是一种新的耕作方法。美实行免耕法为前提条件，即便如此，免耕法还是在美国走入死胡同，1988年改为保护性耕作。为什么21世纪的今天，我们不去研究继承和发展我国精耕细作优良传统中一切耕法的精髓，却让我国农耕不顾国情，无条件的、盲目步美国已经淘汰的免耕法的后尘呢？"

2003年，李根蟠在总结百年中国农史研究历程后，说到当下的形势，意见非常中肯。他说："在汹涌澎湃的全球化和现代化的潮流中，传统文化正在受到严重的冲击。许多传统的东西，或者迅速消失，或者严重变形，达到了令人触目惊心的地步。传统农业科学技术也同样面临严峻的形势。应该说，在这一浪潮中，传统农业科学技术中有些东西消失或发生变化是难以避免的。但我们应该十分慎重，应该从历史文化传承的高度来认识这个问题……现代化不能与传统割断。传统的东西有的可以吸收改造为现代化中的因素或成分，有的在一定时期仍然需要加以利用；对这些东西，要认真加以研究总结，使之能够发挥应有的作用。要防止玉石俱焚，防止在现代化浪潮中把传统中有价值的东西毁掉。即使传统农业中那些当前派不上用场的东西（技术、农具、品种等），我们也不能弃如敝屣，而应当以适当的方式（博物馆、录像、影视、文字记录、保存有关文献等）把它们保存下来，因为这些东西包含着宝贵的历史信息和历史智慧，而当某种新条件、新需求出现的时候，其中的某些部分就可能成为创新的基点；科学文化史上的许多事实都已证明了这一点。正如我们建立基因库，把包括传统品种在内的各种种子资源保存起来一样；有些品种现在看似无用，以后却可能成为培育新品种的有用材料。"[1]

因为要说"农耕文明新审视"，笔者首先想到的，由忽视生产力的研究而进至重视生产力和生产经验的总结，优秀农业传统与遗产的继承，确实是60年来的一个进步。到今天历史上农业生产力和农业技术经验的研究已经做得很细很细，成果丰硕，不再在此赘列。通过讨论，多数学

---

[1] 李根蟠、王小嘉：《中国农业历史研究的回顾与展望》，载《古今农业》2003年第3期。

者的认识是一致的:这个历史悠久的农耕文明会不会在工业文明面前消亡? 不会,也不可能。至于生产关系、上层建筑的研究,如何与生产力的研究结合起来,开拓整体性的研究新局面,将在下面通过农民和乡村社会的历史命运这一话题,接着讲下去。笔者觉得后30年比之前30年,最大的进步就是思维方法纠正了喜欢偏向一边、东倒西歪的形而上学习惯,有了全面、全局、整体的意识。但这是就进步的主流而言,从刚刚前面提到的两个事例,也提醒我们,整体全面地考察农业的历史和现状,还会有许多的反复。

农民、乡村社会的过去与未来

近30年考古发现把中国农业起源的年代不断向前推,可能会有一万年左右的农业史。至少,到春秋战国时期,中国农耕文明精耕细作的特点已经展示明显,许多成绩令人惊异。所以,在这样一个经济上以农为本、农业人口占绝大多数的古老国度里,无论什么样的历史,生活在农村,抑或出了农村走向了城镇,都不离农民的"乡土"味。城市离开了农民,根本无以生存。李悝、晁错关于五口之家、百亩之田的议论,摆到世界历史上,恐怕也是最早的重农思想范本。尽管直至近代以前,还没有见过真正由农民自己写的历史(这里仅指力田的劳动者,不包括经营者,详下),有关农民的直接史料,说少也确实是少,但间接的却是不少。从皇帝到士大夫,从官僚到一般文人,从诏书、奏议、文集到方志、笔记,经常说到农民,而且都是居高临下,以怜悯的心情说事的。在这些史料里,有关农民的各式各样"历史碎片"散落一地,随处可捡,就是需要后人精心地加以收集和整理。

受近代社会学、人类学、经济学的影响,从20世纪20年代以来,有了专心用新方法调查记述农民生产、生活的科学研究队伍和专业成果。这些成果极大地丰富了以农民为主题的史料积累,是古代求之而不可得的。1949年后,农民战争史研究热闹了很长一段时间。高潮过后,研究者目光逐渐转向其深层的背景,探求农民、农村的日常生活,从古农学书、黄册鱼鳞册、宗谱族谱到近代调查报告等等原始史料在最近30年里终于得到了充分的开发和利用。研究者由此而视界大开,知识量大幅扩增,从描述同情一般性的农民命运,进而对他们不同时空条件下的利益诉求、获利机制的群体状态、动态变迁以及区域间的差异等等专题作更为深入的探索,乡村社会与国家的关系成了新的关注中心。乡村社会在社会学与历史学两支学科里都占有相当的地位。前者注重当代,后者追溯往昔,在贯通古今上已经难于分出彼此。因为时势的变化,可以说,我们比过去任何时期都更了解农民,更关心农村。城市化的高潮,丝毫没有减弱对农民、农村乃至乡土社会的关注度。相反,因为"三农"的走向在未来有许多不确定性,社会的关注度预料还会有所提高,新的问题还会不断被提出。

1. "农民"的定义是什么

1983年,孙达人感慨系之,痛说中国至今没有一部农民史,无颜直面"中国历史的主体——农民"。25年过去了,但仍未有见[1]。中国娼妓史、流氓史等等,也详细不到哪里,热衷于写作的倒是不少。竟没有勇气写出一部完整的农民史,即使是汇编性的,粗糙一点也可以,为什么? 是有点儿怪。

若换个角度看,60年里,关于中国农民的历史研究成果并不算少。前17年的农民战争史,本是农民史的一部分,只是着重反映"非常时期"的农民状态而已。后30年,农业经济史、农村社会史以及政治史、法制史、赋税史、人口史、灾害史等等成果丰硕,实际无不直接或间接地涉及"农民"这一主题,从各个角度深入挖掘或反映"常态"时期农民的生活状态,较前深

---

[1] 1983年,孙达人在《中国史研究》上发表了后被《新华文摘》全文转载的《在马克思主义指导下加强农民史研究》一文。话题是十分尖锐的:"现在,中国什么人的历史都有人写,以至于有了不同版本的流氓史、太监史、妓女史,帝王将相更从来就是被作为历史和社会的主体而研究,唯独缺少农民史。"可能是年岁与健康的原因,孙先生在出版了概论性的《中国农民变迁论》后,也未见有后续的专著问世。南开大学中国社会史研究中心于1997年举办过《中国历史上的农民》学术讲座,虽因人设讲,断代有缺,但已经是难得见的通贯讲述。讲稿后以同名由冯尔康、常建华汇辑,1998年在台北出版,因此流传不广。

入多了。专门探究农民生产、生活情节的专题著作与论文数量不断增加，特别是自明清以降至近现代，然断代居多，时代愈后，材料愈详，实证分析与理论解释更趋平实有深度。有不少学者还试图作数量化的统计或估算（如亩产、收支、消费状态等），以补充定性分析的不足。

现今的研究风气，崇尚资料翔实，讲求细节与实证，恐怕也是未见有人敢写农民通史的一个因素。但从各种相关研究的成果说，我们对历史上农民的认识和了解，发生了很大的变化，是一个最值得欣慰的成绩。这要感谢我们遇到了百年以来未有的转轨性质最大的社会变动。正是改革开放带来经济与社会的剧烈变动，农民终于获得了从未有过的主动自我"表演"的时机和舞台，数千年以来对农民习惯性的偏见，似秋风落叶般散去，刺激研究者的眼球，审视他们的目光因此大变，而且不少悬念，对农民的未来在迷茫中也有多种猜测。由专深而走向通达是学术发展的常规。有理由说，将来一定会出现使人眼睛一亮的中国农民通史，可能不止一部，但目前需要耐心等待。

随着时势的发展，观察的深入，研究者发现我们在理论与实践的结合上，对农民既熟悉又不熟悉，既了解又不了解。新的问题不断被提出。

"农民"的定义是什么？当政治与经济全能强制的国家形态趋向弱化，传统的农民和农民的生存方式因流动开放而变得复杂起来（如最近20年的"农民工"、外来妹等离土不离乡现象）。只有到这时，研究"三农"问题的人才会比较强烈地意识到，"什么是农民"是个需要重新加以认识和厘正的问题。

史学家的回应，则首先是从事实层面上仔细考究历史上究竟有多少种"农民"。概念厘正的苗子大约酝酿于70年代末80年代初，经90年代较多讨论，在南开《中国历史上的农民》讲座上，冯尔康列举的范围比以前就复杂多了：从土地所有制的多样性和复杂性衡量，农民应包括自耕农、半自耕农、平民佃农、佃仆、国农佃户、农业佣工、农业奴隶、富裕农民、平民地主九种。从生产劳动角度讲，主要成分是属于平民身份的自耕农和平民佃农，其次是依附农。从影响社会变化的视角看，自耕农、平民地主和佃农三种"农民"最重要。[1]

冯尔康的"新定义",实是对80—90年代以来农业、农民研究方方面面探索的一种提炼概括,内里包含着不少历史认识的深化。这一新视角,意味着学者不再单单从"劳动"的角度定义农民,而牵涉到经济角色、职业身份、社会地位甚至社会等级等更为广泛的方面,力图还原其本有的复杂性和历史变动,以克服过去简单化的倾向。

例如自耕农被历代王朝政府看作是承担国家赋税徭役的主体,王朝兴衰强弱的"温度表",佃农常被撇在一边,甚至认为自耕农沦变为佃农是农村经济衰败的标志。由此研究者只重视自耕农经济,对后者的经济功能常不加注意。30年来研究新成果充分揭示,自宋以来,租佃关系发展得比预想的快,有些地区(南方)比重相当高。再从经济学分析,自耕农经济与租佃经济在土地耕种经营方式、劳动资金技术的投入以及提供的经济效益方面各有优势和弱点[2],两者的地位至少并重。自耕农与佃农比重的升降,不能等同于农村经济的盛衰。近现代的调查统计更显示,在农村,自耕农与佃农多一身两任,完全的自耕农或佃农不具代表性,而且在南方的永佃制里还包含有产权的逐步转化,有些佃农拥有部分产权(田面权),经济效益不低。因此研究者厚此薄彼是没有道理的。这方面,到今天学界的认识已经趋向一致,没有太多的异议。相反,把"平民地主"也归入农民,争议就很大。赞成者有之(如黄宗智、萧国亮等),他们把农业看作如同工、商一样的产业,着重于由谁来经营,而不再局限于劳动耕作必须由自己独立完成。对这种新说法,遇到的阻力就比较大,至今也仍有不少人持反对意见。把农业经营者称为农场主,是国外的通例。因此,像卜凯、黄宗智、赵冈等在相关调查和研究报告里,常把小农在内的经营农耕主体称作"家庭农场"或"农场",这在中国听起来很不顺耳。基于1949年后全国范

---

[1] 冯尔康:《中国古代农民的构成及其变化》,参见第487页注[1]。
[2] 详参胡如雷:《中国封建社会经济形态研究》,生活·读书·新知三联书店,1979年版。先生对自耕农与佃农经济所作的比较分析,周详细密,运用了多种经济分析手段,是最早对佃农经济作开拓性分析的力作,对后起学者有重要启发。张五常运用新制度经济学派的产权理论分析租佃经济,对史学界也有间接的影响,但多数不认为适合于史学的实证研究。

围的土地改革政策的影响,我国主流史学界一直是把富农与地主划入剥削阶级,与劳动阶级的农民二分对立看待的。如果从产业经营既有体力劳动又有脑力劳动的参与,经营管理也是一种"劳动",笔者以为不是所有的"平民地主"都可称为"农民",因为他们之中绝大多数到明清时代已经单纯靠收租过日子,不参与任何农业经营。但确有一部分"地主"直接参与耕种的计划、经营、管理(富农更不必说),雇用长工和短工,指挥完成全部农事,把他们视之为广义上的"农民"(或曰:经营性农民),在道理上也还是讲得通的。

这种定义上的开放,反映的是学界考察的视界从过去以单纯的政治定性为主,扩展为更多地注意农业作为一种产业在经营者身份方面的历史变化,以及农业经营可能有的多种发展趋势,提法背后有许多不同于古代观念的时代变化。简单的赞成或反对"新定义",反会纠葛于概念名词之争,把引导研究走向深入的意义给遮蔽掉。

土地是农民的命根子,这一观念在中国特别强烈。但是,对于农民与土地的关系,这种关系的历史变动,近代以来多归入阶级和剥削一类的政治范畴来评估,忽视经济自有的运行逻辑,把"耕者有其田"理想化和简单化。近30年社会经济领域产生的许多新现象,给了学者以生动的"经验事实"启发。租佃、雇佣关系,反映了物权(或资本)与劳力(体力与脑力劳动)两种资源主体间在交易场合下构成的一种协议,是双方可以有条件地互相接受的经济契约规则。因此研究者改从世俗经济的层面,开始重新审视农地耕种使用以及责权利分配方面的复杂性(所谓产权关系以及引起的一系列权利配置),对租佃、雇佣关系有了新的评价。自西汉以来,历代王朝实行过各种土地占有限制甚至最严厉的土地"国有化"、禁绝买卖的政策,最后都不成功。这证明还是马克思说得对,皇帝权力再大也不能对经济发号施令,相反还得服从经济的"命令"。所以,土地经常性的买卖以及土地处置权力的分化组合,即使不能说是人类社会经济生活中"不可或缺的构成",至少也是政府的行政力量无力禁绝的"民间行为"。在这样的前提下,揭示农业经营者的多样化,即农民定义的多样化,也反映了学术研究逐渐脱离概念化的教条倾向,趋向于更加务实求真的经验性研究。

不少学者认为，自宋代以后，随着土地日益商品化和因人口增长速度超过耕地数量增加这两大趋势而凸显的业佃经济，是经济社会成长过程中出现的一种自有其合理性与价值的制度性选择（如吴毅）。更有学者分析，在以传统工具耕作的条件下，农业经营宜小不宜大，租佃制提供了制度上的灵活性，大田产的所有人可以不必经营无效率的农场，而将田产租佃给佃户，形成许多小型的高效率的家庭"农场"，使资源得到合理配置（如赵冈）。民国直至土改时期的实地调查材料还揭示了一种令学者感到非常惊异的现象，田地业主与租佃人之间达成的地租形态，并不像原先理论上认定的那样，按劳役地租→实物地租→货币地租由先进淘汰落后的线性规律演进。即使在经济比较发达的江南地区，如嘉定、太仓等地区，三种地租形态同时存在。选择哪种方式，是由业主与租佃者之间的经济状态和利益分配意愿来决定的。例如外来"流民"无屋可居，更无能力支付租地典金，业主则把荒地或半荒地出租给他们，由他们垦荒成熟，允许在田边搭棚居住，提供种子肥料等物力上的帮助，但须为业主耕种若干田地（提供劳役）。这样两得其便的协议，完全基于各自利益和能力的考量。这就启示我们，在没有政治或其他外力的强制干预下，"经济人"之间可以达成双方情愿的经济协议关系，而这种协议关系的灵活性及其多样性，往往超出学者自身的想象力。它是一种民间的创造，许多治政者对这种创造力的估计太低，因此铸成越俎代庖式的"指令性"错误，其效果适得其反，教训也是沉重的。

另外，中国传统农业长期积累的精耕细作经营方式，确实能使农业产量（亩产与总产）和农业效益达到相当高的水平，同时期西方农业与之相比，黯然失色。但也应该注意到，有些研究者为了证明这种优越性，选择的是一些成功的事例和高产的案例，而忽略了对农民整体经营水平的客观考察。最佳状态的经营不是任何情况下、所有农民都能达到的，生产效率的高下悬殊，不平衡是绝对的。高产、平产、低产三种状态，不仅表现在地区的差别上，也更广泛地表现在不同经济实力的经营者个体的差异上。赋税、徭役繁重以及吏治的败坏，是干扰、损害农业达到可能良好状态的具普遍性的负面因素。但也应该看到除此而外，农业经营者劳力状态、家庭经济实力、知识经验水平甚至勤劳程度上的各种差异,也会造成同等"自然条件"下经营的好坏、效益的高低,由此而发生经营者之间收入悬殊乃至等级分化,也是乡村社会里常有的情景。如果考察稍微深入,就会发现每个时代都有一些通过自身经营得法,勤劳致富发家的"农户",他们或是上升为富裕农民,或是变为自身也参与经营的"平民地主"。他们的经营水平明显高于一般农民。前节介绍过的陈恒力《补农书研究》,反映的就是这样一种案例。浙江桐乡地区沈氏和张氏按传统的界定都是参与经营农业的地主,不同于单纯坐食地租的非经营性地主。这样的"地主"在整个地主中所占的比例极小,但也不是绝无仅有。在陈书的基础上,近20年内学者围绕《农书》《补农书》所作的专题研究数量不少。有的提高到生态农业高度加以赞扬,有的钻研其土壤利用与改造方面的启发,更有就其中的农业经营计划、决策、成本计量、人力管理等方面作了较充分的阐发,都说明如能按其理想模式(农书本具有标准教材或模范教材的意义)实施,中国农业的成就比历史实际状况不知要好上多少倍呢![1]意在言外,不言自明。未来的农业经营必然要精细化(农地的减少已成不争的事实),那么明清以降的世俗经验已经向我们展示过这种成功的案例,可以作为历史的借鉴。在这一意义上,把这样的经营者称之为历史上经营成功的"农民",甚至还可以成为将来成功经营农业者的历史榜样,有何不可?

2. 农民有没有经济理性

由前者的讨论,引申开来,带出一个更带理论性的话题,即传统农业时代的农民,他们有没有"经济理性"?

略去古代农民观不谈。在百年变革的背景下,知识界用新眼光看农民,自离不开中西比较和现代化思潮的影响。由"现代"的憧憬回首历史,

---

[1] 另外的事例在山东。罗仑、景苏对山东农村进行了有关的实证研究,于1959年出版了名为《清代山东经营地主底社会性质》的专著,在海内外都产生较大影响。他们的研究说明使用雇工的较大规模经营式地主在农业投入、劳动力利用、生产组织方面都有一定的优势,可以实现较高的亩产量,体现了相对进步性。但当时的生产力水平使其直接经营规模被限制在100亩到500亩之间,过此限度后"从剥削者的观点出发,衡量其利害",地主就会转而采用租佃制。

那时都抱"多少事、从来急"的心情，改革的愿望强过于实证研究与冷静分析。直至1978年前，不管对"三农"问题的看法与对策有多少流派，相互间歧异怎样严重，认为传统农业属于落后经济，代表落后生产力的农民必须被"现代"或"科学"改造，倾向是基本一致的。"乡村运动"要以文化复兴和科学知识改造农民"落后面"，是由知识精英自外而内地灌输、推动的，唯其因农民被动接受，也不易持久。曾经强调农民的革命性，认定农民是新民主主义革命的动力的学者，革命成功后从经济方式上批判农民的观点也十分鲜明，急于奔向社会化大生产的目标。因此，他们总是认为"长期的小农经济阻碍了商品经济的发展""建立在劳动农民私有制基础上面的小农经济，是分散的、封闭的、孤立的，在技术上极其落后的"，"是一种自给自足的自然经济，仅限于生存的目的，不能产生扩大再生产的动机"。长期来，主流的观点一直坚持改造农民是个严重的问题。农民由于小生产者地位的局限，拒绝变革，不能产生改变自身命运的内在动力，自私保守狭隘的农民只能被他者"改造"。

天下没有未卜先知。认识只能来自于实践的积累。对于农民特性的认识，是否觉悟农民具有自身发动经济转变的能动性，经历百年来反复的审视、思考，到1978年后才逐渐被褪去许多"灰色"的误解。但现在的认识是否准确，未知的部分有多少，仍需要进一步研讨。究其原因，社会转折过程充满了不确定性，农民将如何应对现实还猜测不准，因此他们的真面目还在继续展示中。可以这样说，百年来对农民特性的认识过程，始终处于历史与现实"经验事实"的双重拷问之中。

现在提到关于小农具有经济理性的理论，不少人多以舒尔兹所说为典范，似乎这种说法是靠外国进口的。舒氏认为传统农业的小农是理性的，同样追求利润最大化，对价格反应灵活，资源配置有效率，能像特定条件下的资本主义企业家那样行事。这一西式理论明显有拿现代比较发达的市场经济体系中的小农说事的痕迹，用之于历史考察太夸张。更须辩证的，中国学界完全根据自身的感受，由前后事实的反思，大约是在80年代中期前后独立地做出了关于历史上农民也具有经济理性的判断，这与舒氏之说引进与否关系不大。

反思和对旧观念的更正,史学界是从"资本主义萌芽讨论"的持续深入延伸开来的。学者在掌握了更多、更全面的史实情况下,对历史的认知必然地要发生"局部质变",故而有学术自身的内在发展脉络。但思路的开启无疑有来自感受现实的灵感触动。这就不难理解方行、经君健等经济史家都在1984—1988年间发表了有关农业、农民与商品经济关系的新论。经君健对"中国封建社会自然经济始终占主要地位""耕织结合是自然经济的典型表现"的主流观点公开提出批评,认为农民耕织结合正是商品经济的表现,是与商品经济的发展成正比的。方行也著文认为,农民家庭并不是单纯自我完成再生产的经济单位,而是一个包含有一定程度的以流通为媒介的再生产的经济单位,有自给、半自给与以赢利为目的的三种经济成分的混合,自然经济与商品经济相结合的小农经济模式在中国封建社会中随着农业生产和商品经济的发展而长期发育,到清代前期臻于成熟。[1]他们的讨论虽并不是直接针对"农民特性"这一话题,但已经为旧的"农民"观念的修正提供了强力的史实背景支持。

关于农民"经济人"特性的研究,不仅从农业与商品经济的互动上得到了新的开拓,而且还从农业技术与土地资源配置等传统农学方面进行了更深入的发掘,具体进展详参张研有关综述报告[2]。报告涉及的内容有农田水利建设、劣质土地的开发与改良、引进高产作物实行多熟耕作制、农具的合理使用与改进、根据人地实际合理配置土地资源以及有利于资源利用的土地权属的多重性等。这里仅以农具的合理使用为例,说明农民的经济理性是无处不在的。李伯重通过研究指出,以往中国经济史研究中常常过分强调某种高效率、节省劳动的新农具所起的作用,无疑是受到西欧经验的影响。如有人将江东犁视为唐宋经济发展的主要物质基础之一;将铁搭视为明清农业生产力停滞不前乃至衰落的重要证据。事实上,就江

---

[1] 经君健较早的代表性论文为《试论地主制经济与商品经济的本质联系》,《中国经济史研究》1987年第2期。方行较早的代表性论文为《清代前期小农经济的再生产》,《中国经济史研究》1984年第4期;《中国封建社会经济与资本主义萌芽》,《历史研究》1988年第4期。
[2] 张研的综述是以清史为例,也涉及前后比较。载《古今农业》2008年第1期。

南而言,明代发明的铁搭,虽然结构简单,效率不高,但是在实际生产中却有很好的效果。他引陈恒力和游修龄的研究成果说,江南(特别是太湖地区)的水田土壤黏重,牛耕既浅而又不匀。如用铁搭,虽然功效较低,但可翻得更深。因此就实际效果而言,铁搭的重要性并不逊于曲辕犁,其对江南农业经济发展所起的实际作用甚至更大。这里还关联到农户有无能力养牛的关节,所以有些研究者对此作了重要的补充。他们认为,用江东犁功效比铁搭要高出许多倍,但必须有牛拉动,而江南相当多数农户经济上无力养牛,因为养牛成本太高。所以江东犁在明清江南的出局,与江东犁技术优劣无关。大多数农户耕种的亩数较少,完全可以用劳力补拙,而家境较好的"上农"耕种亩数多,牛耕仍是他们的首选。所以用铁搭,还是用江东犁,都是根据农户的经济能力和利益考虑做出的选择,"不待教而治"。

对农业停滞、农民保守的陈旧观念进行厘正,史论结合比较完备而又有理论深度的学者之中,吴承明是最突出的,影响也最大。先生古今中西之学融通,学识博大精深。更难得的是,极富理论勇气,敏感在前,针砭于后,始终恪守学术的尊严。他是经济学界推动改革开放有数的几个先行者中间的一个,人称"吴市场"。正是因为突破局限于生产—消费旧模式而开拓流通领域研究,以这样的新眼光审视农业与农民的经济行为,发现了许多过去因被遮蔽而忽略的情节,所得自然丰盛。从1982年起,他连续发表了明清至近代以来国内市场考察的多篇重量级论文,在市场理论和市场史方面开拓出一片新天地。以1990年发表的《早期中国近代化过程中的内部和外部因素》为中心,80—90年代通过一系列史论结合的重要论述,实际上他已经摆脱"冲击—反应"论和"传统—现代"对立论,创立了一种新的观察中国现代化进程的理论:"内部能动因素"论。他认为传统农业生产力有内在的"能动因素",可以承担近代化的任务,利用手工业的功效及工业与小农经济的结合,也可能走出一条立足本土、城乡结合、土洋结合的现代化道路。[1]在这样的研究框架里,农民的经济理性已经不是有待

---

〔1〕 全面情况请详参叶坦:《吴承明教授的经济史研究》,原载台北《近代中国史研究通讯》第26期,1998年9月号。

证明的问题,而是转变为今人如何"总结历史经验,以为今用"问题。他是站在现代化进程全局统观的高度来重新认识农业和农民的,其价值和地位自然非同寻常。

据吴承明先生自述,他在1986年9月12日读到《人民日报》一篇题为"家庭能量释放之后"的报道后,受到极大的震动:"报道说的是安徽一个没有商品生产传统的落后县,不用国家或集体投资,通过交换和能人效应,发展出专业村、专业片,25万多人加入第二、第三产业,从一个典型旧农区,推向商品生产的汪洋大海。"[1]这种体验具有代表性。仔细考察近30年的中国学术史,不难发现改革开放后商品经济从禁锢中跃起,强力刺激着农村与农民必须与市场的变化相联系,这个时候喷发出来的农民智慧着实令知识界为之惊异万分。待神情镇定后,学界迅速对此前的史实和理论做出重新审视。他们不仅对传统的看法有所检讨,而且从史实与理论的结合上做出了许多富有历史内涵的实证。这些判断不仅有力地说明农民也具有经济理性,而且还合理地揭示出这种经济理性不是有无之辩,问题的根本反而是在外部的市场环境能够为他们提供多少宽阔的天地,障碍在前者而非后者。农民经济理性的发挥充分与否,与社会经济体制的开放度有关。

2003年于建嵘为温锐所著《劳动力的流动与农村社会经济变迁》写了一篇书评,题目就是"要重新认识农民和解放农民"。文章结束前一段话耐人寻味:"正是他们自己孩提与青少年时期在当地的亲身经历和成长为学者后重新对三边故土长期进行艰苦的田野调查与独立的观察,两位作者才向我们展示了中国农民所具有的历史真实;也正是由于中国农民所具有的这种自主的顽强创新能力,才使我们有了解决目前所面临的中国农村问题的方案和思路。也许,正是从这个意义上,温锐教授才说:重新认识农民,重新认识农村社会,任何理论与政策都必须立足于解放广大农民劳动者,给农民以公民待遇和公平的机会;要避免以贵族的眼光研究农民,要防止用主观的空想改造农民与农村社会。我们再不能把农民束缚在小块土地上!"他的老师徐勇在2006年撰文指出:理论匮乏和现实需求呼

---

[1] 吴承明:《试论交换经济史》,原载《中国经济史研究》1987年第1期。

唤对当今中国农户需要进行"再认识",并以此为基点建构分析框架。从经营规模看,中国农民本质上仍然属于小农,但已被卷入或者融入一个高度开放的社会化体系中间,社会化水平之高史无前例。传统的经典小农学派已难以充分解释现代农民的动机与行为模式,需要建构新的小农理论范式。他提出了"社会化小农"的新概念,以有别于传统小农、商品小农和理性小农。[1]由此可以预计,随着现代化进程的步步深入,我们对小农的过去与未来,还会有许多新的探讨,新的认识也未可穷期。

3. 农民有没有自己的"乡村社会"

说到"乡土中国"这个词儿,就会想起社会学家费孝通。从学统上说,费先生属于人类学或社会人类学,与历史学的差异甚大。1939年的《江村经济》描述的是一个农民生活于其间的村落,而时隔11年后出版的《乡土中国》,则试图从"乡村社会"的角度对许多富中国特质的村落内涵给出理论性的诠释(内含中西比较)。两书从调查和体验到的现代中国农村经验事实中抽象概括出诸如"礼俗社会"、"面对面的文盲社会"、"差序格局"、"无为政治"、"教化权力"、"长老统治"、"血缘社会"乃至男女有别、无讼、小家族、名实分离等等特征,对于史家借"他山之石"理解和诠释相关史料的意义是很有启发的。[2]然而,对于更关心宏观性的社会性质和社会结构变迁的历史学家来说,这样什锦式地静态罗列"乡村世界"的多样特征,心理的满足程度也有限。因此,关于农民与其生活所在地"乡村"的关系以及"乡村世界"属于什么样性质的管理模式的讨论,就被另一话题吸引了过去,这就是从20世纪80年代逐渐热起来的历史上"国家与社会"的讨论。

"社会"这个专用名词是从西方引进的现代概念,奇妙的是,"社"与"会"却是中国本有的。但在西方的意义上,"社会"则是与"国家"相对应

---

〔1〕 于建嵘:《要重新认识农民和解放农民》,载《中国农村经济》2003年第11期。徐勇、邓大才:《"再识农户"与社会化小农的建构》,载《华中师范大学学报》(人文社科版)2006年第3期。

〔2〕 相关介绍和评论可参阅刘世定:《乡土中国与乡土世界》,《北京大学学报(哲社版)》2007年第5期。

的,因此有无能够与"国家"(实质是代表国家意志与权力的政权)谈判与构成协议的"社会",是现代与传统两分法中的一种特质。在中国传统社会里,有无西方意义上的"社会"本是个大问号,因此在历史学的讨论中,常常将此舶来话题转换为"国家与农民的关系",觉得这对研究会更实在些。这与城市史热衷于从历史中寻找或发现"市民社会"的探讨非常之不一样。想从西方本有意义上讨论这一问题的史学家也有一些,其中尤以秦晖最为突出。他也是把过往中国不存在的、西方意义上的"社会"作为现代转型的目标,当讨论农村问题时,则采取把"市民社会"转换为更具普遍性的"公民社会"的策略,两方面的口径就一致了。秦晖这方面的著论极多,核心观点的表述如下:"传统中国乡村社会既不是被租佃制严重分裂的两极社会,也不是和谐而自治的内聚性小共同体,而是大共同体本位的伪个人主义社会,与其他文明的传统社会相比,传统中国的小共同体性更弱,但这非因个性发达,而是因大共同体性亢进所致。它与法家或儒表法里的传统相连,形成一系列伪现代化现象。小共同体本位的西方传统社会在现代化起步时曾经过公民与王权的联盟之阶段,而中国的现代化则可能要以公民与小共同体的联盟为中介。"[1]很能说明这种讨论是在"现代性"的背景下展开的,目的性突出。

进入90年代以后,学界有疏离"主义至上"的倾向,其中的一个表现便是对理论能够包容事实的程度多了一份谨慎甚至是警惕的心理,致力于用事实修正或补充理论概念的不足。不少学者强调需要检验"理论中的事实判断"以确定其适用程度,黄宗智则倡导"连接经验与理论——建立中国的现代学术"。笔者觉得朱英2006年说的一席话非常实在,虽然话题是针对中国近代史(主要是城市史),却代表了目前史学界在城乡两方面研究进展的普遍路向:"由于市民社会既是一种理论解释模式,又是一种经验史实,而且都是源于西方,因而当这一理论引入中国时,最初所面临的问题主要是对其理论本身以及在中国是否具有适用性的争论……出现对市民社会

---

[1] 秦晖:《"大共同体本位"与传统中国社会——兼论中国走向公民社会之路》,连续发表于《社会学研究》1998年第5期,1999年第3、4期。

理论的争议并不奇怪,问题在于,如果只是长期停留于理论层面的争议,而不将其应用于实证研究和专题探讨,这一理论就没有实际意义。对此,一部分学者已有所认识,并且在不久之后的研究中即做出了有益的尝试。"[1]

同样地,要问历史上的中国农民有没有自己的"乡村社会"?假若要以农民应该是公民这样现代的标准来衡量,"社会"的主体既不存在,这一讨论就会变得毫无研究价值。所以,近20多年来,史学界致力于搜寻史料并从中发现"乡村世界"实在的历史经验事实。这样的"地方性知识"与以前"整体性知识"不同的,路径由下而上,由家庭、家族、宗族、村落、乡里而至县、省、中央政府逐级上升,亦即由微观研究而逐渐会聚为宏观性的讨论。不能讳言,不少微观的研究有时返回不到宏观的层面,两者隔阂、脱节的现象时或有之。但这是"进行中"的目前状态,终究会九九归一。

村落或村庄研究的重要性,有社会学家称之为"农村研究之母",十分形象。但由于史料的缺乏,一向多由社会学(或曰:社会人类学)主宰,讲究的是田园实地调查,有效的时间段就比较狭窄。近20年史学界才逐渐由近现代不断努力上溯,直至考古学上的史前聚落研究,历史的线索总算可以勉强地古今连贯起来,有一种"通"的感觉。然而,对村庄内部关系的分析,目前至多也只能上溯至明清(主要靠族谱、契约、方志等地方性材料),严格的实证性描述,恐怕至今也还是数现当代的调查研究成果比较理想些。

对中国传统村庄的特性,笔者觉得徐勇的概括具有相当的代表性。他认为:"分散性是中国古代农村的突出特点。农村经济的基本组织形式是一家一户分散生产的小农经济。家是社会的基本生产和生活单位。即使是缺少土地的农民,在人身上也是相对自由的,自我生产,自我消费,自给自足。如老子所说鸡犬之声相闻,老死不相往来。各家之间,各村之间缺乏内在的经济文化联系,即缺乏组织性,农村社会呈一盘散沙状态。用马克思的话说好比是一袋马铃薯。为了将这分散状态的农村社会统合起来,在农村社会之上建立起以皇权为代表的专制官僚体系,通过政治力量将农村

---

[1] 朱英:《近代中国的"社会与国家":研究与回顾思考》,原载《江苏社会科学》,2006年第4期。

社会连成一个整体,即将一个个马铃薯装在一个麻袋里,如此就有了户。国家通过编制户籍收取税费,维护秩序,治理社会。所以,在中国,一家一户不仅是一个经济概念,而且具有特定的政治社会意义。家是基本生产和生活单元,户是基本的行政单元。古代中国乡村社会奉行的是以家户为本位的家—户主义,它既不同于中世纪西欧的地方主义,也不同于近代西方的个体主义。这种家—户主义具有严密的内向性和强大的再生性,是社会的基点,村庄和国家都是以家户为基点扩展的。尽管这种由一个个细小家庭构成的社会具有一定的互助合作要求,但没有能形成制度化的有机组织整体,因此有着天然的分散性。"[1]这里的"古代社会"从语意的表达来看,如改为"传统社会"适用范围还可以扩大些。

徐勇之所以提到"具有一定的互助合作要求",是区别于过去小农自私或者"伪个人主义"的理念偏见,以及把"一个个马铃薯"的比喻绝对化的误区而发的。90年代以来,对村庄的研究趋向于描述性的情节细化,对人与人、家庭与家庭、家族与家族之间的关系,以及村庄政治、经济、文化诸种行为,多从人类学或社会学的角度进行诠释性的还原。诸多研究(主要是华北地区)揭示,村落中的农民在生产劳动、水利管理、自治防卫、宗族、祭祀、信仰类的精神活动以及日常生活等多方面存在多样式的协同合作关系。类似"伴工"形式的劳力互助性的交换支援,还比较普遍地流行于南北各地农村。至于礼尚往来的各种"社交"应酬,人类学家更是津津乐道地用"交换圈"理论予以诠释,探索人际交往的网络空间的有限性。

与理论的绝对性不同,从事实经验里不难发现自私与利他,同样地在村落这样的人群聚合单位并存,同其他的"人群集合"在本质上并无二致。因此在被称为"农村共同体"的村落里,利益的分化以及利益间的纠葛随

---

[1] 徐勇:《乡村社会变迁与权威、秩序的建构》,原载《中国农村观察》2002年第4期。文章的第二部分,作者对中国由古及今长时段(实际是自秦以来)的村庄特性作了俯瞰式的概括,认为它经历了分、统、分、合四个阶段,直至当下。第二阶段,以1949年为界标。笔者认为,这种通感虽然粗了一点,但韵味还是很浓的。微观研究在分寸感的把握上时有偏颇,缺乏的就是这样的历史通感。

处都有,只是程度的深浅不同。进一步的研究还发现,在时间的纵向轴上,越是经济往前发展,商品经济的参与度越是提高,亲情、人情的比重就慢慢地下降,而利益的争夺则渐次在强化。那种以强凌弱,欺贫爱富的风气不断滋长,以致造成与城市间的风气差异也逐渐缩小,古朴风俗的远去总是令乡土研究者为之伤悲。[1]

学界已经注意到,"村落共同体"的话题在日本最热,彼国学者之间曾经有过长期的争论,在农村史学研究的诸多方面都有投影。[2]我国有一些史家也颇受其影响。其实这一话题,在日本是与乡村自治(或称乡治)的话题联结在一起的。正确地说,"共同体"的话题是为"乡村自治"的话题托底的。[3]现在中国更多的学者已经意识到,中国与日本的农村历史根基非常之不同,日本农村治理的基础也与中国非常不同,因此移用这样的话题于中国农村历史的考察,很容易进入误区,强为之比喻或模仿则一定是驴唇不对马嘴。中国自秦以来,中央政府制定的乡里制度不断完善,特别是通过"编户齐民"的户籍人口管理,每个农民都组织进国家控制的网络之中,承担国家的徭役赋税。徐勇"家—户主义"的形容在这里再次反映中国本土学者的体验比较到位。所以,乡村社会的研究必与"国家与农民"的话题合二为一,或者把它转换为"农村治理问题",或许更切合中国历史实情。

中国古代国家体制与农村的关系,从20世纪30年代起,就有两种截然不同的判断。一种是专制主义全面统制说。此论贯穿于一系列封建主义批判以及"长期停滞"的论著中,至80年代有接西方话头演化为"有国家而无社会"的。与此相反,则是"皇权不下县,县以下皆自治"说。此论在40年代的文化保守主义者的论著中经常有所流露,秦晖从批判的角度把它概括

---

[1] 这方面的材料很多,笔者在这里推荐张思的《从近世到近代:华北社会结合的变质》。原文载《中国社会历史评论》第2卷,作者选择的个案是河北顺义县的沙井村。此文在事实叙述与理论诠释的结合上用功夫,问题意识鲜明,发挥得也很有张力。

[2] 详细情况可参阅李国庆:《关于中国村落共同体的论战——以戒能—平野论战为核心》,载《社会学研究》2005年第6期。

[3] 详细的综述请参阅高寿仙:《关于日本明清社会经济史研究的学术回顾——以理论模式和问题意识嬗变为中心》,载《中国经济史研究》2002年第1期。

为"国权不下县,县下唯宗族,宗族皆自治,自治靠伦理,伦理造乡绅",形容几达极致。后一说在国内影响不大,而海外汉学家相信者却甚多。这多少与他们期望在中国历史中寻找到"地方自治"传统因子的主观意愿分不开。有美国学者还衍生出所谓一端为血亲基础关系,一端为中央政府,两者之间看不到任何"中介组织"的极端"二元论"。[1]

自秦以来,中国政治体制比较起世界上其他国家都要来得复杂,过去有过的各种理论定性,今日看来都不能尽达其意(例如韦伯视科层官僚制为现代特征,而中国的文官制却早熟而发达。对"封建专制"的说法,不少史家也在注意修正其片面化、绝对化的倾向)。另外,史学以外的社科各界对长达两千年左右的动态变化了解不够,特别是对以宋为界前后不同的政治状态、阶层变化、城乡民间状态间的差异(例如宗族制的衰微变异、豪族门阀势力消退、官绅平民地主崛起等等),几乎多数不曾加以注意。因此想从"统"与"通"的观点上来立论定性国家与农民的关系,以历史实证的标准衡量,往往经不起史料的严格推敲。在这方面,史学界也有一定的责任。政治制度史的研究长期停留在政制、官制层面,而正式的地方设官分治确实也只到县一级,因此才使"皇权不下县"的说法不胫而走。这种状况在90年代以来得到了极大的改善,《官箴书》的大量开发以及司法档案的利用渐成风气,推动了对县以下基层政治权力实施系统的研究有了长足的发展,更可喜的社会经济史的研究也越发向下深化,赋税徭役实施操作过程得到了区域史研究者的重视,经济与政治的研究被打通一气。因此到今天,我们对国家与农村(农民)关系的认识,已经有可能摆脱非此即彼的形而上学尴尬,比较实证与综合地看待这种中国特色的"官民关系"或所谓"官治(或官域)"与"乡治(或乡域)"的关系。

中国基层行政管理系统的研究,近十多年发展很快,有专题细化的,有区域性分论的,也有通贯纵论性的,成果相当可观。讨论大多集中于明清以来,因为它离现在比较近。从研究的实践看,自明清延伸到近现代,也

---

[1] 有关学术信息可参阅《社会学研究编辑部》周晓虹等:《2003:中国社会学学术前沿报告》,载该刊2004年第2期。

确实能够寻找出对现实比较有解释力的"连续与变异"轨迹。

研究实践呈现出的情景相当复杂,因此各方的判断实际差异也甚大。情景的复杂性,表现在国家政权通过县级政府把权力管理(或曰:社会控制)系统一直下伸到户丁,粮长、里长、甲首、保甲长、耆老、圩长、塘长等等"乡役"负责为官府征收赋役,也兼有治安防卫、司法调解、教化劝善等功能。统一的税制、统一的司法,是国家政权实施对基层管理的主要手段,也是"社会控制"一直延伸到户的重要标志。因此"皇权不下县"根本经不起地方性史料的检验,是一种主观性的印象,今天已经不须再行"质疑"。但研究者从这些"地方性知识"里会发现理解上实际也存在许多困惑。一方面,"国家无处不在场","乡役"实际上是县级权力系统中的、不食禄的"业务代理人",其职能与县衙门里的胥吏等"低级公务员"既是直接联结,也相当类似。另一方面,"乡役"中的粮长、里长、耆老等又是农村中田产较多、有一定的威望的"精英"式人物,他们或是绅士家族出身,或是与绅士家族有较多情缘,许多场合可以单独处理民间事务,且得县府鼓励或表彰。县府在赋役征收"硬性指标"的完成上是集权的(但是包括士绅在内,农村里各色人等对赋税徭役的逃避逋欠,手段多样,统一的税制在各地也都走样,各行其是),而在伦理教化、风俗维持、司法调解、赈恤慈善以及制定乡约民规、举办"祭社""社会"仪式等"软性任务"方面却是放权的(重要事件,政府则必加干预)。因此许多史料确实会给人一种印象,似乎民间存在着一种"以绅士—地主为中心"的"地域社会"。假如把这两种现象并列而不加整合,就会像费孝通先生所说的,这种从县衙门到每家大门之间的特殊情形,其实是有趣的,同时也是很重要的,"因为这是中国传统中央集权的专制体制和地方自治的民主体制打交涉的关键,如果不弄明白这个关键,中国传统政治是无法理解的。"[1]在这一问题上,申恒胜的论断是十分鲜明的:在乡村社会的研究中,"国家"的存在始终是研究者无法回避的核心问题之一。乡村社会中,国家不仅"在场",而且国家利用自身的权力,加强对乡村的整合和渗透。乡村社会为了达到自身更好的发展,

---

[1] 费孝通:《乡土重建》,上海观察社出版的"观察丛书"第九种,1948年。

必须对"国家"作为一共同体的整合表示认同,同时又形塑出一定的空间,国家和民间社会都可以进入其中,对其中的资源进行攫取和争夺。[1]现在许多细部研究的成果也透露出,在县府与民间之间存在多层利益纠葛,在"从县衙门到每家大门之间"发生过各种利益主体或群体(如绅士阶层、宗族势力甚至黑帮势力)之间的既对立排斥又互相渗透交易的"利益博弈",但最终"国家"力量仍是其他任何利益主体所无法抗衡的,即使是在近代乡绅势力有所上升的时期。

  笔者觉得,申恒胜的感觉是敏锐的,他认为如何探悉在乡村社会的运作中,具体体现出"国家"的"在场",是一个很有深入价值的研究课题。不能讳言,相当一部分史学研究成果在这一"悖论"面前,或是有意回避,或是无意纠缠,所谓"用事实说话",大多变成了史实白描,混沌的状态未曾得到有意识的澄清。能够进入"现场"、又跳出"现场",具有方法论自觉意识的,笔者特别推荐阅读陈春声的《乡村的故事与国家的历史》。陈春声先是指出在中国的乡村社会研究中,"国家"的存在是研究者无法回避的核心问题之一。但"国家"是如何进入、怎样得到体现、多大程度上能够得到体现,与漫长的历史文化过程中形成的乡村社会生活的地域性特点,以及不同地区的百姓关于"中国"的正统性观念有关,情景复杂,地域差异也多,其中通过士大夫阶层的关键性中介在"国家"与"民间"的长期互动中如何得以形成和发生变化,是研究者最须用力的地方。当作者通过个案完成其细致叙述与诠释后,在结论部分说:当研究者在与"国家制度"相对应的意义上,使用"乡村社会"这一概念的时候,有必要考虑在什么样的前提下或程度上,"乡村社会"可以作为一个具有"均质性"的分析概念被使用的问题。如果在运用这类概念时能多一点自觉,我们对乡村社会生活的理解要丰富和深刻得多。又次,在樟林一类在地域社会中有重要地位的乡村中,我们可以见到地方官员直接干预乡村事务的大量例证,而更重要的是,乡民观念中关于来自国家的"正统性"的理解,如何在乡村的组织结构和日常事务中有意无意地表达出来。再次,要用"整体历史"的观念去理解

---

[1] 申恒胜:《乡村社会中的"国家在场"》,《理论与改革》2007年第2期。

地域社会的历史脉络,而将乡村置于地域社会的脉络之中,对更深刻的理解乡村的故事与国家历史的关系,具有方法论上重要的意义。[1]或许有些人会不满意这种有点隐晦的表述(其实,从其对个案的阅读中可以体味作者的意思,此之谓可以意会不须言传),但却能证明笔者前面说的研究的进步,表现在"我们对国家与农村(农民)关系的认识,已经有可能摆脱非此即彼的形而上学尴尬,比较实证与综合地看待这种中国特色的官民关系或所谓官治(或官域)与乡治(或乡域)的关系"。

对"绅权"的权力边界以及与"国家"的关系,始终是个不易得到理想解答的难题。从某种程度上说,近代的变迁或许可以帮助我们反观或反思明清"绅权"是否具有走向"地方自治"的可能性。在这一方面,张静的研究颇值得关注。为节省行文,笔者在这里援引书评所概述的张静《基层政权》相关论断:(作者)把国家权威和地方权威分别视为中央集权和地方自治这两轨的代表。在中国传统社会,由族长、乡里、长老、士绅、退休官员等组成的地方精英,与普通民众结成了地方利益共同体。前者是地方权威的来源,并为传统地方社会确立了稳定的自治基础。但是,自近代以来,中国社会在强大外部压力下开始急剧转型,基层政权与乡土社会利益之间的疏离不断加剧,而国家又试图将地方权威变为基层政权分支,纳入国家管制范围,服务于国家目标,从而导致地方精英与普通民众的利益共同体逐渐瓦解,社会关系越来越紧张。然而,基层政权仍被赋予更多权力,仍然处于控制并整合基层利益的中心地位,在经济政治和社会权力方面保持控制优势,使之与社会力量的对比处于严重不平衡状态,由此不断"生产"出基层政权的不稳定结构。[2]笔者觉得,张静对于颇为流行的"国权"与"绅权"对立的假设持批判的态度。她异常清醒地指出:很明显,"对立假设"注意的是支配权所处的位置,而不是它本身的规范性质。作为一种概念工具,这种对立假定正在"领航"当前的乡村自治研究。从世界现有的现

---

[1] 陈春声:《乡村的故事与国家的历史——以樟林为例兼论传统乡村社会研究的方法问题》,《中国乡村研究》第2辑,商务印书馆,2003年版。

[2] 张静:《基层政权(乡村制度诸问题)》,上海人民出版社,2004年版。欧树军:《张静:〈基层政权:乡村制度诸问题〉》,《洪范评论》第10辑,北京大学出版社,2008年版。

代国家历史进程积累的经验事实表明,建立税收体系和法律体系,是与国家组织密切相关的制度支撑。这两个体系,确保着国家与公民之公共事务的制度化关系。而许多学者所假定的中国近代"国家政权建设"中,虽然官吏的称号和身份普及到基层,但是在权力界定和治理的方式上,并没有完成权限的重新分配;在实质性的管辖权方面,基本的权力格局还是旧的,统一的行动规则——法律和税制体系并没有确立,农民仍然处于分割化政治单位的统治中。这些是我在《基层政权》中力图表达的结论。人们可以看到,这一点可以解释,为什么"响应号召"总是浮在表面,而"政令畅通"始终是难以克服的困难?因为它对分割式管辖权构成威胁。这样看来,我们似乎就不能断定,中国确实有着现代新政治单位——国家政权——的建设进程,也无法确定"它"和自治的对立关系。[1]

张静的研究思路,再一次启示我们,国家权力与民间的任何权力(自然包括农民的权力、农村的权力)之间总存在着相关性,不可能完全合二为一,也不可能完全对立与隔离。重要的是必须建立两者之间的一种规范和制度化的关系,而这种关系不可或缺的必要前提或必要条件,就是必须对国家权力实施下的任何个人赋予公民的权利,然后才可能建设确保国家与公民在公共事务方面的健康的"制度化关系"。到这里,再读开头介绍的秦晖关于乡村社会理想是"公民与小共同体的联盟",也就有点意思了。

三、解读历史的沉重:评弗兰克《白银资本》

在讨论的推动下,我认真拜读了由刘北成先生翻译的《白银资本》及相继推出的诸家评论。此前还曾阅读过王国斌先生的《转变的中国——历史变迁与欧洲经验的局限》(李伯重、连玲玲译)。

---

[1] 张静:《关于国家政权建设与乡村自治单位——问题与回顾》,《开放与时代》,2001年9月号。

阅读心理镜像

阅读弗兰克的书,确实感受到了因强烈的攻击性而带来的刺激,但不一定是震撼。假若文如其人的话,我感觉中的弗兰克,自尊心极强,个性张扬,属于多血质一类的人物。他思维敏锐而情感外露,很难控制自己的情绪,或许就不曾想过需要控制自己。他像我们生活中时或遇到的那种人,一旦认定了什么,"十头牛也拉不回来",难以分辨这种异乎常情的坚韧,是执着还是执拗。他攻强于守,犹如冲击力、爆发力俱强的足球前锋,不管能不能打进球门,必须使自己始终处在不断射门的亢奋状态。他更像海底生物,时刻张开富攻击性的思维触须,敏感地捕捉一切可以被送上祭坛的猎物,只要对方暴露出极细微的弱点,即或是自己的盟友,都毫不迟疑地将其捕逮到手,绝不姑息。他对中国的推崇自然会使我们中国人感到高兴,但总担心他对中国历史没有足够的体验,担心不是因为先有了对中国历史全面深入的观察,更像中国是因为体系的需要才被选择为利器。

王国斌的风格正好相反,沉静委婉,从容而有耐心。他的质疑是在反复思考的过程中进行的,并力求把思考的各个侧面剥笋似的层层呈现于读者之前。他也质疑"欧洲中心论",却更多的是不断向自己提问,让"问题意识"反复困扰自己,给人一种沉重感。我的感觉,他当然也在乎自己的结论,但更关心这种问题意识的展开能不能更周全、更具启发性,避免一个极端跳向另一个极端,希望把方法悬念留给读者。他很像足球场上出色的前锋,专致于用头脑踢球,细心环顾双方队员的站位和跑动路线,突然插上射门中的,或不时使出一脚妙传,为队友进攻创造空当,其机灵令人叫绝。他亲身深入过中国历史的腹地,谙悉地形的复杂,知道名山大川在哪里,哪里又有沼泽泥淖。或许在弗兰克看来,王国斌缺少那种摧枯拉朽的果敢和彻底决裂的勇气,没有解决的比解决的多得多。但在我想来,恰当的谨慎是必需的,至少不会因行色匆匆有误入陷阱的危险,或因过于主观而堵塞进一步思考的空间。

与弗兰克一样,王国斌也坚信中国历史有过长期的辉煌,曾经有理由傲视群雄,但他更能体验和贴近行动中的"中国心",把讨论的重心放在争议丛集的"中国何以没有发生或何以不能顺利实现近代化"的老话题上，希望跳出是或否的绝对判断，开拓一种新的思考境界。我觉得他在为《白银资本》所写《序言》的结尾，说了一段实在与弗氏之书搭不上脉的话，却很堪回味："他向中国人也提出了另一种挑战，即超越中国的绝对核心论，用一种体系架构来更仔细地考察中国的变化与欧洲的变化之间的平行关系，更周全地考察中国与世界之间的关系。"(请注意"绝对核心论"与"平行关系"的提法!)然而，这些却正是《转变的中国》所要表达的善意。书中他特注重回溯，对预测未来保持极度的谨慎，只是提示我们一切都必须从历史的连续性方面出发思考，用心聚焦世界历史屏幕上民族、国家间一切同异、似与不似的轨迹，进行反复较量，寻找属于自己的答案——对欧洲、对中国都是如此。作为一个中国读者，我从情感和理智上都更愿意接受王国斌的思考方式，从世界背景上反省自己对中国历史的认知。

弗兰克的经历，我只是从推荐者和著者《前言》那里稍知一二，极其有限。在阅读过程中我曾反复揣摩，是什么造就了弗兰克这样强烈的个性和坚忍不拔的意志？是早期的挫折感推动他走上摧毁主流意识形态的不归之路，还是拉丁美洲丛林里的"游击生活"把他锤炼成了思想界的"格瓦拉"？他那种烈火般的个性，横扫一切的狠劲，虽然其攻击的对象是西方(主要针对美国)的"欧洲中心论"和"欧洲特殊论"，却让我不时联想起现代中国"打倒孔家店"到"横扫四旧"无所畏惧的斗士们，勾起复杂难言的感情。

必须坦白承认，我只是从阅读本书中去认识弗兰克——这显然有误读的风险，但在我只能如此。希望有更多了解弗兰克经历和学术资源的方家能提供深入的解读，并纠正本文极可能有的理解过失。

"中心"偏好与"单脚走天下"

当许多中国人正在热烈高喊"冲出亚洲，走向世界"的时候，从域外传来一个陌生的声音。弗兰克充满激情地提示我们：错了，正确的是全世界都必须"调整方向(re-orienting，重新面向东方)"。

弗兰克申言21世纪世界经济的"中心"将重新转回到"东方"。他对这项预言看得很重。我没有把握说他的全部立论完全是由这种未来—现实—历史的逆向路线而得，至少《白银资本》的主体部分恰恰是循着相反路线展开的。但我也注意到，对弗氏的预言，王国斌采取了谨慎和保留的态度。

王国斌为本书所写《序言》确有学者风度，赞其所是，疑其所疑，批评含蓄平和，观点差异也明白无误。其中有一段说道："1997年夏季开始的亚洲金融危机表明，在预测未来的增长轨迹时要小心谨慎。亚洲各地的各种结构性和制度性调整已经使金融市场稳定下来，但是亚洲各国经济在近期或长期究竟会如何变化，分析家们众说纷纭，莫衷一是。大多数人不会赞成这样的假设：美国在世界经济中的主宰地位将很快被中国取代。"

我以为对本书的理解，最好将预言先撇在一旁，看看弗氏对历史的论证是否确实可靠。因为即便有关未来的预测可能失算，也不构成推翻弗氏"世界体系"历史陈述的充足理由。在这一点上，王国斌说得深刻："当我们从时间上的某一点朝后看，并且探讨一个经济是如何达到其现状的时候，我们通常能解释某些变化为什么发生。但是追溯这种变化的特别途径，并不意味着某种事情必定会发生，因为还有其他可能的变化途径存在……事实证明：创造经济发展是非常复杂的过程，所以任何计划者都不能肯定地预见（更不用说有效控制）未来的结果。"(《转变的中国》)

我也持这样的保守态度：历史学没有任何理由过分扩张自己的功能。历史学应该高度关注现实，善于从现实中不断汲取对社会和人生的体验，并以历史的智慧为人们正确把握社会发展提供某种（有限的而不是无限的）帮助。但当由历史进而预测未来时，则需要十分地克制。历史学家能够成功扮演"事后诸葛亮"的角色，布洛赫曾戏称为"放马后炮"，却绝不能硬充善逮"未来"的猎手。因为"未来"原是一头狡猾的猎物，瞬息多变，不要说历史学，就是专以解决现实问题自诩的经济学理论与对策不是一直处在不断的试错过程之中，遭遇到的难堪还少吗？就在亚洲金融危机发生的当年年初，国际货币金融组织发表的研究报告还在肯定亚洲经济现状，与金融相关的众多指标表明运行状态"一切良好"。还是库尔诺对社会运行的或然性深有体会,说得最妙:"所谓不可能的事情,无非是指该事件发生的概率极低。"有谁能担保下一轮危机必发生在此而不在彼?

弗兰克把自己考察历史的制高点设置在"整体主义"理论的平台上,用以对抗"欧洲中心论",无疑选择了一个最能克敌制胜的有利地形。在实证史学和分析主义占尽风光之后,疲态日益显露无遗,开拓整体主义的历史考察视野,"一切历史都是世界史"的呼声,这两个既联系而又有区别的思潮,成了20世纪后半叶历史学变革的重要标志。弗兰克一再批评布罗代尔,书前引语却特别青睐布洛赫,然而他们原属于一家。布洛赫和布罗代尔所属的法国历史年鉴学派就以倡导"整体史观"("唯有总体的历史才是真历史")而薪火相传,享誉国际学界。但是多数同人也都意识到,如何实践整体主义的考察方法,甚至如何理解"整体历史"(有的译为"总体历史")和"一切历史都是世界史",仍布满荆棘,是一个尚待开垦的处女地(可详参年鉴学派第三代传人勒高夫的《新史学》)。系统论、控制论等自然科学方法论,包括弗兰克颇自豪的"整体大于局部之总和"定理,用之于完全不同的人文历史学科,只具方法论启发意义,绝无越俎代庖、立竿见影的能耐。我想弗兰克也知道,结构主义在社会学和历史学方面的尝试,至今所取得的成绩远不到可以趾高气扬的程度。他所批评的帕森斯,其结构主义的理论体系就被社会学同行嘲笑为"乌托邦"。

据我所知,"整体史观"的主体精神表现为由过去相互割裂的人物史、政治史、经济史、文化史等全面转变为"社会的历史"(注意:不是"社会史"),历史研究的重心将不再是"国家"或"国家"林林总总的各个侧面,而是一个"整体的社会"。政治、经济、文化、精神状态、社会生活、生态环境等等都是相互联系的有机构成,牵一发而动全身,因此必须用整体主义的眼光全面考察历史。很明显,整体主义首先是冲着曾经流行过的文化决定论、经济决定论、地理决定论或别的什么决定论而来的,是对传统一元论单线思维方法的革命性颠覆。简言之,"整体史观"反对历史研究中的一切决定论和目的论企图,主张整体综合高于一切。

整体史观非常强调时空两大要素。在时间要素方面即有著名的三时段论(长、中、短三时段),其中尤以"长时段"论最富原创性。"一切历史都是世界史"则是整体史观在空间运用方面的延伸。

整体史观的空间延伸，"一切历史都是世界史"，我以为它有两个不尽相同的涵义。首先是从"整体史观"的原义上展开的。不管世界上有多少民族、国家，是隔绝的还是相互联系的，其历史形态百色千姿，个性各不相同，但人性、社会特性从深层次上说都有相通之处，社会历史构成及其运作的基本面异中有同、同中有异，任何比较研究都应该纳入"整体历史"的分析框架，才可能在"整体社会史"的立场上对一切共相殊相获得全面理解。1927年，当大多数中国学者正专注中西相异的比较时，许宣圆先生一语惊人："民族性不过是偶然性质的表面点缀，而人性才到处都是同一的实体。从本质上来看，不同的国家和人民都为同样的难题所困，为同样的疑惑所惑。"王国斌在《转变的中国》中不赞成任何以"中国经验"或"欧洲经验"为准的单向估量，主张在中国与欧洲历史之间作互动式的往复比较，骨子里就贯穿着这一整体主义的思路。第二层意思才是针对着"开通新航路"引发的一系列国际关系变局，提出需要有一种全新的历史考察视野："一切历史都是世界史。"只有在世界大多数国家间的联系已经进入能够发现有一个真实的"世界体系"之时（这是一个历史过程，延续到现在还没有最后完成），整体史观才可能在名副其实的"世界史"舞台上演绎新的意义。布罗代尔以及沃勒斯坦（依附理论）等人的"世界体系"，基本上都是从这一意义上去发挥"整体主义"理论，而与"欧洲中心论"相抗衡。在此之前，所谓"世界史"只是指必须将世界上曾经存在过的历史都看作它必须包容的对象（不管它们是否曾经在空间上相对甚至绝对隔绝，各自循着独立的路线发展），正像"中国史"必须包含今日中国疆土内的一切历史，然而绝不等于它自古以来就是"一体化"的"历史"（详下节）。

我认为弗兰克不是不知道，从第一层意义上解读"世界史"（不管有没有一个"世界体系"），必高度关注"人类历史"的许多共通之处，凸显史学即人学的原味。他所征引的兰克名言"只有普遍的历史，没有别的历史"，就是从这一意义上立论的。弗兰克有时提到过，他赞成"人类中心论"的立场，可见亦知第一义底蕴。然而转变到第二层意义上来，历史学家必会从千姿百态的历史比较中充分领悟"特殊性"或"个性"的神秘魅力，

"历史自主性"就成为处理国与国历史互动关系必得坚持的要义。也就是说,当第一层意义与第二层意义相贯通,面对发展不平衡和发展多样化的世界历史,应该承认每一民族、国家的历史都是一种自然进程,都有自己独特的历史运行轨迹和历史连续性,不可能不经过自身的选择去接受外来的影响或干预(包括暴力征服者也不能随心所欲地改变被征服者的历史)。唯其"天下没有相同的一片叶子",层林尽染的世界历史才会变得丰富多姿,各显光彩。当历史学家要架构"世界体系"时,"人类中心论"是一块不可撼动的基石。"史学即人学",任何别的中心论或支配论的观念,都是与"人类中心论"的精神相悖的。历史从来都是历史主体的一种自主选择过程,并非通过强加于人能够奏效的。"欧洲中心论"并不像弗兰克咬定的,没有任何历史证据可作依凭,然而正是在这一大原则上摔跤不轻,逐渐败北而落势。

不知其他读者有无同感,我总觉得弗兰克在至关全书主题的基本概念运用方面很随意,喜欢在不同概念之间强烈跳跃,一句进、一句出,真叫人不知所措。例如他在"中文版前言"里针对西方某些人的指责,曾郑重申明:"本书所传递的主要的'意识形态'信息实际上绝不是什么'中心论',除非是人类中心论,当然最好是生态中心论。"这里,在"全球主义"的基本主张之外,又生出了"人类中心论""生态中心论"两个新概念。他在处置三者关系方面脱节相悖甚多,暂且不说。这段告白至少表明对别人指责他"中国中心论"是极其忌讳的。可又怎能怪别人呢?阅读全书各章,凡遇到下断语的关键时刻,他总忍不住脱口而出,在灯火阑珊下,"中国中心论"的身影时隐时现。"(1990年)我和乔杜里都认为,在欧洲之前的世界经济中,亚洲是极其重要的,甚至接近于称霸"(1994年与吉尔斯合作的项目即以《亚洲霸权下的世界体系:1450—1750年的银本位世界经济》为标题,第11、17页);"作为中央之国的中国,不仅是东亚纳贡贸易体系的中心,而且在整个世界经济中即使不是中心,也占据支配地位"(第19页);"当时的全球经济可能有若干个'中心',但如果说在整个体系中有哪一个中心支配着其他中心,那就是中国(而不是欧洲!)这个中心"(第168页);"我们能够而且应该做出比滨下武志更强有力的证明:整个世界经济秩序当时名副其实是以中国为中心的"(第169页);"如果我们对1800年以前的整个世界经济进行这种分析(如本书第2、3章),就会发现把中国称作'中央之国'是十分准确的"(中文版前言),等等。如果说以上论断尚有"如果……"之类的闪烁其词和诸多自相矛盾之处,肯定的说法则见之于第2章第12小节的标题:"对以中国为中心的世界经济的总结。"(第180页)在该节中弗氏特别创造了一个全球经济"同心圆"模式,说中国(以及中国的长江流域或中国南方)"应该是最核心的一圈",由此一圈一圈向外扩展;"这种全球经济的同心圆构图不仅把中国和东亚和亚洲依次看作主要的经济地区,而且也把欧洲甚至大西洋经济置于边缘地位"(第185页)。从上述论断看,中国是世界体系同心圆的唯一核心(内核),欧洲乃为边缘,应该明白无误。然而意想不到的是,在全书最后一章,他却又提出了一个与之相对立的"等级结构"模式,并说:"全球范围的世界经济/体系没有单一中心,至多有一个(我怀疑译文或植字漏一'多'字,否则无法读通)中心的等级结构,中国很可能处于这个结构的顶端。因此在地区内或某些地区间有某种中心—边陲关系,但也很难确认有一个由中心—边陲关系构成的单一中心结构。"(第435页)这种没有单一"中心—边陲关系"的"等级结构",虽说原是为批判布罗代尔、沃勒斯坦"体系"发挥出来的高论,但在我读来不更像是在批判他自己前面提出的以"单一"的中国为"核心"的"同心圆"模式?"单一中心论"与"多中心论"相差何止千里,我真不知道弗兰克在他的头脑里是如何自圆其论辩逻辑的?

王国斌在《转变的中国》"导论"里就明白表态:"欧洲中心论的世界观固然失之偏颇,但从其他的中心论出发来进行比较,情形亦然。"不知王氏是否具体有所指?弗兰克却大不以为然,决意独上偏峰,继续冒险前行。他欲以"中国中心"的"世界体系"取代"欧洲中心"的"世界体系"的情绪如此强烈,用"狂热"一词来形容亦不为过。但从本书看,毕竟心急慌忙,缺乏一种顾盼前后左右的稳重,行进时不免步履踉跄。现在且不说究竟能有多少够分量的证据足以支撑他"五千年"来"世界政治经济体系"早已形成的大历史观,就是在1500—1800年的历史时段里,这一"世界政治经济体系"该如何正确表述,从上面摘出的论断来看,我想说:弗兰克似乎自己也还没有最后拿定主意——他游移于二者之间,理智上知道第一义的不可违背,情感上却执着于第二义。遮遮掩掩的"亚洲(中国)中心论"是怎么也不愿舍弃的通灵顽石。若如此认识,则全书种种论断的自相矛盾和不能连贯,也就多少可以获得通解。

最值得推敲的是,"以欧洲为中心组建一个世界"固然谬误,但以亚洲或中国为中心"组建一个世界"就符合历史逻辑了? 弗兰克给我们描绘的"世界历史"图景实在太过神奇:自1800年上溯五千年,亚洲和中国始终是这个"世界体系"的中心。19—20世纪只是雄狮打了一个盹,短暂的西方"插曲"绝不妨碍全剧剧情的连贯。以亚洲或中国为"中心"的喜剧很快将会接着演下去,一直到遥远的未来。"面向东方"不就几乎成了全部人类历史永恒的主旋律?

不知弗兰克在火一样的激情喷发之后,有否冷静地反问过自己:是哪条"充足理由律"注定了亚洲或中国必然要永远扮演"中心"的角色? 假若这一"世界体系弗氏定律"成立,那不就出现了一个"世界历史"发生、发展的"亚洲特殊论"和"亚洲起源论"? 这同他所批判的"欧洲特殊论"和"欧洲起源论"又有什么区别? 且不论经验事实如何,仅从逻辑上说,如果"世界体系"除了即将结束的两个世纪的短暂"错位",过去、现在和未来将永远"面向东方",西方人不也完全有理由怀疑:是不是上帝的"第三只手"在作弊? 这不是新的决定论或目的论,又是什么?

欧洲并非从来就是世界历史的"中心",弗兰克的说法并不新鲜。中国史学界早在60年代就提出反对世界史研究中的"欧洲中心论"倾向,记得周谷城先生是当年最积极的一位。80年代孙达人先生又提出世界历史曾发生过西亚—上古中国—希腊罗马—中古中国—近代西欧等多次"中心转移","先进变落后,落后变先进"是世界历史发展的通则。必须指出的是,过去史学界使用"中心"或"中心转移"的提法,都是从比较史学的角度上立论的。它是指在一个比较长的历史时段内,某些国家或地区的发展状态一直居于世界"先进水平",具有代表历史发展某一阶段"界碑"的意义。很明显这种认识方法源于"进化论"思潮,在今天尚有许多可以检讨的地方,此处不便展开。这里我只想说,若从"人类中心论"的观点来看,各个民族、国家的历史发展都各有长处和短处,先进落后乃至优劣短长的比较都是相对的,用某国、某民族的历史尺度来衡量"发展"的正常与非正常是荒谬的。直到今天,人类还没有理由说迄今存在过的哪种历史状态或制度创新就是"完美"的、"理想"的。由时、空、人三维构成的人类历史坐标系统上,每个民族或国家都留下属于自己的特定历史轨迹(是曲线而非直线),都有属于自己的一份创造,也都有兴有衰、有利有弊。没有永久的辉煌,也没有永久的沉沦(除非亡国灭种)。任何民族或国家都没有理由以历史的名义认定自己是"优等人种"或"优等民族"。正是在这个意义上,我更不赞成"世界体系"以谁为"中心"的提法。假若有什么中心论,那只能是以关心人类全面和自由发展为主题的"人类中心论"。

非常遗憾的是,弗兰克也几次提到过"人类中心论",但全书的展开却落在与此完全相反的方向上,南辕而北辙。弗兰克对"欧洲中心论"疾恶如仇,但是他用以批判的话语系统甚至思维方式,很难说已经摆脱了西方"话语体系"的"支配"。全书经常可以看到亚洲或中国"中心"在"世界体系"中具有"支配"甚至"霸权"地位这样的表述方式(第11、17、26、168、266等页)。我实在弄不懂弗兰克从整体主义的立场,完全可以找到类似"互动"这样中性的词,为什么偏偏喜欢使用通常被看作带有"话语暴力"倾向的用词?

如果我们还把握不住弗兰克使用"支配"一词的涵义,那么下一段话也许会加深我们的印象:"马克思主义者可能会宣称,他们更关注经济'基础'是如何塑造社会的;但是他们根本没有意识到,一个'社会'是被它与另一个'社会'的关系塑造的,更没有意识到,所有的社会共同参与一个世界经济这一情况,也塑造着各个社会。"(第55页)"一个社会"竟是被它与"另一个社会"的"关系"所塑造,按照弗兰克的话语逻辑,后一个"社会"只能被理解为处于它的"世界体系中心地位"的那个"社会",它"支配"着前一"社会"的历史发展方向乃至盛衰荣辱。为了证实这一理解并无大误,不妨再读一段弗氏有关本书主旨的陈述:"欧洲不是靠自身的经济力量而兴起的,当然也不能归因于欧洲的理性、制度、创业精神、技术、地理——简言之,种族——的'特殊性'(例外论)。我们将会看到,欧洲的兴起也不主要是由于参与和利用了大西洋经济本身,甚至不主要是由于对美洲和加勒比海殖民地的直接剥削和非洲奴隶贸易。本书将证明,欧洲是如何利用它从美洲获得的金钱强行分沾了亚洲的生产、市场和的好处——简言之,从亚洲在世界经济中的支配地位中谋取好处。"(第26页)

我觉得弗兰克的前段陈述,细细品味,实在问题多多。第一感觉便是这比起他所批判的"冲击—反应"论更"冲击决定论",差不多成了"冲击—捞一把"论。看,欧洲自身的努力不值得一提,西方从亚洲经济的"支配地位"中只需顺势捞一把("分沾"),就可以顿成暴富并超过原来的"中心"。你能相信世界上真有这样便宜的勾当?"冲击—反应"论不管怎样总还保存着"挑战—应战"的韵味。弗兰克批判汤因比的"文明论",但在我看来,汤因比要比他更重视每个民族的自主创造能力。"世界体系"并不能保证每一民族都能成为"强者"。接受并应对挑战的能力,决定着自己的命运——在全球化呼声越来越高的今天,汤因比的警示仍不失为至理名言。

弗兰克称"所有的社会共同参与一个世界经济这一情况,也塑造着各个社会"。这话只说对了一半。为什么不可以进而说:各个"社会"也不断"塑造"着这个"世界体系"?各个"社会"对"共同的世界体系"也各有各的应对,成败得失也各不相同?"欧洲中心论"的偏颇,就在于抹杀历史的个性,把某种发展模式的普适性看得过死,因而无以面对"资本主义的扩张"在欧洲、亚洲、美洲所产生的极端多样的"反应"。成功者不少,但也有许多不成功,"嫁接"失败抑或激起逆反的事例也不胜枚举。即使最成功者如美国,它与其"母国"英国政治、经济、文化方面的差异,也证明"体系"的"塑造"绝非只是简单的"翻砂"功能。所谓"趋同"不仅不可能消灭差异,而且在主体意识强化的情境下,各国的社会结构与社会运行将更趋个性化和多元化;国与国争取在"体系"中分享份额,使各种形式的摩擦和冲突难以避免。当弗兰克坚决否认欧洲自有其历史的特殊性(如同中国也有其历史的特殊性),极度夸张"东方"对"西方的兴起"的"支配"作用时,他万没有想到自己的"世界观"也正在沿着"欧洲中心论"旧辙愈走愈远。

意气用事和主观意志的膨胀,使得弗兰克对造成"一个社会"发展状态的种种内因条件以及"世界体系"内部必然存在的发展道路的差异都变得视若不见。当别人以"外因论"诘难时,他只得用"外因在世界体系中即是内因"一类偷换概念的方式蒙混过关。然而整体主义方法论要求对内外因作互动的比较综合分析,而绝不是取消一方。即使像弗兰克所假设的,亚洲或中国作为"五千年世界体系"的"中心"是事实,而且真具有"支配"或"塑造"其他"社会"的能力,若没有"反应"方必要的内部条件,石头也孵育不出小鸡。舍远而就近,反驳的事例俯拾即是。众所周知,在历史上,中国自己的周边民族因为生产和生活方式的差异,曾不断与中原王朝爆发军事冲突。尽管内地的经济、文化水平明显高于周边,但除非他们移居内地、长期融合,否则即使近在咫尺(相对与西方的距离),他们的"社会"仍会一如其故,弗兰克所谓"中心"塑造另一"社会"的法道也大失水准。最典型的是元王朝灭亡后,重返大漠的蒙古族又恢复到原先游牧部族分散的状态。在此之前的"金"遗民北返白山黑水,情况亦然如此。直到1949年前,南边的一些少数民族有的还始终生活在"母系制"时代。进而说,弗兰克所极力推崇的明清江南经济,是谓"同心圆"核心的核心,其辐射能力也远没有遍及中国所有内地,在第一小圈内就不灵。中国自身的经济发展呈现出高度不平衡的状态,至今仍为每个中国人所深切体验。近距离的"塑造"不成功,而远距离却成功地"塑造"出了"西方的兴起",对这样再明显不过的悖论,离开了各社会的"内因"分析,不知弗兰克"世界体系"的整体论(所谓"共同"参与、"共同"塑造)将如何通释?

"五千年"一贯制的"世界体系"还迫使弗兰克走向更危险的偏峰,用"世界体系"的横向联系遮蔽甚至顶替了时间向度方面的纵向考察。在他解读的"世界史"里,只有"康德拉捷夫周期"的往复循环,而没有历史学基本的历史分期概念。他不仅主张"彻底抛弃'资本主义'这个死结",也不承认有什么"现代性",而且明确宣布世界历史上"根本不存在从一种生产'方式'向另一种生产'方式'的直线'进步'"(第441、439页)。历史成了圆形的"金色池塘",而不是一条奔腾不息的时间长河。其结果就像王国斌在《前言》中委婉批评的:"他缺少的是这些变革(具体指工业革命以及19世纪发生的一系列技术和制度变革)的惊奇感。"

实际弗兰克并非属于感觉迟钝的一类人,也绝不缺少机智。他拒绝任何标志社会"进步"的历史分期方法,恰恰是充分利用了史学界在世界历史分期问题上聚讼不决的短处。已有的各种分期方案确实无不受到驳诘,评价标准也存在"文明与文化之争"深刻的价值对峙。因此弗兰克不难找到各方提供的"子弹",进而否定各方。周而复始的"圆"是一种混沌,混沌能说明历史吗?大时段的历史演进虽一时难以名之,"进步"也非"直线",但从文明演进的角度看,世界范围内的时代进步毕竟是遮掩不住的经验事实。假若说"农业时代"变化节奏缓慢的特性使世界各地农业社会的生活方式大同小异,东西方孰优也可以各执一词,至少从19世纪起,以西方工业革命为重要标志,物质生产、科技发明、制度演进等领域创新变革幅度之大,是此前数千年来所无法想象的,人类的生活由此发生全新的变化。"工业社会"与"农业社会"的差距完全被拉开了。我相信弗兰克一定读过《第三次浪潮》,然而他就是不提托夫勒粗线条的,最适宜用以宏观关照的"大历史"分期方法。他可以跳开"第二次浪潮"这样的概念,但他怎么也不能跳开由工业革命所造就的"西方兴起"一关。

"东方的衰落"与"西方的兴起",成为难以逾越的一道险关,阻住了弗兰克一路狂奔的步伐。他神气顿失,话语也变得结结巴巴,如"尽管我们对这些(指亚洲和中国)经济和政治困境还没有一个充分的解释","在亚洲人的游戏中,西欧人和美国人后来为什么与如何能够借助于工业革命的技术进步战胜亚洲人?我们现在可能还得不出一个完全满意的答案"(第393、383页)等等。我想他心里也明白,这两大问题的解答不是无关大局,可以随便含混过去的。

弗兰克对"东方的衰落"与"西方的兴起"两大历史关节时序的交代,表述含混而不确定,连秦晖也不免被迷惑而造成误读。固然本书第6章第2节的标题明白写着"东方的衰落先于西方的兴起",但正文一开始就申明这是阿布—卢格霍德《在欧洲霸权之前》中使用的标题(第356页)。我检索了弗兰克在各章节中的相关提法,实际更多的场合他坚持的是"同时论"或"同步论"。如"直到1800年,具体到中国是直到19世纪40年代鸦片战争,东方才衰落,西方才上升到支配地位"(中文版前言);"我们指出,比较而言,亚洲的许多地区的发展不仅在1400年,即我们论述的这个时期的开端远远领先于欧洲,而且直到1750—1800年即在这个时期的结束时也依然如此"(第305页)。第5、6章有关康德拉捷夫长周期的讨论,似乎才稍微放宽为1762—1790年的时限内(所谓收缩"B"阶段),但仍强调亚洲"B"与欧洲"A"处在同一"体系"内,升降是同步发生的。

历史演进是一种渐进累积的长过程(年鉴学派所说的"中时段")。即使某一历史事件被历史学家选定作为时代变革的"标志"(历史分期的方法论需要,也最易引起争讼),但升降盛衰一定在此之前已有许多迹象说明是一种不可逆转的趋势,才能成为此前与此后经验事实可以不断证实并证伪的"中时段"界标。弗兰克不是不知道这一历史学的基本常识,然而出于维护自身"体系"的潜意识,严重的心理障碍使他无论如何不能承认欧洲先前已具备许多优越于亚洲的"发展优势",更不能承认亚洲先于西方衰落,且先前有其自身不可逆转的内在结构性败因,必须坚持"直到1800年""这个时期结束时"亚洲仍然"遥遥领先于欧洲"。这样极端固执的结果,势必引出一个令人不解的神秘逻辑:东方的衰落与西方的兴起,只能在1801年(在中国是1840年)的某一时刻同步发生。这就像他讽刺别人的,自己不也面对着"在一个针尖上能容纳多少个天使跳舞"的诘问?

如果我们理解(或习惯)了弗兰克的风格,上面那种死抠词句的做法,或许对澄清争论不会有什么积极的意义。弗兰克最关心的是他的思想火花,没有耐心做正一反、反一正"两重证据"或"三重证据"式的严谨考据。风风火火的个性,使全书议论充满跳跃性,大部分叙述都在批判他要"清算"的一切对象中进行,硝烟弥漫。为着"对着干"就必然追求立论的强刺激,也就无暇顾及论点与论据之间的契合。他甚至可以采纳别人的部分论据,立即宣布对方"走得不够远"或受制于"欧洲中心论",然而将论据随意往自己方向延伸而尽收囊中,并不考虑别人的论据与结论之间有着切不断的逻辑关联。这样的事例甚多,典型的莫过于对滨下武志《朝贡贸易与近代亚洲经济圈》一书的引用(第164—169页)。滨下在讨论前近代时非常谨慎地只以"亚洲经济圈"为限,且突出这种贸易的特性并非现代意义上的"国际贸易"而是"朝贡贸易",强调"西欧进入亚洲时首先要面对一个有着自身规律的、按照自身秩序运行的亚洲朝贡贸易体系"。这一切都是严格地以历史证据为前提的。弗兰克三言两语把这两个关键论点甩掉，就完成了"转化"工作。这种在史学界通常很犯忌的做法，弗兰克用起来一点思想障碍都没有，只能说是风格使然了。面对这种情形，我们的处境真有点像弗兰克感慨奥布赖恩那样："证据永远也不能平息这个争端"，即使"举出多少证据，也是白费口舌"（第75—76页）。

说弗兰克没有试图为"东方的衰落"与"西方的兴起"提供自己的一套解释，显然是不公正的。但他此时立论的踌躇和缺乏某种自信溢于言表。弗兰克何以会一反常态，落到如此尴尬的境地呢？

之所以造成这种解释困窘，首先应该归咎于弗兰克没有能坚持把考察历史的"整体主义"方法论路线贯彻到底。他在讨论史学理论的最后一章里作过交代，认为全面的"整体主义"研究思路应由三条腿（"三维"）支撑，接着便直率申明："本书的探讨也仅限于生态/经济/技术这条腿的经济部分，几乎没有提到另外两条腿，更谈不上如何在一个全球分析中把这三条腿结合起来。"（第452页）谦虚和诚实无疑是值得赞扬的，但仅凭"单腿走天下"，有可能走遍天下吗？没有了三条腿的全面支撑，作为一项试图全面清算推翻现代社会理论和欧洲中心论的学术伟举，怎能期望赢得胜利且被学界认可？

实际弗兰克并非不能而是不愿"三结合"。细读全书，不难发现其余两条腿的内容，在他的分析框架里只是需要随时打扫出门的"欧洲中心论"垃圾。正像他曾经宣布过的：欧洲的兴起"不能归因于欧洲的理性、制度、创业精神、技术、地理的特殊性"，因此必须把制度（法律、政治、金融、企业组织等）创新、科学革命等要素在"西方的兴起"中的作用贬低到最低程度，最好是扫地出门。

对"制度"的看法，他说道："本书的一个主题恰恰是，与其说制度是经济进程及其各种变动的决定因素，不如说是它们的衍生物；制度仅仅是利用而不是决定经济进程及其变动。"他特别赞成这样的观点："人类社会的运动是由基本的经济力量——'首要的动力机制'——推动的，制度是通过'次要的机制'对这些力量做出反应，而不是推动这些力量。"（第283页）为了与"欧洲中心论"对着干，他甚至宣称"1800年以前，亚洲许多地方的制度比欧洲更有效率","中国的财产权和土地买卖自由比西欧多","（亚洲和中国）国家及其对经济的干预促进了经济的发展"等等（第285、300、282页）。

对科学技术的看法是：他赞成"经济增长与科学的领先之间的联系不是直截了当的……西方经济中应用的技术大多数发端于并非科学家的人","除了化学家外，科学与工业在行业上的隔绝是相当彻底的"，因而断言："不胜枚举的证据表明，17或18世纪甚至19世纪的科学对技术或工业革命的所谓贡献不过是库恩所说的'神话'。"（第264页）然而为了贬低欧洲，他却借着李约瑟的《中国科技史》，发挥道："中国人只是发明，而不想或不懂如何应用"的说法是错误的，似乎又在强调亚洲科学对技术、对经济的"应用价值"（第267页）。

尽管议论有点颠三倒四，如果弗兰克的批判真是针对着制度、科技片面决定论，也还不无合理性。但是熟悉当代学术的人都可以感觉到，上述对诺斯、库恩，也包括韦伯的指责非常武断，许多"罪名"都是预设的。不顾人家论述的完整性，先给对方戴上"欧洲中心论"高帽，未经严肃论证即一锤定音。读者可试着对阅前几位学者的原著，他们何曾回避过制度、科技与经济需求的对应关系？回头再看弗兰克自己，面对制度、科技与经济在近代社会进程中互动推进、不断创新，从而极大地改变人类生活面貌的大量经验事实，却闪闪躲躲，说明对这种整体主义的互动分析缺乏起码的尊重。主观的执拗把自己逼到了死角，他只能循着上面说的"人类社会是由基本的经济力量推动"的单向路线走去，不期然地踏上了早被学界抛弃的"经济决定论"老路。

弗兰克在"西方为什么能够（暂时地）胜出"关键一章里真正提供给我们的答案，全是经济方面的，而且多数从亚当·斯密和马尔萨斯时代的经济学里推导出来，相当陈旧。归结起来主要有两条：

一是有关资本积累。据说欧洲人从美洲和亚洲的白银来去的运动过程中两头大捞好处，从而造成了欧洲"劳动分工和利润"的优势，"最终中了头彩"。先不论他错误地把资本积累完全看作是贸易的结果，更妙的是他似乎完全忘却了前面几章刚刚大肆渲染过"白银大量流入中国"的议论。试问：居然大量白银资本流入中国，运回去的只是来自中国的生活消费品（丝绸、茶叶、瓷器），而且又坚决否认"中国秘窖"一说，中国理应首先得到"资本积累"的好处，在"劳动分工和利润"优势方面领先一步，为什么欧洲却能乘时"兴起"而超越中国？这一悖论本不难回答，但弗氏既然犯有"制度忌讳症"，只好自打耳光。这种"制度忌讳"甚至发展到对任何有关"强调中国官僚制度和阶级结构"的历史陈述都非常反感（见其对黄宗智的批评）。从这点上我就敢肯定，弗兰克对中国历史缺乏足够的体验——他的热爱"东方"并非完全出于理智。再有同是欧洲，同样地从亚洲的贸易中捞得好处，为什么捷足先登的葡萄牙、西班牙、荷兰不能领受工业革命的风骚，却一个接一个地衰落，最终让英国占先得利？上面说的好处在那些国家又是给什么样的"天狗"吃掉了，中不了"头彩"？弗氏无疑读过布罗代尔的《15至18世纪的物质生活、经济和资本主义》巨著。针对上面的问题，布氏关于世界经济空间转移的大量陈述不是已经提供了足够详尽、精彩的解释，为什么视而不见？别无他因，又得回到"制度分析"上来。忌讳制度的作用真的成了弗兰克不敢直面历史的"心理死结"。

二是关于人口、劳动成本和技术变革的关系。据说由于长期的白银资本大量流入，使亚洲和中国人口增长得很快，而"（高于欧洲的）人口增长阻碍了由于和基于对节约人力和产生动力的机械的供求而发生的技术进步，欧洲较低的人口增长产生了这种刺激"。与之相关，欧亚形成了两种经济模式反差：在亚洲是低工资—低成本，在欧洲是高工资—高成本；后者成了技术变革的推动力，亚洲则没有。这一假设涉及的问题太多，实在无法在这里一一清点。例如上面的概括及其凭借的数据是否真实，在欧亚都大可怀疑。造成技术变革的因素是否如此单一，决定技术变革的要素究竟有多少，他回避了什么，隐匿了什么，也值得追究。前面肯定亚洲特别是中国的科学技术高于欧洲，人口—劳动成本的背景未变，如此将何以处置等等。我只想反驳一点：弗兰克不是对20世纪后半叶亚洲经济复兴曾给予高度的评价，那里人口的增长未见缓和，在中国甚至出现了前所未有的人口高峰值，而低工资—低成本的背景也未有大的改观，这种经济的高增长率又将何以解释？同样的背景，为什么以前拒绝技术变革，而现在却能成功引进和发展本土化的高科技,并无阻碍?可见马尔萨斯人口论并不是一帖包打天下的灵药。历史的演进绝不是这个或那个单一因素论就能圆通解释的。

弗兰克大概也感觉到自己的这些解释缺乏必要的说服力,无奈之下,他竟然搬出"猫论"试图解脱困境。他在为中文版写作《前言》时突发奇想,原话照录于下:"本书中的历史事实表明,任何一种具体的制度或政治经济政策都不可能导致或解释竞争激烈、风云变幻的世界市场上的成功(或失败)。当代现实也表明了这一点。在这方面,邓小平的著名说法是正确的。问题不在于猫的制度颜色是黑是白,更不要说意识形态颜色了。现实世界的问题是,它们在世界市场上的竞争中是否能抓住经济耗子。而这主要不取决于猫的制度颜色,而取决于它如何利用它在世界经济中某一特定时间和地点的适时地位。另外,由于在竞争激烈的世界市场上障碍和机遇随时随地会变化,要想成为下一只成功的经济猫,无论是什么颜色的猫,都必须适应这些变化,否则就根本抓不着耗子。"如果这是用来解释某种短时段的事件,这些议论虽不算高明,但作为谋略贡献给当政者也算是一份菲薄的礼物。然而却要把它作为全书的主题,用以解释至少两个世纪的"衰落"与"兴起",那我们这些学究真只能无言以对了。我很奇怪,既然事情本如此简单,一切都取决于"谋略",取决于"一念之差",弗兰克为什么还要写那么厚的书来故意为难读者?

同持批判"欧洲中心论"的立场,同样面对18—19世纪欧亚历史发展道路分叉的一系列诠释难题,我觉得王国斌的治史心态要平和得多,考察视野也开阔。王国斌认为近代早期的欧洲与明清时期的中国,经济变化的动力颇为相似,许多经济现象有同有异,总的差距不大,直到19世纪才变得截然不同。这点一定会使弗兰克感到高兴。但是与弗兰克最大的区别,王国斌认为"不应因为反对欧洲中心论,就断言以欧洲为标准来进行比较不对;相反,我们应当扩大这种比较。为了进行更多层面的比较,我们特别应当以中国的标准来评价欧洲"。在《转变的中国》一书里,王国斌固然在"经济变化"编里曾郑重指出,欧洲由"有机经济"向"矿物经济"的过渡,即以煤为新的热能而以蒸汽为新的机械动力所引起的"工业革命",是促成东西方分道扬镳的"历史界标",但始终坚持历史局面的形成是一种多因多果的网络,并把分析的重点放在国家与经济、国家与社会、国家维护秩序三个方面,进行细致的中西互动比较研究,"制度环境研究"成为全书的核心。正像我国经济史权威学者吴承明先生为该书所写的序文中指出的:"从本书的研究中可以看出,19世纪以来,欧洲国家思想和制度的影响,包括民主和公众领域概念,在中国历史上并非完全陌生。而以个人为单位的和国家与经济分离、国家与社会分离的国家组成模式,迄今未在中国生根;而中国源于儒家政治哲学的一些国家组成原则,一直延续到今天。"吴承明先生还对全书作了一个总结,说道:经济变化、国家形成和社会抗争三大项比较研究课题,"当以本书中编('国家形成')运用最为成功。这是因为:根源于文化和历史传统的中西之间在国家理论和实践上的差异,远较双方在物质生活上的差异为大。政治比之经济有更大的选择性"。这一言简意赅的提示非常重要。我们自身历史的体验,包括百年来抹不去的记忆,完全可以领悟其中的微言大义。中国人对物质生活的追求、实用经济理性、经济发展能力确实绝不比别人弱,经济自在的发展逻辑也未必构成选择新型经济不可逾越的障碍,但在政治与文化方面的选择却不然,往往故步自封,不容易冲出"围城"。这就使我想起了20世纪之初陈寅恪先生一段精彩的申论:"此后若中国之实业发达,生计优裕,财源浚辟,则中国人经商营业之长技,可得其用。而中国人,当可为世界之富商⋯⋯今人误谓中国过重虚理,专谋以功利机械之事输入,而不图精神之救药,势必至人欲横流,道义沦丧。即求其输诚爱国,且不能得。"(《吴宓与陈寅恪》)行至世纪之末,虽不能说已达此境界,庶几亦不远矣。

因此离开了中西国家理论与实践方面的比较研究,"东方的衰落"与"西方的兴起"这样的话题,只会像弗兰克那样治丝益棼,愈理愈乱。

在我看来,妨碍弗兰克事业成功的真正敌人是他自己。他几乎像是有意地忽视许多众所周知的重要历史论著,只选择对他有利的论据,而置不利的历史证据于度外。过于强烈的主观逻辑偏执使他变得十分任性,非理性地拒绝承认有悖主观逻辑的任何历史和现实的经验事实,像是活在自己所罗织的虚幻概念世界里,不愿感应外在世界的真实。不说远的,生活在20世纪后半叶的人们，无不感受到科技革命对人类生活的巨大作用，变化之快出乎想象。由此人们不能不追溯这一进步的历史由来，也不能不思考什么样的制度比较能激发人们的创造能力和保护这种创造能力，什么样的经济环境和制度构架比较能促进或适应这种社会进步的大趋势。这样的感觉弗兰克就没有？我表示怀疑。

我对西方学术的业余偏好，很大程度上是因为喜欢他们不迷信任何权威和习惯自由讨论的那种风格。记得当初读英国BBC推出的与当代各流派著名思想家电视对话，麦基说道："我认为值得强调的一点是，不稳定性的某些结果是有利的，而不是有害的。例如对权威信仰的丧失已经与知识的增长相结合，形成了对几乎所有现存权威的积极的怀疑主义，直接推动了各种自由思想——如自由、宽容、平等等观念的产生。我以为这种现象具有难以估量的价值。"（《思想家》）这一观念在以后的日子里帮助我在心理上慢慢习惯了这种"不稳定性"。但阅读经验也时常提醒我，清算或推翻权威理论（当然是真正称得上权威的理论），绝不是通过简单地"翻烧饼"就可以达到的。这样的教训在中国近百年史上还少吗？没有对权威理论"了解之同情"（陈寅恪语），包括对整个学术背景透彻的理解，挑战会变得像唐·吉诃德大斗风车那样滑稽，甚至还可能演化出极左的闹剧，惨不忍睹。

弗兰克对"欧洲中心论"的批判，我是同情和理解的。遗憾的是他没有抓住要害。如果把"欧洲中心论"的批判导向全盘否定近代以来欧洲历史提供的社会发展经验，否定这种经验的社会发展价值以及为人类生活带来的巨大变化，无异又走向了极端。在"人类中心论"的立场上应该具有这样的气度：凡是有利于改善和促进人类物质精神生活的一切创造，不论是由什么民族和地区提供的，都必须把它们视作全人类的财富而加以珍惜。即使就像弗兰克所说，西方仅仅领先东方两个世纪，那两个世纪的成功经验（包括教训）也值得东方人认真总结和体会，并设法变为自己的财富，不能以"欧洲中心论"的名义笼统排斥。

我认为"欧洲中心论"被质疑并激起反感，除了对欧洲经验本身的总结归纳仍存在许多异议，有待进一步研究外，很大程度应归咎于某些人的

"西方自大"情结。致命的错误发生在把欧洲经验加以普遍化和绝对化,并试图以强力推行这种经验。无端的傲慢和粗暴的干预更使"欧洲中心论"声名狼藉,甚至败坏了自身本引以骄傲的自由主义真谛:每个人都有选择的自由,每个人都必须为自己的选择负责。民族或国家亦如此。深刻的根源还在于由于"暂时"的胜利(若从历史哲学看,一切胜利都是暂时的),误以为自己的经验是最完美的,缺少了那种对历史不确定性和多样性的敏感,也怯于承认有任何超越历史的可能。但应该公正地说,这些错误绝非是"民族性"的。"欧洲中心论"的批判由西方学者发起并形成思潮,就足够说明这一点。

如果弗兰克不是从物质文明的层面上去挑战"欧洲中心论",而改从文化层面甚至哲学人类学的深层次上去"清算"它们,或许他的处境会有利得多。

弗兰克很看不起他的德国老乡韦伯,我以为大错特错。韦伯虽是以提出西欧资本主义发生独特的论证而享誉全球的,但即使在写作《新教伦理与资本主义精神》这部核心论著时,他对当时美国资本主义现状也并不完全满意。这是很值得注意的一种内在的心理矛盾。在该书的最后几页,他竟诅咒起资本主义文明。他要比他的同胞斯宾格勒和英国的汤因比都更早敏感到资本主义的机械理性正在吞噬着人性,文明的发展将要以文化的堕落作为代价,深受机器生产技术和财富追逐欲望制约的资本主义经济秩序已经把"财富"这一昔日圣徒们随时可以抛掉的轻飘"斗篷",变成了一只禁锢人性、污染灵魂的"铁的牢笼"。

我敢说,韦伯从骨子里痛恨对财富贪得无厌的追逐。然而,他目睹了积聚财富有效率的经济制度,以及支撑这种经济秩序的工具理性,这正是他期望德国强大所需要的。价值理性与工具理性,道德与效率,韦伯深知在近代历史发展进程中发生着严重倾斜,在他的学说里构成一种特有的紧张。正是这种紧张使他的学说成为20世纪最富内涵的学术经典。

韦伯学说给我们最深刻的启示,莫过于出色地揭示了,从自然状态脱胎出来的"人",既是一个理智的存在物,又是一个社会的存在物。当他(这里指复数的人)脱离幼年的混沌状态开始获得"自我"意识起,命运注定了下述难题必将伴随其始终:个体与群体的矛盾,自然赐惠与人为索取的矛盾,物质享受与精神需求的矛盾,自由与秩序的矛盾,理想与现实的矛盾,稳定与变异的矛盾等等。社会演进是由众多人群的"心"(心理动因)和"力"(利权分享的竞争行为)相互激荡造成的,决定历史情境之所以如此而不是那样的变数不可胜测。人文学者,包括历史学家,通观古今中外已有的社会演进,不能不感慨万千,面临着评判上的尴尬。我们找不到无可挑剔的完美,看到的只是对完美不懈的追求。从一定意义上甚至可以这样说:人类社会的历史是不断"试错"的历史。那些为众人不满意、不合理的旧事物虽随变革潮流而淘汰,新的不满意、不合理又跟踪而来,不舍昼夜。变革将是无穷无尽,如危崖转石不达其地而不止。前述种种两难,如阴阳两极相反相成,重则轻之,轻则重之,矫枉而过正,过正则再矫之,无穷的摆复调整,这就是社会动态的运行,这就是全部社会历史的真义。社会历史正是在这些对立力量的吸引中获取张力,在对峙、摩擦和冲突中展示顽强的生命活力。历史长链上的每一环,好与坏都相对而言,无绝对的好,也无绝对的坏。可能性无限,然落到实地只能是最不坏的。偏激的感慨要数卢梭:"文明是道德的沦丧,理性是感性的压抑,进步是人与自然的分离,历史的正线上升,必伴有负线的倒退,负线的堕落……"就以现代市场经济所引发的社会变革而言,无疑是对传统社会"群体"窒息"个体"极端倾斜的矫正。现在又对个性的过分肆虐感到威胁,试图压抑之,故而西哲又忽然对东方群体主义格外垂青。汤因比与池田大作的对话(《展望二十一世纪》)透露的便是这样一种文化信息。作如是观,方不致误读了有似汤因比发出的中国将充当"世界大同的领导者"一类预言。

  弗兰克并不自我认同于职业历史学家,似乎更喜欢思想家的称号。历来思想家都爱与历史学结下不解之缘,深沉的历史感往往是他们获取思想灵感的源泉。但在弗兰克那里,历史更像是为了张扬主观战斗精神而随意摆布的"道具"。今日的思想家若取这样的态度对待历史,不说可怕,至少也逼着我们不能不敬而远之。

中国不需要"皇帝的新衣"

读完《白银资本》,我一直在想:同是解读中国历史,弗兰克的感觉何以如此特别?

弗兰克在《白银资本》里对中国历史评价之高确是"史无前例"的。尽管弗兰克的评价可能会给我们带来某种感情上的愉悦,但我仍然希望学界能郑重地对待这种"大胆的假设"。在未经充分证实证伪之前,这些假设的意义仅止于"问题意识"的层面。"外来的和尚好念经","见风便是雨",不是一种好办法。

弗兰克全书着笔最多的是关于以白银为润滑剂的外贸运动史的描述,但在不少地方为了证实"中国中心论"(他有时也忌讳这一用词,但全书遍处可见,有关论证详上节),涉及了对明清时期中国国民生产总值、人均收入水平、城乡农工商业状况的评估,而且常常举出很精确的数据以支持自己的立论。这些数据之出人意外,真可用"不鸣则已,一鸣惊人"来形容。然而离奇的数据却让我怀疑起这些立论的可靠程度究竟有多少。

例如为说明中国内地城乡工业的发达程度,他援引了17世纪晚期到达上海的耶稣会传教士的记述,实则是"道听途说",一看就知道历史情景被大大夸张了:"仅此一地就有20万织布工人和60万提供纱线的纺纱工人。"(第164页)该"地"是上海县、松江府还是范围更大些,弗兰克没有说明。再则这数据是指城镇专业工人,还是农民家庭手工业?如此含混的数据着实可以拿来吓唬西欧!弗兰克在书中还借助拜罗克的研究成果,称1800年世界"发达"地区的人均收入为198美元,所有"欠发达"地区为188美元,而中国为210美元(第241页)。更有意思的是,麦迪逊在另外的地方还推出颇具现代味的估算:在1700—1820年间,中国的GDP(国内生产总值)在世界GDP中所占的比重从23.1%提高到了32.4%,年增长率达0.85%;而整个欧洲的GDP在世界GDP中所占的比重仅从23.3%提高到了26.6%,年增长率为0.21%。"因此直到鸦片战争前不久,中国经济规模依然雄踞世界各大经济地区之首,其地位远远超过今日美国在世界经济中的地位。"后一结论与《白银资本》完全吻合,可见他们属于同一流派。

未见麦氏原书,弗兰克也不作交代,上述数据的推算过程不得而详。根据从业的经验,在近代以前中国经济史的数理统计难度之高,常使学者望而却步。古代中国是一个极不注重数量概念的国家,各种数据资料陷阱颇多,稍不小心就可能铸成大错(请详参杨联陞《中国经济史上的数词与量词》)。史学传统不重经济记述(此与欧洲中世纪大异),私家记载奇缺(仅存者也一再毁于劫难),官方只有财政数据,不确且多文牍主义(如明代中叶后多照抄前代文档),可信度之低,人所共知。基于如此等等复杂情景,经济史界老前辈彭泽益曾坦言中国古代经济史进行数理统计几无可能,而后个人的实践更体会诚哉斯言,出自肺腑。仅以弗兰克特别称道的明清江南经济而言,有关耕地平均亩产以及地区年总产量、人均收入等等重要经济指标,恐无人敢像麦迪逊那样有胆量径自推出精确的统计数据,更遑论全国各业的"国内生产总值"。从散见的资料仅知道江南发达地区稻米亩产正常年景大致在2—4石之间。如果取3石为平均数似乎顺理成章,实则大谬不然。至少有两大变数必须考虑:一是平年、丰年与灾年的计算,大致江南为三、三、三开。二是地区内部耕地肥瘠状况参差不齐,松江西部与东部就差得很多,直到晚近全国各地区都有丰产田、平产田与低产田之分,也必须平均计算才近情理。究竟多少?谁也说不准。过去为了论证"资本主义萌芽",不少论著称颂江南农业多往高处说,以偏概全,造成的误导恐怕已远及西洋,又回来变成了需要我们反刍的"美食"。王国斌在《转变的中国》一书里就曾对布兰德关于1890—1930年中国非农业人口增长的统计方法提出批评。同样的问题也出现在弗兰克多处引用的关于中国人口增长估算上,此处不便细说。总之,我对上述数据不能不表示惊讶——中国之大,发展高度不平衡,又缺乏各种必要的统计资料,竟能推算出如此精确的全国"GDP"总值与人均收入(何况这种人均收入对认识帝制中国的社会实情并无多大意义),真像是天方夜谭。基于这样"大胆假设"的立论,给人感觉弗兰克等学者为着"翻案",太不顾及学术的严肃性。面对这样主观张扬过度的做法,我们不能不格外谨慎对待。

撇开许多细节不说,这里我想着重从解读历史心境的不同说开去,就有关中国历史的大局观谈点看法。我觉得,与国外汉学的对读,相互间常有语境、心境和情境的差异,其中心境的隔膜更关联着对历史情境的体验,不可不辩。对弗兰克的书尤其应注意到这一点。

中国历史确曾有过相当长时期的辉煌,这没有疑问。关键后来是否陷入沉沦,造成这种沉沦的原因何在,在这一节骨眼上,我们与弗兰克的分歧就会变得非常严重。弗兰克既取消了"现代化"这一概念,又对"前现代"的境遇也就不屑一顾。他像世外高人那样逍遥自在,竟可以拿两个世纪"欧洲暂时胜出"的话轻轻带过重大的历史坎陷。然而不论说是"衰落"也好,还是说"沉沦"也好,生于斯土的我们却不能不感到后两百年历史的沉重,种种切肤之痛逼着我们必得苦苦追索:曾经长期领先于世界的农业中国,为什么反会落在欧美之后,不能率先实现向现代工业社会转型,却被别人"轰出中世纪"(陈旭麓先生语)?即使被迫"走出中世纪",一个半世纪里由传统向现代的转型何以又一波三折,如此的艰难?辉煌与沉沦之间有没有内在的关联?若有,是什么样的关联?历史的回顾总是向着未来才有重新对话的价值。如果中国通史有什么义理,我认为这些问题就至关着最大的义理。

弗兰克的心境全然不同。他的高度兴奋点始终只有一个,那就是清算和推翻"欧洲中心论",越彻底越好,因此常常指责别人"走得不够远",甚至不无自豪地说他已经"把所有流行的理论翻了个脚朝天"(第422页)。然而思想学术史的常识告诉我们,反对一种思潮,或者说检讨一种思潮,绝非必须来个头足倒立,正面翻转为反面才算"彻底"。这样的"彻底清算",民间讥讽为"翻烧饼",由一个极端跳到另一个极端,中国人吃的亏还少吗? 弗兰克对"欧洲中心论"清算时恰恰犯的是同样的忌讳。

有理由认为,弗兰克对中国历史无条件的推崇就是这种主观逻辑极端化的产物。他把中国历史截断成三橛,五千年的"中心"地位(1800年止)与即接恢复的未来"中心"地位为首尾二长橛,两个世纪的"衰落"为一短橛。何以辉煌,何以"暂时衰落",又何以必然会再度恢复"中心"地位,这些关键判断,全书几乎没有从中国历史的角度做出过认真的因果分析。这绝不是疏忽,而是逻辑自圆必须跳开的"电闸"。例如关于"东方复兴"何以必然,中文版前言共罗列了十条理由,只有两条是切合主题的:一是"这些成就"都不是"基于西方方式获得的"。二是到"不久以前为止"亚洲和中国都"曾经在世界上具有强大的经济力量,因此它们很可能会很快重新崛起"。若按第一条逻辑,日本的"脱亚入欧"和当前中国的"改革开放"都被这一刀"阉割"殆尽,这是对历史极不负责任的态度。第二条恐怕才是弗氏真正能用以自圆的逻辑。弗兰克潜意识地认为只要把一头敲死,另一头不就活了?因此他一再强调近代欧洲的历史什么都不是,所谓"优势"、"特殊"以及可以说明其成功的诸种现代"特征"等等,都是别人杜撰出来的乌有之物;欧洲的历史又什么都不如亚洲,如"历史上亚非的经济和金融发展及相关制度都超过欧洲""亚洲的生产力、生产和积累都比世界上其他地方要大得多""欧洲的积累的增长可能完全得益于亚洲的积累"等等(第7章"欧洲特殊论")。欧洲的"暂时胜出"即建筑在沙滩之上,历史的误会过去,东方和中国的复兴不就成了一条不证自明的"定律"?种种议论清楚地显示出,对中国历史的看法是基于"彻底"反欧洲中心论立场推导出来的,历史的真实究竟如何,他不想深究,也不便深究。

说实在的,我真有点担忧弗兰克这种奇异的中国历史观客观上会给中国读者造成严重的误导。因为基于全盘否定欧洲历史主观逻辑的扩张,从反面诱导出一种类似天命论的"中国特殊论"。说白了,弗氏的基本历史逻辑不就这样简单:中国历史不仅一贯辉煌,欧洲无与伦比,而且未来的辉煌也不需要理由——它是过去辉煌(短暂中断后)的自然延续。把欧洲甩在后面是五千年历史(扣去不足道的两百年)早就证明了的。没有必要照搬任何西方模式,"走你们自己的路"就是。如此,改革开放、社会转型这样至关中国历史命运的主题在他甜蜜蜜的历史决定论里没有任何位置,全然成了"多余的话"。试问我们能相信中国只需循着原来的老路走去,躺在辉煌历史的温床上等来"再度辉煌"吗?

弗兰克不可能不知道因果分析是历史学方法论的最低基础,变革的恒转更是民族生命力的根本。即以弗兰克提供的模式而言,辉煌—衰落—再辉煌理应是一种具有内在联系的历史因果链,辉煌之中必潜藏着导致衰落的"种因",衰落才不会成为"无因之果";衰落之后能够再度辉煌,"衰落"之中必有克服衰落的"种因"的积累,再度辉煌就不再是原路"循环",

而是一种新的历史升华,新的历史境界出现。记得佛家人有一偈说得妙:"欲知前世因,今世尝着是;欲知后世果,今世做着是。"这对单个的人,是无法验证的。但相对在时间流中不断徜徉的群体历史检讨,却不无深刻性。历史效应里深藏着正负潜显四大种子,变革是一种不断把负能转为正能、把潜能变为现实的奋斗过程。历史学应该为这种瞻前顾后、参透因果提供一种富变革性的思考智慧,才不负历史学存在的价值。

我总觉得对弗兰克来说,非不能,实是心理障碍使得他不能为之。为了体系的需要,他有意无意地走上认识论的歧路:好就是绝对的好,坏就是绝对的坏。前者突出地体现在对中国历史的高评价,后者表现为一意贬低欧洲历史的价值。他的"世界体系"主导方向永远是单向的,其中唯有"面向东方"才是正常态;否则便是变态,不能长久。由于他过度专情于网罗一切足以表达中国经济发展水平高于欧洲的历史现象,以致不愿对这些现象细加透析,作具体的历史分析,"拿到篮里便是菜"。他更是力图排斥一切关于中国古代社会发展局限性的历史分析,例如国家对发展经济的强控制能力、官僚制度的低效与腐败、特权阶层对金钱的聚敛、贫富的过度分化以及经济金融制度的保守封闭等等,在他看来,这些都不能构成导致"衰落"的原因。不是这些又怎么会"暂时"衰落?大概除了欧洲"剥削亚洲"的外部因素外,只能把内因无奈地归结为马尔萨斯的"人口论":"更高的人口增长阻碍了由于和基于对节约人力和产生动力的机械的供求而发生的技术进步。"这一论点反复出现于整个第6章,成了他唯一用力陈述的"理由"。前几章把"人口增长"看作是中国经济发展的标志(第2章"人口、生产和贸易";第3章更赞同人口的增长"很可能是对经济增长中的重大进展的一个直接反应"的论点,第319页),到这里却又成了阻碍发展的绊脚石,顾此而失彼不说,最足以反驳的是:现在中国的人口是历史人口高峰时期的好几倍,又为什么反倒不妨碍中国走向工业化,再度雄起于世界?对于这样一个经历种种因素长期积淀而产生的"衰落"与"胜出"的反差,有关"社会结构"转变的复杂历史问题,用如此简单的"人口论"一丁点来支撑,真像它有足以把两个世纪全球历史搅动起来的特异功能,不可思议!

说弗兰克有关中国历史的评论一无是处,显然也不完全公正。例如中国人并不缺乏精于计算的"经济理性";中国的农业和家庭手工业曾经达到相当高的水平,或许在传统农业时代世界的许多地方(包括欧洲)都难以企及;中国区域间的市场经济和对外贸易(特别在亚洲地区)也有一定程度的发展,有些水平并不比中世纪欧洲低,原先封闭的"自然经济说"必须有所修正,如此等等的相关评论,毕竟还传达了西方汉学从"第三只眼睛"看中国的一些独到之处,属于"旁观者清"。然而旁观者也有缺乏切身体验的先天性弱点。试问:中国五千年的经济发展水平不低,科技也颇多第一流的发明,何以不能自转变到现代工业社会的轨道上去?中国的有机农业(使用粪肥)、垄耕制度以及中国犁等农业先进技术都在欧洲"农业革命时代"发挥过作用,三大发明(火药、印刷术、罗盘)外传对欧洲战争(以及民族国家的建立)、启蒙文化传播和航海殖民所造成的历史效应也显而易见,又何以会出现这种"墙内开花墙外香"现象?弗兰克可以不回答这些与己无关的历史悖论,但中国史学本着"静以藏往,动以知来"的宗旨,对攸关民族历史命运的困惑和疑难,就不可能无动于心,不作认真的追索。

中国历史不是很容易看得明白的,身在域外的弗兰克为一些经济表象所惑,也不足为奇。例如他最感兴奋的话题便是白银的大量流入中国,几乎成了他滚动全球历史的一根纵轴。据他估算16世纪中期到17世纪中期最终流入中国的白银在7000—10000吨左右,即中国占有了世界白银产量的1/4到1/3(第210页)。1万吨白银即3.2亿两,以百年计,年平均流入中国为320万两白银。这一数据初看惊人,但是不是像他说的"这种货币的涌入刺激了亚洲的生产、拓殖和含含糊糊的扩张"(第220页),"自16世纪中期起,白银注入中国经济所造成的经济扩张更为壮观"(第224页)?大可追究。

先说说这一数字放到中国具体的历史环境,也没什么了不起。弗兰克所指的时期正当明朝嘉、隆、万三朝近百年的"盛世"。这一时期或许也可以称作中国的"白银时代",但正确地说,16世纪中期是中国统治集团疯狂追逐白银时代的开始,万历年间矿监、税监满天下飞、民怨沸腾激起民变达到"喜剧"高潮,终以崇祯上吊煤山悲剧收场。早在嘉靖二年即有官员疾呼:"宗室之蕃、官吏之冗、军士之增,一切用度,俱出其中(指国库收入)。以赋入则日损,以支费则日加,虽巧者莫能为之策矣。"查阅相关《明实录》,财政官员的历次"岁支"报告,吞吞吐吐、进进出出,数据不尽一致,但大致轮廓还是比较清楚:帝国政府各种支出的白银数量惊人,"内库空虚,无以为继"的呼声不断。其中仅北部军事地带(九边)各项费用支出额每年即需350万—450万两之巨;皇室消费及各项赏赐岁费也不下220万—250万两。以收支不抵为理由,自嘉靖中叶起直到明亡,政府遂有三饷加派的横征暴敛,各项加派总计"一年而括二千万两以输京师"(崇祯十二年御史郝晋奏言)。入至清初名义上虽取消明朝的"加派",实则国库财政年收入却增至1900多万两,嘉庆时增至4000多万两,其中海关收入乾隆中叶曾达到540万两。但支出亦巨,兵饷一项雍正时仍高达1700余万两,文武百官俸禄(加养廉银)总计451万两。试问:每年流入的320万两白银即使全部收进帝国政府的财政大漏斗,瞬间即变为乌有,帝国政府更从来没有因外来白银多得满地流淌用不尽的感觉,这在欧洲可以想象吗?

我们与弗兰克的严重分歧不在中国有没有经济创造能力。过去的历史已经证明在传统农业时代,中国确曾创造过莫与伦比的农业与手工业的诸多成就,也有那时代相当活跃的商品经济。分歧主要集中于何以这样成熟的农业社会却不能顺利地实现向现代工业社会的转型?我们认为根本性的原因就在适应于大一统农业社会的社会体制缺乏创新的动力,时过境迁,前者却成了阻碍其向现代化转型的障碍。

与王国斌相比较,弗兰克对中国历史真实情景的隔膜相当惊人。与过去认为中国历史一无是处相极端,在弗兰克笔下中国历史竟一无坏处。例如他认为"中国的财产权和土地买卖自由比西欧多",这是中国历史一个突出的优点(第300页);并认为利皮特等人"中国的官僚制度和阶级结构阻碍经济扩张"的观点是不能成立的(第369页),"所谓亚洲'专制主义'国家无力促进经济发展的说法完全是无稽之谈"(第282页)。如此等等不切实际的推崇在书中遍处可见。

本文不可能就弗兰克上述相关观点作更详细的驳辩。我只能概括地说,历史情景与弗兰克想象的完全不同。中国传统社会的基本政治模式既是一种世界极少有的大一统中央集权垂直管理体制,指令性经济的强度,在中国历史上随处可得体验。好处是它确实具有动员和组织经济力量的特殊魅力,足以创造出类似长城、运河以及其他一切公共工程的奇迹,西欧任何民族国家望尘莫及。它的反面,却是对任何私人经济强力干预和过度剥夺十分有效,西欧也莫之能比。难道这些都不是历史的真实而是人为臆造出来的"谎言"?

中国传统时代的产权状态确实很复杂,特别是在进入大一统帝国时代,产权状态随时势的演进变得越来越复杂。各种"国有"的、"私有"的甚至是"宗族""部落"式的产权,兼收并蓄地共存于帝国体制之中。但就其整体特征而言,"国家主权即是最高产权","普天之下,莫非王土",产权"国有"的观念始终占主导地位,并且是政治的、行政的力量干预经济最权威的根据,各种经济势力都莫之能抗。说不存在某种形式的私有产权,也不合乎实际,平日里财产占有者之间可以专卖转让。但是,说"私有",什么时候都可以宣布"国有",像王莽时的"王田"、北魏到隋唐的"均田",南宋的变民田为"公田",明代的"迁徙豪强",清代的"科粮案"以及历代都有的"抄家"等等,究其实质都摆脱不了"国家主权是最高产权"(马克思语)的阴影。下面的状况恐怕是中国所特具的一种历史特征:"公"与"私"的两种要素犹如阴阳两极,负阴而抱阳地包容于这种特殊的"国有"产权观念之中,在中国形成了一种非制度化的,产权模糊和动态变化的特殊权利结构。任何名正言顺的国有产权,都会受到各种形式的侵蚀,被"化公为私";而任何看似私有的产权,通过赋税、徭役或正常或非正常的行政法令随时都可以"化私为公"。总之,在中国传统社会,政治的强制度化与产权的非制度化形成强烈的反差,私有产权的发展是不充分、不独立、不完全的。沿着这一思路体验其进退演化,才可能理解中国传统社会后来为什么会难以"走出中世纪"。

就以弗兰克支撑其"白银资本论"的最重要根据——明清江南纺织业的背景而论,"国有产权"观念通过苛重的赋役,体现出的是政权机构有权以"国家"的名义对任何经济形式实施超限度的剥夺,市场商品经济呈现出许多繁荣的病态特征，发展的空间是极其狭窄的。这些历史事实早为国内学者充分论述过，只是弗兰克不愿面对而已。

先举一例以说明之：大家都知道，明清松江棉布产销曾盛极一时，有"衣被天下"之称。谈及"明清资本主义萌芽"，商贾云集苏松，松棉走销八方，是一个被史家煮熟了的话题。想不到来自东洋的经济史家西嶋定生用其无可争辩的考证，却往这个美丽的"气球"上戳一个洞，"神话"破碎了。西嶋定生在其《中国经济史研究》的第三部"商品生产的发展及其结构——中国初期棉业史之研究"中，对明代以来棉花、棉布的生产、流通过程与市场结构都作了详尽的考察，而松江府在其考察中尤居于突出地位。戏剧性的突破发生在该部第二章的第二节："出现在明初财政上的棉花、棉布"。西嶋定生从检阅《明实录》所得的资料，确凿无疑地证明自洪武年间起，除了皇室宫廷以及官僚服用高级棉布外，军队所需的棉花、棉布数量亦极巨，总数棉布达一百几十万至二百万匹、棉花五十万至百万斤（中后期棉布总需求数，加上"互市"，增至五六百万匹）。这就揭出了一个重要事实：王朝政府充当了一个特殊的、长期被忽略的棉花、棉布消费的"大主顾"。最初政府还是直接通过赋役途径征派（包括本色、折纳），"促进"了棉花在全国的普遍种植。此时棉花、棉布大多数还保持着"实物征调"的古老形式，与市场经济没有发生多大的关联。变异先由"折变"开始，实施一条鞭法之后，农民的棉花、棉布成为一种特殊的"商品"涌入市场。由于税粮大多改为纳银，苏松农民的棉业成了缓解田租"不能承受之重"的主要补救手段。农民生产的棉花、棉布表面上获得了"商品"的形式，正式进入市场以换取交纳赋税所需的货币，实际上却成了赋税的一种变态。而国家由赋税所得货币，除委托地方收购（"布解"）外，还通过秦晋山陕商人（大多为盐商）南下采办，以满足北方特别是"九边"军区的需求。所谓"富商巨贾操重赀而来市者，白银动以数万计。以故牙行奉布商如王侯，而争布商如对垒"云云，若洞穿"商品生产者"究竟为什么生产，最终"消费者"又为谁、其消费"基金"来自何种"收入"来源，那么棉业市场"繁荣"的背后，究竟是我们期望中的商品流通、市场经济，还是国家财政赋税的特殊怪胎，也就大可思考了。

纺织类产品获得市场活跃的功能,从后来的事实来看,除了棉花介入这一农业品种的革命性变化外,还需要两大因素的推动:一是赋税货币化,迫使农民必须以家庭纺织来应付困窘局面,并由此使官员俸禄货币化得以实现。其结果却是把农民和官僚(甚至皇室)双重推向了市场,从生产与消费两个不同方向为市场经济输入"能量"。二是国家因官营手工业效率低下,逐步退出"自给"状态,采取包卖、采购方式供给。农民纺织产品获得了更多的市场空间。后者是前者的连锁反应。意想不到的是,明初实施行政干预,强制全国普遍种植桑棉,用权力迫使农作物结构向粮棉结合转向,也为后来的赋税货币化奠定了经济基础。很明显,农民仅靠粮食的出售,是很难承担货币赋税的。这一演变过程事后看来像是连环套,实际都是国家出于节省与改善制度成本的一种"集体无意识"的推动。明乎此,也就不太会对农业经济商品化的发展,脱离具体社会背景,作过高的估计。

必须指出的是,明中叶"一条鞭法"实施赋税货币化,固然起到了把农民进一步推向市场的作用,但农民的赋税负担也同时有加重的趋势,境遇更为艰难。我认为这是探究"农村市场"兴旺现象背后,"商品生产"究竟有多少真实性,不能不加重点关注的问题症结所在。鉴于"资本主义萌芽"问题讨论中对江南棉丝市场的估计大多偏高,这里我想对江南有关农民的赋税负担稍作烦琐的胪列,实亦出于不得已。

所谓"一条鞭",实际是将两税以来历久增加的各项正杂税、职贡尽数合并滚入,绝不会比原有税额减少。国家不吃亏,这是一条雷打不动的基本原则。而所谓"折色以米值为断",各地折算时往往又高出一般市价,以致有人揭发山西闻喜县有将原米价银三四钱折成银三两者。这是山西藩王府仗势欺人的恶劣个案。在苏松周忱改革时规定金花银一两折税粮米三石八斗(后改为四石),但到成化年间松江府金花银一两只能折税粮米"二石或二石五斗"。丘浚在《大学衍义补》里也说"米价有折至银七八钱者,有一二两者,参差不齐。令即下而民尽以米变卖,非所愿也"。以上说的那就是常情。再说官方即使以粮食市场出售常价(按说应按收购价)折算,而到交纳时粮商乘农民之急征压价,出入之间,农民利益又受一番损害,结果农民赋税负担较前必有增无减。

另有一层隐情,时人论之亦详。一条鞭之实施,既以田亩为本,清丈厘清田亩实数当在情理之中。但官僚制度之下,其执行成本之高,受害者必为小民无异。刘仕义说得最真切。他在其《新知录》中也肯定海瑞在南直隶将各种赋役合并为"一条鞭法"的做法,意在纠正以往征收名目过繁、关节舞弊多端,称之为"权豪莫肆,贫困少苏,诚良法也……此法行而天下平矣"。然而一旦付之实施,"惜书吏为奸,奉行无状,一丈之余,亏口有大小,册籍有虚伪,甚至有势者除沃壤为荒地,无势者开旷土为良田,隐弊百端,难以枚举,虽诉讼繁兴,有司莫难清稽规正,民但鼓腹含冤,仰屋窃叹而已。呜呼!除一弊,滋一弊,改革之难,诚难哉!然则小民何时而获苏息也"。实际上,权势之家在田亩上的花样百出,有飞洒在别人户头上的,叫"活洒",有暗藏在逃绝户头上的,名"死寄",还有畸零带管者,有悬挂掏回者(买田不过割赋税者)等等,全通过贿通书吏,实际将负担转嫁到无权无势之家均摊。因此,势必造成赋税折算数高于原实际应纳之数。

说到棉丝重地苏松嘉湖地区,有明一代为"江南重赋"而发的议论遍处可见。顾炎武作《日知录》《天下郡国利病书》,于此搜集尤多。其中有关"一条鞭"前背景者,曾节录杜宗桓上巡抚周忱书云:"(虽历经前代减免),松江一府税粮尚不下一百二万九千余石。愚历观往古,自有田税以来,未有若之重者也。以农夫蚕妇,冻而耕,馁而织,供税不足,则卖儿鬻女。又不足,然后不得已而逃。以至田地荒芜,钱粮年年拖欠。"历检有明一代所论,唯明末徐光启对其熟悉的家乡及其附近地区的农情,论析最切中要害。他在《农政全书》关于木棉一章,借丘浚"至我国朝,其(棉)种乃遍布于天下,地无南北皆宜之,人无贫富皆赖之",有长段议论,大发感慨曰:"尝考宋绍兴中,松郡税粮十八万石耳。今平米九十七万石;会计加编,征收耗、剩、起解、铺垫、诸色役费,当复称是。是十倍宋也。壤地广袤,不过百里而遥;农亩之入,非能有加于他郡邑也。所由供百万之赋,三百年而尚存视息者,全赖此一机一杼而已。非独松也,苏杭常镇之币帛枲纻,嘉湖之丝纩,皆特此女红末业,以上供赋税,下给俯仰。若求诸田亩之收,则必不可办。"读此概论,我们还能说江南农民的纺织生产可看作非谋生而乃谋利的"商品生产"乎？

由徐光启的话，还引出了一个常为史家疏忽的问题。实际上，"一条鞭"后，赋税项目并非像文本所说的已经单一简化。时至明末天启元年（1621年），苏松巡抚王象恒有《东南赋役独重疏》，幸为顾炎武录入《天下郡国利病书》，开列了一份较详的赋税名目的清单，读之愕然："据四府册开，每岁漕粮正改兑并耗米共一百五十三万一千九百七十八石八斗一升零，白粮并耗脚夫船及各王府禄米共二十七万七千七十二石八斗八升零，南粮并耗脚等米六万四千三百九十一石三斗零，军储存留恤孤等米一十二万石三千八百三十二石三斗七升零，此四府本色之概也。而本邑三梭阔白布匹共三十二万二千七百七十四匹犹在外矣。金花银三十六万五千一百三十九两零，京边银二十七万一千六百七十一两零，轻赍过江米万花折芦席等银一十六万九千六百七十余两，南北等部马牲价、药材四司料价等银七十万五千五百五十余两。此四府折色之概也。而加派辽饷二十一万一百五十八两五钱零犹在外矣。"

江南多佃农。因此也应该将佃农的经济情况稍作介绍。从各种资料来看，江南农民一般耕田都在10亩上下。亩产按常年平产稻米二石、春花（小麦）七斗，以高计不过三石。地租按平均量计为亩一石半。则所余为一石半。除去地租，十亩之余值十五石得银约为15两左右（均以明常价米石银一两计）。每年每户农户织布推算最多不过18匹，折得银5两左右。合计除地租外家庭总收入约得银20两。口粮食物（9.5两）、衣着（1.5两）、农本（4两）以低标准折算需银共约15两，剩余5两。这5两正是棉织所得之收入。这就印证顾炎武所录松江旧志的说法不虚："妪晨抱棉纱入市，易木棉以归，机杼轧轧，有通宵不寐者。田家收获，输官偿外，未卒岁，室庐已空矣，其衣食全恃此。"入至清代，松江叶梦珠仍云："吾邑地产木棉，行于浙西诸郡，纺绩成布，衣被天下。而民间赋税，公私之费，亦赖以济。"

上述推算实际略去了两大变数：一是水旱灾荒。由于各种原因，本处低洼地区的江南，入至明清，涝为大害，旱蝗亦时或作虐百端。大熟之年不可多得。浙江桐乡张履祥生于明清之际，长期潜居不仕，深谙乡情，曾备载晚明清初湖州地区历年灾荒至详，其总言之则曰："十年之耕不得五年之获。"这最能概括明清太湖流域的实际。因此,上述收入概算必须打一个不小的折扣,才符实情。

二是政府各种叠加的摊派。这方面的细节因资料搜罗不易,故对此项实关农民生计的社会经济史基础性研究向称薄弱。过去我曾举海瑞淳安县二三十项"规例",说明县级政府的各种开支多取自对小民的摊派,不胜其多。近读吴煦在做幕僚时载录的道光二十年与二十三年乌程县账册,各种开支备录至详,向上级主管(含藩、臬、道、运、粮、学、府)送礼的各项开支(三节、二寿的节仪及门包等)亦不隐讳,尽数开列。这些钱的来路他没有交代,只知重要一项即为"加耗"。当年周忱在苏松率先推行所谓"均田、均役"改革(一条鞭法先声)时,即创"加耗均征法"(又称平米法),已将耗米纳入正税,然而后来却又重新恢复,不啻"耗上加耗"。这种加耗俱见于前所举赋税项目中多有"耗"字即知,大清沿袭如明。耗米的征收,不仅是为了弥补税粮征收过程中的损耗,而且主要是为了筹划地方公费、官吏收入以及其他无法报销的费用的来源。另外,明一条鞭已将各杂税项并入,没多久,中央及地方政府不时又将旧项杂税恢复。清时人就指出"明季一条鞭之法颇便,然并南米在内,后复征南米、颜料、油药等项无不在内。此条银中未详注名件故也"。其中"颜料、油药"之摊派不见经传,可见名目之繁多,以致史书不屑记载。明松江范濂在其《云间据目抄》里即说:"苏松正赋,民已不堪,而额外又有均徭、练兵、开河、织造、贴役、加耗,种种不经,难以枚举。则如上乡三斗六升五合起科之田,计有五斗之供矣。况兼凶荒赔纳,其利安在,而士民何乐于有田也。""种种不经"四字,道尽苦楚。还有一项变相摊派,通史都很少提及,就是强制性的"户口食盐法"。大明政府的强横,就是不管你吃不吃官盐,城乡居民必须按户丁交纳盐钞或盐米,大致是大口食盐12斤,小口食盐6斤左右,各时各地不一。赋税货币化后改为纳银。明末谈迁感叹道:"盖以盐给民故征钞(城市征钞、乡村征米),今官不给盐而征钞如故,其弊不知所始(其考南唐即有'盐米')……南唐偏安何足论,而全盛如今日,何流弊至不复问也?"其实谈迁完全是明知故问,他心目中"盛世大明"理应轻徭薄赋方不致亡国灭族,故感慨特深。至于"子民"原一切都属于"国家","国家"当然有权力按需收取各种

"国用",宋元明清无所区别。这一道理,谈迁是没有能力洞穿底蕴的。

如果再深入追究下去,不唯农民,就是明清江南庶民地主的境遇也不如意,常有"以田为累"的感慨。初时至少我自己对此并不以为然,猜想总是故意向政府"哭穷"成分居多。后检阅史籍有关赋役制度细节稍多,方知"富者"确实也有他们的难言"苦衷"。史家共知,北宋以来富户地主最苦于各种职役。明初朱元璋更新添粮长之役,后畸变为贴赔代纳的苦役,常致富家倾财破家,亦为史家熟知。征役的原则向来"富者编重差,贫者编轻差"。殷富上户所金派的粮长、里长两役,负责钱粮催征与运交,更兼出办上供物料和公府公费。又有各种名目的杂役,也依人丁多寡产业厚薄分为上中下三等,统称之"均徭"。然凡有科举身份的各种缙绅地主,下至举监生员,都有各种优免的特权。因此苏松富户地主若无政治身份,必不堪政府百般骚扰,致有"士民安乐于有田?"之慨。叶权下面的说法颇反映当时的情状:"苏松嘉湖,东南上郡,但有力之家,买田不收其税粮,中下之家,投靠仕宦以规避。故富户一充粮长、解头,即赔累衰落矣。"一条鞭法虽将各种差役折纳为银并入田赋,但执行稍久,里甲、均徭等科派陆续又恢复,庶民已交丁银而被派征差役如故。苏松地区更有"白米""布解"两种特殊的差遣,均需由殷实富户来承当,庶民地主田亩多者首当其冲。对此松江府人叶梦珠论明之情形颇详:"吾乡之甲于天下者,非独赋税也,徭役亦然,为他省他郡所无。而役之最重者,莫如布解、北运。即以吾邑(上海县)论,布解每年一名,后增至三名,俱领库银买粗细青蓝素布,雇船起运至京交卸。北运(白米)每年二十三名,俱领漕米,春办上白粳糯米一万三千余石,雇船起运至京,交与光禄寺,禄米供用诸仓,必签点极富大户充之。次则南运,运至南京,每年二名。次则收催坐柜秤收,概县银二十余万两,每年四十八名。"政府虽给予一定量贴解银,但中途有种种意外损耗,以及各个关节的勒索、刁难,赔贴甚多,故例被看成苦役。万历年间华亭聂绍昌曾作有《布解议》,对布解的各种费用一一开列,算出细账,说明赔累在哪里,勒索在哪里,大致每匹布价不过七钱,而赔银自二三钱至五六钱为正常,若被验收退回,则几无措手之地,"所以吴中一闻此役,如赴死地"。

凡此种种琐考，无非想说明，在中国传统社会历史上，即使以商品经济最为活跃的苏松嘉湖地区而言，一方面农民为应对政府强加的各种苛重的负担，逼出了一种多种经营、商品化比例较高的农业经营的新路子；另一方面这种投入市场的商品多半是基于赋役、地租的原因而被动产生的，假性成分居多，穷于应对。农民与庶民地主的经济状况虽比其他地区为好，基于国家剥夺性的赋役过重，剩余率与储蓄率仍偏低，基础十分脆弱。因此，它向市场经济输送的"能量"就在这点可见的限度之内，不可能再有多少继续发展的潜力。直至近代以前，即使号称最富庶的江南，也仍长期徘徊于"中世纪"状态，看不出有新的希望曙光，根子即在国家强控下，颇多假性商品经济，"富国"有功，民富则誉不副实，徒有虚名。

由此想到了与大明王朝同时期的西欧。14世纪至16世纪，西欧领主制经济正经历着深远影响而后历史走向的一系列变化，其中尤以英国最为典型。因连续好几个世纪的黑死病袭击，人口锐减，土地相对丰裕，劳动力的稀缺，迫使领主缩小自领地，领地更趋租佃化和分散化，出现了"独立小农"（自由租佃农）成长的时代，有些史书甚至称这一时期为农民的"黄金时期"。据有关西方经济史家的晚近研究，14世纪中期及整个15世纪，在领主经济商品化比例下降的同时，由于人口减少，使农民处于较为有利的地位，故租税型商品化程度有所减低，而产品剩余型商品化及部分专业产品商品化有所提高。其中关键的一点，农民的租税负担与中国同期相比显然要低得多。尽管许多经济史家的估算不尽一致，经折中后的概算，地租加上各种封建捐税，仅占总产出的10%，进入市场部分（货币地租和生活、生产性消费）的商品率为44%，由此知剩余率即储蓄率为15%。经一个半世纪农业经济的休养生息，进入16世纪，人口复苏与农业商品化呈同步增长态势，羊毛业与毛纺织业生产更加快了商品化进程，中等农民构成了乡村人口的绝大多数。科斯敏斯基在《11至15世纪英国封建地租形态的演变》中指出："甚至在温切斯特大主教领地这样一些与市场有密切联系的地产经济中，农民交付的货币地租也大大超过了封建领地经济从出售产品得来的款项。由此证明，市场的供应首先依靠着农民经济","市场上农产品的供应进一步操纵在独立的农户手中"。基于这种情形,西方有些史家称西欧城市手工业,正是仰仗这种靠得住的农村生产者提供的商品化农业,才有相对独立的城市特权和比较稳定的"市民市场"。

西欧农业三个世纪所经历的变化,其社会意义,我认为还必须与该时期国家财政变革、工商业发展状态联系起来作综合考察,才能比较完整地理解它在社会演化中的作用。首先,正是在14—15世纪,英法等国家发生了由特权制财政向协议制财政的历史转变,形成了西方封建社会独具特色的协商制,国王和他的代理人必须向征税对象说明征税理由,在取得对方理解的基础上方可商议征税数量、时间等事宜。在这方面,同时期中国商人正苦于屈从国家权力无所不至的强制之下,假若他们知道了自己的西方同行有此等社会待遇,真不知作何感想!与此同时,西欧以羊毛纺织为马首,虽然也植根于农民家庭手工业,但因受到出口贸易的刺激,再加城市行会有较多的独立处置的权力,因此农村呢绒业在15世纪中叶后有明显的发展,市镇化的发展速度也日趋加快。同期的中国的纺织业就因严格的外贸管理体制而未能主动打开海外市场,其发展前景受到限制,一度"兴盛"(这是与过去"布调"时代相比)之后,就不再可能有更大的飞跃可以期待。至于明清政权是实施"海上扩张"政策还是对外贸实施严格管制,我想有关专家多得很,他们完全可以做出如实的解答。本文已经过长,不能再展开了。

我不得不坦率地说,弗兰克把推翻过去的历史陈述看得太容易,也把宏观把握世界历史的困难估计得太少,激情有余而沉静不足。只要看弗氏"指点江山"时挥洒自如,批评犀利尖刻,然自己片面疏漏和经不起推敲的地方也所在有之,就知道他是过分看轻"进入情景"对一个历史学家的重要性了。不到大海,焉有河伯望洋之叹?不近"树木",何能把握"森林"?我以为他儿子的赠言,恐怕也包含有委婉提醒的意思。

最后,我只想说弗兰克为了自己的思想体系可以这样摆弄历史,但国人万不能因别人的捧场失掉对自身历史的冷静分析。套用弗兰克的话:中国历史也不需要"皇帝的新衣"。

四、阅读历史:前现代、现代与后现代

历史阅读是一种主体与客体交流的活动,如同看小说、听歌曲一样,与我们自己的经历和当下的心情都不无相关。当然,在我看来,它更是一项有益于提高自己观察社会与思考人生的智力锻炼。中国有一句老话说得好:"世事洞明皆学问,人情练达即文章",历史可以助你在洞明世事、练达人情的成长过程里多一份经验。学过历史的人,往往容易被人误解为老气横秋,像出土古董死气沉沉似的。不,不应该如此。他们理应有一种比较豁达的胸怀——什么世面都见过,什么人都交往过,有一种洒脱和冷峻。

学问家往往把简单问题复杂化。若要破除对学问的神秘,则可以反其道而行之,把复杂问题简单化。历史是什么?历史由三要素构成:时、地、人,是在特定的时间和空间范围内,由特定的人群演绎出的一系列故事。现在发生的叫"新闻",过去发生的叫"历史"。例如2003年情人节前,上海某大学饭厅前张贴一张海报,匿名女生诚情征邀男生,在寝室陪伴度过情人节之夜,以一人为限。新闻传出,远近轰动,每个人都不怀疑自己拥有评论权,褒贬不一。设想百年之后,有一位社会史的研究生发现了这些材料,以此为中心,写出一篇研究转型期中国女性社会心理变迁的论文,这就变成历史社会学或者历史心理学范畴的专门学问了。有些事情,距离的时间越长,越容易看得清,因为"当局者迷","只缘身在此山中"。这是历史学家常常自以为得意的地方。但如若那位研究者漏看了一条网上信息,即事后有人揭发,此海报作者实非女生,乃男生玩笑之作;如果这条揭发真相的史料是确凿的,却又因某种原因毁灭了,不存于世了,那篇论文资料的真实性就大打折扣,那时只有上帝才知道。这就是"后现代"史学要说的——别相信史料记载、史家评论的绝对真实性。

研究历史,两个基本条件不可或缺:一是材料,要熟悉过去与现在有关"人"与"社会"互动的经验性材料,掌握检索和辨伪史料的技术;二是思想,有自己的体验和心得,能言人所未言,道人所未道。前者是苦功,是技巧,有一个逐渐熟练的过程;后者是灵性,是思想,要许多相关知识的综

合,更需要判断和联想的能力,发表意见的能力。所以学历史的人一定要耐得住寂寞,肯坐冷板凳,要地毯式地一寸一寸搜寻资料,"上穷碧落下黄泉"。太乖巧而不刻苦的,难成为历史学家。当然,刻板而缺乏思想,不敢独立思考的,就很难成为出色的历史学家。

我一直有这样的看法:以历史学为职业,其实是很苦的,有少数"志愿者"参与就可以了;但人人都应该学一点历史。人之所以异于动物,重要的是人发明了语言文字,使集体性的记忆得以长久保存,人也就借此得以超越时间、空间和个体生存的局限,有可能把握更多的集体性记忆,从而补充和丰富自己的经验。从每个个体而言,生命有限,经历有限,若能从长久积累的历史记忆中汲取经验,就等于把自己生命的长度延伸了许多倍,多活了几百岁乃至几千岁,从经历上说你有可能"千岁、万岁"。

现在大家都在谈民主,谈自由。从历史上看,这可是两个特大字眼,真不好轻易评说。记得德国的克尔凯郭尔说过,人最大的苦恼,就是每个人都想自由地按照独立意志生活,但又必须跟别人生活在一起。一部人类史,就是一部不断尝试如何调适个体与群体、个人与社会相互关系,失败多于成功的经验史,自然我们也很可以从这些苦涩多于欢乐、艰难多于顺畅的历史经历中得到许多启示。知道调适人与人之间的关系,是一门大学问。民主与自由,若不建立在一种合适的关系准则(或曰游戏规则)之上,不说缘木求鱼,南辕而北辙的教训反正是不少。

我是从研究明末农民战争史起步的。今年是甲申年,距郭沫若写《甲申三百年祭》,又过了一个甲子。360年前,1644年,即是明王朝被农民战争灭亡之年。有关明末农民战争的史料极其丰富,野史笔记多的是,这在古代很难得。史料看得越多、越细,感触越强烈。

一是感慨大明官场,人才济济,济济变成挤挤,搞窝里斗倒是一只鼎,包括知识分子。但在不起眼的小地方,偏乡僻壤、山坳荒漠,藏龙卧虎有的是,到了兵荒马乱的年头,就获得了出头露脸的机会。你说李自成、张献忠,一个驿站马夫,一个为地主打工,原先谁会把他们当人才看?可在1628—1644年间,他们叱咤风云、不可一世,要意志有意志,17年里屡败屡战;要智慧有智慧,野战、阵地战都胜过官军。两人稍有不同的是,张献忠残暴些,李自成厚重些。若没有东北满族的横插一杠,李自成完全有可能建立新朝,成为第二个朱洪武似的开国皇帝。若做了皇帝,他过去是当马夫还是当小和尚都不敢提了,天才的帽子不戴,别人也会哄然给你戴上,古书上叫作"解民倒悬""天纵英明",十分伟大。

李泽厚主张"告别革命",不是没有道理。但他采取的却是指责,而不是同情地理解的态度,说如果没有就如何如何,这就不是历史的态度。历史上有过的,必有不得不发生的理由——大家都知道,古时候,中国农民是最老实、最听话的,年复一年地埋头"修地球"、过苦日子,很少进城,见到官两腿发软,大官稍说几句好话,就感激涕零,说是"见到了好官"。谁会平白无故地用生命去赌博?可一旦到了活不下去的时候,饥饿是死,造反也是死,你说他们选择什么?"民不畏死,奈何以死惧之",此话是有条件的,大约数百年才一遇,天灾人祸到了极点,树皮草根吃完,就闹人吃人的惨剧。到那时,革命想阻挡也阻挡不了。

感慨之二,到了非正常状态,人心会变得叵测不定,控制不住。在前现代社会,中国是创造物质财富能力最强的国家。长城、运河不说,周秦、汉唐、两宋、元明的宫殿、王府、豪宅、园林,建筑瑰宝不胜其多,到今天都可以为旅游业赚回大把大把的外汇,可地面上存留下来的却少得可怜。去过意大利、法国、德国、英国的,就感觉得到,中国地面上的文物与其悠久的文明极不相称。每一次战争动乱,一个王朝的许多宏伟建筑往往被付之一炬。

我曾经为此疑惑不解。打进京城的农民痛恨皇帝、大官、阔佬,看了这些用农民血汗钱堆起来的豪华住宅、奢侈器具,怒火中烧,气不打一处来,这可以理解。为什么非烧了不可?后来读了心理学的书,才有些开窍。埋下的怨恨越深,积蓄的不满越多,它释放需要的能量就越大。农民由盼望皇恩浩荡的热望,到苛政猛如虎的失望,再到灾难丛生、濒临死亡的绝望,这一不断上升的长过程中,如若没有许多渠道获得缓慢的释放,积蓄起来的能量太极,非通过极富刺激性和破坏性的行为,就不可能得到宣泄。李自成在攻陷洛阳时,曾用"点天灯"的方式处死福王,既是一种宣泄,更是一种向敌对者的示威。但什么样的行为最具刺激性呢?熊熊烈火,腾空而起,声光并作,全场骚动,肯定是最富刺激性的。另外,个人行动往往多理性的计算,至少恐惧的本能也能起约束的作用。到了群体骚动的场合,集体的非理性就会战胜平日里的胆怯,情绪冲动会因相互感染而得到极度强化,个人的负罪感和恐惧感消失。这就是民众运动多容易演化为暴动、暴乱的一种心理学解释。

俗话说:"可以共患难,但难于同富贵。"农民军的兄弟情谊和团结,在困难时期是摧不垮、打不散的——军事共产主义的平均分配,在大顺军中执行得很成功,这就是李自成高于打家劫舍式盗寇的地方。到1643年,李自成在河南、湖北取得七大战役的胜利,看到了希望的曙光,开始筹建统一政权。也就在那时,裂缝就出现了。首先,农民联军内部开始重演《水浒传》里的"火并王伦"。李自成先后借故杀了"革里眼"贺一龙、"左金王"蔺养成、"曹操"罗汝才和"小袁营"袁时中,取得独尊的地位。当时一位河南的知识分子郑廉就评论:"一国不堪两君,一营宁堪两帅,或南面而臣人,或北面而臣于人,为顺为逆,莫不皆然。""天无二日,人无二君""一山不容二虎",这叫"专制心",即使是曾经仇恨帝王将相、仇恨被别人压迫的普通农民,到了那个份上,成者为王,他心理也会发生变化,自然而然地会回到这个死节上来,这就是数千年社会体制积累下来的集体无意识,不容易摆脱。

原来义军内部,头领称"掌家"的、"管队"的,由大家推举,不时以兄弟相称,都是"哥们儿",相互之间只有职务差别,没有大的收入落差,关系比较融洽。现在,义军士兵不能不对将领和降官们刮目相看。大将军刘宗敏府前高悬大红灯笼,人称刘国公,门卫森严;官员、将领俱以九品分等,服装、帽子都有严格区别,尊卑分明。旧礼制的恢复,在新官与士兵百姓之间筑起一堵不可逾越的墙,人与人的关系发生了微妙的心理变化。

河南文人郑廉,讲了一个他朋友的故事。那朋友被抓在军营里,有一个年轻小头目负责严密看守,防止他逃跑。一天,他对那位年轻农民说:"你又不是天性想作盗贼,何苦来?即使老贼头做了皇帝,也封不到你。"那人听后号啕大哭,把他放了,自己也跑回了老家。

进京后,李自成招降一批明朝中低级官员,授以新朝官职。有一个士兵问某明官:"选你做什么?"那人回答:"兵部主事(国防部科长级官员)",士兵一脸无奈地说:"也好,也好。只是不要再像前朝那样死要钱。我新朝立法森严,贪官污吏是要杀头的。"这还算是有点骨气的。更差的例子也有。无锡人赵士锦在明朝只是工部的小科长,绝食三天,拒不"从逆"。看管他的一些头目纷纷相劝,说:"老爷,你何必苦呢,饿坏了身子,可是大事。我们家的官好做得很,与明朝一样。如果老爷能转升到我们家里做大官了,可千万别看不起我们。我们还求你老爷多照顾着些呢!"

大顺军17年里屡败而屡战,百战不殆,靠的是共同摆脱困境、走出生死峡谷的巨大凝聚力。然而,胜利只能改变少数人的境况,而多数人仍是希望渺茫。经过短短的进京城39天,在与清军的山海关战役中,农民军一败涂地,判若两支部队。其中人心涣散,导致军纪失控,在去山海关之前,已经非常严重。眼看封王封侯的,接受闯王赏赐,一箩筐一箩筐金银珠宝抬进抬出,一般义军士兵、军官怎能不感慨万千?前面说到那位号啕大哭者算是觉悟早的,稍晚的正挨到抄没明朝宗戚官僚家产的风潮,纷纷"顺手牵羊"。据当时在京城的一些亲历见闻者的记载,说义军士兵到酒店吃酒,随手给的都是金银首饰或珍珠,出手特别大方。有一位秀才,被一群士兵抓了就走,此人吓得面色发白,以为大祸临头。谁知到了军营,士兵们口口声声称他为"大官人",特别客气,原来是要他为山西陕西的家人代写书信。言语间不时流露出对闯王多怨言、有牢骚,思乡气氛浓烈。他们每人都把身边的金银首饰折断了装在布袋里,托便人连信捎回老家。事情办完,那秀才也得了不少金银珠宝,兴冲冲地揣着高额"劳务费",向夫人报平安去了。因此,当义军退出北京,往山西、河南、陕西撤退的路途上,逃跑的越来越多,失败的态势已经不可挽回。

这是最后失败了的,成功了又如何?朱元璋是再好不过的例子。朱元璋发布的圣旨许多是用白话写的,通俗易懂。他也说农民终年辛苦,如何如何,讲得有板有眼,好像不忘旧日情景,可一涉及赋税皇粮,口气就变,说这是每个老百姓(子民)必须尽的义务,谁不认真完纳,就对谁不客气。为了杜绝隐漏田赋劳役,他把军队放到地方上,一个村一个村地实地调查人口田地,声称凡作弊者格杀勿论。这比起那些养在深宫里的皇帝要厉害百倍。

我读明清的材料多起来,思想也发生了变化,意识到不改革旧制度本身,走马灯式的换人,甚至用暴力的方式把一批人打倒,拥戴一批人上台,对此不应抱有很大的热情。

我真正从事史学研究,起步很晚,大约40岁前后。所幸文化大革命刺激我从迷误中清醒过来,强烈地意识到中国如若不能走出千年历史的阴影,跳出一治一乱的"周期率",真的已经很难自立于世界之林。从那时起,我的史学观念发生了很大的变化。要而言之:一是意识到史学必须有批判的意识,二是追溯历史是为了现在和未来。我的研究,不管是大题目还是小问题,想要回答的是千年的辉煌,何以会变成百年的沉沦?或者说是:"中国如何才能走出中世纪?"

头十年,我近乎疯狂地读西方的书,社会学、人类学、经济学、心理学,乃至科学哲学,什么老三论、新三论。不懂外文,看中译本,翻译得差极了,像马克斯·韦伯的《世界经济通史》,近乎看天书——总之囫囵吞枣、一知半解,硬着头皮读。头脑里,尽是韦伯、弗洛伊德、海德格尔、萨缪尔森、诺斯⋯⋯福柯还敢看,就是尼采不敢问津,怕自己入迷了,得神经病。没有什么人在逼着我,甚至我的老师还批评我离经叛道,有压力。为什么?事实胜于雄辩,曾经比我们落后的西欧、历史短得可怜的美国,在近几百年里确实获得了很大的成功。160年前的林则徐都看到了这一点,20世纪差距拉得就更大了。单纯从中国看中国,就像身处庐山之中,必须与西方历史相比较,才有可能看出中国缺什么,中国弱在什么地方,别人成功的经验有哪些。当然,更重要的是思维方式——例如从牛顿到爱因斯坦,启示我们对自然界的认识是永无止境的,对社会、对历史更是如此。史学研究的观念与方法也必须不断质疑,不断吐故纳新。

中国的文化有许多精彩的地方。古代中国是一个以农业见长的国家,文化也具有农业社会特有的平和、含蓄、持重和沉稳的风情。我们对四季变化的感觉非常敏锐,春耕、夏种、秋收、冬藏,四季、十二个节、十二个气,每一种微小的气象、物候的变化,预示着什么;日月风云的变幻,会对农作物产生何种影响,农谚很多,微观方面"变"的学问深奥。放在宏观方面,总相信年复一年,周而复始,循环论占了上风——所有的变化都是在一个圆的平面上展开,阴变阳,阳变阴,冬去春来,否极则泰来,这就是《周易》里的那个八卦。以这样的世界观看社会、看历史,我们的心态是平和的,盛的时候,想到可能会衰;衰的时候,相信离开转盛不远了。"冬天到了,春天还会远吗";"不是不报,时候未到;时候一到,一切都报"——在"文革"灾难时期,有一些人就是靠这样的文化信念坚强地活了下来。中国人的忍耐性、生命的韧性,非常像植物——鲁迅写《野草》,实际上是写中国人的精神。

以开放的态度看世界文化,各民族的文化各有千秋、互有短长。有长必有短,有利必有弊。我们的循环观否认突变,强调经验和秩序,"天不变,道也不变"。中国历史上盛衰治乱,反复震荡,不比西方差,但解释这种动乱的原因,传统史家不从制度上检讨,也不检讨我们的意识形态,多强调道德人心的绝对性——人心不古、道德沦丧,官不像官,民不像民,就判断危机已近,知识分子开始声嘶力竭地呼喊;呼喊、改革都不济事,每况而愈下,民众就造反,成者为王、败者为寇,周而复始。所以中国传统史学的核心是道德史观,君子、清官、好皇帝——小人、贪官、暴君对立的两面,构成了史书叙述的主体。教育我们的,就是要维护现有的道德秩序,把希望寄托在出现好皇帝、清官上头,仰望星空,耐心等待天才降临,"五百年必有王者兴"。这样的史观在今天的一些历史影视和历史小说里仍在延续,津津乐道,把陈腐当作新奇,我只能说一声:遗憾。

西方的史观也有过这样的阶段,但进到向现代社会转型时,他们把研究的重心从"英雄"转移到经济发展、社会规则的考察上来(经济学、社会学兴起);把"人"的研究从精英转移到大众对精英的制约上来(政治学兴起)——发展的理论、制度分析的理论帮助史学家完成了从旧史学向新史学的变革。因此,中国的新史学必得从西方的社会理论中汲取资源,借鉴别人的经验。

近几年来,西潮又一次东来,在思想文化领域,新概念、新话语层出不穷,转换之快,目不暇接。现代性还在无休止地争论,后现代已经登场。我觉得,我们应该以健康的心态对待这种变化。

一种新的概念、新的话语,往往代表着一种新的思考方式、新的观察视角。例如现代社会理论中的结构主义,就是对那种以什么什么为纲——片面决定论的反驳。它既反对经济决定论,也反对文化决定论。决定一种社会状态的,是许多方面、许多力量的总合。这种总合的效果,许多时候更取决于它们以什么样的方式组合和相互作用,例如一个现代社会,一定是一个建筑在高度分化基础上,以有效的制约机制实现高度整合的社会,而不是分化好,还是整合好,或者是分权好,还是集权好的问题。假若不解决民"管"官的问题,亦即民意对政府的制约,没有更多独立的民意机构去监督政府,大集权、小集权的弊病还是半斤八两。

弗兰克、彭慕兰的"反欧洲中心主义"是一种新话语,与之相连的还有"后殖民主义"等等。虽然他们还不能说是正宗的"后现代主义",但有一点"后现代"的味道——其中有一条,就是反驳"现代化理论"的。在他们看来,"现代化理论"是欧洲成功之后的总结,而不是欧洲历史的真实,是想借以炫耀自己唯一正确,并向全球扩张的理论。历史并不能证明非有这些条件,才能发展到"现代"。它的出现或者成功,取决于许多偶然的因素。即使在西方,也没有一个国家的现代化是相同的;每个国家都可以有自己走向现代的道路。两个人也都认为,现在中国的经济发展非常成功,再一次证明了他们的看法。

这一刺激对我震撼特别大。我们民族主义的那根神经非常敏感,也非常脆弱。外人说我们的坏话,就想到挥动拳头;说好话就感到舒心——但假若忘记了我们历史上还有许多阴暗面,还有许多弱点,把好话当补药,那就容易变成虚荣,而非自信。因此,对于西方的新话语,我们应该有所鉴别和选择——它的基点,应该是以自己的生活体验和历史体验为准,立足于对自己的发展有利。

19世纪以前的世界,是以欧洲为中心,还是以中国为中心,估计学界还会有激烈的争论;也有人提出"中心说"本身就有问题。不管怎样,弗、彭有关欧洲中心主义的质疑,对中国史而言,还是有新的启发。例如马克斯·韦伯把我们通常说的资本主义社会,在前面加了一个"理性"的前缀词。也就是说,资本、市场这些东西古已有之,现代社会区别于传统社会,最重要的特征便是讲究经济理性——工具理性(具体而言,即价值法则),亦即亚当·斯密说的利益最大化原则,通过市场规则,实现投入与产出的理性化。"理性",有的翻译为"合理性",似乎就成了"现代"的一个标志。细想,中国传统社会,政府行为往往是不计成本的,政治至上,讲政治账,不算经济账,证明韦伯说得非常对。但由此能说中国人生活里、头脑里就没有经济理性?人的第一本能就是生存。为了生活,谁不想赚更多的钱,谁不在收支方面斤斤计较?最近一位宁波人告诉我,宁波人为什么善于经商,只要拿生活中两句俗话就可以说明。一句是"亲兄弟明算账",这就是市场经济中的核算成本原则。一句是"碗对碗、篮还篮",邻居送我一碗菜,我就要还一碗菜;亲戚上门送一篮礼物,回去也得奉还一篮礼物,这是市场经济中的等价交换原则。

明清时代的江南经济的发展,确实有非常闪亮的一面。在人口高度密集的地区,粮食种植的精耕细作水平以及单位面积产量之高,在世界上首屈一指。而且在苏松,发展出植棉和家庭棉织业;在嘉湖,发展出蚕桑和家庭丝织业。17—18世纪,欧洲人用白银从中国进口棉花、棉布和生丝、丝绸,估算世界白银产量的1/3流到了中国。江南农民很能适应市场的发展需要,不单纯靠粮食生产,发展出商品性的家庭手工业,人人织布,家家缫丝,收入自然比其他地区高。城镇在这样的基础上显现出市场的繁荣,不要说苏州、杭州了,像盛泽、南浔这样的大镇,简直就是一个全国性的丝绸市场中心;而松江的朱泾、枫泾镇也曾经是全国棉布市场的中心——它们通过广东、福建的海商(包括走私商,即海盗),又与中西国际贸易联系在一起。怪不得弗、彭要说那时世界经济中心在中国,在中国的江南。这一点,使我更加深信,中国人并不缺乏经济头脑,也有自己的经济理性——中国人发展经济的素质和能力不低于世界哪个国家,否则数千年的辉煌就不可理解了。因此,近代落后的原因,不是经济发展本身有什么先天性的阻碍。主要原因还在别的方面。

弗、彭无限夸大明清江南的经济发展水平,最大的毛病是出在对中国国情缺乏真切的了解,这不能苛求——但他们经济史研究的方法,用的是纯经济学,而不是诺斯等人的制度经济学,就有点落后了。表面看明清江南最有可能率先在中国发展到资本主义,实现现代化。事实却是不能。为什么？他们忽视了非常重要的一点,中国是个大一统的、高度中央集权体制的国家,江南是中国的江南,而非独立的江南。在中国旧体制里,往往不是鼓励先富,而是像孔老夫子说的,"不患寡而患不均"。最近我根据明后期中央与地方的财政档案,做了一个统计,仅苏州、松江、常州三个府,面积和耕地的全国比是0.336％、2.85％,而农业的财政负担却占全国财政总收入的23.96％,还不包括名目繁多的官吏额外勒索和地方摊派。总之哪里油水多,国家从那里榨得就越厉害。从唐代中期开始,就不断有知识分子说,东南财政占全国之半,不合理。可体制决定了,不这样就维持不了这个"大一统"政权的巨额开支。江南农民为什么会发展出多种经营的经济模式？当时人就说得很清楚：农民光种粮,交不起国家田赋杂费,更不用说地租了。农民负担重,是个老问题,江南更是突出。因此棉织、蚕丝,是被逼出来的,是用来弥补收支缺口的。大量的史料可以说明江南农民实际终年劳碌,仍然是窘迫不堪,日子也过得紧巴巴——没有多少剩余去改善和发展经济,长期徘徊在一个低成本经营水平线上;不过国家借人口之多,产品积少而成多,聚沙而成塔,到了市场上、到了城市里,倒显得颇有繁荣气象——这叫作表面花团锦簇,内囊却是空虚的。

假若与西欧中世纪相比,问题就凸显出来了。现在教材里中世纪的中国与西欧都是封建社会,殊不知彼封建而非此封建。中世纪欧洲的社会体制,它是分权体制,君主下面有许多分封的贵族,国王的财政收入主要靠自己的直属领地和一些国有的自然资源(如矿藏、森林),各地贵族领地的土地产权和行政管理基本是自治的。更重要的是,或许是受罗马城邦民主制历史传统的影响,至少到13世纪后,有些国家也搞中央集权了,但工商城镇却蓬勃兴起,而后或城市自治,或获得特许,贵族(原有的土地贵族加上新兴的工商贵族)组成的市政厅获得了自治权。这样,国王、教会、城市贵族构成相互制约的三角关系,而不是像中国那样皇权无限、无任何社会力量可以与之抗衡或谈判。市政厅后来演化为议会,现代民主制由此脱颖而出。就以税收为例,明清中国的官僚机构不断膨胀,每年财政支出从数百万两涨到数千万两白银,地方官员都必须无条件执行皇权旨意,特别是保证赋税的征纳,没有讨价还价的余地。在西欧,国王与各地贵族、纳税人代表之间必须通过市政厅或议会的讨论,反复谈判,才能确定能不能增税,增多少。国王有时不得不通过借款来取得财政收入(特别是战争时期),为此必须出让部分权力;工商贵族借此又得到发展。在古代中国,虽有富商大贾,但没有任何可称之相对独立地位的工商阶层——中央政权一直奉行打击豪强的政策,实际上是要消灭异己力量;工商依附于政府,官商结合倒是大传统。民主制没有强大的中产阶级,很难成立,这是欧洲史与东方史很大的一个差别。因此欧洲工业革命,率先走上现代化的原因很多,因素复杂(例如法制传统、产权观念、思想革命、科技革命,也还包括农业革命等等),什么是最关键、最起决定性作用的因素,确实不容易说清楚,但绝对不是完全偶然的。它至少要经过3—4个世纪的历史综合积累,才能完成突变。

在我看来,"后现代"是对着"现代"来的。"现代"肯定不完美,"现代"的话语系统已经产生了"话语霸权"的负面功能。既然不完美,既然已经朝着新意识形态方向发展,就有必要加以反驳和质疑,动摇它的王牌地位,促使多元文化的活跃。这就是"后现代"存在的理由。如果"后现代"想要把"现代"的历史成果和历史经验统统丢进大海,肯定也是一种极端,不能上当。而且这里也有个情景的问题。从社会发展角度说,在现代已经充分发展的社会里,"后现代"的产生是自然的;但在发展中国家里,就不能把"后现代"看得太认真。我觉得西人对中国问题的看法,时常表现出不是"饱汉不知饿汉饥",便是"此山望见那山高",忽高忽低,难以捉摸,我们也得姑妄听之。我们能不能超越?超越当然是最理想的,可不顾实际地超越,百年中国在这方面吃的亏可大呢,所以我们自己还得有主见。我的直观的印象是,在思想文化方面,"后现代"的"破坏性"(或者说"颠覆性")强过于建设性,它四面出击,八方"捣乱",总姿态是要挑战任何权威、任何信仰,有点"造反派"的脾气,很容易刺激年轻人的"青春躁动"。美国的老史学家魏斐德就已经感受到了"代沟",不无牢骚地说:社会责任感丢失了,现在年轻人的史学与好莱坞的卡通片已经没有什么差别,有一种严重的失落感。再下去,我会不会也落到他那种灰色的心境里去呢?现在没有,将来不敢说。

五、明清易代的偶然性与必然性

1644年皇城根下的老百姓，不到两个月的时间，"子民"的身份归属一变再变，前后经历了"大明"、"大顺"和"大清"三个朝代。虽说中国历史向有周期性改朝换代的习惯（新名词叫作"王朝周期率"），成王败寇已成常识。但这样的"半路杀出程咬金"，让京城里的人怎么也弄不明白，刹那间紫禁城的皇帝宝座怎么倒让"第三者"莫名其妙地给夺了过去？

360年，6个甲子过去了，往事如烟。所幸保存下来的明清易代记载算是多的，仅在京亲历的回忆录就有十来部，扩大到相关人士著述也不下三四十部（不包括南明部分）。20年前，我搜集并阅读过这些"记忆"资料，也做过研究。这次重读，说实话，仍是一头雾水——历史永远是混沌不清的：这结果是偶然还是必然？为甲申再祭，首先想到的是这个题目。要对这段历史进行哲理性的探讨吗？不，我能做的，就是作些历史性的叙述。老祖宗叫作"述而不作"，西方流行的新名词称"后现代"。后现代史学推崇"叙述法"（而非过去流行的诠释法），认为故事说完了，"叙述者也就死了"，余下都是读者自己的事。

历史学家比过去谦逊多了，不好意思再用"揭示历史发展规律"来标榜自己职业的绝对神圣——想借助陈旧的历史构筑未来的蓝图，实在是一种奢望。新的说法，历史学实际上只是一门重新处理"记忆历史"的人文学科。历史既已经远逝，不可能被原模原样地得到整体"克隆"——留下的都是些记忆碎片，有的是落花缤纷，满地枯叶，不知如何收拾才好；有的则是荒芜零落，依稀见到的只是模糊的历史背影。但是，以"记忆历史"为名，拂去历史学神圣的光彩，绝不意味着历史思考的艰难性和智力考验的程度降低了。这些陈年往事，无一不是我们先辈煎熬过的人性历练、社会写照，也不断地在考问后代子孙的智力水平：你们怎么认识，是比我们聪明，还是依然故我，没有进步？

崇祯十七年春夏之交，北京城的老百姓，虽说向来见多识广，处变不惊，但怎么也想不到，在短短的两个月里，历史的造化要让他们经历接二连三的大事变,体味什么叫作惊恐万状和不知所措。

　　崇祯皇帝登基已经有17个年头。18岁时接手的是他"木匠"哥哥撂下的,被大宦官魏忠贤恣意捣乱7年,朝纲千疮百孔的烂摊子。[1]即位伊始,对着前任政治狂烧了两把火。一把火,不动声色地把大宦官魏忠贤的势力消灭殆尽;第二把火,为东林冤案平反昭雪。一时道路相传,都以为"大明中兴"有希望了。然而,没有多久,崇祯皇帝对臣僚的谦逊和柔情消失了,脾气变得越来越坏。令他烦心的是,官僚们办事不力,相互间的攻击隔三逢二,无有休止。经心腹太监密查,说是在高尚的词句和说不清的是非之争背后,仍在玩门户党争老一套。17年里,他先后更易内阁"宰相"50人(其中处死2人、充军2人),任免刑部尚书17人,兵部尚书处死2人、被迫自杀1人,诛戮总督7人、巡抚11人。[2]崇祯帝辩解说:"朕所诛者是贪欺二字。"[3]处理的都是那些伸手要权要钱,说假话大话却失职连连的"劣臣",下此狠手,也是出于无奈。他发狠说"但要文官不爱财,武官不怕死"就满足了,以此表达对官僚层素质普遍低下的强烈不满。[4]当几度整肃无效,失去耐心之后,崇祯帝再度起用宦官和东厂,重蹈永乐皇帝开创的宦官干政覆辙。

　　最令他头大的,则是起自陕北的农民起义军。崇祯执政17年,农民军跟着他17年,犹如幽灵附身,是专来催命、索命的。应对当政者的剿抚互用,农民军东奔西突,转战秦、晋、冀、豫、鄂、徽、鲁、川、甘九省,死去活来。崇祯九、十年间,农民军经卢象昇、洪承畴等人的合剿,几临灭顶之灾,可辽东的清兵南下袭明,卢、洪先后抽调到抗清前线,一死一降,无意中帮了农民军。躲过大劫大难之后,崇祯十三年冬,李自成离开隐伏多时的陕南山区,向连年旱蝗饥馑至极的河南挺进,五战五捷于中原大地,气势极盛

---

〔1〕 天启皇帝热衷木工技艺,水平一流,然不问朝政,魏忠贤等由此得逞,肆虐天下。明政权之崩坏,天启七年间已然成形,死后17年明才灭亡,说明事有不可预料者。详参《先拨志始》《三朝野记》《三案始末》诸书,不赘。
〔2〕 孟森:《明清史讲义》(上册),中华书局,1981年版。
〔3〕 史惇:《恸余杂记》,载赵士锦《甲申纪事》本内,中华书局,1959年版。
〔4〕 文秉:《烈皇小识》("中国历史研究资料丛书"),上海书店,1982年版。以下凡出于该丛书者,不另注。

（唯有三攻开封无功而返,以黄河决堤、水淹全城为结局,北宋东京的繁华陈迹荡然无存）。崇祯十六年冬,被崇祯帝强令离开潼关出战的明军最后一支精锐部队全军覆灭,时势已经为李自成敞开了一条通向北京的胜利大道。甲申年正月初一,李自成在西安宣布大顺政权正式成立,并亲率10余万大军渡河东征。

因此,甲申新年刚刚撩开它的面纱时,中国的政局实在是迷雾重重,有三个政权相互对峙着,前景深不可测。除正统的大明政权、西北的大顺政权外,还有一个从辽东崛起、由"金"改名为"清"的东北政权。努尔哈赤是在统一女真族后,于万历四十六年(1618年)宣布与明政权处于敌对状态的。到其子太宗皇太极手里,父子两代经营50多年,屡败明军,边境不断东展西扩,基本慑服了蒙古诸部落,崇祯九年(1636年)正式改国名为"大清"。到甲申,年轻的新政权已经长大成人,进入了它的"青春躁动期"。

大约是从三月十六日大顺军攻陷昌平、火烧十三陵的消息传来,京城的紧张气氛开始扩散弥漫。但九门紧锁的北京城,在冷兵器时代,固若金汤,从来不容易被攻破。北元、后金的部队曾几度抵达城下,都望洋兴叹,转一个圈便开溜,百姓因此并未意识到将有特大事变发生。不祥的预感也是有的。上年夏秋之交,京城里遭遇到一种很奇怪的瘟疫,身上突生一隆起赘肉,数刻莫名死去,患病者有十之四五。年初又有呕血病流行,不时听到出丧的号哭,撕心裂肺,再加北来风沙暴袭击,"飞沙走石,或二三日一见,或一日再三见",上上下下都高兴不起来。[1]

事也蹊跷,北京城的攻陷,全出李自成的意外,几乎兵不血刃就城门洞开。三月十七日半夜,崇祯帝最倚重的守城太监曹化淳率先打开外城西侧的广宁门,义军由此进入今复兴门南郊一带。义军在北面的德胜门、西面的阜成门、西直门三处摆出攻城态势,炮声震天。十八日,在昌平投降的太监杜勋由软梯入城,代表李自成与明秘密谈判,要崇祯帝逊位,未获

---

[1] 刘尚友:《定思小记》,郑振铎"明季史料丛书"第八种,1944年圣泽园刻本。据周同《被瘟疫灭亡的明朝》一文称,前者为"疙瘩瘟",是一种腺鼠疫引起的淋巴结肿大,后者则为肺鼠疫。载《光明观察》2004年1月27日。

成功。十九日清晨，兵部尚书张缙彦主动打开正阳门，迎接刘宗敏率军进入，此后内城各门齐开；中午，李自成由太监王德化引导，从德胜门入，经承天门步入内殿。沿途百姓早听得传令，各个在门前摆设"永昌"香案，书"顺民"二字于门上，闭门不出。不到半天的时间，京城的百姓已经从"大明"的子民变成了"大顺"的子民。宫中遍搜崇祯帝不得，全城严查。二十二日，确知崇祯皇帝已自缢于煤山（今景山公园内，死时虚龄36岁）。李自成下令收尸入棺，予以"礼葬"，在东华门外设厂公祭，后移入佛寺，有和尚为他诵经。二十七日，大殓毕，下葬于西山的田贵妃墓中，未能入围昌平明皇陵。[1]

大顺军占领京城，前后42天，几度宣布要举行登基仪式，却一再推迟，百姓惶惑不解。进城初秩序尚好，店铺照常营业。转折发生在三月二十七日起拷掠明官，四处抄家，连累店铺商家罢市，恐怖气氛逐渐浓重，人心开始不安。四月十四日，西长安街出现"贴示"："明朝天数未尽，人思效忠，定于本月二十日立东宫为皇帝，改元义兴元年。"谣言四起，甚有说观音托梦"明当中兴"，估计都是吴三桂一类人放风，借此动摇大顺军心。[2]吴三桂南下投顺途中，获知吴家被抄，反叛回山海关。义军高层四月初已经获悉，经过一段踌躇后，于十二日杀戮大臣勋戚30余人[3]。十三日，李自成亲率10万大军，奔赴山海关前。二十六日，义军从山海关败归，仅余三四万人，城里军纪开始严重失控。二十九日，在举行登基仪式的烟幕下，大顺军怒杀吴三桂家大小34口，部署焚烧宫殿和各门城楼，并于次日清晨急促撤出北京，由山西、河南两路向西安方向退却。[4]

此时京城的官民百姓，但知吴三桂得胜，将奉明太子进京即位，不知

---

[1] 以上叙事据杨士聪《甲申核真略》、赵士锦《甲申纪事》、钱𫷷《甲申传信录》、文秉《烈皇小识》等书记载综合，并参考徐鼒《小腆纪年附考》。《甲申核真略》，据前引郑振铎"明季史料丛书"所收圣泽园印本。
[2] 详陈济生《再生纪略》、声道人《遇变纪略》（又名《燕都志变》）与《甲申核真略》、《甲申传信录》诸书。《再生纪略》据嘉庆白鹿山房刊本"丛刻三种"。《遇变纪略》据《荆驼逸史》本。《燕都志变》附于郑廉《豫变纪略》后，载"三怡堂丛书"，并指作者为徐应芬。
[3] 据赵士锦《甲申纪事》。有说90余人，甚至更多，日期也不一致。此据赵说，似较确。
[4] 据《定思小记》《再生纪略》《甲申核真略》《甲申传信录》等书，略加考订斟酌。

清军紧跟着也已经于三十日晚抵达蓟县。多尔衮在得知李自成军撤出后，与吴三桂一起统领满汉精锐，星夜赶路，于五月初二晚进抵京城脚下。吴三桂受命不准进城，继续追杀西逃的义军。初三，大明一些在京官员准备好"迎驾"的一应仪仗设备，身着白色丧服，齐集东郊，打开朝阳门，吹号击鼓，迎候大明太子入城。但令明官大吃一惊的，"望尘俯伏"，山呼之后，登上宝舆的不是大明太子，而是胡服拖辫、人高马大的满人（即多尔衮）。不等众官弄个明白，即有清传令兵怒喝：着所有内外官民人等，悉去丧服白冠，"我大清摄政王率满洲兵入城来了！"有脑子转得快的几位明官，迅即联名上《劝进表》，不想被清国内阁大学士范文程抢白一顿："此未是皇帝，吾国皇帝（即皇太极的儿子福临，史称顺治帝，虚龄7岁即位）自去岁已登基矣，何劝进之有？"[1]

生当明清易代之际，事前、更多的是事后，有许多人都在检讨和思考这段历史。检讨细致到了应该任用什么人、处置什么人、这个战役该怎么打、那个战役打得如何不对头，以及执行哪些政策就可能逢凶化吉，苦思冥想，呕心沥血，虽不无"事后诸葛亮"的嫌疑，但看得出是十分用心的。

先说崇祯皇宫里的一帮人。20年前，一位好友特从南开大学历史系收藏的古代孤本里，给我寄来一份复印件，内容是由杭州人韩顺卿在苏州的故纸堆中发现的，题名为《天翻地覆日记》的手抄本。从文字表达判断应出自内宫宦官之手，也有学者怀疑它就是久已失传的宦官王永章的《甲申日记》。其中有这么一段情节：

> 崇祯十七年三月十六日，万岁谕娘娘云："贼陷昌平，悔不从汝言，早令太子南迁。"入夜，贼犯平则等门，竟夜未睡。
>
> 十七日早朝，怒书御案曰："文武个个可杀！"（原话如此，皇帝的批文常常是白话，清君有时还狗屁不通，明朝没有发现）（此一情

---

[1] 据《定思小记》《甲申纪事》《再生纪略》《甲申传信录》等书，参考徐鼒《小腆纪年附考》。

节在《烈皇小识》等书中均有记载,《小腆纪年附考》亦采入)

……(罢朝后)大门楼接进伪诏一封,召太子、永王、定王入宫,谕"汝等"二字,即哽咽不成语,抚其手。

谕娘娘云:"廷臣惟争义气,全忘忠义。十七年辛苦,仍为若辈所误。朕惟一死报祖宗,但苦百姓耳。"

娘娘云:"毛文龙不诛,袁崇焕不杀,卢象昇、洪承畴不必勤王,贼犹可灭。天运人事,一至于此。"

万岁又云:"除却数人,竟无人可图大事耶?"

娘娘云:"早年求治太急,朝廷皆不安于位。后来已补救不及。或者永乐爷杀戮忠臣太过耶?"

撇开《甲申日记》的真伪不论,"娘娘"的看法在当时极具代表性。明方的检讨异口同声地都这样说:当年袁崇焕不杀"皮岛"上的毛文龙,辽东一帮骄兵悍将就不会叛明而降清,明就会有从背后牵制清人不敢贸然南下的武装力量,骄悍的军阀们也无缘替清军灭明充当"马前卒";不是误中皇太极"蒋干盗书"式的离间计,杀了袁崇焕,辽东的失守以至后来吴三桂的出卖山海关,都可能避免;更要紧的,如果不是把剿杀义军最为得力的卢象昇、洪承畴调到抗清前线,改剿为抚,而是趁热打铁,崇祯十三、十四年左右,说不定农民军的事情也就侥幸解决了。此后,回头全力对付辽东,何至于有"清兵入关"这局悲剧呢?

搁下明君臣各种"假设"不论,再说李自成方面。在古代,有关农民军的"记忆史",都是别人给他们写的。那么多的甲申实录,都把他们写成"祸水西来",所幸还注重描述,北京42天里农民军的行动细节,无意中被保存了一部分。读这些相关资料,头脑里曾闪过一念:但看义军东征沿途,直至入京前后,明朝大批官僚、将帅望风而降,争先恐后"改头换面",其中不少人品低劣猥琐,寡廉鲜耻,大明王朝人气之差,超乎想象。魏斐德曾据《明季北略》等书作了统计,在京自杀的明官40人,其中大多数来自南方,且多居高位;投降大顺的高级官员竟有167人,南北方籍贯相等,年龄与资历偏低者占大多数。[1]需要补充说明的,魏没有统计在此前后投降的武官和太监,文官投顺名单中也有一些是受党争之害被诬陷的(南明清查"从逆",是党争的延续)。有一件事更带滑稽色彩。五月初,有目击者看到,大约是江淮地区的一个前科举人,不知北京已经易手给清人,仍乘船由运河北上,"大为招摇",到处声称他是去赶"大顺朝"的官员招考的。[2]这一切似乎预示事变也有另一种可能:不是辽东的清兵在中间横插一杠,李自成是可以慢慢坐稳皇帝宝座的。果真如此,"二十五史"煞尾,就不是《清史稿》,而是"大顺史"了。

　　李自成终究没有做成皇帝。说大顺军因为骄傲而失败,今天看来是皮相之见。我倒觉得,李自成一帮人身上"朴素的阶级情感"未能及时褪去,这对想做稳皇帝是致命的。在立足未稳之前,就忙于对京城勋戚与官僚实行大规模的"拷掠"抄家,固然也可以认为出于建立"财政基础"的考量,但给人的感觉,总更像穷汉子积久的情绪发泄和劫夺"富有者"急哼哼、时不我待的肤浅心态。他们不够"狡猾"——不能透彻地意识到这是改朝换代、生死攸关的一局大棋,完胜需要大智慧、大手段。为着彻底制胜对方,有些棋子要先走,有些要后走,有时更要舍得拼"炮"弃"卒",以迷惑对手。譬如对吴三桂,既然知道他军队所处战略地位事关紧要,派人招降他,却又在北京抄他的老家、夺他心爱的陈圆圆,这与刘邦在"楚汉战争"紧急关头,对韩信、彭越的隐忍妥协相比,就知道李自成他们太没有"文化",吃了不读历史的亏。还有,李自成不像朱元璋那样一早就下决心"转世投胎",与知识分子的关系若即若离,缺乏表示诚意的策略手段。但我也想为李自成叫一声屈。李自成实在没有朱元璋幸运,他遇到的时代,活跃在功名场上的知识分子,多数心态浮躁,专长内耗,沽名钓誉,不务实学。黄仁宇的《万历十五年》点了明亡的一个死穴:明中期开始产生了一种叫作"道德灾变"的社会风气,知识分子很喜欢唱高调,也热衷抱小圈子,动辄以"异端""伪学"整人,结果假人走红,真

---

[1] 魏斐德:《洪业——清朝开国史》,江苏人民出版社,1992年版,第239—243页。
[2] 陈济生:《再生纪略》。

人受气[1],连李卓吾这样的书呆子也不放过。李自成身边,投顺者甚多,但既没有李善长那样干练的行政高才,也没有刘伯温那样胸富韬略、世不再出的智囊(李岩是个虚构的人物,史家已有考证[2])。那时中国也不是没有高人,李自成遇不到,或者那些人不屑与"流寇"为伍。清国的大学士范文程是一位民间高人,但他"养"在辽东,被太祖、太宗慧眼识中,帮助清人完成了"入主中国"的大业。可以说,毁坏明王朝与李自成帝业,是各类人物的综合作用,但范文程,也包括洪承畴等"贰臣",都有一份"功"或"罪"参与其间。

说一说"第三者"清人的"记忆史"。清人始终坚持,他们不是从明朝手里夺得江山的。1645年清兵南下,摄政王多尔衮有一封信寄给史可法,半为恐吓、半为劝降。信写得很机巧,说:"闯贼李自成,称兵犯阙,肆毒君亲。中国臣民,未闻有加遗一矢。"因此,"夫国家之定燕都,乃得之于闯贼,非得之于明朝也。"[3]现在看来,明清易代这一官方"辞令",是清政权深思熟虑后创造的"意识形态话语"(首倡者为范文程)。事隔73年后,康熙五十六年,有一篇长达2700字的"圣祖长谕",历数平生,大讲兴亡治乱之道,其中有一长段与前说呼应。康熙帝对臣下说:

> 自古得天下之正,莫如我朝。太祖、太宗初无取天下之心。尝兵及京城,诸大臣咸奏云当取。太宗皇帝曰:"明与我国素非和好,今取之甚易;但念中国之主,不忍取也。"后流贼李自成攻破京城,崇祯自缢,臣民相率来迎,乃翦灭闯寇,入承大统。昔项羽起兵攻秦,后天下卒归于汉;其初,汉高祖一泗上亭长耳。元末陈友谅等并起,后天下卒归于明;其初,明太祖一皇觉寺僧耳。我朝承席先烈,应天顺人,抚有区宇,

---

[1] 万历年间,临川汤显祖先生早发此感慨。他在给王肯堂的信里直抒胸臆,曰:"世之假人,常为真人苦。真人得意,假人影响而附之,以相得意。真人失意,假人影响而伺之,以自得意……大势真之得意处少,假之得意时多。"《汤显祖诗文集》卷44,上海古籍出版社,1982年版,第1236页。
[2] 顾诚:《明末农民战争史》,中国社会科学出版社,1984年版,第132页及注14。
[3] 抱阳生:《甲申朝事小纪》(任道斌点校)卷7《摄政王与史可法书》,书目文献出版社,1987年,第608页。

以此见乱臣贼子,无非为真主驱除耳。[1]

我仔细琢磨过康熙帝的说法,觉得"味道浓极了"。康熙帝既承袭先辈的"话语霸权"(得手了,什么话都可以说;那时没能力,可以说成不忍取北京等等),但也增加了一层意思:过去我们是尊重你们大明天子为"共主"的,可你们的皇帝不争气,老百姓造反,把天下丢了,这怪谁? 在中国,在历史上,谁是"真主",不是看出身,而是看谁有能力为天下扫除"乱臣贼子","应天顺人,抚有区宇",把握中国全局。在这种"英雄不问出身"典型的中国话语背后,还包含有强烈的反驳:别以为我们是"少数族",多少也是一族的大头领;你们过去的皇帝,一个是小小的亭长(最多相当于乡长),一个是穷村小庙里的和尚,你们怎么就没有觉得不对味呢?

清人的成功不容易。这里只能说一项:清人在入关前后,对汉族王朝政治体制和意识形态等"合法性资源"一直是在努力学习、认真钻研的,也很重视发挥为他们服务的汉族知识分子的作用。这方面,与过去辽金、蒙元相比,都可谓"当刮目相看"。因此,机会到来时,在运用汉族意识形态资源,收拢人心方面,真是"后生可畏",紧紧抓住"救民""安民"这两条汉族统治的"祖训"不松口。例如入关前,即宣称"此行除暴救民,灭贼安天下,勿杀无辜,勿掠财物,勿焚庐舍"。随军大学士范文程在代表多尔衮接受吴三桂投降时,特别强调此次"兵以义动",是为你们报君父之仇,"国家欲统一区夏,非义安百姓不可"。入京后,立即宣布废除明末加派,减轻民众负担;另一条也很厉害,下令"故明内阁部院诸臣,以原官同满洲官一体办理",对在京明官一揽子包下,概不追究他们"从逆"大顺的"政治问题";发现强迫剃发感情上有大阻力,从策略考虑,果断暂缓剃发,能进又能退。[2]因此清兵在华北、西北的军事行动,几乎逼行无阻,颇得汉人的协助。现代清史研究的开山祖是孟森。先生在《明清史讲义》里评论这段历史,也说:"世祖开国之制度,除兵制自有八旗根本外,余皆沿袭明制。明

---

[1]《圣祖仁皇帝圣训》卷九《圣治四》,文渊阁《四库全书》史部六、卷218。
[2] 据蒋良骐《东华录》(中华书局,1980年版)、《清史稿·范文程传》,并参孟森《明清史讲义》下册。

之积重难返,失其祖宗本意者,清能去其泰甚,颇修明代承平故事。顺治三年三月,翻译《明洪武宝训》成,世祖制序颁行天下,直自认继明统治,与天下共遵明之祖训。此古来易代所未有。清以为明复仇号召天下,不以因袭前代为嫌,反有收拾人心之用。"称赞满族为"善接受他人知识之灵敏种类,其知识随势力而进",前期诸帝比明中后期都强,可惜末代子孙"死于安乐,以致亡国灭种"。[1]

当时,无论是明人还是清人,都明白事变是由所谓"流寇"即农民起义引起的。不是农民军17年对明的长期消耗,几无可"勤王"之兵(明的军事主力全在北方),京城也不会坐以待毙,大清兵更不可能如此轻易地阔步走入紫禁城。因此,明清易代之际的"记忆史",议论的焦点自然要落到追究大明君臣的"责任"上来:大明政权究竟出了哪些致命的毛病,才变得不堪一击,拱手与人?

"记忆史"在这方面提供的材料不胜其多,观点却十分混乱。皇帝那边直到临死前还冤气冲天,觉得是臣僚坑了他,"君非亡国之君,臣皆亡国之臣";写"记忆史"的也有不少同情这种说法。另一种声音则明里暗地指向了崇祯皇帝,埋怨他专断自负,随意杀戮,喜怒无常等等。总括起来,总不离导致王朝灭亡的那些陈旧老套,例如皇帝刚愎自用(或昏聩荒淫,但崇祯不属于此),"所用非人",特别是任用宦官,更犯大忌;官僚群醉生梦死,贪婪内斗,"不以国事为重,不以百姓为念",虽了无新意,却都一一可以援事指证。

有没有可质疑的余地呢?我想是有的。这些毛病在王朝的早期、中期也都存在,不照样可以拖它百来年,甚至长达一二百年?万历皇帝"罢工"20年不上朝,经济不是照样"花团锦簇",惹得一些史家称羡不已?再说彻底些,无论哪个王朝,农民的日子都好不到哪里去,农民个别的、零星的反抗无时不有,但真正能撼动根本、致王朝死地的大规模农民起义,二三百年才有一次。因此,用所谓"有压迫必有反抗"的大道理来解释王朝灭亡,总有"烧火棍打白果——够不着"的味道。

---

[1] 孟森:《明清史讲义》(下册),第379、397页。

重读明清易代史,新的发现和体会也有一点。近几年西方人对明清史研究的热情很高,出了不少书。他们的视角独特,往往能言人所未言。譬如美国的弗兰克,他在《白银资本》一书里,凭借已有的各种研究成果,估计16世纪中期到17世纪中期(即明中期到明末)的百年间,由欧亚贸易流入中国的白银在7000—10000吨左右,约占当时世界白银总产量的1/3(其实这项研究,中国学者梁方仲、全汉昇走在前,只是没有引起国人足够注意)。1万吨白银,相当于当时中国的3.2亿两白银。弗兰克等人为了向欧洲中心主义展示"造反有理",说那时不是欧洲而是中国占据了世界经济中心的地位,因此推论巨额"白银资本"的流入,促进了中国当时"国民经济"的发展和增长。

　　这一项被西人渲染得有些特异的"白银"功能,在明代历史上,是否像弗兰克说的那样,使明史变得一片光明?还产生了别的什么效果没有?假若经济形势真那么好,明末的社会动乱和政权的崩溃,当如何解释?很明显,从"白银资本"话题出发,有一个疑问是必须被提出,并加以深究的:这么多闪闪发光的白银到哪里去了?在哪些人手里?作什么用途,是用以发展经济、改善国民生活了呢,还是用到别的什么地方去了?

　　不错,从众多的"记忆史"里,也能够确证明王朝君臣上下搜刮到的白银数量,多得惊人。崇祯末仅国家财政收入,已经上涨到年3000余万两白银。[1]五六十年间,民间负担增加到三倍。崇祯五年有人揭发,淮阳巡抚半年内即有赃款17万两私入"小金库",不防突然调任,仅支2万两离去,余额尽为后继者所得。后者又兼了缉私的"巡盐",欺匿盐税21万两[2]。然而,数额巨大的白银储备,花在奢侈性消费方面,多少还能对各类"生活服务业"起点"推动"作用,遗憾的是相当部分却被收贮在国库或官僚的私宅里。更具讽刺意味的是,我们今天之所以能掌握实据,竟是因为他们死到

---

〔1〕　倪元璐于崇祯末接任户部尚书,有《并饷裁饷疏》,详列全国三饷各地区(收)与兵饷各军镇(支)分项数,是至今最为详尽可靠的三饷与兵饷数据。总计三饷总收入20 101 533两,兵饷总支出21 221 487两,仍有赤字。再加原正常年财政收入1000余万两,总数当在3000万两以上。参《倪文贞集·奏议》卷七,文渊阁《四库全书》集部六、别集五。

〔2〕　文秉:《烈皇小识》卷三,前为曹遭,后为史䔲。

临头还抱住不放,最终被大顺军抄没,原形毕露。

据《甲申核真略》《再生纪略》《甲申传信录》等书记载,甲申正月初一,前线告急,内阁向皇上询问库藏究竟还有多少银子。崇祯愁眉不展,含糊地说:"今日内帑难以告先生。"不愿透底。三月初十,义军离北京越来越近,为筹措军饷,皇帝派太监向大臣、勋戚、大珰逐家强行"捐银"。众人各个哭穷,都说"家银无多"。龙颜大怒下,老皇亲张国纪捐2万两,皇后父亲捐1万两,其余"未有及万者"。退休太监头司礼监王之心最富,纷传家产在30万两以上,也只肯认捐1万两。大学士陈演推托"从未向吏兵部讨一缺",向来清苦,一毛不拔。

然而,到大顺"拷掠"抄家,老底全兜了出来:陈演被拘,派人送4万两至刘宗敏府,结果为家仆告发,"先后搜掘黄金360两、白银48000两,珠宝盈斗"。太监王之心家,搜得白银15万两,珍玩珠宝大抵价值也在15万两左右。在皇后父亲周家,搜得白银53万两,"缎匹以车载者相属于道"。据说大顺军早有"坐探"潜入京城,对官僚的家底深入摸排,因此刘宗敏等对他们的"追赃"定出了"指标":内阁大臣级为10万两,各部、院、锦衣卫以及顺天府长官7万、5万、3万两不等,科道监察官员和吏部官员3万—5万两(这是受贿最多的部门),翰林1万—3万两,其余部属(司长、处长)则各以千计。当然,这种"毛估估"也有个别是虚夸的,有的被酷夹而死,仍不足此数。但若考虑到这些官僚勋戚还有收贮或存放在别处的大量金银,例如票号、钱庄,以及蓄藏于老家的,占有的白银肯定还有不少未被大顺军抄走。在京抄得总数多少?《怀陵流寇始终录》的作者说:刘宗敏上交1000万两,而李岩、李牟"用刑宽,所得少,以己物充数"。李岩有否其人也成问题,此说只能姑妄听之,但总数有千万两之多,似不算夸张。这里,还没有包括各书透露的大顺军官和士兵私抄入己之数。《甲申核真略》作者由接触义军所得印象是:士兵囊中多者五六百两,少者亦有一二百两。

从国库里抄没的有个大约的总数。据目击者杨士聪《甲申核真略》叙述,从四月十日起,即有马骡等车辆不断装运各库银锭往西安。十六日更是以千骑计。据他观察,所载的内库"镇库银",刻有"永乐"字号,每锭500两,每骑2锭(千骑则为100万两),其他寻常元宝则打成包裹搭装在一起,不易辨认。估计白银总数是3700万两,黄金为若干万两。[1]赵士锦任职户部,比较清楚底细。他在《甲申纪事》中说:载往陕西的银锭上有万历年号,因万历八年以后所解内库银尚未有动,计白银3000余万两,黄金150万两。白银数与前杨士聪记述比较接近,再将黄金折为1500万两白银,总价值约为4500万两白银。史惇在《恸余杂记》里说崇祯帝确实以为内帑已空,为厂监内臣所欺隐,一直蒙在鼓里,结果尽为"闯贼"所得,"宫中得金银7000余万",此恐得之道路传闻,未必确凿。我约莫地估算,掌握在京城皇宫和官僚手里的白银,总数至少在5000多万两以上,约占弗兰克所说白银总数的1/6。至于贮藏在各地藩王、官僚、富绅私宅里的白银,其数亦当十分可观。文秉为明末内阁大学士文震孟之子,依据父亲及亲友所藏大量邸报奏疏抄件,按年汇辑成《烈皇小识》,保留了揭发官僚贿赂的诸多"原始材料"。书中记载崇祯三年,后金兵入犯永平(今卢龙县,属唐山地区),乡官白养粹降敌。督师孙承宗命辽东明将祖大寿(此人后降清)、马世龙退敌。收复永平后,"叛人白养粹已死,其母尚在,张春先至,尽封所有而出,绝无染指。世龙则尽取其所有。大寿至,遂将白母用极刑,乃尽出其窖藏,盖几百万云"。河北的一个乡官(退休官僚),窖藏白银达几百万两,由此推想全国官吏聚敛的总数会有多么大!弗兰克不理解"国富"、官富不等于民富。在此情景下,普通百姓能捧些小银子过过手气,就算阔的了——保不定今天在手,明天还得交进官府(明末赋税是要交白银的)。

各书记载,都对京城勋戚、官僚的贪财吝财以及种种媚态,极尽暴露讥讽的能事。例如对大顺长官将士使用贿赂旧技,多有送金银珠宝的,甚至也有送婢女或以婢女冒充女儿上门的,无耻至极。清朝康熙年间计六奇汇编的《明季北略》,因收录杂芜、考辨不精,史家使用常取谨慎态度。其中收录有宋献策、李岩两人的长篇对话,我估计是落第文人借宋、李之酒,浇自己心中的愤懑,显属编造,却点出了大明政治与白银贪婪的关联。大

---

[1] 杨士聪文内又云:户部银数,外解银不及40万两,捐助20万两。若此,户部历年积存已为战争掏空,上年度的财政应收款3000余万两,解京只及零头。但刘尚友《定思小记》则说海内应解"京银两"岁2000万两(其余则解往规定地区),到户部仅200万两,似较合情理。

意是:李岩问明朝经科举选官入政坛非常不易,"何以国家有事,报效之人不多见也?"宋献策的解释,大明天下,满朝公卿,哪个不是坐享荣华富贵,年薪丰厚,怎么肯随便舍弃?刚考上的,会说"我功名实非容易,二十年灯窗辛苦,才博得一纱帽上顶。一事未成,焉有即死之理"?老官僚则认为"我官居极品,亦非容易。二十年仕途小心,方得到这地位,大臣非止一人,我即独死无益"。因此宋献策总结说:他们每个人都认为"功名"是自家辛苦挣得来的,各处和各个环节都得花费白银,子母相权,赢利至上,弃旧事新,把忠义二字抛到九霄云外,是毫不足怪的。

以上所述,足以说明社会实情与弗兰克等人的想象大相径庭。在明代,白银滚滚,并没有显著改善民众的生活;白银的诱惑,倒是极大地刺激了当权者的贪欲——要知道,白银不只具有资本流通的作用,更有易于贮藏的功能。因此,在白银时代,官僚层的贪婪,是实物经济时代所无法比拟的。明中期以来廷臣间无休止的争斗,以及亡国前后投降失节之风的极盛,都与白银的诱惑不无关联。后者在甲申变故中暴露得淋漓尽致,前一种情景,则可援引周延儒事为证。周被崇祯帝罢归后,于十四年再度出山,任内阁首辅,就是由复社张溥、吴昌时等人集资6万两白银,贿通亲信内监办成的。事后证明复社此举愚蠢至极。周延儒以及与周勾搭成奸的一些人,"表里为奸,无所不至,赃证累累,万目共见",最终在京城陷落前一年,被崇祯帝因"交通内监"无情诛戮,复社亦蒙受污秽。[1]总之,白银的权力化,权力的白银化,从明中叶开始直到清亡,除顺治朝、康熙前期和雍正一朝稍有收敛外,贪污贿赂的规模是一波比一波扩大,官场腐败,人心不古,吏治每况而愈下。明清官绅消费奢靡成风,"春风熏得游人醉",自然觉察不到岩浆的"地下运动",突然井喷,悬崖勒马也就来不及了。

文秉描述编写《烈皇小识》的心情是"悲愤填膺,扼吭欲绝,涕泗滂沱,几执笔而不能下",发问道:"天乎,人乎,岂气运使然乎?"其实,凡说到明亡的原委,明末清初人必追问"殆由天运,抑或人谋所致",困惑不解,

---

[1] 事详文秉《烈皇小识》卷七,谓"庶吉士张溥、礼部员外郎吴昌时为之经营,涿州冯铨、河南侯恂、桐城阮大铖等分任一股,每股银万金,共费六万两,始得再召"。并参夏允彝《幸存录》、陆世仪《复社纪略》两书。

非文秉独然。[1]

现代人往往指"天运"为迷信、愚蠢,不屑一顾。今天我要为这一说法"翻案"。明清易代的原因,可以罗列几十款,款款都找得到证据;但若强行证伪,每一款都很难单独成立。然而,还有一种因素长期被忽略,或者说意识不那么强烈,那就是:在明代的中后期,东亚大陆适逢称为"小冰河"的自然灾变周期,从中国到朝鲜普遍受灾,西北与中原尤为严重。正是这一"天变"的因素,把所有的矛盾都集中在一起,中国政坛才最终演绎出百年一遇的"火山爆发"。

最近韩国学者朴根必、李镐澈在我国《古今农业》上发表了题为"《丙子日记》(1636—1640)时代的气候与农业"的论文,指出"17世纪的东亚通常被称为近代前夜的危机时代,即所谓的寒冷期(小冰河时期)",这种灾害性的气象危机,因有《丙子日记》的发现,在朝鲜境内已经得到确证。我国中央气象局科学研究院编著出版的《中国近五百年旱涝分布图》以及相关论文集刊,也证实1470年至1644年为我国旱灾严重(且旱涝互生)的历史时段,其中全国性大范围有旱象的年份为18年。[2]现在看来,由于气象史专家搜索的历史资料不全,实际情况远比他们已经调查的要严重得多。河南商丘人郑廉在清初著有《豫变纪略》一书,因对农民战争期间河南省情熟悉,记载详尽,在明清易代诸书中具有独特的地位。他对河南全省灾害,作了详细的统计年表,阅后触目惊心,摘录于下:

崇祯三年　　旱。

四年　　　　旱。

五年　　　　大旱。

六年　　　　郑州大水,黄河冰坚如石。

―――――――

〔1〕 佚名:《明亡述略》,文内曰:"呜呼!天之厌明久矣,其兴可复望哉?使得贤主建国,君臣同心,无蹈前代之辙,江以南犹不能长保,况承以淫昏之人,欲苟延其祚得乎?"这是连南明之事都说透了。文附于《崇祯长编》本后,"中国历史研究资料丛书"版。

〔2〕《中国近五百年旱涝分布图集》,地图出版社,1981年版;《气象科学技术集刊(气象与旱涝)》,科学出版社,1983年版。

七年	夏旱蝗。
八年	夏旱蝗,怀庆黄河冰。
九年	夏旱蝗,秋开封商丘大水。
十年	夏大蝗,闰四月山西大雪。
十一年	大旱蝗,赤地千里。
十二年	大旱蝗,沁水竭。
十三年	大旱蝗,上蔡地裂,洛阳地震,斗米千钱,人相食。
十四年	二月起大饥疫,夏大蝗,飞蝗食小麦如割。
十五年	怀庆地震,九月开封黄河决。

《豫变纪略》还抄录了吕维祺给朝廷奏折的全文。吕氏曾任兵部尚书,退休在家,目击河南灾情严重、备受征派增饷之苦,不吐不快。奏疏写于崇祯七年,字字沥血,不忍卒读:

> 盖数年来,臣乡无岁不苦荒,无月不苦兵,无日不苦轸输。庚午(崇祯三年)旱;辛未旱;壬申大旱。野无青草,十室九空。于是有斗米千钱者;有采草根木叶充饥者;有夫弃其妻、父弃其子者;有自缢空林、甘填沟壑者;有鹑衣菜色而行乞者;有泥门担簦而逃者;有骨肉相残食者。兼以流寇之所焚杀,土寇之所劫掠,而且有矿徒之煽乱,而且有防河之警扰,而且尽追数年之旧逋,而且先编三分之预征,而且连索久逋额外抛荒之补禄……村无吠犬,尚敲催征之门;树有啼鹃,尽洒鞭扑之血。黄埃赤地,乡乡几断人烟;白骨青磷,夜夜似闻鬼哭。欲使穷民之不化为盗,不可得也;使奸民之不望贼而附,不可得也;欲使富之不率而贫,良之不率而奸,不可得也。[1]

易代之际弃官返乡的宋应星,除所著《天工开物》向为学人推崇外,尚有刻于崇祯末的政论著作《野议》。他是预感到危机逼近的晚明"醒人"

---

[1] 郑廉:《豫变纪略》,浙江古籍出版社,1984年版。

之一。在该书《民财议》一文里,点出了"民穷财尽"的时代要害,也说到了多年灾荒对北方农业生产的影响,亦转录于下:

> 普天之下,"民穷财尽"四字,蹙额转相告语……其谓九边为中国之壑,而奴虏又为九边之壑,此指白金一物而言耳。
>
> 财之为言,乃通指百货,非专言阿堵也。今天下何尝少白金哉!所少者,田之五谷、山林之木、墙下之桑、洿池之鱼耳。有饶数物者于此,白镪黄金可以疾呼而至,腰缠箧盛而来贸者,必相踵也。今天下生齿所聚者,惟三吴、八闽,则人浮于土,土无旷荒。其他经行日中,弥望二三十里,而无寸木之阴可以休息者,举目皆是。生人有不困,流寇有不炽者?所以至此者,蚩蚩之民何罪焉![1]

这一轮"小冰河期",综合南北方志的记载,灾变的前兆可追溯至嘉靖前期,万历十三年(1585年)开始变得明显,但时起时伏,崇祯一朝才达到灾变的高峰,收尾一直要拖到康熙二十六年(1687年),态势呈倒U形。[2]魏斐德《洪业》开篇就注意到了自然灾害对当时中国社会和政局的影响,援引埃尔文的统计,1585—1645年,中国人口可能减少40%。[3]但从整个周期看,不是自然灾变立即就会引发社会动乱;清初顺治朝和康熙前期,尽管仍处于灾变期内,社会秩序却在逐渐修复之中,两者的关系绝非完全重叠"同一"。

呜呼,说不尽的明清易代种种历史原委!面对偶然、必然的哲学难题,甲申之际的各种人,都表现出一种迷惘:说完全是天变所致,是也不是;否则"谋事在人",又怎么说?难道混沌的历史,真像先哲王夫之在《读通鉴论》里所说,有一种神秘的综合力量在主宰,它叫作"气运"?那

---

[1] 宋应星:《野议》,载《宋应星佚著四种》,上海人民出版社,1976年版。
[2] 这一灾变在江南也有明显的反映。笔者据《杨园先生全集》《阅世编》《历年记》《补农书》,参《松江府志》《嘉兴府志》以及《启祯闻见录》《李煦奏折》等资料,作过年表汇总,证明周期变化也与文内所列时间范围对应。将另文叙述。
[3] 魏斐德:《洪业》"导言",第8页。

么,"气"是什么,"运"又是怎样产生的呢?

王夫之说"气运",概念演绎得有点神秘,但反复读《读通鉴论》就知底了,老先生其实还是得从"人气""民心"上去发挥。每当王朝中后期,总会有神经过敏的知识分子凭感觉跳出来,大叫世风日下,国运不济,实际上却是:什么都可能发生,也可能什么都不发生。但有一点没有疑问,"生于忧患,死于安乐"。有忧患意识,意识到危机,说明还有希望。凡属王朝灭亡,都是麻木不仁,听不得危言耸听的警告,结果什么毛病都改不了,天灾人祸一起奔来。天灾可能造成经济恐慌,若无人祸烈火浇油,"天崩地裂"也是可以避免的。

六、时间、空间与经济理性
——《大学中国史》序论

历史是什么?讲故事,讲过去的经历。这本书讲的不是一个人的故事,是全体中国人的故事,1840年以前中国人经历过的许多事情。

许多中学生觉得历史要死记硬背,不喜欢。准确地说,他们感到厌烦的不是历史本身,而是那种上课读课文、考试背答案的历史课。教师和学生又常常发现标准答案不"标准",围绕高考试卷提出异议的每年都有。我多次建议中学的历史课程取消期末书面考试,而通过平时经常进行课堂讨论来考核,不要让老师和学生戴着镣铐跳舞。想不到这一建议刚启口,连历史课老师都不乐意了。他们说:这么一来,中考、高考的次等地位都没有了,谁还来理睬历史课?我无言了。但是,我至今不悔,仍然坚持历史课如果能从教学内容到教学方法进行一些有效的改革,就不信跌宕起伏、故事连篇的历史,不能吸引求知欲和好奇心都很强的初、高中学生。55年前,我考大学选择历史专业,就是受高中老师的影响。老师姓刘,苏州人,每次上课都乘火车赶来昆山,大概是学校特聘来的。矮矮胖胖,对学生很和气。每次上课,先让大家打开课本,用红笔把重点、要点标好,叫我们回去背熟，好应付考试。20分钟过后，开始选择课本里的内容讲故事，"天马行空"，有点苏州"评话"的风味，学生听得忘乎所以。下课铃响，老师掉头走时，我们还没有回过神来。一次，讲法国大革命攻占巴士底狱，破例地给我们唱了"马赛曲"。男中音，音色醇厚，余音绕梁。一堂课影响甚至可以说改变了我一生。后来，我一直向人推荐这一聪明的权变——既顾全了"教学要求"，又传递了历史动人的魅力。

怎样读历史才能有滋有味？专门家谈过各种各样的经验。我比较欣赏那个叫卡尔的英国人的说法：历史，是读历史的人与历史事实永无休止的对话，是现在与过去从不间断的问答。

对由中学升入大学的你们，下面的劝告或许有些"另类"，这就是：若为学分、为考试而读历史，享受不到智力锻炼的兴味，不如不去选修历史课。为什么不能尝试用另一种生动的方式，像读小说、听故事那样地去接近历史事实，把自己的经历和思想放进去，自然自在地生发出许多感受与联想，改进和完善自己的思维方法，体会一下什么叫"读史使人明智"？

历史的功能有层次深浅之分。业余喜欢历史的人实在不少。我在医院结识了一位在医药与临床结合上极有成就的著名教授，闲谈中，他对我说："不学历史，不能做人。"他的话令我很感动，真觉得"人生得一知己足矣"。也有另外一类人，停留在浅层次的"古为今用"，例如做官的看以前如何做官，经商的看以前如何经商。一些人争着阅读高阳写的慈禧太后、红顶商人（胡雪岩），但真正有大收获的甚少。因为他们抱有太强的实用主义目的，专注于配自己胃口的细枝末节，一味揣摩模仿，而对历史大局缺乏应有的敏感与合格的认知度。

中国历史不是一泓清澈的泉水。它像滚滚东去的长江黄河，夹带泥沙俱下，奔流到海不复回；又像浩渺无垠的太平洋，水面波浪起伏，海底深不可测。没有长远的历史眼光，缺乏沉潜探底的功夫，不容易参透历史的真正奥秘。有些人把历史学歪了，热衷于成王败寇的"历史经验"，不走正路，而醉心于歪门邪道。例如那首传唱一时的"我真的还想再活五百年"的电视剧片头曲，激情万分地宣扬推崇帝王心理，传播了十分错误的历史观。诸如此类形象生动、深入人心的"历史"，无疑助长了某些人贪恋官位和权力的灰暗心理,以致为恶性"竞争"、打败对方而丧失理智,直至动刀动枪。这些人只顾膨胀个人意志,就是不肯下功夫好好体会:决定社会走向、掌握人们命运的,是历史的"合力",即由大众力量综合形成的历史趋势。他们的自作聪明,就像当年司马迁批评楚霸王项羽所说的,"自矜功伐,奋其私智……乃引天亡我也,非用兵之罪也,岂不谬哉"!

什么叫"参透历史奥秘"?"历史"最初靠代代口耳相传,用以保存祖辈人与事的记忆,以求"不坠祖业",因此难以做到超越。到后来,先进者的眼光高一层,想从人与事的众多经历里寻找一些看待和处理人事的根本道理,使后代比祖辈有更多的智慧,至少也学得更聪明些。司马迁的"究天人之际,通古今之变"(《史记》),王夫之的气运学说(《读通鉴论》),都属于古代超凡脱俗、壁立千仞的代表。这样的史学眼光在古代虽属罕见,但已经敏感到一连串"短时段"历史通贯起来,能够透视出"长时段"所蕴含的大道理,里面包藏有关人性世道与民族兴亡的许多哲理。从这个意义上我们也可以说,西人的所谓"长时段"理论,在中国古代先进者那里曾经用自己的语言方式思考并表述过。

从长时段看历史,对编纂历史教材是个高远的目标。需要在讲清人与事的基础上,进一步提高升华,会聚各个方面的事实及其变化,给出各个时期的历史总体格局以及变化发展的趋势,方能有望逐渐接近峰顶。前者是综合形成的整体感,后者是通贯前后的历史脉络。要把这两个要求落到实处、讲到点子上,有极高的难度。就像是中国足球,临门一脚,不是放炮飞天,便是偏出门框,所以,一说出来,挨批评、被嘲笑是经常有的事。

现在借着写"序论"的机会,以身试法,说说我这个老朽多年阅读历史品尝出来的一些味道。绝不是要大家全部接受我所表达的思想观点;相反,若是你对这些说法有疑问或不满意,我会从心底里感到高兴——你也读出自己的味道来了!

空间:活跃的历史大舞台

研究历史的人喜好寻根索源,摸清来龙去脉,从历史的尘埃里设法打捞起各种情节,尽力拼合,复原在时空中已经消逝的先人活动轨迹。混迹当下,不能瞻前顾后;计较结果,不能用心检讨过程,都属于世俗浮浅一类。历史教育要用自己的资源优势,努力帮助人们摆脱世俗心态,学会理智冷静地看待世事人情。

追溯中国历史,劈头第一问是:中国人从哪里来? 教材以"中国境内的远古人类"开篇,引证考古统计材料说:至20世纪90年代末,在中国境内发现的直立人化石和遗址有22处,智人化石和遗址为59处。晚期智人已经十分接近现代人,他们的化石和遗址遍布于东西南北许多省份。中国境内有着一个独特的古人类演化进程。

细心的读者不难发现:教材没有深入下去,具体交代中国境内各地发现的古人类,有哪些是前后相承或相互关联,有哪些则是各自独立生存发展的? 有没有一个共同的古人类始祖? 有个学生非常聪明,狡黠地问我:"北京人"是"巫山人"或"元谋人"经过一百多万年慢慢跑到北京来落户的吗? 距今18000年周口店居住的"智人",是"北京直立人"进化变过来,还是从别处搬来的另一支? 中国"现代人"是否都是"山顶洞人"一脉相传的后裔,或者各地的"现代人"都起源于当地的"直立人",例如安徽"现代人"的始祖是"和县人"吗?

天下没有问不倒的老师。史学大师顾颉刚先生从母亲非正规的历史教育里养成了一种习惯——"打破砂锅问到底"。这位学生无意之中接过衣钵,甩出了至今还没有能力完全破题的中国人与中国史的初始之谜。

从人类学得到的知识,我们目前只知道从几百万年至几十万年前,古人类受自身能力和生态环境的双重制约,生存下来的艰难程度远远超出现代人的想象。考古迹象表明,在亚洲和非洲,有些古人类抵御不了灭绝的威胁而从历史上消失了,有些则是采取"大搬家"的方式,翻山越岭,长途跋涉,寻找到新的空间,重图生存和发展。空间大流动的严峻考验增强了他们的发展能力,也使他们付出过沉重的代价;考古线索上的缺环和空白,背后可能隐藏着不少惨烈的故事。因此,有越来越多的科学家相信,古人类漫长的进化过程,并非采取类似亚当、夏娃故事或女娲、伏羲交合图那样暗示的单一起源形式,走的是多元、多线、多样发展的道路。中间充满了此起彼伏、交错发展以及相互融合的曲折情节,不少模糊空缺的环节只能等待更多的考古发现来充实填补。

大约到距今一万年农业起源以后,中华文明早期历史的面貌相对变得清晰起来。十分丰富的新石器考古发现揭示出中国境内文明起源呈现满天星斗、八方雄起、方邦林立、天下万国的壮观场面,东西南北各地域文化色彩斑斓,风格各异,互有短长。至此,中华文明多中心起源的论点终于得到了学界多数人的认同。

上面展示的是静态的平面格局,动态的变化更耐人寻味。在各个地域,氏族部落间不断发生分化与聚合的双重运动,出现过不同规模的中心型方邦,超地域的流动更是促成了不同文化间的融合,悲欢离合,故事不断。极盛一时的良渚文化,大约在距今四五千年突然消失,形成某种考古文化的断层(后继的马桥文化较之落后)。然而,良渚文化的"因子"却在苏北、安徽、山东存活,并融入了当地文化之中。红山文化曾因发现"中国蒙娜丽莎"的女神像和神庙名闻中外,大约也是在良渚文化消失的同时在西辽河流域失踪。有研究者称:红山文化先民群体向外流动,大致有三个走向:有一支沿"医巫闾山"(今辽宁锦州闾山)进入辽东半岛;另一支顺大兴安岭余脉越过蒙古草原进入现俄国贝加尔湖以东的远东南部;主体部分则通过河北逐步进入河南,经过相当长时间与中原诸多文化的碰撞、交融,最后成为先商文化的重要构成部分。

某些地域远古文化的突然消失,原因目前还不能完全确定。主要有两种猜测:一是"繁盛"过头,方邦首领和部族贵族的奢华超出了当时生产力水平所能承受的限度,引起内乱或战争;一是自然灾变不可抗拒,例如"海浸"、洪水、地震或气候异常等。我认为,内乱与战争的诱因,还可能包含有生物资源枯竭的因素,如采集渔猎资源急剧减少,地力衰竭(原始农业),由此引发饥荒性的群体骚动与相互争夺。文化的空间转移有主动与被动两种形式,良渚文化似属后者(突如其来的海浸,只有少数幸存者逃逸转移),而红山文化更像是前者(发生群体性骚乱,撤离原地,各奔前程)。在动态变化中,凡是能主动应对生存挑战的,就会在空间运动中博取新的生命能量,变得更为坚强。上古时代强悍的部族大凡都经历过长期迁徙并合的奋斗史,由此在众多的部族中占据领先的地位。商族和周族都是经历了这样的磨炼,终于崛起称雄。

在这个"战争与和平"不断交替、居地动荡不定的漫长岁月里,留下来的传说多聚焦于黄帝、炎帝、蚩尤、共工、三苗等部族间的战争胜负上。深一层次的提问应该是:在部族兴亡背后,决定性的因素有哪些?我以为主要是两大要素:生态与经济。摆脱采集、渔猎结合的有限食物供给方式,发展出农耕与家畜饲养结合、食物供给较为持续稳定的新经济,是中国文明史上的第一个重大事件。一些氏族、部落从森林走出,先后经历山前台地、河谷至大河流域的流徙,永不停步地进行空间大流动,最后来到适宜于锄耕农业开发的良好生态环境里。而那些在不同阶段止步不前的,则成了时代的"落伍者",逐渐淡出历史,不被人注意,成为边缘人物,即被前者称为"蛮夷"。气候温暖湿润、黄土沃壤覆盖的渭河、汾河、伊洛平原,即人们通常所说的"中原"地带,吸引了东西南北一些勇敢的部族纷纷先后进入。于是世界人类学上的一条定律在这里得到了应验:凡是部族混合杂处与相互冲突最活跃的地区,多种文化碰撞、融合内容最丰富的地区,历史发展的速度总是最快,也最具活力。因此,我认为在文明与国家产生的初始阶段,中原已经成为全国最先进的地区,长江流域屈居其后。这里正是中国多种文化融合的核心地区,雪球将越滚越大,并为最终形成"多元一体"的中华文化奠定了坚实的基础。

先是"多中心",后来又怎么会走向"大一统"的呢?距今一万年到四五千年间,在这个被我们称之为"部族时代"的几千年里,最重大的事件,莫过于上面所说的,众多部族通过空间的大流动,由接触、冲突、兼并、交融等多种形式产生更高级的"共同体"整合。虽然在各个地域出现过规模不等的方邦联盟,多由强者兼并其他方邦或部落而成,成为某一地域的"中心王国"(浙江余杭"良渚古国宫殿"、辽宁朝阳"牛河梁积石冢群"以及四川"三星堆遗址"都释放出这样的信息),我称之为"小统",但只在中原地区出现了更高一级的"中统"(商、周王国),并且最后在这里成功实现了由"小统"、"中统"向"大一统"的转变。

有直接文字记载确证的王国是商与周。大量甲骨文的释读使商史成为世界公认的文明信史。商、周都是有久远历史渊源的古老部族,从东、西两个不同方向先后"入主"中原。在商王国(自称"天邑商")全盛时代,周是属于商方邦部族联盟中的一个西陲"属邦",自谦"小邦周",后期与商的关系逐渐恶化。

从部族分合聚散的历史运动的连续性来看,西周取代殷商,是中原"共同体"核心的一次重大转移。当孔子说出夏商周三代的文化是相递"损益"时,可能没有想到他正在表达一种深刻的历史理念——只有把历史放在长时段里加以考察,才能对中华文化既连续又变革的发展特点具有真切的体验。商周易代相替,并非只是简单的"天下共主"地位转移,更为重要的是,多元文化在冲撞交融过程中爆发出巨大的能量,推动了重大变革的产生。良好的文化交融往往具有提升创造的"化学"效果,一加一大于二。如果说周王国实施"存亡国、继绝世"的政治策略(如"分封"焦、祝、蓟、陈、杞、宋等小国诸侯),具有容纳保存先前各类部族文化传统的宽大胸怀,那么比较完备的礼仪制度与宗法制度的设置,就是升华部族文化的内涵,把它提高到一个全新的文明境界。无论"礼仪"或"宗族"的一些内容,都起源于早先氏族、部族文化的古老习俗,不是无源之水。周公的创造性,在于他用敬天保民的"重德"观念作为指导思想,建立起有等级层次的社会制度与有严格操作性的行为规范体系。我认为,对周公以"德"为中心的思想体系,放在漫长的文化演进过程里,无论给予怎样高的评价都不算为过——褪去和革除的是"野蛮"的习俗与"酋长"的霸道,新创的是文明治国与国王应该接受道德制约的先进理念,为中华文明做出了奠基性的贡献。在以农业为主体的古代中国,经济的持续发展,必须依靠安定平稳的社会环境,以及社会成员间行为的节制协调。周公创制的意识形态满足了上述两个基本要求,怪不得身处乱世的孔子会以不再能梦见周公为莫大的遗憾和悲哀!

继殷商与西周两次强化与完备,历时800余年,成熟的宗法旧制度越过巅峰而开始下坠,再经春秋战国"乱世"的竞争,逐渐孕育出新的郡县制度。秦始皇作为"大一统"的皇帝,也就瓜熟蒂落地出现于中国大地,政制完成重大转型,开出"帝国"历史新阶段。

写到这里,我想到了"综合国力"这一概念的颇多玄妙,不是望文生义地可以用数字相加或相减来计算的。过去常说秦统一六国是"落后战胜先进",这是受了所谓"秦始小国僻远,诸夏宾(摈)之","秦与戎翟同俗,有虎狼之心"一类敌国傲慢偏见的影响,掉进了六国"心战"的圈套里。但掉过头来改说:秦国赢得"大一统"的胜利,是靠军事、外交、经济、文化、民心的综合实力占优,恐怕质疑的声音会更多。

文化的先进与落后,从来都是相对而言的;而各种文化互有短长,却是绝对的。三晋(韩、赵、魏)与齐、鲁,当时都以先进者自居。齐、鲁保存正宗周公文化最为虔诚,有众多"吾道一以贯之"的学术"守园人"。三晋宗法贵族则多沉溺于权力争夺与生活享受,对意识形态的信仰已被利欲污染而趋弱化;政坛失意的边缘人则转而攻乎异端,另创法家学说,实质是利欲熏心的另一种表现。地旷人稀、与"戎翟蛮夷"杂处的秦、楚,在西周文化覆盖下,处于被边缘化的角色,保留有较多"蛮夷之风",勇武豪放,风格自异。秦较之楚"野性"更为浓烈,"虎狼"之讥专指秦国治道与民风的"落后",却未涉及楚国。因此,当我们在说到文化的交融与统一的时候,千万不要遗漏了文化的多样性与文化在空间上发生的差异。差异可能产生冲突,但差异也可以产生出比较与互补的效果,冲突又往往是促进这种比较与互补的"压迫性"动力。没有这种"压迫",任何一种文化都会因停滞凝固而丧失更新的活力。

秦族历史同样久远,后又居于周族故地,多受西周文化的陶冶,中原"诸夏"将其排斥在外是没有道理的。但在气质上,秦族保留有不少旧习俗,周公的"宗法制"未能深入其地,因此身上带有明显的"戎翟"一类游牧部族的"野性"。"野"相对于"文",说好听点是进取心强,习于变动,不安分;往坏处贬就叫作"虎狼之心",喜好对外劫取掠夺。进取心上升的秦,相对于自满自负的六国,更有发展活力,表现在引进人才、文化开放方面则较少心理障碍。引进的重心倾向于功利主义法家,对儒家无有多大兴趣,也合乎其"国情"。战国纷争,强者胜,弱者亡,讲究的是实力与智力的结合。当时打仗,一靠武器精锐,二靠粮食充足,三靠士兵"勇于公战"(外交需靠实力做底才有效果)。以军功奖励农地开垦,即能一箭双雕,兼收耕战之利。这一带有战略意义的政策设计,源出于三晋法家思想。谁能把这一思想落实到举国体制上,谁就占领了制胜的战略高地。所谓秦国"阻山带河,四塞之国",关中有利的地形只是说明六国攻入秦地不易,却不能解释秦人最终"振长策而御宇内","履至尊而制六合"。秦人之得"势",其根本不在地势,而在对事势变动关键点的把握:耕战政策实施坚决,士气旺盛,故而所向无敌。总之,秦统一六国绝非仅靠"蛮力",贾谊《过秦论》有比较全面的总结,不可不读。

部族时代就开始崇尚"民惟邦本,本固邦宁",西汉初流行"治国之本,务在安民",权力的稳固需要以"安""宁"的社会环境作为保障,或"野"或"文"的统治者都懂得这个大道理。秦帝国经济政策服从这种政治需要,强调农为本、商为末,把稳定农业和农民放在第一位。至今犹在的秦始皇琅邪山刻石上写得分明:"上农除末,黔首是富",堪称两千年帝国揭幕后的"一号文件",看不到儒法对立的色彩。西汉士人指责秦始皇言不由衷,背仁义之道而行。这批评没有错,秦朝的致命性错误确实是因大胜利冲昏小头脑,对实现统一后亟须抚众"安民"的重要性缺乏足够认识,迁徙六国豪富与民众,大兴土木,"力役三十倍于古",树敌众多,扰民不息,终致吞食了"一夫作难而七庙隳"的苦果。汉初实施"休养生息"实是受益于前朝覆亡教训,做得还算比较认真。然而,遍读"帝国"全史,得到的感觉多少有些异样:"休养生息"真正得到切实贯彻的时间都不会太长。从刘邦称帝到武帝即位大约有65年,其中近30年的"文景之治",史称"轻徭薄赋,与民休息",被推为历史典范。其实就在文帝"休养生息"执行之初,晁错的内心是悲观的:"今法律贱商人,商人已富贵矣;尊农夫,农夫已贫贱矣。"到董仲舒"民无立锥之地"的泣诉,"盐铁会议"上桑弘羊们赢得胜利,从两个不同的侧面等于宣布"重农抑商"政策终告失败。对后者,或许有人会质问:这难道不是抑商达到极端的标志性事件?读书多的人知道历史上常有"正论反读"的现象:凡叫喊抑商声音越响,越是表明商人的暴富已经达到高峰,连统治高层都不能再容忍了,结果是"以商制商",捉襟见肘。这样算来,西汉统治200年,满打满算执行"休养生息"的时间远低于1/3。下一个"减轻赋役、与民休息"的典范是"贞观之治",言行集中在《贞观政要》一书里,翻版古人思想,少有新意。"贞观之治"虎头蛇尾,总计23年,占近300年唐史不足1/10的时间;如果把"开元之治"等勉强连上,最多也不会超过1/3。此后,宋、元、明三朝都没有出现算得上正宗的"某某盛世","休养生息、轻徭薄赋"只是一纸空文;清朝的"康乾盛世",与文景、贞观之治风味全然不同。由此可知,农业的特点是需要安定的环境,统治者的意识形态也反复强调稳定的重要性,然而"休养生息"却可求而不易得,历朝历代的农业多数是在不稳定的状态里才艰难寻觅到一个又一个发展转机。这是一个常被人忽视,却很值得深究的中国历史悖论。

20世纪曾经流行有"中国封建社会长期停滞"的说法。"停滞"之说,在哲学上不成立。无论个体生命还是社会生命,变动是绝对的,"大化流行,生生不息",静态的"停滞"等于死亡,还能有历史的延续吗? 人,年轻时生病少,即有病痛恢复得也快。至年迈体衰,病痛不断,每况愈下,"日暮途穷",终有一死。每个王朝的命运也类似于此,但作为王朝寄生的社会超有机体,则不同于生命个体。个体逃不出"生老病死"的生理规律,社会超有机体则可以通过人的努力越过生死界限,不断调整,不断改善,不断转型。帝国时代的"政治病"不少,如君主昏庸,政治腐败,内争频繁,等等;"经济病"不轻,如赋役繁重苛细,政府财政大幅超支,土地流转兼并剧烈,统治层奢靡挥霍,贫富悬殊不公,等等;社会生态的种种病患,遇上自然生态的灾变,雪上加霜,王朝休克。生即死,死即生,老庄说的哲理放在社会变动上就是空间的转移。某姓王朝灭亡,另一姓杀入京都,"新桃换旧符",王朝体制的生命延续。汉人统治没有生气,近乎僵死,被贬为"蛮夷"的周边民族活跃起来,"入主中原",再现多元一体。真所谓"东方不亮西方亮,黑了南方有北方"。历史上王朝都城也是变动不居的,趋势逐渐自西向东、再向北转移;关中衰落,洛阳代之,再转至开封,最后落脚于北京。经济发达地区则先是由西向东,而后由北向南大转移。后者始自三国,历经东晋南北朝、五代十国,至两宋,经济中心南移的大变局完成,东南地区成为国家财赋征收的重地。各式各样的空间转移,类同于社会有机体的肺部运动,借一呼一吸以吐故纳新,用新的发展弥补旧有的不发展。靠了"大一统"提供的特有空间优势,历史在运动中永不会终结,不论灾难有多么严重,中国社会都能周旋于巨大的空间里,新陈代谢,起死回生,中国人的生命力是坚韧的。

"变"是历史永恒的主题。就说现实生活里的地域歧视、种族歧视、族群歧视乃至职业歧视,通过各种途径污染我们的视觉和听觉,泄露的是知识的浅薄与人格的缺损。何谓"知识浅薄"?因为压根儿不知道这些东西都是"历史形成的",活跃在不断变化的时空之中,绝非从来如此,也非从此不变。

追溯古人类以来,世界上所有民族都经历过长时段时空的转换,经历过交往接触、冲突兼并、交融整合等等大悲大喜,纯而又纯的所谓"血统论"是虚构的。以中华民族人口最多的"汉族"来说,即使在"大一统"之后,多源融合的过程仍在进行之中。明清以前,战乱大多肇始于政治中心所在的中原,人口大迁徙运动的主要方向是由北向南。不妨以今天著名的东南"客家人"为例。今天的"客家人"多认同自己是来自河南,始于西晋灭亡,北方大乱,中原民众大量南下。其时北人南下有三个方向,江淮是其中的一个大站,在该地区形成了由北方通语与吴地方言混合形成的"金陵话",为"客家方言"的初源。这次移民运动到唐代稳定期暂时"休止"。南迁的第二浪潮发生于唐末五代,"黄巢之乱"、五代军阀混战,江淮残破,民众再度大量南下逃亡,进入闽、粤、赣三省边界的三角地带,"金陵话"再与当地语言融合,初步形成"客家方言",揭开了"客家"立足于南方三省的历史序幕。宋元之际的战乱又发生过一次东南地区的内部移民运动,福建移民大量进入遭受严重破坏的粤东、粤北人口稀少地带,与当地居住的畲、瑶等族融合。鉴于"主客"矛盾尖锐,"客家"的观念被逐渐强化成一种"族群"意识,大概完成于清前期。此外,由北向南的移民落脚于四川、湖广、云贵者也不少。

中国历史的一个特点,就是所有的变化都是连续中的变化,变中有不变。就拿"客家"为代表的东南移民来说,时势逼着他们从平原一步一步地退入山区,但仍以农业为主,甚至比平原民众更"农业"(受生态条件限制,更具封闭性,商品经济不活跃,全靠小块坡地为生),生活方式无大变。"不变"更突出地反映在文化上的"中原认同"。这正好印证前面所说的,自进入文明时代,中原是"中国"的中心,即使在经济重心南移之后,文化中心的地位没有动摇。这种文化稳固的特点可以超越地缘的差别,深层的原因就在"中原"所创造的文化普适于农业的中国,或者说自战国以来形成的多源文化及其整合的中心地始终在中原。这种文化普适于"大一统"农业中国的民众心理需求,只要农业社会的特点还在,就有扎根于地气的生命力。按这样的思路,也就比较容易解释辽、金、元、清"入主中国"后仍然坚持以汉族文化为核心的意识形态(旧称"汉化"),清代比其他人还做得更有成绩。

我们再反观北方地区。北部地区长期处于农业民族与游牧民族毗邻状态,导致军事性冲突频繁发生,乃至有长达300年的混乱与分裂。坏事也会变为好事。秦汉时期的匈奴、西晋末期的"五胡",凡是南下进入"中原"地区的,最后都在文献视野内基本消失,与原住民不断交错杂居,直至变为与汉人无异的农业民众。陈寅恪先生由隋唐制度渊源考证获得具有中国特色的人类学创见,为大唐文化的繁荣提供了"动力"来源与历史根据。细看唐太宗的一幅画像,脸部有鲜明的"胡汉融合"特征,不必怀疑在他身上流有鲜卑人的血液。而"贞观气象"因民族融合获得活跃的生命力,挣脱了西晋以来汉族统治层萎靡沉沦的宿习,一变而为进取与开放。到了明清时代,又产生了一种与过去"由北向南"反方向的空间移民。学者赵世瑜说道:"两千年以来北方民族南下牧马的趋势到18—19世纪时戛然而止,开始另外一种由南向北的移民运动。这种反向运动其实从明中叶就开始了,当时这种方式叫'雁行',主要是山西和陕西北部的老百姓,春天的时候跑到边外去开垦土地,收了粮食赚了钱又返回老家。这种从南到北的浪潮一直持续到清代,西北的广袤区域也成为迁徙的方向。而从当地的档案中可以看出,这种'雁行'的方式逐渐变成一种定居的模式。随着定居,他们把内地中原的文化传统以至很多社会组织形式带到草原,这样经过长时间的融合,才从组织上保证了帝国的版图。"此外山东、河北民众"闯关东"的故事,已为大家熟知,不赘说了。

这里选择耕地拓殖事例再稍加引申,说明移民除战乱"非常事件"外,还有经济方面的动因;经常性的、小规模的移民也在长期起作用。前面所说的早期"多中心",省略去了发展高度不平衡的情节,而选择"满天星斗"作为形容,实际已经包含着耕地稀疏和多有空隙的底色,只是没有点明而已。观察影响农业发展程度的诸要素,可主要归纳为四项:劳动力(人口)、农具、耕作制度(含品种、肥料、灌溉)与耕地,其中人与地的结合是起码的必要条件。尽管我们有理由在中国农业起源很早、精耕细作传统形成于战国、领先于世界等方面大做文章,但从今天中国广阔的领土往前追溯,直到西汉前期,农地开垦比较发达的地区仍然有限,耕地可供进一步开拓的空间十分广阔。中国农业在近两千年里,正是通过一次又一次空间的横向扩展,获得新的发展生机,从而弥补了生产力水平纵向上升缓慢的不足。

从西周分封历春秋战国至西汉前期,在中国耕地第一次拓殖高潮里,黄河中下游的开发成绩最显著,"三河"(河东、河内、河南)与关中最为风光。司马迁称三河地区已经到了"土地狭、民人众"的"临界"状态,而"关中之地于天下三分之一,而人众不过什三,然量其富,什居其六",地位尤在三河之上。广义的中原又称"关东",还包括西周分封后得到迅速开发的齐、鲁,形成沿黄河中下游由西东走的宽阔经济带,是当时中国农业经济最先进的地区。同一时期的南方,在司马迁的笔下,被描述为"江南卑湿,丈夫早夭",基本上处于半开发状态,人口稀少,大部分地区为原始森林所覆盖。

继后的耕地拓殖高潮出现在魏晋南北朝,重心已由黄河流域转向长江流域,所以也可以称之为南方耕地拓殖的第一次高潮。自秦末直到隋初,北方地区遭受到三次大规模的政治军事动乱,其中东汉末到隋统一动乱长达3个半世纪以上,北方经济遭受重创。关中、关东传统农业经历兵燹之灾的破坏,耕地荒芜,迫使北方人口大量流徙。大规模的人口流动沿着三条路线进入巴蜀、湖广与江淮,促成新的三大农业经济区形成,揭开了中国经济重心由南向北转移的序幕。

唐宋为我国黄河流域耕地衰退老化与南方耕地拓殖第二次高潮时期。江南地区借助唐末五代、北宋亡国两次北方动乱,获得进一步开发的契机。这一时期,耕地的拓殖已由长江流域推向珠江、闽江流域,整个南方兴起筑圩田、墟田、湖田、涂田、沙田、畲田等开发风潮。在太湖流域、湖广平原之外,又增加了粤、闽农业经济区。到南宋,中国经济重心南移过程终于得以完成。

明清时期耕地拓殖仍在缓慢发展。虽然南方耕地到两宋时期几乎也到达合理开发临界点的边缘,但由于帝国政府财政向南方倾斜的强压,以及多次人口南迁,造田运动已跳出平原河网地区,向江、湖、海、山要地,拦截水面,砍伐林木,利害相兼,开始付出生态破坏的代价。其中"南方地区"还发生了内部移民流动的过程,例如福建农民向广东、江西、浙江等毗邻地带的移民,江苏北部向南部的移民,规模不等,因时势而异。清代除承接前代耕地遗产外,对东北与新疆地区的开发最有成绩(如东北柳条边内农垦区的垦田数,从顺治到雍正年间,由2.7万顷增至170万顷,拓殖幅度达60余倍之多),但也标志帝国耕地拓殖到了"收官"的阶段。

根据我国现存官方统计,最早的耕地总数是西汉平帝元始二年(公元2年)的57645万亩(已折算为今亩),到清宣统三年(1911年)上升为84048万亩。即使以光绪十三年较高的数据91197万亩计,经过1900年,中国耕地总数仅增长58%,与同时期人口的高速增长极不协调(从公元2年的6000万到1850年的4.3亿,增长600%),人均耕地从14亩急剧减少为2亩左右。

造成这种难堪的结果,有生态条件的限制。尽管中国以农立国,但自然生态提供给我们的可耕地其实并不富裕。依据现代地理学家的统计,我国与欧洲的国土总面积大体相近,但欧洲适宜于农耕的平原面积约为100亿市亩(已经折合),为中国平原面积(12亿)的8.3倍。1979年我国的耕地面积为15亿亩,说明已经包括山地丘陵的利用在内,耕地的开发临近极限。由此逆推,清光绪年间官方数据的9亿亩,大概不算太少。骄傲的精耕细作农业以劳动力密集为前提,人地矛盾尖锐,在没有产生有效宣泄剩余劳动人口通道的情况下,吞食苦涩无比的酸果是"命中注定"的。

当然更必须追究帝国政权在制度与施政方面的种种失误。战争起于人祸,耕地开发过度破坏生态,带来又一种人祸(河南至山东黄泛区盐碱化为最典型事例)。天灾人祸之下,耕地虽然有过多次拓展高潮,但往往一方面耕地在继续拓展,一方面不少耕地却在退化荒芜,有时简直就似大脑不够发达的猴子吃桃,吃一个丢一个,加加减减、进退盈缩下来的总体成绩,就是上面计算的结果:1900年里仅增长58%。

上面概要地回顾了中国耕地拓殖的长期过程,借以说明古代中国历史的空间运动,同时也是农业的空间运动,无农不成中国。但我在这里写出,也还包含有提示国人珍惜耕地"生态空间"的意思,请勿忽略。地球就那么大,耕地的开拓总会有限度,而中国到"帝国时代"结束之前,耕地拓展的"余地"其实已经很小了。作为后代,没有理由把祖先好不容易积累起来的那些"老本"不断扒掉、吃光。现今各地都在圈地造房,将耕地争相浇筑成"水泥房",土壤不可逆地被人欲的不加节制废了"武功",后果堪忧。这可是祖祖辈辈用千年血汗换得来的"命根"啊! "大跃进"的当年,领导要我们这些大学生做"共产主义畅想"梦。犹记得一位同伴突发奇想,说是到那时我们不再需要种粮食,因为已经发明出了"空气面包"。无知梦呓!除非地球不存在,我们要活下去,还是离不开古老的命根:粮食。

时间:变迁不在一朝一夕

"历史时间",比起当下生活中的"时间",两者的单位长度相去不能以道里计。研究历史的人,兴奋点莫过于发现历史进步的时间坐标。然而,回溯走过的漫长历史征程,免不了会感到心酸。凡具有转折意义的重大进步,所需要的"时间单位"每每在千年、百年以上。今人如果修炼不到阅读"历史时间"所需要的足够耐心,想论定功过是非,恐怕"历史"不太会轻易应答"芝麻开门"的请求!

粗粗算一笔历史大账。中国从直立人到现代人的"古人类进化过程"在三四百万年以上。从晚期智人狩猎采集"攫夺经济"转变为农业畜牧"生产经济"的进步过程,花费了一二十万年时间。从部族时代、"万国林立"到大一统郡县制国家成立,前后约一万年(正宗的"封建时代"最多不过三四百年)。从"君主专制"大一统再到民国"共和",花费的时间达两千余年,期间大的王朝寿命约二三百年,其余都在百年以下。再往下,最重大的转变就是由农业社会走向工业社会(也称"传统社会"向"现代社会"转型),中西历史"进步"的差距开始拉开。鉴于社会体制的比较与认定太过复杂,还是以有较多共识的"工业革命"作为现代工业社会确立的坐标,从瓦特发明蒸汽机(1769年)算起,到工业革命完成、英国成为"世界工厂"、世界市场形成(19世纪中叶),总计200余年,此后财富的增长以惊人的速度上升。中国是在"第一次工业革命"的尾声才赶上了使用机器生产的步伐(洋务军用与民用工业相继创办),是为"百年落后"中国情结产生的根据。

总体看来,也许有一点会令我们感到乐观:历史上完成重大进步的时间速率在加快,"历史时间单位"变得越来越小。然而,正是在上面所说"历史时间"坐标系统的比较上,"中国封建社会长期停滞"的话题也被提了出来。两千年里,中国的"历史时间"完全停转,"超稳定"地凝固在一个时间节点上停滞不动?我想,学者的头脑不会简单到这等幼稚的地步。那么,问题的症结在什么地方?主要根据是什么?这样的历史观念有没有陷入某种认识误区的可能性呢?我想到了两个很可以反思的问题,这就是:历史的共性与个性,历史连续性与社会变革。

社会形态转型学说创始于西方,用来标识社会变革,划分历史时代。19世纪以来,这些眼花缭乱的理论形态随着全球史眼光的打开,逐渐暴露出它们原有的短处与缺陷,至少有:

(1)注意力过分集中于"突变"性的事件,忽略了长期渐进、"潜移默化"的历史过程。例如在西欧,以"第一次工业革命"的完成为标志,实现"现代化"转变有200来年,但这样的计算也还是有问题。暂且不考虑古代、中世纪与现代的时间连续关系,就是以资本主义萌芽、市民社会兴起、文艺复兴、启蒙思想等等"前现代"渐进过程来计算,总计完成的"历史时间单位"绝不会少于五六百年,也够长的了。这就说明,世界上不存在"社会突变"的美丽神话。迷信以奇迹式的"突变"获取"只争朝夕"的转型,容易坠入激进主义圈套,欲速则不达。

(2)以西方历史为样板,忽略历史的多样性,以为世界上存在着一个标准的、统一的"转型"模式。接受这种"价值观念",以欧美为标准来衡定别的国家变迁落后,如同后发展国家拿欧美的"现代化指标集"依样画瓢地设计"现代化"进程一样,都是违反了"历史主义"的原旨。中国老百姓有句俗话:"一家不知一家愁","自病自得知"。历史上的中国有许多迥异于西方的殊相,制度、文化、意识形态等等的传统和历史走向都极具个性,以欧洲看中国常容易走入认识误区。美国著名汉学家费正清在经历了许多挫折后,放弃用"欧洲中心史观"衡量中国社会变迁的视角,也认为必须"以中国看中国"。然而,想厘清中国社会如何一步一步地走到今天,需要从细节处着眼,又要善于跳将出来,看清并把握住大关节,这绝非一件容易的事。个人不敢有这种非分妄想,下面拉扯的只是平时所得的读史随感。

秦始皇统一中国是关系中国社会历史长期走向的重大关节。从散漫的封建的"王国"转变为统一的集权的"帝国",郡县制"大一统"格局由此奠基。世界史上出现过的"帝国"有好多个,像秦王朝创立的"大一统"体制则独一无二,的确算是中国历史的一个骄傲。林语堂借此还幽默了一下"中国",说道:"不管怎样,无论怎样混法,能混过这上下五千年,总是了不起的,说明我们的生命力很顽强。"

秦始皇有幸亲尝"开幕式"的甜头,傲慢地宣称:"乃今皇帝,一家天下",扬言在他之后,子孙必将二世、三世地"传诸万代"。好景不长,他家族"自私"的美梦没有成真,但帝制王朝一代又一代地长期延续下去却是真的。有人说秦王朝失败在"缺乏统治经验"上,汉初人批评"秦孤立而亡",实是别有用心地鼓吹"封建复辟"。我想也有些道理,"封建"列国的老路是走不回去了,末路"霸王"项羽的悲剧意味就在这里。至于秦始皇,不懂得"大有大的好处,大有大的难处"的辩证法,他是第一个吃螃蟹的,天真幼稚也情有可原。

大的好处明显,不多说了。大有大的难处:大了,必须"统"起来,不统就神散形乱,还不如小国寡民好管得多。地域广袤,人口众多,"统"必须讲求章法,统死了生气全无。这个"统"字,学问可大了,历代执政者"摸着石头过河",通过不断补苴罅漏,把他们的经验教训都写进了中国特色的政治学教材里。

诸子百家,经史子集,都是中国式的古代政治学教材。但从源头上说,首先必须归功于西周建国时的周公,然后才有诸子百家多样化的出色发挥。周公与亚里士多德可以比肩为古代政治学开创时期中西对峙的双峰。有关中国治国理念的"神韵",周公早早就完成了"画龙点睛"中的点睛一笔。农业的特点决定了中国社会运行追求的是稳定与平衡,当国者都期望长治久安,国富民强。周公从商亡的教训中悟得"天命靡常",天从民愿,提出"皇天无亲,唯德是辅",老天只会给"有德者"于"永命"的承诺;"德"必须落实到"裕民","裕,乃以民宁"。所以,周公是中国第一个把"国家政权合法性"的命题摆到治国者的桌面上,也是第一个交代清楚"合法性"不能靠天命吃饭,不是碰运气,混日子,而是要实实在在地做好"裕民"这件头等大事,"裕民"才能国泰民安。

周公的一套治国理念("神韵"),来源于宗族社会的实践("形体")。"形具而神生",在"部族"时代,基层同姓聚居,血缘纽带联结上下,生产分配以大家族为单位,在同姓部族内部比较容易实现和谐共处;出此范围,则"非我族类,其心必异"。在氏族血缘亲情的原始基础上,周公创建的理念既有以前宗族社会实践的基础,也有人类普遍关怀的理想。西周实践的成功,在于用王朝的框架创造了"天下"与"分治"结合的国家形态,以"共主"为核心,分国(诸侯列国)而治。二三百年过去,虽不尽理想,上层、中层添了公卿大夫上下权利"不安分"(僭越)的许多麻烦,但宗族制的基层结构未变,较之后来也还比较容易治理。所以,中国的"民本",与西方的"民主",都是很好的理念。但恰如亚里士多德揭示"民主"易于在城邦实现,中国的"民本"也只有在典型的"宗族社会"较小的区域内方能实现得较为有效。"天高皇帝远","皇帝"高悬于头顶,离百姓越来越远,中央政令由上而下传递过程产生"耗散"现象,效率与距离成反比例递减。老子最先敏感到这一点,认为"鸡犬相闻,老死不相往来"的"村落社会",才有理想的和谐世界。这是现实求之不得,靠早在几十万年前就已经消逝的"原始"梦境自慰。直到陶渊明时代还舍弃不了这类"桃花源"情结,说明中国文化有连续、执着的一面。

战国是治国理念形神变化的酝酿时期。孔子是周公治国"神韵"的守护人,但面对世局"变乱"拿不出新的办法,靠"知其不可为而为之"的悲情支撑。荀子是儒门里最有创新精神的一个,通过乱世把人情世事看得比较透彻。他认为要把"神"守住,就得变"形"。这个变形,就是礼治精神须有一个法治的骨架支撑住,当时叫"明分",很有理论色彩。所谓"明分",既有财富、权力如何分配"合理"的意思,更有使这种分配适乎"有度"、人人懂得节制的意思。因此,荀子不满足于提出新观念,更强调要靠制度的建设来保证"明分"的落实,叫作"处国有制"。"明分"与"处国有制",是荀子对中华文明发展做出的思想贡献,但也只能停留于提出一些原则性的要求。秦以后基本上也就是学着荀子的路子,一软一硬,一明一暗,礼法兼治有制。至于软得抓空,硬得过头,九泉下的荀子大概不会承认他们是真正的荀学传人。

到"大一统"时代,坚持周公治国理念的原先条件变化了,必须要有适合时势的"形变",方可"形神兼备"。这对历代执政者都是严峻考验,必须靠实践不断摸索。这不是一般的"难",而是世界级水平的大难题。消化这个世界大难题,需要足够长的"历史时间"。一部中国古代史说明:在"大一统"演变的动态过程中,经历过反复动荡和多次分裂,有许多转危为安的关节,在不变中有变,万变不离其宗。为着实现有效的高度集权,从中央到地方"一统到底",付出过昂贵的"学费"。

下面只能粗线条地说点变迁情节。但在做出交代之前,先得改变看问题的思路。治史者过于执着于长期理念(价值评判),当政者过于执着于眼下利害(功利考虑),这是非常不同的思考路线。所以,考察历史事实,先得去"价值化",从设身处地的角度去追寻施政实践的轨迹,然后再回到我们考察的理念目标上来。

从"废封建"、立郡县起,凝固不变的"贵族阶级"没有了立足的合法根据,从此中国是一个"君—臣—民"的三角关系。"地主"是不稳定的,"官僚"也是高度流动的(特别是在科举制之后),帝国的顶端,最大头目是皇帝,君临天下,一言九鼎,所以有"君主专制"之说。这么大的国家,皇帝也是人,一个头脑、两只手,怎么也想不过来、管不过来,所以必须有一套官僚班子辅佐助理,具体实施。战国至秦汉,宰相"一人之下,万人之上",权力最重。威胁皇权的第一号敌人就是宰相,其次才是外戚、宦官、后妃。这些有条件染指宫廷最高权力的隐患,在荀门弟子韩非的书里早说得明白,秦汉以来皇帝也多加防范不松懈。西汉以后,皇帝不断变着法子,目标首先就是削弱与分化相权,然后是中央各部门间互相牵制,由此官僚机构的部门、成员数不断增繁增多,事权分化,叠床架屋,发展到唐宋的三省六部制算是比较完备了。这个与大一统帝国配套的"官僚工程"建设,前后花费至少有七八百年时间。

自唐至宋,官员主要靠科举制来选用,有点像外国的"文官制"。皇帝将国家大事交付高级官僚开会商议,由自己来最终拍板。这个机构叫作"政事堂会议",有宰相与各部负责长官参加。国外研究中国史的看到了这一点,有些人神经突然亢奋,以为中国人在古代早就有了比较完整的文官制度和集体议事的"内阁"机构(国务院前身),比西方还早,"东方专制主义"与西方中心论都是一种偏见。然而,历史再往下看,他们恐怕都会失望:朱元璋废除宰相,六部直接隶属于皇帝,此后无论是"内阁""军机处",都徒有"相"的习惯称呼,已堕落为皇帝的私人秘书;说好听些,也可叫"智囊",收转文件,代拟决定。试看明代嘉靖、万历皇帝可以十余年不见"内阁"大臣,深藏不露地把"首辅"(首相)玩得没命似的"你方唱罢我登场",操生杀予夺之权于己,可见他打心眼里就瞧不起"内阁"。入至清代,军机大臣为首的一班臣僚觐见皇帝,必长跪而受旨,口称"奴才",更是莫大羞辱。消除皇权切身威胁的隐患是成功了,换来的却是"出工不出力",官僚上下多的是阳奉阴违,敷衍塞责,不求有功,但求无过。一旦国家出大事,越是高官溜得越快。崇祯皇帝临死前"上朝",空荡荡无一官出席,是这种高层权力运作无效率最富戏剧性的悲哀。

笼统说中国古代没有权力监督机制,也多少有点冤枉。由汉代御史台发展出的监察机构,逐代扩展,到明代已经规模不小,有好几个分支,还不包括皇帝直接掌握的"非常"机构(厂、卫)。除监察长官外,一般监察官员(御史,兼及给事中乃至翰林院后备官员)品级不高,但有权弹劾各等官僚大吏,这是中国古代的"监察"特色。唐宋以前以进谏皇帝为主,宋以后就专以监察弹劾百官为目标,这是一大转折。表面看起来,这有似于西方议员对部长们提出"弹劾案",很是神气,但最终裁决的是皇帝,是非好歹都由皇帝说了算。在明代,皇帝不高兴了,御史常被扣上"说错话"、犯上不恭等罪名,给"廷杖"打得半死不活,有的当庭就"呜呼哀哉"。这就比较容易理解嘉靖、万历何以能"无为无不为",任御史们不断挑起"内斗",足可坐收渔人之利。清代皇帝看清这一点,讨厌"御史"异化成朋党相互攻击的道具,索性改用"密折"制度。由此皇帝不怕没有耳目消息,朝野官员人人自危,就怕身边有同僚告密者"潜伏",直通皇上。

"大一统"做到明清的份上,从高层政权稳定的层面上说已经相当成功了。明清将近五百多年间,再没有出过全国大分裂,连南北分治也没有,不容易。宫廷政变,大臣篡权,苗子有一些,但都被消灭于萌芽状态,权力分化、相互牵制是收到了实效的。民国以后,出现混乱,有些水平不低的人主张中国还是要有皇帝(君主立宪),"假如人人都想做总统,闹得天下大不安,还不如先前的帝制",就是基于这样的历史情结。

中国地域广阔,地情千姿百态,中央政令如何落实到地方施政效果上,实践"邦固民宁",这件事难度最大。凡属头脑清醒的皇帝,都不容许地方官吏和地方势力离心离德,分裂割据更罪不容诛。帝国初期对地方治理还比较"迂阔"(详后),到宋以后相当严密。从体制上说,先是郡—县两级,而后经历"道""路"的酝酿试验,到元代正式确定行省为地方最高一级行政建置,从此就实行州县—府(道)—行省垂直的三级地方行政体系。三级政府都要对六部和皇帝负责,也都实行军、政、监察分治的原则。总的精神:有一官必须有另一官牵制,于是管官的官越来越多,条条块块交叉重叠,"条块"千条线,最终汇总到县,就靠一个县衙门小班子具体实施。这是一个奇怪的倒三角的"形体":中央官员数目最多,省、府、县三级官员设置均不多,而知县一级才是直接管民的官。所以古人说:"亲民之官莫如州县。州县造福易,作孽亦易,其造端甚微,而身家民命皆系之。"

到古稀之年,读方志笔记稍多,方懂得古代做一个县官难处多多。但这里面也还有个随历史衍变的过程。宋代以前,没有后来那么难当。原因是郡县制度产生于战国,新旧体制转换不可能干脆利落,尤其在基层,"宗族制"拖泥带水延续了相当长时期。两汉郡守、县令有权独立聘用僚佐和乡官,其中多数为本地宗族人士,特别是到了基层,"里(长)胥(吏)者皆乡县豪吏,族系相依"(《唐语林》)。流水的(外地)官,靠铁打的(本地)

"吏"辅助，在乡村基层仍然由宗族来包办赋税与治安的管理，所以那时县令还直接下乡收粮，显得很"悠闲"（《安阳金石录》刻石载唐咸通年间县令禹璜事）。你可以说这是对"封建贵族"革命的不彻底，但何以不能说更是一种尊重现实、务实权变的聪明？中央法令可以通过四通八达的驿站飞传至全国各地，政策文本可以把革旧鼎新说得非常强硬，但基层人群聚合的初始方式，即家庭、家族结构的变动很慢，想通过一次"革命性"的国策改变，全面彻底干净地铲除旧基地，历史上从来不曾有过。

有一利必有一弊。大约到东汉、魏晋南北朝，"豪强""世族"逐渐壮大，危及"国家安全"。豪强世族未必都是原来的宗法贵族"复辟"，更多的是原有土壤上滋生出来的宗族"新贵"，逐渐称霸一方，与中央的离心倾向增加，直闹到纷纷武装割据，天下分崩离析，统一局面被彻底破坏。经此重大挫折，就有了宋以来对地方政制的许多改革。特别是实行职业兵制后，军权归国家统一掌握、全面调配，皇帝操纵着用兵的最后决定权，地方分裂割据的最大隐患得以消除。

另外，经过长时间的演变，基层社会结构也有了很大的变化。大约到宋代以后，异姓杂居的多起来，分家立户，迁徙流动，田地变换，贫富分化，使得上古沿袭下来的"宗族制度"从社会基层的根基上被逐渐销蚀弱化（魏晋南北朝时期出现若干姓氏合居的"村"，是最早的例子）。特别是战乱分裂时期的几次人口大迁徙，中原不少古老宗族离开原有基地，南下"侨寓"客乡，与本土居民混处，即使努力抱团，昔日的大场面也难以再现。在经历了宗族关系多种名实逐渐分离的长期"异化"过程，待到一夫一妻制的小户成为行政基层最小单元的主流（学术界称"原子化"），社会基层总体格局遂发生变化，社会观念也随之大变，亲情逐渐淡薄，政权由上而下直插到底始成为真正的现实——到那时，州县用收容、同化宗族制度来改变后者的功能，使之俯首匍匐地为其服务。政府通过行政系统，直接面对名副其实的一袋袋"马铃薯"（民户），没有什么"中间群体"敢于插手捣乱。一个个利益分离、各自谋生的个体家庭，再也无力对抗强大统一的国家政权，由国家"大我"主宰民众"小我"的命运的格局就这样地被确定了下来。这种格局大约肇始于宋代，显著于明清时期。

压抑宗族权力使地方无集团性对抗力量,改革军制又使地方无滋生军阀的土壤,唐末以前造成地方分裂的重大隐患消除了,照理说政令的通达和执行不会有太多的阻碍,效率也会上来。可是,当我们把视线从正史转到各类地方"官箴书",亦即有关府县做官的经历和经验的书籍上来,就知道明清中央政府最头疼、最闹心的就是地方施政的无效率,知道知县最不好当。

明清县级政府主要有财税徭役、司法治安、教化救济三大任务,前两者是硬任务,"官箴书"称之为"钱谷刑名"。重中之重是"钱谷",每年必须按户部规定的额数把田粮赋税收上来,极小部分"留成"归县级支出包括各类官吏杂职人员工薪在内的行政费用,绝大部分则必须如数上交中央(部分须由地方负责直接送达中央各部以及省、府机关与地方军队仓库,多数上纳于户部验收)。偏偏就是"钱谷"这项硬任务,如期如数完成变成老大难问题,不足与拖欠是常事,府县长官常常为"逋欠"丢掉官帽。虽然屡经严查监管或改革操作方法,但成效都不显著。在读《官箴书》之前,怎么也想不到情况会这样糟糕。阅读下来,才发现大约有以下几方面的原因:

(1)田赋是国家财政的最大头,不管是交纳实物还是折变银两(明中叶后逐渐货币化),征收的单位都按田亩(分等级)来计算。从道理上说,只要把交税的田亩单位真实地落实到户,盯住户主(纳税人)不放,不就行了吗?问题是当时的田地是自由流转的,贫富分化与时俱进,时间一长,有些田产不属该地民户所有,而该地民户的好多田产可能在别处,更有许多"主户"变成了佃户或是"无主户"(逃亡),逸出交税范围。据以收税的原有户册、田册失效,各类隐漏逃避严重,查核清楚费时费力,必须靠有"公心"者负责去做,这在当时都属操作上的难题。

(2)那时县级政府管事的人有多少?有资格领国家俸禄的官员(属九品官范围,习称入流)是知县、县丞、主簿,加上巡检,大约最多也只有七八个人。其余均被称"不入流"者,有书吏、杂职、衙役以及知县自用的师爷、家丁等等。他们的薪酬归根到底都须由地方自支,从"留成"里支取不足,这就必得巧立名目,额外征收。这些人总是嫌县府给的"工食"待遇太低，于是纷纷靠敲诈勒索、捞"外快"自肥。我从乾隆《吴江县志》统计所得，这些编制内吃公家饭而拿地方"工资"的，竟有955人之多。

即便有近千个吃"公粮"的，但对管理复杂的田粮赋税仍远不济事。这些人多数在县城负责刑名、治安、送往迎来等事务，其中六房"书吏"对口中央六部，仅有"户房"书吏直接掌管田粮赋税的监收与上纳。绝大部分纳税人在乡村，居处高度分散，山川地形复杂，交通不便，山区尤甚。如此众多且极其分散的纳税户怎么交田粮？怎么保证收齐汇拢到县府？过去读史一概都把这些操作情节忽略了。

明代朱元璋编制的地方行政基层系统，是按10户一单位组成11甲（110户），称之为一里。"里"是纳税的基本单位，有"里长"督促"甲首"负责征收与上纳。县与里之间，自明至清前期，除保持了传统的"乡"名称之外，设置了许多收纳赋税的"中间单位"，如都、区、扇、图、保、圩、庄等等，在所划定的纳税范围内，监督、汇总所管赋税，负责解纳至县上，许多时候还参与解运至中央（或中央指定地区）仓库的任务。这些名目繁多、时有变化的"管理"等级，有主管人员却无正式机构，有人以为凭此驳倒了"古代帝国行政设置仅到县一级"的判断，是不明细节实情。这些"管理人员"都在"徭役"的名义下由政府"选派"，说是没有"工资"，实际上还是要从"役费"里支付少量津贴，属于县政府"编制外"人员。按上述乾隆《吴江县志》统计，总数为12761人。总之，县政府除正式拿官俸的，还有编制内外的人员共计13716人，当时直吓了我一跳。所以，许多书上津津乐道说古代县府机构十分精简，是知其一，不知其二。

（3）中国古代史研究的重心已经逐渐从国家层面下移到基层社会，然而起步不久，任重道远，有许多细致的工作要慢慢做。限于篇幅，我简单再说一个要点：不少西方学者认为中国古代田粮赋税率最多不过在10%左右，较西方同时期为低。这是他们不了解当时田粮赋税征收与解纳的操作环节非常繁杂，每增加一个环节就增加一笔"费用"，环节越多，费用越高。其中就包括上述地方人员的费用以及这些人另立名目、暗诈明索添加的"腐败"费用，总计超过原赋税额的三四倍乃至十余倍。明末苏松巡抚王象恒报告，他所管辖地区负担的漕粮加耗费，米199.8万石，银151万两，再有加派"辽饷"21万两,阔白布32余万匹。这就证明苏松乡绅所说的并非夸张:"愚历观往古,自有田税以来,未有若之重者也。以农夫蚕妇,冻而耕,馁而织,供税不足,则卖儿鬻女。又不足,然后不得已而逃。以至田地荒芜,钱粮年年拖欠。"在《官箴书》以及官员给朝廷的奏疏里都揭露过这种情况,只是我们过去忽略了。从明中叶起到清前期的各种赋税操作方法改革,到头来都是把"费"不断地叠加到"税"上。明末浙江海盐县胡震亨为《海盐县图经》编制赋役,特意写了一段感慨很深的"序":"凡赋役以户口田土编里甲,出税粮与泛差,其正也。税粮改为增耗,为均则,泛差改为甲首钱,为均徭,为条鞭银,与今之为均甲,为敛解,其变矣。而课程,而盐课,又其余焉。凡此皆东南所同,宁独余邑。法之弊,遂相为救,而渐调于平者,率渐觭于重。数十年来有一厘改,定有一增派,征敛之日繁,亦时势所必趋也。"这是较黄宗羲还早30余年说出了类似"黄宗羲定律"的意思。所以在中国古代,地方上的老百姓不仅苦于税,更苦于费,因为费比税重。

(4)痛恨贪官污吏,人同此心。但对于研究历史的人来说,这是远远不够的。皇帝也恨,正直的官僚士大夫也不乏激烈抨击,中国史书上写得太多了!谓予不信,请看朱元璋亲撰的《大诰》第一篇文告,发布于洪武十九年正月,请细心阅读:

粮长:往常民间不便,盖是有司官不肯恤民,止是通同刁诈之徒,生事多端,取要财物,民人一时不能上达。如今教你每户家做粮长,民有事务,粮长除纳粮外,闲中会乡里……今民有数千亩、万亩,或百亩、数十顷、数十亩者,每每交结有司,不当正差。此等之家不知千万亩田,千万亩天覆,数百十顷亩者如是,其风雨霜露与地相合,长养五谷。其家食其利以安生,往往不应正役,于差靠损小民,于粮税洒派他人。买田不过割,中间特势,移丘换段,诡寄他人;又包荒不便,亦是细民艰辛。你众粮长会此等之人使复为正,毋害下民,了毕,画图贴说。果有荒田,奏知明白除豁。粮长:依说办了的是良民,不依是顽民。民有不遵者,具陈其所以。

皇帝责怪地方官吏(有司),知府、知县痛骂手下书吏、衙役以及粮长等"编外",士大夫更是详细罗列"胥吏之害",言辞愤慨。深刻一点的则进一步说根子是在知县,有好知县就不会有恶胥吏。如果只是照抄这些史料,我们也只能达到这样的水平,六七百年过去了,有什么长进?我到了这把年纪,有了一点见识,才想到是不是还有可以反思的其他方面?

如果从"设身处地"的角度考虑,联系前面所说的各种情节,"大一统"帝国的财政不可能不庞大。所以,自明至清,户部总在叫喊收入不敷支出,连年赤字(查明朝最后一任财政部长给皇帝的报告,那时全国各项财政的总收入是2100余万两白银,收支相抵,赤字还有537万两之多),地方也叫"留成"太少,苦于税外筹钱应付。许多钱都有"合法"(不能不用)出处,那时有贪污,有腐败,但还达不到影响财政大局的程度。从中央到地方,为应付局面,只能不断地做财政加法,因此下面的考虑是不切实际的:财政能不能做些减法?减什么?减机构,减官员,减"管理人员",都办不到。两千年经验积累,长时间构筑起来的官僚制度,"存在就是合理",谁也动不了。

这里我想摆脱价值观念,回到历史过程里冷静地考察我们走过的"历史时间"。不怕见笑大方,我先把头脑里曾冒出过的所谓"灵感"拿出来现丑。中国民间俗话说"三岁见到大,七岁见到老",这话不是没有一点道理。对照西方人格心理学的观点,幼年时期形成的性格雏形对一生都会产生深刻的影响,"江山易改,禀性难移"。再从社会结构变迁的理论来说,有一种现象叫作"路径依赖",一开始采取什么样的路径,往后的惯性力量会使其一直沿着这样的轨道滑行下去,改变路线非常难、非常难。当然把这些"感觉"性的东西看作绝对的宿命,肯定不合适。但是我想:恐怕也不好截然否认"早年经历"对以后的发展过程会发生重大影响吧?

回过头来说,祖宗留给我们的经历和经验,有些是绕不开的;只要认真地从现实生活里去体验,会明白"脱胎换骨"是一种空想。但如果一直靠吃老本,变成"啃老族",只能说明后代子孙没出息。

理念毕竟是理念,理念要变为现实,必须靠制度运作,不断地化为实践上的操作。所以,我一直对"文化决定论"不感兴趣,因为长期的历史进程不断警示我们：中国历史上不缺思想与文化的高度，但实践起来却不那么简单。从个体说，有个言必信、行必果的难题。对施政者而言，具体实践是需要学习的，但每每具有滞后性，非要等到时势穷极、利益大损，才下决心进行一些"变革"。走一步，看一步，"历史时间"都花费在各种挫折的积累上；当个事后诸葛亮，吃一堑长一智，算得上是聪明人了。由上面"大一统"实践过程来看，留给子孙继续需要消化的学问多着呢。例如有内外的应对，上下的平衡，中央与地方的协调，集权与分权的互补，等等。所以有一种感觉在我头脑里久久盘旋：医治中国传统社会许多"病理"、转型为现代社会所需要的"历史时间"之长，只有中国人才能比较真切地体验其中的复杂滋味。归根到底，因为它是一个世界上罕见、历史长期连续、文化底蕴深厚的人口大国。

"经济理性"：在鸟笼子里跳舞

"食色，性也"，这是与孟子同时代的告子在辩论"仁义"时说出的一句名言。凭这一点，中国人对马克思的论述不应感到意外："一切人类生存的第一个前提也是一切历史的第一个前提，这个前提就是：人们为了'创造历史'，必须能够生活。但是为了生活，首先就需要衣食住行以及其他东西。"(《德意志意识形态》)人与其他动物的区别之一，他有"经济"的头脑。现在许多人喜欢把"经济理性"说成是现代独有的，我是不太迷信这种说法的。

两千多年里，农业是全社会赖以生存发展的基础。创造辉煌的古代文明，第一大功臣无疑是农民。他们终年耕耘不辍，斗天斗地，男耕女织，利用一切可能为自己谋生计，也为社会提供衣食之源，直至无奈逃亡，远走异乡，重建"绿色家园"，什么样的代价都付出过。历代皇帝对农民的劳苦也承认，也知道没有农业创造的GDP，帝国的财政就会枯竭，也就不可能有政权的稳定。这是铁打的事实。读读唐太宗和朱元璋的言论，凡说到"民为邦本"的老话上，必包含有上面这层意思。

有人说，中国人不懂得成本—报酬(利益最大化)的经济学法则。粗看,这话很有些道理。最近李昌平就拿出了一组吓人的数据:中国用全球7%的土地,养活了全球1/5的人口,却消耗了全球35%的氮肥。查看历史,中国单位亩产数据一直居高不下,农业史家为之骄傲是有根据的;但问到人均粮食产量数据,就哑口难言了。能不能更上一层楼:扩展耕地面积,增加人地比例,实行(农场)规模生产,这些都是有可能促使农业转型的良方。然而,由于种种历史原因,人均耕地不增反减。这就不是主观愿望的问题,而是有时势发展所以然的难处,不能不探究。

在中国古代农业经济结构中,天、地、人,"人"是最活跃的"因素",因为我们有能力从主观上将其作用发挥到最大极限。基本办法有二:(1)增加家庭劳力,用提高人口自然增殖率来弥补生产资料匮乏、耕地不足的缺陷;(2)延长劳动时间,用扩大剩余劳动对必要劳动的比例,争取占有更多的剩余劳动。在上述两个条件的基础上,才可能充分发展出称之为精耕细作的发达农业,不断提高粮食亩产。于是"路径依赖"通过历史的积累产生出了一个悖论:农业发展需要人力多,但人力多粮食需求就多;粮食需求增长率提高,就需要人力的相应增长率更高。"多子多孙"不只是观念,更是农民非常务实的"经济理性"。结果是:粮食总量与单位亩产量水平居世界前列,人均粮食占有量却令人无比苦涩。这是历史时间结下的苦果,不管你说好还是说坏。

农民的"经济理性"还体现在他们对市场经济的参与程度上。农民与市场经济的关系,是近30年史学研究开拓出的新课题,这是过去被忽视的农业经济发展的一个重要侧面。记得20世纪80年代中期,是方行等学者率先打破传统观点,指出中国古代经济整体格局,在自然经济大树的旁边,还生长着商品经济另一棵大树,它们是相互攀附依存的。小农经济不仅不排斥商品经济,而且也是商品经济的参与者。假若说在宋代以前,这种新的见解还需要细找史料、力加论证,那么,在宋以后,特别到了明清时期,已经成了显而易见的社会风气,史料遍处皆是。养蚕、植棉以及种植城镇居民生活所需的其他经济作物,农民家庭手工业兼业丝、棉,都为农民增加了收入来源,可以聊补田赋、徭役沉重所造成的生产生活费用的不足。徐光启《农政全书》卷35《农桑广类·木棉》说得最明白不过:"(松江府)壤地广袤不过百里而遥,农亩之收亦非有加于他郡邑。所由共百万之赋,三百年而尚存视息者,全赖此(棉织)一机一杼而已。非独松也,苏、杭、常、镇之布帛枲苎,嘉、湖之丝纩,皆恃此女红末业,以上供赋税,下仰俯给,若求诸田亩之收,则必不可办。"但需要说清楚的是,农民经济的这种发展新态势,是有前提条件的。这要依赖于丝、棉市场的城镇消费能力增长,也取决于该区域商贸经济的活跃水平。因此,在城镇经济发达的地区,商贸经济活跃的区域,那里的农民兼业与商品化的程度就高,家庭手工业也相对较为普及。凡事都不能一概而论。说中国古代农业经济是"单一"的粮食生产不妥,但在上述前提条件不充分的地区,农民多种经营以及兼业等商品经济活跃程度相对低下,却也是事实。这同样是农民出于经济理性的无奈选择。经济作物产品卖不出去,或卖不了好价钱(利润风险太大),自然也就只能返回到比较稳定的粮食耕种老路。有力的例证是,即使在粮、棉兼业的地区,当棉花、棉布价格上涨的时候,农民弃粮植棉,而在价格大幅下降,产品滞销时,他们又弃棉种粮。总之,新的研究不断提示,古代中国农民也有一定的对市场经济的敏感度,也内在地具有计算"成本—收益"的经济本性,这就打破了过去总是认定农民性格为保守愚昧的那种陈旧偏见。

在机器生产进入纺织行业之前,明清江南的纺织业生产规模和总量超过欧洲,我们完全相信。在这里,充分显示了中国人口数量众多和劳动密集型家庭经济模式的"优越性"。当时欧洲人口数量整体比中国少得多,任何一个国家棉、丝生产"从业人员"的数量,怎么也比不上明清中国的江南。在苏松、嘉湖地区,城乡家庭兼业棉、丝生产,形成一种社会风气(连地主、官绅家庭的女性也在养蚕缫丝、纺纱织布),"从业人员"(实则兼业人员)总数,现在的计算结果恐怕还是属于低估的。然而,我们能否不要过分沉溺于数字,改换一下思维方向,想一想:这样的纺织业生产方式和生产效果,有没有局限性?阻碍其进一步发展的因素有哪些?尽管目前的研究很薄弱,对此有兴趣的人不多,但这些问题却是不能不加追究的。

我觉得在五口通商之前,至少有下面几点局限是值得加以认真考虑的:

（1）家庭兼业生产的普及与规模化专业生产（作坊与手工工场）的稀疏形成鲜明反差，是一个抹不掉的"时代"色彩。当时手工作坊只限于染、踹等第二道加工环节，染色加工还是由商家兼营居多。至于手工工场，官营织造似乎有点像，严格说也只是扩大化了的作坊集合。民间真正具有专业分工、流水作业特征的手工工场几乎是空白。

（2）这一现象的背后隐藏着另一个重要信息，即消费的有限性。仅是研究生产数量（数量多少永远是相对的），不去辨析销售的方向，是哪些人在购买，购买力来自哪里，购买力的增长是否有潜力，就不可能进入消费能力是否有限以及如何限制生产进一步发展这样一个几乎是"未知"的认识领域。作个假设：如果消费有很大的潜力，这些潜力又得以发挥出来，导致实际消费需求远远超过现有的生产能力，就一定会激发扩大生产规模和提高生产效率的获利动机，迫使旧的生产方式得到改进，甚至导致重大技术革新的发生。可惜在我们考察的时段里，几乎看不到这样的"曙光"。

（3）为说明上述观点，再谈一下消费来源问题。全面考察江南丝、棉产品的购买者情况，不难发现政府公款购买是一个不可忽视的大头。明代军队特别是北部边防军事装备对棉的需求量之大，已有学术专题研究揭示。丝织品乃是皇帝赏赐、官场贿赂必备的"礼品"。"物以稀为贵"，丝绸贿赂的流行最能反映这种产品消费的有限性。至于官府织造，纯为皇家服务，其外包工生产（明中期至清前期多已交付"机户""机工"外包）的数量及其消费量，理应归入"政府公款生产与消费"一类。至于民间消费，主顾大户都为各地官僚、缙绅、富商乃至边缘地区部落贵族（土司、酋长），一般民众的消费比例极低。生产者不舍得自用，多用以换钱交税、补贴生计，明清文集感叹这种消费"不公平"现象的史料，不难找到。这样一种以国家财政作为市场购买力的重要来源，暴露出了市场繁荣背后虚假、灰暗的一面，普通民众内需严重不足更是个死结。最近引起高度重视的海外贸易，确实是"消费"的一个重要渠道。以前研究不充分，现在有了显著改观，但仍以材料描述为主，所占生产总量比例多少，因目前统计尚有难度（海外直接资料不易寻觅），难有确切估算。另须注意的是，这种对外销售多借菲律宾、日本、印度为中介，总利润相当部分被外人从流通环节分沾而去，因此缩小了国内经济的实际受益面。

（4）与以上状况相关，购买潜力增长的空间很小，这从丝棉产品数量增长的幅度上可以得到验证，可惜喜欢夸大的研究者几乎避而不论。增长空间受限于以下几种因素：产地不平衡，江南以外地区呈不发展态势，就是江南地区发展也不平衡。购买者身份不平衡，已如前述。外贸多以走私形式出现，政策上的限制导致主动占领欧洲市场的最好机遇丧失。在当时条件下，内需的增长是不切实际的奢望，唯有扩大外贸、占领海外市场才是求发展的一步好棋。设想强大的走私"海盗船"一旦获得合法"开放"，主动走向大西洋、太平洋，冲向欧美市场，一定可以大大拉动国内生产量的增长，反过来促进内需的增长。有些研究者揭示，"反走私"并没有使走私活动真的被完全遏制，这种形式的"外贸"一直在继续。但应该看到，这与正常合法的开放，不仅增量上差别很大，社会效果更是迥然相异。前者滋长了贿赂腐败与奢靡消费，恶化了吏治，而后者则可能合法地增加政府财政收入，也有利于民间生产的扩大生产规模。这些都属于体制（政治的、经济的）的局限，当权者决策上的严重失误。有一个反证：清前期北方在技术上解决了棉纱纺织的难题后，棉织业开始有所发展，然而江南的棉布贸易却因此而下滑。这说明当时市场棉布购买力的国内盘子就那么大，江南的市场被北方分割去，生产量就相应退缩。待到五口通商，丝织、棉业的外贸需求迅速增长，不仅促进北方的棉织业有更显著的发展，天津港继上海成为出口大港，就是在江南地区，原来不种植棉花、不养蚕缫丝的地区（如浙东宁波绍兴、苏南无锡江阴，还包括宜兴句容）也纷纷赶此潮流，加入丝棉原料供给的外贸需求行列，棉、丝业的生产数量远远超过鸦片战争前。希望有研究者能够对五口通商前后的产量与贸易销售量作一个对比统计，相信上述的假设是可以得到实证支撑的。

我在很长的一段时间里疑惑不解：照理说，北宋以来商品经济的发展态势一直趋升，城镇工商业经营者逐渐进入富裕阶层行列，到了明清，官僚、地主也纷纷经商致富。但国家的财政还是死盯住田地不放，把绝大部分财政负担压在农业产出一头上。为什么不能来个转变，调整税收目标，增加工商税比重，以减轻农业税收负担？我和我的学生多年来追踪明清财政史，看的书不算少，却发现有关工商税的史料少得可怜，《官箴书》里几乎少有交代，连市镇怎么收税的情节也摸不着边际。这里不敢强以不知为知之，十分期待学界多加研究。这里说一点我们所看出的门道：许多工商税收入都是归地方政府掌握，不列入上纳中央财政的范围，属于地方经费"小金库"。其中也不乏地方官吏和"管理人员"借此捞"特快"。所以，田赋有《赋役全书》、"实征册"这样的文件留下，细则、账目比较清楚，而工商税的细节隐去不载，成了一笔"糊涂账"。这情况要到民国以后才发生大的转变，田赋变成地方财政，而国家把财税重点逐渐转向工商领域。由此生出感慨：政策常落后于形势，其中有观念僵化的因素，也有执政者夹带"私心"的因素。凡是政策疏漏的地方，正是官吏借以自肥的"后门"，既得利益促使他们对不能利己的改革抱着能拖则拖的"机会主义"立场。

现在西方有些学者对明清商品经济的发展评价越来越高，但是他们不太注意中西商品经济背后的政治背景、社会生态条件有很大差别。两宋以来，在经济态势上确实出现了新的局面，明显的是货币经济逐渐取代实物经济的地位，"商业资本主义"在若干地区获得较快的发展，特别是在江南地区。"商业资本主义"下货币积聚的强烈刺激，贪欲（这里是使用中性意义上的"贪欲"）必然扩张。它有两条出路：一条是革新生产技术与生产组织，调整经济结构，扩张实体经济，创新出"工业资本主义"，使社会财富增长走上更高一级台阶。一条是引导消费畸形增长，权力与财富的勾结更趋紧密，有权者愈富，无权者愈贫，生产者停滞在简单再生产的境地，实体经济的经营者又缺乏改革的动力，社会财富增长滞缓。明清的状态只能是属于后者。现在研究明清商人的人越来越多，试问在所谓的"近代早期"，中国有多少商人投资于生产领域？有多少资本实力和投资冲动？商界的所谓豪富，有多少称得上真正的"资产阶级"？他们大都是靠官商勾结，靠政策的"特许优惠"，异常活跃于流通领域。在"成功"后，又去模仿官僚消费情态，用钱交结或转化为官僚，稍有头脑者即使将部分资金转移于购买田产，也只是为自己留后路，坐收租金，不思经营。政局大变或权力背景一倒，他们的财富也往往灰飞烟灭。不少还是"死"于"杀富"政策，成为政局变动的牺牲品(明初与清初打击豪富就是显例)。

总之,"中国封建经济长期停滞"说显然过时了,因为经不起历史事实的推敲。做一番系统细致的考察就不难看到:中国人不缺发展经济的能力。两千年的"大一统"中国,社会经济始终处在发展与变化之中,情节非常丰富;但也不是一路顺风,发展与不发展成一体两面。自始至终,制约经济正常发展的隐患消除不掉。只有在新的历史条件下,将限制经济进一步发展的"笼子"逐渐拆除,才能开出新天地。这个任务将怎样由近代的人接过去,做得又怎样,已经超出我们研究的范围,就此打住。

最后,我想说的是:假如文学催人产生爱憎,哲学要人思考"存在",那么历史则是教人学会冷峻。离开了故事不会有真实的历史,但阅读历史绝不只是讲故事、听故事,更需要冷静思考这些故事是怎样发生的,为什么会发生,对当时以及后人有什么样的影响。历史学不同于社会学,对于社会历史的变迁,关注过程重于计算结果,辨析过程的个性重于辨识理论上的共性。借助于这两种方法,历史学常常能显示出某种观察的"冷峻"或判断的深刻性。所以,请大家相信,读历史还是有用的。

增订本后记

《中国历史通论》编写10年,出版至今又是10年,20年时光硬生生地把自己从"知天命"拽进了"古稀之年",感受起人生暮色的风景。

感谢三联书店潘振平仁兄,早早就允诺由他们来出增订本。当初本不期望有再版的机会,作为意外之喜,我静心等待旧合同到期有2年时间。周武热心此事,一再电催,现在电子版文本也是经由他最后格式化整理而成的。旧作一律保持原状,不事修饰。感谢侯鹏、赵思渊、黄阿明,他们花了几天时间帮我重校一遍,发现了不少文字误植,均予改正。增订本新加入的"续编",收进了初版后10年写的一些相关文章,一鳞半爪,大体沿袭原来的风格,仍然是"讲义"性质,亦即是我所理解的"中国通史",都是个人思考性的心迹,等待大家的批评。

一年来,在医院里陪伺老伴,天天"上班",真正体会到什么叫作"老来伴"。老伴把事业的关怀全放在小学生身上,为家务劳苦了一辈子,直到双目失明,重病住院,才算安静下来享点"清福"。当年出这本书,我表示想写个"后记",感谢她对我的支持。她反对得非常强硬,我知道这是老伴的个性,放弃了。

借此机会,我要诚挚地感激上海市静安区中心医院(华山医院分院)内分泌科医生高超的医术,是黄仲义教授、赵秀娥主任、李玟玟医生等,齐心协力,两度把老伴从病危线上拯救回来,涉险过关。老伴因局部脑梗,许多事情记忆不清楚,梦中却常常回到自己热爱的课堂上,心里丢不下学生。有一回夜里急着叫醒保姆,说是"公交车方向乘反了,快帮我到学校请假"。清晨,廖护士长带领一群"小姑娘"例查病房,每每进门就玩笑似的齐声叫"向老师好",病中的老伴真以为是自己教过的一群学生来看望她,笑得合不拢嘴。

在老伴病情危急的几个月里,有时整夜难得安眠。风雨飘零,柳丝摇落,情何以堪?值得欣慰的是,大学的人文教育还是挣脱了浊欲污流的干扰,培育出诸多爱心和诚意。从教50年,我的一大群学生,其中有的也快60岁了,他们对师母的关心胜似亲子女,远远超出了我期望的范围。顺此也表示衷心的感谢。

现在,我郑重地把这本书献给病中的妻子,为全家劳苦了45年的老伴。

王家范写于丽娃河畔

2011年5月

"当代学术"第一辑

美的历程
李泽厚著

中国古代思想史论
李泽厚著

古代宗教与伦理
陈　来著

从爵本位到官本位（增补本）
阎步克著

天朝的崩溃（修订本）
茅海建著

晚清的士人与世相（增订本）
杨国强著

傅斯年
中国近代历史与政治中的个体生命
王汎森著

法律与文学
以中国传统戏剧为材料
苏　力著

刺桐城
滨海中国的地方与世界
王铭铭著

第一哲学的支点
赵汀阳著

生活·讀書·新知 三联书店 刊行

"当代学术"第二辑

七缀集
钱锺书 著

杜诗杂说全编
曹慕樊 著

商文明
张光直 著

西周史（增补二版）
许倬云 著

拓跋史探
田余庆 著

近代中国社会的新陈代谢
陈旭麓 著

甲午战争前后的晚清政局
石 泉 著

民主四讲
王绍光 著

心灵秩序与世界历史（增订本）
吴 飞 著

海德格尔与伦理学问题（修订版）
韩 潮 著

生活·讀書·新知 三联书店 刊行